Steckler/Strauß/Bachert
Kompendium Arbeitsrecht und Sozialversicherung

kiehl DIGITAL

Freischaltcode für Ihre digitalen Zusatzinhalte:

CMGDFDVCUFLPTSVXMUWAS

Steckler/St./B., Arbeitsrecht

Ihr digitaler Mehrwert

**Dieses Buch enthält zusätzlich folgende Inhalte,
die Ihnen in Kiehl DIGITAL zur Verfügung stehen:**

 Online-Buch

**Schalten Sie sich das Buch inklusive Mehrwert direkt frei.
So einfach geht's:**

1. Rufen Sie **go.kiehl.de/freischaltcode** auf
   oder scannen Sie den QR-Code.

2. Geben Sie Ihren Freischaltcode in Großbuchstaben ein
   und folgen Sie dem Anmeldedialog.

3. Fertig.

4. Sie finden die Inhalte zu diesem Buch jetzt in Kiehl DIGITAL
   (digital.kiehl.de) unter dem Icon „Bücher".

www.kiehl.de

Kompendium Arbeitsrecht und Sozialversicherung

Prof. Dr. jur. Brunhilde Steckler,
Prof. Dr. jur. Rainer Strauß und
Prof. Dr. jur. Patric Bachert

8. Auflage

Bearbeitervermerk

- **Kapitel A. - B.4 und F.**
  Prof. Dr. jur. Rainer Strauß

- **Kapitel B.5 - C. und G.**
  Prof. Dr. jur. Patric Bachert

- **Kapitel D., E. und Übungsteil**
  Prof. Dr. jur. Brunhilde Steckler

ISBN 978-3-470-**43038**-6 · 8., überarbeitete Auflage 2016

© NWB Verlag GmbH & Co. KG, Herne 1989
www.kiehl.de

Kiehl ist eine Marke des NWB Verlags

Druck: Stückle Druck und Verlag, Ettenheim – ptth/kl

Vorwort zur 8. Auflage

Das vorliegende Kompendium enthält die Grundlagen des individuellen und kollektiven Arbeitsrechts sowie die des Sozialversicherungs- und Datenschutzrechts. Das Fachbuch ist sowohl für Studierende des Wirtschaftsrechts als auch der Wirtschaftswissenschaften sowie für berufstätige Wirtschaftsjuristen und Betriebswirte auf dem Gebiet des Arbeitsrechts geeignet, die sich einen praxisrelevanten und wissenschaftlich fundierten Überblick verschaffen möchten. Gerade die Bezugnahme zu angrenzenden Rechtsgebieten, insbesondere zum Sozialversicherungsrecht, macht das Werk für die o. g. Adressaten attraktiv.

Im Anhang befindet sich eine Sammlung von Übungsfällen und Lösungen mit unterschiedlichem Schwierigkeitsgrad. Den größten Nutzen haben die Fälle, die zunächst selbst gelöst werden, bevor der Lösungsvorschlag nachgelesen wird. Daher sollte versucht werden, zunächst auf der Grundlage des jeweiligen Sachverhalts eine eigene Gliederung und Lösung des Falls zu entwerfen. Eine solche Vorgehensweise ermöglicht eine optimale Vorbereitung auf anspruchsvolle Klausuren mit erhöhtem Schwierigkeitsgrad, wie sie in arbeitsrechtlichen Vertiefungen an Studierende des Wirtschaftsrechts und der Wirtschaftswissenschaften in Bachelorstudiengängen gestellt werden. Für das systematische Erlernen des Stoffes sollten die zahlreichen Zusammenfassungen, Schaubilder und Beispiele genutzt werden.

Für die 8. Auflage wurde das Kompendium vollständig überarbeitet. Die Zitation von Rechtsprechung und Literatur beschränkt sich bewusst auf die Absicherung der wesentlichen Problemstellungen.

Die Verfasser des Werkes sind Professoren/in für Wirtschafts- und Arbeitsrecht an den Hochschulen Bielefeld und Osnabrück und verfügen über richterliche und/oder anwaltliche Berufserfahrungen, die in das Werk eingeflossen sind.

Für die Anregungen aus der Praxis danken wir den Teilnehmern der verschiedenen Seminare zum Arbeitsrecht bei den Industrie-und Handelskammern sowie bei den Wirtschaftsverbänden und den Studierenden aus den wirtschaftsrechtlichen und betriebswirtschaftlichen Bachelor- und Masterstudiengängen der Hochschulen Bielefeld und Osnabrück. Für das Lesen der Korrekturen danken wir Herrn Dipl.-Wirtschaftsjur. (FH) Mario Horvat und dessen studentischer Hilfskraft Frau Marie-Christin Wellmann aus der Geschäftsstelle Wirtschaftsrecht der Hochschule Osnabrück sehr herzlich.

Für weitergehende Hinweise und Kritik aus der Leserschaft sind wir dankbar. Sie können diese gerne richten an: Hochschule Osnabrück, Fakultät WiSo, Geschäftsstelle Wirtschaftsrecht, Postfach 1940, 49009 Osnabrück, E-Mail: LLM@hs-osnabrueck.de.

Brunhilde Steckler
Rainer Strauß
Patric Bachert
Bielefeld/Osnabrück, im August 2016

Benutzungshinweise

Aufgaben/Fälle

Die Aufgaben/Fälle im Übungsteil dienen der Wissens- und Verständniskontrolle. Auf sie wird jeweils im Textteil hingewiesen:

Fall 1 > Seite 384

Der Übungsteil befindet sich am Ende des Buches. Es wird empfohlen, die Aufgaben/ Fälle unmittelbar nach Bearbeitung der entsprechenden Textstellen zu lösen.

Aus Gründen der Praktikabilität und besseren Lesbarkeit wird darauf verzichtet, jeweils männliche und weibliche Personenbezeichnungen zu verwenden. So können z. B. Mitarbeiter, Arbeitnehmer, Vorgesetzte grundsätzlich sowohl männliche als auch weibliche Personen sein.

INHALTSVERZEICHNIS

Abs.	Absatz	BetrAVG	Gesetz zur Verbesserung der betrieblichen Altersversorgung
AEUV	Vertrag über die Arbeitsweise der europäischen Union		
		BetrSichVO	Verordnung über Sicherheit und Gesundheitsschutz bei der Bereitstellung von Arbeitsmitteln und deren Benutzung bei der Arbeit, über Sicherheit beim Betrieb überwachungsbedürftiger Anlagen und über die Organisation des betrieblichen Arbeitsschutzes (Betriebssicherheitsverordnung)
AGG	Allgemeines Gleichbehandlungsgesetz		
AGW	Arbeitsplatzgrenzwert		
AiB	Arbeitsrecht im Betrieb		
AktG	Aktiengesetz		
ArbeitsstättenVO	Arbeitsstättenverordnung		
AP	Nachschlagewerk des Bundesarbeitsgerichts – Arbeitsrechtliche Praxis		
ArbG	Arbeitsgericht		
ArbGG	Arbeitsgerichtsgesetz	BetrVG	Betriebsverfassungsgesetz
ArbnErfG	Gesetz über Arbeitnehmererfindungen	BGW	biologischer Grenzwert
		BGB	Bürgerliches Gesetzbuch
ArbZG	Arbeitszeitgesetz	BR	Betriebsrat
Art.	Artikel	BSG	Bundessozialgericht
ASiG	Gesetz über Betriebsärzte, Sicherheitsingenieure und andere Fachkräfte für Arbeitssicherheit (Arbeitssicherheitsgesetz)	BTX	Bildschirmtext
		Buchst.	Buchstabe
		BUrlG	Mindesturlaubsgesetz für Arbeitnehmer (Bundesurlaubsgesetz)
AÜG	Arbeitnehmerüberlassungsgesetz	BVerfG	Bundesverfassungsgericht
		bzw.	beziehungsweise
BA	Bundesagentur für Arbeit	ca.	circa
BÄO	Bundesärzteordnung	ct	Cent
BaFin	Bundesanstalt für Finanzdienstleistungsaufsicht	ChemG	Gesetz zum Schutz vor gefährlichen Stoffen (Chemikaliengesetz)
BAG	Bundesarbeitsgericht		
BArbBl.	Bundesarbeitsblatt		
BAT	Bundesangestellten-Tarifvertrag	DB	Der Betrieb
		DGB	Deutscher Gewerkschaftsbund
BB	Betriebs-Berater		
BBiG	Berufsbildungsgesetz	d. h.	das heißt
BDSG	Bundesdatenschutzgesetz	DK	das Krankenhaus
BeckOK	Beck'scher Online-Kommentar	DS-GVO	Datenschutz-Grundverordnung (der Europäischen Union)
BEEG	Gesetz zum Elterngeld und zur Elternzeit (Bundeselterngeld- und Elternzeitgesetz)		
BEM	Betriebliches Eingliederungsmanagement		

EFZG	Gesetz über die Zahlung des Arbeitsentgelts an Feiertagen und im Krankheitsfall (Entgeltfortzahlungsgesetz)	KH	das Krankenhaus
		KSchG	Kündigungsschutzgesetz
EG/EU	Europäische Gemeinschaft/Europäische Union	LAG	Landesarbeitsgericht
		Lkw	Lastkraftwagen
EGC	Europäische Grundrechte-Charta	MBR	Mitbestimmungsrecht (Betriebsverfassung)
ErfK	Erfurter Kommentar zum Arbeitsrecht	MDR	Monatsschrift für Deutsches Recht
EuGH	Europäischer Gerichtshof	MiLoG	Gesetz zur Regelung eines allgemeinen Mindestlohns (Mindestlohngesetz)
EUV	Vertrag über die Europäische Union	Mio.	Million(en)
		Montan	
ff.	folgende	MitbestG	Montanmitbestimmungsgesetz
GBR	Gesamtbetriebsrat	Mrd.	Milliarde(n)
gem.	gemäß	MuSchG	Gesetz zum Schutze der erwerbstätigen Mutter (Mutterschutzgesetz)
GewO	Gewerbeordnung		
GG	Grundgesetz für die Bundesrepublik Deutschland		
ggf.	gegebenenfalls	m. w. N.	mit weiteren Nennungen
GmS-OGB	gemeinsamer Senat der obersten Gerichtshöfe des Bundes	NachwG	Gesetz über den Nachweis der für ein Arbeitsverhältnis geltenden wesentlichen Bedingungen (Nachweisgesetz)
GS	geprüfte Sicherheit		
GSG	Gerätesicherheitsgesetz		
		NJOZ	Neue Juristische Online-Zeitschrift
HAG	Heimarbeitsgesetz		
HandwO	Handwerksordnung	NJW	Neue Juristische Wochenschrift
HGB	Handelsgesetzbuch	Nr.	Nummer
IG Metall	Industriegewerkschaft Metall	NVwZ	Neue Zeitschrift für Verwaltungsrecht
InsO	Insolvenzordnung	NZA	Neue Zeitschrift für Arbeitsrecht
i. S.	im Sinne		
i. V. m.	in Verbindung mit	NZA-RR	Neue Zeitschrift für Arbeitsrecht – Rechtsprechungsreport
JArbSchG	Gesetz zum Schutze der arbeitenden Jugend (Jugendarbeitsschutzgesetz)	NZS	Neue Zeitschrift für Sozialrecht
JVA	Justizvollzugsanstalt		
		o. g.	oben genannt
KAPOVAZ	kapazitätsorientierte variable Arbeitszeit	OHG	Offene Handelsgesellschaft
KBR	Konzernbetriebsrat		

PatG	Patentgesetz	TV-Ärzte/VKA	Tarifvertrag für Ärztinnen und Ärzte an kommunalen Krankenhäusern
RG	Reichsgericht		
RGBl.	Reichsgesetzblatt		
RGKU	Rolfs/Giesen/Kreikebohm/ Udsching	TzBfG	Gesetz über Teilzeitarbeit und befristete Arbeitsverträge (Teilzeit- und Befristungsgesetz)
Rn	Randnummer		
Rz	Randziffer		
S.	Satz	u. a.	unter anderem
S.	Seite	UrhG	Gesetz über Urheberrecht und verwandte Schutzrechte (Urheberrechtegesetz)
SGB	Sozialgesetzbuch		
SGG	Sozialgerichtsgesetz		
sog.	sogenannt		
SprAuG	Gesetz über Sprecherausschüsse der leitenden Angestellten (Sprecherausschussgesetz)	Urt.	Urteil
		vgl.	vergleiche
		VwGO	Verwaltungsgerichtsordnung
StGB	Strafgesetzbuch		
Str.	Strittig	VwVfG	Verwaltungsverfahrensgesetz
SWK ArbR	Stichwortkommentar Arbeitsrecht		
		WRV	Weimarer Reichsverfassung
TRGS	Technisches Regelwerk zur Gefahrstoffverordnung		
TVG	Tarifvertragsgesetz	z. B.	zum Beispiel
TVL	Tarifvertrag für den öffentlichen Dienst der Länder	ZPO	Zivilprozessordnung
TVöD	Tarifvertrag für den öffentlichen Dienst		

A. Grundbegriffe des Arbeitsrechts

001

Übersicht 1: Interessengegensätze der Arbeitsvertragsparteien		
Arbeitgeber	**Arbeitnehmer**	**Arbeitsrechtliche und sonstige Regelungen**
Interesse an wirtschaftlicher Flexibilität und an unternehmerischer Entscheidungsfreiheit	**Interesse** an sozialer Sicherheit durch einen dauerhaften Arbeitsplatz	Einschränkung der Vertragsfreiheit durch Gesetze und durch Kollektivvereinbarungen
Interesse an geringen Produktionskosten ▸ niedrige Arbeitsentgelte ▸ keine Entgeltzahlung ohne Arbeitsleistung ▸ niedrige Lohnnebenkosten	**Interesse** an der Sicherung des Lebensunterhalts ▸ hohe Arbeitsentgelte ▸ Entgeltfortzahlung bei Krankheit, Urlaub etc. ▸ soziale Sicherung	Regelungsmechanismen (beispielhaft): ▸ Entgeltregelungen durch Tarifverträge ▸ Entgeltfortzahlungsgesetze und -regelungen ▸ Sozialversicherungsrecht
Interesse an freier Disposition über das Personal	**Interesse** an einem dauerhaften Arbeitsplatz	Kündigungsschutzgesetze, Beteiligung des Betriebsrats, Kündigungsfristen etc.
Interesse an innerbetrieblicher Weisungsbefugnis über das Personal und an Dispositionen in wirtschaftlichen Fragen	**Interesse** an einer betrieblichen Mitbestimmung in sozialen, personellen, wirtschaftlichen und anderen Angelegenheiten	Betriebsverfassungsgesetz, Sprecherausschussgesetz, Personalvertretungsrecht, Mitbestimmungsgesetze (Unternehmensverfassung)
Interesse der Allgemeinheit an der Verhütung von Arbeitsunfällen, am Schutz besonderer Arbeitnehmergruppen etc.		Arbeitssicherheitsgesetze, Mutterschutz und Jugendarbeitsschutz etc.

Arbeitsrechtliche Regelungen finden sich in zahlreichen unterschiedlichen Rechtsquellen. Trotz des Einsatzes vieler Expertenkommissionen existiert in Deutschland bis heute kein einheitlich kodifiziertes Arbeitsrecht.[1] Das Arbeitsrecht wird systematisch in einen individualrechtlichen und einen kollektivrechtlichen Bereich untergliedert, um dieses weitreichende Rechtsgebiet zu strukturieren.

002

Das Individualarbeitsrecht umfasst alle Regelungen, die das unmittelbare Verhältnis zwischen Arbeitgeber[2] und Arbeitnehmer und die daraus erwachsenden Rechte und Pflichten betreffen. Ferner gehören zum Individualarbeitsrecht die

003

---

[1] Vgl. *Brox/Rüthers/Henssler*, Arbeitsrecht, Rn 1 ff. zur Entstehung und Aufgabe des Arbeitsrechts.

[2] Um eine leichtere Lesbarkeit zu ermöglichen, wird auf die doppelte Nennung weiblicher und männlicher Bezeichnungen verzichtet.

Vorschriften über den Schutz der Arbeitnehmer einschließlich des Rechtes der Arbeitssicherheit.

004 Das kollektive Arbeitsrecht besteht aus den Betriebsverfassungs- und Personalvertretungsgesetzen einschließlich der Sprecherausschussverfassung sowie dem Koalitions-, Tarifvertrags- und dem Arbeitskampfrecht. Im weiteren Sinne gehört auch die Unternehmensverfassung zum kollektiven Arbeitsrecht, soweit diese Regelungen über die Mitbestimmung von Arbeitnehmern in Aufsichtsgremien enthält.

005 Individual- und kollektives Arbeitsrecht stehen nicht unabhängig nebeneinander. In der betrieblichen Praxis bestehen Wechselwirkungen. Durch Änderungen eines Tarifvertrages werden häufig auch die Inhalte der Arbeitsverhältnisse geändert. Gleiches gilt für Betriebsvereinbarungen zwischen Arbeitgeber und Betriebsrat, welche gem. § 77 Abs. 4 Satz 1 BetrVG unmittelbar und zwingend für alle Arbeitsverhältnisse des Betriebes gelten.

006 Kollektivvereinbarungen haben somit in der arbeitsrechtlichen Praxis einen erheblichen Einfluss auf den Inhalt der Arbeitsverträge. Häufig wird in einem Arbeitsvertrag nur auf die jeweiligen Regelungen des geltenden Tarifvertrages und der geltenden Betriebsvereinbarungen verwiesen, ohne dass der Arbeitsvertrag weitergehende Regelungen enthält.

007

Übersicht 2: Einteilung des Arbeitsrechts						
Individualarbeitsrecht			**Kollektives Arbeitsrecht**			
Arbeitsvertragsrecht	Arbeitnehmerschutzrecht	Arbeitssicherheit	Betriebsverfassungsrecht Sprecherausschussverfassung	Unternehmensverfassung	Tarifvertragsrecht	Arbeitskampfrecht

1. Wesen des Arbeitsvertrages

008 Arbeitsleistungen werden nicht nur aufgrund von Arbeitsverträgen erbracht. Auch eine Studentin, die für ihr Examen lernt, ein Unternehmer, der den Einsatz neuer Technologien plant und eine Ingenieurin, die in einem eigenen Konstruktionsbüro Zeichnungen entwirft, bezeichnen ihre Tätigkeiten als „Arbeit". In diesen Fällen besteht allerdings kein Arbeitsverhältnis i. S. d. Arbeitsrechts. Für ein solches ist ein Arbeitsvertrag erforderlich. Ein Arbeitsvertrag ist ein unselbstständiger Dienstvertrag nach § 611 BGB. Wesentlicher Inhalt eines Dienstvertrages ist, dass sich der Dienstverpflichtete zur Leistung der versprochenen Dienste und der Dienstberechtigte zur Zahlung der vereinbarten Vergütung verpflichtet. Unselbstständig ist eine Dienstleistung, wenn der zur Dienstleistung Verpflichtete hinsichtlich Zeit, Ort und Dauer seiner Tätigkeit an die Weisungen des Dienstbe-

rechtigten gebunden ist.[1] Ein Arbeitsvertrag muss folgende Merkmale aufweisen:

- privatrechtlicher Vertrag
- Entgelt
- Weisungsabhängigkeit.

1.1 Privatrechtlicher Vertrag

Zunächst muss ein privatrechtlicher Vertrag vorliegen. Beamte, Richter und Soldaten schließen keinen Arbeitsvertrag. Sie werden durch einen Verwaltungsakt ernannt.[2] Ihre Arbeitsbedingungen sind in den Beamtengesetzen, im Deutschen Richtergesetz oder im Soldatengesetz geregelt. Allerdings verweisen die einschlägigen beamtenrechtlichen Vorschriften teilweise auf Arbeitsgesetze, wie z. B. auf das Elterngeld- und Elternzeitgesetz, sodass ein Teil der Arbeitsgesetze mittelbar auch für Beamte und Richter gilt. Strafgefangene, die in einer JVA beispielsweise juristische Zeitschriften binden oder in der gefängniseigenen Tischlerei arbeiten, sind ebenfalls keine Arbeitnehmer i. S. d. Arbeitsrechts. Angestellte des öffentlichen Dienstes schließen dagegen mit ihren Dienstherren einen privatrechtlichen Arbeitsvertrag und sind Arbeitnehmer im öffentlichen Dienst, deren Arbeitsbedingungen vorwiegend im TVöD oder TVL der Länder geregelt sind.[3]

009

1.2 Entgelt

Ferner ist für einen Arbeitsvertrag Voraussetzung, dass die Leistung von Diensten für einen anderen gegen Entgelt geschieht. Hiervon ist der Auftrag nach § 662 BGB oder ein bloßes Gefälligkeitsverhältnis, welches keinerlei vertragliche Pflichten auslöst, abzugrenzen.[4]

010

Bezüglich der Entgeltlichkeit eines Arbeitsvertrages ist zu beachten, dass die Vergütung nicht für die Herbeiführung eines bestimmten Erfolges, sondern für die Dienstleistung als solche und damit für die Verrichtung einer Tätigkeit geschuldet wird.[5] Oder wie das BAG formuliert: *„Ein Arbeitnehmer schuldet das Wirken und nicht das Werk."*[6] Falls der Arbeitgeber mit der übernommenen Tätigkeit einen bestimmten Erfolg erreichen möchte, muss er mit dem Verpflichteten einen Werkvertrag gem. § 631 Abs. 1 BGB abschließen.

011

---

[1] ErfK/*Preis* § 611 BGB Rn 51.

[2] *Dütz/Thüsing*, Arbeitsrecht, Rn 34 m. w. N.

[3] Vgl. zum Status der Beschäftigten im öffentlichen Dienst *Müller/Preis*, Arbeitsrecht im öffentlichen Dienst, Rn 14 ff.

[4] Vgl. zum Gefälligkeitsverhältnis *Aunert-Micus/Güllemann/Streckel/Tonner/Wiese*, Wirtschaftsprivatrecht, Rn 455.

[5] *Dütz/Thüsing*, Arbeitsrecht, Rn 35.

[6] Vgl. BAG NZA 2004, 748 ff.

Beispiel

Ein Frachtvertrag ist ein Werkvertrag. Der Frachtführer schuldet nicht nur die Beförderung des Gutes als Dienstleistung, sondern gem. § 407 Abs. 1 HGB auch die Ablieferung des Gutes bei dem Empfänger und damit den Eintritt eines konkreten Erfolges. Sofern ein Frachtführer zur Ausführung des Transportes andere Kraftfahrer einsetzt, erbringen diese eine Dienstleistung, denn sie sind lediglich verpflichtet, die ihnen übertragenen Tätigkeiten, z. B. Lkw fahren, zu verrichten.

012

Übersicht 3: Abgrenzung des Arbeitsvertrags von dem Werkvertrag	
Arbeitsvertrag	**Werkvertrag**
Vertragliche Verpflichtung	
Verrichtung einer Tätigkeit unter Ausschöpfung der persönlichen Leistungsfähigkeit	Herbeiführung eines bestimmten Erfolgs bzw. eines bestimmten Arbeitsergebnisses
Vertragserfüllung	
in einem abhängigen Beschäftigungsverhältnis mit Weisungsgebundenheit	als selbstständiger Unternehmer in persönlicher Unabhängigkeit mit Unternehmerrisiko
allgemeine Rechtsfolgen	
Anwendung der §§ 611 ff. BGB sowie der arbeitsrechtlichen Sondergesetze	Anwendung der §§ 631 ff. BGB, z. B. Entstehung des Unternehmerpfandrechts gem. § 647 BGB
vertragliche Haftung	
Schadensersatz gem. § 280 Abs. 1 Satz 1 BGB unter Berücksichtigung spezieller Haftungsprivilegien	Gewährleistung nach Werkvertragsrecht gem. §§ 633 ff. BGB (Nacherfüllung, Rücktritt, Minderung, Schadensersatz)
Vergütung	
in der Regel zeitbezogene Vergütung für die Dienstleistung nebst Abführung von Lohnsteuer sowie regelmäßiger Sozialversicherungspflicht	erfolgsbezogene Vergütung als Pauschalsatz oder nach vereinbarten Maßstäben (Material, Aufmaß, Zeit), Auszahlung ohne Abzüge, evtl. Berechnung von Umsatzsteuer
Kündigung	
ordentliche oder außerordentliche Kündigung gem. §§ 622, 626 BGB möglich, evtl. aber weitere Kündigungsbeschränkungen, z. B. nach dem Kündigungsschutzgesetz	gem. § 649 BGB jederzeit möglich, der Vergütungsanspruch bleibt allerdings im Wesentlichen bestehen

1.3 Weisungsabhängigkeit

Schließlich muss die Tätigkeit weisungsgebunden sein. Das heißt, ein Arbeitneh- 013
mer unterliegt dem Direktionsrecht des Arbeitgebers hinsichtlich Zeit, Ort und
Dauer der Tätigkeit.[1] Nach § 106 Abs. 1 Satz 1 GewO kann der Arbeitgeber Inhalt,
Ort und Zeit der Arbeitsleistung nach billigem Ermessen bestimmen. Daneben
ist ein typisches Indiz für eine persönliche Abhängigkeit eines Beschäftigten dessen vollständige Eingliederung in die betriebliche Organisation des Unternehmens.

Von besonderer Bedeutung ist das Merkmal der Weisungsabhängigkeit bei der 014
Beschäftigung von freien Mitarbeitern. Diese sollen selbstständige Dienstleistungen für ein Unternehmen erbringen. Freie Mitarbeiter unterliegen keiner Fach-
aufsicht ihres Auftraggebers. Sie sind hinsichtlich Zeit, Ort und Art der Tätigkeit
unabhängig und erbringen die Dienstleistung mit eigenen Mitteln und dürfen
nicht nur für einen Arbeitgeber tätig werden.[2] Die vertragliche Bezeichnung als
freier Mitarbeiter ist dagegen für die rechtliche Zuordnung irrelevant.[3]

2. Arbeitgeber und Arbeitnehmer

Die Vertragsparteien des Arbeitsvertrages werden als Arbeitgeber und Arbeitneh- 015
mer bezeichnet.

2.1 Arbeitgeber

Arbeitgeber ist, wer mindestens einen Arbeitnehmer beschäftigt.[4] Die Arbeitge- 016
bereigenschaft setzt den Abschluss eines Arbeitsvertrages mit einem abhängig
beschäftigten Arbeitnehmer voraus. Dementsprechend sind nicht nur Unternehmen Arbeitgeber, sondern auch die Rentnerin, die eine Haushälterin oder der
allein erziehende Vater, der eine Erzieherin beschäftigen.

Nicht nur natürliche Personen, sondern auch und im Wirtschaftsleben vor allem 017
juristische Personen und Personenhandelsgesellschaften können Arbeitgeber
sein. Zu beachten ist, dass bei einer juristischen Person oder Personenhandelsgesellschaft immer die juristische Person bzw. die Personenhandelsgesellschaft
selbst der Arbeitgeber ist und nicht die vertretungsberechtigten Organe wie Geschäftsführer oder Vorstand. Diese führen faktisch die Arbeitgeberfunktionen
aus.

---

[1] *Brox/Rüthers/Henssler*, Arbeitsrecht, Rn 49 ff. m. w. N.

[2] ErfK/*Preis* § 611 BGB Rn 51 ff. m. w. N.

[3] BAG NZA 1992, 407 (408).

[4] *Hromadka/Maschmann*, Arbeitsrecht Band 1, S. 63.

2.2 Arbeitnehmer

018   Arbeitnehmer ist, wer aufgrund eines Dienstvertrages i. S. d. § 611 BGB im Rahmen eines unselbstständigen Beschäftigungsverhältnisses eine entgeltliche Tätigkeit verrichtet. Die Definition des Begriffs Arbeitnehmer enthält die unter Punkt 1.1. - 1.3. gennannten charakteristischen Merkmale eines Arbeitsvertrages. Alle Personen, die aufgrund eines Arbeitsvertrages beschäftigt werden, sind Arbeitnehmer. Der Gesetzgeber plant die Einführung eines neuen § 611a BGB zur Bestimmung der Arbeitnehmereigenschaft, der die bisher hierzu gefestigte Rechtsprechung des BAG wiedergegeben soll.[1]

019   Sind die charakteristischen Merkmale für einen Arbeitnehmer erfüllt, unterliegen die Vertragsparteien den arbeitsrechtlichen Vorschriften. Mit dem Arbeitnehmerstatus der Beschäftigten ist in der Regel die Sozialversicherungspflicht für den Arbeitgeber verbunden.[2]

020   Maßgebend für die Abgrenzung eines Arbeitnehmers von einem freien Mitarbeiter sind immer die objektiven Umstände, unter denen die Dienstleistung erbracht wird.[3] Unerheblich ist die formale Bezeichnung als „Arbeitnehmer" oder „freier Mitarbeiter".

Beispiel

Buchhalterin B erledigt für Steuerberater S die anfallenden Buchprüfungsarbeiten. Sie wird in dem zwischen ihr und S geschlossenen Vertrag als „freie Mitarbeiterin" bezeichnet. S erteilt B nach Bedarf einzelne Aufträge, die B regelmäßig in einem kleinen Büro im Keller ihres Hauses erledigt. B kann nach der zwischen ihr und S getroffenen Vereinbarung die Aufträge auch ablehnen. Die Arbeitsdauer beträgt durchschnittlich ca. 10 Stunden wöchentlich. B verdient ca. 1.000 € monatlich. Daneben ist sie noch für die Zeitschrift „Steuerwarte unverständlich" tätig und liest auf Honorarbasis Artikel Korrektur. Als B nun aufgrund einer Lungenembolie schwer erkrankt, fragt sie sich, ob das Entgeltfortzahlungsgesetz eingreift und sie gem. § 3 Abs. 1 Satz 1 EFZG bis zu sechs Wochen Lohnfortzahlung von S erhält. Hierfür müsste B Arbeitnehmerin i. S. d. § 3 Abs. 1 Satz 1 EFZG sein. Dies ist nicht der Fall, da B ihre Arbeitszeit und ihren Arbeitsort frei wählen kann und nicht dem diesbezüglichen Weisungsrecht des B unterliegt. Ferner ist sie für mehrere Arbeitgeber tätig, was ebenfalls ein Indiz für einen Status als freier Mitarbeiter spricht.

021   Wie das Beispiel zeigt, muss ein freier Mitarbeiter bei Abschluss eines Vertrages beachten, dass er eine angemessene Vergütung erhält. Er muss nicht nur Einkom-

---

[1] Referentenentwurf des Bundesministeriums für Arbeit und Soziales vom 14.04.2016, S. 3.

[2] Vgl. hierzu ausführlich >> Kapitel E.

[3] ErfK/*Preis* § 611 BGB Rn 47.

mens- sowie eventuell auch Umsatzsteuer abführen, sondern darüber hinaus die Kosten seiner Krankheits- und Altersvorsorge tragen.

Übersicht 4: Abgrenzung von Arbeitnehmern und freien Mitarbeitern		022
Arbeitnehmer erbringen Dienstleistungen unter den folgenden Umständen:	**Freie Mitarbeiter** erbringen Dienstleistungen unter den folgenden Umständen:	
▸ Weisungsgebundenheit (Direktionsrecht des Arbeitgebers)	▸ fehlende oder nur geringe Fachaufsicht des Auftraggebers	
▸ Bindung an feste Arbeitszeiten und an einen festen Arbeitsort	▸ zeitliche und örtliche Unabhängigkeit bei der Erbringung der Dienstleistung	
▸ Eingliederung in die betriebliche Organisation des Arbeitgebers	▸ Dienstleistung mit eigenen Mitteln und Werkzeugen, meist in eigenen Räumen (Büro, Werkstatt etc.)	
▸ regelmäßige Tätigkeit für einen Auftraggeber, dem die ganze Arbeitskraft geschuldet wird	▸ Tätigkeit für mehrere Auftraggeber nebeneinander möglich	
▸ regelmäßige persönliche und wirtschaftliche Abhängigkeit	▸ allenfalls wirtschaftliche Abhängigkeit von einem Auftraggeber	
▸ Entlohnung der Arbeitsleistung in der Regel durch ein festes Arbeitsentgelt	▸ Bezahlung der Dienstleistung nach Stunden oder Tätigkeitserfolgen, Rechnungserteilung, evtl. unter Ausweisung der Umsatzsteuer	
▸ Bezeichnung als „Arbeiter" oder als „Angestellter" in dem Vertrag, Entgeltfortzahlung bei Krankheit, im Urlaub, an Feiertagen etc.	▸ Beschäftigung als „freier Mitarbeiter" oder als „Auftragnehmer" im Rahmen eines Werk-, Dienst- oder Geschäftsbesorgungsvertrags	
Rechtsfolge: Kein unternehmerisches Risiko. Anwendung des Arbeitsrechts mit den Arbeitnehmerschutzvorschriften sowie regelmäßige Sozialversicherungspflicht, Abführung von Lohnsteuer und von Sozialversicherungsbeiträgen durch den Arbeitgeber	**Rechtsfolge:** Übernahme des Unternehmensrisikos. Anwendung des allgemeinen Zivilrechts, insbesondere des Dienst- und Werkvertragsrechts sowie ggf. des Handelsrechts.	

Fall 1: Arbeitnehmereigenschaften eines Fotografen > Seite 386

2.3 Arbeitnehmerähnliche Beschäftigungsverhältnisse

Einzelne arbeitsrechtliche Vorschriften gelten auch für Heimarbeiter i. S. d. § 2 HAG. Dies sind Personen, die in einer eigenen Arbeitsstätte selbstständig im Auftrag von Gewerbetreibenden tätig sind. Für diese gelten gem. §§ 29 ff. HAG das Kündigungsschutzgesetz und weite Teile des BUrlG (vgl. § 12 Abs. 1 BUrlG).   023

024   Arbeitnehmerähnliche Personen, die zwar nicht weisungsgebunden, aber aufgrund ihrer wirtschaftlichen Abhängigkeit sozial schutzbedürftig sind, wie freie Mitarbeiter der Medien, haben gem. § 2 Satz 2 BUrlG Anspruch auf den gesetzlichen Mindesturlaub in Höhe von 24 Werktagen. Auch das Arbeitsgericht ist für Rechtsstreitigkeiten aus Verträgen der arbeitnehmerähnlichen Personen gem. § 5 Abs. 1 Satz 2 ArbGG zuständig.

2.4 Auszubildende

025   Auszubildende sind diejenigen Personen, die in einem Berufsausbildungsverhältnis stehen. Für Auszubildende gelten die Vorschriften des Berufsausbildungsgesetzes. Auf minderjährige Auszubildende finden außerdem die Regelungen des Jugendarbeitsschutzgesetzes Anwendung. Soweit Auszubildende jedoch keinen besonderen Regelungen unterliegen, gelten gem. § 10 Abs. 2 BBiG nachrangig die Vorschriften und Rechtsgrundsätze des Arbeitsrechts.

2.5 Leitende Angestellte

026   Leitende Angestellte sind ebenfalls Arbeitnehmer eines Unternehmens. Sie haben allerdings eine Sonderstellung im Unternehmen, da sie als Vorgesetzte der „normalen" Arbeitnehmer Arbeitgeberfunktionen wahrnehmen. Das Arbeitsrecht findet daher auf leitende Angestellte nur eingeschränkt Anwendung. Sie unterliegen nach § 18 Abs. 1 Nr. 1 ArbZG nicht dem Arbeitszeitgesetz. Der Geltungsbereich der Tarifverträge erstreckt sich ebenfalls in der Praxis nicht auf leitende Angestellte. Anstelle des Betriebsverfassungsgesetzes gilt für leitende Angestellte das Sprecherausschussgesetz.[1] Ferner haben leitende Angestellte nur einen eingeschränkten Kündigungsschutz, da gem. § 14 Abs. 2 Satz 2 KSchG der Antrag des Arbeitgebers auf Auflösung des Arbeitsverhältnisses mit einem leitenden Angestellten keiner Begründung bedarf.

027   Zu den leitenden Angestellten gehören nach § 5 Abs. 3 Nr. 1 - 3 BetrVG vor allem Personen, die zur selbstständigen Einstellung und Entlassung von Arbeitnehmern berechtigt sind oder die Generalvollmacht oder Prokura haben oder die Aufgaben wahrnehmen, die für den Bestand und die Entwicklung des Unternehmens oder des Betriebs von Bedeutung sind. Die Entscheidungen treffen sie im Wesentlichen frei von Weisungen oder beeinflussen diese maßgeblich. Entscheidend ist, dass sie auf die unternehmerische Entwicklung des Unternehmens Einfluss nehmen können.[2] Daher sind z. B. Chefärzte und Leitungskräfte des Pflegedienstes in der Regel keine leitenden Angestellten im Sinne des § 5 Abs. 3 Nr. 3 BetrVG, da sie keinen unternehmerischen Einfluss auf die Entwicklung eines Krankenhauses haben.[3]

---

[1] ≫Vgl. Kapitel C.4.1.1.2.

[2] BAG NJW 2010, 2746 (2747); ErfK/*Koch* § 5 BetrVG Rn 21.

[3] Vgl. hierzu *Strauß*, DK 2015, 847 ff.

3. Die Rechtsquellen des Arbeitsrechts

In Deutschland existiert kein einheitlich kodifiziertes Arbeitsrecht. Das Arbeits-recht setzt sich aus den folgenden unterschiedlichen Rechtsquellen zusammen: 028

- ► Europäisches Gemeinschaftsrecht
- ► Nationales Verfassungsrecht
- ► Gesetze und Verordnungen.

3.1 Europäisches Gemeinschaftsrecht

Die Europäische Gemeinschaft erlässt eine Vielzahl von Richtlinien und Verord- 029
nungen, die die Entwicklung des nationalen Arbeitsrechts beeinflussen und maß-geblich prägen. Bezüglich des Rechts der Europäischen Union wird zwischen dem primären und dem sekundären Unionsrecht unterschieden.[1] Zu dem primären EU-Recht gehört u. a. der Vertrag über die Arbeitsweise der Europäischen Union; dieser enthält die für das Arbeitsrecht wichtige Grundfreiheit der Arbeitnehmer-freizügigkeit (vgl. Art. 45 AEUV). Ferner verbietet Art. 157 AEUV jede Diskriminie-rung aufgrund des Geschlechtes bezüglich des Entgeltes von Arbeitnehmern. Zu dem sekundären EU-Recht gehören die von den entsprechenden Organen der EU erlassenen Verordnungen und Richtlinien. Dabei ist zu beachten, dass Verordnun-gen automatisch in den einzelnen Mitgliedstaaten der EU gelten, während die Mitgliedstaaten Richtlinien innerhalb einer von der EU gesetzten Frist in natio-nales Recht umsetzen müssen. Bei der Umsetzung bleibt den Mitgliedstaaten überlassen, wie sie das durch die Richtlinie vorgegebene Ziel erreichen möchten.[2] Beispiel für die Umsetzung einer die arbeitsrechtliche Praxis prägenden Richtlinie ist das Allgemeine Gleichbehandlungsgesetz, welches auf verschiedenen Anti-diskriminierungsrichtlinien der EU beruht.[3]

3.2 Nationales Verfassungsrecht

Nach ihrer gesetzgeberischen Konstruktion sind die Grundrechte in erster Linie 030
Abwehrrechte des Bürgers gegen den Staat.[4] Wegen des Subordinationsverhält-nisses zwischen Arbeitgeber und Arbeitnehmer sind die Wertentscheidungen des Grundgesetzes jedoch über die Generalklauseln der einfachgesetzlichen Vor-schriften im Arbeitsrecht zu beachten.[5] Ferner müssen sämtliche Vorschriften des Arbeitsrechts verfassungskonform ausgelegt werden.[6]

---

[1] Vgl. hierzu ausführlich *Waltermann*, Arbeitsrecht, Rn 136 ff.

[2] *Senne*, Arbeitsrecht, S. 4.

[3] Vgl. zum AGG ›› Kapitel B.1.2.1.1 ff.

[4] *Brox/Rüthers/Henssler*, Arbeitsrecht, Rn 120.

[5] *Junker*, Arbeitsrecht, Rn 50 m. w. N. aus der Rechtsprechung.

[6] *Strauß*, Arbeitsrecht für Ärzte an KH, S. 47; *Brox/Rüthers/Henssler*, Arbeitsrecht, Rn 120.

031   Zu den Grundrechten, die im Arbeitsrecht besondere Bedeutung haben, gehört insbesondere das durch Art. 2 Abs. 1 GG i. V. m. Art. 1 Abs. 1 GG gewährleistete Recht der freien Entfaltung der Persönlichkeit einschließlich des Rechts der informationellen Selbstbestimmung, welches durch den Arbeitnehmerdatenschutz umgesetzt wird.

032   Ferner verbietet das durch Art. 2 Abs. 1 GG i. V. m. Art. 1 Abs. 1 GG geschützte allgemeine Persönlichkeitsrecht in einem Vorstellungsgespräch Fragen in Bezug auf die Privatsphäre der potenziellen Arbeitnehmer.[1]

033   Darüber hinaus gehört die Gleichberechtigung von Mann und Frau aus Art. 3 Abs. 2 GG, wonach der Staat die tatsächliche Durchsetzung der Gleichberechtigung von Frauen und Männern fördert und auf die Beseitigung bestehender Nachteile hin wirkt, zu den für das Arbeitsrecht relevanten Grundrechten.

034   Auch die Glaubens-und Gewissensfreiheit aus Art. 4 Abs. 1 GG ist mittlerweile ein für die Arbeitnehmer weiteres relevantes Grundrecht. Danach ist beispielsweise einem Unternehmen versagt, Arbeitnehmer gegen ihren Willen zu Arbeitshandlungen zu verpflichten, die sie mit ihrem Glauben oder Gewissen nicht vereinbaren können.[2]

035   Eine unmittelbare Drittwirkung hat die in Art. 9 Abs. 3 GG gewährleistete Koalitionsfreiheit.[3] Art. 9 Abs. 3 Satz 1 GG enthält das Recht, Gewerkschaften zu bilden und gewährleistet diesen die Betätigungsfreiheit. Nach Art. 9 Abs. 3 Satz 2 GG sind alle Abreden, die versuchen, die Koalitionsfreiheit einzuschränken unwirksam. Das dürfte auch für das jüngst in Kraft getretene Tarifeinheitsgesetz[4] gelten.

3.3 Gesetze und Verordnungen

036   Arbeitsrechtliche Regelungen finden sich in zahlreichen Gesetzen und Verordnungen aus den Bereichen des bürgerlichen und öffentlichen Rechts. Das Arbeitsvertragsrecht ist im BGB nur unvollkommen geregelt und wird durch weitere Gesetze ergänzt. Darüber hinaus enthalten öffentlich-rechtliche Gesetze Schutzvorschriften zugunsten der Arbeitnehmer, deren Einhaltung von den staatlichen Behörden überwacht wird. Verstöße des Arbeitgebers werden als Ordnungswidrigkeiten oder Straftaten mit Geldbuße oder Freiheitsstrafe geahndet (vgl. z. B. §§ 22, 23 ArbZG).

---

[1]   Vgl. hierzu ≫ Kapitel B.1.2.4.5.

[2]   Vgl. zu Art. 4 GG grundlegend BAG NZA 1990, 144 ff., wonach ein Chemiker und Mitglied der Friedensbewegung nicht gegen seinen Willen gezwungen werden konnte, an der Erforschung von Medikamenten mitzuwirken, deren Absatzmöglichkeiten das Unternehmen darin sah, dass die Medikamente in einem atomaren Ernstfall Brechreiz unterdrücken können und in einem atomaren Ernstfall der Absatz deutlich steigt.

[3]   *Strauß*, Arbeitsrecht für Ärzte an KH, S. 48.

[4]   Vgl. hierzu ≫ Kapitel C.2.2.4.

Beispiele für bürgerlich-rechtliche Arbeitsgesetze sind §§ 611 ff. BGB, das Kündigungsschutzgesetz, das Bundesurlaubsgesetz oder das Entgeltfortzahlungsgesetz. Beispiele für öffentlich-rechtliche Arbeitsgesetze sind das Arbeitszeitgesetz oder das Jugendarbeitsschutzgesetz. 037

Bei allen Arbeitsgesetzen sind zwingende und dispositive Rechtsnormen zu unterscheiden. Zwingende Rechtsnormen sind alle Regelungen, von denen nicht durch Individual- oder Kollektivvereinbarungen abgewichen werden kann. Dispositive Regelungen lassen dagegen abweichende Vereinbarungen zu. Enthält ein Arbeitsvertrag eine Klausel, die gegen eine zwingende Rechtsnorm verstößt, ist diese gem. § 134 BGB nichtig, und es gelten die gesetzlichen Vorschriften. 038

Beispiel

Nach § 15 Satz 1 JArbSchG dürfen Jugendliche nur an fünf Tagen in der Woche beschäftigt werden. Bei dieser Vorschrift handelt es sich um eine zwingende Rechtsnorm, sodass eine Vereinbarung nach der ein 17-jähriger Arbeitnehmer sechs Tage in der Woche arbeiten soll, nichtig ist. Nach § 622 Abs. 1 BGB kann ein Arbeitsverhältnis unter Einhaltung einer Kündigungsfrist von vier Wochen zum 15. oder zum Ende eines Kalendermonats gekündigt werden. Diese Vorschrift ist dagegen dispositiv, denn gem. § 622 Abs. 4 und Abs. 5 BGB können kürzere Kündigungsfristen durch Tarifvertrag oder in einem Arbeitsvertrag vereinbart werden.

Rechtsverordnungen sind verbindliche Anordnungen einer Bundes- oder einer Landesregierung, von staatlichen Verwaltungsbehörden oder von Selbstverwaltungskörperschaften, in denen die Durchführung der formellen Gesetze näher bestimmt wird. Voraussetzung für den Erlass einer Rechtsverordnung ist, dass eine entsprechende Ermächtigung, die regelmäßig in dem zu konkretisierenden Gesetz enthalten ist, besteht. Insbesondere in der Sozialversicherung und in den Bereichen der Berufsausbildung, der Arbeitssicherheit und der Unfallvergütung sind Einzelheiten häufig in einer jeweiligen Rechtsverordnung geregelt. Rechtsverordnungen müssen nicht in einem zeitintensiven formellen Gesetzgebungsverfahren erlassen werden, sodass eine schnelle Anpassung an die jeweilige Rechtslage möglich ist. 039

3.4 Tarifvertrag

Die Arbeitsverhältnisse in Deutschland werden in besonderem Maße durch Tarifverträge geprägt. Tarifverträge haben eine Schutz-, Verteilungs-, Ordnungs- und Friedensfunktion.[1] Nach § 2 TVG können sie nur von tarifvertragsfähigen Parteien abgeschlossen werden. Zu diesen gehören Gewerkschaften, Arbeitgeber sowie 040

---

[1] *Strauß*, Arbeitsrecht für Ärzte an KH, S. 48 m. w. N.

Spitzenorganisationen von Gewerkschaften und Arbeitgeberverbänden. In rechtlicher Hinsicht haben Tarifverträge eine schuldrechtliche und eine normative Wirkung. Zum einen sind sie schuldrechtliche Verträge zwischen Tarifvertragsparteien und regeln deren Rechte und Pflichten. Zum anderen wirken Tarifverträge normativ auf die Arbeitsverhältnisse der tarifgebundenen Arbeitnehmer ein.[1] In Deutschland existieren derzeit etwa 70.000 in das Tarifregister eingetragene Tarifverträge.[2]

3.5 Betriebsvereinbarungen und Dienstvereinbarungen

041 Betriebs- und Dienstvereinbarungen werden zwischen dem Arbeitgeber und dem Betriebs- bzw. Personalrat geschlossen. Betriebs- und Dienstvereinbarungen wirken, ebenso wie Tarifverträge, normativ auf die Arbeitsverhältnisse der Arbeitnehmer ein.

042 Besondere praktische Bedeutung haben Betriebsvereinbarungen im Bereich der Mitbestimmung in sozialen Angelegenheiten nach § 87 Abs. 1 BetrVG.[3]

043 Im Verhältnis zu Tarifverträgen sind Betriebsvereinbarungen allerdings nachrangig. Nach dem Rangprinzip hat die in einem Tarifvertrag getroffene Regelung als ranghöhere Rechtsquelle stets Vorrang. Nach § 77 Abs. 3 Satz 1 BetrVG besteht eine Sperrwirkung zugunsten der Tarifverträge. Danach können Arbeitsentgelt und sonstige Arbeitsbedingungen, die durch Tarifvertrag geregelt sind oder üblicherweise geregelt werden, nicht Gegenstand einer freiwilligen Betriebsvereinbarung sein (auch nicht, wenn sie für die Arbeitnehmer günstiger sind).[4] Etwas anderes gilt gem. § 77 Abs. 3 Satz 2 BetrVG, wenn ein Tarifvertrag den Abschluss einer ergänzen Betriebsvereinbarung ausdrücklich zulässt. Hierdurch wird sichergestellt, dass die in einem Tarifvertrag ausgehandelten Arbeitsbedingungen nicht durch einzelne Betriebsvereinbarung in den jeweiligen Unternehmen unterlaufen werden können. Diese Regelung gilt auch für Betriebe von nicht tarifgebundenen Arbeitgebern, sodass keine Betriebsvereinbarung über Arbeitsentgelt und sonstige Arbeitsbedingungen geschlossen werden können, wenn für die Branche ein Tarifvertrag besteht, der eine entsprechende Regelung enthält.[5]

Beispiel

In einem Manteltarifvertrag für die Metallindustrie des Landes Bayern ist vereinbart, dass die wöchentliche Arbeitszeit 35 Stunden beträgt. In allen Betrieben der bayerischen Metallindustrie können wegen § 77 Abs. 3 Satz 1 BetrVG in einer

---

[1] *Strauß*, Arbeitsrecht für Ärzte an KH, S. 49; vgl. ausführlich zur Tarifbindung ≫ Kapitel C.2.2.3.

[2] *Grobys/Panzer/Braun*, SWK ArbG 2012 Tarifvertrag, Rn 4.

[3] Vgl. hierzu ausführlich ≫ Kapitel C.4.6.3 ff.

[4] ErfK/*Kania* § 77 BetrVG Rn 43.

[5] ErfK/*Kania* § 77 BetrVG Rn 45.

Betriebsvereinbarung keine Vereinbarung über die wöchentliche Arbeitszeit getroffen werden. Dabei ist unerheblich, ob der Arbeitgeber tarifgebunden oder ob die Regelung in der Betriebsvereinbarung für die Arbeitnehmer günstiger ist. Nur wenn der Tarifvertrag eine entsprechende Öffnungsklausel enthält, kann in dem Betrieb eine vom Tarifvertrag abweichende wöchentliche Arbeitszeit durch eine Betriebsvereinbarung festgelegt werden.

Bezüglich der Betriebsvereinbarungen ist zwischen freiwilligen und erzwingbaren Betriebsvereinbarungen zu unterscheiden. Freiwillige Betriebsvereinbarung können bei betrieblichen Angelegenheiten getroffen werden, in denen dem Betriebsrat keine zwingenden Mitbestimmungsrechte zustehen. Voraussetzung für eine freiwillige Betriebsvereinbarung ist eine Einigung zwischen Arbeitgeber und Betriebsrat. Können Arbeitgeber und Betriebsrat sich nicht über den Inhalt einer Betriebsvereinbarung verständigen, kommt keine Betriebsvereinbarung zu Stande, es sei denn, dass sich beide Parteien einem Einigungsstellenverfahren unterwerfen. | 044

In betrieblichen Angelegenheiten, in denen dem Betriebsrat zwingende Mitbestimmungsrechte, wie solche gem. § 87 Abs. 1 BetrVG zustehen, kann dagegen jede Partei eine Betriebsvereinbarung erzwingen, indem für den Fall, dass eine Einigung nicht zu Stande kommt, die Einigungsstelle angerufen wird. Der Spruch der Einigungsstelle ersetzt dann gem. § 87 Abs. 2 BetrVG die Einigung zwischen Arbeitgeber und Betriebsrat. | 045

Der § 87 Abs. 1 BetrVG enthält zahlreiche betriebliche Angelegenheiten, in denen dem Betriebsrat ein zwingendes Mitbestimmungsrecht zusteht. Hiernach kann der Betriebsrat eine Betriebsvereinbarung bezüglich der Arbeitszeitregelung, der Aufstellung von Urlaubsgrundsätzen oder eine Regelung über das betriebliche Vorschlagswesen durch eine Betriebsvereinbarung erzwingen.[1] | 046

3.6 Der Arbeitsvertrag

Der Einzelarbeitsvertrag zwischen dem Arbeitgeber und dem Arbeitnehmer unterliegt dem Grundsatz der Vertragsfreiheit. Dieser wird allerdings aufgrund der Schutzbedürftigkeit der Arbeitnehmer durch Gesetze, Rechtsverordnungen, Tarifverträge und Betriebsvereinbarungen erheblich eingeschränkt. Die Bedeutung des Arbeitsvertrages ist in der Praxis gering, wenn der Inhalt eines Arbeitsverhältnisses bereits durch einen Tarifvertrag und Betriebsvereinbarungen bestimmt wird. In diesen Fällen ist es ausreichend, wenn der Arbeitsvertrag im Wesentlichen den Einstellungstermin und die Funktion des Arbeitnehmers im Betrieb festgelegt. Ein übertarifliches Entgelt muss dagegen immer arbeitsvertraglich vereinbart werden. Bei Angestellten in höheren Positionen ist der Inhalt eines | 047

---

[1] Vgl. ausführlich zu § 87 BetrVG ≫ Kapitel C.4.6.3.5 ff.

Arbeitsvertrages für die Ausgestaltung des Arbeitsverhältnisses regelmäßig von grundlegender Bedeutung.[1]

3.7 Allgemeine Arbeitsbedingungen

048 Allgemeine Arbeitsbedingungen sind Standardbedingungen, die ein Arbeitgeber formularmäßig den von ihm abgeschlossenen Arbeitsverträgen zugrunde legt. Es handelt sich um allgemeine Vertragsbedingungen für das Arbeitsverhältnis, die zur Sicherstellung einer effektiven und einheitlichen Vertragsgestaltung dienen. Allgemeine Arbeitsbedingungen werden vom Arbeitgeber häufig nicht im Arbeitsvertrag selbst, sondern separat niedergelegt und durch Bezugnahme Gegenstand des Arbeitsvertrages. Möglich ist auch, die allgemeinen Arbeitsbedingungen in einem Formularvertrag aufzunehmen.

049 In allgemeinen Arbeitsbedingungen kann von gesetzlichen, tarifvertraglichen und Betriebsvereinbarungen zugunsten der Arbeitnehmer abgewichen werden. Bei der Erstellung von Formulararbeitsverträgen ist das Mitbestimmungsrecht des Betriebsrates gem. § 94 Abs. 2 BetrVG zu beachten, soweit sich die formularmäßigen Vertragsbedingungen auf die persönlichen Verhältnisse der Arbeitnehmer beziehen.

050 Das Recht der allgemeinen Geschäftsbedingungen ist bis auf die §§ 305 Abs. 2 und Abs. 3 BGB auf Arbeitsverträge anwendbar. Bei der Verwendung allgemeiner Arbeitsbedingungen muss berücksichtigt werden, dass dies allgemeine Geschäftsbedingungen gem. § 305 Abs. 1 BGB sind. Einzelne Klauseln können gem. §§ 307, 308, 309 BGB unwirksam sein. Ist eine Klausel unwirksam, gilt gem. § 306 Abs. 2 BGB die gesetzliche Regelung, sofern eine solche vorhanden ist, ansonsten entfällt die Klausel ersatzlos.

3.8 Allgemeiner arbeitsrechtlicher Gleichbehandlungsgrundsatz

051 Der allgemeine arbeitsrechtliche Gleichbehandlungsgrundsatz verpflichtet den Arbeitgeber, gleich gelagerte Sachverhalte einheitlich zu behandeln und Differenzierungen nicht willkürlich, sondern nur aus sachlichen Gründen vorzunehmen. Rechtsdogmatisch beruht er letztlich auf dem Rechtsgedanken von Art. 3 Abs. 1 GG.[2] Der Gleichbehandlungsgrundsatz wird vor allem auf die Gewährung freiwilliger Sozialleistungen, wie auf Gratifikationen oder Versorgungsleistungen angewendet. Eine differenzierte Behandlung einzelner Arbeitnehmergruppen kann allerdings durch den Zweck der Maßnahme gerechtfertigt sein.

---

[1] Vgl. zur Gestaltung von Chefarztverträgen, *Strauß*, Arbeitsrecht für Ärzte an KH, S. 30 ff.

[2] *Waltermann*, Arbeitsrecht, Rn 210 m. w. N. aus der Rechtsprechung.

Beispiel

Die Dauer der Betriebszugehörigkeit ist ein sachlicher Grund für eine Differenzierung bei der Gewährung von Gratifikationen, wenn mit der Sozialleistung zurückliegende Betriebstreue belohnt werden soll. Auch der Bestand des Arbeitsverhältnisses über einen Stichtag hinaus kann eine unterschiedliche Behandlung der Arbeitnehmer bei der Gewährung von Gratifikationen rechtfertigen, sofern mit der Gratifikation ein Anreiz für zukünftige Betriebstreue geschaffen werden soll.

Der Gleichbehandlungsgrundsatz ist nicht anzuwenden, wenn Arbeitsbedingungen zwischen Arbeitgeber und Arbeitnehmer individuell ausgehandelt werden. Er ist auf vertraglich vereinbarte Arbeitsentgelte nicht anzuwenden.[1] Anders ist die Situation dagegen bei einer allgemeinen Erhöhung des Arbeitsentgelts. Wenn eine Entgelterhöhung generell vorgenommen wird oder der Arbeitgeber Leistungen nach einem erkennbaren und generalisierenden Prinzip gewährt,[2] muss der arbeitsrechtliche Gleichbehandlungsgrundsatz beachtet werden.

052

Beispiel

Ein Arbeitgeber kann mit verschiedenen Arbeitnehmern unterschiedlich hohe Vergütungen vereinbaren, selbst wenn sie die gleiche Arbeit verrichten. Bei einer Tarifbindung darf lediglich die den Tarifvertrag vorgesehene Vergütung nicht unterschritten werden. Wenn ein nicht tarifgebundener Arbeitgeber dagegen die Löhne und Gehälter aller Arbeitnehmer in Anlehnung an eine tarifvertragliche Erhöhung der Vergütung anhebt, darf er nach dem Gleichbehandlungsgrundsatz einzelne Arbeitnehmer nicht von dieser allgemeinen „Lohnwelle" ausschließen.

Im Einzelfall ist zu prüfen, ob der Gleichbehandlungsgrundsatz anzuwenden und die von dem Arbeitgeber vorgenommene Differenzierung durch einen sachlichen Grund gerechtfertigt sind. Ein sachlicher Grund für eine unterschiedliche Behandlung fehlt, wenn nach Geschlecht, religiöser oder politischer Anschauung des Arbeitnehmers differenziert wird.[3] Dagegen kann ein Arbeitgeber ohne Verstoß gegen den allgemeinen arbeitsrechtlichen Gleichbehandlungsgrundsatz nach der Betriebszugehörigkeit, nach der Art der Tätigkeit im Betrieb und nach anderen Kriterien dieser arbeitsbezogenen Art differenzieren.

053

---

[1] BAG NZA 1993, 171 ff.

[2] BAG NZA 1993, 171 ff.

[3] ErfK/*Preis* § 611 BGB Rn 591.

3.9 Rechtsinstitut der betrieblichen Übung

054 Das Rechtsinstitut der betrieblichen Übung ist bereits von der Rechtsprechung des RAG und später auch des BAG allgemein anerkannt worden.[1] Als Rechtsgrundlage wird § 151 BGB analog im Wege einer stillschweigenden Vereinbarung,[2] aber auch § 242 BGB oder § 315 BGB herangezogen.[3] Als betriebliche Übung wird ein wiederholtes tatsächliches Verhalten des Arbeitgebers verstanden, aus dem der Arbeitnehmer schließen darf, dass dieses Verhalten dauerhaft beibehalten werden soll. Anwendungsbereiche der betrieblichen Übung sind vertraglich nicht vereinbarte Sonderleistungen des Arbeitgebers, wie z. B. Bonuszahlungen oder sonstige Gratifikationen. Ob auch eine Verkürzung der Arbeitszeiten, z. B. an Heiligabend oder Rosenmontag, Gegenstand einer betrieblichen Übung sein kann, ist streitig. Die arbeitsrechtliche Rechtsprechung ist in diesem Punkt zurückhaltend.[4]

055 Nach ständiger Rechtsprechung des BAG entsteht ein schutzwürdiges Vertrauen der Arbeitnehmer bei gleichen jährlichen Leistungen an die gesamte Belegschaft, wenn der Arbeitgeber diese Leistung dreimal vorbehaltlos gewährt hat.[5] Dabei ist nach neuer Rechtsprechung des BAG grundsätzlich gleichgültig, in welcher Höhe die Leistungen erfolgt sind.[6] Auch bei der Gewährung unterschiedlich hoher Leistungen wird der Arbeitgeber nach dreimaliger Leistungsgewährung dem Grunde nach für die Zukunft gebunden. Die konkrete Höhe der künftigen Leistungen ist nach aktueller Auffassung des BAG nun nach billigem Ermessen i. S. d. § 315 BGB vom Arbeitgeber im konkreten Einzelfall zu bestimmen.[7]

056 Damit der Arbeitgeber sich vor Ansprüchen der Arbeitnehmer schützen kann, kann er das Entstehen einer betrieblichen Übung dadurch verhindern, dass er die Leistung ausdrücklich mit einem Freiwilligkeitsvorbehalt erklärt. Aus diesem muss deutlich werden, dass keine Rechtsansprüche der Arbeitnehmer auf künftige Leistungen stehen sollen. Eine solche Vorbehaltserklärung kann bereits mit der Zahlung erfolgen, indem diese „unter Vorbehalt" gewährt wird. Der Vorbehalt kann aber auch im Arbeitsvertrag selbst enthalten sein.[8] Auch kann der Arbeitgeber die Leistung „ohne Anerkennung einer Rechtspflicht" gewähren.[9]

---

[1] Vgl. *Mengel*, Das Recht der betrieblichen Übung, S. 34 ff. mit zahlreichen Nachweisen aus der arbeitsgerichtlichen Rechtsprechung.

[2] *Brox/Rüthers/Henssler*, Arbeitsrecht, Rn 137.

[3] Vgl. zum Meinungsstand *Waltermann*, Arbeitsrecht, Rn 98 m. w. N. aus der Rechtsprechung.

[4] Vgl. *Waltermann*, Arbeitsrecht, Rn 97 m. w. N. aus der Rechtsprechung.

[5] BAG NZA 2009, 601 ff. m. w. N.

[6] BAG (10 AZR 266/14) Urt. v. 13.5.2015 (juris).

[7] BAG (10 AZR 266/14) Urt. v. 13.5.2015 (juris).

[8] BAG BB 2008, 2465 (2466).

[9] *Brox/Rüthers/Henssler*, Arbeitsrecht, Rn 137.

Fraglich ist, ob der durch eine betriebliche Übung begründete vertragliche An-   057
spruch auch durch eine gegenläufige betriebliche Übung beseitigt werden kann.
Nach der Rechtsprechung des BAG ist dies unter Aufgabe seiner früheren Rechtsprechung nicht mehr möglich.[1] Zur Begründung wird darauf abgestellt, dass
dies mit der vom BAG in ständiger Rechtsprechung vertretenen Vertragstheorie,
die u. a. als rechtliche Grundlage für das Rechtsinstitut der betrieblichen Übung
herangezogen wird, nicht vereinbar sei.[2] Ein einmal entstandener Anspruch auf
Gratifikationen könne nur durch Kündigung oder vertragliche Abrede verschlechtert oder beseitigt werden.[3]

3.10 Direktionsrecht des Arbeitgebers

Arbeitgeber gestalten die Stellenbeschreibungen in Arbeitsverträgen in der Regel   058
offen. Im Arbeitsvertrag sind häufig nur allgemeine Angaben über die Art der
Tätigkeit enthalten. Hierdurch behält sich der Arbeitgeber vor, die Arbeitspflicht
des Arbeitnehmers individuell zu konkretisieren und ihm je nach betrieblichem
Bedarf bestimmte Arbeiten zuzuweisen.

Beispiel

Frau B wird als Wirtschaftsjuristin eingestellt. Der Arbeitgeber kann Frau B mit
den üblichen wirtschaftsjuristischen Fragen betrauen. Würde dagegen die Stellenbeschreibung im Arbeitsvertrag lauten: *„Frau B wird eingestellt als Wirtschaftsjuristin mit dem Schwerpunktbereich Arbeitsrecht"*, müsste der Arbeitgeber Frau
B mit vorwiegend arbeitsrechtlichen Fragen betrauen.

Zur Sicherstellung eines flexiblen Arbeitnehmereinsatzes sind Stellenbeschrei-   059
bungen daher in der Regel weit gefasst. Häufig findet sich in der Praxis der Pas-
sus: *„Der Arbeitnehmer wird im Rahmen seiner Ausbildung, Kenntnisse und Fähigkeiten eingesetzt."*

Die Zuweisung der einzelnen konkreten Tätigkeiten, die der Arbeitnehmer erledi-   060
gen soll, erfolgt durch die Ausübung des Direktionsrechts. Nach § 106 GewO kann
der Arbeitgeber Inhalt, Ort und Zeit der Arbeitsleistung nach billigem Ermessen
näher bestimmen. Etwas anderes gilt, wenn die Arbeitsbedingungen bereits
durch den Arbeitsvertrag, Bestimmungen der Betriebsverfassung oder eines Tarifvertrages konkret festgelegt sind.

---

[1] BAG NZA 2009, 601.

[2] Vgl. ErfK/*Preis* § 611 BGB Rn 225a m. w. N.

[3] BAG NZA 2009, 601 (603).

061 Das Direktionsrecht des Arbeitgebers beinhaltet die Weisungsbefugnis des Arbeitgebers hinsichtlich der einzelnen zu erbringenden Arbeitsleistungen. Der Arbeitgeber kann auch verlangen, dass der Arbeitnehmer an Schulungen und Fortbildungen teilnimmt, wenn der Arbeitnehmer nicht über die Fähigkeiten und Kenntnisse verfügt, die zu seinem Berufsbild gehören.[1] Nebentätigkeiten wie das Aufräumen und Säubern der Arbeitsstätte, die Pflege der Waren und Arbeitsgeräte und ähnliche Tätigkeiten muss ein Arbeitnehmer ebenfalls verrichten, wenn die Erledigung solcher Arbeiten dem Berufsbild entspricht.

062 Das Direktionsrecht des Arbeitgebers hat Grenzen. Zum einen muss sich der Arbeitgeber im Rahmen der grundgesetzlichen, einfachgesetzlichen, tarifvertraglichen und betriebsverfassungsrechtlichen Bestimmungen halten. Das bedeutet, dass Anweisungen, die gegen das Arbeitszeitgesetz oder gegen die tarifvertraglich vereinbarte Arbeitszeit verstoßen, unwirksam sind. Ebenfalls unwirksam sind Anweisungen des Arbeitgebers, die den Arbeitnehmer in seinen Grundrechten verletzen.

063 Darüber hinaus bestimmt § 315 Abs. 1 BGB für den Fall der einseitig vom Arbeitgeber zu bestimmenden Leistungsvorgabe, dass diese nach billigem Ermessen zu treffen ist. Der § 315 Abs. 3 Satz 1 BGB regelt weiter, dass eine einseitige Leistungsbestimmung für den anderen Teil nur verbindlich ist, wenn sie der Billigkeit entspricht. Das bedeutet, dass sich der Arbeitgeber bei der Ausübung seines Direktionsrechts an die Grundsätze eines fairen Umgangs mit den Arbeitnehmern halten muss. Ferner muss er nicht nur seine, sondern auch die Interessen des Arbeitnehmers angemessen berücksichtigen.[2] Nicht den Grundsätzen billigen Ermessens entspricht, wenn ein persönlicher Assistent, ohne dass dies im Arbeitsvertrag geregelt ist, vorwiegend mit Kaffeekochen und Fahrdiensten beschäftigt wird.

064 Nur in außergewöhnlichen Fällen kann der Arbeitgeber aufgrund seines Direktionsrechts dem Arbeitnehmer vorübergehend eine andersartige Tätigkeit als die vertraglich geschuldete Arbeit zuweisen.[3] In Notfällen ist der Arbeitnehmer bereits aus der arbeitsvertraglichen Treuepflicht verpflichtet, vorübergehend an einer Schadensminderung für das Unternehmen mitzuwirken. Als Notfälle gelten jedoch nur unvorhersehbare Sachverhalte; nicht dagegen durch rechtzeitige Personalplanung behebbare Personalengpässe. Der Arbeitgeber kann einen Arbeitnehmer nicht aufgrund einer Erkrankung oder des Urlaubs eines anderen Arbeitnehmers vorübergehend zu einer geringeren oder höherwertigen Tätigkeit heranziehen. Personalengpässe fallen nach der Betriebsrisikolehre in den Risikobereich des Arbeitgebers. Auch in Notfällen muss der Arbeitnehmer keine unbezahlten Überstunden leisten.[4]

---

[1] ArbG Bonn NZA 1991, 512 zur Einweisung in ein BTX-System.

[2] *Grobys/Panzer/Ehrich*, SWK ArbR 2012 Direktionsrecht, Rn 33.

[3] BAG NZA 1997, 104 ff.

[4] ErfK/*Preis* § 106 GewO Rn 4.

Übersicht 5: Rechtsquellen des Arbeitsrecht nach ihrer Rangfolge	
Rangfolge:	**Beispiele:**
Verfassung/Europarecht	Art. 2 Abs. 1 GG (Persönlichkeitsrecht) Art. 3 Abs. 3 GG (Gleichheitsgebot) Art. 9 Abs. 3 GG (Koalitionsfreiheit)
Gesetze und **Rechtsverordnungen**	Berufsbildungsgesetz Jugendarbeitsschutzgesetz Kündigungsschutzgesetz Mutterschutzgesetz Arbeitsstättenverordnung Berufskrankheitsverordnung
Tarifverträge und **Betriebsvereinbarungen**	TVöD Manteltarifvertrag für gewerbliche Arbeitnehmer in der ...industrie des Landes ... ... über Beginn und Ende der täglichen Arbeitszeit ... über das betriebliche Vorschlagswesen
Einzelarbeitsvertrag Allgemeine Arbeitsbedingungen Gleichbehandlungsgrundsatz Betriebliche Übung Direktions- und Weisungsrecht des Arbeitgebers	 Arbeitszeit, Urlaub, Dienstreisen, Verschwiegen- heitspflicht Kriterien für betriebliche Altersversorgung, für Gratifikationen; Anspruch auf Urlaubs- und Weih- nachtsgeld, Gratifikationen Zuweisung bestimmter Arbeitsvorgänge, evtl. in vorgeschriebener Reihenfolge
Dispositive Gesetze und Kollektiv- vereinbarungen	Kündigungsfrist gem. § 622 Abs. 5 BGB; Öffnungs- klausel in einem Tarifvertrag
Achtung: Die Reihenfolge wird überwiegend durch das **Günstigkeitsprinzip** durchbro- chen, wenn Abweichungen zugunsten des Arbeitnehmers vereinbart werden.	

065

3.11 Rangfolge der arbeitsrechtlichen Rechtsquellen

Hinsichtlich der Rangfolge der unter 3.1 - 3.10 dargestellten Rechtsquellen gilt der allgemeine Grundsatz, dass der höherrangigen Rechtsquelle der Vorrang zu- kommt (Rangprinzip).[1] Das Rangprinzip gilt allerdings nur für zwingendes Ge- setzesrecht und für zwingende Kollektivvereinbarungen. Enthält eine Rechts- quelle dispositives, also abdingbares Recht, können abweichende Vereinbarungen getroffen werden.

066

Arbeitsrechtliche Vorschriften sind dahingehend zwingend, dass von diesen nicht zu Lasten der Arbeitnehmer abgewichen werden darf,[2] sofern ein Gesetz dies

067

---

[1] ErfK/*Preis* § 611 BGB Rn 236 ff.

[2] *Dütz/Thüsing*, Arbeitsrecht, Rn 56.

nicht ausdrücklich zulässt, wie z. B. § 622 Abs. 4 und 5 BGB im Fall der Kündigungsfristen.

068   Arbeitsrechtliche Vorschriften, die den Schutz der Arbeitnehmer bezwecken, sind dagegen für den Arbeitgeber immer zwingend, sodass nur zugunsten der Arbeitnehmer das Rangprinzip durch das Günstigkeitsprinzip durchbrochen werden darf.[1]

069   Daraus ergibt sich, dass einzelvertragliche Vereinbarungen unzulässig sind, wenn sie zum Nachteil des Arbeitnehmers von einer ranghöheren Rechtsnorm abweichen. Werden dagegen einzelvertragliche Vereinbarungen getroffen, die für den Arbeitgeber günstiger sind als die gesetzlichen, die tarifvertraglichen oder die in einer Betriebsvereinbarung getroffenen Regelungen, sind diese nach dem Günstigkeitsprinzip wirksam.

Beispiel

Der Urlaubsanspruch eines Arbeitnehmers beträgt gem. § 3 Abs. 1 BUrlG jährlich mindestens 24 Werktage. Wird im Arbeitsvertrag ein Jahresurlaub von 25 Werktagen vereinbart, hat der Arbeitnehmer nach Günstigkeitsprinzip Anspruch 25 Tage Urlaub.

Abwandlung:
Ist in einem Arbeitsvertrag ein Jahresurlaub von 15 Werktagen vereinbart, ist diese Regelung gem. § 13 Abs. 1 BUrlG i. V. m. § 134 BGB nichtig, weil trotz des zwingenden Charakters dieser Rechtsnorm von § 3 Abs. 1 BUrlG zum Nachteil des Arbeitnehmers abgewichen worden ist. Hier wirkt sich das Rangprinzip aus, dem Arbeitnehmer steht der gesetzliche Mindesturlaub von in Höhe von 24 Werktagen zu.

070   In der Rechtspraxis ist sorgfältig zu prüfen, welche Rechtsquellen auf ein konkretes Arbeitsverhältnis anzuwenden sind und wie diese – unter Berücksichtigung des Rang- und Günstigkeitsprinzips – zueinander stehen.

---

[1] ErfK/*Preis* § 611 BGB Rn 237.

B. Das Individualarbeitsrecht

Das Individualarbeitsrecht umfasst alle Regelungen, die das Arbeitsverhältnis zwischen Arbeitgeber und Arbeitnehmer und die daraus erwachsenden Rechte und Pflichten der Arbeitsvertragsparteien betreffen. Dazu gehören die Rechtsnormen über das Zustandekommen und den Inhalt eines Arbeitsvertrages und die Vorschriften über die Beendigung des Arbeitsverhältnisses. Außerdem gehört das Arbeitnehmerschutzrecht wie die Vorschriften über die Entgeltfortzahlung im Krankheitsfall, den gesetzlichen Mindesturlaub nach dem Bundesurlaubsgesetz und der gesetzliche Mindestlohn zum Individualarbeitsrecht.   001

1. Begründung des Arbeitsverhältnisses

Ein Arbeitsverhältnis entsteht durch den Abschluss eines Arbeitsvertrages. Hierfür sind zwei übereinstimmende Willenserklärungen erforderlich (Vertragstheorie).[1] Erforderlich ist eine Einigung über die Verpflichtung des Arbeitnehmers zur Erbringung der vereinbarten Arbeitsleistung und die Verpflichtung des Arbeitgebers zur Zahlung der vereinbarten Vergütung. Die Entscheidung, wen der Arbeitgeber einstellt, ist grundsätzlich seine freie unternehmerische Entscheidung. Gleichwohl gewährt das Betriebsverfassungsrecht dem Betriebsrat verschiedene Mitwirkungsbefugnisse bereits bei der Begründung von Arbeitsverhältnissen, damit die Belange der Belegschaft ausreichend berücksichtigt werden können.   002

1.1 Beteiligung des Betriebsrates

Die Mitwirkungsrechte des Betriebsrats in personellen Angelegenheiten gem. §§ 92 ff. BetrVG sind bereits im Rahmen der Personalplanung zu beachten. Der Arbeitgeber hat den Betriebsrat gem. § 92 BetrVG über die Personalplanung, insbesondere über den gegenwärtigen und künftigen Personalbedarf sowie über die daraus entsprechenden personellen Maßnahmen, rechtzeitig und umfassend zu unterrichten. Ferner kann der Betriebsrat verlangen, dass Arbeitsplätze, die besetzt werden sollen, zumindest innerhalb des Betriebes ausgeschrieben werden (vgl. § 93 BetrVG). Auch dürfen an eine interne Ausschreibung keine strengeren Anforderungen gestellt werden, als an eine später durchgeführte externe Ausschreibung. Der Betriebsrat kann die Zustimmung zu der Einstellung eines außerbetrieblichen Bewerbers verweigern, der sich auf die gleiche Stellenanzeige aber mit den geringeren Anforderungen beworben hat.[2]   003

Der Arbeitgeber kann Personalfragebögen und Auswahlrichtlinien einführen, diese sind gem. §§ 94, 95 BetrVG inhaltlich mit dem Betriebsrat abzustimmen. In Betrieben mit mehr als 500 Arbeitnehmern kann der Betriebsrat die Aufstellung von Auswahlrichtlinien ausdrücklich verlangen. In Betrieben mit mehr als 20 Arbeitnehmern hat der Betriebsrat gem. § 99 BetrVG ein Mitbestimmungsrecht bei   004

---

[1] ErfK/*Preis* § 611 BGB Rn 311.

[2] BAG NZA 1988, 551 (552).

personellen Einzelmaßnahmen in Bezug auf Einstellungen, Eingruppierungen, Umgruppierung und Versetzung von Arbeitnehmern.[1] Der Arbeitgeber muss den Betriebsrat somit gem. § 99 Abs. 1 BetrVG bei einer Einstellung unterrichten und ihm die Bewerbungsunterlagen aller Bewerber vollständig vorlegen. Eine Vorauswahl der Bewerber darf nicht getroffen werden.[2] Der Arbeitgeber darf dem Betriebsrat nicht nur die Bewerbungsunterlagen derjenigen Bewerber vorlegen, die er zu einem Vorstellungsgespräch eingeladen hat.

005   Der Betriebsrat kann seine Zustimmung zu einer geplanten Einstellung verweigern, wenn einer der in § 99 Abs. 2 BetrVG aufgeführten Gründe vorliegt, insbesondere wenn die personelle Maßnahme gegen ein Gesetz oder gegen eine Auswahlrichtlinie verstößt oder wenn die in dem Betrieb beschäftigten Arbeitnehmer durch die beabsichtigte Einstellung Nachteile erleiden könnten oder zu erwarten ist, dass der Bewerber den Betriebsfrieden stört. Wenn der Betriebsrat seine Zustimmung zu der geplanten Einstellung verweigern will, muss er dies dem Arbeitgeber gem. § 99 Abs. 3 Satz 1 BetrVG unter Angabe der Gründe innerhalb einer Woche nach der Unterrichtung schriftlich mitteilen. Andernfalls gilt die Zustimmung gem. § 99 Abs. 3 Satz 2 BetrVG als erteilt. Die Wochenfrist beginnt allerdings nicht zu laufen, wenn der Arbeitgeber den Betriebsrat über die geplante Einstellung unvollständig informiert hat.[3]

006   Verweigert der Betriebsrat seine Zustimmung zu der geplanten Einstellung, kann der Arbeitgeber gem. § 99 Abs. 4 BetrVG beim Arbeitsgericht die Ersetzung der Zustimmung beantragen. Ein entsprechender Antrag hat nur Erfolg, wenn der Betriebsrat ordnungsgemäß unterrichtet worden ist und die Zustimmung verweigert hat, ohne dass einer der § 99 Abs. 2 BetrVG aufgeführten Gründe vorlag.

Fall 2: Vorauswahl unter Bewerbern > Seite 386

007   Obwohl der Arbeitgeber den Betriebsrat bei einer personellen Einzelmaßnahme nach Maßgabe des Betriebsverfassungsgesetzes zu beteiligen hat, ist eine Einstellung, die der Arbeitgeber ohne Beteiligung des Betriebsrats vornimmt, zivilrechtlich wirksam. Der Arbeitgeber kann auch ohne die Mitwirkung des Betriebsrats einen wirksamen Arbeitsvertrag mit dem Bewerber abschließen.

Beispiel

Arbeitgeber A stellt ohne Anhörung des Betriebsrats den Arbeitnehmer B ein, weil er glaubt, dieser gehöre zu der Gruppe der leitenden Angestellten, auf die das Betriebsverfassungsgesetz nicht anzuwenden ist. Der Betriebsrat behauptet dagegen, B sei kein leitender Angestellter und A habe das Mitwirkungsrecht des Betriebsrates bei personellen Einzelmaßnahmen missachtet. Selbst wenn die

---

[1] Vgl. hierzu ausführlich >> Kapitel C.4.6.4.

[2] BAG NJW 1986, 1709 (1709).

[3] BAG NZA 1991, 428 ff.

Bewertung des Betriebsrats zutreffend ist, ist der zwischen A und B abgeschlossene Arbeitsvertrag zunächst wirksam.

Das Mitbestimmungsrecht des Betriebsrates bei personellen Einzelmaßnahmen wird durch die §§ 100, 101 BetrVG gesichert. Der Betriebsrat kann nach § 101 Satz 1 BetrVG bei dem zuständigen Arbeitsgericht beantragen, dass dem Arbeitgeber die Aufhebung einer personellen Einzelmaßnahme aufgegeben wird, wenn der Arbeitgeber ihn nicht unterrichtet oder wenn der Arbeitgeber die Maßnahme ohne Zustimmung des Betriebsrats durchgeführt hat. Hebt der Arbeitgeber trotz einer rechtskräftigen gerichtlichen Entscheidung die personelle Maßnahme nicht auf, wird dem Arbeitgeber gem. § 101 Satz 2 BetrVG auf Antrag des Betriebsrats von dem Arbeitsgericht ein Zwangsgeld auferlegt. 008

1.2 Anbahnungsverhältnis

Das Anbahnungsverhältnis beginnt mit der Stellenausschreibung und endet mit dem Abschluss des Arbeitsvertrags. Während dieser Zeit bestehen bereits für den Bewerber und den Arbeitgeber Verpflichtungen. 009

1.2.1 Stellenausschreibung

Die Anbahnung eines Arbeitsverhältnisses beginnt mit der Suche nach einem geeigneten Bewerber. Dies geschieht in der Praxis durch die Einschaltung von Arbeitsämtern, das Aushängen von Stellenangeboten im Betrieb oder im Intranet, der Beauftragung von Personalberatern, der Aufgabe von Zeitungsinseraten oder durch die Inanspruchnahme elektronischer Medien, insbesondere Stellenportale im Internet. Bewerber auf eine Stellenanzeige gelten gem. § 6 Abs. 2 AGG bereits als Beschäftigte i. S. d. AGG, weshalb das AGG auch auf diese anwendbar ist. 010

1.2.1.1 Diskriminierungsverbote

Eine Ausschreibung von Arbeitsplätzen muss gem. § 11 AGG diskriminierungsfrei erfolgen. Eine Ausschreibung darf nicht gegen die Diskriminierungsverbote aus § 1 AGG verstoßen. Hierzu gehören die Diskriminierungsverbote aus Gründen der Rasse oder wegen der ethnischen Herkunft, des Geschlechts, der Religion oder Weltanschauung, einer Behinderung, des Alters oder der sexuellen Identität. 011

1.2.1.1.1 Rasse/ethnische Herkunft

012 Das AGG benutzt das Tatbestandmerkmal „Rasse" lediglich als Anknüpfungspunkt zum Rassismus, der durch das AGG verhindert werden soll.[1] Es besteht Einigkeit, dass es keine verschiedenen Menschenrassen gibt. Unter dem Tatbestandsmerkmal ethnische Herkunft wird die Zugehörigkeit zu einer bestimmten Gruppe von Menschen verstanden, die dieselben Lebensgewohnheiten, Geschichte, Sprache und Kultur haben.[2]

1.2.1.1.2 Geschlecht

013 Durch das Tatbestandsmerkmal Geschlecht sollen Frauen, Männer sowie zwischengeschlechtliche Personen gleichermaßen geschützt werden.[3]

1.2.1.1.3 Religion oder Weltanschauung

014 Während das Tatbestandsmerkmal Religion an den Glauben an höhere Mächte und göttliche Wesen anknüpft, meint Weltanschauung eine Aussage zur Welt im Ganzen und zur Stellung des Menschen in dieser.[4] Weltanschauungen sind aber nur dann relevant i. S. d. § 1 AGG, wenn sie über eine mit einer anerkannten Religion vergleichbare gedankliche Geschlossenheit verfügen.[5]

1.2.1.1.4 Behinderung

015 Das Tatbestandsmerkmal der Behinderung erfasst sowohl geistige als auch körperliche Behinderungen, sofern das von § 2 Abs. 1 SGB IX geforderte Maß erreicht ist. Anders als durch das Diskriminierungsverbot des § 81 Abs. 2 SGB IX werden durch § 1 AGG, wie sich auch schon aus dem Wortlaut der Vorschrift ergibt, nicht nur schwerbehinderte Menschen geschützt. [6]

1.2.1.1.5 Alter

016 Das Tatbestandsmerkmal Alter meint das Lebensalter. Geschützt werden grundsätzlich sowohl ältere als auch jüngere Arbeitnehmer.[7]

---

[1] *Palandt/Ellenberger* § 1 AGG Rn 2.

[2] *Palandt/Ellenberger* § 1 AGG Rn 2.

[3] ErfK/*Schlachter* § 1 AGG Rn 6.

[4] *Palandt/Ellenberger* § 1 AGG Rn 4 f.

[5] *Palandt/Ellenberger* § 1 AGG Rn 5.

[6] ErfK/*Schlachter* § 1 AGG Rn 11.

[7] ErfK/*Schlachter* § 1 AGG Rn 12.

1.2.1.1.6 Sexuelle Identität

Durch das Tatbestandsmerkmal der sexuellen Identität soll die sexuelle Ausrichtung der Arbeitnehmer geschützt werden. [1]

017

1.2.1.2 Unmittelbare und mittelbare Diskriminierung

Eine Diskriminierung wegen eines der o. g. Merkmale kann unmittelbar und mittelbar erfolgen. Eine unmittelbare Diskriminierung liegt nach § 3 Abs. 1 AGG vor, wenn eine Person wegen einer der in § 1 AGG genannten Gründe eine schlechtere Behandlung erfährt als eine andere Person in einer vergleichbaren Situation.

018

Beispiel

Bäckerei B inseriert: *„Aushilfsfahrer/in gesucht. Flexibel und deutschstämmig."* Syrer S, der seit einiger Zeit in Deutschland lebt und eine Arbeitserlaubnis hat, bewirbt sich auf das Inserat und bekommt aufgrund einer Herkunft den Arbeitsplatz nicht. Hier ist eine unmittelbare Diskriminierung des S aufgrund seiner ethnischen Herkunft gegeben.

Eine mittelbare Diskriminierung liegt gem. § 3 Abs. 2 AGG vor, wenn dem Anschein nach neutrale Vorschriften, Kriterien oder Verfahren Personen wegen eines in § 1 AGG genannten Grundes gegenüber anderen Personen in besonderer Weise benachteiligen.

019

Beispiel

Bäckerei B inseriert diesmal: *„Aushilfsfahrer/in gesucht. Flexibel und mit perfekten Deutschkenntnissen."* Wieder bewirbt sich Syrer S und bekommt den Arbeitsplatz erneut nicht. Diesmal ist eine mittelbare Diskriminierung aufgrund der ethnischen Herkunft des S gegeben, da S als Syrer, der erst seit einiger Zeit in Deutschland lebt, noch nicht über perfekte Deutschkenntnisse verfügen kann.

Nach § 3 Abs. 2 AGG ist allerdings dann keine mittelbare Diskriminierung gegeben, wenn die Vorschriften, Kriterien oder das Verfahren durch ein rechtmäßiges Ziel sachlich gerechtfertigt und Mittel zur Erreichung des Ziels angemessen und erforderlich sind.

020

---

[1] ErfK/*Schlachter* § 1 AGG Rn 14.

Beispiel

Syrer S, der über eine anerkannte Ausbildung zum Krankenpfleger verfügt, bewirbt sich als Krankenpfleger auf folgendes Inserat: *„Krankenpfleger/in gesucht, Sie verfügen über ... sowie gute Deutschkenntnisse."* S bekommt die Stelle nicht, da seine Deutschkenntnisse nicht ausreichend sind, um Medikamentenbeilagen richtig lesen zu können. Hier ist die mittelbare Diskriminierung der ethnischen Herkunft des S durch ein rechtmäßiges Ziel, die Sicherstellung der Patientenversorgung gerechtfertigt und die guten Deutschkenntnisse sind zur Erreichung des Ziels angemessen und erforderlich.

1.2.1.3 Rechtfertigung unterschiedlicher Behandlung und Schadensersatz

021   Das AGG sieht in den §§ 8, 9 und 10 AGG allgemeine und spezielle Rechtfertigungsgründe für eine unterschiedliche Behandlung vor. Während § 9 und § 10 AGG Spezialfälle bezüglich der Religion/Weltanschauung und des Alters behandeln, beinhaltet § 8 AGG einen in der Praxis wichtigen allgemeinen Rechtfertigungsgrund aufgrund unterschiedlicher beruflicher Anforderungen.

022   Eine unterschiedliche Behandlung von Männern und Frauen ist grundsätzlich wegen eines Verstoßes gegen das Diskriminierungsmerkmal Geschlecht unzulässig. Es sei denn, dass ein bestimmtes Geschlecht eine zwingende Voraussetzungen für die angestrebte Tätigkeit ist und der Zweck rechtmäßig und die Anforderungen angemessen sind (vgl. § 8 Abs. 1 AGG). Dies ist z. B. bei der Einstellung von Tänzern, Schauspielern oder Aktdarstellern der Fall. Entscheidend ist, dass die vom Arbeitgeber aufgestellten Anforderungen an ein bestimmtes Geschlecht objektiv prägend sind.[1] Es kommen aber auch subjektive Gründe für eine Ausnahme in Betracht, insbesondere wenn die Privatsphäre und/oder Intimbereiche betroffen sind.[2] Dies hat das BAG für die Tätigkeit einer Arzthelferin in einer Praxis mit vorwiegend muslimischen Patienten angenommen.[3] Gleiches gilt bei Betreuungspersonen für Nachtdienste in einem Mädcheninternat.[4] Mittlerweile ist höchstrichterlich entschieden, dass die Funktion des Gleichstellungsbeauftragten nicht zwingend von Frauen ausgeführt werden muss, sofern nicht ein dem weiblichen Geschlecht zugeordneter Intimbereich betroffen ist.[5]

---

[1] *Senne*, Arbeitsrecht, S. 161 m. w. N.

[2] ErfK/*Schlachter* § 8 AGG Rn 2.

[3] BAG NJW 1991, 2723 (2726); vgl. zum Benachteiligungsverbot wegen des Geschlechts *Strauß*, Arbeitsrecht für Ärzte an KH, S. 54.

[4] ErfK/*Schlachter* § 8 AGG Rn 2; BAG NZA 2009, 1016.

[5] ErfK/*Schlachter* § 8 AGG Rn 2 m. w. N. und Ausnahmen aus der BAG Rechtsprechung.

Ist eine unterschiedliche Behandlung nicht gerechtfertigt, bestehen nach § 15   023
Abs. 1 und 2 AGG Schadensersatzansprüche.[1] Schadensersatzansprüche kann
allerdings nur derjenige Bewerber geltend machen, der die für den Arbeitsplatz
bestehenden Mindestvoraussetzungen erfüllt. Daher scheiden die Schadensersatzansprüche derjenigen aus, die von vornherein auf eine Ablehnung ihrer Bewerbung mangels Qualifikation spekuliert haben.[2]

Ein nichteingestellter Bewerber hat gem. § 15 VI AGG keinen Anspruch auf Ein-   024
stellung. Wird ein Arbeitsplatz nicht diskriminierungsfrei ausgeschrieben, kann
der Betriebsrat seine Zustimmung zu der personellen Einzelmaßnahme wegen
eines Verstoßes gegen ein Gesetz gem. § 99 Abs. 2 Nr. 1 BetrVG verweigern.

§ 22 AGG enthält eine Beweislastumkehr zugunsten des Arbeitnehmers. Danach   025
hat dieser lediglich Indizien zu beweisen, die für eine Benachteiligung wegen
eines in § 1 AGG genannten Grundes sprechen. Gelingt ihm dies, trägt der Arbeitgeber die volle Beweislast, dass keine solche Benachteiligung vorliegt.[3] Eine Stellenausschreibung, die sich an *„junge Bewerber/innen"* richtet, setzt z. B. ein Indiz
für eine Benachteiligung wegen des Alters.[4]

1.2.2 Vorvertragliches Schuldverhältnis

Mit dem Eingang einer Bewerbung auf ein Stellenangebot nimmt der an dem   026
Arbeitsplatz interessierte Bewerber einen geschäftlichen Kontakt mit dem Arbeitgeber auf. Hierdurch wird nach § 311 Abs. 2 Nr. 3 BGB ein gesetzliches Schuld-
verhältnis in Form eines Anbahnungsverhältnisses begründet. Während der Dauer des Anbahnungsverhältnisses, das mit dem Abschluss eines Arbeitsvertrags
oder mit der endgültigen Ablehnung des Bewerbers wieder endet, sind sowohl
der Bewerber als auch der Arbeitgeber gem. § 241 Abs. 2 BGB verpflichtet, auf die
Rechte, Rechtsgüter und Interessen des anderen Teils Rücksicht zu nehmen. Wird
eine solche Pflicht von einem der Beteiligten schuldhaft verletzt, kann der andere Beteiligte gem. §§ 280 Abs. 1 BGB, 311 Abs. 2, 241 Abs. 2, 249 ff. BGB Schadensersatz verlangen. Dem Geschädigten ist der Vertrauensschaden zu erstatten, d. h.
der Geschädigte ist so zu stellen, wie er ohne die Pflichtverletzung stehen würde.[5]
Der Abschluss des Arbeitsvertrags kann jedoch nicht verlangt werden.

---

[1] Vgl. hierzu *Strauß*, Arbeitsrecht für Ärzte an KH, S. 56.

[2] Vgl. zu einem diesbezüglichen Rechtsmissbrauch ErfK/*Schlachter* § 15 AGG Rn 13.

[3] ErfK/*Schlachter* § 22 AGG Rn 1.

[4] ErfK/*Schlachter* § 22 AGG Rn 6 m. w. N. aus der Rechtsprechung.

[5] ErfK/*Preis* § 611 BGB Rn 267.

1.2.3 Mitteilungs- und Offenbarungspflichten

027 In der betrieblichen Praxis ist bei der Anbahnung eines Arbeitsverhältnisses insbesondere Folgendes zu beachten:

- ► Beiden Beteiligten obliegen Mitteilungs- und Offenbarungspflichten.

- ► Das Fragerecht des Arbeitsgebers ist beschränkt, allerdings besteht eine Wahrheitspflicht des Bewerbers bei zulässig gestellten Fragen.

- ► Der Arbeitgeber ist bei der Auswahl der Methode zur Eignungsfeststellung eingeschränkt.

- ► Bei den Beteiligten obliegen Verschwiegenheitspflichten.

- ► Dem Arbeitgeber obliegen Obhutspflichten.

- ► Beiden Beteiligten obliegen Schutzpflichten.

028 Jeder Verhandlungspartner hat die Verpflichtung, den anderen über sämtliche Umstände aufzuklären, die für den Vertragsabschluss erkennbar von besonderer Bedeutung sind, also insbesondere über solche Umstände, die der Erfüllung des Vertrags entgegenstehen oder die den Entschluss des Verhandlungspartners zum Vertragsabschluss maßgebend beeinflussen. Die Verletzung vorvertraglicher Mitteilungspflichten kann dazu führen, dass der Arbeitsvertrag gem. § 123 Abs. 1 BGB wegen arglistiger Täuschung durch Unterlassen anfechtbar ist.

Beispiel

Der Arbeitgeber muss den Bewerber auf überdurchschnittliche Anforderungen im Arbeitsverhältnis hinweisen, während der Arbeitnehmer nicht verschweigen darf, dass er für die ausgeschriebene Stelle ungeeignet ist, weil er z. B. eine Eignungsprüfung nicht bestanden hat. Der Bewerber muss den Arbeitgeber aufklären, falls er wegen einer Erkrankung oder aus anderen Gründen die Arbeit nicht zu dem vereinbarten Zeitpunkt aufnehmen kann oder falls der Arbeitsaufnahme ein Wettbewerbsverbot entgegensteht.

029 Bei der Verwendung eines Einstellungsfragebogens sowie bei Vorstellungsgesprächen bestehen Beschränkungen des Fragerechts des Arbeitgebers. Der Arbeitgeber hat bereits im Rahmen des Anbahnungsverhältnisses das allgemeine Persönlichkeitsrecht des Bewerbers aus Art. 2 Abs. 1 GG i. V. m. Art. 1 Abs. 1 GG, insbesondere dessen Privat- und Intimsphäre zu beachten. Der Arbeitgeber darf nur solche Fragen stellen, die mit dem Arbeitsplatz oder der zu leistenden Arbeit im Zusammenhang stehen. Stellt ein Arbeitgeber eine unzulässige Frage, kann der Bewerber daher die Antwort verweigern. Wird er deshalb nicht eingestellt, kann er wegen der Pflichtverletzung durch den Arbeitgeber gem. §§ 311 Abs. 2, 241 Abs. 2, 280 Abs. 1 BGB Schadensersatz verlangen. Da dieser Anspruch in der Praxis schwer nachzuweisen und daher praktisch wenig hilfreich für die betroffenen Arbeitnehmer ist, dürfen sie bei unzulässigen Fragen eine unrichtige Ant-

wort geben. Kommt ein Arbeitsverhältnis dann zu Stande, berechtigt die unrichtige Antwort auf die unzulässige Frage des Arbeitgebers diesen nicht zu einer Anfechtung des Arbeitsvertrages gem. §§ 119 Abs. 2, 123 Abs. 1 BGB. Der Arbeitnehmer muss nur zulässige Fragen wahrheitsgemäß beantworten. Nach ständiger Rechtsprechung des BAG hat er bei unzulässigen Fragen das Recht zur Lüge.[1]

1.2.4 Eignungstests

Ärztliche Einstellungsuntersuchungen und psychologische Eignungstests sowie die Erstellung grafologischer Gutachten bedürfen der Einwilligung des Bewerbers.[2] Wenn der Bewerber sein Einverständnis erklärt, darf die von dem Arbeitgeber vorgeschlagene Vorgehensweise ausschließlich der Eignungsfeststellung für die zu besetzende Stelle dienen. Ein Arbeitgeber darf nicht mit einer Einstellungsuntersuchung den allgemeinen Gesundheitszustand eines Bewerbers ausforschen.[3] Allerdings ist in einigen Sondergesetzen, z. B. im Jugendarbeitsschutzgesetz und im Bundesseuchengesetz die Vornahme von ärztlichen Untersuchungen ausdrücklich vorgesehen, in diesen Fällen kann der Arbeitgeber die ärztlichen Untersuchungen verlangen.

030

Ein psychologischer Eignungstest ist außerdem nur zulässig, wenn

031

► der Bewerber über Art und Umfang des Tests aufgeklärt wird,

► der Test durch einen ausgebildeten Psychologen durchgeführt wird und

► sachliche Gründe die Durchführung des Eignungstests rechtfertigen; dies kann insbesondere bei Intelligenz-, Persönlichkeits- und Kreativitätstests ausgeschlossen sein.[4]

Ein grafologisches Gutachten über die Handschrift des Bewerbers ist nur zulässig, wenn

032

► der Bewerber ausdrücklich seine Zustimmung erteilt hat und

► das Gutachten für das Arbeitsverhältnis von Bedeutung ist.[5]

Die Anforderung eines handgeschriebenen Lebenslaufs ist zur Vervollständigung des Persönlichkeitsbildes in der betrieblichen Praxis teilweise üblich und rechtlich nicht zu beanstanden.[6] Soll der handgeschriebene Lebenslauf allerdings der Einholung eines grafologischen Gutachtens dienen, muss der Arbeitgeber die ausdrückliche Einwilligung des Bewerbers einholen. Erteilt der Bewerber sein Einver-

033

---

[1] BAG NZA 1985, 57 (57); BAG NZA 2012, 34 (35) m. w. N. aus der BAG-Rechtsprechung.

[2] ErfK/*Preis* § 611 BGB Rn 303.

[3] ErfK/*Preis* § 611 BGB Rn 303.

[4] ErfK/*Preis* § 611 BGB Rn 309.

[5] ErfK/*Preis* § 611 BGB Rn 304.

[6] ErfK/*Preis* § 611 BGB Rn 304.

ständnis mit der Einholung eines grafologischen Gutachtens, muss der handschriftliche Lebenslauf auch eigenhändig geschrieben sein, andernfalls ist der Arbeitgeber zur Anfechtung des Arbeitsvertrags wegen arglistiger Täuschung berechtigt.

034 Sofern der Arbeitgeber eine medizinische Untersuchung oder einen psychologischen Eignungstest durchführt oder ein graphologisches Gutachten einholt, ohne dass die genannten Voraussetzungen vorliegen, kann der Bewerber wegen der Verletzung seines allgemeinen Persönlichkeitsrechts Schadensersatz und Schmerzensgeld gem. §§ 311 Abs. 2, 241 Abs. 2, 280 Abs. 1, 249, 253 BGB geltend machen.

1.2.5 Verschwiegenheitspflichten

035 Ferner begründet das Anbahnungsverhältnis Verschwiegenheitspflichten. Beide Vertragspartner haben über die ihnen anlässlich des Bewerbungsverfahrens bekannt gewordenen personen- und betriebsbezogenen Umstände Stillschweigen zu bewahren. Der Arbeitgeber darf den Gesundheitszustand des Bewerbers nicht offenbaren, und dieser darf wiederum keine Angaben über Betriebsgeheimnisse machen.

036 Auch bestehen Obhutspflichten des Arbeitgebers hinsichtlich der ordnungsgemäßen Aufbewahrung der ihm zugesandten Bewerbungsunterlagen. Der Arbeitgeber hat dafür zu sorgen, dass unbefugte Personen keine Einsicht in die persönlichen Unterlagen der Bewerber erlangen. Er hat diese nach Abschluss des Bewerbungsverfahrens zurückzusenden, Personalfragebögen zu vernichten und anlässlich des Bewerbungsverfahrens gespeicherte Daten zu löschen.

1.2.6 Vorstellungskosten

037 Vorstellungskosten des Bewerbers hat der Arbeitgeber nach §§ 662, 670 BGB zu ersetzen, wenn er den Bewerber zu einer persönlichen Vorstellung aufgefordert und diesem die Erstattung der Reisekosten zugesagt hat.[1] Hat der Arbeitgeber den Bewerber dagegen nur zur Vorstellung aufgefordert und ist nicht über die Erstattung der Reisekosten gesprochen worden, steht dem Bewerber Ersatz der Aufwendungen zu, die er den konkreten Umständen nach objektiv für erforderlich halten durfte.[2] Ist ein Bewerber von einem von dem Arbeitgeber beauftragten Unternehmensberater zu einem Vorstellungsgespräch gebeten worden, besteht der Ersatzanspruch des Bewerbers hinsichtlich seiner Vorstellungskosten gegen den Arbeitgeber und nicht gegen den Personalberater.[3] Der Höhe nach erstreckt sich der Aufwendungsersatzanspruch auf alle Kosten, die der Bewerber den Umständen

---

[1] BAG NZA 1989, 468 (468).

[2] ErfK/*Müller-Glöge* § 629 Rn 14; *Brox/Rüthers/Henssler*, Arbeitsrecht, Rn 188.

[3] BAG NZA 1989, 468 (468).

nach für erforderlich halten durfte. Dazu gehören insbesondere die Kosten der Anreise, bei größerer Entfernung aber auch die Kosten einer Übernachtung sowie die Mehrkosten für die Verpflegung.[1] Der Umfang der Erstattungspflicht ist somit von dem Wohnort des Bewerbers, dem vereinbarten Vorstellungstermin und der ausgeschriebenen Stelle abhängig. Der Aufwendungsersatzanspruch kann allerdings durch Vereinbarung ausgeschlossen werden oder der Höhe nach beschränkt werden. Will ein Arbeitgeber gar keine Vorstellungskosten erstatten, muss er dies bereits durch einen entsprechenden Hinweis in dem Stellenangebot oder spätestens in der Einladung bekannt geben.

Beispiel

Arbeitgeber A in Hamburg sucht einen/e Leiter/in der Marketingabteilung. Er möchte, dass Frau B aus Nürnberg sich vorstellt. Wenn Frau B nur aufgefordert wird, sich an einen bestimmten Tag um 10:00 Uhr bei A in Hamburg vorzustellen, kommen beträchtliche Kosten auf A zu, Frau B könnte mit dem Flugzeug anreisen und vom Flughafen mit dem Taxi zu A fahren. Auch eine Anreise mit der Bahn in der 1. Klasse und eine Hotelübernachtung vor dem Vorstellungsgespräch wären aufgrund der Umstände dieses Einzelfalls erforderlich und angemessen. A hat jedoch die Möglichkeit, in dem Einladungsschreiben bekannt zu geben, welche Kosten er erstatten wird, oder die Vorstellungskosten auf einen bestimmten Höchstbetrag zu beschränken. Selbst ein völliger Ausschluss des Aufwendungsersatzanspruchs wäre möglich.

Der Bewerber hat gegen seinen bisherigen Arbeitgeber einen Anspruch auf Freistellung für ein Vorstellungsgespräch, wenn es sich um ein Ausbildungsverhältnis handelt, das demnächst endet (vgl. § 10 Abs. 2 BBiG i. V. m. § 629 BGB). Gleiches gilt nach § 629 BGB, wenn ein dauerndes Arbeitsverhältnis von einem der Vertragspartner gekündigt worden ist. Besteht ein ungekündigtes Arbeitsverhältnis oder nur ein Probe- oder Aushilfsarbeitsverhältnis, muss der Bewerber für ein Vorstellungsgespräch dagegen erforderlichenfalls Urlaub nehmen.[2]   038

1.3 Abschluss des Arbeitsvertrags

Der Arbeitsvertrag ist ein schuldrechtlicher Vertrag, der den allgemeinen Regeln   039
des bürgerlichen Rechts unterliegt.[3] Er kommt durch zwei übereinstimmende Willenserklärungen zu Stande. Arbeitgeber und Arbeitnehmer einigen sich über die wesentlichen Bestandteile des Arbeitsvertrags nach § 611 BGB, indem sie vereinbaren, dass der Arbeitnehmer ein unselbstständiges und entgeltliches Be-

---

[1] ErfK/*Preis* § 611 BGB Rn 246 f.

[2] ErfK/*Müller-Glöge* § 629 BGB Rn 2.

[3] Vgl. zum Wesen des Arbeitsvertrages ErfK/*Preis* § 611 BGB Rn 1 ff.

schäftigungsverhältnis im Betrieb des Arbeitgebers aufnimmt. Dabei ist nicht erforderlich, dass der Vertrag als Arbeitsvertrag bezeichnet wird. Ob ein Arbeitsverhältnis vorliegt, ist nicht von den vertraglichen Bezeichnungen abhängig, maßgebend sind die tatsächlichen Verhältnisse. Auch eine ausdrückliche Vereinbarung über die Vergütung ist gem. § 612 Abs. 1 BGB regelmäßig entbehrlich. Ein Arbeitsvertrag kann allein dadurch zu Stande kommen, dass Arbeitgeber und Arbeitnehmer vereinbaren, dass der Arbeitnehmer Dienste leisten und dabei als weisungsgebundener Dienstnehmer in die betriebliche Organisation des Arbeitgebers eingegliedert wird.

040　Der zivilrechtliche Grundsatz der Vertragsfreiheit erstreckt sich auch auf das Arbeitsverhältnis.[1] Bei dem Abschluss eines Arbeitsvertrags besteht nach dem allgemeinen Regeln der Privatautonomie

- ► Abschlussfreiheit
- ► Formfreiheit und
- ► Gestaltungsfreiheit.

1.3.1 Abschlussfreiheit

041　Der Grundsatz der Abschlussfreiheit beinhaltet die unternehmerische Entscheidungsfreiheit des Arbeitgebers bei der Personalauswahl. Diese wird zum Schutz der Arbeitnehmer allerdings durch Abschlussverbote und Abschlussgebote eingeschränkt, die unterschiedliche gesetzliche Rechtsfolgen haben:

- ► Die Nichtbeachtung besonderer Beschäftigungsverbote für Kinder und Jugendliche nach §§ 5, 7 JArbSchG kann zu einer Nichtigkeit oder Teilnichtigkeit des Arbeitsvertrags gem. § 134 BGB führen.
- ► Der Betriebsrat ist gem. § 99 BetrVG u. a. bei Einstellungen zu beteiligen; er kann seine Zustimmung aus den im Gesetz genannten Gründen verweigern. Schließt der Arbeitgeber einen Arbeitsvertrag ohne Mitwirkung des Betriebsrats oder trotz einer Verweigerung der Zustimmung ab, ist der Arbeitsvertrag zivilrechtlich wirksam. Der Betriebsrat kann jedoch bei dem Arbeitsgericht die Aufhebung der personellen Maßnahme verlangen (vgl. § 101 BetrVG).
- ► Das Fehlen einer Arbeitserlaubnis bei ausländischen Arbeitnehmern führt zu einem öffentlich-rechtlichen Beschäftigungsverbot; der Arbeitsvertrag ist jedoch wirksam und kann personenbedingt gekündigt werden.
- ► Arbeitgeber, die über mindestens 20 Arbeitsplätze verfügen, haben auf 5 % der Arbeitsplätze Schwerbehinderte zu beschäftigen (vgl. § 71 Abs. 1, Abs. 2 Satz 1 SGB IX). Eine entsprechende Beschäftigungspflicht besteht aber nicht; soweit keine Schwerbehinderten beschäftigt werden, ist von dem Arbeitgeber eine Ausgleichsabgabe zu entrichten.

---

[1] *Boemke* NZA 1993, 532 (533).

▸ Nach dem Grundsatz der Gleichbehandlung von Männern und Frauen am Arbeitsplatz dürfen Arbeitgeber einen Arbeitnehmer u. a. bei der Begründung eines Arbeitsverhältnisses nicht wegen seines Geschlechts benachteiligen (vgl. §§ 7, 1 AGG). Wird gegen das Benachteiligungsverbot verstoßen, besteht ein Anspruch auf angemessene finanzielle Entschädigung (vgl. § 15 Abs. 1, 2 AGG).

1.3.2 Formfreiheit

Der Grundsatz der Formfreiheit beinhaltet, dass die Einigung von Arbeitgeber und Arbeitnehmer über den Vertragsabschluss formlos und daher nach Wahl der Vertragsparteien schriftlich, mündlich oder durch konkludentes Verhalten erfolgen kann.[1] Ein Arbeitsvertrag kann auch per Telefax oder E-Mail abgeschlossen werden. Da kein Schriftformerfordernis für Arbeitsverträge besteht, muss bei einem Vertragsabschluss per E-Mail die elektronische Form gem. § 126a BGB nicht eingehalten werden. Der Grundsatz der Formfreiheit gilt nicht nur für den Abschluss, sondern auch für nachträgliche Änderungen und Ergänzungen des Arbeitsvertrags.

042

Beispiel

Der arbeitslose Dachdecker D war bereits bei dem Bauunternehmer A beschäftigt. Als D erfährt, dass A für ein umfangreiches Bauvorhaben Dachdecker sucht, geht D zu der Baustelle und trifft dort den Bauleiter B, der ihm wortlos Dachdeckerwerkzeug gibt. Wenn B zur Einstellung von Arbeitnehmern bevollmächtigt war, ist ein wirksamer Arbeitsvertrag durch konkludentes Verhalten geschlossen worden. Die Konditionen dieses Arbeitsverhältnisses werden durch die Rechtsnormen des Arbeitsrechts, insbesondere durch Gesetze und Tarifverträge, sowie durch das Direktionsrecht des Arbeitgebers näher bestimmt.

Arbeitsverträge sind allerdings nur formfrei wirksam, soweit kein Schriftformerfordernis besteht. Schriftformerfordernisse für den Arbeitsvertrag können sich vor allem aus Gesetzen ergeben. Insbesondere besteht gem. § 14 Abs. 4 TzBfG ein Schriftformerfordernis für Befristungsklauseln in Arbeitsverträgen. Außerdem sind nachvertragliche Wettbewerbsverbote (Konkurrenzklauseln) gem. § 74 Abs. 1 HGB schriftlich niederzulegen. Wird eine gesetzlich vorgesehene Schriftform nicht eingehalten, ist die getroffene Vereinbarung gem. § 125 Satz 1 BGB nichtig.

043

Das Nachweisgesetz enthält gesetzliche Formvorschriften, deren Nichteinhaltung keine Nichtigkeit des Arbeitsvertrages nach § 125 Satz 1 BGB zur Folge hat. Durch das Nachweisgesetz soll die Rechtsstellung der Arbeitnehmer nicht verschlechtert werden. Deshalb begründet das Nachweisgesetz lediglich eine Doku-

044

---

[1] *Waltermann*, Arbeitsrecht, Rn 168.

mentationspflicht des Arbeitgebers.[1] Nach §§ 1, 2 Abs. 1 Satz 1 NachwG kann jeder Arbeitnehmer, der länger als einen Monat beschäftigt wird, verlangen, dass die wesentlichen Arbeitsbedingungen schriftlich niedergelegt werden und die Niederschrift von dem Arbeitgeber unterzeichnet wird. In einem schriftlichen Arbeitsvertrag sollten zu allen in § 2 Abs. 1 Satz 2 NachwG aufgeführten Punkten Regelungen getroffen werden, damit die Nachweispflicht des Arbeitgebers gleichzeitig erfüllt wird. Wurde der Arbeitsvertrag nicht schriftlich abgeschlossen, müssen die wesentlichen Arbeitsbedingungen nachträgliche schriftlich dokumentiert werden. Die Verwendung der elektronischen Form ist gem. § 2 Abs. 2 Satz 1 NachwG ausgeschlossen. Rechtspolitisch verfehlt ist, dass der Verstoß gegen das Nachweisgesetz sanktionslos bleibt.

045 Auch § 11 BBiG ist ebenfalls keine gesetzliche Formvorschrift, deren Nichteinhaltung die Nichtigkeit eines formlos abgeschlossenen Berufsausbildungsvertrags gem. § 125 Satz 1 BGB zur Folge hat. Der Ausbildende ist lediglich verpflichtet, unverzüglich nach Abschluss des Ausbildungsvertrags und spätestens vor Beginn der Berufsausbildung den in § 11 Abs. 1 Satz 2 BBiG im Einzelnen aufgeführten wesentlichen Inhalt des Ausbildungsvertrags schriftlich niederzulegen. Die Niederschrift ist allerdings nicht nur von dem Ausbilder, sondern auch von dem Auszubildenden und – bei minderjährigen Auszubildenden – zusätzlich von seinem gesetzlichen Vertreter zu unterzeichnen.[2]

046 Auch ein Verstoß gegen Ordnungsvorschriften berührt die Wirksamkeit des Arbeitsvertrags nicht. Der Arbeitgeber hat bei der Einstellung von Arbeitnehmern einschließlich der Auszubildenden zwar zahlreiche Regelungen zu beachten, er muss z. B. verschiedene gesetzliche Meldevorschriften einhalten, mit diesen Vorschriften wird aber lediglich eine ordnungsgemäße Abwicklung eines bereits begründeten Arbeitsverhältnisses bezweckt.

047 In Tarifverträgen sind häufig Schriftformklauseln für Arbeitsverträge enthalten (vgl. § 2 TVöD). Diese Regelungen haben deklaratorischen Charakter. Die Arbeitsvertragsparteien sollen veranlasst werden, Arbeitsverträge schriftlich abzufassen, eine Nichtbeachtung der Schriftform führt aber nicht dazu, dass ein mündlich oder konkludent abgeschlossener Arbeitsvertrag nichtig ist, da dies die Rechtstellung der Arbeitnehmer nur verschlechtern würde.[3]

048 In der betrieblichen Praxis sollten Arbeitsverträge im Interesse der Rechtssicherheit regelmäßig schriftlich abgeschlossen werden. Außerdem können Schriftformklauseln für Änderungen und Ergänzungen in Formulararbeitsverträge aufgenommen werden. Einfache Schriftformklauseln können allerdings gem. § 305b BGB jederzeit durch eine mündlich oder konkludent getroffene Vereinbarung wieder aufgehoben werden. Mündlich vereinbarte Änderungen und Ergänzun-

---

[1] ErfK/*Schlachter*, Einführung zum NachwG, Rn 11.

[2] Vgl. ausführlich zum BBiG ≫ Kapitel B.8.

[3] *Strauß*, Arbeitsrecht für Ärzte an KH, S. 65.

gen des Arbeitsvertrags sind trotz einer Schriftformklausel wirksam, wenn die Vertragsparteien die mündlich getroffene Vereinbarung gewollt und bei der Vereinbarung nicht an die Schriftformklausel gedacht haben. Eine zusätzliche Abrede, wonach die Aufhebung der vereinbarten Schriftformklausel selbst nur schriftlich erfolgen kann („doppelte Schriftformklausel") ist ebenfalls in Formulararbeitsverträgen nach §§ 305b, 307 Abs. 1 BGB unwirksam.[1]

1.3.3 Gestaltungsfreiheit

Der Grundsatz der Gestaltungsfreiheit beinhaltet, dass die Vertragsparteien den Vertragsinhalt nach freiem Ermessen festlegen können. Wegen des wirtschaftlich ungleichen Kräfteverhältnisses ist die Gestaltungsfreiheit bei Arbeitsverträgen aber durch zahlreiche zwingende gesetzliche Vorschriften, z. B. durch das Arbeitszeit- und das Bundesurlaubsgesetz sowie die §§ 305 ff. BGB eingeschränkt. Hinzu kommen ggf. weitere Einschränkungen durch in Tarifverträgen enthaltene Mindestarbeitsbedingungen und durch Betriebsvereinbarungen. Die Gestaltungsfreiheit hat im Hinblick auf den Arbeitnehmerschutz bei dem Abschluss von Arbeitsverträgen nur eine untergeordnete Bedeutung.

049

1.4 Arbeitsaufnahme

Mit dem Abschluss des Arbeitsvertrags werden die Rechte und Pflichten der Arbeitsvertragsparteien begründet. Anschließend folgt die tatsächliche Arbeitsaufnahme im Betrieb des Arbeitgebers. Der Arbeitnehmer beginnt mit der Erfüllung seiner Hauptleistungspflicht aus dem Arbeitsvertrag. Das Arbeitsverhältnis wird durch die Arbeitsaufnahme in Vollzug gesetzt, was dazu führt, dass die Treuepflicht des Arbeitnehmers und die Fürsorgepflicht des Arbeitgebers zum Tragen kommen. Außerdem wird erst mit der Arbeitsaufnahme ein sozialversicherungspflichtiges Beschäftigungsverhältnis begründet.

050

Eine Kündigung des Arbeitsverhältnisses kann schon vor der Arbeitsaufnahme ausgesprochen werden; sie ist wirksam, wenn die formalen Voraussetzungen erfüllt sind.[2] Das Recht zur Kündigung vor der Arbeitsaufnahme wird allerdings häufig durch eine arbeitsvertragliche Vereinbarung ausgeschlossen. Mit einer solchen Regelung soll erreicht werden, dass ein Arbeitnehmer die Arbeit tatsächlich aufnimmt und sich nicht bei anderen Arbeitgebern um den Abschluss eines Arbeitsvertrags zu besseren Konditionen bemüht.

051

Die Bedeutung der Aktualisierung des Arbeitsverhältnisses liegt – abgesehen von der Begründung eines sozialversicherungsrechtlichen Beschäftigungsverhältnisses – vor allem darin, dass nach der Arbeitsaufnahme eine Lösung nur noch mit Wirkung für die Zukunft, also ex nunc, möglich ist. Dies wirkt sich insbesondere

052

---

[1] BAG BB 2008, 2242 (2243).

[2] BAG NZA 1986, 671 ff.

dann aus, wenn der Arbeitsvertrag nach § 123 Abs. 1 BGB anfechtbar ist. Die Anfechtung eines in Vollzug gesetzten Arbeitsverhältnisses wirkt entgegen des Wortlautes des § 142 Abs. 1 BGB nicht auf den Zeitpunkt des Vertragsabschlusses zurück.[1] Hat ein Arbeitnehmer seine Arbeit aufgenommen, werden im Rahmen eines Arbeitsverhältnisses Leistungen erbracht, bei denen eine Rückabwicklung über die §§ 812, 818 BGB schwierig und nicht immer für beide Seiten interessengerecht abzuwickeln ist. Die Sozialversicherungspflicht knüpft ebenfalls an die tatsächliche Beschäftigung und nicht an die Wirksamkeit des Arbeitsvertrags an. Außerdem können einem Arbeitnehmer, der auf die Wirksamkeit des Vertrags vertraut hat, die gesetzlich garantierten Ansprüche auf Urlaub und Entgeltfortzahlung im Krankheitsfall nicht entzogen werden. Die Anfechtung eines Arbeitsvertrags entfaltet nur für die Zukunft Rechtswirkung, wenn die Anfechtung erst nach der Arbeitsaufnahme erklärt wird. Auch bei einer Nichtigkeit des Arbeitsvertrags nach den §§ 134, 138 BGB, tritt nach einer Arbeitsaufnahme die Nichtigkeitsfolge erst ein, wenn eine Vertragspartei sich auf die Nichtigkeit des Arbeitsvertrags beruft.

Faktisches (fehlerhaftes) Arbeitsverhältnis

053 Nimmt ein Arbeitnehmer aufgrund eines nichtigen oder anfechtbaren Arbeitsvertrags die Arbeit auf und erbringt seine Arbeitsleistung in gleicher Weise, als ob ein wirksamer Arbeitsvertrag vorliegen würde, entsteht ein faktisches Arbeitsverhältnis.[2] Ein solches Arbeitsverhältnis kann keine rechtliche Bindung für die Zukunft entfalten, sodass sich bei Nichtigkeit des Arbeitsvertrags jede Vertragspartei form- und fristlos von dem faktischen Arbeitsverhältnis lossagen kann. Für die Vergangenheit wird das faktische Arbeitsverhältnis aber so behandelt, als habe für den Zeitraum von der Arbeitsaufnahme bis zur Lossagung von dem faktischen Arbeitsverhältnis ein wirksamer Arbeitsvertrag bestanden. Alle Ansprüche der Vertragsparteien entstehen in einem faktischen Arbeitsverhältnis in gleicher Weise wie in einem fehlerfreien Arbeitsverhältnis.[3] Ausgenommen hiervon sind allerdings faktische Arbeitsverhältnisse, bei denen ein entgegenstehendes öffentliches Interesse besteht, dass Rechtsfolgen aus dem nichtigen Arbeitsverhältnis abgeleitet werden.[4] Das ist insbesondere bei Verbotsgesetzen, wie dem Verbot nach §§ 2, 10 BÄO ohne hinreichende Approbation ärztliche Heiltätigkeiten auszuüben, der Fall.[5]

---

[1] Aufgrund des klaren Wortlautes des § 142 BGB ist dies dogmatisch nicht ganz überzeugend, aber ständige Rechtsprechung des BAG und in der h. L. anerkannt, vgl. *Brox/Rüthers/Henssler*, Arbeitsrecht, Rn 173 m. w. N.

[2] ErfK/*Preis* § 611 BGB Rn 145.

[3] ErfK/*Preis* § 611 BGB Rn 145.

[4] ErfK/*Preis* § 611 BGB Rn 146.

[5] *Dütz/Thüsing*, Arbeitsrecht, Rn 120.

Beispiel

Postbote P gibt sich als Arzt aus. Krankenhaus K stellt ihn als Leiter der Psychiatrie ein. P behandelt die Patienten von K über Jahre hinweg erfolgreich, insbesondere Angstneurosen werden von ihm zutreffend diagnostiziert und gut behandelt. Der zwischen P und K geschlossene Arbeitsvertrag ist wegen eines Verstoßes gegen die BÄO nach § 134 BGB nichtig. Zudem besteht hier ein öffentliches Interesse, dass P keinerlei Rechtsansprüche aus dem faktischen Arbeitsverhältnis ableiten kann.

1.5 Mängel des Arbeitsvertrages

Wie bei jedem Rechtsgeschäft können auch bei einem Arbeitsvertrag Mängel zu einer Nichtigkeit oder Anfechtbarkeit sowie zu einer Teilnichtigkeit des Vertrags führen. Ein fehlerhafter Arbeitsvertrag liegt insbesondere in den folgenden Fällen vor:

054

- ► fehlende Vertretungsmacht eines Vertreters des Arbeitgebers
- ► fehlende oder beschränkte Geschäftsfähigkeit des Arbeitnehmers
- ► Anfechtbarkeit des Arbeitsvertrags wegen Irrtums oder wegen arglistiger Täuschung gem. §§ 119, 123 BGB
- ► Nichtigkeit oder Teilnichtigkeit wegen eines Verstoßes gegen zwingende gesetzliche Vorschriften zum Schutz der Arbeitnehmer.

1.5.1 Fehlende Vertretungsmacht

In der üblichen Praxis werden Arbeitsverträge häufig nicht von dem Unternehmer selbst und auch nicht von vertretungsberechtigten Gesellschaftern bzw. Organmitgliedern einer Gesellschaft, sondern von Mitarbeitern der Personalabteilung und damit von Arbeitnehmern abgeschlossen. Arbeitnehmer können nicht ohne weiteres Rechtsgeschäfte für den Arbeitgeber abschließen. Sie müssen vielmehr bevollmächtigt worden sein. Durch die Erteilung einer Vollmacht zum Abschluss von Arbeitsverträgen entsteht die Vertretungsmacht gem. § 164 Abs. 1 BGB als Voraussetzung für einen Vertragsabschluss im Namen des Arbeitgebers.[1] Entsprechendes gilt für Vertragsänderungen und für die Beendigung des Arbeitsvertrags, insbesondere durch eine Kündigung.

055

Schließt ein Vertreter einen Vertrag ab, ohne über eine entsprechende Vertretungsmacht zu verfügen, kann der Mangel der Vertretungsmacht durch eine nachträgliche Genehmigung des Vertretenen geheilt werden (vgl. § 177 Abs. 1

056

---

[1] Vgl. zu den Voraussetzungen einer wirksamen Stellvertretung *Aunert-Micus/Güllemann/Streckel/Tonner/Wiese*, Wirtschaftsprivatrecht, Rn 455.

BGB). Dies hat zur Folge, dass ein von einem Mitarbeiter ohne Vertretungsmacht abgeschlossener Arbeitsvertrag von Anfang an wirksam wird. Sofern der Arbeitgeber den Arbeitsvertrag nicht nachträglich genehmigt, besteht für den Zeitraum zwischen der Arbeitsaufnahme und der Berufung des Arbeitgebers auf den Mangel der Vertretungsmacht ein faktisches Arbeitsverhältnis.

Beispiel

Der Geschäftsführer G einer GmbH ist verreist. Während seiner Abwesenheit stellt der Mitarbeiter M die Sekretärin S ein, ohne über eine entsprechende Vollmacht zu verfügen. Der Arbeitsvertrag zwischen der GmbH und S ist wegen fehlender Vertretungsmacht zunächst gem. § 177 Abs. 1 BGB schwebend unwirksam. Als G von seiner Reise zurückkommt, genehmigt er den Abschluss des Arbeitsvertrags nicht. Dadurch wird der Arbeitsvertrag endgültig unwirksam. Sofern S ihre Tätigkeit bereits aufgenommen hat, ist aber ein faktisches Arbeitsverhältnis entstanden, S kann für den zurückliegenden Zeitraum in gleicher Weise wie aus einem wirksamen Arbeitsvertrag Ansprüche geltend machen. Da das faktische Arbeitsverhältnis keine Bindungswirkung für die Zukunft hat, kann sich G durch eine einseitige, form- und fristlose Erklärung von dem faktischen Arbeitsverhältnis lösen.

1.5.2 Fehlende Geschäftsfähigkeit

057 Der wirksame Abschluss eines Arbeitsvertrags setzt die Geschäftsfähigkeit beider Vertragspartner voraus. Ist eine Vertragspartei geschäftsunfähig, ist der Arbeitsvertrag gem. § 105 Abs. 1 BGB unwirksam. Schließt ein beschränkt geschäftsfähiger Minderjähriger einen Arbeitsvertrag ab, kommt gem. §§ 107, 108 Abs. 1 BGB – wie bei der Vertretung – ein wirksamer Arbeitsvertrag zu Stande, wenn der gesetzliche Vertreter des Minderjährigen dem Vertragsabschluss bereits vorab zugestimmt oder ihn nachträglich genehmigt hat.

058 Gestattet ein gesetzlicher Vertreter einem beschränkt geschäftsfähigen Minderjährigen, ein Arbeitsverhältnis einzugehen, wird der Minderjährige gem. § 113 Abs. 1 BGB teilgeschäftsfähig. Er kann aufgrund der Erlaubnis zur Arbeitsaufnahme nicht nur einen wirksamen Arbeitsvertrag abschließen, sondern ist für alle Folgegeschäfte geschäftsfähig. Hierzu gehört z. B. die Eröffnung eines Gehaltskontos, der Gewerkschaftsbeitritt, der Kauf von Berufskleidung und Arbeitsmaterial sowie die Kündigung des Arbeitsvertrags.[1] Wenn einem beschränkt geschäftsfähigen Minderjährigen gestattet wird, sich einen Ausbildungsplatz zu suchen, ist § 113 Abs. 1 BGB allerdings nicht anwendbar.[2] Ein beschränkt ge-

---

[1] *Palandt/Ellenberger* § 113 BGB Rn 3.

[2] *Palandt/Ellenberger* § 113 BGB Rn 2.a.A. BAG NJW 2008, 1833 (1834); wiederum offengelassen in BAG NZA 2012, 495 (496).

schäftsfähiger Minderjähriger kann ohne Einwilligung seiner Eltern daher weder den Berufsausbildungsvertrag kündigen noch ein anderes Berufsbildungs- oder Arbeitsverhältnis eingehen. Ob und inwieweit die Einwilligung zur Aufnahme einer Berufsausbildung die Verfügung über die Ausbildungsvergütung und die Vornahme sonstiger Rechtsgeschäfte, wie die Eröffnung eines Kontos deckt, ist von den Umständen des Einzelfalls und der Verkehrsanschauung abhängig.[1]

1.5.3 Anfechtung des Arbeitsvertrages

Die Anfechtung eines Arbeitsvertrags kann wegen Irrtums gem. § 119 Abs. 1 und 2 BGB oder wegen arglistiger Täuschung gem. § 123 Abs. 1 BGB erfolgen. Eine Anfechtung wegen Irrtums hat bei Arbeitsverträgen keine nennenswerte Bedeutung. Dagegen kommt eine Anfechtung wegen arglistiger Täuschung in Betracht, wenn ein Bewerber bewusst falsche Angaben macht. In Vorstellungsgesprächen werden Bewerbern zahlreiche Fragen zum beruflichen Werdegang, zu ihrer Eignung für den ausgeschriebenen Arbeitsplatz und zu ihrer Motivation für die Bewerbung in diesem konkreten Unternehmen gestellt. Häufig sind von den Bewerbern auch Einstellungsbögen auszufüllen, und Eignungstests werden gemacht. In dieser Situation kann es vorkommen, dass ein Bewerber falsche Angaben macht, um einen Arbeitsplatz zu erhalten. Bei bewusst falschen Antworten des Bewerbers auf zulässige Fragen des Arbeitgebers, kann der daraufhin abgeschlossene Arbeitsvertrag wegen arglistiger Täuschung angefochten werden. Bei unzulässigen Fragen des Arbeitgebers darf der Bewerber die Unwahrheit sagen, ohne rechtliche Konsequenzen befürchten zu müssen; hier besteht nach ständiger Rechtsprechung des BAG ein Recht zur Lüge.[2]

059

Ein Arbeitsvertrag ist wegen arglistiger Täuschung durch den Bewerber anfechtbar, wenn

060

- die Frage zulässig war
- der Bewerber sie bewusst falsch beantwortet hat
- die Antwort für die Entscheidung des Arbeitgebers ursächlich war und der Bewerber dies erkennen konnte.

Beispiele für zulässige Fragen im Vorstellungsgespräch oder im Einstellungsfragebogen:[3]

061

- Ausbildung, Prüfungs- und Zeugnisnoten
- beruflicher Werdegang und berufliche Fähigkeiten
- Erkrankungen und Körperbehinderungen, die die Eignung für die vorgesehene Tätigkeit beeinträchtigen

---

[1] *Palandt/Ellenberger* § 113 BGB Rn 9.

[2] BAG NZA 1985, 57 (57); BAG NZA 2012, 34 (35) m. w. N. aus der Rechtsprechung.

[3] *Braun* MDR 2004, 64 f. m. w. N.

- einschlägige Vorstrafen, Verkehrsdelikte bei Kraftfahrern oder Vermögendelikte bei Bankangestellten, ansonsten liegt ein Verstoß gegen das Sozialstaatsprinzip aus Art. 20 Abs. 1 GG vor, welches jedem Täter einen Anspruch auf Resozialisierung gibt

- bestehende Wettbewerbsverbote.

062 Beispiele für unzulässige Fragen wegen Verstoßes gegen das Grundgesetz und/oder das Allgemeine Gleichbehandlungsgesetz in einem Vorstellungsgespräch oder in einem Einstellungsfragebogen:[1]

- Absicht einer Eheschließung, Kinderwunsch (Verstoß gegen Art. 6 Abs. 1 GG)

- bestehende Schwangerschaft (Verstoß gegen Art. 3 Abs. 2 GG, §§ 1, 7 AGG)

- Gewerkschaftszugehörigkeit (Verstoß gegen Art. 9 Abs. 2 GG)

- Religionszugehörigkeit [2] (Verstoß gegen Art. 4 GG, §§ 1, 7 AGG)

- Erkrankungen, die objektiv keine Auswirkung auf das Arbeitsverhältnis haben[3] (Verstoß gegen Art. 2 Abs. 1 GG i. V. m. 1 Abs. 1 GG)

- Frage nach den Vermögensverhältnissen des Arbeitnehmers (Verstoß gegen Art. 2 Abs. 1 GG i. V. m. Art. 1 Abs. 1 GG).

063 Bei der Beurteilung der Zulässigkeit von Fragen seitens des Arbeitgebers in einem Vorstellungsgespräch ist immer auf die Umstände des Einzelfalls abzustellen. Wenn kein Zusammenhang zwischen der Frage und der zu besetzenden Position besteht, liegt eine Verletzung des allgemeinen Persönlichkeitsrechts des Bewerbers aus Art. 2 Abs. 1 GG i. V. m. Art 1 Abs. 1 GG und damit eine unzulässige Frage vor. Der Arbeitgeber darf nur solche Fragen stellen, die sachlich geboten sind, um einen geeigneten Bewerber für die konkrete Stelle auszuwählen (vgl. § 32 BDSG).

1.5.3.1 Gehaltshöhe/Vermögensverhältnisse

064 Die Frage nach der bisherigen Gehaltshöhe greift nach richtiger Auffassung grundsätzlich in unzulässiger Weise in die Privatsphäre des Bewerbers ein, welche durch das allgemeine Persönlichkeitsrecht aus Art. 2 Abs. 1 i. V. m. Art. 1 Abs. 1 GG geschützt ist.[4] Für diese Auffassung spricht entscheidend, dass sich die Verhandlungsposition über das Gehalt eines Bewerbers massiv verschlechtern kann, wenn er sein früheres Gehalt bekannt geben müsste.[5] Etwas anderes gilt aller-

---

[1] *Braun* MDR 2004, 64 ff. m. w. N.

[2] Ausnahmsweise zulässig bei Tendenzbetrieben wie z. B. Krankenhäusern in katholischer Trägerschaft.

[3] Ausnahmsweise zulässig bei nachweisbaren Ansteckungsgefahren für Dritte.

[4] *Strauß*, Arbeitsrecht für Ärzte an KH, S. 62.

[5] *Moritz* NZA 1987, 329 (333).

dings, wenn die Höhe des früheren Gehaltes für die Besetzung der Stelle aussagekräftig ist oder der Bewerber sein bisiheriges Gehalt als Mindestgehalt fordert.[1]

Die Frage nach den Vermögensverhältnissen ist nur bei Angestellten in leitender Position oder bei einer Bewerbung für eine besondere Vertrauensstellung zulässig, wie bei Kassierern oder Filialleitern einer Bank. 065

1.5.3.2 Vorstrafen

Die Frage nach Vorstrafen darf der Arbeitgeber im Hinblick auf den Resozialisierungsgedanken, der auf dem Sozialstaatsprinzip aus Art 20 Abs. 1 GG fußt, nur stellen, wenn ein nachvollziehbarer Zusammenhang mit dem Arbeitsverhältnis besteht.[2] Für die entscheidende Frage, ob eine Vorstrafe für das künftige Arbeitsverhältnis von Bedeutung ist, kommt es nicht auf die subjektive Einschätzung des Arbeitgebers, sondern auf die objektive Relevanz für das künftige Arbeitsverhältnis an.[3] Ist die Strafe bereits aus dem Bundeszentralregister gelöscht, muss eine Frage nach einer Vorstrafe nicht wahrheitsgemäß beantwortet werden.[4] Bezüglich getilgter Vorstrafen besteht nach § 51 BZRG ein Verwertungsverbot. 066

1.5.3.3 Schwangerschaft

Zu der Frage nach der Schwangerschaft hat sich die Rechtsprechung des BAG dem Druck des EuGH gebeugt. Ein Arbeitgeber darf entgegen früherer Auffassung des BAG eine Bewerberin unter keinen Umständen mehr nach einer bestehenden Schwangerschaft fragen, und zwar selbst dann nicht, wenn die Bewerberin wegen eines mutterschutzrechtlichen Beschäftigungsverbots ihre Tätigkeit während der Schwangerschaft gar nicht ausüben kann.[5] Das BAG hat seine Rechtsprechung, dass die Frage nach der Schwangerschaft zulässig sei, wenn sie objektiv dem Gesundheitsschutz des ungeborenen Lebens oder der Bewerberin diene, aufgegeben.[6] Ferner ist gleichgültig, ob es sich um eine befristete oder unbefristete Stelle handelt.[7] Die Frage nach einer Schwangerschaft ist eine verbotene Diskriminierung wegen des Geschlechts i. S. d. Art. 3 Abs. 2 GG sowie der §§ 1, 3 und 7 AGG und kann unzutreffend beantwortet werden, ohne dass der Arbeitgeber den Arbeitsvertrag wegen arglistiger Täuschung anfechten kann.[8] 067

---

[1] RGKU/*Joussen* § 611 BGB Rn 82; *Strauß*, Arbeitsrecht für Ärzte an KH, S. 62.

[2] *Strauß*, Arbeitsrecht für Ärzte an KH, S. 61.

[3] BAG NZA 1999, 975 (976).

[4] *Waltermann*, Arbeitsrecht, Rn 162 m. w. N. aus der Rechtsprechung.

[5] Vgl. zum Meinungsstreit *Brox/Rüthers/Henssler*, Arbeitsrecht, Rn 169 m. w. N.

[6] BAG NJW 1994, 148 (149).

[7] *Waltermann*, Arbeitsrecht, Rn 162 m. w. N.

[8] Vgl. zur gegenteiligen Auffassung *Strauß*, Arbeitsrecht für Ärzte an KH, S. 59.

1.5.3.4 Schwerbehinderung

068 Umstritten ist die Zulässigkeit der Frage nach der Schwerbehinderteneigenschaft gem. § 2 Abs. 2 SGB IX. Ein berechtigtes Interesse des Arbeitgebers an einer zutreffenden Information über die Schwerbehinderteneigenschaft eines Bewerbers wurde bisher von der Rechtsprechung des BAG unabhängig davon bejaht, ob sie den Arbeitnehmer bei seiner Tätigkeit beeinträchtigt oder nicht.[1] Inzwischen besteht jedoch gem. §§ 81 Abs. 2 SGB IX, 7 AGG ein Diskriminierungsverbot zugunsten von Schwerbehinderten. Die Frage nach der Schwerbehinderung eines Bewerbers wird daher in der Lehre überwiegend als unzulässig angesehen.[2] Das BAG hat sich dieser Ansicht bisher jedoch nicht angeschlossen. Vielmehr hat es die Frage der Zulässigkeit der Frage nach einer Schwerbehinderung ausdrücklich offengelassen.[3]

1.5.3.5 Offenbarungspflichten des Arbeitnehmers

069 Ein Arbeitnehmer ist grundsätzlich nicht verpflichtet, ohne eine entsprechende Frage des Arbeitgebers für ihn nachteilige Umstände zu offenbaren. Er muss aber die Mitteilungspflicht im Anbahnungsverhältnis beachten und den Arbeitgeber über solche Umstände informieren, die für das Arbeitsverhältnis wesentlich sind, z. B. über ansteckende Krankheiten oder über Hinderungsgründe, die der Erfüllung der Arbeitspflicht entgegenstehen. Wird die Mitteilungspflicht verletzt, kann der Arbeitgeber den abgeschlossenen Arbeitsvertrag wegen arglistiger Täuschung anfechten.

1.5.4 Verstöße gegen gesetzliche Verbote und die guten Sitten

070 Ein Vertrag, der gegen ein Gesetz verstößt, ist gem. § 134 BGB nichtig. Verstößt ein Arbeitsvertrag gegen zwingende gesetzliche Vorschriften zum Schutz des Arbeitnehmers, hat dieser Verstoß in der Regel keine Gesamtnichtigkeit des Arbeitsvertrags zur Folge. Der mit den Arbeitnehmerschutzvorschriften bezweckte Schutz würde bei einer Gesamtnichtigkeit nicht zum Tragen kommen. Sind in einem Arbeitsvertrag einzelne Vertragsklauseln enthalten, die gegen zwingende gesetzliche Vorschriften zum Schutz der Arbeitnehmer verstoßen, sind nur diese Klauseln unwirksam. Es tritt eine Teilnichtigkeit des Arbeitsvertrags ein; die unzulässigen Vereinbarungen werden durch die gesetzlichen Regelungen ersetzt, und der Vertrag bleibt im Übrigen wirksam.

---

[1] BAG NZA 1996, 371 (372); BAG NZA 2001, 315 (315).

[2] *Brox/Rüthers/Henssler*, Arbeitsrecht, Rn 170 m. w. N.; *Junker*, Arbeitsrecht, Rn 157 m. w. N.; *Wisskirchen/Bissels* NZA 2007, 169 (173).

[3] BAG NZA 2012, 34 (35).

Beispiele für Verstöße gegen zwingende gesetzliche Vorschriften zum Schutz der   071
Arbeitnehmer sind:

- ▶ Verstöße gegen das Arbeitszeitgesetz, z. B. durch die Vereinbarung einer unzulässigen Arbeitszeit

- ▶ Verstöße gegen das Bundesurlaubsgesetz, z. B. durch die Vereinbarung eines Urlaubsverzichts oder einer unzulässigen Urlaubsabgeltung

- ▶ Verstöße gegen das Jugendarbeitsschutzgesetz oder gegen das Mutterschutzgesetz, z. B. durch die Vereinbarung einer unzulässigen Arbeitszeit oder einer Beschäftigung während der Schutzfrist gem. § 6 Abs. 1 Satz 1 MuSchG.

Ein Vertrag, der gegen die guten Sitten verstößt, ist nach § 138 BGB grundsätzlich   072
insgesamt nichtig. Auch ein Verstoß gegen die guten Sitten hat jedoch bei Arbeitsverträgen keine Gesamtnichtigkeit, sondern lediglich eine Teilnichtigkeit des Arbeitsvertrags zur Folge, wenn ein sittenwidrig niedriger Lohn vereinbart wird. Eine diesbezügliche Sittenwidrigkeit liegt nach der Rechtsprechung des BAG in der Regel vor, wenn der Tariflohn um ein Drittel unterschritten wird.[1] In diesem Fall ist die Lohnvereinbarung nach § 138 BGB nichtig, und gem. § 612 Abs. 2 BGB tritt der Tariflohn an die Stelle des vereinbarten Lohns.[2] Gesamtnichtigkeit tritt allerdings ein, wenn der Arbeitsvertrag insgesamt als sittenwidrig bewertet werden muss, z. B. weil der Arbeitnehmer eine sittenwidrige Tätigkeit ausüben soll.

2. Rechte und Pflichten aus dem Arbeitsverhältnis

Durch den zwischen Arbeitgeber und Arbeitnehmer abgeschlossenen Arbeitsver-   073
trag entstehen Rechtspflichten der Vertragsparteien. Hauptpflichten sind gem.
§ 611 BGB die Arbeitspflicht des Arbeitnehmers und die Entgeltzahlungspflicht
des Arbeitgebers.[3] Außerdem ergeben sich aus §§ 241 Abs. 2, 242 BGB Nebenpflichten. Die Nebenpflichten des Arbeitgebers und des Arbeitnehmers in einem
Arbeitsverhältnis werden unter den Oberbegriffen Fürsorge- und Treuepflicht
zusammengefasst.

Übersicht 6: Pflichten aus dem Arbeitsverhältnis			074
	§ 611 BGB		
Arbeitgeber	◀——————▶	**Arbeitnehmer**	
Entgeltzahlungspflicht	*Hauptleistungspflichten*	Arbeitspflicht	
Fürsorgepflicht	*Nebenpflichten*	Treuepflicht	

Der Arbeitsvertrag ist ein gegenseitiger Vertrag, sodass die Hauptleistungspflich-   075
ten in einem Gegenseitigkeitsverhältnis stehen. Leistung und Gegenleistung im
Arbeitsvertrag werden ausgetauscht wie die Hauptleistungspflichten in anderen

---

[1] ErfK/*Preis* § 612 BGB Rn 3 m. w. N. aus der Rechtsprechung.

[2] BAG NZA 2009, 837 (838).

[3] ErfK/*Preis* § 611 BGB Rn 3.

Austauschverträgen, z. B. der Kaufgegenstand gegen den Kaufpreis bei einem Kaufvertrag gem. § 433 BGB. Das Recht der Leistungsstörungen findet auch auf den Arbeitsvertrag Anwendung. Die Leistungsstörungsregeln bei Nicht-, Zuspät- und bei Schlechtleistung werden durch Spezialregelungen sowie die Rechtsprechung des BAG den Besonderheiten der Arbeitsverhältnisse angepasst.

2.1 Arbeitspflicht des Arbeitnehmers

076 Die Hauptleistungspflicht des Arbeitnehmers aus dem Arbeitsvertrag ist die Arbeitspflicht. Rechtsgrundlage für die Verpflichtung des Arbeitnehmers zur Erbringung der vereinbarten Arbeitsleistung ist § 611 BGB i. V. m. dem Arbeitsvertrag. Ergänzt und konkretisiert wird die Arbeitspflicht durch Gesetze, durch den für das Arbeitsverhältnis geltenden Tarifvertrag und Betriebsvereinbarungen sowie das Direktionsrecht des Arbeitgebers.

Beispiel

Ingenieur D ist in der Betriebsabteilung für Werkzeugmaschinen beschäftigt. Einige Tage nachdem der Abteilungsleiter eine Kur angetreten hat, erleidet der stellvertretende Abteilungsleiter einen Unfall und wird arbeitsunfähig. Die Personalabteilung weist D an, für diese Zeit die Leitung der Werkzeugmaschinenabteilung zu übernehmen. Dies bedeutet zwar eine erheblich höhere Arbeitsbelastung, D muss aber den Weisungen seines Arbeitgebers folgen, soweit diese sich im Rahmen des Direktionsrechts halten. Im Fall einer unvorhersehbaren Stellenvakanz ist jeder Arbeitnehmer verpflichtet, ohne Anspruch auf zusätzliche Vergütung zeitweise höher- oder geringwertigere Arbeiten auszuführen.

077 Die Arbeitsleistung ist höchstpersönlich zu erbringen, sodass sich der Arbeitnehmer nur mit Zustimmung des Arbeitgebers vertreten lassen darf (§ 613 BGB). Eine Vertretungsvereinbarung der Arbeitsvertragsparteien kann allerdings im Rahmen eines Job-Sharing-Vertrags getroffen werden.

078 Die Arbeitsleistung kann nur innerhalb der vereinbarten Zeit erbracht werden. Der Fixschuldcharakter der Arbeitsleistung bewirkt, dass diese nur während der betrieblichen Arbeitszeit ordnungsgemäß erbracht und nicht nachgeholt werden kann.[1] Sofern ein Arbeitnehmer die Arbeitspflicht nicht in dem vereinbarten Zeitraum erfüllt, muss er diese nicht nachholen, verliert jedoch den Anspruch auf Zahlung der Arbeitsvergütung. Die Nichterfüllung der Arbeitspflicht stellt eine Leistungsstörung – und zwar einen Fall der Nichtleistung – dar. Der Schuldner (der Arbeitnehmer) wird gem. § 275 Abs. 1 BGB von der Erbringung der Leistungspflicht befreit, da eine Nachholung der verstrichenen Arbeitszeit ein Fall der objektiven Unmöglichkeit ist. Der Gläubiger (der Arbeitgeber) wird von der Gegen-

---

[1] ErfK/*Preis* § 611 BGB Rn 675 m. w. N.

leistungspflicht (der Entgeltzahlung an den Arbeitnehmer) gem. § 326 Abs. 1 Satz 1 BGB befreit.[1]

Beispiel

In dem Betrieb des A sind die Arbeitszeiten fest vereinbart. Es wird montags bis donnerstags von 7:00 - 15:45 Uhr und freitags von 7:00 - 12:15 Uhr gearbeitet. Der Arbeitnehmer A geht an einem Donnerstag um 13:45 Uhr nach Hause und will die ausgefallene Arbeitszeit am Freitag ab 12:45 Uhr nachholen. Dies ist nicht möglich. Eine Nachholung der Arbeitszeit von Donnerstag zwischen 13:45 - 15:45 Uhr scheidet aufgrund des Fixschuldcharakters der Arbeitszeit gem. § 275 Abs. 1 BGB aus, da es ein Fall der objektiven Unmöglichkeit ist, die Zeit vom Donnerstag am Freitag nachzuholen. Im Gegenzug verliert A gem. § 326 Abs. 1 Satz 1 BGB seinen Anspruch auf die Arbeitsvergütung für die beiden Stunden vom Donnerstag. Arbeitgeber und Arbeitnehmer können, um den Fixschuldcharakter der Arbeitszeit auszuschalten, flexible Arbeitszeiten – ohne festen Anfangs- und Endpunkt – vereinbaren, z. B. 160 Stunden monatlich in der Zeit zwischen 6:00 und 20:00 Uhr. Der Fixschuldcharakter tritt dann erst mit Ablauf des Monats ein.

Zu beachten ist, dass der Anspruch des Arbeitnehmers auf das Arbeitsentgelt nicht in allen Fällen der Nichtleistung entfällt. Der Arbeitnehmer wird durch verschiedene arbeitsrechtliche Regelungen von seiner Verpflichtung zur Arbeitsleistung ohne Verlust seines Entgeltanspruchs befreit, z. B. bei einer Inanspruchnahme des ihm zustehenden Urlaubs, an gesetzlichen Feiertagen, bei Krankheit und bei vorübergehender Verhinderung aus persönlichen Gründen. Auch die Fälle des § 616 BGB sind eine Ausnahme von § 326 Abs. 1 Satz 1 BGB. 079

Der Anspruch des Arbeitgebers gegen den Arbeitnehmer auf die Arbeitsleistung ist vor den Arbeitsgerichten einklagbar, jedoch wegen § 888 Abs. 3 ZPO nicht vollstreckbar.[2] Auch ein Antrag des Arbeitgebers nach § 61 Abs. 2 ArbGG führt lediglich dazu, dass der Arbeitgeber nach einer erfolgreichen Erfüllungsklage eine von dem Gericht festgesetzte Entschädigung erhält, wenn der Arbeitnehmer trotz des Urteils nicht zur Arbeit erscheint.[3] Der Arbeitgeber kann in der Praxis die Erfüllung der Arbeitspflicht also nicht erzwingen. Erfüllungsklagen werden deshalb selten erhoben. Die schuldhafte Nichterfüllung der Arbeitspflicht durch den Arbeitnehmer ist allerdings ein wichtiger Grund für eine außerordentliche Kündigung gem. § 626 BGB und für einen Schadensersatzanspruch gem. § 628 Abs. 2 BGB. 080

---

[1] ErfK/*Preis* § 611 BGB Rn 678.

[2] *Brox/Rüther/Henssler*, Arbeitsrecht, Rn 235.

[3] *Brox/Rüther/Henssler*, Arbeitsrecht, Rn 235.

081 Sofern ein Arbeitnehmer zwar einen Arbeitsvertrag abgeschlossen hat, die Arbeit zu dem vereinbarten Zeitpunkt aber nicht aufnimmt, liegt ebenfalls ein Fall der Nichtleistung vor.[1] Der Arbeitgeber kann das Arbeitsverhältnis nach § 626 BGB kündigen und Schadensersatz gem. § 628 Abs. 2 BGB verlangen.[2] Der Schadensersatzanspruch erstreckt sich nach § 252 BGB auch auf den entgangenen Gewinn. Der Arbeitnehmer muss Schadensersatz leisten, wenn wegen des Nichtantritts der Arbeit Aufträge nicht rechtzeitig ausgeführt werden konnten und der Arbeitgeber hierdurch einen Schaden erleidet, z. B. weil er an seinen Auftraggeber eine Vertragsstrafe entrichten muss. Kosten, die durch die Suche nach einem anderen Arbeitnehmer durch Zeitungsinserate und Vorstellungsgespräche entstehen, muss der säumige Arbeitnehmer dagegen nicht ersetzen.[3] Insoweit kann er sich bei der Berechnung der Schadenshöhe auf ein rechtmäßiges Alternativverhalten berufen. Die Kosten für die Suche nach einem neuen Arbeitnehmer wären auch entstanden, wenn er die Arbeit wie vereinbart aufgenommen hätte, das Arbeitsverhältnis aber von ihm ordentlich gekündigt worden wäre.

082 Voraussetzung für einen Schadensersatzanspruch des Arbeitgebers ist weiterhin, dass der Arbeitgeber den ihm entstandenen Schaden beziffern und nachweisen kann. In Arbeitsverträgen ist gem. § 339 BGB die Aufnahme von Vertragsstrafen zu empfehlen. Vertragsstrafen werden bereits bei einer Vertragsverletzung fällig, ohne dass ein Schaden dargelegt werden muss. Formularmäßig vereinbarte Vertragsstrafen sind Allgemeine Geschäftsbedingungen i. S. d. § 305 Abs. 1 BGB. Nach der Rechtsprechung des BAG ist die Vereinbarung einer Vertragsstrafe in Abweichung von § 306 Nr. 6 BGB zulässig. Diese Abweichung wird durch die Besonderheit des Arbeitsrechts i. S. d. § 310 Abs. 4 Satz 2 BGB gerechtfertigt, der Arbeitgeber habe ein besonderes Interesse daran, die Einhaltung der Hauptleistungspflicht durch eine Vertragsstrafe zu sichern.[4] Die Vertragsstrafe darf aber in der Regel ein Monatsgehalt nicht überschreiten. Keinesfalls darf der Betrag überschritten werden, den der Arbeitnehmer bis zum Zeitpunkt einer rechtmäßigen Beendigung des Vertrags verdient hätte.[5] Verlässt ein Arbeitnehmer eine Woche vor Ablauf der Kündigungsfrist ohne Einverständnis des Arbeitgebers das Unternehmen, beschränkt sich die Vertragsstrafe auf ¼ des Monatsgehaltes.

2.2 Beschäftigungspflicht des Arbeitgebers

083 Dem Anspruch des Arbeitgebers gegen den Arbeitnehmer auf die Arbeitsleistung entspricht eine Beschäftigungspflicht des Arbeitgebers. Der Beschäftigungsanspruch des Arbeitnehmers wird aus dem allgemeinen Persönlichkeitsrecht aus

---

[1] *Herbert/Oberrath* NZA 2004, 121 (124).

[2] *ErfK/Müller-Glöge* § 628 BGB Rn 1; vgl. ausführlich hierzu *Herbert/Oberrath* NZA 2004, 121 (127).

[3] *ErfK/Müller-Glöge* § 628 BGB Rn 36.

[4] *Dütz/Thüsing*, Arbeitsrecht, Rn 280.

[5] BAG BB 2004, 1740 (1745).

Art. 2 Abs. 1 GG i. V. m. Art. 1 Abs. 1 GG hergeleitet.[1] Der Arbeitgeber kann den Arbeitnehmer nicht ohne Weiteres von seiner Verpflichtung zur Arbeitsleistung freistellen. Die Beschäftigungspflicht entfällt, wenn überwiegende schutzwürdige Interessen des Arbeitgebers dieser entgegenstehen. Das ist der Fall bei Wegfall der Vertrauensgrundlage, Auftragsmangel, bei einem demnächst zur Konkurrenz abwandernden Arbeitnehmer aus Gründen der Wahrung von Betriebsgeheimnissen oder bei einem in der EDV-Branche beschäftigten und gekündigten Arbeitnehmer als Schutzmaßnahme gegen eine mögliche Schadensverursachung durch fehlerhafte Programmierung.[2] Wird ein Arbeitnehmer deshalb zulässigerweise nicht beschäftigt, behält er dennoch seinen Vergütungsanspruch.

2.3 Treuepflichten des Arbeitnehmers

Die Treuepflicht ist der Oberbegriff für alle Nebenpflichten des Arbeitnehmers aus § 241 Abs. 2 BGB. Inhalt der Treuepflicht ist die allgemeine Verpflichtung des Arbeitnehmers, die Interessen des Arbeitgebers bzw. des Betriebs zu achten und zu wahren sowie diesen vor Schäden zu bewahren. In der Literatur wird überwiegend nicht mehr der Begriff der Treuepflicht verwendet, da diese missverständlich sei, sondern von einer allgemeinen Rücksichtnahmepflicht gesprochen.[3] Diese allgemeine Verpflichtung beinhaltet zahlreiche einzelne Verpflichtungen, die im Wesentlichen allen Arbeitnehmern obliegen. Je nach der Bedeutung einer einzelnen Verpflichtung für das jeweilige Vertrauensverhältnis zu dem Arbeitgeber kann die Verletzung einer Treuepflicht aber für verschiedene Arbeitnehmer desselben Betriebes unterschiedliche Auswirkungen haben. Eine kreditschädigende Äußerung eines Prokuristen ist eine schwerwiegendere Pflichtverletzung als eine entsprechende Äußerung durch einen angelernten Arbeiter. 084

Die Treuepflicht bzw. Rücksichtnahmepflicht umfasst insbesondere die folgenden Handlungs- und Unterlassungspflichten:[4] 085

- ▶ Wahrung des Betriebsfriedens

- ▶ Unterlassung von Meinungsäußerungen bei einer Gefährdung des Betriebsfriedens

- ▶ Einhaltung der betrieblichen Ordnung, z. B. von Regelungen über das Abstellen von Fahrzeugen und die Telefonbenutzung sowie von Rauch- und Alkoholverbot

- ▶ sorgfältige Behandlung von Arbeitsgeräten und Arbeitsstoffen

- ▶ Mitteilungs- und Anzeigepflichten bei drohenden Schäden

- ▶ Erbringung von Überstunden und Mehrarbeit in dringenden Fällen

---

[1] *Brox/Rüther/Henssler*, Arbeitsrecht, Rn 330.

[2] BAG NJW 1985, 2968 (2970).

[3] *Brox/Rüthers/Henssler*, Arbeitsrecht, Rn 218.

[4] Vgl. ErfK/*Preis* § 611 BGB Rn 707 ff. m. w. N.

- ▶ Unterlassung von ruf- oder kreditschädigenden Äußerungen
- ▶ Mitteilung vorhersehbarer Arbeitsverhinderung
- ▶ Hinnahme von Gratifikationskürzungen bei betrieblichen Notlagen
- ▶ Unterlassung der Übernahme von Nebentätigkeiten, die die Arbeitsleistung beeinträchtigen
- ▶ Unterlassung der Schmiergeldannahme, Unterlassung des Aufrufs zu rechtswidrigen Arbeitskämpfen oder Arbeitsniederlassungen
- ▶ Unterlassung von Wettbewerb
- ▶ Verschwiegenheitspflicht.

086 Im Rahmen seiner arbeitsvertraglichen Treuepflicht hat der Arbeitnehmer die Interessen des Arbeitgebers zu wahren und bei seinem Verhalten auf den Gesamtzweck des Arbeitsvertrags und die unternehmerische Zielsetzung des Betriebs Rücksicht zu nehmen. Die Treuepflicht des Arbeitnehmers kann auch eine Einschränkung der verfassungsrechtlich garantierten Meinungsfreiheit mit sich bringen. Dies gilt insbesondere für Tendenzbetriebe gem. § 118 Abs. 1 BetrVG. In derartigen Betrieben wird häufig durch die Tätigkeit des Arbeitnehmers eine politische oder weltanschauliche Tendenz verwirklicht, sodass entgegenstehende Äußerungen eines Arbeitnehmers in der Öffentlichkeit geeignet sind, das Ansehen des Arbeitgebers und die betrieblichen Ziele zu beeinträchtigen, z. B. bei Parteien oder Zeitungen.

087 Außerdem haben Arbeitnehmer in allen Betrieben aufgrund ihrer arbeitsvertraglichen Treuepflicht solche Betätigungen zu unterlassen, die den Betriebsfrieden stören. Das ist der Fall, sofern das Verhalten eines Arbeitnehmers Auswirkungen auf die Arbeitsleistung anderer Arbeitnehmer hat, indem z. B. Unaufmerksamkeit, Überziehen der Pausenzeiten, Schlechterfüllung der Arbeitspflicht oder Streitigkeiten hervorgerufen werden oder die betriebliche Zusammenarbeit beeinträchtigt wird. Auch Meinungsäußerungen und politische Diskussionen können sich im Einzelfall auf den Betriebsfrieden störend auswirken, z. B. wenn Arbeitnehmer im direkten Kundenkontakt tätig sind, wenn das einheitliche äußere Erscheinungsbild der Mitarbeiter beeinträchtigt wird oder wenn Plaketten provokativen Charakter haben.

Beispiel

Ein Arbeitnehmer in der stahlverarbeitenden Industrie trug auf seinem Arbeitsanzug eine Plakette mit der Aufschrift „Stoiber – Nein Danke". Dies wurde von der Betriebsleitung als störendes Verhalten abgemahnt. Nach mehrmaliger Aufforderung zur Entfernung der Plakette wurde dem Arbeitnehmer fristlos gekündigt. Das Tragen der auffälligen Plakette während der Arbeitszeit im Betrieb, durch das eine parteipolitische Meinung bewusst und herausfordernd zum Ausdruck gebracht wird, kann ähnlich wie eine ständige verbale Agitation eine provozierende, parteipolitische Betätigung und damit einen wichtigen Grund zur außerordentlichen Kündigung darstellen, wenn dadurch der Betriebsablauf konkret gestört und die Erfüllung der Arbeitspflicht beeinträchtigt wird.[1]

Die Annahme von Vergünstigungen, die dem Arbeitnehmer als Gegenleistung gewährt werden, wenn er im geschäftlichen Verkehr einem Dritten zum Nachteil des Arbeitgebers Vorteile verschafft oder diesen bei dem Bezug von Waren oder gewerblichen Leistungen bevorzugt, ist gem. § 299 StGB strafbar. Die an den Arbeitnehmer gezahlten Schmiergelder sind gem. § 687 Abs. 2 BGB an den Arbeitgeber herauszugeben.[2] Die Annahme gebräuchlicher und üblicher Gelegenheitsgeschenke, insbesondere die Annahme von Trinkgeldern, ist dagegen gestattet.[3] Die Abgrenzung von erlaubten Geschenken und verbotenen Schmiergeldern ist nach den Umständen des Einzelfalls vorzunehmen. Häufig enthalten auch Tarifverträge hierzu weitergehende Regelungen. § 3 Abs. 2 TV-Ärzte/VKA bestimmt, dass Ärzte Geschenke und Belohnungen in Bezug auf ihre ärztliche Tätigkeit von Dritten nicht annehmen dürfen und Ausnahmen nur mit Zustimmung des Arbeitgebers möglich sind. Hierdurch soll bereits der Eindruck vermieden werden, dass sich eine Bevorzugung im Krankenhaus erkaufen lässt.[4]

088

Während des Bestehens eines Arbeitsverhältnisses unterliegen alle Arbeitnehmer aufgrund der arbeitsvertraglichen Treuepflicht einem Wettbewerbsverbot. Die für kaufmännische Angestellte in den §§ 60, 61 HGB getroffenen gesetzlichen Regelungen werden auf sonstige Arbeitnehmer entsprechend angewandt. Arbeitnehmer dürfen ohne Einwilligung des Arbeitgebers in dessen Branche weder eine selbstständige noch eine unselbstständige Tätigkeit aufnehmen. Werden dennoch Konkurrenzgeschäfte getätigt, kann der Arbeitgeber gem. § 61 Abs. 1 HGB Schadensersatz verlangen oder in die von dem Arbeitnehmer abgeschlossenen Geschäfte eintreten.

089

Nach der Beendigung des Arbeitsverhältnisses besteht dagegen kein Wettbewerbsverbot mehr, es sei denn, dass ein nachvertragliches Wettbewerbsverbot vereinbart wurde. Nachvertragliche Wettbewerbsverbote können mit allen Arbeitnehmern mit Ausnahme der Auszubildenden (vgl. § 5 Abs. 1 BBiG) vereinbart werden. Jedes nachvertragliche Wettbewerbsverbot muss gem. § 110 GewO den §§ 74 - 75d HGB für kaufmännische Angestellte aufgestellten Anforderungen genügen. Hierzu gehören:

090

▶ Schriftform

▶ Aushändigung einer von dem Arbeitgeber unterzeichneten Urkunde

---

[1] Beispiel nach BAG NJW 1984, 1142.

[2] ErfK/*Preis* § 611 BGB Rn 723.

[3] ErfK/*Preis* § 611 BGB Rn 511.

[4] *Strauß*, Arbeitsrecht für Ärzte an KH, S. 70.

- ▸ Karenzentschädigung in Höhe von mindestens 50 % des von dem Arbeitnehmer zuletzt bezogenen Arbeitsentgelts
- ▸ Zeitdauer von maximal zwei Jahren.[1]

091 Ein mündlich vereinbartes Wettbewerbsverbot ist gem. § 125 Satz 1 BGB nichtig. Auch im Übrigen sind die in den §§ 74 ff. HGB für nachvertragliche Wettbewerbsverbote aufgestellten Regelungen zwingend. Der Arbeitgeber kann sich gem. § 75d Satz 1 HGB nicht auf Vereinbarungen berufen, in denen von diesen Grundsätzen abgewichen wird. Von den gesetzlichen Regelungen abweichende nachvertragliche Wettbewerbsverbote sind für den Arbeitnehmer unverbindlich. Dem Arbeitnehmer steht ein Wahlrecht zu, ob er das Wettbewerbsverbot einhält oder auf die Karenzentschädigung verzichtet.

Fall 3: Karenzentschädigung bei Wettbewerbsverbot > Seite 387

092 Dem Arbeitnehmer obliegt aufgrund seiner arbeitsvertraglichen Treuepflicht eine Verschwiegenheitspflicht hinsichtlich der Geschäfts- und Betriebsgeheimnisse des Arbeitgebers. Zu den Geschäfts- und Betriebsgeheimnissen gehören alle Tatsachen über die betriebliche Organisation einschließlich der persönlichen und wirtschaftlichen Verhältnisse des Arbeitgebers. Verschwiegenheitspflichten sind teilweise gesetzlich vorgesehen (vgl. § 13 Nr. 6 BBiG, § 24 Abs. 2 ArbNErfG) und werden häufig arbeitsvertraglich vereinbart. Eine solche Vereinbarung ist immer dann zulässig, wenn ein berechtigtes Interesse des Arbeitgebers an der Geheimhaltung besteht.[2] Eine arbeitsvertraglich vereinbarte Verschwiegenheitspflicht kann sich bei berechtigtem Interesse auch auf die vertraglichen Vereinbarungen, wie die Vergütung des Arbeitnehmers, erstrecken. Unzulässig sind dagegen „All-Klauseln", wonach ein Arbeitnehmer über sämtliche Geschäftsvorgänge und jeglichen Inhalt seines Arbeitsvertrags Stillschweigen zu wahren hat.[3] Ob die Verschwiegenheitspflicht mit der Beendigung des Arbeitsverhältnisses endet oder nicht, ist umstritten.[4] Arbeitsvertraglich kann vereinbart werden, dass die Verschwiegenheitspflicht nach der Beendigung des Arbeitsverhältnisses andauert.[5]

---

[1] *Brox/Rüthers/Henssler*, Arbeitsrecht, Rn 625.

[2] ErfK/*Preis* § 611 BGB Rn 710 ff.

[3] ErfK/*Preis* § 611 BGB Rn 714.

[4] Vgl. hierzu *Schaub/Vogelsang*, Arbeitsrechts-Handbuch, § 53 Rn 53. m. w. N.

[5] *Brox/Rüthers/Henssler*, Arbeitsrecht, Rn 624.

093

Übersicht 7: Pflichten des Arbeitnehmers aus dem Arbeitsverhältnis	
Hauptleistungspflicht = Arbeitspflicht gem. § 611 BGB	**Nebenpflichten = Treuepflicht gem. § 241 Abs. 2 BGB**
▸ Art der Arbeit laut Arbeitsvertrag i. V. m. dem Direktionsrecht ▸ Arbeitszeit laut Arbeitsvertrag i. V. m. dem Arbeitszeitgesetz, ggf. dem Jugendarbeitschutzgesetz und anderen Arbeitszeitregelungen ▸ Höchstpersönlichkeit und Unübertragbarkeit der Verpflichtung zur Erbringung der Arbeitsleistung gem. § 613 BGB	▸ Wahrung des Betriebsfriedens ▸ Einhaltung der betrieblichen Ordnung ▸ Unterlassen schädigender Handlungen ▸ Verschwiegenheit und Geheimhaltung ▸ Unterlassen von Wettbewerb ▸ Anzeige drohender Schäden etc.
Wegfall der Arbeitspflicht: ▸ Unmöglichkeit gem. § 275 BGB ▸ Annahmeverzug gem. § 615 BGB ▸ Verhinderung gem. § 616 BGB ▸ gesetzliche Freistellungsregelungen ▸ rechtmäßiger Streik etc.	
Rechtsfolgen bei Verletzung der Arbeitspflicht: ▸ Verlust des Vergütungsanspruchs gem. § 326 Abs. 1 BGB ▸ Kündigung des Arbeitsverhältnisses gem. § 626 BGB oder aus verhaltensbedingten Gründen ▸ Schadensersatzanspruch gem. § 628 Abs. 2 BGB oder gem. § 280 Abs. 1 BGB	**Rechtsfolgen bei Verletzung der Treuepflicht:** ▸ Unterlassungsanspruch ▸ nach vorheriger Abmahnung Kündigung des Arbeitsverhältnisses aus verhaltensbedingten Gründen ▸ Schadensersatzanspruch gem. § 280 Abs. 1 BGB unter Beachtung der Haftungsbegrenzung für Arbeitnehmer

2.4 Die Entgeltzahlungspflicht des Arbeitgebers

Die Hauptleistungsplicht des Arbeitgebers aus dem Arbeitsvertrag ist die Entgeltzahlungspflicht. Rechtsgrundlage für diese Verpflichtung ist § 611 BGB i. V. m.
dem Arbeitsvertrag, ergänzt und konkretisiert durch den für das Arbeitsverhältnis geltenden Tarifvertrag.
094

Der Koalitionsvertrag vom 16.12.2013 formuliert *„Gute Arbeit muss sich einerseils
lohnen und existenzsichernd sein …"*[1] Die Höhe des Arbeitsentgeltes beträgt daher
flächendeckend und branchenübergreifend – derzeit gem. § 1 Abs. 2 Satz 1 MiLoG
mindestens 8,50 € pro Zeitstunde. Dieser Mindestlohn gilt für alle (auch kirch-
095

---

[1] Koalitionsvertrag vom 16.12.2013, S. 48.

liche) Arbeitnehmer in Deutschland.[1] Dabei ist gleichgültig, wieviel Arbeitnehmer ein Arbeitgeber beschäftigt oder ob diese in Teilzeit, Vollzeit oder als geringfügig Beschäftigte arbeiten und ob die Tätigkeit leicht oder schwer ist.[2] Über die
künftige Höhe des Mindestlohnes entscheidet gem. § 4 Abs. 1 MiLoG die Mindest-
lohnkommission. Aktuell ist eine Anhebung auf 8,84 € in der Diskussion.

096 Praktikanten werden in § 22 Abs. 1 Satz 1 MiLoG Arbeitnehmern grundsätzlich
gleichgestellt. Allerdings enthält § 22 Abs. 1 Nr. 1 - 4 MiLoG zahlreiche Ausnahmen, insbesondere für den Fall, dass ein Praktikum aufgrund hochschulrechtli-
cher Bestimmungen im Rahmen eines Studiums zu absolvieren ist. Ebenfalls
keinen Anspruch auf den Mindestlohn haben gem. § 22 Abs. 4 Satz 1 MiLoG
Langzeitarbeitslose für die ersten sechs Monate ihrer Beschäftigung. Als
langzeitarbeitslos gilt, wer mindestens ein Jahr ununterbrochen arbeitslos ist
(vgl. § 18 Abs. 1 SGB III). Durch diese Regelung soll ein Anreiz geschaffen werden,
Langzeitarbeitslose einzustellen.[3] Nach § 17 Abs. 1 MiLoG hat der Arbeitgeber
Beginn und Ende der täglichen Arbeitszeit der Arbeitnehmer zu dokumentieren
und die diesbezüglichen Unterlagen zwei Jahre aufzubewahren.

Beispiel

Professor B lebt allein. Student S kauft einmal pro Woche 2 Stunden für B ein, holt
dessen Hemden aus der Reinigung und verstaut die Einkäufe in der Wohnung des
B. Auch S hat einen Anspruch auf mindestens 8,50 € pro Stunde.

097 Verstöße gegen das Mindestlohngesetz können gem. § 21 Abs. 3 MiLoG mit einer
Geldbuße von bis zu 500.000 € belegt werden.

098 Findet auf das Arbeitsverhältnis ein Tarifvertrag Anwendung, ist das Günstigkeitsprinzip aus § 4 Abs. 3 TVG zu beachten. Der Tarifvertrag legt die Mindestarbeitsbedingungen unmittelbar und zwingend fest, sodass nur eine günstigere
einzelvertragliche Vereinbarung über das Arbeitsentgelt vorrangig ist. Das Rangprinzip findet nur Anwendung, wenn das einzelarbeitsvertraglich vereinbarte
Arbeitsentgelt niedriger ist als die für die Tätigkeit des Arbeitnehmers zu entrich-
tende tarifliche oder die durch das Mindestlohngesetz zwingend vorgesehene
Mindestvergütung.

Beispiel

In einem Arbeitsvertrag wird ein Stundenlohn von 10,00 € vereinbart. Arbeitgeber und Arbeitnehmer sind tarifgebunden; der Tariflohn beträgt 9,90 €. Nach dem

---

[1] *Lakies*, Basiskommentar zum MiLoG, § 1 Rn 2.

[2] *Lakies*, Basiskommentar zum MiLoG, § 1 Rn 2.

[3] ErfK/*Franzen* § 22 MiLoG Rn 14.

Günstigkeitsprinzip hat der Arbeitnehmer Anspruch auf 10,00 € Stundenlohn nach § 611 BGB i. V. m. dem Arbeitsvertrag. Der Tariflohn wird um 0,20 € angehoben. Nach dem Rangprinzip hat der Arbeitnehmer jetzt Anspruch auf einen Stundenlohn von 10,10 € gem. § 611 BGB i. V. m. dem Tarifvertrag. Die Vertragsparteien vereinbaren nun einvernehmlich, dass, wegen der schlechten Auftragslage, nur noch 8,20 € pro Stunde gezahlt werden. Diese Vereinbarung ist wegen Verstoßes gegen das Mindestlohngesetz gem. § 134 BGB nichtig, sodass es bei einem Anspruch auf einen Stundenlohn von 10,10 € bleibt.

Wurde keine Vergütung im Arbeitsvertrag vereinbart und ist auch kein Tarifvertrag anzuwenden, gilt gem. § 612 Abs. 1 BGB eine Vergütung als stillschweigend vereinbart, wenn den Umständen nach zu erwarten ist, dass die Dienstleistung nur gegen eine Vergütung erbracht wird. Der Arbeitgeber hat in diesen Fällen gem. § 612 Abs. 2 BGB die übliche Vergütung für die Arbeitsleistung zu entrichten. Ausgangspunkt für die Bestimmung des üblichen Lohns ist wiederum der Tariflohn, sofern keine Anhaltspunkte vorliegen, dass die üblichen Löhne im konkreten Einzelfall unterhalb des Tariflohns liegen.[1] Wegen des Mindestlohngesetzes darf die übliche Vergütung nicht weniger als 8,50 € betragen. — 099

2.4.1 Fälligkeit der Arbeitsvergütung

Der Anspruch auf die Arbeitsvergütung wird gem. § 614 BGB erst nach der Erbringung der Arbeitsleistung fällig, der Arbeitnehmer ist also vorleistungspflichtig. Im Übrigen richtet sich die Fälligkeit nach den Zeitabschnitten, die für Bemessung der Vergütung maßgebend sind. Die Vergütung wird nach dem Ablauf eines Bemessungszeitraums, bei einem Monatsgehalt also am Monatsende, zur Zahlung fällig. Da § 614 BGB dispositiv ist, wird in Arbeits- oder in Tarifverträgen allerdings häufig ein anderer Leistungszeitpunkt bestimmt, z. B. der 15. eines Kalendermonats. Bei kaufmännischen Angestellten verbietet § 64 Satz 2 HGB eine Vergütung nach Zeitraumabschnitten, die einen Monat übersteigen. — 100

Der gesetzliche Leistungsort für die Entrichtung der Arbeitsvergütung ist gem. §§ 269, 270 BGB der Sitz des Betriebs, und ein Geldbetrag ist vom Arbeitgeber auf seine Gefahr und Kosten an den Wohnsitz des Arbeitnehmers zu übermitteln. In der Praxis hat sich allerdings die bargeldlose Entrichtung durch Überweisung der Arbeitsvergütung auf ein Konto des Arbeitnehmers durchgesetzt. Entsprechende Vereinbarungen werden in Arbeitsverträgen und Tarifverträgen regelmäßig getroffen. Der Betriebsrat hat gem. § 87 Abs. 1 Nr. 4 BetrVG ein zwingendes Mitbestimmungsrecht hinsichtlich Zeit, Ort und Art der Auszahlung der Arbeitsentgelte. — 101

---

[1] BAG NZA 2009, 837 (838).

102   Bei der Zahlung des Arbeitsentgelts ist dem Arbeitnehmer gem. § 108 Abs. 1 GewO eine Abrechnung in Textform zu erteilen, die mindestens Angaben über den Abrechnungszeitraum und die Zusammensetzung des Arbeitsentgelts enthalten muss. Die Verpflichtung zur Abrechnung entfällt nach § 108 Abs. 2 GewO, wenn sich die Angaben gegenüber der letzten Abrechnung nicht geändert haben.

2.4.2 Geld- und Naturallohn

103   Es gibt unterschiedliche Formen der Arbeitsvergütung. Zu unterscheiden sind der Geld- und der Naturallohn.

104

Übersicht 8: Hauptformen der Arbeitsvergütung		
Geldlohn		**Naturallohn**
Zeitlohn	**Leistungslohn**	► Produkte aus eigener Herstellung
bemessen nach Zeitabschnitten	► Geldakkord ► Zeitakkord	► Aufnahme in die häusliche Gemeinschaft ► Überlassung von Wohnraum ► Überlassung eines Dienstwagens zur privaten Nutzung ► sonstige Sachbezüge

2.4.2.1 Geldlohn

105   Heutzutage wird die Vergütung der Arbeitsleistung regelmäßig in Form des Geldlohnes erbracht. Das Arbeitsentgelt ist gem. § 107 Abs. 1 GewO in Euro zu berechnen und auszuzahlen. Sachbezüge als Teil des Arbeitsentgelts können gem. § 107 Abs. 2 GewO nur vereinbart werden, wenn dies dem Interesse des Arbeitnehmers oder der Eigenart des Arbeitsverhältnisses entspricht. Diese Beschränkung soll einer früher vorkommenden Praxis entgegenwirken, Arbeitnehmer in Waren zu entlohnen, deren Wert höher angesetzt wurde, als er tatsächlich war. Heute ist seine Bedeutung gering.[1] Bei einem Geldlohn besteht die Möglichkeit, einen Zeit- oder einen Leistungslohn zu vereinbaren. Bei einem Zeitlohn wird ein bestimmtes Stunden-, Tages-, Wochen- oder Monatsentgelt vereinbart, das unabhängig von der Quantität der Arbeitsleistung zu zahlen ist.[2]

106   Bei einem Leistungslohn ist das Arbeitsentgelt dagegen von der erbrachten Arbeitsleistung abhängig; hierzu gehören insbesondere Akkordlöhne und Prämienlöhne.

107   Ein Akkordlohn liegt vor, wenn sich das Arbeitsentgelt nach dem Arbeitsergebnis richtet, wobei als Bemessungsgrundlage ein Stück-, Gewichts- oder Flächenak-

---

[1]   *Brox/Rüthers/Henssler*, Arbeitsrecht, Rn 274.

[2]   *Brox/Rüthers/Henssler*, Arbeitsrecht, Rn 275.

kord vereinbart werden kann.[1] Die Festlegung der Akkordsätze einschließlich des Geldfaktors unterliegen der zwingenden Mitbestimmung des Betriebsrats gem. § 87 Abs. 1 Nr. 11 BetrVG.

Nach der Art der Berechnung des Akkordlohns sind der Geld- und der Zeitakkord zu unterscheiden. Der Geldakkordlohn wird berechnet, indem die festgestellte Arbeitsmenge als Bemessungsgrundlage mit dem Geldfaktor multipliziert wird.[2]

108

Beispiel

Bei der Vereinbarung eines Geldfaktors von 0,04 € pro Stück erhält der Arbeitnehmer nach der Erstellung von 100 Stücken 4,00 € Akkordlohn.

Der Zeitakkord erfordert eine Vorgabezeitermittlung nach arbeitswissenschaftlichen Methoden.[3] Hierzu gehören die Refa-Grundsätze (Zeitermittlungsverfahren nach dem Reichsausschuss für Arbeitszeitermittlung). Diese berücksichtigen neben der Zeit für das Ausführen einer Tätigkeit die Rüst- und Ausführungszeiten, die Verteilungszeit zur planmäßigen Durchführung des Arbeitsablaufs und Arbeitsunterbrechungen durch Erholungszeiten.

109

Der Akkordlohn wird ermittelt, indem die Arbeitsmenge mit der Vorgabezeit und dem Akkordrichtsatz multipliziert und das Ergebnis durch 60 dividiert wird. Der Akkordrichtsatz ist der Stundenlohn eines Akkordarbeiters bei Normalleistung.

110

Beispiel

Als Vorgabezeit, die ein Arbeitnehmer nach Refa-Grundsätzen zur Ausführung einer Tätigkeit unter betriebsüblichen Bedingungen benötigt, werden 6 Minuten ermittelt. Der Akkordrichtsatz beträgt 9,00 €. Wenn der Arbeitnehmer in einer Stunde 10 Teile fertigt, erhält er den Akkordrichtsatz von 9,00 € (10 • 6 • 9 : 60 = 9.00 €), fertigt er 11 Teile, erhält er einen Stundenlohn von 9,90 € (11 • 6 • 9 : 60 = 9,90 €), fertigt er 12 Teile, erhält er einen Stundenlohn von 10,80 € (12 • 6 • 9 : 60 = 10,80 €).

---

[1] ErfK/*Preis* § 611 BGB Rn 391.

[2] ErfK/*Preis* § 611 BGB Rn 392.

[3] ErfK/*Preis* § 611 BGB Rn 392.

2.4.2.2 Naturallohn

111 Ein Naturallohn wird in der betrieblichen Praxis nur als weitere Vergütung neben einem Geldlohn vereinbart. Naturallohn sind alle Sachbezüge, wie die Überlassung von Wohnraum, die Aufnahme des Arbeitnehmers in die häusliche Gemeinschaft, die Überlassung eines Kraftfahrzeugs zur privaten Nutzung oder die Überlassung von Produkten aus eigener Herstellung. In dem letztgenannten Fall ist das Truckverbot gem. § 107 Abs. 2 Satz 2 - Satz 5 GewO zu beachten, wonach Arbeitnehmern keine Waren kreditiert werden dürfen. Dadurch wird aber weder die Vereinbarung einer Naturalvergütung noch der Verkauf von Waren aus eigener Herstellung ausgeschlossen. Der Arbeitgeber darf dem Arbeitnehmer lediglich Waren in eingeschränktem Umfang auf Kredit überlassen. Die Berechtigung des Arbeitnehmers, betriebliche Sozialeinrichtungen wie Betriebskindergärten oder Sportstätten zu nutzen, ist dagegen kein Naturallohn.

2.4.3 Sonderformen der Arbeitsvergütung

112

Übersicht 9: Sonderformen der Arbeitsvergütung			
Zulagen und Zuschläge	**Erfolgsvergütungen**	**Gratifikationen**	**Vermögenswirksame Leistungen**
► Mehrarbeit	► Provision	► Urlaubsgeld	sowie
► Überstunden	► Prämien	► Weihnachtsgeld	
► Nachtarbeit	► Gewinn- und Umsatzbeteiligungen	► Sonderzahlungen	**Betriebliche Altersversorgung**
► Schichtarbeit			
► Sonn- und Feiertagsarbeit			
► Erschwerniszulage			
► Leistungszulagen			

113 Daneben haben sich folgende Sonderformen der Arbeitsvergütung herausgebildet:

Zulagen und Zuschläge werden als Entgelt für besondere Leistungen des Arbeitnehmers oder aufgrund seiner sozialen Verhältnisse (z. B. Ehegatten- oder Kinderzulagen) gezahlt.[1] Rechtsgrundlage sind Tarifverträge oder Regelungen in Einzelarbeitsverträgen, es kommt aber auch das Recht der betrieblichen Übung in Betracht.

114 Überstunden sind solche, die außerhalb der vereinbarten Arbeitszeiten erfolgen. Grundsätzlich sind diese angemessen zu vergüten.[2] Ist in einem Arbeitsvertrag vereinbart, dass Überstunden mit dem regelmäßigen Arbeitsentgelt abgegolten sind, ist zu prüfen, ob diese Vereinbarung dem Transparenzgebot des § 307 Abs. 1

---

[1] *Brox/Rüthers/Henssler, Arbeitsrecht*, Rn 287.

[2] *Grobys/Panzer/Altenburg, SWK ArbR 2012 Arbeitsentgelt*, Rn 24.

Satz 2 BGB entspricht.[1] Das ist nicht der Fall, wenn ein krasses Missverhältnis zwischen der Bezahlung und den mit der Bezahlung abgegoltenen Überstunden besteht.[2] Keinesfalls lässt sich auf diese Weise dergestalt das MiLoG umgehen, indem der Arbeitgeber zwar 9 € pro Stunde bezahlt, von den Arbeitnehmern aber erwartet, dass diese jeden Tag zwei Stunden länger arbeiten als im Arbeitsvertrag vereinbart.

Die Vergütung von Mehr- und Überarbeit wird häufig in dem Arbeitsvertrag oder in einem Tarifvertrag geregelt. Möglich ist, dass der Arbeitnehmer für die Zeit, die er über die vertraglich geschuldete Arbeitszeit hinaus arbeitet, ein um einen Überstundenzuschlag erhöhtes Arbeitsentgelt erhält. Es kann aber auch vereinbart werden, dass die Überstunden durch Freizeit ausgeglichen werden. Gleitzeitregelungen dienen dagegen u. a. der Vermeidung von Überstunden. Bei der Einführung und der Änderung der Gleitzeit ist das zwingende Mitbestimmungsrecht des Betriebsrats nach § 87 Abs. 1 Nr. 2 BetrVG zu beachten. 115

Die Provision ist kein Entgelt für eine Tätigkeit, sondern eine Erfolgsvergütung und damit ein Leistungslohn.[3] Provisionen erhalten vor allem Arbeitnehmer, die eine Handelsvertretertätigkeit ausüben, für die Vermittlung oder den Abschluss eines Vertrags zugunsten des Arbeitgebers. In diesen Fällen sind gem. § 65 HGB die §§ 87 ff. HGB anzuwenden. Entsprechendes gilt für Arbeitnehmer, die eine vergleichbare Tätigkeit ausüben. Die Vorschriften des Handelsgesetzbuchs kommen allerdings dann nicht zur Anwendung, wenn hinsichtlich der Fälligkeit einer Provision nicht an einen Vertragsabschluss, sondern an andere Umstände angeknüpft wird. 116

Mit Prämien werden besondere Leistungen des Arbeitnehmers honoriert, insbesondere große Arbeitsmengen oder die Arbeitsqualität. Prämien können sowohl an einzelne Arbeitnehmer als auch an Arbeitnehmergruppen gezahlt werden. Beispiele für Prämien sind Anwesenheitsprämien, Mengenprämien, Qualitäts- und Güteprämien sowie Terminprämien. Prämien können insbesondere tarif- oder einzelvertraglich vereinbart, von dem Arbeitgeber aber auch als freiwillige Leistung gewährt werden. 117

Eine Gewinn- oder Umsatzbeteiligung ist eine ergebnis- oder umsatzabhängige zusätzliche Vergütung. Sie wird nach dem jährlichen Geschäftsergebnis oder dem Umsatz eines Unternehmens, einer Betriebsabteilung oder einer Filiale berechnet. Früher wurden überwiegend nur leitende oder außertarifliche Angestellte an dem Ergebnis oder dem Umsatz eines Unternehmens beteiligt. Gewinn- oder Umsatzbeteiligungen wurden also nur an einzelne Arbeitnehmer oder Arbeitnehmergruppen gezahlt, weil sie zu einem günstigen Geschäftsergebnis beigetragen hatten. Inzwischen werden Gratifikationen häufig durch ergebnisabhän- 118

---

[1] *Senne*, Arbeitsrecht, S. 75.

[2] *Senne*, Arbeitsrecht, S. 75.

[3] *Waltermann*, Arbeitsrecht, Rn 197.

gige Zahlungen ersetzt. In diesen Fällen erhalten alle in einem Unternehmen oder Betrieb beschäftigten Arbeitnehmer eine Gewinn- oder Umsatzbeteiligung. Auch Gewinn- oder Umsatzbeteiligungen können insbesondere einzelvertraglich vereinbart oder von dem Arbeitgeber als freiwillige Leistung gewährt werden.

119 Gratifikationen sind Sonderzuwendungen, die aus einem bestimmten Anlass entrichtet werden, insbesondere das Weihnachts- und Urlaubsgeld, aber auch Sonderzahlungen anlässlich eines Betriebsjubiläums und aus ähnlichen betrieblichen Gründen.[1] Rechtsgrundlage kann eine tarif- oder einzelvertragliche Vereinbarung sein. Aus der betrieblichen Übung können sich ebenfalls Ansprüche ergeben, wenn der Arbeitgeber über einen längeren Zeitraum hinweg freiwillige Zahlungen aus einem bestimmten Anlass geleistet hat. Ein Rechtsanspruch aus dem Rechtsinstitut der betrieblichen Übung entsteht, wenn ein Arbeitgeber wiederholt – mindestens dreimal – und vorbehaltlos Arbeitnehmern unter einheitlichen Voraussetzungen eine Gratifikation gewährt hat. Daneben kommen Betriebsvereinbarungen als Rechtsgrundlage in Betracht, wenn eine Öffnungsklausel in einem Tarifvertrag eine Betriebsvereinbarung über eine Gratifikation zulässt.

120 Sofern sich nicht aus einer Rechtsgrundlage eine entsprechende Verpflichtung des Arbeitgebers ergibt, steht die Gratifikationszahlung zwar im Ermessen des Arbeitgebers, nach dem Gleichbehandlungsgrundsatz dürfen einzelne Arbeitnehmer aber nicht willkürlich und ohne sachlichen Grund von der Zahlung ausgenommen werden.

121 Der Anspruch des Arbeitnehmers auf eine Gratifikation wird in der betrieblichen Praxis häufig davon abhängig gemacht, dass an einem bestimmten Stichtag ein ungekündigtes Arbeitsverhältnis besteht. Außerdem kann die Entrichtung einer Gratifikation an eine bestimmte Dauer der Betriebszugehörigkeit geknüpft werden.

Fall 4: Gratifikation trotz Kündigung > Seite 387

122 Da die Gratifikation nur teilweise eine Anerkennung für die in der Vergangenheit geleistete Arbeit ist, sondern auch einen Anreiz für zukünftige Betriebstreue schaffen soll, werden in der Praxis häufig Rückzahlungsvereinbarungen für den Fall des Ausscheidens des Arbeitnehmers aus dem Betrieb getroffen. Derartige Rückzahlungsklauseln erschweren die Kündigung und den Arbeitsplatzwechsel des Arbeitnehmers und sind deshalb nicht uneingeschränkt zulässig. Soweit sie in einem Arbeitsvertrag enthalten sind, können zu weit gehende Rückzahlungsklauseln eine unangemessene Benachteiligung des Arbeitnehmers i. S. d. § 307 Abs. 1 BGB darstellen. Das ist der Fall, wenn die Rückzahlungspflicht bei verständiger Betrachtung keinem billigen Interesse des Arbeitgebers entspricht.[2] Rück-

---

[1] *Dütz/Thüsing*, Arbeitsrecht, Rn 163.

[2] ErfK/*Preis* § 611 BGB Rn 437.

zahlungsklauseln in Tarifverträgen unterliegen nach § 310 Abs. 4 Satz 1 BGB keiner Inhaltskontrolle.[1]

Das BAG hat zu der Wirksamkeit von Rückzahlungsklauseln für Weihnachtsgratifikationen Grundsätze entwickelt, nach denen auf die Höhe der Gratifikation und die Dauer der vertraglichen Bindung abzustellen ist:[2]   123

- ► Bei Gratifikationen bis zu 100 € ist eine Rückzahlung unzulässig.

- ► Beträgt die Gratifikation mehr als 100 €, aber weniger als eine Monatsvergütung, darf die Rückzahlungsklausel den Arbeitnehmer höchstens bis zum 31.03. des Folgejahres binden; der Arbeitnehmer kann also zum 31.03. kündigen, ohne dass die Rückzahlungspflicht zum Tragen kommt.[3]

- ► Beträgt die Gratifikation eine Monatsvergütung und mehr, sind Bindungen über den 31.03. des Folgejahres hinaus zulässig, wenn der Arbeitnehmer bis zum 31.03. des Folgejahres nur eine Kündigungsmöglichkeit hat; eine Rückzahlungsklausel darf ihn aber höchstens bis zum 30.06. des Folgejahres binden.

- ► Im Übrigen muss die Dauer der Bindung in einem angemessenen Verhältnis zur Höhe der Gratifikation stehen; eine Rückzahlungsklausel ist immer unzulässig, wenn sie den Arbeitnehmer über den 30.09. des Folgejahres hinaus bindet.

Das BAG hat bei der Entwicklung dieser Grundsätze u. a. die Anzahl der Kündigungsmöglichkeiten bis zu dem Stichtag berücksichtigt. Nach § 622 Abs. 1 BGB haben Arbeitnehmer bis zum 31.03. des Folgejahres mehrere Kündigungsmöglichkeiten. Bei einem Arbeitnehmer, der als Weihnachtsgratifikation ein Monatsentgelt erhält, ist eine Bindung über den 31.03. hinaus daher nur gerechtfertigt, wenn die gesetzliche Kündigungsfrist durch eine tarif- oder einzelvertragliche Vereinbarung mindestens auf 6 Wochen zum Ende eines Kalendervierteljahres verlängert worden ist. Hat ein Arbeitnehmer dagegen bis zum 31.03. des Folgejahres mehrere Kündigungsmöglichkeiten, kann er bei einer Weihnachtsgratifikation von einem Monatsentgelt nicht über den 31.03. des Folgejahres hinaus durch eine Rückzahlungsklausel gebunden werden.   124

Vermögenswirksame Leistungen sind Geldbeträge, die dem Arbeitnehmer nicht zur freien Verfügung ausgezahlt werden, sondern die er nur erhält, wenn sie zur Vermögensbildung verwendet werden. Erforderlich ist, dass der Arbeitnehmer diese Beträge langfristig anlegt, z. B. durch den Abschluss eines Spar- oder Bausparvertrags oder einer Lebensversicherung, daneben können Sparverträge über Wertpapiere oder sonstige Vermögensbeteiligungen abgeschlossen werden. Einzelheiten sind in dem 5. Vermögensbildungsgesetz geregelt. Nach diesem ist der Arbeitgeber allerdings nicht verpflichtet, sich mit einer Zahlung an der Vermögensbildung durch den Arbeitnehmer zu beteiligen. Rechtsgrundlage für die Entrichtung vermögenswirksamer Leistungen sind vielmehr tarif- und einzelvertrag-   125

---

[1] Erfk/*Preis* § 611 BGB Rn 442.

[2] BAG NZA 2007, 875 ff.

[3] BAG NZA 1993, 935 (936); BAG NZA 2007, 875 (877).

liche Vereinbarungen. Aus einer betrieblichen Übung können sich ebenfalls Ansprüche ergeben, wenn der Arbeitgeber über einen längeren Zeitraum hinweg freiwillig vermögenswirksame Leistungen erbracht hat.

126 Die von der gesetzlichen Rentenversicherung gezahlten Renten sind erheblich niedriger als das zuletzt bezogene Arbeitseinkommen. Arbeitnehmern werden, insbesondere in größeren Unternehmen, häufig Leistungen aus einer Altersversorgung zugesagt. Das wirtschaftliche Gewicht der betrieblichen Altersvorsorge ist enorm. Sämtliche Deckungsmittel aller Durchführungswege betrugen im Jahr 2008 ca. 453,8 Mrd. €.[1] Sofern der Arbeitgeber nicht an einen Tarifvertrag oder eine Betriebsvereinbarung gebunden ist, steht ihm frei, ob er eine betriebliche Altersversorgung der bei ihm beschäftigten Arbeitnehmer mit eigenen Mitteln finanziert oder nicht. Werden Leistungen der betrieblichen Altersversorgung gewährt, sind allerdings die Vorschriften des Gesetzes zur Verbesserung der betrieblichen Altersversorgung (insbesondere die Unverfallbarkeitsregelung des § 1b Abs. 1 Satz 1 BetrAVG und die Beitragspflicht zur Insolvenzversicherung gem. § 10 BetrAVG) sowie der Gleichbehandlungsgrundsatz zu beachten.

127 Leistungen der betrieblichen Altersversorgung können in verschiedenen Formen erbracht werden:[2]

- ▶ **Direktzusage:** Der Arbeitgeber selbst verpflichtet sich gegenüber dem Arbeitnehmer, nach dem Eintritt des Versorgungsfalls die vereinbarten Leistungen zu erbringen. Der Arbeitgeber ist Versorgungsträger und unmittelbar Haftender.[3]

- ▶ **Direktversicherung:** Der Arbeitgeber schließt mit einem Versicherungsunternehmen einen Lebensversicherungsvertrag zugunsten einzelner, mehrerer oder aller Arbeitnehmer (Einzel- oder Gruppenversicherung) ab; nach Eintritt des Versorgungsfalls erhält der Arbeitnehmer (bzw. seine Hinterbliebenen) die Leistungen aus dem Versicherungsvertrag. Hierbei handelt es sich um einen Vertrag zugunsten Dritter i. S. d. § 328 BGB.[4]

- ▶ **Pensionskasse:** Der Arbeitnehmer wird anlässlich der Begründung des Arbeitsverhältnisses Mitglied einer Pensionskasse, nach Eintritt des Versorgungsfalls erhält der Arbeitnehmer (bzw. seine Hinterbliebenen) Leistungen der Pensionskasse. Pensionskassen sind in der Regel Versicherungsvereine auf Gegenseitigkeit und unterliegen der Finanzaufsicht durch die BaFin.[5]

---

[1] *Grobys/Panzer/Neufeld*, SWK ArbR 2012 Betriebliche Altersvorsorge, Rn 38.

[2] Vgl. *Clemens* BeckOK § 1 BetrAVG Rn 31 ff.

[3] *Grobys/Panzer/Neufeld*, SWK ArbR 2012 Betriebliche Altersvorsorge, Rn 42.

[4] *Grobys/Panzer/Neufeld*, SWK ArbR 2012 Betriebliche Altersvorsorge, Rn 43.

[5] *Grobys/Panzer/Neufeld*, SWK ArbR 2012 Betriebliche Altersvorsorge, Rn 44.

- **Pensionsfonds:** Ein Pensionsfonds ist eine selbstständige Versorgungseinrichtung, die im Wege des Kapitaldeckungsverfahrens Altersversorgungsleistungen für einen oder mehrere Arbeitgeber erbringt.[1] Pensionsfonds haben größere Freiheiten bei der Vermögenslage als Lebensversicherungen und Pensionskassen. Nach Eintritt des Versorgungsfalls erhält der Arbeitnehmer (bzw. seine Hinterbliebenen) die Leistungen aus dem Pensionsfonds.

Erfolgt die betriebliche Altersversorgung nicht unmittelbar durch den Arbeitgeber, sondern über eine Direktversicherung, eine Pensionskasse oder einen Pensionsfonds, hat der Arbeitgeber bereits während des Bestands des Arbeitsverhältnisses Beiträge zu entrichten. Wird eine Direktzusage erteilt, muss der Arbeitgeber dagegen erst ab dem Eintritt des Versorgungsfalls Leistungen erbringen.   128

Eine betriebliche Altersversorgung kann auch ohne zusätzliche Leistungen des Arbeitgebers zum Arbeitsentgelt finanziert werden. Nach § 1a Abs. 1 Satz 1 BetrAVG besteht ein Anspruch der Arbeitnehmer auf betriebliche Altersversorgung durch Entgeltumwandlung. Jeder Arbeitnehmer kann daher verlangen, dass ein bestimmter Betrag des vereinbarten Arbeitsentgelts von dem Arbeitgeber zur Begründung einer Anwartschaft auf eine betriebliche Altersversorgung verwendet wird. Bei einer betrieblichen Altersversorgung durch Entgeltumwandlung sind die hierdurch erworbenen Anwartschaftsrechte des Arbeitnehmers gem. § 1b Abs. 5 BetrAVG sofort unverfallbar. Der Arbeitnehmer behält diese Anwartschaftsrechte daher auch dann, wenn das Arbeitsverhältnis vor Ablauf von fünf Jahren endet.   129

2.5 Fürsorgepflicht des Arbeitgebers

Die Fürsorgepflicht ist der Oberbegriff für alle Nebenpflichten des Arbeitgebers aus § 241 Abs. 2 BGB und umfasst verschiedene einzelne Verpflichtungen. Inhalt der Fürsorgepflicht ist die allgemeine Verpflichtung des Arbeitgebers, die persönlichen Belange des Arbeitnehmers zu achten sowie diesen vor Schäden zu bewahren.[2]   130

Die Fürsorgepflicht umfasst insbesondere die folgenden Handlungs- und Unterlassungspflichten: [3]   131

- Schutz der Persönlichkeit des Arbeitnehmers, z. B. der körperlichen und geistigen Integrität, der persönlichen und beruflichen Ehre, der Meinungsfreiheit und der Glaubens- und Gewissensfreiheit

- Schutz des Arbeitnehmers vor Mobbing, also insbesondere Schutz der Stellung und des Ansehens des Arbeitnehmers im Betrieb

---

[1] *Grobys/Panzer/Neufeld*, SWK ArbR 2012 Betriebliche Altersvorsorge, Rn 45.

[2] ErfK/*Preis* § 611 BGB Rn 615.

[3] ErfK/*Preis* § 611 BGB Rn 618 ff. m. w. N.

- Wahrung des informationellen Selbstbestimmungsrechts, z. B. durch sorgfältige Verwahrung der Personalakte

- Sicherung der von dem Arbeitnehmer eingebrachten Sachen am Arbeitsplatz

- Wahrung der vermögensrechtlichen Interessen des Arbeitnehmers, z. B. durch Erstattung einer Unfallanzeige

- Abführung von Lohnsteuer und Sozialversicherungsbeiträgen unter Beachtung der steuer- und sozialversicherungsrechtlichen Vorschriften

- Information und Belehrung, z. B. durch Erklärung der Entgeltabrechnung

- Förderung des wirtschaftlichen Fortkommens, z. B. durch Erteilung eines Zwischenzeugnisses

- Erteilung von Zeugnissen und Bescheinigungen über Art und Dauer der Beschäftigung sowie über die Höhe des Arbeitsentgelts, z. B. für Anträge auf Berufsausbildungshilfe oder Wohngeld.

132 Die Pflicht des Arbeitgebers zur Wahrung der Persönlichkeitsrechte des Arbeitnehmers kann eine Einschränkung des Direktionsrechts des Arbeitgebers mit sich bringen. Der Arbeitgeber hat z. B. die Glaubens- und Gewissensfreiheit des Arbeitnehmers u. a. in der Weise zu achten, dass er Arbeiten, die der religiösen und weltanschaulichen Überzeugung eines Arbeitnehmers widersprechen, einem anderen Arbeitnehmer überträgt. Zu dem Bereich Persönlichkeitsschutz des Arbeitnehmers gehören weiterhin auch die Beschäftigungspflicht und die Wahrung des informationellen Selbstbestimmungsrechts im Betrieb, durch einen sorgfältigen Umgang mit den persönlichen Daten des Arbeitnehmers sowie der Schutz des Arbeitnehmers vor Mobbing. Der Arbeitgeber hat den Arbeitnehmer vor Diskriminierungen zu schützen und muss Maßnahmen gegen mobbende Kollegen und Vorgesetze ergreifen.[1] Ferner hat er gem. § 12 Abs. 1 AGG die erforderlichen Maßnahmen zu treffen, dass Arbeitnehmer keine Benachteiligung aus den in § 1 AGG genannten Gründe erleiden.

133 Die Verpflichtung des Arbeitgebers, den Arbeitnehmer vor Gefahren für Leben und Gesundheit zu schützen, ist in den §§ 618, 619 BGB gesetzlich niedergelegt. Der Arbeitgeber hat Räume, Vorrichtungen oder Gerätschaften, die zur Erbringung der Arbeitsleistung erforderlich sind, so einzurichten und zu unterhalten, dass der Arbeitnehmer nicht gefährdet wird. Detailliertere Regelungen zum technischen Arbeitsschutz und zur Unfallverhütung sind in den Arbeitssicherheitsgesetzen enthalten. Daneben bestehen Sondervorschriften für bestimmte Arbeitnehmergruppen, z. B. für Jugendliche gem. §§ 22 ff. JArbSchG.

---

[1] *Schaub/Koch*, Arbeitsrechts-Handbuch, § 106 Rn 41a.

Beispiel

Der Arbeitgeber hat nach der ArbeitsstättenVO dafür zu sorgen, dass Arbeitsräume, Nebenräume, Zugänge und Treppen gut beleuchtet, ausreichend belüftet und beheizt und dass Wasch- und Umkleideräume und gegebenenfalls auch Schränke vorhanden sind.

Die Fürsorgepflicht des Arbeitgebers umfasst auch die Sicherung des Eigentums des Arbeitnehmers, insbesondere der Gegenstände, die der Arbeitnehmer an den Arbeitsplatz mitbringt. Zum Zweck der Begrenzung seiner Schadensersatzpflicht kann der Arbeitgeber aber anordnen, in welcher Weise Gegenstände aufzubewahren sind. Ferner hat der Arbeitgeber dafür zu sorgen, dass Abstellmöglichkeiten für Fahrräder und Krafträder sowie ein Betriebsparkplatz in verkehrssicherem Zustand sind, wenn derartige Abstellmöglichkeiten zur Verfügung gestellt werden. **134**

Beispiel

Der Betriebsparkplatz weist als Folge von Witterungseinflüssen zahlreiche Schlaglöcher auf. Ein Arbeitnehmer gerät beim Überqueren des Parkplatzes mit seinem Fahrrad in ein Schlagloch und stürzt, wobei er sich verletzt und sein Fahrrad beschädigt wird. Für den Personenschaden kommen die Träger der Unfallversicherung auf. Hinsichtlich des Sachschadens hat der Arbeitnehmer einen Schadensersatzanspruch gegen den Arbeitgeber wegen Verletzung der Fürsorgepflicht als Nebenpflicht aus dem Arbeitsvertrag. Anspruchsgrundlage ist § 280 Abs. 1 BGB, § 611 BGB i. V. m. dem Arbeitsvertrag, § 241 Abs. 2, 249 BGB.

Der Arbeitgeber ist auch zur Wahrung der vermögensrechtlichen Interessen der Arbeitnehmer verpflichtet. Er hat den öffentlich-rechtlichen Anmelde- und Beitragspflichten zur Sozialversicherung nachzukommen und muss für ein Verschulden seiner Erfüllungsgehilfen nach § 278 BGB einstehen. Daneben beinhaltet die Fürsorgepflicht die Verpflichtung des Arbeitgebers zur richtigen Berechnung und Abführung der Lohnsteuer an die Finanzbehörden. Außerdem ist der Arbeitgeber verpflichtet, dem Arbeitnehmer auf Wunsch Bescheinigungen über die Beschäftigung und die Höhe des Entgelts zu erteilen, damit der Arbeitnehmer z. B. Sozialleistungen in Anspruch nehmen kann. **135**

136

Übersicht 10: Pflichten des Arbeitgebers aus dem Arbeitsverhältnis	
Hauptleistungspflicht: **Entgeltzahlungspflicht gem. § 611 BGB**	**Nebenpflichten:** **Fürsorgepflicht gem. § 241 Abs. 2 BGB**
‣ Zahlung der Vergütung in der vereinbarten Form ‣ weitere freiwillige Leistungen sind möglich	‣ Schutz der Persönlichkeit des Arbeitnehmers, insbesondere Wahrung des allgemeinen Persönlichkeitsrechts ‣ Beachtung der Unfallverhütungs- und der Arbeitsschutzvorschriften
Entgeltzahlungspflicht ohne Arbeitsleistung:	‣ Beschäftigungspflicht
‣ Betriebsstörungen, wenn der Arbeitgeber das Betriebsrisiko zu tragen hat	‣ Abführung von Lohnsteuer und Sozialversicherungsbeiträgen
‣ Annahmeverzug des Arbeitgebers gem. § 615 BGB	‣ Wahrung des informationellen Selbstbestimmungsrechts, z. B. durch sorgfältige Verwahrung der Personalakte
‣ Unverschuldete Krankheit des Arbeitnehmers	‣ Sicherung des Arbeitnehmereigentums
‣ Urlaub	‣ Wahrung der vermögensrechtlichen Interessen
‣ Feiertage	
‣ vorübergehende Verhinderung des Arbeitnehmers gem. § 616 BGB	
‣ Mutterschaft	
‣ Betriebstätigkeit	
‣ Freistellung des Arbeitnehmers von der Arbeitspflicht	
‣ Weiterbildung (Bildungsurlaub) nach Maßgabe der Ländergesetze	

3. Arbeitnehmerschutzrechte

137 Der überwiegende Teil der Arbeitnehmerschutzvorschriften gilt für alle Arbeitnehmer. Einzelne Arbeitnehmergruppen genießen darüber hinaus Sonderschutz durch besondere Regelungen. Hierzu gehören werdende Mütter, Auszubildende und Jugendliche sowie Schwerbehinderte.

Übersicht 11: Arbeitnehmerschutzrecht und Arbeitssicherheit		138
materiell-rechtlicher Arbeitnehmerschutz	**technischer Arbeitsschutz (= Arbeitssicherheit)**	
► Arbeitszeitschutz ► Urlaub und Freistellung ► Lohnsicherung ► Arbeitnehmererfindungen etc. ► Kündigungsschutz ► Sonderschutz einzelner Arbeitnehmergruppen, z. B. Jugendarbeitsschutz, Mutterschutz	► Schutz von Leben und Gesundheit der Arbeitnehmer ► Sicherheit der Arbeitsstätten, Produktionsanlagen, Maschinen und Geräte sowie der Arbeitsmaterialien ► Unfallverhütung	

3.1 Recht am Arbeitsergebnis

Der Arbeitgeber hat aus dem Arbeitsvertrag Anspruch auf die Arbeitsleistung des Arbeitnehmers. Deshalb wird der Arbeitgeber Eigentümer neuer Sachen, sofern durch die Arbeitsleistung des Arbeitnehmers neue Sachen entstehen. Nach § 950 BGB erwirbt derjenige das Eigentum an der neuen Sache, der durch Verarbeitung oder Umbildung eines oder mehrerer Stoffe eine neue bewegliche Sache herstellt. Hersteller einer neuen Sache, die im betrieblichen Produktionsverfahren entsteht ist der Arbeitgeber, weil er auf seine Kosten die Herstellung veranlasst und das unternehmerische Risiko einer fehlerhaften oder unwirtschaftlichen Produktion trägt.[1]

139

Auch wenn ein Arbeitnehmer während der Erfüllung seiner Arbeitspflicht eine Sache findet, stehen ihm keine Rechte an der Fundsache zu. Da der Arbeitnehmer im Rahmen des Arbeitsverhältnisses Besitzdiener des Arbeitgebers gem. § 855 BGB ist, ist nicht der Arbeitnehmer, sondern der Arbeitgeber Finder. Der Arbeitnehmer hat den Fund an den Arbeitgeber herauszugeben und der Arbeitgeber erwirbt als Finder gem. § 973 BGB mit dem Ablauf von 6 Monaten nach der Anzeige des Fundes bei der zuständigen Behörde das Eigentum an der Sache, wenn der Berechtigte sich nicht meldet.

140

Anders ist die Situation dagegen, wenn durch die Tätigkeit des Arbeitnehmers Rechte entstehen. Hinsichtlich der Rechte sind unterschiedliche Rechtsfolgen vorgesehen.

141

---

[1] *Löwisch/Caspers/Klumpp*, Arbeitsrecht, Rn 467.

142

Übersicht 12: Recht am Arbeitsergebnis		
Eigentumserwerb (Arbeitgeber)	**Nutzungsrechte an nichttechnischen Neuerungen** (keine gesetzliche Regelung, evtl. Betriebsvereinbarung)	**Urheberrechte** (Arbeitnehmer)
Nutzungsrechte an technischen Neuerungen ▸ die nicht patent- oder gebrauchsmusterfähig sind (Arbeitgeber) ▸ die patent- oder gebrauchsmusterfähig sind, werden unterteilt in		
Diensterfindungen (Arbeitgeber) Inanspruchnahme oder Freigabe durch den Arbeitgeber	**freie Erfindungen** (Arbeitnehmer) Mitteilungs- und Anbietungspflicht des Arbeitnehmers	

3.1.1 Urheberrechte

143 Rechte an urheberrechtlich geschützten Werken, wie der Literatur, Wissenschaft und Kunst, stehen dem Urheber zu. Dies gilt auch, wenn der Urheber das Werk in Erfüllung seiner Verpflichtung aus einem Arbeitsvertrag geschaffen hat (vgl. § 43 UrhG). Sofern die Arbeitsleistung des Arbeitnehmers darin besteht, entsprechende Werke für den Arbeitgeber zu erstellen, werden dem Arbeitgeber aber die Werknutzungsrechte eingeräumt. Eine besondere Vergütung hierfür kann der Arbeitnehmer nur verlangen, wenn dies zwischen ihm und dem Arbeitgeber vereinbart worden ist. Der Umfang der Nutzungsrechte des Arbeitgebers sollte unabhängig hiervon zum Zweck der Vermeidung von Auseinandersetzungen arbeitsvertraglich festgelegt werden.

144 Für die Urheber von Computerprogrammen ist in § 69b Abs. 1 UrhG ausdrücklich geregelt, dass ausschließlich der Arbeitgeber zur Ausübung aller vermögensrechtlichen Befugnisse an dem Computerprogramm berechtigt ist, wenn das Computerprogramm von dem Arbeitnehmer in Wahrung seiner Aufgabe oder nach den Anweisungen des Arbeitgebers geschaffen und keine abweichende Vereinbarungen getroffen wurden.

3.1.2 Patent- und gebrauchsmusterfähige Erfindungen

145 Bei patent- und gebrauchsmusterfähigen Erfindungen des Arbeitnehmers sind gebundene Diensterfindungen und freie Erfindungen des Arbeitnehmers zu unterscheiden.

146 Diensterfindungen sind während der Dauer des Arbeitsverhältnisses entstandene Erfindungen, die entweder aus der dem Arbeitnehmer im Betrieb obliegenden Tätigkeit hervorgegangen sind oder maßgeblich auf Erfahrungen oder Arbeiten des Betriebes beruhen (vgl. § 4 Abs. 2 ArbNErfG). Hinsichtlich der gebundenen Erfindungen obliegen dem Arbeitnehmer

- eine Meldepflicht gegenüber dem Arbeitgeber gem. § 5 ArbNErfG
- ein Vergütungsverbot gem. § 7 Abs. 3 ArbNErfG und
- eine Geheimhaltungspflicht gem. § 24 Abs. 2 ArbNErfG.

Der Arbeitgeber kann die Diensterfindung eines Arbeitnehmers gem. § 6 ArbNErfG in Anspruch nehmen. Eine Inanspruchnahme wird nach § 6 Abs. 2 ArbNErfG fingiert, wenn der Arbeitgeber die Erfindung nicht innerhalb von vier Monaten nach der Meldung durch den Arbeitnehmer in Textform (§ 126 BGB) freigegeben hat. Bei einer Inanspruchnahme gehen alle Rechte an der Diensterfindung gem. § 7 Abs. 1 ArbNErfG auf den Arbeitgeber über. Der Arbeitnehmer hat aber Ansprüche auf Zahlung einer angemessenen Vergütung gem. §§ 9 ff. ArbNErfG sowie auf die namentliche Bezeichnung als Erfinder gem. § 37 PatG. Die Höhe des Vergütungsanspruches richtet sich nach der wirtschaftlichen Verwertbarkeit der Diensterfindungen, nach der Stellung des Arbeitnehmers im Betrieb und nach seinem Anteil an dem Zustandekommen der Erfindung. 147

Als freie Erfindungen gelten alle während der Dauer des Arbeitsverhältnisses entstandenen Erfindungen, die keine Diensterfindungen sind (vgl. § Abs. 3 ArbNErfG). Sie stehen grundsätzlich dem Arbeitnehmer zu, es besteht aber gegenüber dem Arbeitgeber eine Mitteilungs- und Anbietungspflicht (vgl. §§ 18, 19 ArbNErfG). 148

Technische Verbesserungsvorschläge des Arbeitnehmers, die wegen mangelnder Erfindungshöhe nicht patent- oder gebrauchsmusterfähig sind, kann der Arbeitgeber gegen Zahlung einer angemessenen Vergütung verwerten (vgl. § 20 ArbNErfG). 149

Wie bei nichttechnischen Verbesserungsvorschlägen der Arbeitnehmer, an denen regelmäßig weder gewerbliche Schutzrechte noch Urheberrechte erworben werden können, zu verfahren ist, ist dagegen gesetzlich nicht geregelt. Es besteht aber ein zwingendes Mitbestimmungsrecht des Betriebsrats bei der Aufstellung von Grundsätzen über das betriebliche Vorschlagswesen gem. § 87 Abs. 1 Nr. 12 BetrVG, das sich auf das gesamte betriebliche Vorschlagswesen und damit sowohl auf technische als auch auf nichttechnische Verbesserungsvorschläge erstreckt. Betriebsvereinbarungen können daher Regelungen über die Behandlung von Verbesserungsvorschlägen der Arbeitnehmer enthalten. In einer Betriebsvereinbarung getroffene Regelungen über die Übernahme eines Vorschlags durch den Arbeitgeber und die Honorierung des Arbeitnehmers sind bei allen Verbesserungsvorschlägen anzuwenden. 150

Eine Besonderheit gilt für Beschäftigte an Hochschulen. Nach § 42 ArbNErfG entscheiden diese im Rahmen ihrer Lehr- und Forschungstätigkeit selbst über eine Veröffentlichung ihrer Diensterfindungen.[1] Allerdings stehen Hochschullehrern die Rechte an ihren Erfindungen nicht mehr alleine zu, sodass der Dienstherr 151

---

[1] *Löwisch/Caspers/Klumpp,* Arbeitsrecht, Rn 474.

diese in Anspruch nehmen kann.[1] Verwertet der Dienstherr die Erfindung, erhält der Hochschullehrer eine Vergütung in Höhe von 30 % der Einnahmen.[2]

3.2 Entgeltsicherung

152   Die Arbeitsvergütung ist die wirtschaftliche Existenzgrundlage für die meisten Arbeitnehmer und deren Familien. Damit das Arbeitsentgelt für den Unterhalt des Arbeitnehmers und seiner Familie zur Verfügung steht, ist der Vergütungsanspruch des Arbeitnehmers gesetzlich besonders geschützt. Der Schutz bezieht sich auf Zugriffe des Arbeitgebers sowie dritter Personen. Die Entgeltansprüche des Arbeitnehmers unterliegen nur in begrenztem Umfang der Aufrechnung, dem Zurückbehaltungsrecht, der Abtretung und der Pfändung. Außerdem sind sie bei einem Betriebsübergang und bei Insolvenz des Arbeitgebers besonders abgesichert.

153

Übersicht 13: Lohnschutz und Lohnsicherung		
Beschränkung der **Pfändung** durch Gläubiger des Arbeitnehmers	Beschränkung der **Aufrechnung** und der **Zurückbehaltung** durch den Arbeitgeber	Beschränkung der **Abtretung** und der **Verpfändung** durch den Arbeitnehmer
Erhalt des Arbeitsverhältnisses im Fall eines **Betriebsübergangs** mit dem Eintritt des Erwerbers in die Haftung	Anspruch auf **Insolvenzgeld**	

154   Der Pfändungsschutz für Arbeitseinkommen gem. §§ 850 ff. ZPO gilt für alle Vergütungen, die dem Arbeitnehmer als Entgelt für seine Arbeitsleistung zustehen. Neben dem laufenden Arbeitsentgelt werden auch Karenzentschädigungen für Wettbewerbsverbote und Renten, die zur Versorgung des Arbeitnehmers oder seiner Angehörigen gewährt werden, erfasst. Insbesondere die Hälfte der Vergütung für Mehrarbeit, das zusätzliche Urlaubsgeld, Aufwandsentschädigungen und Zulagen für auswärtige Beschäftigungen, die Hälfte des Weihnachtsgeldes, soweit sie einen bestimmten Betrag, zurzeit 500,00 €, nicht übersteigt, sowie Erziehungsgelder und Studienbeihilfen sind gem. § 850a ZPO von vornherein unpfändbare Barbezüge. Im Übrigen ist das Arbeitseinkommen nur insoweit pfändbar, als es die in § 850c ZPO niedergelegten Pfändungsgrenzen übersteigt.

155   Bei der Berechnung des pfändbaren Arbeitseinkommens sind zunächst die Lohnsteuer und die Sozialversicherungsbeiträge von dem Arbeitseinkommen abzuziehen, ebenso die unpfändbaren Bezüge. Hinzuzurechnen ist allerdings das verschleierte Arbeitseinkommen. Es handelt sich dabei um Zahlungen, die der Arbeitgeber als Entgelt für die Arbeitsleistung des Arbeitnehmers nicht an diesen selbst sondern an dritte Personen auszahlt (vgl. § 850h ZPO).

---

[1] Vgl. *Löwisch/Caspers/Klumpp*, Arbeitsrecht, Rn 474 m. w. N.

[2] *Löwisch/Caspers/Klumpp*, Arbeitsrecht, Rn 474.

Anschließend ist die gesetzliche Pfändungsgrenze für Arbeitseinkommen gem. 156
§ 850c ZPO zu ermitteln. Die Pfändungsgrenze für Arbeitseinkommen sichert
dem Arbeitnehmer die Existenzgrundlage, sie ist von der Höhe des Einkommens
und der Anzahl der unterhaltsberechtigten Personen abhängig. Der im Einzelfall
pfändbare Betrag kann der Anlage zu § 850c ZPO entnommen werden. Zurzeit
verbleiben einem alleinstehenden Arbeitnehmer mindestens 1.078 € von seinem
Arbeitseinkommen.[1] Zu beachten ist, dass die gesetzlichen Pfändungsgrenzen
nicht bei allen Pfändungen gelten. Sie können insbesondere bei einer Vollstre-
ckung wegen Unterhaltsansprüchen gem. § 850d ZPO überschritten werden. Im
Übrigen kann die Pfändungsgrenze auf Antrag des Arbeitnehmers herauf- und
auf Antrag seines Gläubigers herabgesetzt werden (vgl. § 850f ZPO).

Soweit das Arbeitseinkommen unpfändbar ist, unterliegt es außerdem nicht der 157
Aufrechnung, dem Zurückbehaltungsrecht und der Abtretung. Hat der Arbeitgeber Ansprüche gegen den Arbeitnehmer, darf er nicht gegen den unpfändbaren
Teil des Arbeitseinkommens aufrechnen, insoweit besteht ein gesetzliches Auf-
rechnungsverbot nach § 394 Satz 1 BGB.

Beispiele

▶ Sofern der Arbeitgeber dem Arbeitnehmer ein zinsgünstiges Darlehen gewährt
hat, welches zur Rückzahlung fällig ist, kann er mit dem Rückzahlungsanspruch
aus dem Darlehensvertrag nur gegen den pfändbaren Teil des Arbeitseinkommens aufrechnen.

▶ Falls aus dem Arbeitsverhältnis ein Schadensersatzanspruch des Arbeitgebers
gegen den Arbeitnehmer gem. § 280 Abs. 1 BGB besteht, weil der Arbeitnehmer
grob fahrlässig ein Arbeitsgerät beschädigt hat, kann der Arbeitgeber mit diesem Schadensersatzanspruch ebenfalls nur gegen den pfändbaren Teil des Arbeitseinkommens aufrechnen.

Auch ein Zurückbehaltungsrecht gem. § 273 Abs. 1 BGB wegen eines fälligen 158
Zahlungsanspruchs gegen den Arbeitnehmer steht dem Arbeitgeber nur hinsichtlich des pfändbaren Teil des Arbeitseinkommens zu, weil die Zurückbehal-
tung des Arbeitsentgelts wirtschaftlich einer Aufrechnung gleichkommt. Der
Arbeitgeber kann allerdings dann ein Zurückbehaltungsrecht gem. § 273 Abs. 1
BGB an dem Arbeitseinkommen geltend machen, wenn sich ungleichartige Forderungen, z. B. ein Herausgabeanspruch und eine Geldforderung, gegenüberstehen. Die Ausübung des Zurückbehaltungsrechts darf aber nicht gegen Treu und
Glauben verstoßen.

---

[1] *Zöller/Stöber* ZPO § 850c ZPO vor Rn 1.

Beispiel

Der ausgeschiedene Arbeitnehmer A hat versäumt, Arbeitskleidung im Wert von ca. 100,00 € zurückzugeben. Der Arbeitgeber kann unabhängig von der Pfändungsfreigrenze ein Zurückbehaltungsrecht gem. § 273 Abs. 1 BGB an dem Arbeitseinkommen des A geltend machen, weil sich ungleichartige Forderungen, nämlich ein Herausgabeanspruch und eine Geldforderung gegenüberstehen. Die Ausübung eines Zurückbehaltungsrechts hinsichtlich des gesamten Arbeitsentgelts des A für den letzten Monat der Beschäftigung würde aber gegen Treu und Glauben verstoßen.

159 Der Arbeitnehmer kann über den unpfändbaren Teil seines Arbeitseinkommens gem. § 400 BGB nicht durch Abtretung und gem. § 1274 Abs. 2 BGB auch nicht durch Verpfändung verfügen. Dies kommt insbesondere dann zum Tragen, wenn der Arbeitnehmer einen Kredit aufnimmt. Den pfändbaren Teil seines Arbeitseinkommens kann der Arbeitnehmer allerdings im Voraus abtreten.

Beispiel

Arbeitnehmer werden immer wieder gebeten, ihre Ansprüche auf Arbeitsentgelt an das Kreditinstitut abzutreten, wenn sie ein Darlehen aufnehmen. Durch eine Vorausabtretung der in Zukunft fällig werdenden Ansprüche auf Arbeitsentgelt wird eine Kreditsicherung vorgenommen. Die Vorausabtretung umfasst auch künftige Ansprüche gegen andere Arbeitgeber, wenn der Arbeitnehmer seinen Arbeitsplatz wechselt. Die Abtretung ist aber nur insoweit wirksam, als das Arbeitseinkommen der Pfändung unterliegt. Wird der Kredit notleidend, kann das Kreditinstitut auf der Grundlage der Abtretung nicht verlangen, dass der Arbeitgeber das gesamte Arbeitsentgelt an das Kreditinstitut überweist. Der Arbeitgeber muss vielmehr – wie bei einer Pfändung – den pfändbaren Teil des Arbeitseinkommens des Arbeitnehmers errechnen und er darf nur den pfändbaren Teil an das Kreditinstitut weiterleiten.

3.3 Betriebsübergang

160 Bei einem Betriebsübergang geht ein Betrieb oder ein Betriebsteil auf einen neuen Inhaber über. Für den Fall, dass dabei der Betrieb oder Betriebsteil als organisatorische Einheit erhalten bleibt, ordnet § 613a BGB verschiedene Rechtsfolgen für die Arbeitsverhältnisse an, u. a. den Eintritt des neuen Inhabers in die im Zeitpunkt des Betriebsübergangs bestehenden Arbeitsverhältnisse. Außerdem haftet der neue Inhaber für alle Verbindlichkeiten aus den Arbeitsverhältnissen, die auf

ihn übergegangen sind, und zwar unabhängig davon, ob die Verbindlichkeiten vor oder nach dem Betriebsübergang entstanden sind.

Voraussetzung für einen Betriebsübergang i. S. d. § 613a BGB ist: 161

► der Übergang eines Betriebs oder Betriebsteils

► durch Rechtsgeschäfte

► auf einen neuen Inhaber.

Ein Betrieb ist eine organisatorische Einheit von sächlichen, immateriellen und 162 personellen Betriebsmitteln, mit der ein bestimmter arbeitstechnischer Zweck verfolgt wird.[1] Ein Betriebsübergang i. S. d. § 613a BGB liegt vor, wenn der Betrieb als organisatorische Einheit trotz des Übergangs auf einen anderen Inhaber seine Identität bewahrt hat. Die betriebliche Tätigkeit im Wesentlichen also fortgeführt wird. Dass sämtliche sächliche Betriebsmittel übernommen werden, ist dagegen nicht erforderlich.

Charakteristisch für einen Betriebsteil ist, dass es sich um eine von dem Gesamt- 163 betrieb abtrennbare und selbstständige Einheit handelt. Bei den verfolgten Teilzwecken kann es sich auch um untergeordnete Hilfsfunktionen handeln. Ein Übergang eines Betriebsteils liegt vor, wenn der arbeitstechnische Teilzweck wei- terverfolgt wird und die wesentlichen Betriebsmittel auf einen anderen Inhaber übergehen, sodass der Betriebsteil als organisatorische Einheit seine Identität bewahrt.

Ob ein Übergang eines Betriebs oder Betriebsteils vorliegt, ist aufgrund einer 164 Würdigung sämtlicher Umstände des Einzelfalls festzustellen. Bei Produktions- betrieben ist erforderlich, dass wesentliche Produktionsmittel übernommen wer- den. Bei Handels- und Dienstleistungsbetrieben sind die materiellen Betriebsmit- tel dagegen von untergeordneter Bedeutung.[2] Es ist vorrangig auf die immateriellen Betriebsmittel, wie den Kundenstamm und das Goodwill, abzu- stellen. Außerdem muss der Gesamtcharakter des Betriebs erhalten bleiben.

Nach der neueren Rechtsprechung des EuGH[3] liegt ein Übergang eines Betriebs 165 oder Betriebsteils dagegen nicht vor, wenn lediglich ein bestimmter arbeitstech- nischer Zweck oder Teilzweck ohne eine Übernahme von Betriebsmitteln weiter- verfolgt wird (sog. Funktionsnachfolge).[4] Zu beachten ist allerdings, dass die Übernahme eines erheblichen Teils der Belegschaft einen Übergang von perso- nellen Betriebsmitteln darstellt und damit ein Betriebsübergang vorliegen kann.

---

[1] BAG BB 2003, 258 ff.

[2] *Waltermann*, Arbeitsrecht, Rn 408.

[3] Vgl. die Entscheidung „Ayse Süzen" EuGH NJW 1997, 2039 ff.

[4] Vgl. zur Rechtsprechung zur Funktionsnachfolge *Strauß*, Arbeitsrecht für Ärzte an KH, S. 77 f. m. w. N.

Beispiel

Unternehmer U hat die erforderlichen Reinigungsarbeiten bisher von teilzeitbe-schäftigten Arbeitnehmern ausführen lassen. U kündigt diese Arbeitsverhältnis-se und erteilt dem Reinigungsunternehmen R einen Reinigungsauftrag. Mit den Arbeitnehmern wurde der arbeitstechnische Teilzweck „Reinigung des Betriebs" verfolgt; es handelt sich also um einen Betriebsteil. Erledigt R in Zukunft den Reinigungsauftrag mit anderen Arbeitnehmern, geht der Teilbetrieb als organi-satorische Einheit nicht auf R über, es liegt ein Fall der reinen Funktionsnachfolge vor. Übernimmt R dagegen einen nach Zahl und Sachkunde wesentlichen Teil der bisher von U beschäftigten Arbeitnehmer und beschäftigt R diese Arbeitnehmer zu unveränderten Arbeitsbedingungen weiter, geht der Teilbetrieb wegen des Übergangs personeller Betriebsmittel auf R über. Durch die Weiterbeschäftigung unter Beibehaltung der Arbeitsorganisation wird die Identität der bisherigen or-ganisatorischen Einheit gewahrt.

166   Ein Rechtsgeschäft i. S. d. § 613a Abs. 1 Satz 1 BGB liegt vor, wenn aufgrund einer privatrechtlichen Vereinbarung ein Betrieb oder Betriebsteil auf einen anderen Rechtsträger übertragen wird. Ob der neue Inhaber Eigentümer der Betriebsmit-tel wird, ist unerheblich. Rechtsgeschäfte, die zu einem Betriebsübergang führen können, sind daher nicht nur Kauf und Schenkung, sondern z. B. auch eine Ver-pachtung.[1] Außerdem ist zu beachten, dass das Rechtsgeschäft nicht zwischen dem alten und dem neuen Inhaber des Betriebs oder Betriebsteils abgeschlossen werden muss. Dies hat insbesondere zur Folge, dass ein Betriebsübergang vorlie-gen kann, wenn der Verpächter z. B. einer Gaststätte nach der Beendigung eines Pachtverhältnisses einen Pachtvertrag mit einem neuen Pächter abschließt. Das Tatbestandsmerkmal „rechtsgeschäftlich" in § 613a BGB ist allerdings im Hinblick auf die Betriebsübergangsrichtlinie 2001/23/EG nach neuerer Rechtsprechung des EuGH europarechtskonform dahin gehend auszulegen, dass § 613a BGB nun-mehr auch auf gesetzlich angeordnete Betriebsübergänge anwendbar ist.[2]

167   Liegt ein rechtsgeschäftlicher Betriebsübergang i. S. d. § 613a Abs. 1 Satz 1 BGB vor, tritt der neue Inhaber des Betriebs oder Betriebsteils in alle Rechte und Pflich-ten aus den im Zeitpunkt des Übergangs bestehenden Arbeitsverhältnissen ein. Diese Rechtsfolge kommt mit der Übernahme der betrieblichen Organisation durch den neuen Inhaber zum Tragen. Es ist also auf den Zeitpunkt abzustellen, in dem der neue Inhaber die Leitungsmacht erhält. Der Zeitpunkt des Vertrags-abschlusses ist dagegen unerheblich. Außerdem werden nur die im Zeitpunkt der Übernahme der betrieblichen Organisation bestehenden Arbeitsverhältnisse von der Regelung erfasst. Vor diesem Zeitpunkt beendete Arbeitsverhältnisse sind

---

[1] *Rolfs*, Studienkommentar Arbeitsrecht, § 613a BGB Rn 16.

[2] EuGH NZA 2011, 1077 – Scattolon.

von dem Betriebsübergang selbst dann nicht betroffen, wenn nachvertragliche Verpflichtungen bestehen.

Hinsichtlich der im Zeitpunkt der Übernahme der betrieblichen Organisation bestehenden Arbeitsverhältnisse tritt der neue Inhaber in die Arbeitgeberstellung ein. Es erfolgt kraft Gesetzes ein vollständiger Austausch des Vertragspartners Arbeitgeber; der bisherige Betriebsinhaber verliert die Arbeitgeberstellung, sie wird im Wege der Sonderrechtsnachfolge dem neuen Inhaber zugewiesen. Der neue Inhaber übernimmt die Arbeitsverhältnisse in dem Zustand, in dem er sie im Zeitpunkt der Übernahme der betrieblichen Organisation vorfindet. Er ist an alle getroffenen vertraglichen Vereinbarungen gebunden und muss auch eine bei dem bisherigen Betriebsinhaber zurückgelegte Betriebszugehörigkeit z. B. in der Berechnung von Kündigungsfristen berücksichtigen.   168

Tritt der neue Inhaber mit der Übernahme der betrieblichen Organisation gem. § 613a Abs. 1 Satz 1 BGB in die Stellung des Arbeitgebers ein, haftet er nicht nur für die ab diesem Zeitpunkt entstehenden Ansprüche der übernommenen Arbeitnehmer, sondern darüber hinaus auch für alle in der Vergangenheit bereits entstandenen, aber noch nicht erfüllten Ansprüche dieser Arbeitnehmer. Der neue Inhaber hat daher insbesondere Lohn- und Gehaltsrückstände auszugleichen. Daneben haftet der bisherige Arbeitgeber gem. § 613a Abs. 2 Satz 1 BGB für Verpflichtungen aus übergegangenen Arbeitsverhältnissen, wenn diese Verpflichtungen vor dem Übergang entstanden sind und vor Ablauf eines Jahres nach dem Übergang fällig werden. Der bisherige Arbeitgeber und der neue Inhaber haften in diesen Fällen als Gesamtschuldner gem. §§ 421 ff. BGB.   169

Nach § 613a Abs. 1 Satz 2 BGB besteht eine Veränderungssperre, d. h. bestehende Tarifverträge und Betriebsvereinbarungen werden zum Bestandteil der übergegangenen Arbeitsverhältnisse und dürfen nicht vor Ablauf eines Jahres nach dem Zeitpunkt zum Nachteil der Arbeitnehmer geändert werden.[1] Nach § 613a Abs. 1 Satz 3 BGB gilt der Bestandsschutz des § 613a Abs. 1 Satz 2 BGB nicht, wenn die Rechte und Pflichten der Arbeitnehmer bei dem neuen Betriebsinhaber bereits durch Tarifvertrag geregelt sind. Dadurch soll dem Interesse des Arbeitgebers nach einer Vereinheitlichung der Arbeitsbestimmungen seiner Arbeitnehmer Rechnung getragen werden.[2] Die Regelung des § 613a Abs. 1 Satz 3 BGB greift allerdings nur, wenn die Arbeitnehmer, deren Arbeitsverhältnisse übergegangen sind, auch Mitglieder derjenigen Gewerkschaft sind, die mit dem Betriebserwerber bereits einen Tarifvertrag geschlossen hat.[3] Das Günstigkeitsprinzip gilt im Fall der kongruenten Tarifbindung nicht.[4] Allerdings hat der EuGH sich dahingehend geäußert, dass sich die Position der vom Übergang betroffenen Arbeitnehmer durch die Anwendung eines neuen Kollektivvertrages nicht „ins-   170

---

[1] *Rolfs*, Studienkommentar, Arbeitsrecht, § 613a BGB Rn 28.

[2] *Strauß*, Arbeitsrecht für Ärzte an KH, S. 79.

[3] ErfK/*Preis* § 613a BGB Rn 123.

[4] ErfK/*Preis* § 613a BGB Rn 123.

gesamt verschlechtern" dürfe.[1] Damit dürfte die Reichweite des § 613a Abs. 1 Satz 3 BGB in der Praxis künftig deutlich beschränkt werden, wenn die bereits beim neuen Betriebsinhaber bestehenden Tarifverträge stark zum Nachteil der „übernommenen" Arbeitnehmer abweichen.

171　Nach § 613a Abs. 4 BGB ist die Kündigung eines Arbeitsverhältnisses durch den bisherigen Arbeitgeber oder durch den neuen Inhaber wegen des Übergangs eines Betriebs oder Betriebsteils unwirksam. Das Recht zur Kündigung eines Arbeitsverhältnisses aus anderen Gründen bleicht allerdings unberührt. Eine Kündigung wegen des Betriebsübergangs liegt immer dann vor, wenn der Betriebsübergang die tragende Ursache für den Ausspruch der Kündigung ist, z. B. wenn eine Kündigung dazu dienen soll, den Eintritt eines (potenziellen) neuen Inhabers in die Arbeitgeberstellung zu vermeiden oder der neue Inhaber Arbeitnehmer ohne sachlichen Grund nicht übernehmen will. Sowohl der bisherige als auch der neue Inhaber können aber im Rahmen der insbesondere durch § 1 KSchG eröffneten Möglichkeiten Kündigungen aussprechen. Wenn von dem neuen Inhaber betriebliche Umstrukturierungsmaßnahmen mit Auswirkungen auf den Personalbestand durchgeführt werden, kann er also die hiervon betroffenen Arbeitsverhältnisse unabhängig von dem Betriebsübergang aus betriebsbedingten Gründen kündigen.[2] § 613a Abs. 4 BGB will also lediglich sicherstellen, dass keine Arbeitnehmer anlässlich des Betriebsübergangs entlassen werden, obwohl auch nach dem Übergang noch Bedarf für sie vorhanden wäre („Aufhübschen" des Betriebs für den Erwerber).

172　Außerdem besteht bei einem Betriebsübergang eine Informationspflicht gegenüber den Arbeitnehmern. Der bisherige Arbeitgeber oder der neue Inhaber haben die von dem Betriebsübergang betroffenen Arbeitnehmer gem. § 613a Abs. 5 BGB vor dem Übergang über den Zeitpunkt und den Grund für den Übergang sowie die rechtlichen, wirtschaftlichen und sozialen Folgen für die Arbeitnehmer zu unterrichten. Sind Umstrukturierungen beabsichtigt, muss auch über die gegenüber den Arbeitnehmern beabsichtigten Maßnahmen informiert werden. Das BAG stellt hohe Anforderungen an eine ordnungsgemäße Unterrichtung der Arbeitnehmer.[3] Werden die Arbeitnehmer fehlerhaft oder unvollständig informiert, hat dies zur Folge, dass die Widerspruchsfrist des § 613a Abs. 6 BGB nicht zu laufen beginnt.[4] Das hat für den Betriebsveräußerer dann erhebliche finanzielle Nachteile, wenn ein Arbeitnehmer erst nach Jahren das Widerspruchsrecht auslöst und dementsprechend für die zurückliegenden Jahre sozialversicherungsrechtlich nachversichert werden muss.[5]

---

[1]　EuGH, 2011, 1077 – Scattoln.

[2]　*Rolfs*, Studienkommentar, Arbeitsrecht, § 613a BGB Rn 36.

[3]　Vgl. hierzu RGKU/*Gussen* § 613a BGB Rn 145 ff. mit zahlreichen Nachweisen aus der BAG Rechtsprechung.

[4]　BAG NJW 2007, 244 (244).

[5]　*Strauß*, Arbeitsrecht für Ärzte an KH, S. 80.

Den von einem Betriebsübergang betroffenen Arbeitnehmern steht gem. § 613a   173
Abs. 6 BGB ein Widerspruchsrecht zu. Ein Arbeitnehmer kann dem Übergang seines Arbeitsverhältnisses auf den neuen Betriebsinhaber innerhalb eines Monats
nach Zugang der Unterrichtung gem. § 613a Abs. 5 BGB gegenüber dem bisherigen Arbeitgeber oder gegenüber den neuen Inhaber schriftlich widersprechen.
Widerspricht der betroffene Arbeitnehmer, geht das Arbeitsverhältnis nicht auf
den neuen Inhaber über. Das Arbeitsverhältnis mit dem bisherigen Arbeitgeber
bleibt dann zwar bestehen, es kann aber regelmäßig aus betrieblichen Gründen
gekündigt werden, wenn der Betriebsübergang dazu führt, dass der bisherige
Arbeitgeber keine Einsatzmöglichkeit mehr für den Arbeitnehmer hat.

3.4 Insolvenz

Bei einer Insolvenz des Arbeitgebers haben Arbeitnehmer gem. §§ 183 ff. SGB III   174
Anspruch auf Insolvenzgeld. Voraussetzung für einen Anspruch auf Insolvenzgeld
ist vor allem ein Insolvenzereignis. Insolvenzereignisse sind:

- die Eröffnung des Insolvenzverfahrens über das Vermögen des Arbeitgebers

- die Abweisung des Antrags auf Eröffnung des Insolvenzverfahrens mangels
  Masse

- die vollständige Beendigung der Betriebstätigkeit im Inland, auch wenn kein
  Antrag auf Eröffnung des Insolvenzverfahrens gestellt worden ist und ein Insolvenzverfahren mangels Masse offensichtlich nicht durchgeführt werden
  kann.

Insolvenzgeld wird nur für den Zeitraum vor dem Insolvenzereignis entrichtet.   175
Arbeitnehmer erhalten Insolvenzgeld, wenn sie wegen der Zahlungsschwierig-
keiten ihres Arbeitgebers in den letzten drei Monaten vor dem Insolvenzereignis
ihr Arbeitsentgelt nicht oder nicht vollständig erhalten haben. Die Bundesagentur für Arbeit zahlt das von dem Arbeitgeber in den letzten drei Monaten vor dem
Insolvenzereignis nicht mehr entrichtete Netto-Arbeitsentgelt an die betroffenen
Arbeitnehmer und leistet insoweit auch Pflichtbeiträge zur Sozialversicherung.
Soweit die Bundesagentur für Arbeit Zahlungen leistet, gehen die entsprechenden Ansprüche der Arbeitnehmer gegen den Arbeitgeber gem. § 187 SGB III auf
die Bundesagentur über.

Das Insolvenzgeld erstreckt sich nur auf die Bezüge des Arbeitnehmers, bei denen   176
es sich um eine Gegenleistung für Arbeitsleistung handelt. Zahlungsansprüche
der Arbeitnehmer, die anlässlich der Beendigung des Arbeitsverhältnisses entstanden sind, z. B. auf Abfindung oder eine Karenzentschädigung, werden von
dem Insolvenzgeld nicht umfasst. Das gleiche gilt für sonstige Ansprüche, wie
einen Anspruch auf Schadensersatz oder auf Erstattung von Rechtsverfolgungs-
kosten. Hat ein Arbeitnehmer vor dem Insolvenzereignis länger als drei Monate
kein Arbeitsentgelt erhalten oder stehen ihm sonstige, vor dem Insolvenzereignis
entstandene Ansprüche gegen den Arbeitgeber zu, muss er diese gegenüber dem
zahlungsunfähigen Arbeitgeber oder — wenn ein Insolvenzverfahren eröffnet

worden ist – nach den §§ 38, 87 InsO im Insolvenzverfahren als Insolvenzgläubiger geltend machen.

177 Wenn das Arbeitsverhältnis über das Insolvenzereignis hinaus andauert, ist ebenfalls danach zu unterscheiden ob ein Insolvenzverfahren eröffnet worden ist oder nicht. Wurde kein Insolvenzverfahren eröffnet, kann der Arbeitnehmer auch seine weiteren Ansprüche aus dem Arbeitsverhältnis nur gegenüber dem zahlungsunfähigen Arbeitgeber geltend machen. Sofern ein Insolvenzverfahren eröffnet worden ist und das Arbeitsverhältnis über die Eröffnung hinaus andauert, sind alle Ansprüche auf Arbeitsentgelt, die bis zum Ablauf der Kündigungsfrist oder anlässlich einer Weiterbeschäftigung durch den Insolvenzverwalter entstehen, Masseverbindlichkeiten gem. § 108 Abs. 1, 55 Abs. 1 Nr. 2 InsO. Die Masseverbindlichkeiten müssen von dem Insolvenzverwalter kraft Amtes vorrangig befriedigt werden. In beiden Fällen kann sich der Arbeitnehmer allerdings dann, wenn er nicht mehr weiterbeschäftigt wird, sofort arbeitslos melden und Arbeitslosengeld beziehen.

3.5 Entgeltfortzahlungen ohne Arbeitsleistung

178 Rechtsgrundlage für den Vergütungsanspruch des Arbeitnehmers ist § 611 BGB in Verbindung mit dem Arbeitsvertrag, bei Tarifbindung beider Arbeitsvertragsparteien auch mit dem Tarifvertrag. Der Anspruch auf das Arbeitsentgelt entfällt nach § 326 Abs. 1 BGB, wenn der Arbeitnehmer seine Arbeitsleistung nicht erbringt, da der Vergütungsanspruch in einem Abhängigkeitsverhältnis zur Arbeitsleistung steht. Wegen des Fixschuldcharakters der Arbeitspflicht ist jede Nichterbringung der Arbeit ein Fall der Unmöglichkeit, weil die Arbeitsleistung nur zu dem vertraglich vereinbarten Zeitpunkt vorgenommen und kraft Zeitablaufs nicht nachgeholt werden kann.

179 Wegen der besonderen Interessenlage der Vertragsparteien im Arbeitsverhältnis werden die Leistungsstörungsregeln des bürgerlichen Rechts, wonach der Anspruch auf Vergütung entfällt, wenn die Arbeitsleistung nicht erbracht wird, durch zahlreiche Sonderregelungen des Arbeitsrechts ergänzt und abgeändert. Es entsteht deshalb in zahlreichen Fällen der Nichtleistung ein Entgeltfortzahlungsanspruch des Arbeitnehmers. Sofern dagegen keine Rechtsgrundlage für einen Entgeltfortzahlungsanspruch besteht, bleibt es bei den allgemeinen Regeln für Austauschverträge, mit der Folge, dass der Arbeitnehmer auch bei unverschuldeter Unmöglichkeit der Arbeitsleistung seinen Vergütungsanspruch gem. § 326 Abs. 1 Satz 1 BGB verliert.

Beispiel

Am Montag in der Zeit von 14 bis 15 Uhr haben die Arbeitnehmer eines Betriebs wegen eines Energieausfalls nicht arbeiten können. Die für diesen Zeitraum geschuldete Arbeit ist unmöglich geworden. Nach §§ 275 Abs. 1, 326 Abs. 1 Satz 1 BGB sind die Arbeitnehmer nicht verpflichtet, die ausgefallene Arbeit nachzuholen, haben aber auch keinen Anspruch auf Zahlung der Arbeitsvergütung. Weil der Arbeitgeber jedoch gem. § 615 Satz 3 BGB das Betriebsrisiko zu tragen hat, bleibt den Arbeitnehmern der Anspruch auf Vergütung erhalten. Sofern der Arbeitgeber anordnet, dass die ausgefallene Arbeit zu einem späteren Zeitpunkt nachgeholt werden soll, handelt es sich nicht mehr um die ursprünglich geschuldete Arbeitsleistung, sondern um Überstunden.

Beispiele für Ereignisse, bei denen der Arbeitnehmer einen Vergütungsanspruch auch ohne Arbeit hat: 180

▸ unverschuldete vorübergehende Verhinderung des Arbeitnehmers aus einem in seiner Person liegenden Grund gem. § 616 Satz 1 BGB

▸ Krankheit gem. § 3 EFZG

▸ Feiertage gem. § 2 EFZG

▸ Urlaub gem. §§ 1 ff. BUrlG, 19 JArbschG, 125 SGB IX sowie nach Tarifverträgen und Arbeitsverträgen

▸ Schwangerschaft und Mutterschaft gem. §§ 11, 14 MuSchG

▸ Betriebsstörungen i. S. d. § 615 BGB

▸ Tätigkeit als Betriebs- oder Personalrat, als Jugend- und Auszubildendenvertreter, als Vertrauensmann der Schwerbehinderten oder als Sprecher der leitenden Angestellten, §§ 37 Abs. 2, Abs. 3, Abs. 6, 38 Abs. 1, 65 Abs. 1 BetrVG, 96 Abs. 4 SGB IX, 14 Abs. 1 SprAuG.

3.5.1 Unverschuldete vorübergehende Verhinderung des Arbeitnehmers

Der Arbeitnehmer behält nach § 616 Satz 1 BGB seinen Vergütungsanspruch bei einer vorübergehenden Verhinderung für eine verhältnismäßig nicht erhebliche Zeit durch einen in seiner Person liegenden Grund. Hierzu gehören z. B. folgende Sachverhalte: 181

▸ Eheschließung

▸ Todesfälle, Begräbnisse, Geburten und ähnliche außergewöhnliche familiäre Ereignisse

▸ schwere Erkrankungen und Unfälle nahe stehender Personen

▸ gesundheitspolizeiliche Untersuchungen in Lebensmittelbetrieben

▸ religiöse Feste

▸ notwendige Arztbesuche.[1]

---

[1] Vgl. ErfK/*Dörner* § 616 BGB Rn 3 ff. m. w. N. und Beispielen.

182 Nach dem Wortlaut des § 616 BGB müssen die Gründe für die vorübergehende Verhinderung in der Person des Arbeitnehmers liegen. Daher besteht kein Anspruch auf Entgeltfortzahlung bei objektiven Leistungshindernissen. Das ist der Fall, wenn der Arbeitnehmer die Arbeitsstätte wegen Verkehrsstörungen, Schnee- und Eisglätte, Überschwemmungen, Demonstrationen oder ähnlichen Ereignissen nicht erreichen kann.[1] Der Verhinderungsgrund muss ohne Verschulden des Arbeitnehmers eingetreten sein und darf sich nur auf eine verhältnismäßig nicht erhebliche Zeit erstrecken. Sofern das persönliche Leistungshindernis in die Urlaubszeit fällt, hat der Arbeitnehmer keinen Anspruch auf eine Urlaubsverlängerung.

3.5.2 Entgeltfortzahlung im Krankheitsfall

183 Der Anspruch auf Entgeltfortzahlung im Krankheitsfall und an Feiertagen ist für alle Arbeitnehmer und Auszubildenden einheitlich in dem Entgeltfortzahlungsgesetz geregelt. Die Vorschriften des Entgeltfortzahlungsgesetzes sind unabdingbar. Hinsichtlich der Höhe des fortzuzahlenden Arbeitsentgelts besteht gem. §§ 12, 4 Abs. 4 EFZG die Möglichkeit, in Tarifverträgen von den gesetzlichen Regelungen abzuweichen. Machen die Tarifvertragsparteien von dieser Möglichkeit Gebrauch, kann allerdings im Geltungsbereich eines solchen Tarifvertrags auch zwischen nicht tarifgebundenen Arbeitgebern und Arbeitnehmern in einem Einzelarbeitsvertrag vereinbart werden, dass für das Arbeitsverhältnis die tarifvertraglichen Regelungen Anwendung finden sollen.

184 Der Anspruch auf Entgeltfortzahlung im Krankheitsfall wird erst nach vierwöchigem Bestand des Arbeitsverhältnisses erworben. Im Übrigen besteht bei Krankheit gem. § 3 Abs. 1 S. 1 EFZG bis zur Dauer von sechs Wochen Anspruch auf Entgeltfortzahlung, wenn den Arbeitnehmer an der krankheitsbedingten Arbeitsunfähigkeit kein Verschulden trifft. Die Arbeitsverhinderung wegen eines Schwangerschaftsabbruchs gilt als unverschuldet, sofern es sich um einen nicht strafbaren Schwangerschaftsabbruch handelt (vgl. § 3 Abs. 2 EFZG). Die Vorschriften über die Entgeltfortzahlung im Krankheitsfall gelten gem. § 9 EFZG entsprechend, wenn dem Arbeitnehmer eine Vorbeugungs-, Heil- oder Genesungskur verordnet worden ist.

185 Ein Verschulden des Arbeitnehmers an der Arbeitsunfähigkeit i. S. d. § 3 Abs. 1 Satz 1 EFZG liegt nicht bereits vor, wenn einem Arbeitnehmer eine fahrlässige Gefährdung seiner Gesundheit vorgehalten werden kann. Im Rahmen des § 3 Abs. 1 Satz 1 EFZG gilt der Maßstab des § 276 Abs. 1 BGB nicht.[2] Es muss vielmehr ein grober Verstoß gegen das von einem verständigen Menschen im eigenen Interesse zu erwartende Verhalten vorliegen.[3] Voraussetzung für den Ausschluss des Entgeltfortzahlungsanspruchs ist somit ein „Verschulden gegen sich selbst",

---

[1] *Palandt/Weidenkaff* § 616 BGB Rn 8.

[2] ErfK/*Dörner* § 3 EFZG Rn 24.

[3] ErfK/*Dörner* § 3 EFZG Rn 24.

das zur Folge hat, dass es unbillig wäre, die Folgen dem Arbeitgeber aufzuerlegen. Treibt ein Arbeitnehmer Sport, liegt ein solches Verschulden nur vor, wenn

- extrem gefährliche Sportarten betrieben werden
- ein leichtsinniger und/oder grober Regelverstoß des Sportlers zu dem Unfall geführt hat
- die Ausübung der Sportart die Kräfte und Fähigkeiten des Sportlers bei Weitem übersteigt.

Sportunfälle bei der Ausübung nicht ganz ungefährlicher Sportarten, wie der Teil-   186
nahme an einem Moto-Cross-Rennen, am Drachenfliegen, Fallschirmspringen, Boxen oder Skispringen können in der Regel kein Verschulden des Arbeitnehmers an seiner Arbeitsunfähigkeit begründen.[1] Unfälle bei der Teilnahme am Straßenverkehr schließen den Entgeltfortzahlungsanspruch nur aus, wenn sie auf Alkoholmissbrauch oder auf grobe Verstöße gegen Sicherheits- oder Verkehrsbestimmungen zurückzuführen sind, z. B. das Nichtanlegen von Sicherheitsgurten, das Fahren ohne Sturzhelm oder bei Übermüdung.[2] Selbstverschuldet ist die Arbeitsunfähigkeit außerdem, wenn sich bei einer verbotenen oder besonders gefährlichen Nebentätigkeit (Schwarzarbeit) ein Unfall ereignet. Nach der Rechtsprechung des BAG sind Drogen- und Alkoholabhängigkeit und Suizidversuche sowie dessen Folgen dagegen überwiegend als unverschuldete Krankheit anzusehen.[3]

Fall 5: Entgeltfortzahlung bei Alkoholabhängigkeit > Seite 388

Wenn die Arbeitsunfähigkeit ganz oder teilweise durch das Verschulden eines   187
Dritten verursacht worden ist, hat der Arbeitgeber unabhängig hiervon Entgeltfortzahlung zu leisten. Die Schadensersatzansprüche des Arbeitnehmers gegen den Schädiger gehen jedoch nach § 6 Abs. 1 EFZG kraft Gesetzes auf den Arbeitgeber über. Der Arbeitgeber kann verlangen, dass der Schädiger ihm die entrichteten Beträge einschließlich der Beiträge zur Sozialversicherung erstattet. Ausgenommen hiervon sind lediglich die Beiträge zur Unfallversicherung, die der Arbeitgeber weiter selbst tragen muss.

Bei wiederholter krankheitsbedingter Arbeitsunfähigkeit entsteht erneut ein Ent-   188
geltfortzahlungsanspruch für die Dauer von 6 Wochen, wenn die Arbeitsunfähigkeit auf medizinisch unterschiedlichen Krankheiten beruht. Sofern die erneute Arbeitsunfähigkeit auf dieselbe Krankheit zurückzuführen ist, muss der Arbeitgeber gem. § 3 Abs. 1 Satz 2 EFZG nur wieder für die Dauer von höchstens sechs Wochen Entgeltfortzahlung leisten, wenn

- der Arbeitnehmer vor der erneuten Arbeitsunfähigkeit mindestens sechs Monate nicht wegen dieser Krankheit arbeitsunfähig war oder

---

[1] ErfK/*Dörner* § 3 EFZG Rn 26.

[2] ErfK/*Dörner* § 3 EFZG Rn 26.

[3] ErfK/*Dörner* § 3 EFZG Rn 27 und 29. m. w. N. aus der Rechtsprechung.

> seit Beginn der ersten Arbeitsunfähigkeit wegen dieser Krankheit mindestens 12 Monate verstrichen sind.

189 Wenn ein Arbeitnehmer erkrankt und deshalb nicht zur Arbeit erscheinen kann, besteht gegenüber dem Arbeitgeber sowohl eine Anzeigepflicht als auch eine Nachweispflicht. Der Arbeitnehmer ist gem. § 5 Abs. 1 Satz 1 EFZG verpflichtet, dem Arbeitgeber die Arbeitsunfähigkeit und deren voraussichtliche Dauer unverzüglich mitzuteilen. An welcher Krankheit er leidet, braucht der Arbeitnehmer dem Arbeitgeber nicht bekannt zu geben. Die Krankheit darf von dem behandelnden Arzt auch nicht gegen den Willen des Patienten gegenüber Dritten offengelegt werden.[1] Eine ärztliche Bescheinigung über das Bestehen der Arbeitsunfähigkeit sowie deren voraussichtliche Dauer muss der Arbeitnehmer dem Arbeitgeber nach § 5 Abs. 1 Satz 2 EFZG erst nach Ablauf von drei Kalendertagen, also am 4. Krankheitstag, vorlegen. Der Arbeitgeber kann aber gem. § 5 Abs. 1 Satz 3 EFZG verlangen, dass eine ärztliche Bescheinigung über die Arbeitsunfähigkeit bereits früher vorgelegt wird. Daher wird in zahlreichen Arbeitsverträgen vereinbart, dass die Vorlage einer ärztlichen Bescheinigung bereits am ersten Krankheitstag zu erfolgen hat. Wird die erforderliche ärztliche Bescheinigung von dem Arbeitnehmer nicht vorgelegt, kann der Arbeitgeber gem. § 7 Abs. 1 Nr. 1 EFZG die Entgeltfortzahlung im Krankheitsfall so lange verweigern, bis der Arbeitnehmer seiner Verpflichtung nachgekommen ist. Dabei handelt es sich aber lediglich um ein Zurückbehaltungsrecht. Wird die ärztliche Bescheinigung nachgereicht, muss die Entgeltfortzahlung rückwirkend vorgenommen werden.

190 Für die Berechnung der Krankenvergütung gilt das Lohnausfallprinzip. Es ist gem. § 4 Abs. 1 EFZG das regelmäßige Arbeitsentgelt fortzuzahlen. Dabei wird diejenige Vergütung zugrunde gelegt, die der Arbeitnehmer erhalten hätte, wenn er nicht arbeitsunfähig geworden wäre. Die Grundbezüge sowie Zuschläge, Leistungszulagen, Prämien und Sachbezüge sind in gleicher Höhe fortzuzahlen, ebenso die vermögenswirksamen Leistungen, außerdem Provisionen; in diesem Fall ist der Durchschnittsverdienst zu berechnen. Nicht zum Arbeitsentgelt gehören dagegen Aufwendungsersatzansprüche, Auslösungen, Schmutzzulagen und ähnliche Zahlungen sowie die Überstunden (§ 4 Abs. 1 a EFZG).

191 Der Anspruch des Arbeitnehmers auf Entgeltfortzahlung an Feiertagen ist in § 2 EFZG geregelt. Danach ist für die Arbeitszeit, die wegen eines gesetzlichen Feiertags ausfällt, von dem Arbeitgeber das Arbeitsentgelt zu zahlen, dass der Arbeitnehmer ohne den Arbeitsausfall erhalten hätte. Welcher Tag ein Feiertag ist, ergibt sich im Wesentlichen aus den Feiertagsgesetzen der Länder. Es bestehen daher regionale Unterschiede. Der Entgeltfortzahlungsanspruch richtet sich nach dem Leistungsort für die Arbeitspflicht und damit regelmäßig nach dem Sitz der betrieblichen Niederlassung des Arbeitgebers. Falls der Arbeitnehmer nicht an dem Sitz des Betriebs, sondern an einem anderen Ort arbeitet, ist nach dem Territorialprinzip das Recht des Arbeitsorts für den Entgeltfortzahlungsanspruch an Feiertagen maßgeblich.

---

[1] ErfK/*Dörner* § 3 EFZG Rn 13.

3.5.3 Urlaub und Freistellung

In der betrieblichen Praxis sind verschiedene Formen des Urlaubs zu unterschei-   192
den:

► Erholungsurlaub

► unbezahlter Urlaub

► Bildungsurlaub

► Elternzeit.

3.5.3.1 Erholungsurlaub

Erholungsurlaub ist die Freistellung des Arbeitnehmers von der Arbeitspflicht für   193
eine bestimmte Zeit zum Zweck der Erholung und unter Fortzahlung des Arbeitsentgeltes. Der Urlaubsanspruch ergibt sich aus dem Bundesurlaubsgesetz, wonach jeder Arbeitnehmer in jedem Kalenderjahr Anspruch auf einen bezahlten
Erholungsurlaub von 24 Werktagen hat (vgl. §§ 1 ff. BUrlG). Sonderregelungen für
einzelne Arbeitnehmergruppen finden sich z. B. in den §§ 19 JArbSchG und 125
SGB IX. Weitergehende Ansprüche auf Erholungsurlaub können sich aus einem
Tarifvertrag oder aus dem Arbeitsvertrag ergeben. Ein Anspruch des Arbeitnehmers auf zusätzlichen unbezahlten Urlaub bedarf dagegen stets einer besonderen Vereinbarung mit dem Arbeitgeber.

Nach dem BUrlG haben alle Arbeitnehmer, alle Auszubildenden sowie alle arbeit-   194
nehmer-ähnlichen Personen ohne Rücksicht auf die Höhe des Arbeitsentgelts
und auf die vereinbarte Arbeitszeit, Anspruch auf Erholungsurlaub in jedem Kalenderjahr (vgl. §§ 1,2 BUrlG). Es haben daher auch Aushilfskräfte, Teilzeitbeschäftigte und Arbeitnehmer, die einer geringfügigen Beschäftigung nachgehen, einen
gesetzlichen Anspruch auf Erholungsurlaub unter Fortzahlung des Arbeitsentgelts. Arbeitnehmer mit mehreren Arbeitsverhältnissen haben Urlaubsansprüche gegen jeden ihrer Arbeitgeber. Arbeitnehmer mit Nebentätigkeiten haben
gegen die jeweiligen Arbeitgeber des Nebenberufes einen Urlaubsanspruch.

Zu Beginn eines Beschäftigungsverhältnisses entsteht der volle Urlaubsanspruch   195
erst nach einer Wartezeit von sechs Monaten (vgl. § 4 BUrlG). Da der Urlaub gem.
§ 7 Abs. 2 BUrlG grundsätzlich zusammenhängend gewährt werden muss, entsteht nur ausnahmsweise ein Anspruch des Arbeitnehmers auf Teilurlaub, und
zwar gem. § 5 BUrlG nach dem Zwölftelungsprinzip, wenn

► der Arbeitnehmer die Wartezeit während eines Kalenderjahres nicht erfüllt,
weil er erst in der zweiten Jahreshälfte eingestellt worden ist

► der Arbeitnehmer vor Ablauf der Wartezeit aus dem Arbeitsverhältnis ausscheidet oder

► der Arbeitnehmer nach erfüllter Wartezeit in der ersten Hälfte eines Kalenderjahres aus dem Arbeitsverhältnis ausscheidet.

196 Entstehen bei der Berechnung des Teilurlaubs eines Arbeitnehmers nach dem Zwölftelungsprinzip Bruchteile von Urlaubstagen, ist der Teilurlaub gem. § 5 Abs. 2 BUrlG auf volle Urlaubstage aufzurunden, wenn der Bruchteil mindestens auf einen halben Tag beträgt.

Beispiel

Mit einem Arbeitnehmer wurde vertraglich ein Urlaubsanspruch von 30 Tagen pro Kalenderjahr vereinbart. Das Arbeitsverhältnis dauert vom 01.01. bis zum 31.03. Der Teilurlaub gem. § 5 Abs. 1c BUrlG beträgt (30 : 12 • 3) = 7,5 Tage. Der Urlaubsanspruch ist gem. § 5 Abs. 2 BUrlG auf 8 Urlaubstage aufzurunden.

197 Außerdem ist bei der Berechnung des Teilurlaubs zu beachten, dass nur volle Monate zu berücksichtigen sind.

Beispiel

Mit einem Arbeitnehmer wurde vertraglich ein Urlaubsanspruch von 30 Tagen pro Kalenderjahr vereinbart. Das Arbeitsverhältnis dauert vom 01.01. bis zum 15.03. Der Teilurlaub gem. § 5 Abs. 1 b BUrlG beträgt (30 : 12 • 2) = 5 Tage.

198 Wenn das Arbeitsverhältnis länger als sechs Monate bestanden hat, ist die Wartezeit erfüllt, und der volle Urlaubsanspruch entsteht. Bei länger andauernden Arbeitsverhältnissen entsteht der volle Urlaubsanspruch jeweils zu Beginn eines Kalenderjahres. Als Urlaubsjahr gilt das Kalenderjahr (vgl. § 7 Abs. 3 BUrlG).

Beispiel

Ein Arbeitnehmer ist seit drei Jahren bei einem Arbeitgeber beschäftigt. Im Februar will er seinen gesamten Jahresurlaub nehmen. Der Arbeitgeber muss ihm den vollen Jahresurlaub gewähren, da der Urlaubsanspruch bereits am 01.01. entstanden ist.

Abwandlung 1:

Der Arbeitnehmer kündigt das Arbeitsverhältnis vor der Urlaubsgewährung zum 30.06.

Es liegt ein Anwendungsfall des § 5 Abs. 1c BUrlG vor, wonach der Arbeitnehmer pro Beschäftigungsmonat nur einen Anspruch auf ein Zwölftel seines Jahresurlaubs hat, wenn er in der ersten Jahreshälfte aus dem Arbeitsverhältnis ausscheidet. Endet das Arbeitsverhältnis am 30.06., hat der Arbeitnehmer Anspruch auf sechs Zwölftel seines Jahresurlaubs.

Abwandlung 2:

Der Arbeitgeber hat dem Arbeitnehmer bereits vor der Kündigung zum 30.06. den gesamten Jahresurlaub gewährt.

Der Arbeitgeber kann das dafür gezahlte Urlaubsentgelt nicht zurück verlangen (vgl. § 5 Abs. 3 BUrlG). Um aber bei einem Arbeitsplatzwechsel Doppelansprüche der Arbeitnehmer auszuschließen, sieht § 6 BUrlG vor, dass kein Anspruch auf Urlaub besteht, soweit dem Arbeitnehmer für das laufende Kalenderjahr bereits von einem früheren Arbeitgeber Urlaub gewährt worden ist. Der Arbeitgeber ist verpflichtet, dem Arbeitnehmer bei Beendigung des Arbeitsverhältnisses eine Bescheinigung über den im laufenden Kalenderjahr gewährten oder abgegoltenen Urlaub auszuhändigen. Sofern der Arbeitnehmer vor seinem Ausscheiden aus dem Betrieb nur anteiligen Urlaub erhalten hat, steht ihm nach Ablauf der Wartezeit der restliche Urlaubsanspruch gegen den neuen Arbeitgeber zu.   199

Die gesetzliche Mindestdauer des Erholungsurlaubs beträgt für Erwachsene Arbeitnehmer jährlich 24 Werktage (vgl. § 3 BUrlG). Bei der Urlaubsberechnung ist darauf zu achten, dass das Bundesurlaubsgesetz Werktage zugrunde legt. Als Werktage gelten gem. § 3 Abs. 2 BUrlG alle Kalendertage, die nicht Sonn- und Feiertage sind, also die Wochentage von Montag bis Sonnabend. Bei einer 5-Tage-Woche sind die Werktage in Arbeitstage umzurechnen. Dabei wird die Anzahl der Werktage durch sechs geteilt und mit der Anzahl der Arbeitstage multipliziert. 24 Werktage ergeben somit 20 Arbeitstage (24 : 6 • 5 = 20). Bei Teilzeitarbeitsverhältnissen kann der Urlaub entsprechend berechnet werden.   200

Beispiel

Eine Arbeitnehmerin arbeitet wöchentlich 3 Tage. Ihr Urlaubsanspruch beträgt 24 : 6 • 3 = 12 Arbeitstage jährlich.

Die Dauer des Urlaubs kann durch Tarifvertrag und durch Einzelarbeitsvertrag zwar verlängert, aber nicht verkürzt werden, denn das Bundesurlaubsgesetz regelt die Mindestdauer des Erholungsurlaubs zwingend (vgl. § 13 BUrlG). Sofern von der Möglichkeit einer Verlängerung des Erholungsurlaubs Gebrauch gemacht wird, haben entsprechende Vereinbarungen nach dem Günstigkeitsprinzip Vorrang.   201

202 Der Zeitpunkt des Urlaubs wird von dem Arbeitgeber aufgrund seines Direktionsrechts unter Berücksichtigung der Urlaubswünsche der Arbeitnehmer festgelegt
(vgl. § 7 Abs. 1 BUrlG). Falls ein Arbeitnehmer ohne Einverständnis des Arbeitgebers seinen Urlaub antritt, liegt ein Fall der Arbeitsverweigerung vor, der den Arbeitgeber zur Abmahnung und/oder ggf. zur Kündigung des Arbeitsverhältnisses
berechtigt. Eine Selbstbeurlaubung widerspricht den Regeln des Bundesurlaubs-
gesetzes.[1] Daher muss der Arbeitnehmer im Wege der einstweiligen Verfügung
seinen Urlaubsanspruch gerichtlich durchsetzen, wenn sich der Arbeitgeber weigert, den Urlaubsanspruch des Arbeitnehmers zu erfüllen.[2]

203 Der Arbeitgeber kann in Notfällen ausnahmsweise, z. B. bei Erkrankungen von
Kollegen oder bei einem plötzlichen Ausscheiden anderer Arbeitnehmer von der
festgelegten Urlaubszeit abweichen, solange der Arbeitnehmer den Urlaub noch
nicht angetreten hat. Sofern dem Arbeitnehmer durch die Änderung der Urlaubszeit Kosten entstehen, etwa wegen eines Rücktritts von einer gebuchten Reise,
hat der Arbeitgeber diese Kosten zu erstatten. Dagegen besteht kein Anspruch
des Arbeitgebers, dass ein Arbeitnehmer seinen bereits angetretenen Urlaub ab-
bricht.[3] Der Arbeitgeber ist aufgrund seines Direktionsrechts allerdings berechtigt, Betriebs- oder Werksferien anzuordnen.

204 Die Aufstellung allgemeiner Urlaubsgrundsätze und des Urlaubsplans gehört zu
den sozialen Angelegenheiten, in denen der Betriebsrat gem. § 87 Abs. 1 Nr. 5
BetrVG ein zwingendes Mitbestimmungsrecht hat. Die Festsetzung der zeitlichen
Lage des Urlaubs für einzelne Arbeitnehmer ist dagegen mitbestimmungspflichtig, wenn zwischen dem Arbeitgeber und dem Arbeitnehmer kein Einverständnis
erzielt werden kann.

205 Der Urlaub ist gem. § 7 Abs. 2 BUrlG grundsätzlich zusammenhängend und in
vollen Tagen zu gewähren, es sei denn, dass dringende betriebliche Gründe oder
solche, die in der Person des Arbeitnehmers liegen, eine Teilung des Urlaubs erforderlich machen. Sofern der Urlaub nicht zusammenhängend gewährt werden
kann, muss einer der Urlaubsteile mindestens 12 aufeinander folgende Werktage
umfassen. Außerdem muss der Urlaub gem. § 7 Abs. 3 BUrlG im laufenden Kalenderjahr gewährt und genommen werden. Eine Übertragung des Urlaubs auf
das nächste Kalenderjahr kann nur vorgenommen werden, wenn dringende betriebliche oder in der Person des Arbeitnehmers liegende Gründe dies rechtfertigen. Bei einer Übertragung muss der Urlaub in den ersten drei Monaten des folgenden Kalenderjahres gewährt und genommen werden. Etwas anderes gilt
allerdings nach der Rechtsprechung des BAG, falls der Arbeitnehmer krankheitsbedingt den Urlaub nicht innerhalb dieser Frist nehmen kann.[4] In diesem Fall hat

---

[1] ErfK/*Gallner* § 7 BUrlG Rn 29.

[2] ErfK/*Gallner* § 7 BUrlG Rn 29.

[3] BAG NZA 2001, 100 (101).

[4] BAG NZA 2009, 538 ff.

der Arbeitgeber den Urlaub auch später zu gewähren oder abzugelten.[1] Bedeutung hat dies vor allem für langzeiterkrankte Arbeitnehmer, deren Ansprüche nicht mehr verfallen. Scheiden diese aus dem Arbeitsverhältnis aus, müssen grundsätzlich alle bis zum Ausscheiden angelaufenen Urlaubsansprüche vom Arbeitgeber nach § 7 Abs. 6 BUrlG ausgezahlt werden, was zu erheblichen finanziellen Belastungen der Arbeitgeber führen kann.[2] Der EuGH hat allerdings seine Rechtsprechung richtigerweise dahingehend eingeschränkt, dass eine Obergrenze von 15 Monaten (zusätzlich zum Bezugszeitraum) zulässig sei.[3]

Bei der Erkrankung des Arbeitnehmers während des Urlaubs ist diese Zeit nicht auf den Urlaub anzurechnen, wenn ein ärztliches Attest über die Arbeitsunfähigkeit vorgelegt wird (vgl. § 9 BUrlG). Der Arbeitnehmer kann seinen Urlaub aber nicht um die Krankheitstage verlängern, vielmehr muss der wegen Krankheit nicht in Anspruch genommene Urlaub im Einverständnis mit dem Arbeitgeber neu festgesetzt werden.   206

Der Urlaub dient grundsätzlich der Erholung, d. h. Urlaub ist bezahlte Freizeit. Diese gesetzliche Zweckbindung des Urlaubs ist zwingend und nicht abdingbar. Daher darf der Arbeitnehmer während des Urlaubs keine dem Urlaubszweck widersprechende Erwerbstätigkeit ausüben, also nicht gegen Entgelt für einen anderen Arbeitgeber tätig werden (vgl. § 8 BUrlG). Ein Verstoß gegen das Verbot anderweitiger Erwerbstätigkeit liegt nicht vor, wenn der Arbeitnehmer eine leichte Tätigkeit in zeitlich geringem Umfang ausübt, etwa einige Stunden bei der Weinlese aushilft. Falls der Arbeitnehmer dagegen einer verbotenen Erwerbstätigkeit während des Urlaubs nachgeht, kann der Arbeitgeber das Arbeitsverhältnis kündigen. Den Anspruch auf Urlaubsentgelt verliert der Arbeitnehmer jedoch nicht.   207

Fall 6: Erwerbstätigkeit während des Urlaubs > Seite 388

Bei der Vergütung des Arbeitnehmers für die Dauer des Erholungsurlaubs sind zu unterscheiden: 208

- ▶ der Anspruch auf Urlaubsentgelt
- ▶ der Anspruch auf Urlaubsgeld und
- ▶ der Anspruch auf Urlaubsabgeltung.

Der Anspruch des Arbeitnehmers auf Urlaubsentgelt ergibt sich aus § 1 BUrlG, der Arbeitgeber hat dem Arbeitnehmer bezahlten Erholungsurlaub zu gewähren. Es handelt sich um einen Fall der Entgeltfortzahlung ohne Arbeitsleistung. Die Höhe des Urlaubsentgelts richtet sich nach dem durchschnittlichen Arbeitsverdienst des Arbeitnehmers in den letzten 13 Wochen vor dem Beginn des Urlaubs.   209

---

[1] Vgl. hierzu EuGH NJW 2009, 495 ff. sowie EuGH NZA 2011, 1333 ff.

[2] *Strauß*, Arbeitsrecht für Ärzte an KH, S. 93.

[3] Vgl. *Dütz/Thüsing*, Arbeitsrecht, Rn 239 m. w. N. aus der Rechtsprechung des EuGH.

Bei monatlicher Abrechnung sind die letzten 3 Monate zu berücksichtigen. Die Berechnung des Urlaubsentgelts erfolgt nach dem Lohnausfallprinzip (vgl. § 11 BUrlG). Dagegen besteht kein gesetzlicher Anspruch auf Urlaubsgeld; hierbei handelt es sich um eine zusätzliche Sonderzahlung des Arbeitgebers. Rechtsgrundlage für einen Anspruch des Arbeitnehmers auf Urlaubsgeld kann vor allem ein Tarifvertrag oder der Einzelarbeitsvertrag sein. Falls der Arbeitgeber regelmäßig ein zusätzliches Urlaubsgeld ohne besondere Vereinbarung zahlt, wird ein Anspruch des Arbeitnehmers aus betrieblicher Übung begründet. Sofern von der Zahlung des Urlaubsgelds einzelne Arbeitnehmer willkürlich ausgenommen werden, entsteht ein Anspruch aus dem Gleichbehandlungsgrundsatz.

210   Der Erholungsurlaub ist wegen der zwingenden Zweckbindung grundsätzlich in Form von bezahlter Freizeit zu gewähren. Daher kann der Urlaub nur ausnahmsweise durch Zahlung eines dem Arbeitsentgelt entsprechenden Betrags abgegolten werden, wenn er wegen Beendigung des Arbeitsverhältnisses ganz oder teilweise nicht mehr gewährt werden kann (vgl. § 7 Abs. 4 BUrlG). Ein Anspruch auf Urlaubsabgeltung entsteht insbesondere dann, wenn ein Arbeitsverhältnis durch fristlose Kündigung endet und der Erholungsurlaub noch nicht oder nur teilweise gewährt worden ist. Endet das Arbeitsverhältnis aus anderen Gründen, z. B. durch eine ordentliche Kündigung, durch Fristablauf oder durch einen Aufhebungsvertrag, besteht grundsätzlich die Möglichkeit, dem Arbeitnehmer bezahlte Freizeit zu gewähren, sodass die Voraussetzungen für eine Urlaubsabgeltung nur vorliegen, wenn wegen dringender betrieblicher Erfordernisse kein Urlaub gewährt werden kann.

211   Im Übrigen besteht ein Abgeltungsverbot; eine Urlaubsabgeltung kommt nicht in Betracht, solange der Erholungsurlaub durch die Gewährung von Freizeit erteilt werden kann. Verstößt ein Arbeitgeber gegen das Abgeltungsverbot, zahlt er dem Arbeitnehmer also eine Urlaubsabgeltung, statt ihm Urlaub zu gewähren, bleibt er zur Urlaubsgewährung verpflichtet und kann die Abgeltung nicht zurückverlangen. Nur wenn im Einzelfall die Abgeltung auf Verlangen des Arbeitnehmers ausgezahlt worden ist, muss dieser sich den Abgeltungsanspruch auf das Urlaubsentgelt anrechnen lassen.

212   Der gesetzliche Abgeltungsanspruch ist ein Surrogat für den entstandenen Urlaubsanspruch, welcher gem. § 13 BUrlG unabdingbar ist. Der Arbeitnehmer kann auf den Abgeltungsanspruch nicht wirksam verzichten. Der Abgeltungsanspruch unterliegt aber der Verjährung und kann auch durch den Ablauf einer tariflichen Ausschlussfrist verfallen.

3.5.3.2 Sonstige Freistellungen von der Arbeitspflicht

Arbeitnehmer können unabhängig von dem Anspruch auf Erholungsurlaub einen Anspruch auf Freistellung von der Arbeitspflicht unter Fortzahlung ihres Arbeitsentgelts haben. Dieser kann sich aus Gesetzen und Tarifverträgen ergeben. Beispiele für Ansprüche auf Freistellung sind: 213

- Sonderurlaub aufgrund tarifvertraglicher Regelungen

- Arbeitsbefreiung gem. § 629 BGB zur Stellensuche, damit der Arbeitnehmer sich nach einer Kündigung anderweitig vorstellen kann

- Betriebsrats- und Sprechertätigkeit sowie Jugend- und Auszubildendenvertretertätigkeit gem. §§ 37, 38, 65 BetrVG, 14 Abs. 1 SprAuG

- Sonderfreistellungen für ärztliche Untersuchungen im Rahmen von Schwangerschaft und Mutterschutz gem. § 16 MuSchG, für Untersuchungen Jugendlicher gem. § 43 JArbSchG und für Gesundheitsüberprüfungen nach den Arbeitssicherheitsgesetzen.

Außerdem haben Auszubildende einen Anspruch auf Freistellung für die Teilnahme am Berufsschulunterricht, an Prüfungen und an Ausbildungsmaßnahmen außerhalb der Ausbildungsstätte nach § 15 BBiG.   214

3.6 Arbeitszeitschutz

Die Dauer und die Lage der Arbeitszeit richten sich insbesondere nach den in Tarifverträgen, Betriebsvereinbarungen und Arbeitsverträgen getroffenen Regelungen, im Übrigen kommt das Direktionsrecht des Arbeitgebers zum Tragen. Nach dem Rangprinzip sind stets die Grenzen des Arbeitszeitschutzes zu beachten, die sich aus zwingenden gesetzlichen Vorschriften ergeben. Dazu gehören: 215

- das Arbeitszeitgesetz (ArbZG)

- das Mutterschutzgesetz (MuSchG)

- das Jugendarbeitsschutzgesetz (JArbSchG).

3.6.1 Die Arbeitszeit

Grundsätzlich wird zwischen Vollarbeitszeit, Arbeitsbereitschaft, Bereitschaftsdienst und Rufbereitschaft unterschieden. Diese Einteilung hat insbesondere Auswirkungen auf die Vergütung der Arbeitnehmer.   216

3.6.1.1 Vollarbeitszeit

217 Das Arbeitszeitgesetz definiert die Vollarbeitszeit in § 2 Abs. 1 ArbZG als Zeit vom Beginn bis zum Ende der Arbeit ohne Ruhepause. Vollarbeitszeit setzt voraus, dass die Arbeitnehmer durch die ihnen zugeteilten Tätigkeiten voll beansprucht werden.[1] Kurze Unterbrechungen, die nicht als Ruhepause zu werten sind, sind dabei unerheblich.[2] Nicht zur Arbeitszeit gehören die Wegezeiten, die für die An- und Abfahrt zur Arbeitsstätte anfallen.[3] Ob dagegen Umkleidezeiten Arbeitszeit sind, wird unterschiedlich beurteilt.[4] Letztlich kommt es auf den Einzelfall an. Das BAG hat entschieden, dass Arbeit jede Tätigkeit sei, die der Befriedigung fremder Bedürfnisse diene.[5] Zur Arbeit und damit zur Arbeitszeit gehöre daher auch das Umziehen für die Arbeit, wenn eine bestimmte Berufskleidung vorgeschrieben sei und das Umziehen im Betrieb erfolgen müsse.[6] Um die praktische Umsetzung dieser Rechtsprechung zu erleichtern, stellt das BAG in einem obiter dictum fest, dass der Arbeitgeber die Möglichkeit hat, die Dauer der Umkleidezeit zu pauschalieren.[7]

3.6.1.2 Arbeitsbereitschaft

218 Unter Arbeitsbereitschaft werden Zeiten *„wacher Aufmerksamkeit im Zustand der Entspannung verstanden."*[8]

Beispiel

A arbeitet neben dem Studium als Nachtpförtner im Krankenhaus. Solange niemand bei ihm vorstellig wird, kann er lesen etc.

219 Auch die Arbeitsbereitschaft ist Arbeitszeit i. S. d. ArbZG (vgl. § 7 Abs. 1 Nr. 1a ArbZG). Allerdings besteht keine Verpflichtung, die Arbeitsbereitschaft wie die Vollarbeitszeit zu vergüten.[9]

---

[1] *Strauß*, Arbeitsrecht für Ärzte an KH, S. 101.

[2] RGKU/*Kock* § 2 ArbZG Rn 3.

[3] *Senne*, Arbeitsrecht, S. 68 f.

[4] *Zwanziger* DB 2007, 1356 (1357) m. w. N.

[5] BAG (5 AZ 678/11) Urt. v. 19.09.2012 (juris) Rn 23.

[6] BAG (5 AZ 678/11) Urt. v. 19.09.2012 (juris) Rn 23.

[7] BAG (5 AZ 678/11) Urt. v. 19.09.2012 (juris) Rn 26.

[8] Vgl. *Streckel* in: Gedächtnisschrift für Sonnenschein, S. 877 m. w. N. aus der Rechtsprechung des RAG und BAG.

[9] *Strauß*, Arbeitsrecht für Ärzte an KH S. 102.

3.6.1.3 Bereitschaftsdienst

Beim Bereitschaftsdienst muss sich der Arbeitnehmer an einer vom Arbeitgeber zu bestimmenden Stelle, z. B. im Arztzimmer eines Krankenhauses, aufhalten und bei Bedarf unverzüglich die Arbeit aufnehmen.[1] Der Bestimmungsort des Arbeitnehmers liegt während des Bereitschaftsdienstes beim Arbeitgeber. Zeiten des Bereitschaftsdienstes wurden zunächst vom EuGH und dann auch vom BAG als Arbeitszeit im Sinne des Arbeitszeitgesetzes anerkannt.[2] Seit dem 01.01.2004 gilt der Bereitschaftsdienst auch als Arbeitszeit im Sinne des Arbeitszeitgesetzes.[3] Dies hat zur Folge, dass der Bereitschaftsdienst voll bei der Ermittlung der Höchstarbeitszeit einzubeziehen ist.[4]

220

3.6.1.4 Rufbereitschaft

Rufbereitschaft setzt voraus, dass der Arbeitnehmer sich außerhalb der regulären Arbeitszeit verpflichtet, auf Abruf die Arbeit aufzunehmen.[5] Der Arbeitnehmer kann seinen Aufenthaltsort selbst wählen. Ausreichend ist, dass er z. B. telefonisch für den Arbeitgeber erreichbar ist. Allerdings muss er sicherstellen, dass er innerhalb einer, für die jeweilig auszuübende Tätigkeit angemessenen Zeit den Arbeitsort erreicht. Als Richtlinie kann von ca. 30 Minuten ausgegangen werden. Werden einem Arbeitgeber dagegen z. B. nur 10 Minuten Zeit zur Erreichung seines Einsatzortes gelassen, liegt keine Rufbereitschaft, sondern Bereitschaftsdienst vor. Dies hat zur Folge, dass der Arbeitgeber die angeordnete „Rufbereitschaft" nach den wesentlich kostenintensiveren Regelungen des Bereitschaftsdienstes zu vergüten hat.[6]

221

Beispiel

Oberarzt O kann seinen Aufenthaltsort frei wählen, z. B. ins Kino gehen. Für den Fall, dass er angefordert wird, muss er innerhalb von 40 Minuten im Krankenhaus sein.

---

[1] *Grobys/Panzer/Ünsal*, SWK ArbR 2012 Bereitschaftsdienst, Rn 3.

[2] *Grobys/Panzer/Ünsal*, SWR ArbR 2012 Bereitschaftsdienst, Rn 4 m. w. N.; BAG NZA 2004, 656; EuGH NZA 2000, 1227.

[3] RGKU/*Kock* § 2 ArbZG Rn 2.

[4] *Grobys/Panzer/Ünsal*, SWR ArbR 2012 Bereitschaftsdienst, Rn 5.

[5] BAG NZA 2007, 155.

[6] *Strauß*, Arbeitsrecht für Ärzte an KH, S. 106 m. w. N.

3.6.2 Festsetzung und Regelungen zur Arbeitszeit

222 Die Festsetzung der betrieblichen Arbeitszeit unterliegt der zwingenden Mitbestimmung des Betriebsrates gem. § 87 Abs. 1 Nr. 2 und Nr. 3 BetrVG. Danach hat der Betriebsrat ein Mitbestimmungsrecht bei der Festlegung von Beginn und Ende der täglichen Arbeitszeit einschließlich der Pausen und der Verteilung der Arbeitszeit auf die einzelnen Tage, sowie bei einer vorübergehenden Verkürzung oder Verlängerung der betriebsüblichen Arbeitszeit. Die Arbeitszeit wird daher häufig durch Betriebsvereinbarungen geregelt. Arbeitgeber und Betriebsrat können auch eine gleitende Arbeitszeit oder eine bedarfsabhängige variable Arbeitszeit (kapazitätsorientierte variable Arbeitszeit = KAPOVAZ) vereinbaren. Tarifverträge regeln dagegen überwiegend nur den Umfang der Wochenarbeitszeit, leisten teilweise aber ebenfalls einen Beitrag zu der Flexibilisierung der Arbeitszeit.[1] Innerhalb des gesetzlich vorgegebenen Rahmens sind eine Vielzahl von Arbeitszeitmodellen entstanden, die auf die jeweiligen betrieblichen Bedürfnisse abgestimmt sind, z. B. die Freischichtmodelle in der Metallindustrie.

223 Das Arbeitszeitgesetz gilt für alle erwachsenen Arbeitnehmer in Betrieben und Verwaltungen aller Art mit nur wenigen Ausnahmen, insbesondere für leitende Angestellte und Chefärzte (vgl. § 18 ArbZG). Die zulässige Höchstarbeitszeit für erwachsene Arbeitnehmer beträgt gem. § 3 ArbZG zwar nur 8 Stunden pro Werktag, die Arbeitszeit kann aber auf bis zu 10 Stunden pro Werktag verlängert werden, wenn innerhalb von sechs Kalendermonaten oder innerhalb von 24 Wochen im Durchschnitt 8 Stunden werktäglich nicht überschritten werden. Damit beträgt lediglich die regelmäßige werktägliche Arbeitszeit 8 Stunden. Hierdurch entstehen weite Gestaltungsspielräume für Arbeitszeitmodelle, die eine Anpassung der Arbeitszeit an schwankende Auftragsvolumina ermöglichen. Zu beachten ist, dass das Arbeitszeitgesetz von einer 6-Tage-Woche ausgeht. Für die mittlerweile übliche 5-Tage-Woche bedeutet dies, dass eine Arbeitszeit von 9,6 Stunden pro Tag (ohne Ruhepausen) zulässig ist.[2]

224 Das Arbeitszeitgesetz enthält ferner Vorschriften über Ruhepausen und Ruhezeiten sowie über Nacht- und Schichtarbeit, daneben auch über die Sonn- und Feiertagsruhe und die Sonn- und Feiertagsbeschäftigung. Arbeitnehmer dürfen gem. § 4 ArbZG nicht länger als sechs Stunden ohne Ruhepause beschäftigt werden. Die Arbeit ist bei einer Arbeitszeit von sechs bis neun Stunden durch Ruhepausen von mindestens 30 Minuten und bei einer Arbeitszeit von mehr als neun Stunden durch Ruhepausen von mindestens 45 Minuten zu unterbrechen. Ruhepausen sind definiert als Zeit, die der Arbeitnehmer verbringen kann, wie er möchte.[3] Die Ruhepausen müssen im Voraus festgelegt sein, können in Zeitabschnitte von 15 Minuten aufgeteilt werden und dürfen keinen längeren Abstand als sechs Stunden aufweisen. Die Arbeitnehmer müssen nach Beendigung der täglichen Arbeitszeit eine ununterbrochene Ruhezeit von mindestens elf Stun-

---

[1] *Strauß*, Arbeitsrecht für Ärzte an KH, S. 108.

[2] *Brox/Rüthers/Henssler*, Arbeitsrecht, Rn 207.

[3] *Strauß*, Arbeitsrecht für Ärzte an KH, S. 111 m. w. N. aus der Rechtsprechung.

den haben (vgl. § 5 Abs. 1 ArbZG). Außerdem müssen selbst dann, wenn eine Sonn- und Feiertagsbeschäftigung zulässig ist, mindestens 15 Sonntage im Jahr beschäftigungsfrei bleiben (vgl. § 11 Abs. 1 ArbZG).

Daneben enthält das Mutterschutzgesetz verschiedene Arbeitszeitregelungen speziell für werdende und stillende Mütter. Werdende und stillende Mütter dürfen – von einigen Ausnahmen abgesehen – gem. § 8 MuSchG nicht mit Mehrarbeit, nicht in der Nacht zwischen 20 und 6 Uhr und nicht an Sonn- und Feiertagen beschäftigt werden. Mehrarbeit liegt allerdings nur dann vor, wenn erwachsene Frauen über 8 ½ Stunden täglich oder über 90 Stunden in der Doppelwoche beschäftigt werden. 225

Der besondere Arbeitszeitschutz für Kinder und jugendliche Arbeitnehmer ist in dem Jugendarbeitsschutzgesetz (JArbSchG) geregelt. Für Kinder unter 15 Jahren besteht ein Beschäftigungsverbot. Jugendlicher i. S. dieses Gesetzes ist, wer 15, aber noch nicht 18 Jahre alt ist und nicht der Vollzeitschulpflicht unterliegt. Jugendliche dürfen nicht mehr als 8 Stunden täglich, nicht mehr als 40 Stunden wöchentlich und nur an 5 Tagen in der Woche beschäftigt werden (vgl. §§ 8, 15 JArbSchG). Ferner enthält das Jugendarbeitsschutzgesetz Regelungen über Ruhepausen und Arbeitsräume, Schichtzeiten, tägliche Freizeit und Nachtruhe sowie Samstags-, Sonntags- und Feiertagsruhe, außerdem werden zusätzliche Ansprüche auf Erholungsurlaub gewährt. 226

In dem Teilzeit- und Befristungsgesetz sind verschiedene Regelungen zur Teilzeitarbeit, zur Anpassung der Arbeitszeit an den Arbeitsanfall (Arbeit auf Abruf) und zur Arbeitsplatzteilung enthalten. 227

Die Einhaltung der zwingenden gesetzlichen Vorschriften über die Arbeitszeit wird von den Gewerbeaufsichtsämtern überwacht. Zuwiderhandlungen gelten nach Maßgabe der jeweiligen Gesetze überwiegend als Ordnungswidrigkeiten, teilweise sogar als Straftaten und werden mit Geldbußen und Geld- oder Freiheitsstrafen geahndet. 228

Beispiel

Ein Arbeitgeber, der einen Arbeitnehmer über die Grenzen des Arbeitszeitgesetzes hinaus beschäftigt, kann wegen dieser Ordnungswidrigkeit mit einer Geldbuße von bis zu 15.000 € belegt werden, bei vorsätzlichen Verstößen unter Gefährdung der Arbeitskraft oder Gesundheit der Arbeitnehmer wird er mit einer Freiheitsstrafe bis zu einem Jahr oder mit einer Geldstrafe bestraft (vgl. §§ 22, 23 ArbZG).

229   Dem Arbeitgeber obliegen Dokumentations- und Aufbewahrungspflichten, welche die Überwachung durch die Aufsichtsbehörden erleichtern (vgl. § 16 ArbZG). Entsprechende Regelungen bestehen nach dem Jugendarbeitsschutzgesetz und nach dem Mutterschutzgesetz (vgl. §§ 49, 50 JArbSchG, 19 MuSchG).

3.6.3 Mutterschutz

230   Das Mutterschutzgesetz enthält Vorschriften zum Schutz werdender und stillender Mütter, darunter die folgenden Regelungen:

- ► Kündigungsverbot, § 9 MuSchG

- ► Beschäftigungsverbote, §§ 3 ff. MuSchG

- ► Arbeitsentgeltschutz, z B. bei einem Beschäftigungsverbot oder einer Einschränkung, §§ 11 ff. MuSchG.

231   Die Möglichkeit, ein bestehendes Arbeitsverhältnis zu kündigen, wird durch die Regelungen des Mutterschutzgesetzes für den Arbeitgeber erschwert und für die Arbeitnehmerin erleichtert. Eine Frau kann das Arbeitsverhältnis während der Schwangerschaft und während der Schutzfrist nach der Entbindung gem. § 10 Abs. 1 MuSchG ohne Einhaltung einer Frist zum Ende der Schutzfrist kündigen. Die Arbeitnehmerin kann sich bis zum Ende der Schutzfrist überlegen, ob sie das Arbeitsverhältnis fortsetzen möchte oder nicht. Da sie aber auch Elternzeit in Anspruch nehmen kann, ist dieses Kündigungsrecht von untergeordneter Bedeutung.

232   Die Kündigung gegenüber einer Frau ist gem. § 9 Abs. 1 Satz 1 MuSchG

- ► während der Schwangerschaft und

- ► bis zum Ablauf von vier Monaten nach der Entbindung

- ► unzulässig, wenn dem Arbeitgeber

- ► die Schwangerschaft oder Entbindung im Zeitpunkt der Kündigung bekannt war oder

- ► die Schwangerschaft oder Entbindung innerhalb von zwei Wochen nach Zugang der Kündigung mitgeteilt wird.

233   Außerdem ist eine Fristüberschreitung unschädlich, wenn die Frau die Fristüberschreitung nicht zu vertreten hat und die Mitteilung unverzüglich nachgeholt wird. In der betrieblichen Praxis kann es also vorkommen, dass eine Kündigung gegenüber einer Frau sich als unwirksam erweist, weil die Personalabteilung im Zeitpunkt des Ausspruchs der Kündigung noch nicht über eine bereits bestehende Schwangerschaft informiert war.

Gemäß § 9 Abs. 3 MuSchG ist eine Kündigung ausnahmsweise möglich, wenn   234

► ein besonderer Fall vorliegt

► die Kündigung nicht mit dem Zustand der Frau während der Schwangerschaft oder ihrer Lage bis zum Ablauf von vier Monaten nach der Entbindung in Zusammenhang steht und

► die zuständige Behörde der Kündigung zugestimmt hat.

Eine Kündigung kann daher wegen einer Betriebsstilllegung oder einem sonstigen   235
schwerwiegenden Ereignis ausgesprochen werden, wenn die Zustimmung der zuständigen Behörde eingeholt worden ist.

Beschäftigungsverbote für werdende und junge Mütter bestehen insbesondere   236

► in den letzten sechs Wochen vor der Entbindung (§ 3 Abs. 2 MuSchG)

► bis zum Ablauf von acht Wochen nach der Entbindung, bei Vorliegen besonderer Umstände ist die Frist länger (§ 6 Abs. 1 MuSchG)

► wenn die werdende oder stillende Mutter schwere körperliche Arbeiten zu verrichten hat oder schädlichen Einwirkungen von gesundheitsgefährdenden Stoffen oder Strahlen, von Staub, Gasen oder Dämpfen, von Hitze, Kälte oder Nasse, von Erschütterungen oder Lärm ausgesetzt ist (vgl. §§ 4 Abs. 1, Abs. 2, 6 Abs. 3 MuSchG)

► wenn die werdende oder stillende Mutter Akkordarbeit oder vergleichbare Arbeit sowie Fließbandarbeit zu verrichten hat (§§ 4 Abs. 3, 6 Abs. 3 MuSchG)

► wenn Leben oder Gesundheit von Mutter oder Kind durch die Beschäftigung während der Schwangerschaft gefährdet werden(§ 3 Abs. 1 MuSchG) oder

► wenn die Frau in den ersten Monaten nach der Geburt noch nicht voll leistungsfähig ist und ihre Leistungsfähigkeit übersteigende Arbeiten zu verrichten hat (§ 6 Abs. 2 MuSchG).

Die Vorschriften des Mutterschutzgesetzes zu den Beschäftigungsverboten werden durch verschiedene Verordnungen, insbesondere die Verordnung zum Schutz   237
der Mütter am Arbeitsplatz ergänzt und konkretisiert. Außerdem dürfen werdende und stillende Mütter gem. § 8 MuSchG nicht mit Mehrarbeit, Nacht- und Sonntagsarbeit beschäftigt werden. Dabei ist zu beachten, dass Mehrarbeit und Nachtarbeit in § 8 Abs. 1, Abs. 2 MuSchG abweichend von den Regelungen des Arbeitszeitgesetzes definiert sind.

Der Arbeitgeber kann die Beschäftigungsverbote nur einhalten, wenn ihm die   238
Schwangerschaft bekannt ist. Werdende Mütter sollen deshalb gem. § 5 Abs. 1 Satz 1 MuSchG dem Arbeitgeber ihre Schwangerschaft und den mutmaßlichen Tag der Entbindung mitteilen, sobald ihnen ihr Zustand bekannt ist. Eine zwingende Rechtspflicht zur Information des Arbeitgebers besteht dagegen nur in Ausnahmefällen aufgrund der arbeitsvertraglichen Treuepflicht.

239 Für die Berechnung der 6-wöchigen Schutzfrist vor der Entbindung (§ 3 Abs. 2 MuSchG) ist gem. § 5 Abs. 2 Satz 1 MuSchG die Bescheinigung eines Arztes oder einer Hebamme über den errechneten Geburtstermin maßgebend. Wird das Kind früher oder später geboren, verkürzt oder verlängert sich diese Schutzfrist gem. § 5 Abs. 2 Satz 2 MuSchG entsprechend. Bei Frühgeburten und sonstigen vorzeitigen Entbindungen verlängert sich gem. § 6 Abs. 1 Satz 2 MuSchG die Schutzfrist von sechs bzw. acht Wochen nach der Entbindung.

240 Das Mutterschutzgesetz gewährt den betroffenen Frauen vollständigen Entgeltschutz. Während der allgemeinen Schutzfristen gem. §§ 3 Abs. 2 und 6 Abs. 1 MuSchG beziehen Frauen üblicherweise Mutterschaftsgeld in Höhe von max. 13,00 € pro Kalendertag. Wenn eine Frau Mutterschaftsgeld bezieht, hat der Arbeitgeber zurzeit gem. § 14 Abs. 1 Satz 1 MuSchG einen Zuschuss zum Mutterschaftsgeld an die betroffene Frau zu entrichten, und zwar in Höhe des kalendertäglichen Netto-Durchschnittsverdienstes abzüglich eines Betrags von 13,00 €. Die Frau erhält damit ihr bisheriges Netto-Arbeitsentgelt auch während der Schutzfristen, beträgt es mehr als 13,00 €, hat der Arbeitgeber die Differenz zu zahlen (Sozialabgaben und Lohnsteuer sind während dieser Zeit nicht zu entrichten). Sowohl die Entgeltfortzahlung nach § 11 Abs. 1 Satz 1 MuSchG als auch der Zuschuss nach § 14 Abs. 1 Satz 1 MuSchG verlagern das finanzielle Schwangerschaftsrisiko auf den Arbeitgeber.[1] Dies führte zu einer mittelbaren Diskriminierung der Frauen bei der Arbeitsplatzsuche.[2] Das BVerfG hat deshalb § 14 Abs. 1 Satz 1 MuSchG für unvereinbar mit Art. 3 Abs. 1 GG sowie Art. 12 Abs. 1 GG erklärt.[3] Der Gesetzgeber hat deshalb in § 1 Abs. 2 Nr. 1 - 3 AAG geregelt, dass der Arbeitgeber gegen die Krankenkassen einen Ausgleichsanspruch in voller Höhe bezüglich der Entgeltzahlung nach § 11 MuSchG und der gezahlten Zuschüsse nach § 14 Abs. 1 Satz 1 MuSchG hat.[4]

241 Wenn eine Frau

➤ kein Mutterschaftsgeld bezieht und

➤ wegen eines sonstigen Beschäftigungsverbots ganz oder teilweise mit der Arbeit aussetzen muss oder die Beschäftigung oder die Entlohnungsart wechselt und

➤ hierdurch eine Minderung des bisherigen Verdienstes eintritt

hat die betroffene Frau Anspruch auf Entgeltfortzahlung. Der Arbeitgeber hat Mutterschutzlohn gem. § 11 Abs. 1 Satz 1, Satz 2 MuSchG zu entrichten, und zwar mindestens in Höhe des Durchschnittsverdienstes der letzten 3 Monate bzw. 13 Wochen. Der Arbeitgeber muss also das bisherige Brutto-Arbeitsentgelt weiterzahlen. Er kann der Frau allerdings eine andere zumutbare Arbeit zuweisen.

---

[1] *Strauß*, Arbeitsrecht für Ärzte an KH, S. 91.

[2] *Brox/Rüthers/Henssler*, Arbeitsrecht, Rn 399.

[3] BVerfG NJW 2004, 146 (148).

[4] RGKU/*Leopold* § 14 MuSchG Rn 19; *Strauß*, Arbeitsrecht für Ärzte an KH, S. 91; *Buchner* NZA 2006, 121 ff. zu den Einzelheiten des Ausgleichsverfahrens.

Darüber hinaus hat der Arbeitgeber der Frau gem. § 16 MuSchG ohne Entgeltausfall Freizeit für ärztliche Untersuchungen zu gewähren. Stillenden Müttern ist gem. § 7 Abs. 1, Abs. 2 MuSchG ohne Entgeltausfall Stillzeit zu gewähren.

242

Die Ausfallzeiten wegen eines Beschäftigungsverbots gelten gem. § 17 Satz 1 MuSchG bei der Berechnung des Urlaubsanspruchs als Beschäftigungszeiten; außerdem kann der Urlaub gem. § 17 Satz 2 MuSchG in das nächste Kalenderjahr übertragen werden.

243

Daneben enthält das Mutterschutzgesetz insbesondere die folgenden sonstigen Schutzbestimmungen:

244

Wer eine werdende oder stillende Mutter beschäftigt, hat die in § 2 Abs. 1 - Abs. 3 MuSchG vorgesehenen Verpflichtungen bei der Gestaltung des Arbeitsplatzes zu beachten. Regelungen zum Schutz werdender und stillender Mütter finden sich z. B. in § 31 ArbeitsstättenVO.

Hat eine werdende Mutter den Arbeitgeber gem. § 5 Abs. 1 Satz 1 MuSchG von der Schwangerschaft unterrichtet, hat der Arbeitgeber

245

► gem. § 5 Abs. 1 Satz 3 MuSchG die Aufsichtsbehörde unverzüglich zu benachrichtigen

► gem. § 5 Abs. 3 MuSchG die Kosten für die von ihm angeforderten (ärztlichen) Zeugnisse zu tragen.

Kündigt eine schwangere Frau, hat der Arbeitgeber gem. §§ 9 Abs. 2, 5 Abs. 1 Satz 3 MuSchG die Aufsichtsbehörde unverzüglich zu benachrichtigen.

246

3.6.4 Elternzeit

Das Bundeselterngeld- und Elternzeitgesetz enthält insbesondere Regelungen über

247

► den Anspruch auf Elterngeld (= Sozialleistung)

► den Anspruch auf Elternzeit (= Anspruch gegen den Arbeitgeber) und

► den Kündigungsschutz während der Elternzeit.

Die Vorschriften über die Elternzeit (einschließlich Kündigungsschutz) gelten unabhängig von dem Geschlecht für

248

► Arbeitnehmer (§ 15 Abs. 1 BEEG)

► Auszubildende (§ 20 Abs. 1 BEEG)

► Heimarbeiter und den Heimarbeitern gleichgestellte Personen (§ 20 Abs. 2 BEEG).

248 Der Anspruch auf Elternzeit ist gem. § 15 Abs. 2 Satz 4 BEEG unabdingbar. Er besteht, wenn die folgenden Voraussetzungen gem. § 15 Abs. 1 Satz 1 BEEG erfüllt sind:

- ▸ der/die Berechtigte lebt mit einem Kind in einem Haushalt

- ▸ der/die Berechtigte betreut oder erzieht dieses Kind selbst

- ▸ dem/der Berechtigten steht die Personensorge für dieses Kind zu oder

- ▸ der Sorgeberechtigte hat der Inanspruchnahme von Elternzeit zugestimmt

- ▸ es handelt sich um ein Kind des Ehegatten oder Lebenspartners des/der Berechtigten oder

- ▸ es handelt sich um ein Kind, das der/die Berechtigte mit dem Ziel der Annahme als Kind in seine Obhut aufgenommen hat oder

- ▸ unter bestimmten Voraussetzungen betreuen Großeltern ihre Enkel.

250 Der Anspruch auf Elternzeit ist gem. § 15 Abs. 2 Satz 1 BEEG zeitlich befristet, und zwar auf einen Zeitraum bis zur Vollendung des 3. Lebensjahres des Kindes; es ist lediglich ein Anteil von bis zu 12 Monaten mit Zustimmung des Arbeitgebers auf die Zeit bis zur Vollendung des 8. Lebensjahres übertragbar. Für Adoptivkinder gilt § 15 Abs. 2 Satz 2 BEEG.

251 Elternzeit kann gem. § 15 Abs. 3 Satz 1, Satz 2 BEEG nach Wahl der Eltern

- ▸ von einem Elternteil allein

- ▸ von einem Elternteil anteilig

- ▸ von beiden Elternteilen anteilig oder

- ▸ von beiden Elternteilen gemeinsam

genommen werden, sie darf lediglich drei Jahre pro Kind (abzüglich der Mutterschutzfrist gem. § 6 Abs. 1 MuSchG) nicht überschreiten. Damit hat jeder Elternteil Anspruch auf insgesamt drei Jahre Elternzeit. Wegen der Beschränkung auf den Zeitraum bis zur Vollendung des 3. Lebensjahres des Kindes ist aber nur dann sowohl der Mutter als auch dem Vater eine Elternzeit von drei Jahren zu gewähren, wenn beide Elternteile für den gesamten Zeitraum gemeinsam Elternzeit nehmen. Im Übrigen können die Eltern die Verteilung der Elternzeit auf Mutter und Vater nach ihren Wünschen vornehmen. Insbesondere kann das Kind z. B. nach seiner Geburt zunächst für einen gewissen Zeitraum von der Mutter und anschließend vom Vater betreut werden. Wenn sich die Eltern bei der Betreuung des Kindes abwechseln wollen, ist lediglich zu beachten, dass die Elternzeit gem. § 16 Abs. 1 Satz 4 BEEG nur auf maximal vier Zeitabschnitte verteilt werden kann.

252 Wer Elternzeit in Anspruch nehmen will, muss die Ankündigungsfristen des § 16 Abs. 1 Satz 1, Satz 2, Abs. 2 BEEG einhalten. Die Ankündigung muss schriftlich erfolgen, und zwar

- ▸ spätestens 8 Wochen vor Beginn der Elternzeit

▶ wenn die Elternzeit unmittelbar nach der Geburt des Kindes oder im Anschluss an die Mutterschutzfrist gem. § 6 Abs. 1 MuSchG beginnen soll, spätestens 6 Wochen vor Beginn der Elternzeit.

Die Ankündigungsfrist dient dem Dispositionsinteresse des Arbeitgebers; die Elternzeit kann daher nur ausnahmsweise, wenn ein dringender bzw. nicht zu vertretender Grund vorliegt, mit einer angemessenen kürzeren Frist angekündigt werden (vgl. § 16 Abs. 1 Satz 2, Abs. 2 BEEG). Wenn die Elternzeit unmittelbar nach der Geburt des Kindes genommen werden soll, ist der bescheinigte Geburtstermin für die Fristberechnung maßgebend. Wird das Kind vor oder nach dem errechneten Geburtstermin geboren, verschiebt sich die Elternzeit entsprechend; die sich hieraus ergebenden Nachteile sind von dem Arbeitgeber hinzunehmen.

253

Wer Elternzeit in Anspruch nehmen will, muss gem. § 16 Abs. 1 Satz 1 BEEG mit der Ankündigung im Voraus erklären, für welche Zeiten innerhalb von zwei Jahren Elternzeit genommen wird. Mit der Verpflichtung zur Festlegung im Voraus soll dem Arbeitgeber Planungssicherheit gewährt werden; die Erklärung bindet den Arbeitnehmer für den Zeitraum von zwei Jahren ab Beginn der Elternzeit, auch wenn nicht für den gesamten Zeitraum Elternzeit in Anspruch genommen wird.

254

Ein Elternteil muss die angekündigte Elternzeit tatsächlich in Anspruch nehmen und kann bis zum Ablauf der Zweijahresfrist keine weitere Elternzeit in Anspruch nehmen. Ob die Bindungswirkung auch dann eintritt, wenn ein Elternteil sogleich eine längere Elternzeit in Anspruch genommen hat, ist offen. Eine vorzeitige Beendigung der Elternzeit tritt nur in den folgenden Fällen ein:

255

▶ bei Beendigung des Arbeitsverhältnisses

▶ bei Tod des Kindes (§ 16 Abs. 4 BEEG)

▶ bei Zustimmung des Arbeitgebers (§ 16 Abs. 3 Satz 1 BEEG).

Bei der Geburt eines weiteren Kindes oder bei einem besonderen Härtefall gem. § 1 Abs. 5 BEEG kann der Arbeitgeber die Zustimmung zu einer vorzeitigen Beendigung der Elternzeit gem. § 16 Abs. 3 Satz 2 BEEG aber nur bei Vorliegen dringender betrieblicher Erfordernisse innerhalb von vier Wochen schriftlich ablehnen. Einer schwangeren Frau wird hierdurch aber nicht die Möglichkeit eröffnet, trotz einer Elternzeit wegen eines bereits geborenen Kindes die Vorzüge der Schutzfristen gem. §§ 3 Abs. 2, 6 Abs. 1 MuSchG in Anspruch zu nehmen. Wegen der Mutterschutzfristen kann die Elternzeit gem. § 16 Abs. 3 Satz 3 BEEG nur ausnahmsweise vorzeitig beendet werden, wenn eine Frau zulässigerweise Teilzeitarbeit leistet.

256

Teilzeitarbeit während der Elternzeit ist gem. § 15 Abs. 4 Satz 1 BEEG zulässig, solange die wöchentliche Arbeitszeit (für jeden Elternteil, der Elternzeit nimmt) nicht mehr als 30 Stunden beträgt. Teilzeitarbeit bei einem anderen Arbeitgeber oder als Selbstständiger bedarf zwar gem. § 15 Abs. 4 Satz 3 BEEG der Zustimmung des Arbeitgebers; er kann die Zustimmung gem. § 15 Abs. 4 Satz 3 BEEG

257

aber nur binnen vier Wochen aus dringenden betrieblichen Gründen ablehnen. Grundsätzlich sollen sich Arbeitgeber und Arbeitnehmer gem. § 15 Abs. 5 Satz 1 BEEG über einen Antrag des Arbeitnehmers auf Verringerung der Arbeitszeit während der Elternzeit innerhalb von vier Wochen einigen. Kommt eine Einigung nicht zu Stande, hat der Arbeitnehmer gem. § 15 Abs. 6 BEEG während der Elternzeit zweimal Anspruch auf Verringerung seiner Arbeitszeit, wenn die Voraussetzungen des § 15 Abs. 7 Satz 1 BEEG vorliegen. Der Arbeitgeber kann die beanspruchte Verringerung gem. § 15 Abs. 7 Satz 2 BEEG nur innerhalb von vier Wochen und nur mit schriftlicher Begründung ablehnen.

258 Während der Elternzeit besteht Sonderkündigungsschutz gem. § 18 BEEG. Das Arbeitsverhältnis darf von dem Arbeitgeber gem. § 18 Abs. 1 Satz 1 - 3 BEEG nur ausnahmsweise mit Zustimmung der zuständigen Behörde gekündigt werden. Der Sonderkündigungsschutz beginnt, wenn Elternzeit verlangt wird, höchstens aber acht Wochen vor Beginn der Elternzeit. Der Sonderkündigungsschutz besteht gem. § 18 Abs. 2 Nr. 1 und Nr. 2 BEEG auch dann, wenn

▸ während der Elternzeit Teilzeitarbeit geleistet wird oder

▸ Teilzeitarbeit geleistet wird, ohne dass Elternzeit in Anspruch genommen worden ist, aber grundsätzlich Anspruch auf Erziehungsgeld besteht.

259 Da Erziehungsgeld nur bis zur Vollendung des 24. Lebensmonats des Kindes geleistet wird, besteht der Sonderkündigungsschutz gem. § 18 Abs. 2 BEEG nur bis zu diesem Zeitpunkt. Außerdem gilt in diesem Fall die Zwei-Wochen-Frist des § 9 Abs. 1 Satz 1 MuSchG analog.

260 Im Übrigen erhält das Bundeserziehungsgeldgesetz noch die folgenden Vorschriften zur Elternzeit:

▸ Eine Kündigung zum Ende der Elternzeit durch den Arbeitnehmer ist gem. § 19 BEEG nur unter Einhaltung einer Frist von drei Monaten möglich.

▸ § 17 BEEG regelt die Ansprüche des Arbeitnehmers auf Urlaub.

▸ § 21 BEEG regelt befristete Arbeitsverträge, die für die Dauer einer Elternzeit abgeschlossen werden.

3.5 Arbeitssicherheit

Das Recht der Arbeitssicherheit dient dem Gesundheits- und Gefahrenschutz der   261
Arbeitnehmer und Auszubildenden. Zu dem Recht der Arbeitssicherheit gehört
insbesondere der technische Arbeitsschutz, der vor den Gefahren schützt, die von
Betriebsanlagen und Produktionsweisen ausgehen, aber auch der medizinische
Arbeitsschutz. Die Vorschriften über die Arbeitssicherheit sind öffentlich-rechtliche Regelungen. Arbeitgeber und Arbeitnehmer sind verpflichtet, diese Vorschriften zu beachten, und die Einhaltung wird von den Gewerbeaufsichtsämtern und
den sonstigen zuständigen Behörden überwacht. Die Regelungen über die Arbeitssicherheit haben aber auch Einfluss auf die privatrechtlichen Beziehungen
zwischen Arbeitgeber und Arbeitnehmer. Verletzt der Arbeitgeber Vorschriften
über die Arbeitssicherheit, kann den betroffenen Arbeitnehmern ein Zurückbehaltungsrecht gem. § 273 BGB hinsichtlich der Arbeitsleistung zustehen. Außerdem kann eine Verletzung von Vorschriften über die Arbeitssicherheit Schadensersatzansprüche der Arbeitsvertragsparteien begründen.

Die Regelung und Überwachung der Arbeitssicherheit ist ein verfassungsrechtli-   262
cher Auftrag des Staates gem. Art. 2 Abs. 2 GG, wonach das Recht des Arbeitnehmers auf Leben und Gesundheit zu schützen ist. Daraus folgt eine staatliche
Verpflichtung, die Risiken für Leben und Gesundheit der Arbeitnehmer nach dem
gegenwärtigen Erkenntnisstand im Rahmen des Möglichen und Zumutbaren zu
verringern. Die Maßnahmen der Arbeitssicherheit tragen zu einer Humanisie-
rung der Arbeitswelt bei, indem durch Verbesserungen der Arbeitsverfahren und
der Arbeitsabläufe die Belastungen der Arbeitnehmer verringert oder vermieden
werden.

Der Arbeitssicherheit dienen insbesondere die folgenden Gesetze: 263

- das Arbeitsschutzgesetz (ArbSchG)
- das Gerätesicherheitsgesetz (GSG)
- das Gesetz zum Schutz vor gefährlichen Stoffen (ChemG) und
- das Arbeitssicherheitsgesetz (ASiG).

Ergänzt werden diese Gesetze durch zahlreiche Verordnungen wie: 264

- die Arbeitsstättenverordnung (ergänzt das ArbSchG)
- die Betriebssicherheitsverordnung (ArbSchG, GSG)
- die Bildschirmarbeitsverordnung (ArbSchG)
- die Baustellenverordnung (ArbSchG) und
- die Gefahrstoffverordnung (ChemG).

265   Neben den staatlichen Vorschriften zum technischen Arbeitsschutz, deren Überwachung insbesondere der Gewerbeaufsicht obliegt, bestehen die Unfallverhütungsvorschriften, die von den Berufsgenossenschaften überwacht werden. Die staatlichen Rechtsvorschriften und die Unfallverhütungsvorschriften bestehen nebeneinander, dadurch wird ein umfassendes System des Arbeitsschutzes geschaffen.

266

Übersicht 14: System des technischen Arbeitsschutzes (= Arbeitssicherheit)	
Gewerbeaufsicht Verfassungsrechtlicher Auftrag, gem. Art. 2 Abs. 2 GG für den Schutz von Leben und Gesundheit der Arbeitnehmer zu sorgen.	**Berufsgenossenschaften** Unfallversicherung und -verhütung nach dem SGB zum Schutz der Arbeitnehmer vor Verletzungen (= Unfallschutz) und vor Erkrankungen (= Berufskrankheiten).
Überwachung der **Einhaltung von Arbeitsschutzvorschriften** in den Betrieben nach Arbeitsschutzgesetzen, z. B. ► ArbeitsschutzG ► ArbeitssicherheitG ► ArbeitsstättenVO ► Arbeitszeitgesetz ► ChemikalienG ► GerätesicherheitsG ► BetriebssicherheitsG ► MutterschutzG	Überwachung des technischen Arbeitsschutzes, insbes. der **Einhaltung von Unfallverhütungsvorschriften** für den gewerblichen, landwirtschaftlichen und öffentlichen Bereich, z. B. für ► Wärmekraftwerke ► elektrische Anlagen ► Druck- und Papierverarbeitung ► Metallverarbeitung, Stahlwerke ► Müllbeseitigung, Straßenreinigung ► Kanalisationsanalgen
Allgemeine Verwaltungsvorschriften und Durchführungsrichtlinien zu den Gesetzen und Verordnungen, z. B. Arbeitsstättenrichtlinien über Lüftung, Raumtemperaturen, Beleuchtung, Fußböden, Dächer, Türen, Tore, Feuerlöscheinrichtungen, Verkehrswege, Treppen, Pausenräume, Waschräume, Toiletten, Sanitätsräume	**Durchführungsanweisungen** zu den Unfallverhütungsvorschriften der Berufsgenossenschaften, z. B. sicherheitstechnische Grundsätze über Werkstoffe, Standsicherheit, transportgerechte Gestaltung, Oberflächen und Kanten, Tritt- und Standsicherheit, Stäube, Gase, Dämpfe, Lärm und Erschütterungen, elektrische Energie, Warneinrichtungen
Allgemein anerkannte Regeln der Technik und gesicherte arbeitswissenschaftliche Erkenntnisse, z. B. ► DIN (Deutsches Institut für Normung e. V.) ► VDE-Bestimmungen ► technische Regeln und Richtlinien des Bundesministeriums für Arbeit	

Die Unfallverhütungsvorschriften der Berufsgenossenschaften betreffen im We-   267
sentlichen den Betriebs- und Gefahrenschutz im Unternehmen. Durch die Neu-
ordnung des Unfallversicherungsrechts, das als SGB VII in das Sozialgesetzbuch
aufgenommen wurde, sind auch die Maßnahmen der Prävention erweitert worden (vgl. §§ 14 ff. SGB VII). Die Unfallverhütungsvorschriften betreffen im Einzelnen

▶ Einrichtungen, Anordnungen und Maßnahmen, welche die Unternehmer zur
  Verhütung von Arbeitsunfällen, Berufskrankheiten und arbeitsbedingten Gesundheitsgefahren zu treffen haben

▶ das Verhalten der Versicherten zur Verhütung von Arbeitsunfällen, Berufskrankheiten und arbeitsbedingten Gesundheitsgefahren

▶ vom Unternehmer zu veranlassende arbeitsmedizinische Untersuchungen

▶ Sicherstellung einer wirksamen Ersten Hilfe

▶ Maßnahmen, die der Unternehmer zur Erfüllung der sich aus dem Gesetz über
  Betriebsärzte, Sicherheitsingenieure und andere Fachkräfte für Arbeitssicherheit ergebenden Pflichten zu treffen hat.

Das SGB VII regelt mit dem Unfallversicherungsrecht nunmehr auch die Grund-   268
sätze der Prävention, insbesondere einen Gefahrenschutz zur Verhütung von Arbeitsunfällen und Berufskrankheiten, die Überwachung und Beratung, die Aufsichtspersonen und ihre Befugnisse, die Verantwortung des Unternehmers und
die Mitwirkungspflichten der Arbeitnehmer sowie die Bestellung von Sicherheitsbeauftragten.

Die wichtigsten staatlichen Rechtsvorschriften zum technischen Arbeitsschutz   269
sind in dem Arbeitsschutzgesetz (= Gesetz über die Durchführung von Maßnahmen des Arbeitsschutzes zur Verbesserung der Sicherheit und des Gesundheitsschutzes der Beschäftigten bei der Arbeit) niedergelegt. Mit dem Arbeitsschutzgesetz wurden bereits im Jahre 1996 die Grundpflichten der Arbeitgeber neu
geordnet und durch Umsetzung europäischer Richtlinien in den Mitgliedstaaten
der Europäischen Union harmonisiert.

Das Arbeitsschutzgesetz gilt gem. § 1 Abs. 1 Satz 2, Abs. 2 ArbSchG mit wenigen   270
Ausnahmen in allen Tätigkeitsbereichen. Maßnahmen des Arbeitsschutzes sind
gem. § 2 Abs. 1 ArbSchG alle Maßnahmen zur

▶ Verhütung von Unfällen bei der Arbeit

▶ Verhütung von arbeitsbedingten Gesundheitsgefahren und

▶ menschengerechten Gestaltung der Arbeit.

271 In den §§ 3 ff. ArbSchG sind die allgemeinen Grundpflichten des Arbeitgebers niedergelegt. Zu den Grundpflichten des Arbeitgebers gehört, auf seine Kosten Maßnahmen und Vorkehrungen für den Arbeitsschutz durchzuführen, dabei allgemeine Grundsätze des Gesundheits- und Gefahrenschutzes zu beachten und gefährliche Arbeitsbedingungen zu beurteilen und zu dokumentieren. Dies erfolgt im Rahmen einer betrieblichen Arbeitsschutzorganisation, aber auch durch Zusammenarbeit mehrerer Arbeitgeber.

272 Die §§ 15 ff. ArbSchG regeln die Rechte und Pflichten der Beschäftigten. Die Beschäftigten sind insbesondere verpflichtet, nach ihren Möglichkeiten für ihre Sicherheit und Gesundheit bei der Arbeit Sorge zu tragen. § 17 ArbSchG gewährt den Arbeitnehmern Vorschlags- und Beschwerderechte in Fragen der Sicherheit und des Gesundheitsschutzes. Für die Überwachung der Einhaltung der Vorschriften des Arbeitsschutzgesetzes zuständig sind grundsätzlich die Länder, in der Regel handelnd durch die staatlichen Gewerbeaufsichtsämter. Betreffend Betriebe und Verwaltungen des Bundes besteht eine Sonderregelung in § 21 Abs. 5 ArbSchG. Inhaltlich lassen sich die Arbeitsschutz- und Arbeitssicherheitsgesetze sowie Verordnungen und Unfallverhütungsvorschriften zum Betriebs- und Gefahrenschutz in fünf Sachgebiete einteilen:

- ► Arbeitsstätten

- ► Werkzeuge, Geräte, Maschinen, technische Anlagen und Fahrzeuge

- ► gefährliche Stoffe

- ► persönliche Schutzausrüstungen

- ► betriebliche Arbeitsschutzorganisation.

273 Die Arbeitssicherheit beginnt bei der Arbeitsstätte, deren baulicher Beschaffenheit und dem Umfeld der Arbeitsplätze. Neben der allgemeinen Regelung im Arbeitsschutzgesetz ist in diesem Bereich die Arbeitsstättenverordnung (ArbeitsstättenVO) zu beachten, die eine Konkretisierung der Ziele des technischen Arbeitsschutzes darstellt. Daneben beziehen sich zahlreiche Unfallverhütungsvorschriften auf sicherheitstechnische Anforderungen der Arbeitsstätten.

274 Die Arbeitsstättenverordnung gilt für alle Betriebe, in denen das Arbeitsschutzgesetz Anwendung findet. Begrifflich erfasst die Arbeitsstätte Arbeits- und Ausbildungsräume in Gebäuden, Arbeitsplätze auf dem Betriebsgelände und außerhalb der Gebäude, Baustellen, Verkaufsstände im Freien, Wasserfahrzeuge und schwimmende Anlagen auf Binnengewässern, ferner auch Räume und bauliche Anlagen im Zusammenhang mit der Arbeitsstätte, wie Verkehrswege, Lager-, Maschinen- und Nebenräume, Pausen-, Umkleide- und Sanitätsräume sowie Sanitäranlagen. Im Einzelnen regelt die Arbeitsstättenverordnung z. B.

- ► die Beschaffenheit und Größe der Arbeitsräume, insbesondere deren Belegung

- ► die Beleuchtung, insbesondere ausreichende natürliche und blendfreie künstliche Beleuchtung sowie das Vorhandensein einer Sicherheitsbeleuchtung bei Störungsfällen

- die Lüftung, insbesondere natürliche Belüftung und lüftungstechnische Anlagen mit Luftbefeuchtung

- die Raumtemperaturen

- die Einrichtung von Sozialräumen, insbesondere Pausenräume, Umkleide-, Wasch- und Toilettenräume, Liegeräume für werdende und stillende Mütter, Sanitätsräume

- Einrichtungen zur Ersten Hilfe.

Auch die Unfallverhütungsvorschriften der Berufsgenossenschaften enthalten für zahlreiche Arbeitsstätten bauliche und sicherheitstechnische Anforderungen, u. a. für Wärmekraftwerke, Walzwerke, Kälteanlagen, chemische Reinigungen, Fleischereien und Sprengstofffabriken.   275

Die sicherheitstechnischen Grundsätze für Werkzeuge, Geräte, Maschinen, technische Anlagen und Fahrzeuge sind in verschiedenen Rechtsvorschriften enthalten. Dazu gehören das Gesetz über technische Arbeitsmittel (= Gerätesicherheitsgesetz), die Betriebssicherheitsverordnung und die Unfallverhütungsvorschriften. Im Verlauf der Produktion und der Verwendung technischer Erzeugnisse sind zahlreiche sicherheitstechnische Grundsätze zu beachten, die sich auf Werkstoffe, Standsicherheit, bewegte Teile, transportgerechte Gestaltung, Oberflächen, Ecken und Kanten, Stäube, Gase und Dämpfe, Lärm und Erschütterungen, Wärme und Kälte, elektrische Energie, Einrichtungen zum Schalten, Steuern und Regeln, Warneinrichtungen, Störungsbeseitigung, Instandhaltung und ergonomische Gestaltung beziehen.   276

Das Beherrschen der Antriebsenergie ist in der Sicherheitstechnik von erheblicher Bedeutung. Deshalb müssen Schaltungen, Steuerungen und Regeleinrichtungen so gestaltet und angeordnet sein, dass der Sinn der Schaltbewegung erkennbar ist, dass sie vom Bedienungsplatz aus leicht und gefahrlos erreicht werden und dass die zu steuernden Bewegungen gesehen werden können. Durch das Abschalten dürfen keine gefahrdrohenden Bewegungen ausgelöst werden, z. B. beim Hochladen schwerer Teile durch Industrieroboter.   277

Das Gesetz über technische Arbeitsmittel (= Gerätesicherheitsgesetz) dient sowohl der Produktsicherheit als auch der betrieblichen Arbeitssicherheit, denn es gilt für Hersteller und Importeure von technischen Arbeitsmitteln sowie für Betreiber überwachungsbedürftiger Anlagen. Technische Arbeitsmittel sind alle verwendungsfertigen Arbeitseinrichtungen, vor allem Werkzeuge und Arbeitsgeräte aller Art einschließlich der Beförderungsmittel. Den Arbeitseinrichtungen gleichgestellt sind z. B. Schutzausrüstungen, Einrichtungen zum Beleuchten, Beheizen, Kühlen sowie Be- und Entlüften, Haushaltsgeräte, Sport-, Freizeit- und Bastelgeräte sowie Spielzeug.   278

279   Das Gerätesicherheitsgesetz verpflichtet Hersteller und Importeure, nur solche technischen Arbeitsmittel in den Verkehr zu bringen, die nach den Arbeitssicherheitsvorschriften, den Unfallverhütungsbestimmungen und den allgemein anerkannten Regeln der Technik so beschaffen sind, dass Benutzer und Dritte bei bestimmungsgemäßer Verwendung gegen Unfallgefahren geschützt sind. Hierbei geht es um die Verminderung des Produkthaftungsrisikos und nicht in erster Linie um die Arbeitssicherheit. Welchen Verpflichtungen Arbeitgeber und Arbeitnehmer bezüglich der Arbeitsmittel obliegen, ist in der Betriebssicherheitsverordnung geregelt.

280   Die Überwachung der Einhaltung des Gerätesicherheitsgesetzes liegt bei den Gewerbeaufsichtsämtern, die durch Untersagungsverfügung das Inverkehrbringen sicherheitstechnisch mangelhafter Geräte verbieten können. Hersteller und Importeure können Baumuster ihrer technischen Arbeitsmittel, durch eine vom Bundesministerium für Arbeit bestimmte Prüfstelle, prüfen lassen. Die geprüften Erzeugnisse werden mit dem Zeichen GS (= geprüfte Sicherheit) versehen. Diese freiwillige Sicherheitskontrolle erlangt zunehmende Bedeutung, weil die Bauartprüfung das Risiko der Hersteller und Importeure mindert, dass die Vermarktung ihrer Produkte wegen sicherheitstechnischer Mängel untersagt wird.

281   Die Errichtung und der Betrieb von überwachungsbedürftigen Anlagen werden in den §§ 11 ff. GSG sowie §§ 12 ff. BetrSichVO geregelt, die sicherheitstechnische Anforderungen sowie technische und behördliche Präventivmaßnahmen enthalten. In diesen Vorschriften sind Erlaubnispflichten, Prüfungen vor der Inbetriebnahme und bei wesentlichen Änderungen sowie wiederkehrende und besonders angeordnete Prüfungen vorgesehen. Die Prüfungen werden durch amtliche oder amtlich anerkannte Sachverständige nach festgelegten Prüfrichtlinien vorgenommen. Die Gewerbeaufsichtsbehörde kann Verstöße gegen die Sicherheitsvorschriften für überwachungsbedürftige Anlagen mit Bußgeldern ahnden und sogar gem. § 12 Abs. 2 GSG die Stilllegung oder die Beseitigung einer Anlage anordnen.

282   Das Gesetz zum Schutz vor gefährlichen Stoffen (= Chemikaliengesetz) verpflichtet Hersteller und Importeure von Stoffen, die giftig, ätzend, reizend, explosionsgefährlich, brandfördernd, entzündlich, krebserzeugend oder auf andere Weise für den Menschen gefährlich sind, zu einer Prüfung und Anmeldung vor dem erstmaligen Inverkehrbringen. Die Prüf- und Anmeldepflichten gelten in allen Mitgliedstaaten der Europäischen Union. Im Zuge der Umsetzung von EU-Richtlinien zum Arbeitsschutz wurde die Gefahrstoffverordnung zum Schutz der Arbeitnehmer und der Bevölkerung vor gefährlichen Stoffen erlassen. Darin wird das Inverkehrbringen und der innerbetriebliche Umgang mit gefährlichen Stoffen geregelt, insbesondere die Herstellung, Wiedergewinnung, Vernichtung, Lagerung, Abfüllung, Beförderung sowie verschiedene Arten der Verwendung und der Kennzeichnung.

Die Verpackung gefährlicher Stoffe muss so beschaffen sein, dass der Inhalt nicht   283
nach außen dringen kann. Ferner muss durch die Wahl der Form und durch die
Bezeichnung sichergestellt werden, dass gefährliche Stoffe nicht mit Lebensmit-
teln verwechselt werden.

Die Kennzeichnung gefährlicher Stoffe durch Gefahrensymbole, Gefahrenbe-   284
zeichnungen sowie Gefahrenhinweise ist ebenso vorgeschrieben wie einzelne
Sicherheitsratschläge. Zusätzliche Kennzeichnungsvorschriften gelten z. B. für
krebserzeugende Stoffe, für asbesthaltige oder für formaldehydhaltige Produkte.

Die Gefahrstoffverordnung enthält eine Liste der eingestuften gefährlichen Stof-   285
fe und Zubereitungen, die nur von Beschäftigten abgegeben werden dürfen, welche besondere Sachkenntnisse nachgewiesen und das 18. Lebensjahr vollendet
haben. Über die Abgabe von giftigen Stoffen müssen im Einzelhandel Aufzeich-
nungen geführt werden. Es ist ferner eine Erlaubnis der zuständigen Behörde
erforderlich.

Der Arbeitgeber hat die Verpflichtung, sich darüber zu informieren, ob die Stoffe   286
oder Erzeugnisse, die in seinem Betrieb eingesetzt werden, zu den Gefahrstoffen
gehören, und sofern dies der Fall ist, muss er weiter prüfen, ob Stoffe oder Erzeugnisse mit geringerem Gesundheitsrisiko erhältlich und für seine Zwecke ver-
wendbar sind. Kann aus produktions- oder betriebstechnischen Gründen auf den
Umgang mit Gefahrstoffen nicht verzichtet werden, treffen den Arbeitgeber weitere Pflichten zur Einhaltung und Überwachung von Schutzmaßnahmen, z. B. die
Überwachung der höchstzulässigen Konzentration eines Stoffes

- ▶ in der Luft am Arbeitsplatz (= Arbeitsplatzgrenzwert [AGW]) oder

- ▶ im menschlichen Körper ohne Gesundheitsgefährdung (=biologischer Grenz-
  wert [BG]).

Einzelheiten sind in dem umfangreichen „Technischen Regelwerk zur Gefahrstoff-   287
verordnung" (TRGS) geregelt.

Beim Umgang mit Gefahrstoffen sind außerdem zahlreiche Maßnahmen der Be-   288
triebshygiene zu erfüllen, z. B. die Einrichtung von Pausen-, Wasch- und Umklei-
deräumen sowie die Anschaffung und Reinigung von Arbeits- und Schutzkleidung.

Arbeitnehmer, die Umgang mit giftigen, krebserzeugenden, fruchtschädigenden   289
oder erbgutverändernden Gefahrstoffen haben, dürfen in Arbeitsräumen nicht
essen, trinken oder rauchen. Für diese Arbeitnehmer sind Bereiche einzurichten,
in denen sie ohne Beeinträchtigung ihrer Gesundheit essen und trinken können.

290   Der Arbeitgeber hat eine Betriebsanweisung über die Gefahren im Umgang mit Gefahrstoffen, die erforderlichen Schutzmaßnahmen, Verhaltensregeln, die sachgerechte Entsorgung und Erste-Hilfe-Maßnahmen in verständlicher Sprache abzufassen und an geeigneter Stelle in der Arbeitsstätte auszuhängen. Es sind die Beschäftigungsbeschränkungen für werdende und junge Mütter sowie Jugendliche zu beachten und die gesetzlich vorgeschriebenen gesundheitlichen Überwachungsmaßnahmen durchführen zu lassen.

291   Der Betriebsrat ist bei der Festlegung von Maßnahmen zum Schutz der Arbeitnehmer gegen Gefahrstoffe zu beteiligen, Abschriften der Messprotokolle sind ihm zugänglich zu machen und auf Verlangen zu überlassen. Er hat darüber hinaus das Recht, zusätzliche Schutzmaßnahmen zur Abwendung gesundheitlicher Schäden vorzuschlagen.

292   Beim Umgang mit strahlenden Materialien, bei Arbeiten des Bodenpersonals auf Flughäfen und in ähnlichen Fällen sind Schutzmittel einzusetzen. Dazu gehören Kopfschutz, Fuß- oder Beinschutz, Augen- oder Gesichtsschutz, Atemschutz, Gehörschutz, Wetterschutz und Warnkleidung, die auf Kosten des Arbeitgebers bereitzustellen sind.

293   Grundsätzlich ist der Arbeitgeber für die Durchführung der Arbeitssicherheitsmaßnahmen zuständig. Er ist gesetzlich verpflichtet, Arbeitsstätten, Werkzeuge, Geräte, Maschinen, technische Anlagen und Fahrzeuge und den Umgang mit gefährlichen Stoffen so zu gestalten, dass die Arbeitnehmer vor Gefahren für Leben und Gesundheit geschützt sind. Ferner hat er die Arbeitsabläufe in der Weise zu organisieren, dass die zum Schutz der Arbeitnehmer erlassenen Rechtsvorschriften und die allgemein anerkannten sicherheitstechnischen, arbeitsmedizinischen, hygienischen und arbeitswissenschaftlichen Regeln und Erkenntnisse in seinem Betrieb eingehalten werden. Er kann dabei Fachkräfte für Arbeitssicherheit hinzuziehen:

- ► Betriebsärzte

- ► Sicherheitsingenieure

- ► andere Fachkräfte für Arbeitssicherheit, z. B. Sicherheitsbeauftragte in kleineren Betrieben.

294   Eine innerbetriebliche Arbeitsschutzorganisation, bestehend aus dem Arbeitgeber, dem Betriebsrat, dem Betriebsarzt, der Fachkraft für Arbeitssicherheit und dem Sicherheitsbeauftragten, ist nur in größeren Betrieben erforderlich (vgl. § 22 SGB VII). Die näheren Einzelheiten regelt das Gesetz über Betriebsärzte, Sicherheitsingenieure und andere Fachkräfte für Arbeitssicherheit (= Arbeitssicherheitsgesetz). Danach ist der Arbeitgeber unter bestimmten Voraussetzungen verpflichtet, Betriebsärzte und Fachkräfte für Arbeitssicherheit zu bestellen. Diese haben die Aufgabe,

- ► den Arbeitgeber und sonstige für den Arbeitsschutz und die Unfallverhütung verantwortliche Personen zu beraten

- die Durchführung des Arbeitsschutzes und der Unfallverhütung zu beobachten, z. B. durch regelmäßige Begehung der Arbeitsstätten

- darauf hinzuwirken, dass sich die Arbeitnehmer entsprechend den Anforderungen des Arbeitsschutzes und der Unfallverhütung verhalten, beispielsweise durch Belehrungen über Gefahrenabwendung und durch Schulungen.

- Der Betriebsarzt hat Arbeitnehmer zu untersuchen und arbeitsmedizinisch zu beurteilen.

- Der Sicherheitsingenieur hat Betriebsanlagen und technische Arbeitsmittel sicherheitstechnisch zu überprüfen.

Die erforderlichen Einsatzzeiten der Fachkräfte für Arbeitssicherheit werden aufgrund von Tabellen in den einschlägigen Unfallverhütungsvorschriften nach Jahreseinsatzstunden pro Arbeitnehmer im Einzelbetrieb errechnet. In kleinen und mittleren Betrieben sind Arbeitnehmer als Sicherheitsbeauftragte zu bestellen, die den Arbeitgeber bei der Durchführung des Unfallschutzes unterstützen sollen.   295

Im Interesse der Arbeitnehmer hat der Betriebsrat im Bereich des Arbeitsschutzes besondere Aufgaben zur Bekämpfung von Unfall- und Gesundheitsgefahren im Betrieb (vgl. §§ 80 Abs. 1 Nr. 1, 87 Abs. 1 Nr. 7 und 89, 90 BetrVG).   296

Überwachungsauftrag: 297

Der Betriebsrat hat u. a. darüber zu wachen, dass die zugunsten der Arbeitnehmer erlassenen Gesetze, Verordnungen und Unfallverhütungsvorschriften eingehalten und durchgeführt werden. Er hat einerseits den Arbeitgeber auf Unzulänglichkeiten im Arbeits- und Unfallschutz hinzuweisen, aber auch die Arbeitnehmer zur Beachtung der Schutzvorschriften anzuhalten.

Gestaltungsauftrag: 298

Der Betriebsrat ist von dem Arbeitgeber bei der Planung von Neu-, Um- und Erweiterungsbauten betrieblicher Räume, technischer Anlagen, Arbeitsverfahren und Arbeitsabläufen und Arbeitsplätzen zu beteiligen.

Mitbestimmungsrecht: 299

Der Betriebsrat hat ein erzwingbares Mitbestimmungsrecht bei Regelungen über die Verhütung von Arbeitsunfällen und Berufskrankheiten sowie über den Gesundheitsschutz im Rahmen der gesetzlichen Vorschriften oder der Unfallverhütungsvorschriften.

Unterstützungsauftrag: 300

Der Betriebsrat hat die Arbeitsschutzbehörden durch Anregung, Beratung und Auskunft zu unterstützen.

301 **Informationsrecht:**

Der Arbeitgeber hat dem Betriebsrat unverzüglich die den Arbeitsschutz und die Unfallverhütung betreffenden Anordnungen und Auflagen der Arbeitsschutzbehörde mitzuteilen.

302 Der Betriebsrat nimmt an den Betriebsbesichtigungen der Aufsichtsbehörden und an den Besprechungen des Arbeitgebers mit den Sicherheitsbeauftragten oder mit dem Sicherheitsausschuss teil und erhält Niederschriften über diese Vorgänge, ebenso über Unfalluntersuchungen und Unfallanzeigen. Die Arbeitnehmer haben die der Arbeitssicherheit dienenden Maßnahmen zu unterstützen, die Arbeitsschutz- und Unfallverhütungsvorschriften einzuhalten, die diesbezüglichen Weisungen des Arbeitgebers zu befolgen und sicherheitstechnische Mängel unverzüglich mitzuteilen.

4. Pflichtverletzungen im Arbeitsverhältnis

303 In der betrieblichen Praxis können zahlreiche Störungen auftreten, die einer ordnungsgemäßen Erfüllung der Arbeitsleistung durch den Arbeitnehmer entgegenstehen. Die Arbeitspflicht ist eine Hauptleistungspflicht aus dem Arbeitsvertrag. Daher finden die bürgerlich-rechtlichen Regeln über die Leistungsstörungen Anwendung, soweit nicht wegen der Interessenlage der Arbeitsvertragsparteien besondere Vorschriften anzuwenden oder von der Rechtsprechung abweichende Grundsätze entwickelt worden sind.

4.1 Nichterfüllung der Arbeitspflicht

304 Steht der Erfüllung der Arbeitspflicht durch den Arbeitnehmer ein endgültiges Leistungshindernis entgegen, liegt ein Fall der Unmöglichkeit vor, sodass die §§ 275, 326 BGB zur Anwendung kommen, wenn ein Arbeitnehmer seine Arbeitsleistung nicht erbringen kann und keine arbeitsrechtlichen Sondervorschriften des Arbeitnehmers auf Entgeltfortzahlung ohne Arbeitsleistung bestehen. Im Übrigen bestimmen sich die Rechte des Gläubigers nach den §§ 280, 281, 283 - 285, 311a BGB und § 326 BGB.

Beispiele

Nach der Einstellung eines Arbeitnehmers als Lkw-Fahrer stellt sich heraus, dass dieser bereits bei Vertragsabschluss nicht über eine entsprechende Fahrerlaubnis verfügt hat. Der Arbeitnehmer erhält mangels Arbeitsleistung keine Vergütung und wird schadensersatzpflichtig, sofern dem Arbeitgeber durch den Arbeitsausfall ein tatsächlicher Schaden entstanden ist. Der Arbeitsvertrag ist dennoch wirksam, kann aber gekündigt oder angefochten werden.

Ein neuer Mitarbeiter ruft kurz vor dem vereinbarten Termin zur Arbeitsaufnahme an und teilt mit, dass er seine Arbeit nicht antreten kann, weil er anderweitig eine besser bezahlte Tätigkeit aufgenommen hat. Der Arbeitnehmer hat mangels Arbeitsleistung keinen Vergütungsanspruch und wird schadensersatzpflichtig, sofern dem Arbeitgeber durch den Arbeitsausfall ein Schaden entsteht. Aufwendungen für die Suche nach einem Nachfolger sind jedoch nicht ersatzfähig, denn diese wären auch angefallen, wenn der Arbeitnehmer ordnungsgemäß gekündigt hätte. Der Arbeitsvertrag ist wirksam, kann aber gekündigt werden.

305

4.2 Betriebs-, Wirtschafts- und Arbeitskampfrisiko

Die Rechtsfolgen der möglichen Betriebsstörungen sind im BGB unvollständig geregelt, daher wurden durch die Rechtsprechung des BAG Grundsätze zur Zurechenbarkeit des Betriebs-, Wirtschaft- und Arbeitskampfrisikos entwickelt.

306

4.2.1 Betriebsrisiko

Arbeitsausfälle wegen Betriebsstörungen haben keine Auswirkung auf den Fortbestand des Arbeitsverhältnisses. Der Arbeitgeber bleibt zur Fortzahlung der Vergütung auch verpflichtet, wenn er die Arbeitnehmer nicht wie vorgesehen beschäftigen kann (vgl. § 615 Satz 3 BGB). Als Unternehmer hat er das Betriebsrisiko zu tragen, verwirklicht sich dieses, muss er die vereinbarte Vergütung entrichten, wenn die Arbeitnehmer fähig und bereit sind zu arbeiten, er sie aber nicht einsetzen kann. Dies gilt auch, wenn keiner von beiden die Leistungsstörung zu vertreten hat. Typische Beispiele für Betriebsrisiken sind Energieausfall, Heizungsausfall im Winter, Maschinenschäden, Transportmittelausfall, Mangel an Rohstoffen.[1] Hintergrund für diese Zurechnung ist, dass der Arbeitgeber das Unternehmen leitet und die Verantwortung für die methodische Gestaltung des betrieblichen Ablaufs trägt. Das Betriebsrisiko fällt in seinen Verantwortungsbereich. Dem Arbeitgeber ist daher zuzumuten, entsprechende technische Sicherungsmaßnahmen zu treffen, damit sich ein bestehendes Risiko nicht verwirklicht.

307

Die Arbeitsvertragsparteien und auch die Tarifvertragsparteien dürfen das Betriebsrisiko nicht entgegen dieser Wertung zulasten der Arbeitnehmer auf diese verlagern. Der Vergütungsanspruch entfällt nur ausnahmsweise, wenn die Existenz des Unternehmens wegen der Betriebsstörung gefährdet oder die Betriebsstörung ausnahmsweise den Arbeitnehmern zuzurechnen ist.[2]

308

---

[1] Vgl. *Dassow*, BB 1988, 2455 ff. mit weiteren Beispielen.

[2] *Preis*, Arbeitsrecht, S. 608.

Beispiel

Ein Betriebsgebäude wird durch einen Brand vollständig zerstört, sodass die Produktion über Monate eingestellt werden muss. Der Betriebsinhaber kann zwar das Kapital für den Wiederaufbau des Betriebsgebäudes beschaffen, müsste das Unternehmen aber aufgeben, wenn er während der Dauer des Wiederaufbaus Vergütung an die Arbeitnehmer zu entrichten hätte. Obwohl das Betriebsrisiko grundsätzlich dem Arbeitgeber zuzurechnen ist, entfallen ausnahmsweise Vergütungsansprüche der Arbeitnehmer bei nachgewiesener Existenzgefährdung des Unternehmens.

4.2.2 Arbeitskampfrisiko

309 Eine Betriebsstörung kann dem Arbeitnehmer zuzurechnen sein, wenn Fernwirkungen von Arbeitskämpfen eintreten. Sofern der Arbeitsausfall auf Störungen durch Streiks in Zuliefererbetrieben zurückzuführen ist, hat sich in dem nicht bestreikten Betrieb ein Arbeitskampfrisiko realisiert. In dem bestreikten Unternehmen werden die Lohnzahlungsansprüche nach den Grundsätzen des Arbeitskampfrechts suspendiert. Ob der Arbeitgeber in einem von der Fernwirkung des Streiks betroffen Unternehmen weiterhin zur Zahlung der Arbeitsvergütung verpflichtet ist, ist dagegen davon abhängig, wem das Arbeitskampfrisiko im konkreten Fall zuzurechnen ist.

310 Nach der von BAG entwickelten Sphärentheorie sind Arbeitskämpfe der Sphäre der Arbeitnehmer zuzurechnen.[1] Auch wenn sie nicht selbst streiken, sei es angemessen und zumutbar, sie an dem Arbeitskampfrisiko zu beteiligen. Die neuere BAG-Rechtsprechung lehnt die Sphärentheorie ab. Nach dieser ist entscheidend, dass eine für den Betrieb zuständige Gewerkschaft zu den unmittelbar kämpfenden Verbänden gehört oder mit diesen eng verbunden ist. Besteht ein solcher tarifpolitischer Zusammenhang, ist die Fernwirkung des Streiks geeignet, die Kampfparität der Arbeitskampfparteien zu beeinflussen. Es sei daher sachlich gerechtfertigt, in diesen Fällen das Arbeitskampfrisiko den Arbeitnehmern zuzurechnen.[2] Dies hat zur Folge, dass die Arbeitnehmer für die Dauer des Arbeitskampfes ihren Vergütungs- und Beschäftigungsanspruch verlieren.[3]

Beispiel

In einem Zuliefererbetrieb des Automobilherstellers wird gestreikt, sodass die Fertigung zum Erliegen kommt. Sowohl der Zulieferbetrieb als auch der Herstel-

---

[1] Vgl. ErfK/*Preis* § 615 Rn 123 m. w. N.

[2] BAG NZA 1997, 393 ff.

[3] >>Vgl. Kapitel C.3.2.

ler gehören zu dem Bereich Metallindustrie. In den Zulieferbetrieben werden die Vergütungsansprüche der Arbeitnehmer nach dem Streikrecht suspendiert. Aber auch bei dem Automobilhersteller verlieren die Arbeitnehmer ihren Anspruch auf Vergütung, weil die Betriebsstörung der Sphäre der Arbeitnehmer zuzurechnen ist. Wegen der Tarifbindung an die IG-Metall besteht ein tarifpolitischer Zusammenhang, sodass auch die Arbeitnehmer beim Automobilhersteller in den Genuss eines verbesserten Tarifvertrages kommen.

4.2.3 Wirtschaftsrisiko

Das Wirtschaftsrisiko verwirklicht sich, wenn die betrieblichen Abläufe und die Erfüllung der arbeitsvertraglichen Pflichten zwar nicht gehemmt werden, die Fortsetzung der betrieblichen Tätigkeit aber wirtschaftlich sinnlos ist. Beispiele für Wirtschaftsrisiken sind z. B. Auftragsmangel oder keine Absatzmöglichkeiten der produzierten Waren. Der Arbeitgeber als Unternehmer trägt das Wirtschaftsrisiko in vollem Umfang selbst. Verwirklicht sich das Wirtschaftsrisiko, bleiben die Vergütungsansprüche der Arbeitnehmer bestehen.[1] Der Arbeitgeber kann aber in diesen Fällen Arbeitsverhältnisse betriebsbedingt kündigen. Sofern die Produktion vorübergehend reduziert oder eingestellt werden muss, kommt daneben die Einführung von Kurzarbeit in Betracht. 311

4.3 Annahmeverzug des Arbeitgebers

Der Arbeitgeber kann nach den allgemeinen Regeln des BGB gem. § 293 ff. BGB in Annahmeverzug geraten, wenn er die ihm von dem Arbeitnehmer angebotenen Arbeitsleistungen nicht annimmt. 312

Beispiele

Arbeitgeber A unterlässt, Arbeitnehmer B Arbeitsgeräte und Arbeitsmaterial bereitzustellen. A lehnt die Weiterbeschäftigung des B nach Ablauf der Kündigungsfrist ab. Stellt sich heraus, dass die Kündigung unwirksam war, befindet sich der Arbeitgeber im Annahmeverzug, sofern A seine Arbeitsleistung angeboten hat.

Bei Arbeitsverträgen treten bei Annahmeverzug des Arbeitgebers die in § 615 Satz 1 und 2 BGB vorgesehenen Rechtsfolgen ein. Der Arbeitnehmer wird von der Verpflichtung der Arbeitsleistung frei, während er seinen Anspruch auf die Arbeitsvergütung behält. Er muss sich jedoch den Wert desjenigen anrechnen las- 313

---

[1] *Preis*, Arbeitsrecht, S. 607.

sen, was er infolge des Unterbleibens der Arbeitsleistung erspart oder durch anderweitige Arbeit erwirbt oder zu erwerben böswillig unterlässt.

314 Voraussetzung für den Annahmeverzug des Arbeitgebers ist:

- ▸ das Bestehen eines Arbeitsverhältnisses
- ▸ Möglichkeit der Leistung (§ 297 BGB)
- ▸ das Angebot der Arbeitsleistung durch den Arbeitnehmer
- ▸ in eigener Person zur rechten Zeit am rechten Ort
- ▸ und in der rechten Art und Weise (tatsächliches Angebot).

315 Der Arbeitnehmer muss dem Arbeitgeber regelmäßig ein tatsächliches Leistungsangebot machen. Er muss persönlich zu der vereinbarten Arbeitszeit am Arbeitsplatz erscheinen und die vertraglich geschuldete Leistung anbieten. Ein wörtliches Angebot des Arbeitnehmers reicht aus, wenn zur Erreichung der Arbeitsleistung die Mitwirkung des Arbeitgebers erforderlich ist, z. B. die Bereitstellung von Arbeitsräumen. Gleiches gilt, wenn der Arbeitgeber erklärt hat, er werde die Arbeitsleistung nicht annehmen (vgl. § 295 BGB).

316 Kündigt der Arbeitgeber das Arbeitsverhältnis, erklärt er damit gleichzeitig, dass er die Arbeitsleistung des Arbeitnehmers nach Ablauf der Kündigungsfrist nicht mehr annehmen werde. Erhebt der Arbeitnehmer die Kündigungsschutzklage, wird dem Arbeitgeber damit die weitere Erbringung der Arbeitsleistung angeboten. Hier kann es zu einem vorübergehenden Wegfall des Vergütungsanspruchs kommen. Die Rechtsprechung wendet daher § 296 BGB an und geht von einem überflüssigen Angebot aus, weil der Arbeitgeber dem Arbeitnehmer einen Arbeitsplatz zuweisen müsste. Bei einer unwirksamen Kündigung gerät der Arbeitgeber deshalb in Annahmeverzug, wenn er den Arbeitnehmer nicht aufgefordert hat, die Arbeit wieder aufzunehmen.[1]

Fall 7: Annahmeverzug bei unwirksamer Kündigung > Seite 389

317 Für die Dauer des Annahmeverzuges bleibt der Anspruch des Arbeitnehmers auf Zahlung der Arbeitsvergütung gem. § 615 Satz 1 BGB bestehen, während der Arbeitgeber keinen Anspruch auf Nachholung der Arbeitsleistung hat. Der Annahmeverzug endet, wenn der Arbeitgeber die Arbeitsleistung wieder annimmt oder das Arbeitsverhältnis endet. Steht dem Arbeitnehmer nach Zugang der Kündigungserklärungen ein Weiterbeschäftigungsanspruch zu, gerät der Arbeitgeber in Annahmeverzug, wenn er die Weiterbeschäftigung ablehnt. Sofern der Arbeitnehmer das Weiterbeschäftigungsangebot des Arbeitgebers ausschlägt, verliert er dagegen seinen Vergütungsanspruch.

---

[1] BAG NZA, 1993, 550 ff.; BAG NZA 2012, 858 ff.

Auf den Vergütungsanspruch des Arbeitnehmers bei Annahmeverzug des Arbeit- 318
gebers sind gem. § 615 Satz 2 BGB vor allem ersparte Aufwendungen und anderweitige Arbeitsvergütungen anzurechnen, daneben aber auch diejenigen Beträge
die der Arbeitnehmer hätte verdienen können, wenn er es nicht böswillig unterlassen hätte, eine ihm zumutbare Arbeit anzunehmen. Eine vergleichbare Regelung enthält § 11 KSchG, die zur Anwendung kommt, wenn das Arbeitsgericht im
Kündigungsschutzprozess feststellt, dass das Arbeitsverhältnis fortbesteht.

4.4 Schlechterfüllung

Erfüllt der Arbeitnehmer seine Arbeit nicht ordnungsgemäß, darf der Arbeitgeber 319
die Vergütung des Arbeitnehmers nicht mindern. Dies ergibt sich aus der Natur
des Arbeitsvertrages als Dienstvertrag. Gewährleistungsrechte wie beim Kauf-,
Werk- und Mietvertragsrecht entstehen in einem Arbeitsverhältnis nicht. Dagegen ist ein Schadensersatzanspruch wegen einer Pflichtverletzung gem. § 280
Abs. 1 BGB möglich. Besteht ein solcher, kann der Arbeitgeber gegen den Vergütungsanspruch des Arbeitnehmers gem. § 387 ff. BGB aufrechnen, soweit er die
Pfändungsfreigrenzen beachtet.

Bei einer Schlechterfüllung der Arbeitspflicht besteht eine Schadensersatzpflicht 320
des Arbeitnehmers wegen einer Pflichtverletzung unter folgenden Voraussetzungen:

- ► Bestehen eines Arbeitsverhältnisses

- ► Verletzung einer Sorgfaltspflicht durch den Arbeitnehmer

- ► Vorsatz oder mindestens mittlere Fahrlässigkeit des Arbeitnehmers

- ► daraus entstandener Schaden.

In der betrieblichen Praxis werden Schadensersatzansprüche wegen Pflichtver- 321
letzung bei einer Schlechtleistung des Arbeitnehmers nur in Ausnahmefällen
geltend gemacht, weil der Arbeitnehmer nur bei Vorsatz und grober Fahrlässigkeit uneingeschränkt schadensersatzpflichtig ist.

Beispiel

F, der mit einem Fahrzeug des Arbeitgebers unterwegs ist und Waren für Kunden
ausliefert, überquert absichtlich eine Kreuzung, obwohl die Ampel gerade auf Rot
umgeschaltet hat. Kommt es zu einem Unfall, muss der Fahrer dem Arbeitgeber
die Kosten für die Reparatur des Fahrzeuges nach §§ 280 Abs. 1, 249 Satz 2 BGB
erstatten.

Ein Anspruch auf Schadensersatz wegen Pflichtverletzung kann auch aus einer 322
Verletzung vertraglicher Nebenpflichten entstehen.

Beispiel

Wegen des Verrats eines Geschäftsgeheimnisses durch den Arbeitnehmer an einen Konkurrenten, entsteht dem Arbeitgeber ein erheblicher Schaden. Ein Schadensersatzanspruch gem. § 280 Abs. 1, 241 Abs. 2, 249 BGB ist gegeben.

4.5 Haftungsbegrenzung für Arbeitnehmer

323   Nach den allgemeinen Regeln des Leistungsstörungsrechts haftet jeder Vertragspartner für schuldhafte Sorgfaltspflichtverletzungen. Auch ein Arbeitnehmer müsste nach dem Haftungskonzept des BGB gem. §§ 823, 249 ff. BGB und/oder §§ 280 Abs. 1, 276 BGB, 611, 619a, 249 ff. BGB für alle vorsätzlich oder fahrlässig herbeigeführten Schäden ohne Rücksicht auf dessen Höhe einstehen, die er dem Arbeitgeber oder einem Dritten zufügt. Arbeitnehmer sind jedoch häufig einem hohen Schadensrisiko ausgesetzt, denn sie haben oft mit erheblichen Vermögenswerten zu tun, oder in vielen Bereichen ist es unvermeidlich, dass auch einem sorgfältig arbeitenden Arbeitnehmer gelegentlich Fehler unterlaufen. Während der Arbeitgeber diese Schäden voraussehen und organisatorische Maßnahmen zur Vermeidung treffen oder bei der Preiskalkulation berücksichtigen kann, kann der Arbeitnehmer diesen Risiken nicht ausweichen. Eine Schadensersatzpflicht eines Arbeitnehmers kann zudem in keinem angemessenen Verhältnis zum Arbeitsentgelt stehen.

324   Das BAG hat daher die Grundsätze über den innerbetrieblichen Schadensausgleich entwickelt. Nach diesen wird in analoger Anwendung des § 254 BGB die Ersatzpflicht des Arbeitnehmers erheblich eingeschränkt. Die analoge Anwendung von § 254 BGB wird damit begründet, dass der Arbeitgeber zwar selbst nicht schuldhaft zur Schadensentstehung beigetragen hat, aber die Sach- und Betriebsgefahr für sein Unternehmen trägt und damit der Schaden auch aus seiner Risikosphäre stammt.[1] Im Ergebnis stellt das BAG darauf ab, mit welchem Grad von Verschulden ein Arbeitnehmer bei Ausführung der ihm übertragenen Tätigkeiten handelt.

4.5.1 Haftung Arbeitnehmer gegenüber Arbeitgeber

325   Führt der Arbeitnehmer vorsätzlich den Schaden herbei, so haftet er immer unbeschränkt.[2] Dies gilt auch, wenn der Arbeitnehmer mit bedingtem Vorsatz handelt, also den Schaden billigend in Kauf nimmt (dolus eventualis).[3]

---

[1] BAG NZA 2003, 37 (39).

[2] BAG NZA 2003, 37 (39).

[3] ErfK/*Preis* § 619a BGB Rn 14.

Beispiel

Arbeitnehmer A beschädigt aus Frust über seine Tätigkeit die Maschinen des Arbeitgebers. Hier haftet der Arbeitnehmer voll, egal wie hoch der Schaden ist.

Bei gröbster Fahrlässigkeit haftet der Arbeitnehmer gegenüber dem Arbeitgeber ebenfalls unbeschränkt.[1] Gröbste Fahrlässigkeit liegt vor, wenn der Arbeitnehmer die im Verkehr erforderliche Sorgfalt in ganz besonders starkem Maße außer Acht gelassen hat, aber die Grenze zum bedingten Vorsatz noch nicht überschritten hat.[2]

326

Beispiel

Ärztin A missachtet sämtliche Sicherungsvorkehrungen, um eine Verwechselung von Blutgruppen auszuschließen. Sie verwechselt die Namen der Patienten, obwohl diese völlig verschieden sind und führt den obligatorischen Bedside-Test in völlig ungeeigneter Weise durch, indem sie auf den Testfeldern das Spenderblut aus der Blutkonserve mit Spenderblut vergleicht, anstatt mit dem des Patienten.[3]

Auch bei grober Fahrlässigkeit haftet ein Arbeitnehmer grundsätzlich unbeschränkt.[4] Grobe Fahrlässigkeit bedeutet, dass die im Verkehr erforderliche Sorgfalt in besonders starkem Maße außer Acht gelassen wurde. Nur wenn die Haftung im Einzelfall für den Arbeitnehmer unzumutbar, z. B. wegen der Höhe des Schadens, ist, kommt eine Schadensteilung zwischen Arbeitgeber und Arbeitnehmer nach den nachfolgenden Kriterien in Betracht.[5]

327

Beispiel

Arbeitnehmer A fährt stark alkoholisiert mit einem Taxi des Arbeitgebers in einen Graben. Hier haftet der Arbeitnehmer für den ganzen Schaden, es sei denn er wäre mit der vollen Haftung finanziell ruiniert.

---

[1] BAG NJW 1998, 1810 (1810).

[2] *Strauß*, Arbeitsrecht für Ärzte an KH, S. 118.

[3] BAG NJW 1998, 1810 ff.

[4] BAG NJW 1995, 565 (566).

[5] BAG NZA 1998, 140 (141).

328   Bei den in der Praxis überwiegend vorkommenden Fällen der mittleren Fahrlässigkeit, welche die Fälle des typischen fahrlässigen Handelns i. S. d. § 276 Abs. 2 BGB erfasst, findet eine Schadensteilung zwischen Arbeitgeber und Arbeitnehmer statt.[1] Bei der Bildung einer solchen Schadensquote berücksichtigt die Rechtsprechung des BAG u. a. die Höhe des Schadens[2], das Einkommen des Arbeitnehmers, persönliche Verhältnisse des Arbeitnehmers[3] sowie besondere Stresssituationen[4] oder eine besondere Gefahrgeneigtheit der Tätigkeit und auch eine mögliche Versicherbarkeit des Schadens. Bei hohen Schäden können die genannten Kriterien dazu führen, dass der Arbeitgeber 95 % des Schadens und der Arbeitnehmer nur 5 % tragen muss.[5] Genauso kann die Quote aber auch 20 % zu 80 % zugunsten des Arbeitgebers ausfallen. Bei der Quotenbildung ist immer der Einzelfall entscheidend.

Beispiel

Der ledige Arbeitnehmer A, der als angestellter Betriebswirt im Unternehmen des B 5.000 € brutto pro Monat verdient, vergisst versehentlich, seine Laptop-Tasche richtig zu schließen, und der Laptop im Wert von 500 € fällt auf den Boden und wird stark beschädigt. Hier kommt eine Schadensteilung in Betracht. Berücksichtigt werden müssen insbesondere die Höhe des Schadens, die persönlichen Lebensumstände des A und dessen Verdienst. Interessengerecht erscheint hier eine Schadensteilung in Höhe einer Quote von 50 % Arbeitgeber und 50 % Arbeitnehmer.

329   Für den Fall der leichten Fahrlässigkeit haftet der Arbeitnehmer gar nicht.[6] Leichte Fahrlässigkeit liegt vor, wenn auch einem aufmerksamen Arbeitnehmer gelegentlich derartige Fehler unterlaufen.

Beispiel

Ein am Fließband arbeitender Arbeitnehmer vergreift sich. Oder eine Kassiererin gibt bei mehreren hundert Zahlungsvorgängen täglich versehentlich etwas zu viel Wechselgeld heraus.[7]

---

[1] BAG NZA 1995, 565 (565).

[2] BAG NZA 1998, 140 (141).

[3] BAG NZA 1998, 1810 (1811).

[4] BAG NJW 1998, 1810 (1812).

[5] *Strauß*, Arbeitsrecht für Ärzte an KH, S. 119.

[6] BAG NZA 2003, 37 (39).

[7] Vgl. zur Mankohaftung ≫ Kapitel 4.6.

Die Haftung des Arbeitnehmers ist auch ausgeschlossen, wenn der Arbeitgeber   330
eine gesetzliche vorgeschriebene Haftpflichtversicherung nicht abgeschlossen
hat.[1]

Fall 8: Leasing mit Schadensfolgen > Seite 389

4.5.2 Dritter gegen Arbeitnehmer

Macht ein Dritter, z. B. ein Kunde, Schadensersatzansprüche gegen einen Arbeit-   331
nehmer gem. §§ 823 Abs. 1, 249 ff. BGB geltend, kann sich der Arbeitnehmer
gegenüber dem Dritten nicht auf die Grundsätze des innerbetrieblichen Schadensausgleichs berufen. Die von der Rechtsprechung des BAG entwickelten
Grundsätze zur Haftungsbegrenzung für Arbeitnehmer gelten unmittelbar nur
im Arbeitsverhältnis. Der Arbeitnehmer hat aber gegen den Arbeitgeber einen
Anspruch auf Freistellung von den Ansprüchen des Dritten. Die Rechtsgrundlage
hierfür wird mit einer analogen Anwendung der §§ 670, 257 BGB begründet.[2] Die
Höhe der Freistellung richtet sich dann wiederum nach den Grundsätzen des
innerbetrieblichen Schadensausgleichs. Für die Frage der Höhe der Haftung des
Arbeitnehmers gegenüber dem Dritten ist somit wiederum der Grad des Verschuldens maßgeblich.[3] Verursacht der Arbeitnehmer den Schaden beim Dritten
mit leichter Fahrlässigkeit, muss der Arbeitgeber ihn vollständig von der Haftung
freistellen. Allerdings haftet der Arbeitnehmer dennoch selbst, wenn der Arbeitgeber finanziell nicht in der Lage ist, den Schaden zu übernehmen oder zwischen-
zeitlich insolvent geworden ist.

4.5.3 Arbeitnehmer gegenüber Arbeitnehmer

Fügt ein Arbeitnehmer desselben Betriebes einem anderen Arbeitnehmer einen   332
Schaden zu, kann ein Schadensersatzanspruch mangels vertraglicher Beziehungen nur auf §§ 823 Abs. 1, 249 ff. BGB gestützt werden. Es muss zwischen Perso-
nen- und Sachschäden unterschieden werden. Nach § 105 SGB VII haftet ein Arbeitnehmer, der einem Kollegen vorsatzlos einen Personenschaden zufügt, nicht
selbst, sondern die gesetzliche Unfallversicherung. Durch diese Regelung soll der
Betriebsfrieden gesichert werden, und der verletzte Arbeitnehmer soll einen leistungsfähigen Schuldner haben.[4] Darüber hinaus soll der Arbeitgeber, der allein
die Beiträge zur gesetzlichen Unfallversicherung entrichtet, nicht weiter finanziell belastet werden. Der Haftungsausschluss gilt allerdings nur für Personenschäden. Bei Sachschäden, die ein Arbeitnehmer bei einer betrieblich veranlass-
ten Tätigkeit einem Kollegen zufügt, besteht ein Freistellungsanspruch aus

---

[1] *Strauß*, Arbeitsrecht für Ärzte an KH, S. 120.

[2] ErfK/*Preis* § 619a BGB Rn 23 m. w. N.

[3] *Strauß*, Arbeitsrecht für Ärzte an KH, S. 120.

[4] *Brox/Rüthers/Henssler*, Arbeitsrecht, Rn 356.

§§ 670, 257 BGB analog nach den Grundsätzen des innerbetrieblichen Schadensausgleichs.[1]

Beispiel

Arbeitnehmer A beschädigt mit leichter Fahrlässigkeit die Uhr seines Kollegen B. B hat einen Anspruch gem. §§ 823 Abs. 1, 249 Satz 2 BGB auf Reparatur der Uhr. A kann gem. §§ 670, 257 BGB analog von Arbeitgeber C verlangen, die Reparaturkosten der Uhr des B zu übernehmen.

4.6 Mankohaftung des Arbeitnehmers

333 Das Manko ist die Differenz zwischen dem Ist- und dem Sollbestand, die z. B. bei einer Abrechnung oder einer Inventur festgestellt wird. Dem Arbeitgeber kann durch Fehlbeträge im Kassen- oder Warenbestand ein erheblicher Schaden entstehen. Sofern ein Kassenmanko vorliegt, ist der fehlende Geldbetrag zu ersetzen, während bei einem Warenmanko die Wiederbeschaffungskosten anfallen.

334 Eine Mankohaftung des Arbeitnehmers – z. B. eines Filialleiters oder eines Kassierers – kann sich aus einer vertraglichen Mankovereinbarung ergeben, außerdem kann eine Schadensersatzpflicht aus §§ 280 Abs. 1, 241 Abs. 2 BGB oder aus unerlaubter Handlung gem. § 823 BGB bestehen, wenn dem Arbeitnehmer ein Verschulden nachzuweisen ist. Zu beachten ist, dass eine vertragliche Mankoabrede gem. § 138 BGB unwirksam ist, wenn der Arbeitnehmer dadurch übermäßig benachteiligt wird. Ferner sind hier die Grundsätze der Arbeitnehmerhaftung zu beachten.[2] In der Rechtsprechung wird eine sittenwidrige Benachteiligung des Arbeitnehmers durch eine Mankovereinbarung angenommen,

▸ wenn der Arbeitnehmer für die Übernahme der Mankohaftung, die ein zusätzliches Risiko darstellt, nicht gleichzeitig entsprechend wirtschaftliche Vorteile erhält[3]

▸ wenn die Haftung zu einer Minderung des Tariflohns führt

▸ wenn der Arbeitnehmer nicht die Möglichkeit hat, das Auftreten eines Mankos wirksam zu verhindern.

335 Außerdem kann die Haftung des Arbeitnehmers wegen Mitverschulden des Arbeitgebers gem. §§ 254 BGB gemindert oder ganz ausgeschlossen sein, u. a. bei Organisationsmängeln oder fehlender Überwachung, wenn der Arbeitgeber

---

[1] *Brox/Rüthers/Henssler*, Arbeitsrecht, Rn 264.

[2] ≫ Vgl. Kapitel 4.5.1.

[3] BAG AP Nr. 54 zu § 611 Haftung des Arbeitnehmers.

keine regelmäßigen Inventuren vornimmt oder keine Sicherungsmaßnahmen für die Warenaufbewahrung trifft.

4.7 Vertragsstrafen

Da die Geltendmachung eines Schadensersatzanspruchs voraussetzt, dass der Arbeitgeber den ihm entstandenen Schaden beziffern und im Fall einer Auseinandersetzung auch nachweisen kann, werden in der betrieblichen Praxis gern Vertragsstrafeversprechen in die Arbeitsverträge aufgenommen. Vertragsstrafen werden bereits bei einer Vertragsverletzung fällig, ohne dass ein Schaden dargelegt werden muss. Vertragsstrafeversprechen lauten etwa wie folgt:

336

Beispiel

Tritt der Arbeitnehmer das Arbeitsverhältnis nicht an, beendet er das Arbeitsverhältnis unter Vertragsbruch oder wird der Arbeitgeber durch schuldhaftes vertragswidriges Verhalten des Arbeitnehmers zur fristlosen Kündigung veranlasst, hat der Arbeitnehmer an den Arbeitgeber eine Vertragsstrafe in Höhe eines Bruttomonatsentgelts zu zahlen. Der Arbeitgeber kann einen weitergehenden Schaden geltend machen.[1]

Mit einem Vertragsstrafeversprechen können Arbeitnehmer zur Einhaltung der arbeitsvertraglichen Pflichten angehalten werden. Da Vertragsstrafeversprechen in Arbeitsverträgen regelmäßig Allgemeine Geschäftsbedingungen darstellen, fallen sie an sich unter das Verbot des § 309 Nr. 6 BGB. Gemäß § 310 Abs. 4 Satz 2 BGB sind bei der Anwendung der AGB-rechtlichen Vorschriften jedoch die Besonderheiten im Arbeitsleben zu berücksichtigen. Zu diesen zählt nach Auffassung des BAG, dass die Arbeitspflicht gem. § 888 Abs. 3 ZPO nicht gerichtlich vollstreckt werden kann und daher ein besonderes Bedürfnis für eine Vertragsstrafe besteht.

337

Tritt der Arbeitnehmer vertragswidrig eine Stelle nicht an oder bleibt der Arbeit vertragswidrig ohne Einhaltung von Kündigungsfristen fern, so kann hierfür als Vertragsstrafe ein Betrag vereinbart werden, den der Arbeitnehmer bis zum nächsten regulären Beendigungszeitpunkt (also bis zum Ablauf der Kündigungsfrist) verdient hätte.[2] Als Vertragsstrafe kann auch der Verlust eines dem Arbeitnehmer ansonsten von dem Arbeitgeber gewährten Vorteils vereinbart werden. Die Vertragsstrafe muss aber in jedem Einzelfall in einem angemessenen Verhältnis zu der Pflichtverletzung stehen. Ist sie zu hoch und deshalb nach § 307 Abs. 1

338

---

[1] BAG NJW 1985, 91.

[2] Vgl. zuletzt BAG DB 2009, 2296; BB 2004, 1740.

Satz 1 BGB unwirksam, kommt eine Reduktion durch das Gericht nach § 343 BGB wegen § 306 Abs. 1 BGB nicht in Betracht.[1]

339 Beispiele für Vertragsstrafen sind:

- ▶ Geldzahlungen wegen eines Verstoßes gegen ein Wettbewerbsverbot[2]
- ▶ Geldzahlungen wegen Nichtaufnahme der Arbeit
- ▶ Geldzahlungen wegen vertragswidriger Beendigung des Arbeitsverhältnisses.

340 Verstößt ein Vertragsstrafeversprechen gegen ein Gesetz, ist es allerdings gem. § 134 BGB nichtig. Daher sind Vertragsstrafeabreden unwirksam, durch die das Kündigungsrecht des Arbeitnehmers ausgeschlossen wird oder die in einem Berufsausbildungsverhältnis vereinbart werden (vgl. § 12 Abs. 2 Nr. 2 BBiG). Außerdem ist ein Vertragsstrafeversprechen wegen Verstoßes gegen die guten Sitten gem. § 138 BGB unwirksam, wenn dadurch die Haftungsbegrenzung des Arbeitnehmers bei Sorgfaltspflichtverletzungen umgangen wird. Es kann also z. B. nicht vereinbart werden, dass ein Arbeitnehmer bei einer leichten fahrlässigen Beschädigung von Arbeitsmaterial oder Arbeitsgeräten eine Vertragsstrafe zu entrichten hat.

5. Beendigung des Arbeitsverhältnisses

341 Hohe praktische Bedeutung – und hohes Konfliktpotenzial – haben die Regeln über die Beendigung des Arbeitsverhältnisses. Die häufigsten Beendigungsgründe sind

- ▶ Kündigung
- ▶ Ablauf einer Befristung
- ▶ Abschluss eines Aufhebungsvertrags.

342 Arbeitsverhältnisse können auch auf anderen Wegen beendet werden, so z. B.

- ▶ Anfechtung des Arbeitsvertrags
- ▶ Lossagen vom „fehlerhaften Arbeitsvertrag" bei nichtigen Arbeitsverträgen
- ▶ Lossagen des Arbeitnehmers trotz gewonnenen Kündigungsschutzprozesses bei anderweitigem Arbeitsverhältnis gem. § 12 KSchG
- ▶ Auflösung des Arbeitsvertrags durch gerichtliches Urteil nach §§ 9, 13 KSchG
- ▶ lösende Aussperrung des Arbeitnehmers im Arbeitskampf
- ▶ Tod des Arbeitnehmers.

---

[1] BAG DB 2009, 2269 = NZA-RR 2009, 519.

[2] ≫Vgl. Kapitel B.2.2 zu der Treuepflicht des Arbeitnehmers.

In der arbeitsgerichtlichen Praxis stellen Streitigkeiten über die Wirksamkeit von Kündigungen einen großen Anteil der Klagen. Der nachfolgende Abschnitt beschäftigt sich mit den wichtigsten Beendigungsgründen, namentlich der Kündigung, der Befristung und dem Aufhebungsvertrag.

343

5.1 Grundlagen im BGB

Nach § 620 Abs. 1 BGB endet das Dienstverhältnis mit dem Ablauf der Zeit, für die es eingegangen ist. Auch Arbeitsverträge können also grundsätzlich befristet werden. Durch befristete Arbeitsverträge können jedoch unter Umständen die Vorschriften über den Kündigungsschutz unterlaufen werden. Nach § 620 Abs. 3 BGB gilt daher für Befristungen von Arbeitsverträgen das Teilzeit- und Befristungsgesetz (TzBfG). Dieses erlaubt nur unter bestimmten Voraussetzungen, Arbeitsverträge zu befristen (>> siehe dazu Kapitel 5.5).

344

Nach § 620 Abs. 2 BGB kann jeder Vertragspartner ein unbefristetes Arbeitsverhältnis nach Maßgabe der §§ 621 - 623 BGB kündigen. Diese Vorschriften verpflichten die Vertragspartner lediglich zur Einhaltung bestimmter Kündigungsfristen bzw. der Schriftform. Abgesehen von der „äußersten Grenze" Treu und Glauben nach § 242 BGB bietet das BGB also keinen Schutz gegen fristgemäße Kündigungen. Lediglich für fristlose Kündigungen fordert das BGB in § 626 Abs. 1 einen „wichtigen Grund". Hintergrund hierfür ist, dass bei Inkrafttreten des BGB im Jahr 1900 Arbeitsverträge im Wesentlichen wie sonstige Austauschverträge angesehen wurden. Die besondere Schutzbedürftigkeit von Arbeitnehmern wurde erst später anerkannt.

345

Neben der Kündigung kann in entsprechenden Fällen der Vertrag auch nach allgemeinen BGB-Regeln durch Anfechtung beseitigt werden, oder die Parteien können den Vertrag einvernehmlich durch einen Aufhebungsvertrag beenden.

346

5.2 Die fristgemäße („ordentliche") Kündigung

Als „ordentliche" oder auch „fristgemäße" Kündigung wird eine Kündigung unter Einhaltung der Kündigungsfristen des § 622 BGB bezeichnet. Ihre Wirksamkeit ist an bestimmte Voraussetzungen gebunden. Deren Prüfung kann zweckmäßigerweise anhand des nachfolgenden Schemas erfolgen:

347

348

Prüfungsschema ordentliche Kündigung
I. Einhaltung der Schriftform gem. §§ 623, 126 Abs. 1 BGB
II. Kündigungsbefugnis des Kündigenden
III. Einhaltung der Frist für die Kündigungsschutzklage nach §§ 4 - 6 KSchG
IV. Kein Ausschluss der ordentlichen Kündigung (z. B. § 15 KSchG)
V. Vorlage einer Vollmachtsurkunde (§ 174 BGB)
VI. Beteiligung des Betriebsrats nach § 102 BetrVG, soweit vorhanden
VII. Einhaltung der Anzeige- und Beratungspflicht bei Massenentlassungen nach § 17 KSchG
VIII. Einhaltung der Kündigungsfrist nach § 622 BGB
IX. Soziale Rechtfertigung i. S. d. § 1 Abs. 1 KSchG
1. Eingreifen des allgemeinen Kündigungsschutzes nach §§ 23, 13 KSchG
2. Soziale Rechtfertigung nach § 1 Abs. 2,3 KSchG
3. Einhaltung des Ultima-ratio-Prinzips
4. Negative Prognose
5. Abwägung der Interessen von Arbeitnehmer und Arbeitgeber

5.2.1 Einhaltung der Schriftform

349   Eine wirksame Kündigung bedarf nach § 623 BGB der Schriftform. Diese ist in § 126 Abs. 1 BGB geregelt. Erforderlich ist danach, dass der Vertragspartner eine eigenhändig unterzeichnete Kündigungserklärung erhält. Eine rein mündliche Kündigung, eine Kündigung per Fax oder E-Mail sind daher bereits mangels Einhaltung der Schriftform unwirksam.

350   Bei der ordentlichen Kündigung ist der Arbeitgeber nicht verpflichtet, dem Arbeitnehmer die Kündigungsgründe mitzuteilen. Dies ergibt sich für das BGB bereits daraus, dass für die ordentliche Kündigung keine besonderen Gründe erforderlich sind. Genießt der Arbeitnehmer Kündigungsschutz nach dem KSchG, so wird der Arbeitgeber jedoch spätestens in einem möglichen Kündigungsschutzprozess die Kündigung begründen müssen (vgl. § 1 Abs. 2 Satz 4 KSchG).

5.2.2 Kündigungsbefugnis des Kündigenden

351   Der Kündigende muss zur Kündigung befugt sein. Ist er nicht der Arbeitgeber selbst, so muss er demnach über eine entsprechende gesetzliche Vertretungsmacht (z. B. Geschäftsführer nach § 35 Abs. 1 GmbHG) oder eine Vollmacht des Arbeitgebers verfügen (etwa die Personalleiterin). Eine ohne Vertretungsmacht ausgesprochene Kündigung ist nach § 180 Satz 1 BGB unwirksam. Hat der Arbeitnehmer die fehlende Vertretungsmacht nicht unverzüglich („bei Vornahme des

Rechtsgeschäfts") beanstandet, kann die Kündigung nach Satz 2 allerdings noch nachträglich genehmigt werden.

5.2.3 Einhaltung der Klagefrist durch den Arbeitnehmer

Gemäß § 4 KSchG muss der Arbeitnehmer innerhalb von drei Wochen nach Zugang der schriftlichen(!) Kündigungserklärung Kündigungsschutzklage beim Arbeitsgericht erheben. Nach §§ 187, 188 Abs. 2 BGB endet die Frist mit Ablauf des gleichen Wochentags der dritten Woche.   352

Beispiel

Erhält der Arbeitnehmer die Kündigung am Dienstag, 05.03., so muss er spätestens bis Dienstag, 26.03., 24.00 Uhr, Klage beim Arbeitsgericht gegen die Kündigung erheben.

Die Frist kann sich gem. § 5 KSchG lediglich in engen Ausnahmefällen verlängern, wenn den Arbeitnehmer keinerlei Verschulden an der Versäumung der Klagefrist trifft.[1] Dies kann z. B. der Fall sein, wenn der Arbeitnehmer krankheitsbedingt keine Möglichkeit hatte, selbst oder durch Beauftragte rechtzeitig Klage einzureichen.   353

Der Arbeitnehmer muss nicht bereits mit Ablauf der Klagefrist die Klage vollständig begründen. Gemäß § 6 KSchG kann er auch nach Ablauf der Klagefrist noch neue Unwirksamkeitsgründe vorbringen, sofern er nur rechtzeitig Klage erhoben hat.   354

Nach § 7 KSchG gilt die Kündigung bei Versäumung der Klagefrist selbst dann als rechtswirksam, wenn die nachfolgend geschilderten Unwirksamkeitsgründe vorliegen sollten. Die Versäumung der Frist führt also rechtlich nicht zur Unzulässigkeit der Klage, im Regelfall aber zur „Unbegründetheit". Hat der Arbeitnehmer nicht innerhalb der Frist nach §§ 4,5 KSchG Klage eingereicht, so kann der Arbeitgeber also im Regelfall auf die Wirksamkeit der Kündigung vertrauen. Der Arbeitgeber ist allerdings nicht schutzwürdig, wenn ihm die Kündigung nicht zurechenbar ist. Bei einer Kündigung ohne Vertretungsmacht beginnt die Drei-Wochen-Frist daher erst mit der Genehmigung durch den Arbeitgeber.[2] Fehlt lediglich die Vollmachtsurkunde, hat der Kündigende aber tatsächlich eine Vollmacht, so ändert dies am Lauf der Klagefrist nichts, weil die Kündigung dem Arbeitgeber wegen der tatsächlich bestehenden Vollmacht in diesem Fall zugerechnet werden kann.[3]   355

---

[1] BeckOK ArbR/*Kerwer* § 5 KSchG Rn 5 ff.

[2] BAG AP KSchG 1969 § 4 Nr. 70.

[3] Näher APS/*Hesse* § 4 KSchG Rn 10c.

5.2.4 Ausschluss der ordentlichen Kündigung

356   Die ordentliche Kündigung ist in einigen Fällen gesetzlich ausgeschlossen. Dies betrifft z. B. die ordentliche Kündigung

- von Mitgliedern des Betriebs- oder Personalrats, der Jugend- und Auszubildendenvertretung, einer Bordvertretung oder eines Seebetriebsrats gem. § 15 Abs. 1, 2 KSchG sowie von Wahlvorständen und Wahlbewerbern für diese Gremien nach § 15 Abs. 3, 4 KSchG

- von Auszubildenden nach der Probezeit gem. § 22 Abs. 2 BBiG

- von Schwangeren gem. § 9 MuSchG, von Eltern und Großeltern während der Elternzeit gem. § 18 BEEG und von pflegenden Angehörigen während der Arbeitsverhinderung oder der Pflegezeit gem. §§ 5 PflegeZG, 9 Abs. 3 FPfZG

- von Wehr- und Zivildienstleistenden gem. § 2 ArbPlSchG

- von besonderen Beauftragten: Datenschutzbeauftragter (§ 4f Abs. 3 BDSG), Immissionsschutzbeauftragter (§ 58 Abs. 2 BImSchG), Abfallbeauftragter (§ 60 Abs. 3 KrWG)

- bei befristeten Verträgen gem. § 15 Abs. 3 TzBfG, sofern die ordentliche Kündigungsmöglichkeit nicht einzel- oder tarifvertraglich vereinbart ist.

357   In diesen Fällen ist daher nur eine fristlose Kündigung möglich, wenn deren Voraussetzungen vorliegen.

5.2.5 Vorlage einer Vollmachtsurkunde

358   Nach § 174 Satz 1 BGB ist die Kündigung sogar durch einen Bevollmächtigten unwirksam, wenn dieser keine Vollmachtsurkunde vorlegt und der Arbeitnehmer die Kündigung deshalb unverzüglich zurückweist. Dies gilt nach Satz 2 nicht, wenn der Vollmachtgeber den Arbeitnehmer von der Bevollmächtigung in Kenntnis gesetzt hatte. Von einer solchen In-Kenntnis-Setzung wird auch dann ausgegangen, wenn der Arbeitgeber für Arbeitnehmer erkennbar eine Person mit Aufgaben betraut, die typischerweise Kündigungen umfassen.[1] Der Arbeitnehmer kann also die Kündigung durch den Personalleiter nicht zurückweisen, auch wenn dieser keine Vollmachtsurkunde vorlegt.

Beispiel

Im Insolvenzverfahren des Osnabrücker Automobilzulieferers Karmann hatte der Insolvenzverwalter einen Mitarbeiter zum Ausspruch betriebsbedingter Kündigungen bevollmächtigt, ohne diesem eine unterzeichnete Vollmachtsurkunde zu

---

[1]   BAG NJW 2001, 1229 (1230).

übergeben. Mehrere hundert Arbeitnehmer haben unter Berufung auf § 174 BGB die Kündigung zurückgewiesen und teilweise vor Gericht damit Erfolg gehabt.

5.2.6 Anhörung des Betriebsrats

Besteht im Betrieb ein Betriebsrat, so ist gem. § 102 Abs. 1 Satz 3 BetrVG eine ohne Anhörung des Betriebsrats ausgesprochene Kündigung unwirksam. Eine Zustimmung des Betriebsrats zur Kündigung ist nicht erforderlich.   359

5.2.6.1 Inhalt der Anhörung/Nachschieben von Gründen im Prozess

Zur ordnungsgemäßen Anhörung gehört, dass der Arbeitgeber den Betriebsrat   360
über die Art der Kündigung (Änderungs- oder Beendigungskündigung, fristgemäß oder fristlos) unterrichtet. Der Arbeitgeber muss dem Betriebsrat zudem alle
Umstände mitteilen, die aus seiner Sicht für die Kündigung ausschlaggebend
sind (Grundsatz der „subjektiven Determinierung").[1] Bei der verhaltensbedingten
Kündigung gehören dazu z. B. die Darstellung der Pflichtverletzungen des Arbeitnehmers sowie eventuell vorher ergangener Abmahnungen. Bei einer personenbedingten Kündigung wegen mehrfacher Erkrankungen müssen die Fehlzeiten
und die Auswirkungen auf den Betriebsablauf erläutert werden. Auch den Arbeitnehmer entlastende Umstände sind mitzuteilen.[2] Der Betriebsrat muss allein
anhand der Information des Arbeitgebers entscheiden können, ob er der Kündigung widerspricht oder nicht. Daher wird man davon ausgehen können, dass der
Arbeitgeber zudem Umstände mitteilen muss, die Widerspruchsrechte nach
§ 102 Abs. 3 BetrVG betreffen. Dies gilt insbesondere für die Umstände, die Bedeutung für die Sozialauswahl nach § 1 Abs. 3 KSchG haben, also Alter, Beschäftigungsdauer, Unterhaltspflichten und eine eventuelle Schwerbehinderung.[3]

Hat der Arbeitgeber den Betriebsrat vorsätzlich falsch informiert, so stellt das   361
BAG dies einer fehlenden Anhörung gleich.[4] Dies gilt z. B., wenn der Arbeitgeber
den Kündigungssachverhalt übertrieben darstellt oder entlastende Umstände
verschweigt. Die Kündigung ist dann unheilbar unwirksam. Hat der Arbeitgeber
ihm bei Ausspruch der Kündigung bekannte belastende Umstände dem Betriebsrat nicht mitgeteilt, weil sie für seinen Kündigungsentschluss nicht von Bedeutung waren, dann kann er die Anhörung auch nicht mehr nachholen und sich im
Kündigungsschutzprozess nicht auf diese Umstände berufen.[5] Umstände, die
bereits vor Kündigungsausspruch vorlagen, aber dem Arbeitgeber erst danach

---

[1] BAG NZA 1995, 363 (364).

[2] ErfK/*Kania* § 102 BetrVG Rn 6 m. w. N.

[3] Ähnlich ErfK/*Kania* § 102 BetrVG Rn 5.

[4] BAG NZA 1995, 363 (365) m. w. N.

[5] BAG NZA 1986, 674 (675).

bekannt geworden sind, kann der Arbeitgeber nach erneuter Anhörung des Betriebsrats im Kündigungsschutzprozess „nachschieben".[1] Er muss also deshalb keine neue Kündigung aussprechen. Eine neue Kündigung ist aber erforderlich bei kündigungsrelevanten Umständen, die erst nach der ersten Kündigung eingetreten sind.

Beispiel

Der fristgemäß gekündigte Arbeitnehmer stiehlt während des Laufes der Kündigungsfrist Firmeneigentum. Der Arbeitgeber kann im Prozess die zuvor ausgesprochene Kündigung nicht auf den späteren Diebstahl stützen, sondern muss ggf. erneut kündigen.

362   Im Falle einer fristlosen Kündigung kann es vorkommen, dass das Arbeitsgericht die fristlose Kündigung zwar als unverhältnismäßig erachtet, eine fristgemäße Kündigung jedoch als wirksam ansehen würde. Dann kommt eine Umdeutung der fristlosen Kündigung in eine fristgemäße Kündigung nach § 140 BGB in Betracht. Hat der Betriebsrat sogar der fristlosen Kündigung zugestimmt, dann muss der Arbeitgeber den Betriebsrat nicht noch einmal zu einer fristgemäßen Kündigung aufgrund des gleichen Sachverhaltes anhören. Er darf unterstellen, dass der Betriebsrat erst recht einer fristgebundenen Kündigung zustimmen würde. Hat der Betriebsrat dagegen der fristlosen Kündigung widersprochen, muss der Arbeitgeber ihn zur „umgedeuteten" fristgemäßen Kündigung erneut anhören.[2]

363   In der Praxis wird daher bei fristlosen Kündigungen regelmäßig zusätzlich „hilfsweise" (d. h. für den Fall der Unwirksamkeit der fristlosen Kündigung) aufgrund desselben Sachverhalts fristgemäß gekündigt und der Betriebsrat zu beiden Kündigungen angehört.

5.2.6.2 Äußerung des Betriebsrats

364   Kündigt der Arbeitgeber, bevor er den Betriebsrat angehört hat, so ist die Kündigung unwirksam. Allerdings muss der Arbeitgeber nicht unbegrenzt auf eine Antwort des Betriebsrats warten. Gemäß § 102 Abs. 2 BetrVG gilt die Zustimmung des Betriebsrats als erteilt, wenn er sich nicht innerhalb von einer Woche nach Mitteilung der Kündigungsgründe dazu geäußert hat. Bei fristlosen Kündigungen beträgt diese Frist drei Tage. Hat sich der Betriebsrat bereits vorher geäußert, kann die Kündigung auch früher erfolgen. Der Tag der Anhörung wird nach den §§ 187, 188 BGB nicht mitgerechnet.

---

[1] BAG NZA 1986, 674 (675).

[2] Vgl. zur Umdeutung und Anhörung eingehend *Düwell/Braasch* § 102 BetrVG Rn 82.

Beispiel

Wird der Betriebsrat an einem Dienstag um eine Stellungnahme gebeten, so endet die Wochenfrist mit Ablauf des folgenden Dienstags, die Drei-Tages-Frist mit Ablauf des Freitags.

Nach § 102 Abs. 2 BetrVG kann der Betriebsrat dem Arbeitgeber „Bedenken" gegen die Kündigung mitteilen. Darunter fallen ganz allgemein alle Argumente des Betriebsrats gegen die Kündigung. Das Äußern von Bedenken hat kündigungsrechtlich keine Relevanz.   365

Zu unterscheiden von bloßen Bedenken in diesem Sinne ist der Widerspruch gegen die Kündigung gem. § 102 Abs. 3 BetrVG. Ein Widerspruch muss dabei auf einen der in § 102 Abs. 3 BetrVG genannten Gründe gestützt sein. Der Betriebsrat gibt also mit einem Widerspruch zum Ausdruck, dass er die Kündigung für unwirksam hält. Der Betriebsrat muss zwar nicht den Begriff „Widerspruch" verwenden, aber es muss erkennbar sein, dass er sich auf sein Widerspruchsrecht beruft.[1] Der Arbeitgeber kann trotz des Widerspruchs kündigen. Er muss aber nach § 102 Abs. 4 BetrVG dem Arbeitnehmer zusammen mit der Kündigung eine Abschrift der Stellungnahme des Betriebsrats zuleiten und gem. § 102 Abs. 5 BetrVG den Arbeitnehmer während eines eventuellen Kündigungsschutzprozesses weiterbeschäftigen. Der Arbeitnehmer kann also erkennen, dass und warum der Betriebsrat die Kündigung für unwirksam hält. Außerdem erhält der Arbeitnehmer bei Weiterbeschäftigung bis zum Ende des Prozesses weiterhin seine Vergütung, selbst wenn er den Prozess später verliert. Die Anhörung erfolgt in der Praxis aus Nachweisgründen schriftlich, erforderlich ist dies nicht.   366

Die nachstehende Übersicht fasst die obigen Ausführungen zusammen: 367

Anhörung des Betriebsrats nach § 102 BetrVG	
Fehlende Anhörung	Kündigung unwirksam
Vorsätzlich falsche Information des BR über erhebliche Umstände, z. B. um Widerspruch zu vermeiden	Kündigung unwirksam
Arbeitgeber informiert nicht über ihm bei Kündigung bekannte Umstände, weil sie für ihn nicht kündigungsrelevant waren („subjektive Determinierung")	Kündigung nicht deshalb unwirksam, aber diese Umstände können im Prozess nicht „nachgeschoben" werden
Dem Arbeitgeber bei Kündigung unbekannte Umstände, die vor der Kündigung vorlagen	Umstände können im Prozess nach erneuter BR-Anhörung nachgeschoben werden

---

[1] *Düwell/Braasch* § 102 BetrVG Rn 86.

Anhörung des Betriebsrats nach § 102 BetrVG	
Kündigungsrelevante Umstände, die nach der Kündigung eingetreten sind	Neue Kündigung erforderlich
Umsteigen von fristloser auf fristgemäße Kündigung	Neue Anhörung erforderlich, wenn BR der fristlosen Kündigung widersprochen hat

Fall 9: Anhörung des Betriebsrats zur Kündigung > Seite 389

5.2.7 Anzeigepflicht bei „Massenentlassungen"

368   Gemäß § 17 KSchG treffen den Arbeitgeber besondere Pflichten, sobald er innerhalb von dreißig Tagen eine bestimmte Anzahl von Arbeitnehmern entlässt. Die Schwellenwerte lauten in Betrieben mit in der Regel

- 21 bis unter 60 Arbeitnehmern mehr als 5 Arbeitnehmer
- 60 bis unter 500 Arbeitnehmern mindestens 10 % oder 25 Arbeitnehmer
- ab 500 Arbeitnehmern mindestens 30 Arbeitnehmer.

369   Nach richtiger Ansicht sind anders als bei § 23 KSchG auch Teilzeitbeschäftigte voll mitzuzählen. § 23 Abs. 1 Satz 4 KSchG bezieht sich lediglich auf die Sätze 2 und 3 dieser Vorschrift und kann nicht auf § 17 KSchG übertragen werden.[1]

370   Der Arbeitgeberkündigung gleichgestellt sind sonstige arbeitgeberseitig veranlasste Vertragsbeendigungen. Diese liegen vor, wenn der Arbeitgeber den Arbeitnehmer zum Abschluss eines Aufhebungsvertrags oder zu einer Eigenkündigung drängt, um eine Arbeitgeberkündigung zu vermeiden.[2] Fristlose Entlassungen aus wichtigem Grund sind nach § 17 Abs. 4 KSchG dagegen nicht erfasst.

371   Liegt eine anzeigepflichtige Massenentlassung vor, so muss der Arbeitgeber gem. § 17 Abs. 1 KSchG vor dem Ausspruch der Kündigung der Agentur für Arbeit eine Entlassungsanzeige machen. Er muss zudem rechtzeitig vor der Entlassung gem. § 17 Abs. 2 KSchG den Betriebsrat über

- die Gründe für die geplanten Entlassungen
- die Zahl und die Berufsgruppen der zu entlassenden Arbeitnehmer
- die Zahl und die Berufsgruppen der in der Regel beschäftigten Arbeitnehmer
- den Zeitraum, in dem die Entlassungen vorgenommen werden sollen
- die vorgesehenen Kriterien für die Auswahl der zu entlassenden Arbeitnehmer und
- die für die Berechnung etwaiger Abfindungen vorgesehenen Kriterien

---

[1] ErfK/*Kiel* § 17 KSchG Rn 9.

[2] APS/*Moll* § 17 KSchG Rn 33.

schriftlich unterrichten. Der Arbeitgeber muss mit dem Betriebsrat Möglichkeiten beraten, Entlassungen zu vermeiden, einzuschränken oder deren Folgen zu vermeiden. Gemäß § 17 Abs. 3 Satz 1 KSchG muss der Arbeitgeber der Arbeitsagentur eine Abschrift der Unterrichtung an den Betriebsrat, mit Ausnahme der Angaben zu den Abfindungskriterien, übermitteln. Auch eine mögliche Stellungnahme des Betriebsrates zur Massenentlassung ist gem. § 17 Abs. 3 Satz 2 KSchG der Arbeitsagentur zuzuleiten. Kommt der Arbeitgeber der Anzeigepflicht oder der Unterrichtungs- und Beratungspflicht nicht rechtzeitig nach, so sind die Kündigungen unwirksam.[1]

5.2.8 Einhaltung der Kündigungsfrist

§ 622 BGB regelt die Kündigungsfristen für die ordentliche Kündigung. Nach § 622 Abs. 1 BGB beträgt die Frist grundsätzlich vier Wochen zum 15. eines Monats oder zum Monatsende. Gemäß §§ 187 Abs. 1, 188 Abs. 2 BGB endet die Vier-Wochen-Frist mit Ablauf des gleichen Wochentags, an dem die Kündigung zugegangen ist. Die Kündigung wird dann zum nächsten 15. des Monats oder zum Monatsende wirksam, je nachdem, welcher Termin früher liegt. Gemäß § 622 Abs. 2 BGB verlängert sich die Kündigungsfrist nur für den Arbeitgeber je nach Beschäftigungsdauer auf bis zu sieben Monate zum Ende eines Kalendermonats.

372

Beispiele

Bei einer ordentlichen Kündigung am Dienstag, 02.11., endet die Frist des § 622 Abs. 1 BGB mit Ablauf des Dienstag, 30.11. Bei einer Kündigung am Mittwoch, 03.11., wird die erst mit Ablauf des 15.12. wirksam, weil die Vier-Wochen-Frist erst am Mittwoch, 01.12., abgelaufen ist.

Die ordentliche Kündigung eines zehn Jahre beschäftigten Arbeitnehmers am 20.01. kann frühestens zum 31.05. ausgesprochen werden (§ 622 Abs. 2 Satz 1 Nr. 4 BGB).

Nach § 622 Abs. 2 Satz 2 BGB sind bei der Berechnung der Beschäftigungsdauer Zeiten, die vor der Vollendung des 25. Lebensjahres des Arbeitnehmers liegen, nicht zu berücksichtigen. Hat also ein Arbeitnehmer eine Stelle mit 20 Jahren angetreten, so hätte er nach fünf Jahren immer noch die gleiche Kündigungsfrist wie ein Berufsanfänger. Diese Regelung stellt eine Diskriminierung von jüngeren Arbeitnehmern dar und ist nach einer Entscheidung des EuGH daher nicht mehr anzuwenden.[2]

373

---

[1] BAG NZA 2013, 845 (847 (unwirksame Anzeige)); 2013, 966 (967 (fehlende Beratung)).

[2] EuGH NZA 2010, 85 – Kücükdeveci.

374 Wird die Kündigungsfrist nicht eingehalten, dann ist die Kündigung zu dem in der Kündigung genannten Termin unwirksam. Dies gilt nach der Rechtsprechung des BAG selbst dann, wenn der Arbeitgeber zwar die gesetzliche Kündigungsfrist überschreitet, aber nicht zu dem im Gesetz genannten Kündigungsterminen (15. oder Ende des Monats) kündigt.[1] Nach der Rechtsprechung des BAG ist in diesen Fällen die Kündigung allerdings im Regelfall so auszulegen[2] bzw. nach § 140 BGB umzudeuten[3], dass sie zum nächstmöglichen Termin wirksam werden soll.

375 § 622 Abs. 3 BGB regelt verkürzte Kündigungsfristen während einer vereinbarten Probezeit, längstens für die ersten sechs Monate der Beschäftigung. Während dieser kann das Arbeitsverhältnis mit einer Frist von zwei Wochen gekündigt werden. Maßgeblich ist, ob die Kündigungserklärung innerhalb der Probezeit zugeht. Es ist nicht erforderlich, dass die Kündigungsfrist noch innerhalb der Probezeit abläuft.[4] Gemäß § 622 Abs. 4 BGB können in Tarifverträgen (nach oben oder unten) vom Gesetz abweichende Kündigungsfristen vereinbart werden. Auch nicht tarifgebundene Arbeitnehmer und Arbeitgeber können im Arbeitsvertrag die Kündigungsfristen eines einschlägigen Tarifvertrages vereinbaren. Selbst ohne Bezugnahme auf einen Tarifvertrag können im Arbeitsvertrag von den Absätzen 1 - 3 abweichende Kündigungsfristen vereinbart werden. Dabei sind jedoch zwei Punkte zu beachten: Gemäß § 622 Abs. 5 BGB kann die Grundkündigungsfrist nach Abs. 1 nur bei Aushilfen oder in Kleinbetrieben unterschritten werden. Außerdem darf nach Abs. 6 für den Arbeitnehmer keine längere Kündigungsfrist vereinbart werden als für die Kündigung durch den Arbeitgeber.

376 Im Arbeitsvertrag kann also wirksam eine Kündigungsfrist von drei Monaten zum Monatsende für beide Seiten vereinbart werden. Unwirksam wäre es, wenn für den Arbeitgeber die Frist nur zwei Monate betrüge (Abs. 6). Ebenso wäre es unwirksam, wenn für beide Seiten eine Kündigungsfrist von drei Wochen vereinbart wäre (Abs. 5).

Fall 10: Kündigung während der Probezeit > Seite 390

5.2.9 Allgemeiner Kündigungsschutz nach dem KSchG

377 Hat ein Arbeitnehmer allgemeinen Kündigungsschutz nach dem ersten Abschnitt des KSchG, so benötigt der Arbeitgeber auch für eine ordentliche Kündigung einen besonderen Grund, der in § 1 Abs. 1 KSchG als „soziale Rechtfertigung" bezeichnet wird. Im Vergleich zur Rechtslage nach dem BGB verbessert sich die Situation des Arbeitnehmers also deutlich.

---

[1] BAG NZA 2009, 391 (392).

[2] BAG NZA 2009, 391 (392 (8. Senat)).

[3] BAG NZA 2010, 1409 (1411 (5. Senat)).

[4] APS/*Linck* § 622 BGB Rn 95; BAG AP BAT § 53 Nr. 1.

5.2.9.1 Anwendungsbereich/Kleinbetriebe

Gemäß § 13 Abs. 1 Satz 1 KSchG findet das KSchG auf fristlose Kündigungen nur   378
insoweit Anwendung, als der Arbeitnehmer die Klagefrist nach den §§ 4 - 7 KSchG
einhalten muss. Die Wirksamkeit der fristlosen Kündigung ist im Übrigen allein
nach § 626 BGB zu beurteilen, nicht nach dem KSchG.

Die §§ 1 - 14 KSchG bilden den ersten Abschnitt des KSchG und regeln den allge-   379
meinen Kündigungsschutz. Der allgemeine Kündigungsschutz gilt nach § 23
Abs. 1 Satz 2 KSchG nur für Betriebe und Verwaltungen, in denen in der Regel
mehr als fünf Arbeitnehmer, ausschließlich der Auszubildenden, beschäftigt werden. Diese seit 1951 bestehende[1] Grenze gilt jedoch nur für „Alt-Arbeitnehmer",
die bis zum 31.12.2003 eingestellt worden sind.[2] Für Arbeitnehmer, die nach dem
31.12.2003 eingestellt wurden, greift der Kündigungsschutz nach Satz 3 der Vorschrift erst bei mehr als zehn Arbeitnehmern. Der Gesetzgeber hat sich von dieser
im Zuge der „Agenda 2010" zum 01.01.2004 eingeführten Einschränkung des
Kündigungsschutzes bei Neueinstellungen positive Beschäftigungseffekte er-
hofft. Ein solcher Effekt scheint jedoch empirisch nicht nachweisbar zu sein.[3]

Sinkt die Anzahl der Alt-Arbeitnehmer auf fünf oder weniger, so gilt für die ver-   380
bliebenen Alt-Arbeitnehmer ebenfalls der höhere Wert. Dies gilt auch dann,
wenn ausgeschiedene Alt-Arbeitnehmer durch neu eingestellte Arbeitnehmer
ersetzt werden.[4] Im Ergebnis gilt also für Alt-Arbeitnehmer der niedrigere Wert
nur solange, wie mehr als fünf von Ihnen im Betrieb übrig sind.

§ 23 Abs. 1 Satz 4 KSchG bestimmt, dass Arbeitnehmer mit einer regelmäßigen   381
wöchentlichen Arbeitszeit bis zu 20 Stunden mit 0,5 zu berechnen sind, bis zu
einer Arbeitszeit von 30 Stunden pro Woche mit 0,75, alle anderen mit 1,0.

Sind in einem Betrieb lediglich 20 nach 2003 eingestellte Halbtagskräfte (20 h/   382
Woche) beschäftigt, so hat kein Beschäftigter von ihnen Kündigungsschutz. Arbeiten in einem Betrieb vier Vollzeitkräfte, eine Halbtagskraft und eine Teilzeit-
kraft mit 25 h/Woche, die alle bis zum 31.12.2003 eingestellt wurden, so hat jeder von ihnen Kündigungsschutz.

Nach § 23 Abs. 1 Satz 2, 3 KSchG bleiben die §§ 4 - 7 KSchG sowie der § 13 KSchG   383
jedoch auch in Kleinbetrieben mit maximal fünf regelmäßig beschäftigten Arbeitnehmern anwendbar. Dies bedeutet im Wesentlichen, dass der Arbeitnehmer

---

[1] Lediglich von Oktober 1996 bis Dezember 1998 galt ein Schwellenwert von zehn Arbeitnehmern,
    vgl. zur Entwicklung APS/*Moll* § 23 KSchG Rn 1 ff.

[2] Nach BAG AP KSchG 1969 § 23 Nr. 43 auch dann, wenn sie zu diesem Zeitpunkt noch nicht die
    Wartezeit des § 1 Abs. 1 KSchG erfüllt hatten.

[3] Vgl. *Bauer/Bender/Bonin*, IAB-Kurzbericht 15/2004. Zumindest gewerkschaftsnahe Forschungs-
    institute kommen zu gleichen Ergebnissen, vgl. *Herzog-Stein/Logeay*, IMK Policy Brief, November
    2009.

[4] BAG NZA 2007, 438 (440).

auch in Kleinbetrieben die Klagefrist von drei Wochen nach Zugang der schriftlichen Kündigung einhalten muss, wenn er gegen die Kündigung vorgehen will. Lässt er die Klagefrist verstreichen, so kann er z. B. die fehlende Anhörung des Betriebsrats nicht mehr geltend machen.

384   Die Arbeitnehmerzahl ist betriebsbezogen zu ermitteln, nicht unternehmensbezogen. Unter einem Betrieb im kündigungsrechtlichen Sinne ist die organisatorische Einheit zu verstehen, innerhalb derer der Arbeitgeber mit seinen Arbeitnehmern durch Einsatz technischer und immaterieller Mittel bestimmte arbeitstechnische Zwecke fortgesetzt verfolgt, die sich nicht in der Befriedigung von Eigenbedarf erschöpfen.[1] Ein Unternehmen kann seinen wirtschaftlichen Zweck in einer einzigen organisatorischen Einheit verfolgen oder mehrere Betriebe unterhalten. Im letzteren Fall haben möglicherweise Beschäftigte in kleinen Betrieben keinen Kündigungsschutz, obwohl unternehmensweit die nach § 23 Abs. 1 KSchG erforderliche Beschäftigtenanzahl deutlich überschritten wird. Das Bundesverfassungsgericht hat entschieden, dass die kündigungsrechtliche Ungleichbehandlung von Arbeitnehmern je nach Unternehmensorganisation mit dem Gleichheitsgrundsatz aus Art. 3 Abs. 1 GG vereinbar ist. Das Gericht hat dies damit begründet, dass im Kleinbetrieb das wechselseitige persönliche Vertrauen sowie das Betriebsklima von wesentlicher Bedeutung seien. Dies gelte auch dann, wenn der Kleinbetrieb nur einer von mehreren Betrieben eines Unternehmens sei. Lediglich in Ausnahmefällen, bei denen nach der konkreten Organisation des Unternehmens für den Betrieb diese Aspekte keine Rolle spielen, können im Wege der verfassungskonformen Auslegung auch andere betriebliche Einheiten einbezogen werden.[2] Grundsätzlich ist jedoch auf den Betrieb abzustellen.

5.2.9.2 Beschäftigungsdauer

385   Nach § 1 Abs. 1 KSchG entsteht der allgemeine Kündigungsschutz erst nach sechs Monaten Beschäftigungsdauer im Unternehmen oder Betrieb. Ein Betriebswechsel innerhalb eines Unternehmens schadet dem Arbeitnehmer also nicht.

5.2.9.3 Soziale Rechtfertigung: Gründe in der Person des Arbeitnehmers

386   § 1 Abs. 2 KSchG zählt die möglichen Rechtfertigungsgründe für eine Kündigung abschließend auf. Gerichte prüfen in der Regel zunächst, ob ein in § 1 Abs. 2 KSchG erwähnter Kündigungsgrund „an sich" vorliegt, um dann im Einzelfall weitergehende Erwägungen anzustellen. § 1 Abs. 2 KSchG nennt als erstes Gründe „in der Person" des Arbeitnehmers. Sie müssen von Gründen „im Verhalten" des Arbeitnehmers abgegrenzt werden und können wie in der folgenden Übersicht beschrieben werden:

---

[1]   BAG NZA 2001, 831.

[2]   BVerfG NZA 1998, 470.

Personenbedingter Kündigungsgrund	387

I. Der Arbeitnehmer ist zu der nach dem Vertrag vorausgesetzten Leistung ganz oder teilweise nicht mehr in der Lage.

II. Folge hiervon ist eine erhebliche und dauerhafte Beeinträchtigung betrieblicher Interessen.

III. Gründe hierfür sind Umstände in den persönlichen Verhältnissen oder Eigenschaften des Arbeitnehmers.

IV. Der Arbeitnehmer kann diesen Grund nicht beeinflussen.

Der erste und insbesondere der letzte Punkt grenzen die personen- von der verhaltensbedingten[1] Kündigung ab. Könnte der Arbeitnehmer seine Arbeit störungsfrei verrichten, so ist er zu der vertraglich vorausgesetzten Leistung in der Lage (Punkt I.). Außerdem trifft ihn in diesem Fall auch ein Verschulden, wenn er trotzdem die Leistung nicht erbringt (Punkt IV.). Ein personenbedingter Kündigungsgrund liegt also vor, „wenn der AN will, aber nicht kann. Ein verhaltensbedingter Grund liegt vor, wenn der AN kann, aber nicht will".[2]

Was bedeutet in diesem Zusammenhang „nicht können"? Der Arbeitnehmer ist nicht zu einer objektiv zu bestimmenden „Normalleistung" verpflichtet, sondern zum Ausschöpfen seiner individuellen Leistungsfähigkeit.[3] Erfüllt er diese Pflicht, so liegt keine Vertragsverletzung vor, wenn der Arbeitnehmer trotzdem nicht die durchschnittliche Leistung anderer erreicht. Fehlen dem Arbeitnehmer z. B. bestimmte Qualifikationen oder körperliche Voraussetzungen, so kann ihm kein Vorwurf gemacht werden, wenn er trotz entsprechender Anstrengungen nicht die Leistung anderer, besser geeigneter Arbeitnehmer erreicht. Dies würde allerdings auch dann gelten, wenn der Arbeitnehmer z. B. nur 10 % der Normalleistung erbrächte. Das BAG stellt vor diesem Hintergrund nicht auf die Vertragsgemäßheit der Leistungen ab, sondern darauf, dass die „nach dem Vertrag berechtigte Erwartungshaltung" des Arbeitgebers in einem Maße unterschritten wird, dass dem Arbeitgeber ein Festhalten am unveränderten Vertrag unzumutbar ist. Hierbei zieht das BAG den Rechtsgedanken des § 314 BGB heran (Störung der Geschäftsgrundlage). Das BAG hat die Zumutbarkeitsgrenze bei ²/₃ der Durchschnittsleistung angesetzt.[4] Erreicht ein Arbeitnehmer also weniger als ²/₃ der Leistung der Arbeitnehmer in gleicher Tätigkeit, so kommt eine personenbedingte Kündigung in Betracht. Gleiches gilt naturgemäß erst recht, wenn der Arbeitnehmer die Arbeit überhaupt nicht erbringen kann. In diesem Fall liegt ein Kündigungsgrund „an sich" vor.

Die Umstände in den persönlichen Verhältnissen oder Eigenschaften des Arbeitnehmers können insbesondere in den körperlichen Voraussetzungen für die Er-

390

---

[1] Dazu sogleich unter » Kapitel 5.2.9.4.

[2] *Hümmerich/Boecken/Düwell/Holthausen* § 1 KSchG Rn 213.

[3] BAG NZA 2004, 784 (786).

[4] BAG NZA 1992 (1073); NZA 2004, 784 (788).

bringung der Arbeit liegen. Dementsprechend ist die Erkrankung der weitaus häufigste Grund für eine personenbedingte Kündigung. Auch eine fehlende Qualifikation kann ein personenbedingter Kündigungsgrund sein, gleichermaßen das Fehlen oder Auslaufen einer eventuell erforderlichen Arbeitserlaubnis. Religiöse Gebote, die der Arbeitnehmer als für sich bindend erachtet und die eine Arbeitsleistung verhindern, können ebenfalls solche Umstände darstellen.

Beispiele

Einem Kraftfahrer wird die Fahrerlaubnis entzogen,[1] ein Arbeitnehmer muss eine Haftstrafe antreten[2], ein Orchestergeiger verliert infolge eines Unfalls mehrere Finger, ein Arbeitnehmer kann infolge krankhafter Alkoholsucht die Tätigkeit nicht mehr ausführen[3].

391   Die erhebliche Beeinträchtigung betrieblicher Interessen ist regelmäßig Bestandteil der am Ende der Prüfung durchzuführenden Interessenabwägung.[4]

392   Einen Sonderfall der personenbedingten Kündigung stellt die sog. „Verdachtskündigung" dar. In Ausnahmefällen kann der bloße Verdacht einer schwerwiegenden Pflichtverletzung das Vertrauen des Arbeitgebers in den Arbeitnehmer so stark beeinträchtigen, dass damit die persönliche Eignung des Arbeitnehmers für den Arbeitsplatz entfällt. Dabei kommt es im Unterschied zur „Tatkündigung" nicht darauf an, ob der Arbeitnehmer sich tatsächlich einer Pflichtverletzung schuldig gemacht hat oder für den Verdacht verantwortlich ist. Es handelt sich daher strukturell um eine personenbedingte Kündigung. Die Voraussetzungen dafür, dass ein bloßer Verdacht zur Kündigung ausreicht, können nach folgendem Schema geprüft werden:

Verdachtskündigung
I.   Vorliegen objektiver Tatsachen, die mit
II.   hoher Wahrscheinlichkeit
III.   einen wichtigen Grund i. S. d. § 626 Abs. 1 BGB nahelegen, sowie
IV.   das Ausschöpfen aller dem Arbeitgeber zumutbaren Möglichkeiten der Sachverhaltsaufklärung, insbesondere Anhörung des Arbeitnehmers.

---

[1]   BAG NZA 1996, 819.

[2]   BAG NZA 1995, 119.

[3]   BAG NJW 1983, 2659.

[4]   Zur Interessenabwägung ›› vgl. Kapitel 5.2.9.9.

Zur Aufklärung gehört insbesondere die bei einer Tatkündigung nicht zwingend erforderliche Anhörung des Arbeitnehmers. Ohne Anhörung ist eine Verdachtskündigung unwirksam[1].

393

Häufig wird sich der Verdacht auf mögliche Straftaten des Arbeitnehmers beziehen. Da nicht die Tat, sondern der Verdacht Kündigungsgrund ist, beeinträchtigt ein späterer Freispruch des Arbeitnehmers in einem Strafverfahren die Wirksamkeit der Verdachtskündigung grundsätzlich nicht. Stellt sich jedoch in einem Strafverfahren die Unschuld des Arbeitnehmers heraus oder wird der Verdacht anderweitig beseitigt, so kommt ein Wiedereinstellungsanspruch in Betracht, sofern der Arbeitgeber den Arbeitnehmer noch beschäftigen kann.[2]

394

Hält das Arbeitsgericht die Tat, auf die sich der Verdacht bezieht, sogar für erwiesen, so kann es die Kündigung auch nach den Grundsätzen der Tatkündigung beurteilen. Dann führt eine fehlende Anhörung z. B. nicht zur Unwirksamkeit. Dies gilt unabhängig davon, ob der Arbeitgeber im Prozess von einer Verdachts- auf eine Tatkündigung umstellt („Aufsatteln").[3] Der Arbeitgeber kann theoretisch im Prozess von einer Tat- auf eine Verdachtskündigung „absatteln", wenn das Gericht die Tat für nicht erwiesen hält. Praktisch wird dies aber häufig daran scheitern, dass der Arbeitgeber den Betriebsrat und/oder den Arbeitnehmer nicht zu einer Verdachtskündigung angehört hat.[4]

395

5.2.9.4 Soziale Rechtfertigung: Gründe im Verhalten des Arbeitnehmers

Von der personenbedingten ist die verhaltensbedingte Kündigung abzugrenzen. Ein verhaltensbedingter Kündigungsgrund „an sich" liegt vor, wenn der Arbeitnehmer vorwerfbar seine vertraglichen Pflichten verletzt.[5] Da der Arbeitnehmer zum Ausschöpfen seiner persönlichen Leistungsfähigkeit verpflichtet ist, kommen für eine verhaltensbedingte Kündigung jegliche Pflichtverletzungen in Betracht.

396

Beispiele

Der Arbeitnehmer kommt zu spät, arbeitet unsorgfältig, beleidigt Kunden oder andere Mitarbeiter, stiehlt Firmeneigentum, setzt sich über Anweisungen hinweg, verrät Geschäftsgeheimnisse etc.

---

[1] BAG NZA 2014, 1015.

[2] Eylert NJW 2014, 393 (408); ErfK/*Müller-Glöge* § 626 BGB Rn 184.

[3] BAG NZA 2011, 798 (801).

[4] BAG NZA 2014, 143 (148).

[5] BeckOK ArbR/*Rolfs* § 1 KSchG Rn 212.

397 Es gilt also bei der verhaltensbedingten Kündigung keine „2/3-Grenze". Auch Bagatellen können im Ausgangspunkt eine Kündigung rechtfertigen. Diese Grenze ist jedoch beweisrechtlich insofern relevant, als das BAG bei einem Unterschreiten der $^2/_3$-Grenze eine Vermutung dafür aufstellt, dass der Arbeitnehmer seine Leistungsfähigkeit vorwerfbar nicht ausschöpft.[1] Kann er diese Vermutung im Prozess nicht widerlegen, wird das Arbeitsgericht von einem verhaltensbedingten Grund ausgehen.

398 Das Merkmal „Vorwerfbarkeit" bedeutet im Regelfall, dass den Arbeitnehmer ein Verschulden an der Pflichtverletzung treffen muss.[2] Die Pflichtverletzung muss von ihm steuerbar sein. Dies ist das maßgebliche Abgrenzungskriterium zur personenbedingten Kündigung.

Soziale Rechtfertigung: Dringende betriebliche Erfordernisse

399 Der letzte Kündigungsgrund nach § 1 Abs. 2 KSchG sind „dringende betriebliche Erfordernisse". Ein betriebsbedingter Grund „an sich" liegt vor, wenn aufgrund einer unternehmerischen Entscheidung Beschäftigungsmöglichkeiten (d. h. Arbeitsplätze) in einem Betrieb entfallen. Anders als die personen- und die verhaltensbedingte Kündigung knüpft dieser Kündigungsgrund also nicht an individuelle Gründe an.

400 Die betriebsbedingte Kündigung ist die häufigste Kündigungsart. Wird ein Unternehmen insolvent oder werden bestimmte Bereiche geschlossen, ein Standort verlagert, bisher intern erledigte Arbeiten an Fremdfirmen vergeben, Rationalisierungsmaßnahmen ergriffen etc., kommt eine betriebsbedingte Kündigung in Betracht. Auch die bloße Entscheidung, die gleiche Arbeit von weniger Personal erledigen zu lassen („Arbeitsverdichtung"), kann ein Grund für eine betriebsbedingte Kündigung sein.[3]

401 Die unternehmerische Entscheidung kann wie beschrieben unterschiedliche Inhalte haben. Sie ist im Kern Ausdruck der durch Art. 14 GG geschützten unternehmerischen Freiheit und daher gerichtlich nur eingeschränkt überprüfbar. Die Arbeitsgerichte unterziehen die unternehmerische Entscheidung im Wesentlichen einer Rechtskontrolle.

Beispiele

Die unternehmerische Entscheidung, künftig statt eines betriebsangehörigen einen externen Datenschutzbeauftragten zu ernennen, kann wegen des besonderen Kündigungsschutzes für Datenschutzbeauftragte nach § 4f Abs. 3 BDSG

---

[1] BAG NZA 2004, 784 (786).

[2] BeckOK ArbR/*Rolfs* § 1 KSchG Rn 226; Zur Ausnahme siehe z. B. BAG AP BGB § 626 Nr. 151 (schwere, andauernde Beleidigungen durch psychisch Erkrankten).

[3] ErfK/*Oetker* § 1 KSchG Rn 269.

sozialwidrig sein.[1] Soll nach der unternehmerischen Entscheidung künftig auch samstags gearbeitet werden, so darf dies nicht gegen den einschlägigen Tarifvertrag verstoßen.[2]

Abgesehen von dieser Rechtskontrolle unterziehen die Gerichte die unternehmerische Entscheidung lediglich einer Missbrauchskontrolle daraufhin, ob sie offensichtlich unsachlich oder willkürlich ist.

402

Ändert der Arbeitgeber das Anforderungsprofil für bestimmte Stellen, dann erfüllen möglicherweise auf diesen Stellen bereits tätige Arbeitnehmer diese Anforderungen nicht mehr. Das BAG stuft eine daraus folgende Kündigung als betriebsbedingt ein, weil maßgeblicher Auslöser die unternehmerische Entscheidung zur Änderung des Anforderungsprofils ist. Diese ist grundsätzlich Sache des Arbeitgebers. Die Arbeitsgerichte müssen aber kontrollieren, ob die geänderten Anforderungen objektiv nachvollziehbar sind. Verlangt der Arbeitgeber künftig z. B. „perfekte französische Sprachkenntnisse", so ist dies nicht nachvollziehbar und damit missbräuchlich, wenn das Unternehmen kaum französischsprachige Kunden hat.[3] Ansonsten könnte der Arbeitgeber über diesen Weg Mitarbeiter kündigen, bei denen weder ein personen- noch ein verhaltensbedingter Kündigungsgrund vorliegt.

403

Ist die unternehmerische Entscheidung weder rechtswidrig noch missbräuchlich, ist sie von den Gerichten hinzunehmen. Insbesondere kommt es nicht darauf an, ob sie wirtschaftlich notwendig oder moralisch angreifbar ist.

404

Die Arbeitsgerichte müssen prüfen, ob aufgrund der unternehmerischen Entscheidung Arbeitsplätze entfallen. Dies ist relativ eindeutig in den Fällen, in denen ein Standort oder eine Abteilung geschlossen oder verkleinert werden.

405

Ein Wegfall von Arbeitsplätzen liegt auch vor, wenn bisher durch eigene Arbeitnehmer erledigte Arbeiten an Dritte vergeben werden („Outsourcing"). Es werden also bestimmte Leistungen „eingekauft" statt selbst erbracht. Davon kann allerdings nur dann gesprochen werden, wenn die Dritten die Leistungen tatsächlich selbstständig erbringen. Beim bloßen Austausch von Stammbeschäftigten durch Leiharbeitnehmer ist dies nicht der Fall. Dies rechtfertigt daher keine „Austauschkündigungen".[4]

406

---

[1] BAG BB 2011, 2683.

[2] BAG NZA 1998, 304.

[3] BAG NZA 2006, 266 (268).

[4] BAG NJW 1997, 885 (885); NZA 2012, 1044 (1046); APS/*Kiel* § 1 KSchG Rn 524a; ErfK/*Oetker* § 1 KSch Rn 273.

407 Liegt die unternehmerische Entscheidung allein im Personalabbau (Arbeitsverdichtung), so prüfen die Gerichte insbesondere, ob mit dem verbleibenden Personal die unveränderte Arbeitsmenge bewältigt werden kann. Der Arbeitgeber muss hierzu ein gerichtlich überprüfbares Konzept vorlegen.

Beispiel

In einem Elektromarkt wird die Ebene der Verkaufsleiter gestrichen und die Verkaufsleiter sollen entlassen werden. Der Arbeitgeber muss konkret darlegen, von welchem Personal die bisher von den Verkaufsleitern übernommenen Aufgaben ausgeführt werden sollen.[1]

408 Sind aufgrund einer danach anzuerkennenden unternehmerischen Entscheidung Arbeitsplätze weggefallen, dann liegt ein dringendes betriebliches Erfordernis vor.

5.2.9.5 Sozialauswahl bei der betriebsbedingten Kündigung

409 Liegt ein dringendes betriebliches Erfordernis i. S. v. § 1 Abs. 2 KSchG vor, dann muss der Arbeitgeber entscheiden, wen er entlässt, sofern nicht alle Arbeitsplätze entfallen. Ausgangspunkt der Überlegungen für die Sozialauswahl ist, dass die Kündigung nichts mit dem einzelnen Arbeitnehmer zu tun hat. Deshalb sind auch nicht notwendig genau die Arbeitnehmer zu entlassen, deren Arbeitsplätze entfallen sind. Die Belegschaft wird durch die Sozialauswahl vielmehr in eine Art „Solidarhaftung" genommen. Gemäß § 1 Abs. 3 KSchG ist die Kündigung unwirksam, wenn der Arbeitgeber bei der Auswahl der zu kündigenden Arbeitnehmer die dort genannten Kriterien nicht oder nicht ausreichend berücksichtigt hat. Die „Sozialauswahl" vollzieht sich in zwei Schritten. Erstens ist der Kreis der Arbeitnehmer zu ermitteln, die in die Sozialauswahl einzubeziehen sind. In einem zweiten Schritt ist unter Anwendung der Kriterien des § 1 Abs. 3 KSchG die soziale Schutzwürdigkeit der Arbeitnehmer miteinander zu vergleichen. Die sozial am wenigsten schutzwürdigen Arbeitnehmer können dann gekündigt werden. Die Sozialauswahl kann zweckmäßigerweise nach folgendem Schema geprüft werden:

---

[1] BAG AP Nr 174 zu § 1 KSchG 1969 Betriebsbedingte Kündigung.

Prüfungsschema Sozialauswahl
I.   Bestimmung der in die Sozialauswahl einzubeziehenden Arbeitnehmer
1.   Arbeitnehmer des gleichen Betriebs
2.   Versetzung auf Arbeitsplatz nach Arbeitsvertrag zulässig
3.   „Qualifikationsmäßige" Vergleichbarkeit der Arbeitsplätze
4.   Gleiche Hierarchieebene („vertikale Vergleichbarkeit")
II.   Anwendung der Kriterien nach § 1 Abs. 3 Satz 1 KSchG
1.   Einschätzungsspielraum des Arbeitgebers eingehalten
2.   Bei Punkteschema nach Auswahlrichtlinie, Tarifvertrag oder Namensliste im Interessenausgleich nach § 112 BetrVG nur noch Prüfung auf „grobe Fehlerhaftigkeit" (§ 1 Abs. 4, 5 KSchG)
III.   Prüfung, ob Arbeitnehmer nach § 1 Abs. 3 Satz 2 KSchG zu Recht nicht einbezogen wurden

Bei der Sozialauswahl ist zunächst zu fragen, auf welchem anderen Arbeitsplatz ein Arbeitnehmer, dessen Arbeitsplatz wegfällt, eingesetzt werden könnte. Dabei sind folgende Aspekte zu berücksichtigen: 410

Grundsätzlich bildet die Grenze für die Sozialauswahl der Betrieb. Arbeitnehmer, die dem gleichen Unternehmen, aber einem anderen Betrieb angehören, sind daher nicht in die Sozialauswahl einzubeziehen. Umgekehrt darf der Arbeitgeber die Sozialauswahl nicht auf eine Abteilung innerhalb eines Betriebs beschränken.[1]   411

Der Arbeitgeber kann einen Arbeitnehmer nicht auf einen anderen Arbeitsplatz versetzen, wenn dessen Arbeitsvertrag dies nicht zulässt. Der Arbeitsvertrag bildet also die zweite Grenze der Sozialauswahl.   412

Beispiel

Eine Arbeitnehmerin wird laut Arbeitsvertrag ausdrücklich als Redakteurin für eine bestimmte Zeitschrift eines Verlags eingestellt. Sie kann sich dann nicht darauf berufen, dass sie sozial schutzwürdiger ist als Redakteure anderer Zeitschriften des gleichen Verlags. Denn laut Arbeitsvertrag war sie nur für die Redaktion dieser Zeitschrift angestellt.[2]

In vielen Fällen ist die Tätigkeit des Arbeitnehmers im Arbeitsvertrag nur sehr grob umschrieben, etwa „als gewerblicher" oder „als kaufmännischer" Mitarbeiter. Dann ließe der Arbeitsvertrag den Einsatz des Arbeitnehmers auf einem Ar-   413

---

[1]   BAG AP KSchG 1969 § 1 Betriebsbedingte Kündigung Nr. 199.

[2]   BAG NZA 2000, 822.

beitsplatz zu, für den er fachlich tatsächlich nicht geeignet wäre. Dies ist offenkundig nicht sinnvoll. Der betroffene Arbeitnehmer muss daher aufgrund seiner tatsächlich ausgeübten Tätigkeit oder Vorbildung die Tätigkeit des anderen Arbeitnehmers auch tatsächlich ausführen können („Qualifikationsmäßige Vergleichbarkeit"). Maßgeblich ist zunächst, welche Stellen nach arbeitsplatzbezogenen Merkmalen miteinander vergleichbar sind. Eine qualifikationsmäßige Vergleichbarkeit liegt vor, wenn der Arbeitnehmer auf einem im Wesentlichen vergleichbaren Arbeitsplatz gearbeitet hat.[1] Die Notwendigkeit einer kurzen Einarbeitungszeit aufgrund von arbeitsplatzbezogenen Unterschieden steht der Vergleichbarkeit nicht entgegen[2], drei Monate Einarbeitungszeit hat das BAG allerdings als zu lang angesehen.[3] Die gleiche Berufsausbildung ist ein Indiz für die qualifikationsmäßige Vergleichbarkeit, ebenso die Zugehörigkeit zur gleichen Berufsgruppe, auch wenn die Qualifikation sich unterscheiden mag.

414 Vergleichbar sind zudem nur Arbeitnehmer, die auf der gleichen Hierarchieebene im Unternehmen stehen.[4] Wird einem Arbeitnehmer gekündigt, so ist dessen Vorgesetzter nicht in die Sozialauswahl einzubeziehen und umgekehrt.

415 In der Praxis kommt es vor diesem Hintergrund vor, dass Arbeitnehmer bewusst kurz vor einem anstehenden Stellenabbau aus der betroffenen Hierarchieebene heraus oder in diese hinein befördert werden. Im ersten Fall will der Arbeitgeber bestimmte Arbeitnehmer schützen. Im zweiten Fall wird die kündigungsrechtliche Position häufig verschlechtert. Denn auf der höheren Hierarchieebene arbeiten häufig weniger Arbeitnehmer, die zudem gemessen an den Kriterien des § 1 Abs. 3 Satz 1 KSchG vielleicht sozial schutzwürdiger sind.[5] Manchmal erfolgt die Beförderung genau aus diesem Grund. Es ist daher in solchen Fällen besonders intensiv zu prüfen, ob die unternehmerische Entscheidung willkürlich ist und tatsächlich Arbeitsplätze entfallen sind.[6]

416 Nach der Feststellung des Kreises der einzubeziehenden Arbeitnehmer muss der Arbeitgeber unter diesen eine Sozialauswahl treffen, also diejenigen ermitteln, die unter Anwendung der Kriterien des § 1 Abs. 3 Satz 1 KSchG am wenigsten schutzwürdig sind. Diese Kriterien sind

- ► Alter
- ► Betriebszugehörigkeit
- ► Unterhaltspflichten
- ► Schwerbehinderung.

---

[1] BAG NZA 1990, 226.

[2] BAG NZA 2010, 1352 (1355); 2006, 207 (209).

[3] BAG NZA 1994, 1023 (1025).

[4] BAG NZA 2007, 139 (143).

[5] Anschaulich: http://www.spiegel.de/karriere/berufsleben/kuendigung-firmen-umgehen-sozialauswahl-a-1000263.html, abgerufen am 15.01.2014.

[6] BAG AP KSchG 1969 § 1 Betriebsbedingte Kündigung Nr. 199.

Eine bestimmte Form für diese Sozialauswahl ist nicht vorgeschrieben. Der Arbeitgeber muss die Kriterien lediglich „ausreichend" berücksichtigen. Ihm kommt daher ein Einschätzungsspielraum zu, wie er die einzelnen Kriterien gewichtet. Das Arbeitsgericht prüft nur, ob die Gewichtung sozial vertretbar ist, selbst wenn es selbst vielleicht anders gewichten würde. Um die Sozialauswahl erfolgreich angreifen zu können, muss ein Arbeitnehmer daher darlegen, dass er deutlich schutzwürdiger als andere Arbeitnehmer ist, denen nicht gekündigt wurde.[1]

417

Gerade bei größeren Betrieben wird die Sozialauswahl häufig nach einem Punkteschema durchgeführt, bei dem der Arbeitgeber für das Vorliegen einzelner Merkmale entsprechende Punkte verteilt. Es werden dann diejenigen Arbeitnehmer gekündigt, die die wenigsten Punkte erzielt haben. Bei der Punktevergabe kommt dem Arbeitgeber der bereits erwähnte Einschätzungsspielraum zu. Das BAG hat z. B. folgendes Punkteschema akzeptiert:[2]

418

▶ pro Lebensjahr 1 Punkt, maximal 55 Punkte

▶ pro Jahr der Betriebszugehörigkeit 1 Punkt, ab dem 11. Jahr 2 Punkte

▶ pro Kind 3 Punkte, für Ehepartner 4 Punkte

▶ bei Schwerbehinderung ab 50 % 5 Punkte, je weitere 10 % ein weiterer Punkt.

Verwendet der Arbeitgeber ein Punkteschema, so stellt dies eine Auswahlrichtlinie nach § 95 BetrVG dar, bei der der Betriebsrat mitzubestimmen hat. Verletzt der Arbeitgeber dieses Mitbestimmungsrecht des Betriebsrats, folgt daraus nach der Rechtsprechung des BAG allerdings nicht die Unwirksamkeit der Kündigung, weil § 95 BetrVG anders als § 102 BetrVG diese Folge nicht ausdrücklich anordnet.[3] Einigt sich dagegen der Arbeitgeber mit dem Betriebsrat über ein Punkteschema, oder ist die Gewichtung der Kriterien tarifvertraglich festgelegt, dann kann nach § 1 Abs. 4 BetrVG die Sozialauswahl nur noch auf „grobe Fehlerhaftigkeit" überprüft werden. Grob fehlerhaft ist ein solches Punkteschema nur dann, wenn es jede Ausgewogenheit vermissen lässt, wenn also einzelne der vier Sozialdaten überhaupt nicht, eindeutig zu stark oder zu wenig berücksichtigt wurden.[4] Dass die Gewichtung nach Auffassung des Arbeitsgerichts die Kriterien „nicht ausreichend berücksichtigt", reicht also nicht mehr aus. Vergleichbares gilt, wenn sich Arbeitgeber und Betriebsrat in einem Interessenausgleich bei einer Betriebsänderung[5] auf eine Namensliste mit zu kündigenden Arbeitnehmern einigen. Naturgemäß haben die Gerichte hier auch einen gewissen Spielraum, ob sie eine Gewichtung nur als „nicht ausreichend" oder schon „grob fehlerhaft" ansehen.

419

---

[1] BAG NZA 2012, 1040 (1042).

[2] Nach BAG NZA 2007, 549; Übersicht über Punkteschemata aus der Rechtsprechung z. B. bei *Gaul/Lunk* NZA 2004, 184.

[3] BAG NZA 2007, 197, 199.

[4] BeckOK ArbR/*Rolfs* § 1 KSchG, Rn 501.

[5] Vgl. dazu ≫ Kapitel 4.6.5.2.

420 Nach Durchführung der Sozialauswahl ist zu prüfen, ob der Arbeitgeber einzelne Arbeitnehmer nach § 1 Abs. 3 Satz 2 KSchG aus der Sozialauswahl herauszunehmen durfte. Diese sind dann nicht zu kündigen, obwohl sie an sich weniger schutzwürdig sind. Voraussetzung hierfür ist ein berechtigtes betriebliches Interesse an deren Weiterbeschäftigung insbesondere aufgrund ihrer Fähigkeiten, Kenntnisse und Leistungen oder im Interesse einer ausgewogenen Personalstruktur. Der Arbeitgeber muss konkret darlegen und beweisen, aus welchen konkreten Gründen im Einzelfall ein betriebliches Interesse gerade an der Beschäftigung dieses einzelnen Arbeitnehmers besteht. Die Weiterbeschäftigung muss dabei erforderlich sein, nicht lediglich wünschenswert. Einer ausgewogenen Personalstruktur wird häufig durch die Bildung von Altersgruppen im Rahmen der Sozialauswahl Rechnung getragen. Die in § 1 Abs. 3 Satz 2 KSchG genannten Kriterien bevorzugen tendenziell ältere Mitarbeiter. Eine ausgewogene Personalstruktur bedeutet jedoch auch, dass künftig jüngere Mitarbeiter „nachwachsen" können. Die Rechtsprechung erkennt ein Bedürfnis für die Bildung von Altersgruppen an, wenn der Arbeitgeber nachweist, dass sich ansonsten die Personalstruktur erheblich verschlechtern würde.[1] Im Rahmen der Sozialauswahl werden dann nur die Mitglieder einer jeweiligen Altersgruppe miteinander verglichen.

Beispiel

A hat 1.000 vergleichbare Beschäftigte, von denen 50 entlassen werden sollen. Er bildet die Altersgruppen bis 30, 31 - 40, 41 - 50, 51 - 60 und über 60 Jahre. Aus jeder Altersgruppe sollen die 10 sozial am wenigsten schutzbedürftigen Arbeitnehmer gekündigt werden.

5.2.9.6 Negative Prognose

421 Insbesondere die verhaltensbedingte Kündigung wird typischerweise als Reaktion auf in der Vergangenheit liegende Umstände ausgesprochen. Gleichwohl erfordern alle Kündigungsarten, dass der Arbeitnehmer in der Zukunft nicht mehr weiterbeschäftigt werden kann. Der Arbeitgeber muss insoweit eine Prognose treffen.

422 Bei der verhaltensbedingten Kündigung betrifft die Prognose die Frage, ob es auch künftig zu weiteren Vertragsverletzungen kommen wird bzw. bei Störungen im Vertrauensbereich, ob das Vertrauen wieder hergestellt werden kann. Eine negative Prognose kann insbesondere daraus abgeleitet werden, dass der Arbeitnehmer trotz erfolgter Abmahnung erneut vergleichbare Vertragsverletzungen begangen hat.[2] Aber auch ohne vorherige Abmahnung kann u. U. eine negative

---

[1] BAG NZA 2010, 1059 (1061).

[2] BAG NZA 2010, 1227 (1231) („Emmely").

Prognose gestellt werden. Dies wird regelmäßig in den Fällen gegeben sein, in denen eine Abmahnung entbehrlich ist.[1]

Bei der personenbedingten Kündigung betrifft die negative Prognose die Frage, ob und ggf. wann damit zu rechnen ist, dass der Arbeitnehmer die Arbeit wieder im Sinne der beschriebenen „berechtigten Erwartung" des Arbeitgebers störungsfrei ausüben kann. Wie erwähnt ist der häufigste personenbedingte Kündigungsgrund die Erkrankung des Arbeitnehmers. Die negative Prognose ist hier gegeben, wenn auch künftig bzw. weiterhin mit einem krankheitsbedingten Ausfall des Arbeitnehmers zu rechnen ist. Problematisch ist insoweit, dass der Arbeitnehmer dem Arbeitgeber nicht mitteilen muss, warum er arbeitsunfähig ist. Die Arbeitsunfähigkeitsbescheinigung nach § 5 Abs. 1 EFZG enthält hierzu keine Angaben. Das BAG lässt daher zunächst ausreichen, dass der Arbeitgeber die bisherigen krankheitsbedingten Fehlzeiten und ihm bekannte Krankheitsursachen darlegt. Der Arbeitnehmer muss dann darlegen, wann bei ihm mit einer Genesung zu rechnen ist. Hierzu muss er ggf. auch seine Ärzte von der Schweigepflicht befreien. Basierend darauf muss der Arbeitgeber dann ggf. die negative Prognose durch ein medizinisches Sachverständigengutachten beweisen.[2]

423

Bei der betriebsbedingten Kündigung betrifft die negative Prognose die Frage, ob der Arbeitsbedarf spätestens mit Ablauf der Kündigungsfrist des gekündigten Arbeitnehmers entfällt.[3]

424

5.2.9.7 Ultima-ratio-Prinzip

Mit der Kündigung durch den Arbeitgeber verliert der Arbeitnehmer seine finanzielle Lebensgrundlage. Sie darf daher nach einhelliger Ansicht nur das letzte Mittel („ultima ratio") des Arbeitgebers sein, um auf bestimmte Umstände zu reagieren. Welche anderen Mittel der Arbeitgeber in Erwägung ziehen muss, richtet sich nach dem Kündigungsgrund.

425

Bei der verhaltensbedingten Kündigung muss der Arbeitgeber im Regelfall zunächst den Arbeitnehmer abmahnen, um diesen zur störungsfreien Erfüllung des Vertrags anzuhalten. Eine wirksame Abmahnung muss folgende Funktionen erfüllen:

426

---

[1] Vgl. dazu ≫ Kapitel 5.2.9.8.

[2] BAG NZA 2002, 1081 (1084).

[3] BAG NZA 2002, 1205 (1206); BeckOK ArbR/*Rolfs* § 1 KSchG Rn 374.

Abmahnungsfunktionen
I. **Rügefunktion:** Welches Verhalten beanstandet der Arbeitgeber konkret?
II. **Aufforderungsfunktion:** Wie soll sich der Arbeitnehmer vertragsgemäß verhalten?
III. **Warnfunktion:** Dem Arbeitnehmer muss klar werden, dass er bei weiteren Verstößen mit einer Kündigung zu rechnen hat.

427 Wird die Abmahnung schriftlich erteilt und zur Personalakte genommen, so kommt ihr zudem noch eine „Dokumentationsfunktion" zu. Lässt sich der Arbeitgeber den Empfang der Abmahnung quittieren, so kann der Arbeitnehmer naturgemäß im Prozess später nicht behaupten, nicht abgemahnt worden zu sein. Der Arbeitnehmer kann aber trotzdem in einem späteren Kündigungsschutzprozess die Rechtmäßigkeit der Abmahnung bestreiten, also z. B. ein in der Abmahnung vorgeworfenes Fehlverhalten.[1]

428 Zur Erfüllung der Rügefunktion muss das Verhalten konkret beanstandet werden. Eine Beanstandung der Art *„Sie sind häufig zu spät gekommen"* reicht nicht aus. Es müssen konkret substantiiert das Datum und die Verspätung bezeichnet werden. Dies folgt schon daraus, dass überprüft werden können muss, ob die Abmahnung zu Recht erfolgt ist.

429 Da es darum geht, dem Arbeitnehmer die Möglichkeit zu geben, sein Verhalten vertragsgemäß anzupassen, muss er aus der Abmahnung erkennen können, was von ihm erwartet wird.[2] Diese hier als „Aufforderungsfunktion" bezeichnete Angabe, wie sich der Arbeitnehmer vertragstreu verhalten soll, wird in Literatur und Rechtsprechung regelmäßig noch der Rügefunktion zugerechnet.[3] Nicht ganz eindeutig geklärt ist, wie konkret der Arbeitgeber das aus seiner Sicht vertragsgemäße (erwartete) Verhalten beschreiben muss.[4] Liegt das vertragsgemäße Verhalten auf der Hand (wie bei Unpünktlichkeit), so dürften die Anforderungen geringer sein als bei unklaren Anforderungen.

430 Nach der Rechtsprechung des BAG genügt eine Abmahnung der Warnfunktion, wenn der Arbeitgeber im Falle weiterer Verstöße mit „arbeitsrechtlichen Konsequenzen" droht.[5] Es muss also nicht ausdrücklich mit Kündigung gedroht werden. Die Abmahnung wird in der Regel aus Beweisgründen schriftlich erteilt und zur Personalakte genommen, notwendig ist dies jedoch nicht. Ist die Abmahnung nicht ausnahmsweise entbehrlich, dann muss die spätere Kündigung ein ver-

---

[1] BAG NZA 1987, 518 (519).

[2] BAG AP KSchG 1969 § 1 Abmahnung Nr. 5.

[3] Vgl. BAG NZA 2009, 842 (843: „...weist (der Arbeitgeber) den Arbeitnehmer auf dessen vertragliche Pflichten hin und macht ihn auf die Verletzung dieser Pflichten aufmerksam (Rügefunktion)."; Däubler/Hjort/Schubert/Wolmerath-Markowski § 1 KSchG Rn 238: „muss das gewünschte Alternativverhalten beschrieben werden".

[4] BeckOK ArbR/Rolfs § 1 KSchG Rn 244: „Anleitung für vertragsgerechtes Verhalten".

[5] BAG NZA-RR 2012, 567 (569).

gleichbares Fehlverhalten wie die Abmahnung zum Anlass haben. Eine Kündigung wegen Zu-spät-Kommens kann gerechtfertigt sein, wenn der Arbeitnehmer bereits wegen eigenmächtig verlängerter Pausen abgemahnt worden ist (Zeitfaktor). Eine Kündigung wegen vorwerfbar mangelhafter Arbeit würde dagegen regelmäßig zunächst eine neue Abmahnung erfordern.

Eine vorherige Abmahnung ist nur entbehrlich, wenn eine Verhaltensänderung in Zukunft trotz Abmahnung nicht erwartet werden kann oder es sich um eine schwere Pflichtverletzung handelt, deren Rechtswidrigkeit dem Arbeitnehmer ohne Weiteres erkennbar ist, und bei der die Hinnahme des Verhaltens durch den Arbeitgeber offensichtlich ausgeschlossen ist.[1] Dies ist jeweils im Einzelfall zu prüfen. Typischerweise kommt es in Betracht bei Straftaten gegen den Arbeitgeber oder vergleichbar schweren Pflichtverletzungen.[2] Aber selbst bei Straftaten kann im Einzelfall, etwa bei langjähriger Betriebszugehörigkeit, noch eine Abmahnung erforderlich sein.[3]   **431**

Bei personenbedingten Kündigungen wird eine Abmahnung überwiegend für entbehrlich gehalten, da diese ja gerade dadurch gekennzeichnet ist, dass kein vom Arbeitnehmer steuerbares Verhalten vorliegt. Teilweise wird jedoch vertreten, dass eine Abmahnung auch bei der personenbedingten Kündigung erforderlich ist, wenn der Arbeitnehmer die mangelnde Eignung bzw. das Leistungshindernis beheben könnte.[4] Richtig scheint insoweit zu sein, dass der Arbeitgeber dem Arbeitnehmer in Fällen, wo dies möglich und zumutbar ist, die Gelegenheit zur Beseitigung von Vertragsstörungen geben muss. Sonst würde der Arbeitnehmer schlechter als bei der verhaltensbedingten Kündigung stehen. Faktisch werden solche Fälle aber sehr selten sein. Sie sind ohnehin schwer von einem Grund im Verhalten des Arbeitnehmers zu unterscheiden. Das BAG hat in einer älteren Entscheidung angenommen, dass das Fehlen bestimmter Führungseigenschaften bei einem Konzertmeister einen personenbedingten Kündigungsgrund darstellen könne. Der Arbeitgeber hätte jedoch gleichwohl vor der personenbedingten Kündigung eine Abmahnung aussprechen müssen, wenn dies die Aussicht geboten hätte, dass der Konzertmeister die Führungseigenschaften noch erwerbe.[5]   **432**

Bei betriebsbedingten Kündigungen kommt eine Abmahnung in keinem Fall in Betracht, da diese nichts mit dem Arbeitnehmer individuell zu tun haben. Eben dieser Grund eröffnet dem Arbeitgeber aber u. U. andere Möglichkeiten als die Kündigung des Arbeitnehmers. Insbesondere folgt aus dem Ultima-ratio-Prinzip,   **433**

---

[1] BAG NZA 2009, 1198 (1202).

[2] Vgl. etwa BAG NZA 2011, 571 (573 – Unberechtigtes Einlösen von Einkaufsgutscheinen im Wert von 36 EUR); BAG NZA 2006, 98 (101 – „ausschweifende" Internetnutzung am Arbeitsplatz, teilweise mit pornografischem Inhalt).

[3] BAG NZA 2010, 1227 (1231 („Emmely")).

[4] Näheres bei APS/*Dörner/Vossen* § 1 KSchG Rn 127 ff.

[5] BAG DB 1976, 2356.

dass der Arbeitgeber vor einer betriebsbedingten Kündigung zunächst Überstunden zurückfahren muss. Überwiegend wird zu Recht auch vertreten, dass der Arbeitgeber vor der Beendigung eines „Stammarbeitsverhältnisses" zunächst Leiharbeitsverhältnisse beenden muss, sofern diese nicht nur kurzfristige Bedarfsspitzen abdecken.[1]

434 Das Ultima-ratio-Prinzip erfordert weiterhin bei allen Kündigungsgründen, dass der Arbeitgeber dem Arbeitnehmer einen eventuell vorhandenen anderen freien Arbeitsplatz im Unternehmen anbieten muss. „Frei" in diesem Sinne sind grundsätzlich nur Arbeitsplätze, die aktuell oder zumindest ab dem Ablauf der Kündigungsfrist unbesetzt sind.[2] Der Arbeitgeber ist hierzu naturgemäß nur verpflichtet, wenn auf dem anderen freien Arbeitsplatz eine störungsfreie Beschäftigung zu erwarten ist. Nötigenfalls muss der Arbeitgeber dem Arbeitnehmer gem. § 1 Abs. 2 Satz 3 KSchG Umschulungs- oder Fortbildungsmaßnahmen anbieten, sofern dies für den Arbeitgeber zumutbar ist. Kann der Arbeitnehmer weiterbeschäftigt werden, trifft den Arbeitgeber die Weiterbeschäftigungspflicht über § 1 Abs. 2 Satz 2 KSchG hinaus auch dann, wenn der Betriebsrat der Kündigung nicht widersprochen hat.[3] Sofern dies aufgrund eines bestimmenden Einflusses auf andere Konzernunternehmen möglich ist, muss der Arbeitgeber in Ausnahmefällen auch freie Arbeitsplätze in diesen Unternehmen anbieten.[4]

435 Der weitaus häufigste Fall der personenbedingten Kündigung ist die krankheitsbedingte Kündigung. Der Arbeitgeber muss bei personenbedingten Kündigungen grundsätzlich prüfen, ob eventuell durch leidensgerechte Anpassungen des Arbeitsplatzes dieser erhalten werden kann. § 84 Abs. 2 Satz 1 SGB IX bestimmt darüber hinaus, dass der Arbeitgeber ein „betriebliches Eingliederungsmanagement" (BEM) durchführen muss, wenn der Arbeitnehmer innerhalb eines Jahres länger als sechs Wochen ununterbrochen oder wiederholt arbeitsunfähig war. Mittels des BEM sollen Möglichkeiten geklärt werden, wie die Arbeitsunfähigkeit überwunden und künftig vermieden und der Arbeitsplatz erhalten werden können. Das BEM dient also nur der Prüfung, ob mildere Mittel als die Beendigungskündigung möglich sind, ist aber selbst kein milderes Mittel im Sinne des Ultima-ratio-Prinzips.[5] Unterlässt der Arbeitgeber die Durchführung des BEM, so hat dies im Prozess beweisrechtliche Konsequenzen. Der Arbeitgeber kann sich im Normalfall zunächst auf den Vortrag beschränken, er sehe keine Möglichkeiten der Weiterbeschäftigung. Der Arbeitnehmer muss dann vortragen, auf welchen anderen Arbeitsplätzen oder zu welchen veränderten Bedingungen er weiterarbeiten könnte. Unterlässt der Arbeitgeber dagegen ein BEM, so ändert sich die Beweislast. Der Arbeitgeber muss dann umfassend und konkret vortragen und ggf. beweisen,

---

[1] Str., vgl. LAG Hamm BB 2007, 2462; BeckOK ArbR/*Rolfs* § 1 KSchG Rn 337.

[2] BAG NZA-RR 2014, 325 (326).

[3] BAG NZA-RR 2014, 325 (326).

[4] ErfK/*Oetker* § 1 KSchG Rn 246 m. w. N.

[5] BAG BB 2008, 277 (279).

1. warum ein Einsatz des Arbeitnehmers auf dem bisher innegehabten Arbeitsplatz nicht mehr möglich ist

2. warum eine leidensgerechte Anpassung und Veränderung ausgeschlossen ist und

3. warum der Arbeitnehmer nicht auf einem (alternativen) anderen Arbeitsplatz bei geänderter Tätigkeit eingesetzt werden könne.[1]

Resultieren aus dem BEM Empfehlungen für bestimmte Maßnahmen (etwa Empfehlungen des Betriebsarztes für bestimmte Reha-Maßnahmen), so verstößt es gegen das Ultima-ratio-Prinzip, wenn der Arbeitgeber diese Empfehlungen nicht umsetzt. Dies gilt nur dann nicht, wenn er beweisen kann, dass die Empfehlung keine Besserung gebracht hätte.[2]   436

Soll der Arbeitnehmer auf einem anderen Arbeitsplatz oder zu geänderten Bedingungen beschäftigt werden, so kann dem eventuell sein Arbeitsvertrag entgegenstehen. In diesem Fall muss der Arbeitgeber dem Arbeitnehmer eine Vertragsänderung anbieten. Das Ultima-ratio-Prinzip beinhaltet insoweit einen Vorrang der Änderungskündigung vor einer Beendigungskündigung. Dabei darf der Arbeitgeber die Arbeitsbedingungen nur soweit ändern, wie es unbedingt notwendig ist, um den Arbeitnehmer weiter zu beschäftigen (Verhältnismäßigkeitsgrundsatz).[3] Gemäß § 2 KSchG kann der Arbeitgeber das Änderungsangebot unter dem Vorbehalt annehmen, dass die Kündigung seines alten Arbeitsplatzes wirksam war. Verliert der Arbeitnehmer den Kündigungsschutzprozess, dann behält er den neuen Arbeitsplatz, ansonsten den alten.   437

Beispiel

Aufgrund des verringerten Auftragsvolumens kann der Arbeitgeber den Arbeitnehmer nur noch in Teilzeit beschäftigen. Gibt es eine geeignete Teilzeitstelle, muss der Arbeitgeber sie dem Arbeitnehmer anbieten und ggf. die Arbeitszeit im Vertrag verkürzen. Besteht im Unternehmen ein freier Arbeitsplatz, der nicht der Stellenbeschreibung im Arbeitsvertrag entspricht, muss der Arbeitgeber ggf. die Stellenbeschreibung im Vertrag ändern. Gibt es mehrere geeignete freie Arbeitsplätze, dann muss der Arbeitgeber den Platz anbieten, der den Arbeitnehmer am wenigsten belastet (möglichst geringe Änderung der Arbeitsbedingungen, z. B. Gehaltseinbußen).

---

[1] BAG BB 2008, 277 (280); BB 2009, 2409 (2411); Beispiel bei BAG BB 2014, 1916 (1919) – Alkoholkranker Lkw-Fahrer.

[2] BAG NZA 2010, 398 (399).

[3] BAG AP BAT § 55 Nr. 8.

5.2.9.8 Interessenabwägung

438 Bei personen- und verhaltensbedingten Kündigungen muss der Arbeitgeber abschließend eine Interessenabwägung durchführen. Bei der betriebsbedingten Kündigung ist dies nicht erforderlich[1], da keine Beschäftigungsmöglichkeit mehr besteht und der Arbeitgeber schon im Rahmen der Sozialauswahl die Schutzwürdigkeit des Arbeitnehmers geprüft hat. Bei der verhaltens- und personenbedingten Kündigung kann es dagegen sein, dass der Arbeitgeber bestimmte Störungen hinnehmen muss, ggf. noch einmal abmahnen etc.

439 Das Interesse des Arbeitgebers an einem störungsfreien Betriebsablauf hängt davon ab, in welchem Umfang welche Störungen auftreten. Eine differenzierte Rechtsprechung besteht insoweit für den Hauptfall der personenbedingten Kündigung, nämlich die Erkrankung des Arbeitnehmers. Das BAG prüft in einer Drei-Schritt-Prüfung zunächst die negative Prognose, anschließend die Erheblichkeit der Vertragsstörung, schließlich davon gesondert die Interessenabwägung.[2] An sich dürfte die Prüfung der Erheblichkeit der Beeinträchtigung zur Interessenabwägung gehören, weil zur Abwägung das Ausmaß der Beeinträchtigung gehört. Die Aufteilung erscheint etwas gekünstelt. Deshalb soll die Erheblichkeitsprüfung für die krankheitsbedingte Kündigung an dieser Stelle dargestellt werden.

440 Nach Auffassung des BAG liegt eine erhebliche Beeinträchtigung der Arbeitgeberinteressen in jedem Fall bei einer dauerhaften Erkrankung ohne Heilungsmöglichkeit vor. Eine voraussichtlich lang anhaltende Erkrankung wird der dauerhaften Erkrankung gleichgestellt, wenn zum Zeitpunkt des Kündigungsausspruchs nicht absehbar ist, dass der Arbeitnehmer innerhalb der kommenden zwei Jahre genesen wird.[3] Ist also damit zu rechnen, dass der Arbeitnehmer innerhalb von zwei Jahren wieder einsatzfähig ist, muss der Arbeitgeber die Störung hinnehmen und ggf. in der Zwischenzeit für befristeten Ersatz sorgen. Häufige Kurzerkrankungen können jedenfalls dann eine erhebliche wirtschaftliche Beeinträchtigung für den Arbeitgeber darstellen, wenn davon auszugehen ist, dass der Arbeitgeber künftig Entgeltfortzahlungsleistungen über sechs Wochen pro Kalenderjahr hinaus erbringen muss.[4] Maßgeblich sind aber auch hier alle Umstände des Einzelfalls. Insbesondere sind auf Arbeitnehmerseite dessen Lebensalter, Betriebszugehörigkeit und Unterhaltspflichten zu berücksichtigen sowie die Frage, ob der Arbeitgeber durch zumutbare Maßnahmen künftig krankheitsbedingte Ausfälle reduzieren oder vermeiden kann (z. B. leidensgerechte Gestaltung des Arbeitsplatzes). Für kleinere Betriebe stellt der Ausfall eines Mitarbeiters eine größere Belastung dar als für größere Betriebe etc.

441 Bei der verhaltensbedingten Kündigung stellt sich im Rahmen der Interessenabwägung ebenfalls die Frage, in wie weit es durch die Vertragsverletzung zu Be-

---

[1] BAG NZA 1990, 734 (736); ebenso ErfK/*Oetker* § 1 KSchG Rn 82, m. w. N.

[2] BAG NZA 2008, 471 (472).

[3] BAG NZA 2011, 39 (40); 2002, 1081 (1083).

[4] Z. B. BAG NZA 2006, 655 (657).

triebsablaufstörungen gekommen ist. Zudem kann das Vertrauen des Arbeitgebers in den Arbeitnehmer bei entsprechendem Fehlverhalten erheblich beeinträchtigt sein, selbst wenn dieses wirtschaftlich nicht ins Gewicht fällt oder den Betriebsablauf stört.[1] Auf Seiten des Arbeitnehmers spielen wiederum dessen Lebensalter, Betriebszugehörigkeit und sonstige schutzwürdige Belange wie z. B. Unterhaltsverpflichtungen eine Rolle. Das BAG nimmt insoweit an, dass ein Arbeitnehmer durch eine langjährige Tätigkeit ein „Vertrauenskapital" erwirbt, welches durch einmaliges, auch erhebliches Fehlverhalten unter Umständen nicht „aufgezehrt" wird.[2] Das gleiche Fehlverhalten kann also aufgrund unterschiedlicher Interessenabwägung zu unterschiedlichen Ergebnissen hinsichtlich der Wirksamkeit der Kündigung führen. Die Interessenabwägung gibt damit den Gerichten insbesondere die Möglichkeit, Bagatellkündigungen zu begegnen. Zwar können Eigentums- und Vermögensdelikte gegen den Arbeitgeber auch bei geringem Schaden durchaus das Vertrauen in den Arbeitnehmer nachhaltig zerstören, in vielen hierzu bekannt gewordenen Fällen stellt sich aber die Frage, ob das Fehlverhalten des Arbeitnehmers tatsächlich Grund für die Kündigung war oder lediglich ein willkommener Anlass.

Fall 11: Fragen zur verhaltensbedingten Kündigung > Seite 390

Beispiele

Beispiele aus der Rechtsprechung (Kündigung jeweils unwirksam):

▸ Aufladen eines Elektrorollers für 1,8 ct Stromkosten an Firmensteckdose nach 19 Jahren Betriebszugehörigkeit (LAG Hamm AiB 2011, 135);

▸ Unterschlagung von drei Schrauben im Gesamtwert von 28 ct nach 30 Jahren Betriebszugehörigkeit (ArbG Bonn 1 BV 47/10, juris);

▸ Aufladen des Mobiltelefons am Arbeitsplatz für 0,014 ct (ArbG Oberhausen 4 Ca 1228/09).

5.3 Die fristlose („außerordentliche") Kündigung

Für die außerordentliche Kündigung gelten die Ausführungen zur ordentlichen Kündigung entsprechend, soweit sie nicht das KSchG betreffen. Das KSchG ist auf fristlose Kündigungen gem. § 13 Abs. 1 Satz 1 KSchG mit Ausnahme der §§ 4 - 7 KSchG nicht anwendbar. Der Schutz gegen eine fristlose Kündigung ist in § 626 BGB geregelt.

442

---

[1] BAG NZA 2010, 1227 – Unberechtigtes Einlösen zweier Pfandbons im Gesamtwert von 1,30 €, („Emmely").

[2] BAG NZA 2010, 1227 (1231 („Emmely")).

443   In bestimmten Fällen ist eine ordentliche Kündigung ausgeschlossen, sodass nur eine fristlose Kündigung zulässig wäre.[1]

5.3.1 Wichtiger Grund

444   § 626 BGB regelt die Kündigung „aus wichtigem Grund". Dieser liegt nach Abs. 1 der Vorschrift dann vor, wenn Tatsachen vorliegen, aufgrund derer dem Kündigenden nach Abwägung aller Umstände und unter Abwägung der Interessen beider Vertragsteile die Fortsetzung des Dienstverhältnisses bis zum Ablauf der Kündigungsfrist oder dem Vertragsende nicht mehr zugemutet werden kann.

445   Das BAG prüft auch hier in einem ersten Schritt, ob ein „wichtiger Grund an sich" vorliegt, der abstrakt eine fristlose Kündigung rechtfertigen könnte. Damit sollen im Sinne eines „Negativfilters" unbedeutendere Pflichtverstöße schon frühzeitig ausgeschieden werden.[2] Kommt der Arbeitnehmer zu spät zur Arbeit oder macht er vermeidbare Fehler, ohne dass dies einschneidende Auswirkungen auf den Betriebsablauf hat, so wird schon kein Grund für eine wichtige Kündigung an sich vorliegen. Die bedeutet jedoch nicht, dass es eine abstrakte Bagatellgrenze gäbe. Auch wirtschaftlich unbedeutende Vertragsverletzungen können „an sich" das Vertrauen des Arbeitgebers unzumutbar erschüttern.[3] Insbesondere gilt dies für Straftaten gegen das Vermögen des Arbeitgebers wie Diebstahl, Unterschlagung etc. Auch Beleidigungen, vorsätzliche Arbeitsverweigerung oder eigenmächtige Urlaubsverlängerung sowie vorgetäuschte Krankheiten („Blaumachen") können an sich wichtige Gründe darstellen. Es zeigt sich, dass ein wichtiger Grund für eine fristlose Arbeitgeberkündigung regelmäßig im Verhalten des Arbeitnehmers liegen wird. Theoretisch denkbar sind zwar auch personen- oder betriebsbedingte Kündigungsgründe. Es wird allerdings dem Arbeitgeber in diesen Fällen regelmäßig zugemutet, die Frist für eine ordentliche Kündigung abzuwarten.[4]

446   In einem zweiten Schritt ist im Rahmen einer umfassenden Interessenabwägung sodann zu prüfen, ob der kündigenden Partei im konkreten Einzelfall tatsächlich nicht zuzumuten ist, die ordentliche Kündigungsfrist oder das vereinbarte Vertragsende abzuwarten. Diese Interessenabwägung beinhaltet eine Verhältnismäßigkeitsprüfung im Sinne des „Ultima-ratio-Prinzips".[5] Im Übrigen gelten die gleichen Abwägungsaspekte wie bei der ordentlichen Kündigung. Insbesondere eine längere störungsfreie Betriebszugehörigkeit kann zum Aufbau eines Vertrauenskapitals führen und daher erfordern, dass der Arbeitgeber statt der frist-

---

[1] » Siehe Kapitel 5.2.4.

[2] APS/*Dörner/Vossen* § 626 BGB Rn 29.

[3] BAG NZA 2010, 1227 – Unberechtigtes Einlösen zweier Pfandbons im Gesamtwert von 1,30 € („Emmely").

[4] *Hümmerich/Boecken/Düwell/Bröhl*, § 626 BGB Rn 25, 30 jeweils m. w. N.

[5] Näher ErfK/*Müller-Glöge*, § 626 Rn 25.

losen die fristgemäße Kündigung oder noch eine Abmahnung aussprechen muss.[1]

5.3.2 Zwei-Wochen-Frist

Gemäß § 626 Abs. 2 BGB kann die fristlose Kündigung nur binnen zweier Wochen ausgesprochen werden, nachdem der Kündigungsberechtigte von dem Kündigungssachverhalt erfahren hat. Maßgeblich ist insoweit die Kenntnis der rechtlich zum Ausspruch der Kündigung befugten Person. Dies ist häufig nicht der direkte Vorgesetzte, sondern z. B. der Personalleiter oder Mitglieder der Geschäftsführung. Die Frist beginnt erst, wenn der zur Kündigung Berechtigte ausreichend Informationen erlangt hat, um die Zumutbarkeit der Weiterbeschäftigung zu beurteilen. Will er z. B. erst noch den Arbeitnehmer zum Sachverhalt anhören, dann läuft in der Regel die Frist erst nach der Anhörung.[2] Bei der fristlosen Kündigung ist insbesondere zu berücksichtigen, dass vor der Kündigung u. U. noch der Betriebsrat angehört werden muss. Der Arbeitgeber muss gem. § 102 Abs. 2 BetrVG unter Umständen drei Tage auf die Reaktion des Betriebsrats warten, bis er die fristlose Kündigung aussprechen kann. Er muss also den Betriebsrat frühzeitig informieren, damit während der Anhörungsfrist nicht die Zwei-Wochen-Frist nach § 626 Abs. 2 BGB abläuft.

447

Fall 12: Kündigung wegen Unpünktlichkeit > Seite 391

5.4 Auflösung des Arbeitsverhältnisses durch das Arbeitsgericht

Das Arbeitsverhältnis ist regelmäßig auf eine längere, teilweise enge Zusammenarbeit von Arbeitgeber und Arbeitnehmer angelegt. Auch wenn eine Kündigungsschutzklage Erfolg hätte, so kann es sein, dass Arbeitgeber und Arbeitnehmer nicht mehr „gedeihlich" zusammenarbeiten können. Vielleicht ist ihr Verhältnis aufgrund der Umstände, die zur Kündigung geführt haben, oder eventuell durch den Prozess selbst unabhängig von der Rechtslage stark zerrüttet. Das KSchG trägt diesem Umstand Rechnung und bietet einige Möglichkeiten, ohne Rücksicht auf die mögliche Unwirksamkeit der Kündigung das Arbeitsverhältnis zu beenden.

448

§ 1a Abs. 1 KSchG gibt dem Arbeitnehmer im Falle einer ordentlichen betriebsbedingten Kündigung einen Abfindungsanspruch, wenn er nicht innerhalb der Klagefrist gegen die Kündigung klagt. Voraussetzung hierfür ist, dass der Arbeitgeber den Arbeitnehmer darauf hinweist, dass es sich um eine betriebsbedingte Kündigung handelt und der Arbeitnehmer eine Abfindung beanspruchen kann, wenn er die Klagefrist verstreichen lässt. Der Arbeitnehmer kann dann gem. § 1a Abs. 2 KSchG eine Abfindung in Höhe von 0,5 Monatsgehältern pro

449

---

[1] BAG NZA 2010, 1227 („Emmely").

[2] BeckOK BGB/*Fuchs* § 626 BGB Rn 54.

Beschäftigungsjahr verlangen. Der Arbeitgeber „kauft" dem Arbeitnehmer so praktisch die Kündigungsschutzklage ab. Hat der Arbeitgeber die Kündigungsfrist eingehalten, so wird diese Abfindung gem. § 158 Abs. 1 Satz 2 SGB III nicht auf das Arbeitslosengeld I des Arbeitnehmers angerechnet.

450 § 9 Abs. 1 KSchG regelt im Unterschied zu § 1a KSchG Fälle, in denen der Arbeitnehmer rechtzeitig Kündigungsschutzklage erhoben hat. Die Vorschrift findet nur auf ordentliche Kündigungen Anwendung. Voraussetzung ist, dass das Arbeitsgericht die Unwirksamkeit der Kündigung (im Urteil) feststellt. Ist dem Arbeitnehmer die Fortsetzung des Arbeitsverhältnisses nicht mehr zumutbar oder ist aus Arbeitgebersicht eine den Betriebszwecken dienliche Zusammenarbeit nicht zu erwarten, kann das Arbeitsgericht im Urteil auf Antrag einer Seite das Arbeitsverhältnis zum Ablauf der ordentlichen Kündigungsfrist (§ 9 Abs. 2 KSchG) auflösen und dem Arbeitnehmer eine Abfindung zusprechen. Diese kann nach § 10 KSchG gestaffelt nach Lebensalter des Arbeitnehmers maximal zwischen zwölf und 18 Monatsgehältern liegen. Bei Angestellten in leitender Stellung ist das Vertrauen zwischen Arbeitgeber und Arbeitnehmer von besonderer Bedeutung. § 14 Abs. 2 Satz 2 KSchG ordnet daher an, dass der Arbeitgeber für einen Antrag auf Auflösung des Arbeitsverhältnisses gegen Abfindung nach § 9 Abs. 1 KSchG keine Begründung geben muss. Er kann das Arbeitsverhältnis gegen Zahlung einer Abfindung also in jedem Fall beenden.

451 § 13 Abs. 1 Satz 3 KSchG gibt im Falle der außerordentlichen Kündigung (nur) dem Arbeitnehmer einen § 9 Abs. 1 KSchG entsprechenden Anspruch auf Abfindung, wenn ihm die Fortsetzung des Arbeitsverhältnisses nicht mehr zumutbar ist. Die Abfindung bei einer außerordentlichen Kündigung führt zu einem Ruhen des Arbeitslosengelds I nach § 158 SGB III, im Regelfall bis zum Ablauf der Frist für eine ordentliche Kündigung. Wirtschaftlich erfolgt also eine Anrechnung, deren Modalitäten und Umfang § 158 SGB III näher regelt.

452 Schließlich gewährt § 13 Abs. 2 KSchG (nur) dem Arbeitnehmer einen entsprechenden Abfindungsanspruch bei sittenwidrigen Kündigungen. Eine Prüfung der Zumutbarkeit der Fortsetzung ist nicht mehr erforderlich. Die Vorschrift gilt für ordentliche und außerordentliche Kündigungen.

5.5 Befristung von Arbeitsverträgen

453 Das Dienstverhältnis endet gem. § 620 Abs. 1 BGB mit Ablauf der Zeit, für die es eingegangen wurde. Dienst- und damit auch Arbeitsverträge können damit also grundsätzlich befristet abgeschlossen werden. Von dieser Möglichkeit wird in der Praxis gerade bei Ersteinstellungen auch häufig Gebrauch gemacht. Der Anteil der Befristungen bei Neueinstellungen liegt seit 2004 relativ konstant bei rund 45 %. Der Anteil befristeter Arbeitsverträge an allen sozialversicherungspflichti-

gen Arbeitsverhältnissen lag 2012 bei 9,5 % (ca. 2,7 Mio. Arbeitsverhältnisse) und damit doppelt so hoch wie 1996.[1]

Die Befristung von Arbeitsverträgen unterliegt gewissen Einschränkungen. Diese sind im Wesentlichen im TzBfG geregelt, auf das § 620 Abs. 3 BGB verweist. Werden diese Einschränkungen beim Abschluss des befristeten Arbeitsvertrages nicht beachtet, so gilt dieser nach § 16 Satz 1 TzBfG als unbefristet abgeschlossen.   454

Zu unterscheiden ist dabei die Befristung von einzelnen Vertragsbedingungen von der Befristung (der Laufzeit) des ganzen Vertrags. Für die Befristung von einzelnen Vertragsbedingungen (z. B. befristeter Einsatz auf anderer Stelle) gilt § 14 TzBfG nicht.[2] Es findet vielmehr eine Angemessenheitskontrolle nach § 307 BGB statt, bei der alle Umstände des Einzelfalls gegeneinander abzuwägen sind. Sofern für die Befristung der Arbeitsbedingung ein Grund im Sinne des § 14 Abs. 1 Satz 2 TzBfG vorliegt, wird die Interessenabwägung jedoch im Regelfall zugunsten des Arbeitgebers ausfallen.[3]   455

Beispiel

A ist beim Unternehmen U mit 20 h/Woche teilzeitbeschäftigt. Zur Vertretung einer Kollegin in Erziehungszeit wird seine Arbeitszeit befristet auf zwei Jahre auf 40 h/Woche aufgestockt. A will anschließend dauerhaft 40 h/Woche weiterarbeiten. Die Zulässigkeit der Befristung der Aufstockung richtet sich nicht nach § 14 TzBfG sondern nach § 307 BGB. Dabei gibt jedoch die Wertung des § 14 Abs. 1 Satz 2 Nr. 3 TzBfG (Vertretungsfall) den Ausschlag zugunsten von U.

5.5.1 Schriftformerfordernis

Befristungen sind nach § 14 Abs. 4 TzBfG nur wirksam, wenn sie schriftlich (§ 126 Abs. 2 BGB) vereinbart werden. Nicht schriftlich vereinbarte Befristungen sind demnach unwirksam. Nach § 16 Satz 1 TzBfG gilt der Vertrag in diesem Fall als auf unbefristete Zeit geschlossen. Es ist also nur die Befristungsabrede unwirksam, nicht etwa der gesamte Vertrag. Dies ergibt sich daraus, dass das TzBfG den Arbeitnehmer schützen soll.   456

Gemäß § 126 Abs. 2 BGB ist die Schriftform nur dann gewahrt, wenn beide Parteien auf derselben Urkunde oder auf gleichlautenden Urkunden eigenhändig (handschriftlich) unterzeichnen. Die Befristungsabrede ist also unwirksam, wenn sie mündlich oder z. B. per E-Mail vereinbart wird. Es reicht auch nicht aus, wenn   457

---

[1] Quelle jeweils: Institut für Arbeitsmarkt- und Berufsforschung der Bundesagentur für Arbeit, http://doku.iab.de/aktuell/2013/befristung_2012.pdf, abgerufen am 25.02.2015.

[2] BAG NZA 2004, 719 (721).

[3] BAG, Urt. v. 18.06.2008 – 7 AZR 245/07 (juris).

z. B. der Arbeitgeber dem Arbeitnehmer ein unterzeichnetes Angebot zuschickt und der Arbeitnehmer schriftlich „Einverstanden" antwortet. Die Erklärungen sind dann nicht gleichlautend.

458 Bei „Zweckbefristungen" nach § 14 Abs. 1 TzBfG muss in bestimmten Fällen auch der Zweck der Befristung schriftlich festgehalten werden. Zweckbefristungen knüpfen das Vertragsende nicht an ein Datum, sondern an die Erreichung eines Ziels, etwa den Abschluss eines Projektes. Bei Kalenderbefristungen ist das Vertragsende dagegen im Vertrag kalendermäßig konkret bestimmt. Für den Arbeitnehmer muss in jedem Fall aus dem Vertrag selbst erkennbar sein, wann die Befristung ausläuft. Ist im Vertrag kein Enddatum genannt, muss daher der Grund der Befristung schriftlich angegeben werden, damit der Arbeitnehmer erkennen und prüfen kann, ob die Voraussetzungen für die Beendigung des Vertrags vorliegen.[1] Ansonsten ist die Angabe des Sachgrunds nicht erforderlich.[2]

459 In der Praxis kommt es gelegentlich vor, dass der Arbeitnehmer den schriftlichen Arbeitsvertrag erst nach Arbeitsantritt unterzeichnet, etwa am ersten oder zweiten Tag im Büro des Arbeitgebers. Die Einigung über den Abschluss des Arbeitsvertrags hat in diesem Fall offenkundig schon vor der Unterzeichnung des schriftlichen Vertrags stattgefunden. Mangels Schriftform der Befristungsabrede verfügt der Arbeitnehmer daher schon vor der Unterzeichnung über einen unbefristeten Vertrag. Die spätere Unterzeichnung des schriftlichen Textes ist nach der Rechtsprechung des BAG nicht als rückwirkende Bestätigung der nichtigen Befristung nach § 141 BGB anzusehen.[3] Es wäre zwar denkbar, dass die Parteien mit dem Abschluss des schriftlichen Vertrags einen neuen Vertrag schließen wollen. Das BAG geht jedoch davon aus, dass die Parteien im Regelfall nur den bereits mündlich geschlossenen Vertrag zu Dokumentationszwecken noch einmal schriftlich festhalten wollen. Lediglich, wenn sich die schriftliche Befristungsabrede von der mündlichen Vereinbarung unterscheidet (z. B. kürzer oder länger, mündlich überhaupt keine Befristung vereinbart), kommt nach dem BAG die Annahme eines neuen, schriftlichen Vertrags in Betracht.[4] Für die Befristung des neuen Vertrags muss dann allerdings ein sachlicher Grund bestehen, da aufgrund der „Vorbeschäftigung" des Arbeitnehmers eine Befristung ohne Sachgrund nach § 14 Abs. 2 Satz 2 TzBfG ausgeschlossen ist. Der Arbeitgeber kann dieses Problem etwas entschärfen, indem er den ersten Vertrag unter der Bedingung schließt, dass der Arbeitnehmer eine Vertragsurkunde eigenhändig unterzeichnet.[5]

---

[1] BAG NJW 2006, 1084 (1087).

[2] BAG NZA 2004, 1333.

[3] BAG BB 2008, 1959 (1960); BB 2005, 1856 (1857).

[4] BAG BB 2008, 1959 (1960); Beispiel bei BAG NZA 2008, 108.

[5] BAG BB 2008, 1959 (1960).

5.5.2 Befristungen mit Sachgrund

Das TzBfG unterscheidet in Abs. 1 und Abs. 2 zunächst zwischen Befristungen mit und ohne Sachgrund.

460

§ 14 Abs. 1 TzBfG regelt Befristungen mit Sachgrund. Liegt ein sachlicher Grund vor, so können Arbeitsverträge grundsätzlich ohne Einschränkungen befristet werden, soweit der Sachgrund dies rechtfertigt. Es gibt also abgesehen von Missbrauchsfällen keine Beschränkung der Befristungsdauer oder der Anzahl der möglichen Vertragsverlängerungen, wie es § 14 Abs. 2 Satz 1 TzBfG für Befristungen ohne Sachgrund vorsieht.

461

§ 14 Abs. 1 Satz 2 TzBfG sieht einen Katalog von Regelbeispielen mit Befristungsgründen vor. Dieser ist jedoch nicht abschließend, es können also auch noch andere Gründe eine Befristung rechtfertigen. Die Regelbeispiele umfassen Fälle, in denen

462

1. der betriebliche Bedarf an der Arbeitsleistung nur vorübergehend besteht

2. die Befristung im Anschluss an eine Ausbildung oder ein Studium erfolgt, um den Übergang des Arbeitnehmers in eine Anschlussbeschäftigung zu erleichtern

3. der Arbeitnehmer zur Vertretung eines anderen Arbeitnehmers beschäftigt wird

4. die Eigenart der Arbeitsleistung die Befristung rechtfertigt

5. die Befristung zur Erprobung erfolgt

6. in der Person des Arbeitnehmers liegende Gründe die Befristung rechtfertigen

7. der Arbeitnehmer aus Haushaltsmitteln vergütet wird, die haushaltsrechtlich für eine befristete Beschäftigung bestimmt sind, und er entsprechend beschäftigt wird oder

8. die Befristung auf einem gerichtlichen Vergleich beruht.

Nr. 1 kommt z. B. bei Saisongeschäften wie in der Ernte- oder Weihnachtszeit oder bei einem außergewöhnlichen Großauftrag für ein Unternehmen in Betracht.

463

Nr. 2 betrifft nur die Fälle, in denen der Arbeitnehmer unmittelbar im Anschluss an eine Ausbildung oder ein Studium beschäftigt wird. Die Vorschrift ermöglicht es z. B. Werkstudenten nach Abschluss des Studiums befristet einzustellen. Die mögliche Dauer der Befristung ist nicht festgelegt. Eine längere Befristung als zwei Jahre dürfte aber im Regelfall unzulässig sein.[1]

464

Nr. 3 betrifft die Vertretung eines anderen Arbeitnehmers, etwa als Vertretung im Mutterschutz oder in der Elternzeit nach § 15 BEEG. Sofern der Arbeitnehmer

465

---

[1] APS/*Backhaus* § 14 TzBfG Rn 91 m. w. N.

nacheinander mehrere Vertretungen jeweils befristet übernimmt, kann es zu sog. Kettenbefristungen kommen. Auch diese sind grundsätzlich zulässig, soweit ein sachlicher Grund besteht. Dabei prüfte das BAG lange Zeit jeweils nur die letzte Befristung. In Ausnahmefällen können Kettenbefristungen allerdings einen sog. „institutionellen Missbrauch" des Befristungsrechts darstellen, der nach § 242 BGB verboten ist. Dies wird insbesondere dann anzunehmen sein, wenn der Arbeitgeber dauerhaft mit befristet eingestellten Kräften arbeitet, statt eine ständig benötigte Kraft unbefristet einzustellen. Um zu beurteilen, ob ein solcher institutioneller Missbrauch vorliegt, stellt das BAG als Reaktion auf ein EuGH-Urteil[1] nunmehr u. a. auf die Gesamtdauer und die Zahl der Befristungen ab sowie darauf, ob der befristet eingestellte Arbeitnehmer immer mit den gleichen oder mit wechselnden Aufgaben betraut wird.[2] Weiterhin kann es missbräuchlich sein, jeweils nur kurz zu befristen, obwohl absehbar ein längerer Vertretungsbedarf besteht.[3] Eine lange Gesamtdauer mit vielen kurzen Befristungen und einer jeweils gleichen Tätigkeit spricht dafür, dass der Arbeitgeber eigentlich einen dauerhaften Bedarf für eine weitere Stelle hat (Personalreserve) und das Befristungsrecht missbraucht.[4]

466 **Nr. 4** knüpft etwas diffus an die Eigenart der Arbeitsleistung an. Die Gesetzesbegründung nennt als Beispiel programmgestaltendes journalistisches Personal oder künstlerische Tätigkeiten.[5] Verträge mit Bühnenschauspielern können also z. B. befristet abgeschlossen werden. Die Eigenart dieser Tätigkeiten besteht darin, dass sie sehr stark durch die Person des Arbeitnehmers geprägt werden. Nr. 4 dürfte auch die Befristung von Verträgen mit Berufssportlern rechtfertigen.[6] Der Arbeitgeber soll mehr Flexibilität haben, wenn er z. B. journalistische oder künstlerische Konzepte verändern oder das Spielsystem einer Fußballmannschaft umstellen will.

467 **Nr. 5** erwähnt die Befristung zur Erprobung. Der Abschluss des befristeten Erprobungsvertrags stellt eine Alternative zur unbefristeten Einstellung mit Probezeit dar. § 622 Abs. 3 BGB begrenzt die mögliche Verkürzung der Kündigungsfrist während einer Probezeit auf maximal sechs Monate. Dies stellt auch im Regelfall die Grenze für eine Befristung nach Nr. 5 dar. War der Arbeitnehmer bereits auf einem vergleichbaren Arbeitsplatz bei dem Arbeitgeber beschäftigt, so kann eine Befristung nicht auf den Erprobungszweck gestützt werden.[7]

---

[1] EuGH NJW 2012, 989 – Kücük.

[2] Nach BAG NZA-RR 2014, 408 (412) indiziert die *„alternative oder insbesondere kumulative mehrfache Überschreitung der Grenzen des § 14 Abs. 2 Satz 1"* einen Missbrauch, sodass der Arbeitgeber besondere Gründe hierfür darlegen muss.

[3] BAG NZA-RR 2014, 408.

[4] Beispiele BAG BB 2013, 1979 (kein Missbrauch bei vier Befristungen in 7 ¾ Jahren), BAG BB 2013, 189 (13 Befristungen in 11 Jahren missbräuchlich).

[5] Vgl. BT-Drucks. 14/4374, S. 19.

[6] So LAG Mainz, Urt. v. 17.02.2016 – 4 Sa 202/15, anders die Vorinstanz ArbG Mainz NZA 2015, 684.

[7] Vgl. BAG NZA 2010, 1293 (1295).

Nr. 6 spricht allgemein von einem „in der Person des Arbeitnehmers liegenden Grund". Dies kann z. B. dann der Fall sein, wenn der Arbeitnehmer nur über eine befristete Arbeitserlaubnis verfügt. Hierunter fallen auch Einstellungen aus Gründen der „sozialen Überbrückung". Hauptziel der Einstellung ist dabei nicht die Deckung eines betrieblichen Bedarfs, sondern die „Sozialmaßnahme" für den Arbeitnehmer. Beispiele sind die übergangsweise Beschäftigung bis zum Erreichen der Rente oder einer Anschlussbeschäftigung. Dieser Grund kann naturgemäß leicht als Vorwand für eine Befristung benutzt werden. Der Arbeitgeber muss daher im Prozess darlegen und gegebenenfalls beweisen, dass er den Vertrag ohne Befristung überhaupt nicht geschlossen hätte.[1]

468

Nr. 7 trägt der Tatsache Rechnung, dass die Haushaltspläne öffentlicher Träger gelegentlich nur für einen befristeten Zeitraum Mittel für die Beschäftigung von Mitarbeitern vorsehen. Der Arbeitnehmer kann dann nur so lange beschäftigt werden, wie Haushaltsmittel vorhanden sind.

469

Nr. 8 betrifft den gerichtlichen Vergleich. Dies kann z. B. dann vorliegen, wenn sich die Parteien eines Kündigungsschutzprozesses auf gerichtlichen Vorschlag darauf einigen, statt einer Kündigung das Arbeitsverhältnis noch bis zu einem vereinbarten Datum befristet fortzusetzen.

470

5.5.3 Befristungen ohne Sachgrund

Wie bereits erwähnt stellt das TzBfG gewisse Beschränkungen für Befristungen auf. Arbeitgeber sollen nicht ohne sachlichen Grund Arbeitnehmer befristet einstellen dürfen, um sich mit Auslaufen des Vertrages ohne Beachtung des Kündigungsschutzes von ihnen trennen zu können. Auf der anderen Seite hat der Gesetzgeber einen Anreiz für Arbeitgeber schaffen wollen, Arbeitnehmer einzustellen, ohne sich in jedem Fall später mit Kündigungsschutzfragen auseinandersetzen zu müssen. Das Gesetz sieht insofern einen Kompromiss vor. Befristungen sind nach § 14 Abs. 2 TzBfG auch ohne Sachgrund möglich, jedoch nur eingeschränkt. Sachgrundlose Befristungen sind notwendig Kalenderbefristungen, weil ja gerade nicht auf einen bestimmten Zweck (= Grund) abgestellt wird.

471

Eine Befristung ohne Sachgrund ist nur bis zu einer Dauer von zwei Jahren zulässig. Wurde das Arbeitsverhältnis ursprünglich auf einen kürzeren Zeitraum befristet, so kann die Befristung maximal dreimal verlängert werden, jedoch nicht über einen Zeitraum von insgesamt zwei Jahren hinaus (§ 14 Abs. 2 Satz 1 TzBfG).

472

Neugegründete Unternehmen („Existenzgründer") können gem. § 14 Abs. 2a TzBfG innerhalb der ersten vier Jahre nach Gründung bis zur Dauer von vier Jahren befristete Verträge abschließen und bis zu einer Gesamtdauer von vier Jahren beliebig oft verlängern. Nach ganz herrschender Meinung laufen diese

473

---

[1] BAG NZA 2007, 566 (570).

Fristen nicht parallel. Das bedeutet, dass ein Unternehmen z. B. Anfang des vierten Jahres seiner Gründung einen auf drei Jahre befristeten Arbeitsvertrag schließen kann. Umstritten ist jedoch, ob auch eine Verlängerung innerhalb der ersten vier Jahre nach Gründung erfolgen muss. Ist das der Fall, könnte das Unternehmen den im dritten Jahr nach Gründung zunächst auf drei Jahre befristeten Vertrag nicht sachgrundlos um ein weiteres Jahr verlängern, weil es sich dann im sechsten Jahr nach Gründung befände.[1]

474   § 14 Abs. 3 TzBfG sieht Erleichterungen für die befristete Beschäftigung älterer Arbeitnehmer nach Vollendung des 52. Lebensjahrs vor, wenn diese in den vier Monaten vor Beginn des Arbeitsverhältnisses beschäftigungslos i. S. v. § 138 Abs. 1 Nr. 1 SGB III gewesen sind, Transferkurzarbeitergeld nach § 111 SGB III bezogen haben oder an einer nach dem SGB II/III öffentlich geförderten Beschäftigungsmaßnahme teilgenommen haben. Erfasst sind also im Wesentlichen Arbeitnehmer, die arbeitslos sind oder unmittelbar vor der Arbeitslosigkeit stehen. Befristungen können dann für maximal fünf statt zwei Jahre erfolgen und bis zu dieser Dauer auch beliebig oft verlängert werden. Ältere Arbeitnehmer werden durch diese Regelung anders behandelt als jüngere. Der Europäische Gerichtshof hatte die Vorgängerregelung im TzBfG, wonach Arbeitnehmer mit Vollendung des 52. Lebensjahres beliebig lange befristet eingestellt werden können, wegen Altersdiskriminierung als europarechtswidrig angesehen.[2] Die Neufassung der Vorschrift berücksichtigt die individuelle Beschäftigungssituation der Arbeitnehmer und gestattet nur noch eine Befristung bis maximal fünf Jahren. Das BAG hat dies als verfassungs- und europarechtskonform angesehen und eine erneute Vorlage an den EuGH abgelehnt.[3]

475   Ein Arbeitgeber könnte auf den Gedanken kommen, den ohne Sachgrund befristeten Arbeitsvertrag nach zwei Jahren nicht unbefristet fortzuführen, sondern auslaufen zu lassen, und den Arbeitnehmer nach Ablauf einer kurzen „Schamfrist" erneut für zwei Jahre einzustellen. Das käme einer sachgrundlosen Kettenbefristung gleich. Einem solchen Vorgehen beugt § 14 Abs. 2 Satz 2 TzBfG vor. Danach ist eine Befristung „nach Satz 1" (also ohne Sachgrund) nur zulässig, wenn mit demselben Arbeitgeber zuvor kein Arbeitsverhältnis bestanden hat. Da die Vorschrift in erster Linie Kettenbefristungen vorbeugen soll, liegt nach der Rechtsprechung des BAG keine Vorbeschäftigung im Rechtssinne mehr vor, wenn das alte Arbeitsverhältnis zum Einstellungszeitpunkt mehr als drei Jahre zurückliegt.[4]

476   Das Vorbeschäftigungsverbot macht es unter Umständen erforderlich, zwischen einer zulässigen Verlängerung nach Satz 1 und einer unzulässigen Wiedereinstellung nach Satz 2 zu unterscheiden. Die Rechtsprechung ist hier sehr streng. Für

---

[1] Vgl. näher APS/*Backhaus* § 14 TzBfG Rn 415k.

[2] EuGH NZA 2005, 1345 – Mangold.

[3] BAG DB 2014, 2475.

[4] BAG NZA 2011, 905 (910).

eine Verlängerung nach Satz 1 darf praktisch nur das Vertragsende nach hinten geschoben werden. Die Verlängerung darf also grundsätzlich keinerlei inhaltliche Änderungen am ursprünglichen Vertrag enthalten und muss zudem noch während der Laufzeit des alten Vertrags vereinbart worden sein. Andernfalls handelt es sich um eine „Neueinstellung", die gem. § 14 Abs. 2 Satz 2 TzBfG nicht wirksam befristet werden kann.[1] Ausnahmen hiervon lässt das BAG lediglich unter einem Gesichtspunkt zu: Ist der Arbeitgeber zur Vertragsänderung verpflichtet, so kann diese auch bei der Vertragsverlängerung geschehen. Dies betrifft insbesondere den Anspruch eines Teilzeitbeschäftigten auf „Aufstockung" der Arbeitszeit nach § 9 TzBfG. Der Arbeitgeber muss also nicht zunächst den befristeten Teilzeit-Vertrag verlängern und anschließend den Anspruch auf Aufstockung erfüllen. Er kann auch direkt mit der Verlängerung die Arbeitszeit aufstocken.[2] Generell verbietet § 4 Abs. 2 Satz 1 TzBfG die Diskriminierung von befristet Beschäftigten gegenüber den unbefristet Beschäftigten. Ändert der Arbeitgeber die Vertragsbedingungen für die unbefristet beschäftigten Arbeitnehmer, so darf er dies deshalb auch bei der Verlängerung eines befristeten Arbeitsvertrags umsetzen.

Beispiel

Der sachgrundlos befristet beschäftigte Arbeitnehmer erhält anlässlich der Verlängerung seines Vertrags um ein weiteres Jahr eine um 50 ct/h höhere Vergütung. Damit läge keine Verlängerung mehr vor, und die Befristung wäre unwirksam. Etwas anderes gälte, wenn die unbefristet Beschäftigten ebenfalls eine Lohnerhöhung bekämen. Der Arbeitgeber darf den befristet eingestellten Arbeitnehmer gem. § 4 Abs. 2 Satz 1 TzBfG nicht diskriminieren und muss auch ihm den Lohn erhöhen. Dies kann zugleich mit der Verlängerung erfolgen.[3]

5.5.4 Ende des befristeten Vertrags

Der kalendermäßig befristete Vertrag endet gem. § 15 Abs. 1 TzBfG mit Ablauf der Vertragsdauer. Der zweckbefristete Arbeitsvertrag endet nach Abs. 2 mit Erreichen des Zwecks, frühestens jedoch zwei Wochen nach Zugang der schriftlichen Unterrichtung des Arbeitnehmers durch den Arbeitgeber über die Zweckerreichung. Der zweckbefristete Arbeitsvertrag endet also anders als bei der Kalenderbefristung nicht automatisch. Wird ein befristeter Arbeitsvertrag über das vereinbarte Ende oder die Zweckerreichung fortgesetzt, so gilt er nach Abs. 4 als auf unbestimmte Zeit verlängert, sofern der Arbeitgeber der Fortsetzung nicht widerspricht (Kalenderbefristung) oder dem Arbeitnehmer die Zweckerreichung nicht mitteilt. Der Arbeitgeber muss also aktiv werden.

477

---

[1] BAG NZA 2007, 204 (205).

[2] BAG NZA 2008, 701 (704).

[3] Beispiel nach BAG NZA 2007, 204 (207).

478   Die ordentliche Kündigung des befristeten Vertrags während seiner Laufzeit ist nach § 15 Abs. 3 TzBfG ausgeschlossen, sofern ihre Zulässigkeit nicht ausdrücklich im Arbeits- oder Tarifvertrag vorgesehen ist. Nach Abs. 4 kann allerdings der Arbeitnehmer mit einer Frist von sechs Monaten ordentlich kündigen, sofern der befristete Arbeitsvertrag für die Lebenszeit einer Person oder für länger als fünf Jahre eingegangen wurde.

479   Ist die Befristung nicht wirksam vereinbart worden, so gilt der Arbeitsvertrag nach § 16 Satz 1 TzBfG als auf unbestimmte Zeit geschlossen. Der Arbeitgeber kann sich von diesem Vertrag gemäß Satz 2 nicht früher lösen, als es bei einer wirksamen Befristung der Fall gewesen wäre. Ist allerdings die Befristung nur wegen Missachtung der Schriftform unwirksam, dann gilt nach Satz 3 diese Einschränkung nicht. Die Kündigungsmöglichkeit richtet sich dann nach den allgemeinen Grundsätzen, insbesondere nach dem Kündigungsschutzgesetz. Der Arbeitnehmer kann dann also auch früher gekündigt werden als bei wirksamer Befristung. Der Arbeitgeber soll weniger stark „bestraft" werden, wenn lediglich die Schriftform nicht eingehalten wurde, aber an sich eine Befristung möglich gewesen wäre.

480   Beruft sich der Arbeitnehmer auf die Unwirksamkeit einer Befristung, so muss er beim Arbeitsgericht Klage auf Feststellung erheben, dass sein Arbeitsvertrag aufgrund der Befristung nicht beendet ist. § 17 TzBfG ordnet an, dass hierbei die Fristen für eine Kündigungsschutzklage nach §§ 4 - 7 KSchG entsprechend anwendbar sind, also die Klage im Regelfall innerhalb von drei Wochen nach Ablauf der Befristung zu erheben ist. Der Gesetzgeber sieht beide Situationen als vergleichbar an, weil es jeweils darum geht, ob ein Arbeitsverhältnis wirksam beendet wurde.

5.6 Aufhebungsvertrag

481   Spiegelbildlich zum Abschluss des Arbeitsvertrags können die Parteien einvernehmlich auch das Arbeitsverhältnis wieder durch einen Aufhebungsvertrag beenden. § 623 BGB bezeichnet diesen als „Auflösungsvertrag" und fordert für seine Wirksamkeit die Einhaltung der Schriftform. Die Gründe für den Abschluss eines Aufhebungsvertrags sind vielfältig. In manchen Fällen geht die Initiative vom Arbeitnehmer aus, der sich vielleicht früher aus dem Arbeitsverhältnis lösen will, als es die vertraglich vereinbarten Kündigungsfristen erlauben. In anderen Fällen zieht vielleicht der Arbeitgeber einen Aufhebungsvertrag der Kündigung vor, um das Risiko einer Kündigungsschutzklage zu verhindern. Nach – allerdings etwas älteren – Untersuchungen werden etwa 10 % der auf Initiative des Arbeitgebers beendeten Arbeitsverträge durch einen Aufhebungsvertrag aufgelöst.[1] Zum notwendigen Inhalt eines Aufhebungsvertrags gehört lediglich die Festlegung des Zeitpunktes, an dem das Arbeitsverhältnis endet. Fehlt eine solche An-

---

[1] *Däubler/Hjort/Schubert/Wolmerath-Däubler* § 611 BGB Rn 591.

gabe, so ist der Vertrag auszulegen. Ohne Angabe wird häufig eine sofortige Aufhebung gemeint sein.

Beispiel

„Die Parteien heben den Arbeitsvertrag einvernehmlich auf."/„mit sofortiger Wirkung auf."/„zum 31.12.2014 auf."

Darüber hinaus kommen als Regelungsgegenstände noch in Betracht: 482

- ▶ Einhaltung einer der gesetzlichen Kündigung entsprechenden Frist
- ▶ eine mögliche Freistellung bis zum Vertragsende
- ▶ Regelungen über die Inanspruchnahme bzw. Abgeltung von Urlaub
- ▶ Vereinbarungen über den Inhalt des Arbeitszeugnisses
- ▶ Vereinbarungen über eine mögliche Abfindung des Arbeitnehmers
- ▶ Regelungen über Ansprüche aus einer betrieblichen Altersversorgung, soweit die Parteien darüber verfügen können („verfallbare Anwartschaften" nach §§ 3, 17 Abs. 3 BetrAVG)
- ▶ Regelungen über ein mögliches nachvertragliches Wettbewerbsverbot, wobei §§ 74 ff. HGB zu beachten sind (Karenzentschädigung)
- ▶ Abgeltungsklauseln, wonach mit dem Abschluss des Aufhebungsvertrags keine wechselseitigen Ansprüche mehr bestehen
- ▶ die Angabe des Grundes für den Aufhebungsvertrag (insbesondere auf wessen Initiative, zur Vermeidung einer Kündigung etc.).

Ein Aufhebungsvertrag liegt nur dann vor, wenn er im Kern die Modalitäten der 483
(baldigen) Beendigung regelt. Zielt der Vertrag dagegen auf eine begrenzte Fortsetzung des Vertrags, so handelt es sich in Wahrheit um eine nachträgliche Befristung des Arbeitsvertrags, die nur unter den Voraussetzungen des § 14 Abs. 1 TzBfG zulässig ist. Nach der Rechtsprechung des BAG ist von einer nachträglichen Befristung jedenfalls dann auszugehen, wenn die vereinbarte Auslauffrist die Kündigungsfrist um ein Mehrfaches überschreitet und der Vertrag keine sonstigen, in Aufhebungsverträgen üblichen Regelungen enthält.[1]

Hinsichtlich der vereinbarten Beendigungsfrist ist § 158 SGB III zu beachten. Wird 484
das Arbeitsverhältnis ohne Einhaltung der Frist für eine ordentliche Kündigung beendet, und hat der Arbeitslose eine Entschädigung erhalten, so ruht der Anspruch auf Arbeitslosengeld I grundsätzlich bis zum Ablauf der Frist für eine ordentliche Kündigung. Hat der Arbeitnehmer keine Anschlussbeschäftigung, so

---

[1] BAG NZA 2007, 614 (616).

wird die Abfindung folglich u. U. dadurch ganz oder teilweise aufgezehrt, dass er kein Arbeitslosengeld I erhält.

485 Die Angabe des Aufhebungsgrundes ist in Fällen sinnvoll, in denen sie kein schlechtes Licht auf den Arbeitnehmer wirft. Der Grund für den Aufhebungsvertrag kann zudem Bedeutung für den Anspruch auf Arbeitslosengeld I haben. Nach § 159 SGB III ruht der Anspruch während der Dauer einer Sperrzeit von regelmäßig zwölf Wochen, wenn der Arbeitslose das Beschäftigungsverhältnis gelöst oder durch ein arbeitsvertragswidriges Verhalten Anlass für die Lösung des Beschäftigungsverhältnisses gegeben und dadurch vorsätzlich oder grob fahrlässig die Arbeitslosigkeit herbeigeführt hat. Gibt der Arbeitnehmer also freiwillig seinen Arbeitsplatz ohne nachvollziehbaren Grund auf, so wird er mit einer Sperrzeit belegt, selbst wenn er keine Entschädigung erhalten hat. Anders ist es, wenn der Arbeitnehmer durch den Abschluss des Aufhebungsvertrags eine rechtmäßige Kündigung abwendet, der kein vertragswidriges Verhalten zugrunde liegt, und dem Arbeitnehmer die Hinnahme der Kündigung nicht zuzumuten ist. Namentlich ist dies der Fall, wenn der Arbeitgeber mit dem Arbeitnehmer einen Aufhebungsvertrag abschließt, statt eine personen- oder betriebsbedingte Kündigung auszusprechen. Bei betriebsbedingten Kündigungen kommt es nach der Rechtsprechung des BSG nicht auf die Rechtmäßigkeit der Kündigung an, weil dem Arbeitnehmer nach § 1a KSchG ausdrücklich gestattet ist, die Kündigung ohne Prüfung ihrer Rechtmäßigkeit gegen eine Entschädigung zu akzeptieren.[1] Es kann also in diesem Fall für den Arbeitnehmer von Vorteil sein, wenn der Aufhebungsvertrag ausdrücklich festhält, dass er anstelle einer betriebsbedingten Kündigung geschlossen wurde.

486 Wird der Aufhebungsvertrag auf Initiative des Arbeitgebers geschlossen, so kann diesen als Nebenpflicht aus dem bestehenden Arbeitsvertrag (§ 241 Abs. 2 BGB) die Pflicht treffen, den Arbeitnehmer auf die sozialrechtlichen Folgen hinzuweisen. Eine Verletzung dieser Pflicht kann zu Schadensersatzansprüchen nach § 280 Abs. 1 BGB führen.[2] Gleiches gilt naturgemäß erst recht, wenn der Arbeitgeber dem Arbeitnehmer falsche Auskünfte erteilt.

5.7 Zeugnisanspruch

487 Arbeitnehmer haben nach §§ 630 BGB, 109 Abs. 1 GewO einen Anspruch auf ein schriftliches Zeugnis.

488 § 109 Abs. 1 GewO gilt nur bei Beendigung des Arbeitsverhältnisses (Schlusszeugnis). Ein Zeugnisanspruch ergibt sich aber als arbeitsvertragliche Nebenpflicht des Arbeitgebers aus Sondernormen (z. B. § 35 TVöD) oder allgemein aus § 241 Abs. 2 BGB auch vor Beendigung des Arbeitsverhältnisses, wenn der Arbeitnehmer

---

[1] BSG NZS 2012, 875.

[2] *Strauß*, Arbeitsrecht für Ärzte an KH, S. 125; BAG NJOZ 2003, 1601 (1603).

ein berechtigtes Interesse daran hat (Zwischenzeugnis).[1] Dies kann z. B. der Fall sein, wenn er sich bei einem anderen Arbeitgeber bewerben will.

§ 109 Abs. 1 Satz 1 GewO nennt das „einfache" Zeugnis, welches lediglich Angaben zu Art und Dauer der Tätigkeit enthält. Dabei müssen die Tätigkeiten des Arbeitnehmers sowie ihre Dauer vollständig und in ihrer zeitlichen Reihenfolge genau aufgeführt werden. Ein potenzieller Arbeitgeber muss sich ein Bild von den ausgeübten Tätigkeiten und ihrem Umfang machen können. 489

Beispiel

Herr/Frau A, geboren am 01.01.1970, war vom 01.01.2000 bis zum 31.12.2010 in unserem Unternehmen zunächst als Lkw-Fahrer/in, seit dem 01.01.2005 als Lagerarbeiter/in im Hochregallager und als Gabelstaplerfahrer/in beschäftigt.

Das „qualifizierte" Zeugnis unterscheidet sich gem. § 109 Abs. 1 Satz 3 GewO vom einfachen Zeugnis dadurch, dass sich außerdem auch auf Leistung und Verhalten des Arbeitnehmers im Arbeitsverhältnis erstreckt. Sowohl für das einfache als auch für das qualifizierte Zeugnis gilt nach § 109 Abs. 2 GewO, dass sie klar und verständlich formuliert sein müssen. Sie dürfen keine Merkmale oder Formulierungen enthalten, die den Zweck haben, eine andere als die aus der äußeren Form oder aus dem Wortlaut ersichtliche Aussage über den Arbeitnehmer zu treffen. Das BAG leitet hieraus den Grundsatz der Zeugniswahrheit und Zeugnisklarheit ab.[2] Nach der Rechtsprechung muss der Arbeitgeber außerdem berücksichtigen, dass das Zeugnis für das weitere berufliche Fortkommen des Arbeitnehmers von Bedeutung ist. Daher ist der Arbeitgeber zu einer wohlwollenden Formulierung des Zeugnisses verpflichtet.[3] Bedeutung hat dies vor allem beim qualifizierten Zeugnis. Grundsätzlich kommt dem Arbeitgeber bei der Formulierung des Zeugnisses ein Beurteilungsspielraum zu.[4] 490

Aus den beschriebenen Grundsätzen folgt die Pflicht des Arbeitgebers, keine für die Beurteilung maßgeblichen Umstände wegzulassen, aber umgekehrt auch keine Umstände zu berücksichtigen, die für das Arbeitsverhältnis nicht prägend waren (z. B. einmalige Fehler).[5] Der Grundsatz der wohlwollenden Beurteilung wird überwiegend dahingehend verstanden, dass der Arbeitgeber gegen den Willen des Arbeitnehmers den Kündigungsgrund nicht im Zeugnis aufführen darf.[6] 491

---

[1] BeckOK ArbR/*Tillmanns* § 109 GewO Rn 24.

[2] BAG BB 2004, 1500 (1501).

[3] BAG BB 2005, 2530 (2532), st. Rspr.

[4] BAG NZA 2004, 842, 843.

[5] Richtig ErfK/*Müller-Glöge* § 109 GewO Rn 19.

[6] BeckOK GewO/*Schulte* § 109 GewO Rn 134.

492 Das Spannungsverhältnis zwischen Zeugniswahrheit, -klarheit und wohlwollender Formulierung hat zu einer umfangreichen Kasuistik zur Zeugniserstellung geführt. Auch wenn der Arbeitgeber grundsätzlich frei in der Formulierung des Zeugnisses ist, so muss er berücksichtigen, ob bestimmte Formulierungen als allgemein üblich angesehen werden. Benutzt er diese Formulierungen, so muss er sie im allgemein üblichen Sinne verwenden. Aufgrund des Wohlwollenserfordernisses haben sich bestimmte Formulierungen herausgebildet, die nicht nur teilweise sprachlich unsinnig sind („vollste"), sondern die eigentliche Bewertung eher verschleiern als verdeutlichen. Typische Formulierungen haben in etwa die in der nachstehenden Tabelle aufgeführte Bedeutung:[1]

„Zeugnis-Code"	
Stets zu unserer vollsten Zufriedenheit	Eine sehr gute Bewertung
Stets zu unserer vollen Zufriedenheit	Eine gute (überdurchschnittliche) Bewertung
Zu unserer vollen Zufriedenheit/stets zu unserer Zufriedenheit	Eine durchschnittliche Bewertung
Zu unserer Zufriedenheit	Eine unterdurchschnittliche Bewertung
Insgesamt zu unserer Zufriedenheit/hat sich stets bemüht, die Aufgaben zu unserer Zufriedenheit zu erfüllen	Eine mangelhafte Bewertung

493 Daneben können negative Aussagen z. B. auch dadurch getroffen werden, dass bestimmte Aspekte der Tätigkeit, zu denen ein künftiger Arbeitgeber Aussagen im Zeugnis erwarten würde, überhaupt nicht angesprochen werden (beredtes Schweigen)[2], nebensächliche Aspekte stark betont oder wichtige Aspekte nur unüblich kurz behandelt werden.[3]

494 Nach Ansicht des BAG ist der Arbeitgeber auch nach den Grundsätzen zum „beredten Schweigen" nicht verpflichtet, dem Arbeitnehmer in einer Schlussformel seinen Dank für die geleistete Tätigkeit auszusprechen oder ihm „alles Gute" für einen weiteren Berufsweg zu wünschen. Ist der Arbeitnehmer mit einer Schlussformel nicht einverstanden, so hat er lediglich einen Anspruch auf ein Zeugnis ohne Schlussformel.[4] Der Arbeitgeber hat wie ausgeführt einen Beurteilungsspielraum bei der Bewertung. Bewertet er die Leistung des Arbeitnehmers insgesamt als durchschnittlich („zur vollen Zufriedenheit"), so obliegt es dem Arbeitnehmer darzulegen, warum seine Leistung in Wahrheit über dem Durchschnitt lag. Das gilt selbst dann, wenn gute und sehr gute Bewertungen branchenüblich sind.[5] Bei einer schlechteren Bewertung muss der Arbeitgeber dage-

---

[1] Vgl. BeckOK GewO/*Schulte* § 109 GewO Rn 139.

[2] BAG NZA 2008, 1349 (1350).

[3] Vgl. insgesamt BeckOK GewO/*Schulte* § 109 GewO Rn 147 - 157a.

[4] BAG NJW 2013, 811 (812).

[5] BAG NZA 2015, 868.

gen darlegen und ggf. beweisen, warum der Mitarbeiter unterdurchschnittliche Leistungen erbracht hat. Weicht der Arbeitgeber in einem Endzeugnis von einem Zwischenzeugnis ab, so muss er darlegen und ggf. beweisen, wodurch die Abweichung gerechtfertigt ist.[1]

Genügt das Zeugnis nicht den Anforderungen des § 109 GewO, so hat der Arbeitnehmer einen Zeugnisberichtigungsanspruch. Er kann dann vom Arbeitnehmer die Aufnahme bestimmter Aspekte und unter Umständen auch bestimmter Formulierungen verlangen.   495

Fall 13: Wahrheitspflicht im Zeugnis > Seite 392

5.8 Ausgleichsquittung

Als Ausgleichsquittung wird eine Bestätigung einer oder beider Vertragsparteien bezeichnet, dass keine Ansprüche mehr bestehen bzw. die Parteien darauf verzichten. Rechtlich erforderlich ist sie nicht. Die Rechtsnatur der Ausgleichsquittung ist durch Auslegung zu ermitteln. Sie kann lediglich eine Bestätigung des Erhalts bestimmter Dokumente sein, wie etwa der Lohnsteuerkarte, der Arbeitsbescheinigung (§ 312 SGB III) oder der Urlaubsbescheinigung (§ 6 Abs. 2 BUrlG).[2] Waren bestimmte Ansprüche zwischen den Parteien zuvor streitig (z. B. Überstundenvergütungen nach § 612 BGB), so kommt eine Auslegung als Vergleich (§ 779 BGB) in Betracht. Gibt es über das Bestehen eines Anspruchs an sich keinen Streit, so kann in der Ausgleichsquittung ein Erlassvertrag (§ 397 BGB) zu sehen sein. Umgekehrt können die Parteien auch einhellig davon ausgehen, dass zwischen ihnen keine Ansprüche mehr bestehen und sich auch gegen aktuell noch unbekannte, aber später möglicherweise entstehende Ansprüche rechtlich absichern wollen. Dann kann die Ausgleichsquittung ein „negatives konstitutives Schuldanerkenntnis" (§ 397 Abs. 2 BGB) darstellen. Damit sind auch zukünftige Ansprüche ausgeschlossen. Lediglich Ansprüche, die der Verfügungsmacht der Parteien entzogen sind, können durch die Ausgleichsquittung nicht beseitigt werden. Hierzu gehören z. B. die Ansprüche auf Urlaubsabgeltung, soweit der gesetzliche Mindesturlaub nicht gewährt wurde.[3] Auf Ansprüche aus einem Tarifvertrag kann der Arbeitnehmer ohne Billigung der Gewerkschaft nicht verzichten (§ 4 Abs. 4 Satz 1 TVG), auf Ansprüche aus Betriebsvereinbarungen nur mit Zustimmung des Betriebsrats (§ 77 Abs. 4 Satz 2 BetrVG).   496

5.9 Verjährung, Ausschlussfristen, Verwirkung

Auch Ansprüche aus dem Arbeitsvertrag unterliegen der Verjährung. Gemäß § 195 BGB beträgt die Verjährungsfrist drei Jahre. Sie beginnt nach § 199 Abs. 1   497

---

[1] BAG NZA 2008, 298 (301).

[2] Vgl. *Senne*, Arbeitsrecht, S. 290.

[3] BGA NZA 1990, 935.

BGB am 31.12. des Jahres, in dem der Anspruch entstanden[1] ist und der Gläubiger von der Person des Schuldners und den Umständen, aus denen sich der Anspruch ergibt, Kenntnis erlangt hat oder hätte erlangen müssen. Im Arbeitsverhältnis wird die Kenntnis dieser Umstände regelmäßig kein Problem darstellen. Liegen die Voraussetzungen der Verjährung nach den §§ 194 ff. BGB vor, dann kann der Schuldner gem. § 214 Abs. 1 BGB die Leistung verweigern. Er muss dazu aber im Prozess die Einrede der Verjährung erheben.

Beispiel

Arbeitnehmer A macht eine Überstundenvergütung für die Monate März - Juli 2005 geltend. Die Vergütung ist jeweils am Monatsende fällig (§ 614 BGB). Die Ansprüche verjähren demnach am 31.12.2008.

498 Arbeits- oder tarifvertraglich können sog. Ausschlussfristen vereinbart sein. Mit Ablauf dieser Ausschlussfristen verfallen die von ihnen erfassten Ansprüche, auch wenn die Voraussetzungen von § 199 BGB nicht vorliegen sollten. Dies soll der schnellen Klärung der Rechtslage dienen. Einstufige Ausschlussfristen verlangen lediglich die Geltendmachung bei der jeweiligen Vertragspartei innerhalb einer bestimmten Frist. Zweistufige Ausschlussfristen lassen den Anspruch verfallen, wenn er nicht zusätzlich innerhalb einer bestimmten Frist gerichtlich eingeklagt wird.

Beispiel

Der § 8 des Rahmentarifvertrags für die Arbeitnehmer der Industrie der Steine und Erden im Lande Hessen vom 27.04.2005 bestimmt:

„1. Ansprüche aus Mehrarbeit, Nachtarbeit, Sonn- und Feiertagsarbeit, auf Zahlung von Zuschlägen jeder Art verfallen, wenn sie nicht innerhalb von vier Wochen nach Fälligkeit bei dem Arbeitgeber geltend gemacht werden.

2. Alle sonstigen beiderseitigen Ansprüche aus dem Arbeitsverhältnis verfallen, wenn sie nicht innerhalb von zwei Monaten nach Fälligkeit schriftlich erhoben werden.

3. Werden die Ansprüche abgelehnt, so verfallen sie, wenn sie nicht innerhalb von zwei Monaten nach der Ablehnung gerichtlich geltend gemacht werden."

---

[1] Trotz der Verwendung des Begriffs „entstanden" wird im Regelfall auf die Fälligkeit abzustellen sein, vgl. *Müko/Grothe* § 199 BGB Rn 4.

Erhebt der Arbeitnehmer eine Kündigungsschutzklage, so genügt er damit bei den Stufen hinsichtlich *„aller Ansprüche, die vom Erfolg der Kündigungsschutzklage abhängen"*, also insbesondere Ansprüchen wegen Annahmeverzugs nach § 615 Satz 1 BGB.[1]

499

In Tarifverträgen sind sowohl einstufige als auch zweistufige Ausschlussfristen uneingeschränkt zulässig, auch wenn sie sehr kurze Ausschlussfristen setzen. Arbeitsvertragliche Ausschlussfristen können anders als tarifvertraglich (§ 310 Abs. 4 Satz 1 BGB) gem. § 307 BGB auf ihre Angemessenheit kontrolliert werden. Dem Arbeitnehmer muss also eine angemessene Zeit gegeben werden, um mögliche Ansprüche zu prüfen. Das BAG setzt hier eine Untergrenze von drei Monaten.[2] Diese Grenze hat das BAG auch für die Frist zur gerichtlichen Geltendmachung in der zweiten Stufe gesetzt, da der Arbeitnehmer u. U. erst durch die Ablehnung des Anspruchs dazu veranlasst wird, die Rechtslage eingehend prüfen zu lassen.[3] Ist nur die Frist für die erste Stufe zu kurz bemessen, so folgt daraus die Unwirksamkeit auch der zweiten Stufe, weil ohne erste Stufe der Fristbeginn für die zweite Stufe nicht bestimmt werden kann.[4] Ist dagegen nur die zweite Stufe unwirksam, so bleibt die einstufige Ausschlussfrist erhalten.

500

Fall 14: Die tarifliche Ausschlussfrist > Seite 393

6. Arbeitnehmerüberlassung

6.1 Grundlagen

Statt der Beschäftigung eigener Arbeitnehmer kann der Arbeitgeber auf Beschäftigte zurückgreifen, die ihm von anderen Unternehmen überlassen werden. Die Arbeitnehmerüberlassung erfolgt in einem Drei-Personen-Verhältnis. Sie ist dadurch gekennzeichnet, dass ein Leiharbeitgeber (der Verleiher) einem anderen Arbeitgeber (dem Entleiher) im Rahmen eines Arbeitnehmerüberlassungsvertrags seine Arbeitnehmer (Leiharbeitnehmer) überlässt. Der Verleiher überträgt dem Entleiher in diesem Vertrag das Direktionsrecht für die Leiharbeitnehmer und erhält im Gegenzug eine Vergütung. Nachfolgende Übersicht verdeutlicht die Beziehungen:

501

---

[1] BAG NZA 2013, 101 (102).

[2] BGA NZA 2006, 149 (152); vgl. zu den Ausschlussfristen näher *Senne*, S. 291 ff.

[3] BAG NZA 2005, 1111 (1114).

[4] BAG NZA 2006, 149 (153).

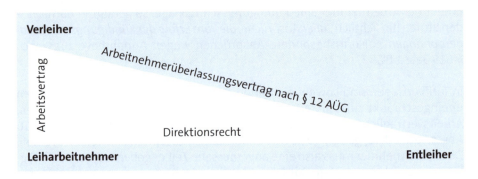

502 Der Entleiher muss zwar neben den Kosten für den Arbeitnehmer auch den Gewinn des Verleihers zahlen. Gleichwohl bietet ihm die Arbeitnehmerüberlassung Vorteile: Der Entleiher spart Kosten und Zeit für die Suche nach Mitarbeitern, und die Kündigung des Arbeitnehmerüberlassungsvertrags unterfällt nicht dem Kündigungsschutzgesetz. Die Kosten für Leiharbeitnehmer sind häufig trotz der Marge des Verleihers geringer, weil die Vergütungen in der Leiharbeitsbranche regelmäßig deutlich unterhalb der Vergütungen für die Stammarbeitnehmer liegen.[1]

503 Die zahlenmäßige Bedeutung der Leiharbeit in Deutschland wird häufig überschätzt. Nach Angaben der Bundesagentur für Arbeit waren im Juni 2015 insgesamt 961.000 Personen als Leiharbeitnehmer beschäftigt.[2] Die Gesamtzahl der sozialversicherungspflichtig Beschäftigten lag im Juni 2015 bei rund 31 Mio.[3] Die Gesamtzahl der „Erwerbspersonen" (also auch Beamte, Selbstständige etc.) lag im Oktober 2014 bei rund 43 Mio.[4] Die geringe Anzahl der Leiharbeitnehmer im Vergleich zu den insgesamt sozialversicherungspflichtig Beschäftigten bzw. Erwerbspersonen spiegelt allerdings nicht die wahre Bedeutung der Leiharbeit wider. Denn bereits durch die Möglichkeit, anstelle von eigenen Beschäftigten Leiharbeitnehmer einzusetzen, entsteht naturgemäß latent ein Druck auf die Stammbeschäftigten, Konzessionen bei ihren Arbeitsbedingungen zu machen.

504 Die Arbeitnehmerüberlassung war bis zu einer Entscheidung des Bundesverfassungsgerichts aus dem Jahr 1967[5] der damaligen „Bundesanstalt für Arbeitsvermittlung und Arbeitslosenversicherung" (heute Bundesagentur für Arbeit) vorbehalten. Es sollte verhindert werden, dass die Monopolstellung der Bundesanstalt für die Arbeitsvermittlung durch Arbeitnehmerüberlassung umgangen würde. Im Jahr 1972 wurde dann das Arbeitnehmerüberlassungsgesetz verabschiedet und seitdem mehrfach geändert. Während zunächst die weitere Liberalisierung

---

[1] Siehe zu den Gründen >> Kapitel 6.4.

[2] Bundesagentur für Arbeit (Hrsg.), Der Arbeitsmarkt in Deutschlang – Zeitarbeit – aktuelle Entwicklungen, Nürnberg, 2016.

[3] Bundesagentur für Arbeit (Hrsg.), Der Arbeitsmarkt in Deutschlang – Zeitarbeit – aktuelle Entwicklungen, Nürnberg, 2016.

[4] Statistisches Bundesamt, Pressemitteilung Nr. 420 vom 27.11.2014.

[5] BVerfG NJW 1967, 974.

der Zeitarbeit im Vordergrund stand, sind mit der Änderung 2011 die Eindämmung von Missbräuchen bzw. die Verbesserung der Situation von Leiharbeitnehmern wieder stärker in das Blickfeld des Gesetzgebers geraten. Das AÜG ist dadurch gekennzeichnet, dass die Arbeitnehmerüberlassung kontrolliert und die Leiharbeitnehmer in besonderer Weise geschützt werden sollen. Ein eingeschränktes Verbot der Arbeitnehmerüberlassung gilt nach § 1b AÜG noch im Baugewerbe.

6.2 Vorübergehende Überlassung

Die Leiharbeit darf nach § 1 Abs. 1 Satz 2 AÜG nur vorübergehend erfolgen. Das BAG hat entschieden, dass es sich zumindest dann nicht mehr um eine vorübergehende Überlassung handelt, wenn überhaupt kein Ende der Überlassung bestimmt ist. Ob das Merkmal noch weitere Eingrenzungen zeitlicher oder sonstiger Art erfordert, hat das BAG bislang ausdrücklich offen gelassen.[1] Die aktuelle Regierungskoalition hat vereinbart, die Arbeitnehmerüberlassung künftig auf eine Dauer von 18 Monaten zu beschränken. Aktuell hat die Bundesregierung einen Gesetzentwurf zur Leiharbeit und zu Werkverträgen vorgelegt.[2]   505

Die nicht nur vorübergehende Arbeitnehmerüberlassung ist verboten und der Überlassungsvertrag gem. § 134 BGB nichtig. Der Betriebsrat kann der Einstellung des Leiharbeitnehmers die erforderliche Zustimmung verweigern (§ 99 Abs. 2 Nr. 1 BetrVG).[3] Der Verstoß führt jedoch nicht gem. § 10 Abs. 1 AÜG zu einem Arbeitsverhältnis mit dem Entleiher, weil dieses nur dann fingiert wird, wenn der Verleiher keine nach § 1 Abs. 1 Satz 1 AÜG erforderliche Erlaubnis hat.   506

6.3 Erlaubnispflicht

Basis der Kontrolle der Leiharbeitgeber ist zunächst die in § 1 Abs. 1 AÜG statuierte Erlaubnispflicht für Leiharbeitgeber. Das Gesetz unterscheidet hierbei zwischen der „echten" und der „unechten" Leiharbeit. „Unechte" Leiharbeit bezeichnet die Arbeitnehmerüberlassung durch Unternehmen, deren Geschäftszweck gerade hierin besteht, also die typischen Zeitarbeitsunternehmen. Für diese gilt die Erlaubnispflicht nach § 1 Abs. 1 Satz 1 AÜG uneingeschränkt.   507

„Echte" Leiharbeit in diesem Sinne liegt vor, wenn ein Arbeitgeber einem anderen Arbeitgeber gelegentlich eigene Arbeitnehmer ausleiht, diese aber nicht zum Zweck der Überlassung eingestellt hat. Die echte Leiharbeit ist nach § 1 Abs. 3 Nr. 2a AÜG von der Erlaubnispflicht ausgenommen. § 1 Abs. 3 AÜG enthält noch weitere Ausnahmen von der Erlaubnispflicht. Eine Erlaubnis ist nach Nr. 1 nicht erforderlich, wenn ein wirtschaftlich angeschlagenes Unternehmen einem ande-   508

---

[1] BAG NJW 2014, 331.

[2] Entwurf eines Gesetzes zur Änderung des AÜG und anderer Gesetze vom 01.06.2016.

[3] BAG NZA 2013, 1296 (1298).

ren Unternehmen mit besserer Beschäftigungslage Arbeitnehmer überlässt, um Kurzarbeit oder Entlassungen zu vermeiden. Nr. 1 setzt zusätzlich eine diesbezügliche tarifliche Regelung voraus, um Missbräuche zu verhindern. Wie bei Nr. 2a ist der Gedanke, dass die Arbeitnehmer später wieder bei dem Verleiher eingesetzt werden. Nr. 2 stellt die konzerninterne Arbeitnehmerüberlassung frei, weil der allgemeine Arbeitsmarkt davon lediglich mittelbar betroffen ist. Erlaubnispflichtig ist die Überlassung aber dann, wenn die Arbeitnehmer zum Zweck der Überlassung eingestellt worden sind. Die Norm greift eine verbreitete Praxis in Konzernen auf, Arbeitnehmer in sog. Personalführungsgesellschaften einzustellen, die dann an andere Konzernunternehmen verliehen werden. Nr. 3 betrifft den Spezialfall der Verleihung in das Ausland.

Beispiele

Die „Personalagentur" P benötigt zur Arbeitnehmerüberlassung an Kunden eine Erlaubnis, weil dies ihr Geschäftsmodell ist (§ 1 Abs. 1 AÜG). Bäcker B überlässt dem Bäcker C kurzfristig einen Verkäufer, weil bei C mehrere Arbeitnehmer krank geworden sind. Dies ist nach § 1 Abs. 3 Nr. 2a AÜG erlaubnisfrei möglich.

509 Die Erlaubnis oder ihre Verlängerung sind nach § 2 AÜG unter bestimmten Voraussetzungen zu versagen. Zu prüfen sind dabei die Zuverlässigkeit des Verleihers insbesondere im Hinblick auf arbeits-, sozialversicherungs- und steuerrechtliche Pflichten, seine Betriebsorganisation sowie im Hinblick auf die Arbeitsbedingungen der Leiharbeitnehmer nach § 10 Abs. 4 AÜG („Equal treatment"). Die Erlaubnis kann unter bestimmten Voraussetzungen nach §§ 4, 5 AÜG zurückgenommen oder widerrufen werden.

510 Verfügt der Verleiher nicht über eine erforderliche Erlaubnis, so sind sowohl der Arbeitnehmerüberlassungsvertrag als auch der Arbeitsvertrag mit dem Leiharbeitnehmer nach § 9 Nr. 1 AÜG unwirksam. Stattdessen gilt gem. § 10 Abs. 1 Satz 1 AÜG ein Arbeitsverhältnis zwischen dem Leiharbeitnehmer und dem Entleiher als zustande gekommen. Der Leiharbeitnehmer wird also Stammbeschäftigter des Entleihers. Gemäß § 1 Satz 2 AÜG erfolgt die Überlassung grundsätzlich nur vorübergehend, also befristet. Liegt für diese Befristung ein sachlicher Grund beim Entleiher vor, so gilt gem. § 10 Abs. 1 Satz 2 AÜG auch das fingierte Arbeitsverhältnis als befristet, andernfalls ist es unbefristet.

Beispiel

Im Unternehmen des U arbeiten 500 Arbeitnehmer, davon 50 Leiharbeitnehmer. Diese hat ihm Verleiher V überlassen, der nicht über die erforderliche Erlaubnis verfügt. U benötigt auf absehbare Zeit 500 Arbeitnehmer, will aber bei einem möglichen Auftragsrückgang flexibel bleiben. Dies allein ist kein Sachgrund i. S. d. § 14 Abs. 1 TzBfG, sodass die Leiharbeitnehmer nach § 10 Abs. 1 Satz 1 AÜG unbefristete Arbeitsverträge mit U erhalten. Hätte U die Leiharbeitnehmer nur für das Weihnachtsgeschäft ausgeliehen, statt selbst Arbeitnehmer befristet einzustellen (§ 14 Abs. 1 Satz 2 Nr. 1 TzBfG), dann würden auch die Verträge der Leiharbeitnehmer mit U als befristet gelten.

6.4 Gleichbehandlungsgrundsatz („Equal treatment")

Leiharbeitnehmer sind beim Verleiher angestellt, arbeiten aber im Entleiherbetrieb oft Seite an Seite mit den Stammbeschäftigten des Entleihers. Das AÜG sieht vor diesem Hintergrund im Ausgangspunkt vor, dass Leiharbeitnehmern die gleichen Arbeitsbedingungen wie den Stammbeschäftigten zu gewähren sind („Equal treatment").[1] 511

Dieser Grundsatz ist für den Verleiher in § 10 Abs. 4 AÜG niedergelegt. Danach muss der Verleiher dem Leiharbeitnehmer für die Zeit der Überlassung die im Betrieb des Entleihers für einen vergleichbaren Arbeitnehmer des Entleihers geltenden wesentlichen Arbeitsbedingungen einschließlich des Entgelts gewähren. Abweichende Vereinbarungen in seinem Arbeitsvertrag sind gem. § 9 Nr. 2 AÜG unwirksam. Die Vergütung des Leiharbeitnehmers kann also schwanken, abhängig von seinem jeweiligen Einsatzbetrieb. Zu den sonstigen Arbeitsbedingungen gehören z. B. Urlaubsansprüche. Da der Leiharbeitnehmer beim Entleiher arbeitet, kann dieser über viele Arbeitsbedingungen allein entscheiden. Daher ordnet das AÜG auch für den Entleiher Equal-treatment-Verpflichtungen an. Gemäß § 13b AÜG muss der Entleiher z. B. dem Leiharbeitnehmer Zugang zu Gemeinschaftseinrichtungen wie z. B. der Kantine oder dem Betriebskindergarten zu gleichen Bedingungen wie Stammbeschäftigten gewähren. 512

Der Equal-treatment-Grundsatz gilt gem. §§ 10 Abs. 4 Satz 2, 9 Nr. 2 AÜG nicht, soweit ein Tarifvertrag abweichende Regelungen enthält. Gleiches gilt, wenn im Arbeitsvertrag auf einen einschlägigen Tarifvertrag Bezug genommen wird. Das Recht auf gleichen Zugang zu Gemeinschaftseinrichtungen kann dem Leiharbeitnehmer nach § 9 Nr. 3 AÜG nicht genommen werden. 513

Hauptanwendungsfall für Abweichungen vom Equal-treatment-Grundsatz ist, dass ein Tarifvertrag für die Leiharbeitsbranche einen Stundenlohn vorsieht, der unter der Vergütung vergleichbarer Stammbeschäftigter liegt. Dies ist in der Leiharbeitsbranche durchgängig der Fall. In Unternehmen mit hohen Löhnen kann es vorkommen, dass Leiharbeitnehmer deutlich weniger als die Hälfte der Vergütung vergleichbarer Stammbeschäftigter erhalten.[2] Die Wirksamkeit der tarifli- 514

---

[1] Der Grundsatz wird oft verkürzt auf die Vergütung als „Equal pay" bezeichnet.

[2] Beispiel Daimler: Leiharbeitnehmer 7,51 €/h, vergleichbarer Stammarbeitnehmer als Berufsanfänger 17,80 €/h, nach Stuttgarter Nachrichten vom 14.05.2013, Artikel „Warum es bei Daimler Billiglöhner gibt".

chen Regelung richtet sich maßgeblich nach der Höhe des Tariflohns. Mit der Einführung des § 3a AÜG im Jahr 2011 wurde die Möglichkeit zur Festsetzung eines gesetzlichen Mindestlohns für die Leiharbeit eingeführt. Dieser beträgt seit Juni 2016 9,00 €/h in Westdeutschland und 8,50 €/h in Ostdeutschland. Unterschreitet ein Tarifvertrag den Mindestlohn, dann hat der Leiharbeitnehmer nicht nur Anspruch auf den Mindestlohn, sondern gem. § 10 Abs. 4 Satz 3 AÜG auf den Lohn vergleichbarer Stammbeschäftigter. Liegt der Tariflohn höher als der Mindestlohn, so gilt der Equal-treatment-Grundsatz nicht.

515 Da ohne Tarifvertrag ein Anspruch auf den höheren Lohn vergleichbarer Stammbeschäftigter bestehen würde, stellt sich die Frage, warum eine Gewerkschaft einen derart niedrig dotierten Tarifvertrag abschließen sollte. Dies mag zum Teil an der Einschätzung liegen, dass die Arbeitnehmerüberlassung nur dann attraktiv ist, wenn dadurch Kosten im Vergleich zur Einstellung von Stammbeschäftigten eingespart werden können. Es ist nicht gesagt, dass ein Unternehmen ansonsten in gleichem Umfang Stammbeschäftigte einstellen würde. Ein weiterer wichtiger Grund für den Abschluss dieser Tarifverträge liegt in der Konkurrenzsituation im Gewerkschaftslager zwischen den im DGB und den im Christlichen Gewerkschaftsbund CGB organisierten Gewerkschaften. Letztere sind im Vergleich zu den DGB-Gewerkschaften relativ unbedeutend und waren daher sehr daran interessiert, als Tarifpartner von Arbeitgeberverbänden akzeptiert zu werden. Die Konkurrenzsituation in Verbindung mit einem ohnehin geringen gewerkschaftlichen Organisationsgrad in der Zeitarbeitsbranche hat letztlich zu relativ niedrigen Tariflöhnen geführt. Das BAG hat im Jahr 2010 der Tarifgemeinschaft Christlicher Gewerkschaften für Zeitarbeit und Personalserviceagenturen (CGZP) die Tariffähigkeit aberkannt.[1]

516 Auch durch einen Tarifvertrag kann gem. § 9 Nr. 2 AÜG zudem Arbeitnehmern, die in den letzten sechs Monaten vor der Überlassung als Stammbeschäftigte beim Entleiher tätig waren, die Gleichbehandlung mit Stammarbeitnehmern nicht verwehrt werden. Diese sogenannte „Drehtürklausel" soll den Anreiz für Arbeitgeber verringern, Stammbeschäftigte zu entlassen, um sie direkt anschließend zu geringeren Tariflöhnen als Leiharbeitnehmer zu beschäftigen. Rechtlich dürfte dies nur in Fällen vorkommen, in denen das Kündigungsschutzgesetz keine Anwendung findet (z. B. beim Auslaufen von Befristungen). Denn der bloße Wunsch, Stammbeschäftigte gegen Leiharbeitnehmer auszutauschen, rechtfertigt keine betriebsbedingte Kündigung.[2]

---

[1] BAG BB 2011, 827.

[2] BAG NJW 1997, 885 (885); NZA 2012, 1044 (1046).

6.5 Verdeckte Leiharbeit und Werkverträge

Im Jahr 2011 wurde das AÜG reformiert, um bestimmte Auswüchse der Leihar-   517
beit einzudämmen. Zu den Änderungen gehörten u. a. die Begrenzung der Leiharbeit auf „vorübergehende" Überlassungen (§ 1 Abs. 1 Satz 2 AÜG) und insbesondere die Einführung eines Mindestlohns für die Zeitarbeit nach § 3a AÜG. Die
Praxis hat darauf reagiert und setzt zunehmend auf den Einsatz von Werkverträgen nach § 631 BGB (Subunternehmerverträge), wo zuvor von der Arbeitnehmer-
rüberlassung Gebrauch gemacht wurde. Der Entleiher übernimmt dabei die Stellung des Bestellers; an die Stelle des Verleihers tritt der Werkunternehmer,
welcher den Werkvertrag mit bei ihm angestellten Arbeitnehmern durchführt.
Da letztere keine Leiharbeitnehmer sind, gilt für sie der Mindestlohn nach § 3a
AÜG nicht. Vor diesem Hintergrund stellt sich die schwierige Frage der Abgrenzung echter Werkverträge von der „verdeckten Leiharbeit". Da seit 2015 ein allgemeiner gesetzlicher Mindestlohn von 8,50 €/h besteht, hat sich das Problem allerdings verlagert.

Maßgeblich ist nicht die Bezeichnung der Verträge durch die Parteien, sondern   518
die tatsächlich gelebte Praxis. Verdeckte Leiharbeit liegt vor, wenn der eingesetz-
te Arbeitnehmer tatsächlich dem Direktionsrecht des Entleihers/Bestellers unterfällt und in dessen Produktionsprozess eingegliedert ist. Kann der Besteller/
Entleiher über den eingesetzten Arbeitnehmer wie über einen Leiharbeitnehmer
verfügen, so muss der Arbeitnehmer auch rechtlich wie ein Leiharbeitnehmer
behandelt werden. Die Abgrenzung im Einzelfall ist schwierig, denn auch beim
Werkvertrag kann der Besteller dem Werkunternehmer oder dessen Arbeitnehmern nach § 645 BGB bestimmte werkbezogene Anweisungen erteilen, etwa zur
Qualität, Stückzahl, Fertigungsmethoden etc. Diese beziehen sich auf die Erreichung des Arbeitsergebnisses und sind zu unterscheiden von tätigkeitsbezoge-
nen Weisungen im Rahmen des Direktionsrechts nach § 106 GewO zu Inhalt, Ort
und Zeit der Arbeitsleistung. Diese Grenzen mögen theoretisch klar sein. In der
Praxis sind sie jedoch fließend und es kommt eine Vielzahl von Abwägungsaspek-
ten zum Tragen.[1]

Liegt statt eines Werkvertrags eine verdeckte Arbeitnehmerüberlassung vor, so   519
benötigt der Verleiher hierfür eine Erlaubnis nach § 1 Abs. 1 AÜG. Soweit er nicht
über eine solche Erlaubnis verfügt, weil er offiziell nicht als Verleiher, sondern als
Subunternehmer tätig wird, entsteht gem. § 10 Abs. 1 AÜG ein Arbeitsverhältnis
mit dem Entleiher/Besteller. Um diese Konsequenz zu vermeiden, sind vermeint-
liche Subunternehmer in nicht wenigen Fällen dazu übergegangen, rein vorsorglich eine Erlaubnis zur Arbeitnehmerüberlassung zu beantragen. Von dieser wird
dann allerdings erst Gebrauch gemacht, wenn die verdeckte Leiharbeit aufge-
deckt wird. Laut Koalitionsvertrag vom 16.12.2013 will die aktuelle Regierungskoalition Regeln schaffen, um die verdeckte Leiharbeit besser zu bekämpfen.
Dazu gehört auch, solchen „Vorratserlaubnissen" die Wirksamkeit zu versagen.

---

[1] Näher BeckOK ArbR/*Kock/Milenk* § 1 AÜG Rn 35.

6.6 Gesetzentwurf zur Reform der Arbeitnehmerüberlassung

520 Am 01.06.2016 hat das Bundeskabinett einen von der Bundesarbeitsministerin Andrea Nahles vorgelegten Gesetzentwurf beschlossen. Mit diesem Gesetzentwurf soll die Situation von Leiharbeitnehmern verbessert und eine bessere Abgrenzung zwischen Leiharbeit und Werkverträgen erreicht werden. Dieser Gesetzentwurf hat zwar zum Zeitpunkt der Fertigstellung dieses Buches in das Gesetzgebungsverfahren noch nicht vollständig durchlaufen. Es ist jedoch davon auszugehen, dass er etwa in der vorgelegten Form den Bundestag passieren wird. Daher sollen an dieser Stelle die wesentlichen vorgeschlagenen Änderungen vorgestellt werden.[1]

521 Nach dem künftigen Absatz 1b AÜG darf derselbe Leiharbeitnehmer nicht länger als 18 aufeinanderfolgende Monate demselben Entleiher überlassen werden. Damit wird der gegenwärtig in § 1 Abs. 1 Satz 2 AÜG enthaltene Begriff „vorübergehend" konkretisiert.

522 Der neue § 8 AÜG enthält nun den „Grundsatz der Gleichstellung". § 8 Abs. 1 Satz 1 AÜG (neu) verpflichtet den Verleiher, dem Leiharbeitnehmer für die Zeit der Überlassung an den Entleiher, die im Betrieb des Entleihers für einen vergleichbaren Arbeitnehmer des Entleihers geltenden wesentlichen Arbeitsbedingungen einschließlich des Arbeitsentgelts zu gewähren (Gleichstellungsgrundsatz). Diese Regelung entspricht dem aktuellen § 10 Abs. 1 Satz 1 AÜG. Wie bisher kann durch einen Tarifvertrag von dem Grundsatz der Gleichbehandlung auch zulasten der Arbeitnehmer abgewichen werden. Nach dem neuen § 8 Abs. 4 AÜG soll dies künftig jedoch nur für die ersten neun Monate einer Überlassung zulässig sein. Eine längere Abweichung durch Tarifvertrag ist nach dem Gesetzentwurf ausnahmsweise nur dann zulässig, wenn nach spätestens 15 Monaten einer Überlassung ein gleichwertiges Entgelt erzielt wird und nach einer Einarbeitungszeit von längstens sechs Wochen eine stufenweise Heranführung an dieses vergleichbare Arbeitsentgelt erfolgt. Diese Regelung wird für einen großen Teil der Leiharbeitnehmer allerdings folgenlos bleiben, da die durchschnittliche Beschäftigungsdauer von Leiharbeitnehmern (bei den Verleihern) ohnehin bei nur rund einem halben Jahr liegt.[2]

523 Mit dem Reformentwurf soll auch das Problem der sog. „verdeckten Arbeitnehmerüberlassung" angegangen werden.[3] Nach dem neuen § 1 Abs. 1 Satz 5 AÜG muss die Arbeitnehmerüberlassung in dem Vertrag zwischen Verleiher und Entleiher ausdrücklich als Arbeitnehmerüberlassung bezeichnet werden. Fehlt eine solche Bezeichnung, so ist nach dem neuen § 9 Nr. 1a AÜG der Vertrag zwischen Verleiher und Leiharbeitnehmer unwirksam. In diesen Fällen soll nach dem geänderten § 10 Abs. 1 AÜG künftig ein Arbeitsverhältnis zwischen Leiharbeitnehmer

---

[1] Entwurf eines Gesetzes zur Änderung des AÜG und anderer Gesetze vom 01.06.2016.

[2] Bundesagentur für Arbeit, Der Arbeitsmarkt in Deutschland, Zeitarbeit – aktuelle Entwicklungen, Nürnberg, Januar 2016, S. 14.

[3] »Vgl. Kapitel 6.5.

und Entleiher entstehen. Diese Neuregelung soll dem oben beschriebenen Problem der „verdeckten Leiharbeit" begegnen. Künftig sollen Leiharbeitgeber nicht mehr die Möglichkeit haben, sich nachträglich auf eine Verleiherlaubnis zu berufen, wenn sie zuvor die tatsächlich praktizierte Arbeitnehmerüberlassung als Werkvertrag deklariert haben. Damit entsteht für die an der verdeckten Leiharbeit beteiligten Entleiher zugleich das Risiko, ungewollt ein Arbeitsverhältnis mit dem Leiharbeitnehmer eingegangen zu sein.

7. Teilzeitarbeit

Das TzBfG regelt neben der Befristung von Arbeitsverträgen auch die Beschäftigung in Teilzeit. Teilzeitbeschäftigt ist ein Arbeitnehmer nach der Definition in § 2 Abs. 1 Satz 1 TzBfG, wenn seine regelmäßige wöchentliche Arbeitszeit unter der eines vollzeitbeschäftigten vergleichbaren Arbeitnehmers liegt. § 2 Abs. 2 TzBfG stellt klar, dass auch geringfügig Beschäftigte Teilzeitbeschäftigte im Sinne des TzBfG sind. Das TzBfG soll die Teilzeitarbeit fördern, insbesondere im Interesse einer besseren Vereinbarung von Familie und Beruf, zudem werden mehr Arbeitsplätze geschaffen, wenn das vorhandene Arbeitsvolumen auf mehrere Teilzeitbeschäftigte verteilt wird. **524**

7.1 Diskriminierungs- und Benachteiligungsverbot

§ 4 TzBfG bestimmt, dass Teilzeitbeschäftigte ohne sachlichen Grund nicht schlechter als vergleichbare Vollzeitbeschäftigte behandelt werden dürfen. Dies stellt eine Konkretisierung des allgemeinen Gleichheitssatzes nach Art. 3 Abs. 1 GG dar. Das Diskriminierungsverbot bindet gem. § 22 Abs. 1 TzBfG sowohl den einzelnen Arbeitgeber als auch Tarifvertragsparteien.[1] Beispiele aus der Rechtsprechung sind etwa eine Arbeitszeitermäßigung nur für Vollzeitbeschäftigte[2] oder die Einplanung von Teilzeitbeschäftigten vornehmlich für den Wochenendeinsatz.[3] Teilzeitbeschäftigte müssen grundsätzlich auch in gleichem Maße wie Vollzeitbeschäftigte an Fortbildungen teilnehmen können (§ 10 TzBfG).[4] Hinsichtlich der Vergütung konkretisiert § 4 Abs. 1 Satz 2 TzBfG, dass diese mindestens ihrem Anteil an der Arbeitszeit eines vollbeschäftigten Arbeitnehmers entsprechen muss. **525**

Zur sachlichen Rechtfertigung einer Ungleichbehandlung hat das BAG jüngst zusammengefasst, dass die *„Ungleichbehandlung einem echten Bedarf entsprechen und zur Erreichung des verfolgten Ziels geeignet und erforderlich sein muss (...), sich die Prüfung, ob die unterschiedliche Behandlung gerechtfertigt ist, am Zweck der* **526**

---

[1] BAG NZA 2007, 881 (882 (Nichtberücksichtigung von Zeiten geringfügiger Beschäftigung für tariflichen Kündigungsausschluss)).

[2] BAG NZA 1999, 774.

[3] BAG NZA 1997, 1047 (1049).

[4] *Boecken/Joussen/Joussen* § 14 TzBfG Rn 18.

Leistung zu orientieren hat (...) und dass die Grenzziehung zwischen Begünstigten und Benachteiligten unmittelbar an den sachlichen Grund anknüpft".[1] Der sachliche Grund muss sich also am Zweck der Leistung messen lassen und darf nicht einfach an den Umstand der Teilzeitbeschäftigung als solchem anknüpfen.[2] Gesetzlich zulässige Rechtfertigungsgründe können etwa auf *„unterschiedlicher Arbeitsbelastung, Qualifikation, Berufserfahrung oder unterschiedlichen Arbeitsanforderungen am Arbeitsplatz beruhen".*[3]

Beispiel

Der Arbeitgeber darf z. B. Teilzeitbeschäftigte vom vergünstigten Kantinenessen ausschließen, wenn typischerweise nur bei Vollzeitbeschäftigten die Mittagspause in ihre Arbeitszeit fällt.[4]

527   Verstößt der Arbeitgeber gegen das Diskriminierungsverbot, dann folgt daraus ein Anspruch auf Gleichbehandlung. Erhalten vollzeitbeschäftigte Arbeitnehmer bestimmte Vergünstigungen, so sind diese regelmäßig auf den teilzeitbeschäftigten Arbeitnehmer zu erstrecken.[5]

528   § 5 TzBfG verbietet die Benachteiligung von Arbeitnehmern wegen der Inanspruchnahme von Rechten nach dem TzBfG. Die Norm konkretisiert insofern das allgemeine Maßregelungsverbot nach § 612a BGB. Sie betrifft im Wesentlichen die Geltendmachung von Ansprüchen wegen Diskriminierung (§ 4 TzBfG), auf Verringerung bzw. Verlängerung der Arbeitszeit (§§ 8, 9 TzBfG), das Verlangen nach Teilnahme an Fortbildungen (§ 10 TzBfG), das Verlangen nach Einhaltung der Ankündigungsfrist bei Abrufarbeit nach § 12 TzBfG sowie die Ablehnung der Zustimmung zur Vertretung bei Arbeitsplatzteilung nach § 13 TzBfG. Der Arbeitgeber darf dies nicht zum Anlass nehmen, den Arbeitnehmer zu benachteiligen, indem er ihm z. B. eine schlechtere Arbeit zuweist, auf Urlaubswünsche des Arbeitnehmers nicht eingeht etc. § 11 Satz 1 TzBfG konkretisiert dieses Benachteiligungsverbot noch weiter, indem er die Kündigung eines Arbeitsverhältnisses wegen der Weigerung eines Arbeitnehmers, von einem Vollzeit- in ein Teilzeitarbeitsverhältnis oder umgekehrt zu wechseln, für unwirksam erklärt. Die Kündigung aus anderen Gründen bleibt jedoch gem. § 11 Satz 2 TzBfG zulässig.

---

[1] BAG, Urt. v. 31.07.2014 – 6 AZR 993/12 (juris).

[2] BeckOK ArbR/*Bayreuther* § 4 TzBfG Rn 30 („neutraler" Zweck).

[3] BAG AP TzBfG § 4 Nr. 18.

[4] BAG BB 2001, 2654.

[5] Vgl. BeckOK ArbR/*Bayreuther* § 4 TzBfG Rn 44 („Anpassung nach oben"), auch zu Ausnahmen.

Beispiel

Der Arbeitgeber hat wegen Auftragsrückgangs nur noch Bedarf für eine Halbtagskraft. Er erklärt die betriebsbedingte Beendigungskündigung, weil der Arbeitnehmer den Wechsel in einen Teilzeitvertrag ablehnt. Dies ist zulässig, weil
Grund der Auftragsmangel ist, nicht die Verweigerung der Arbeitszeitverlänge-
rung.

7.2 Anspruch auf Verkürzung bzw. Verlängerung der Arbeitszeit

Das TzBfG soll die Inanspruchnahme von Teilzeitarbeit ausdrücklich fördern (§ 1   529
TzBfG). Der Arbeitgeber ist infolge dessen nach § 7 TzBfG verpflichtet, einen Arbeitsplatz von vornherein als Teilzeitarbeitsplatz auszuschreiben, wenn sich der
Arbeitsplatz für Teilzeitarbeit eignet. Bereits eingestellte Arbeitnehmer haben
gem. § 8 Abs. 1 TzBfG nach sechs Monaten einen Anspruch auf Verringerung ihrer
Arbeitszeit, sofern es sich nicht um Kleinbetriebe mit maximal 15 Arbeitnehmern, ausschließlich der Auszubildenden handelt (§ 8 Abs. 7 TzBfG). Sie müssen
diesen Wunsch gem. § 8 Abs. 2 TzBfG drei Monate im Voraus beim Arbeitgeber
anmelden und die gewünschte Verteilung der Arbeitszeit angeben. Der Arbeitgeber hat gem. § 8 Abs. 4 Satz 1 TzBfG dem Wunsch des Arbeitnehmers nach Verringerung und Lage der Arbeitszeit zu entsprechen, sofern betriebliche Gründe
nicht entgegenstehen. Abs. 1 Satz 2 der Vorschrift nennt als Regelbeispiele für
entgegenstehende betriebliche Gründe, dass die Verringerung der Arbeitszeit die
Organisation, den Arbeitsablauf oder die Sicherheit im Betrieb wesentlich beeinträchtigt oder unverhältnismäßige Kosten verursacht.

Diese Beispiele sind nicht abschließend, es können also auch noch andere Grün-   530
de in Betracht kommen. Hinsichtlich des betrieblichen Organisationskonzeptes
nimmt die Rechtsprechung angesichts der durch Art. 2, 12 GG geschützten unternehmerischen Freiheit des Arbeitgebers lediglich eine Willkürkontrolle vor.[1] Es
kommt im Wesentlichen darauf an, ob sachliche – nicht notwendig zwingende
– Gründe für die Arbeitgeberentscheidung vorliegen, und ob sich der Arbeitgeber
selbst nicht in Widerspruch zu dem behaupteten Konzept setzt. Anerkannt sind
z. B. Konzepte des Arbeitgebers, wonach Arbeitnehmer auf bestimmten Stellen
ganztägig für Kunden erreichbar sein sollen, Kinder ganztägig durch dieselbe pä-
dagogische Fachkraft betreut werden sollen etc.[2]

Zeigt der teilzeitbeschäftigte Arbeitnehmer dem Arbeitgeber einen Wunsch nach   531
Verlängerung seiner Arbeitszeit an, so muss der Arbeitgeber gem. § 9 TzBfG den
Arbeitnehmer bei der Besetzung eines entsprechenden freien Arbeitsplatzes bei
gleicher Eignung bevorzugt berücksichtigen. Dies gilt nicht, wenn dringende be-

---

[1] BAG NZA 2003, 1392.

[2] Weitere Beispiele bei *Boecken/Joussen/Boecken* § 8 TzBfG Rn 46.

triebliche Gründe oder Arbeitszeitwünsche anderer teilzeitbeschäftigter Arbeitnehmer der Verlängerung entgegenstehen. Ein entsprechender freier Arbeitsplatz in diesem Sinne liegt dann vor, wenn dieser mit den Arbeitszeitwünschen des teilzeitbeschäftigten Arbeitnehmers vereinbar ist und die Tätigkeit auf dem anderen Arbeitsplatz mit der aktuellen Tätigkeit des teilzeitbeschäftigten Arbeitnehmers vergleichbar ist. Nach der Rechtsprechung des BAG ist dies der Fall, wenn es sich um gleiche oder zumindest ähnliche Tätigkeiten handelt, die in der Regel dieselben Anforderungen an die persönliche und fachliche Eignung des Arbeitnehmers stellen müssen. Als hinreichendes Indiz sieht das BAG hierbei die Möglichkeit an, den Arbeitnehmer im Wege des Direktionsrechts auf den freien Arbeitsplatz zu versetzen.[1] Stellen auf höheren Hierarchieebenen sind grundsätzlich nicht vergleichbar. Bietet der Arbeitgeber aber auf der niedrigeren Hierarchiestufe nur Teilzeitverträge an, so hat der Arbeitnehmer ausnahmsweise einen Anspruch auf bevorzugte Berücksichtigung bei der Besetzung der Beförderungsstelle, weil der Arbeitnehmer sonst überhaupt keine Chance zur Verlängerung seiner Arbeitszeit hätte.[2] Weitere Voraussetzung für den Anspruch ist, dass der teilzeitbeschäftigte Arbeitnehmer mindestens ebenso geeignet ist wie andere Bewerber für diesen Arbeitsplatz. Entgegenstehende betriebliche Gründe müssen anders als bei § 8 Abs. 4 TzBfG „dringend" sein. Das BAG erkennt hierbei lediglich Gründe an, die für den Arbeitgeber „gleichsam zwingend" seien.[3] Dies kann etwa der Fall sein, wenn der Arbeitnehmer auf seinem alten Arbeitsplatz zwingend weiterbenötigt wird.

7.3 Arbeitsplatzteilung (Job-Sharing)

532   Ein Sonderfall der Teilzeitbeschäftigung ist die Arbeitsplatzteilung nach § 13 TzBfG. Sie ist dadurch gekennzeichnet, dass sich mehrere Arbeitnehmer einen Arbeitsplatz teilen und dabei eigenverantwortlich über die Verteilung (Lage) der Arbeitszeit bestimmen. Der Umfang der Arbeitszeit wird von allen Arbeitnehmern vertraglich mit dem Arbeitgeber vereinbart. Der Arbeitgeber gibt also einen Teil seines Direktionsrechts auf. Die Job-Sharer haben dem Arbeitgeber rechtzeitig einen Plan über die Verteilung ihrer Arbeitszeit einzureichen, etwa einen täglichen oder wöchentlichen Wechsel oder eine Verteilung auf Vor- und Nachmittage. Erfolgt keine eigene Regelung durch die Job-Sharer, fällt das Direktionsrecht wieder auf den Arbeitgeber zurück.[4]

533   Die Job-Sharer müssen sich zwar untereinander auf die Arbeitszeitverteilung verständigen. Daraus folgt jedoch keine gemeinsame Verantwortung für die Erledigung der Arbeit. Insbesondere kann von einem Job-Sharer ohne sein ausdrückliches Einverständnis im Einzelfall nicht verlangt werden, dass er bei Ausfall des anderen Job-Sharers diesen vertritt (§ 13 Abs. 1 Satz 2 TzBfG). Es kann also keine

---

[1] BAG NZA 2008, 1285 (1286).

[2] BAG NZA 2008, 1285 (1286).

[3] BAG NZA 2008, 1285 (1288).

[4] ErfK/*Preis* § 13 TzBfG Rn 3.

Regelung im Arbeitsvertrag geben, wonach ein Job-Sharer bei Ausfall des anderen generell dessen Arbeit mit übernehmen muss. Lediglich für den Fall des dringenden betrieblichen Interesses kann vertraglich eine Vertretung angeordnet werden, wobei im Einzelfall noch die Zumutbarkeit der Vertretung für den Arbeitnehmer zu prüfen ist. Ein dringendes betriebliches Interesse liegt dann vor, wenn bei Nichterledigung der Arbeit erhebliche Nachteile für das Unternehmen entstehen und zusätzlich eine Vertretung durch andere Arbeitnehmer als den Job-Sharer nicht in Betracht kommt.[1] Gemäß § 13 Abs. 4 TzBfG können Tarifverträge jedoch hiervon abweichende Regelungen enthalten. Auf diese kann dann auch in einem Arbeitsvertrag Bezug genommen werden.

§ 13 Abs. 3 TzBfG regelt die sogenannte Turnusarbeit durch mehrere Gruppen von Arbeitnehmern. Die Regelung ist nicht ganz eindeutig. Es ist lediglich anerkannt, dass bei der Turnusarbeit anders als beim Job-Sharing die Verteilung der Arbeitszeit dem Arbeitgeber obliegt. Die Turnus-Arbeit durch Gruppen von Arbeitnehmern spielt in der Praxis keine Rolle. 534

7.4 Arbeit auf Abruf

Bei der Arbeit auf Abruf erbringt der Arbeitnehmer seine Leistung entsprechend dem Arbeitsanfall (§ 12 Abs. 1 Satz 1 TzBfG). Diese Arbeitszeitgestaltung wird häufig mit dem Begriff KAPOVAZ (kapazitätsorientierte variable Arbeitszeit) bezeichnet. Ein Einsatz entsprechend dem Arbeitsanfall im Rahmen der vertraglichen Regelungen ist schon durch das Direktionsrecht nach § 106 GewO gedeckt. Abrufarbeitsverhältnisse unterscheiden sich aber in verschiedenen Punkten von sonstigen Arbeitsverhältnissen. Sie kommen häufig vor in Branchen, in denen die Erledigung der Arbeit nicht aufgeschoben werden kann, z. B. im Einzelhandel oder der Gastronomie. 535

Kennzeichnend für „normale" Arbeitsverträge ist zum einen, dass im Normalfall die Arbeitszeit abstrakt nach bestimmten, wiederkehrenden Mustern erfolgt, also zu bestimmten festgelegten Einsatzzeiten oder jedenfalls innerhalb relativ enger Bandbreiten. Bei Abrufarbeitsverhältnissen trifft der Arbeitgeber die Abrufentscheidung dagegen nicht abstrakt, sondern je nach konkretem Arbeitsanfall. Die Bandbreite der möglichen Einsatzzeiten ist dabei typischerweise sehr groß. 536

Beispiel

Der Arbeitsvertrag sieht eine Abrufarbeit im Umfang von 15 Stunden pro Woche vor. Der Einsatz kann nach Vertrag an allen Werktagen (montags bis samstags) erfolgen. Eine genaue zeitliche Eingrenzung fehlt.

---

[1] ErfK/*Preis* § 13 TzBfG Rn 10.

537 Der Arbeitnehmer kann sich also nicht in gleicher Weise auf bestimmte Arbeitszeiten einstellen. Ein weiterer wichtiger Unterschied betrifft Abs. 1 Satz 2; danach muss der Abrufarbeitsvertrag eine bestimmte wöchentliche und tägliche Dauer der Arbeitszeit festlegen. Das BAG interpretiert dies im Sinne einer Mindestarbeitszeit.[1] Dies bedeutet, dass der Arbeitgeber sich vertraglich auch vorbehalten kann, den Arbeitnehmer über diese Arbeitszeit hinaus einzusetzen. Der Arbeitgeber überträgt also auf diese Weise einen Teil des Wirtschaftsrisikos auf den Arbeitnehmer. Diese variable Zeitkomponente darf nach der BAG-Rechtsprechung jedoch 25 % der vereinbarten Mindestarbeitszeit nicht überschreiten, da sie sonst eine unangemessene Benachteiligung des Arbeitnehmers im Sinne von § 307 Abs. 1 BGB darstellte.[2]

Beispiel

Die Parteien vereinbaren eine Mindeststundenzahl von 20 Stunden pro Woche auf Abruf, die der Arbeitgeber auch in jedem Fall vergüten muss. Darüber hinaus können die Parteien zusätzlich noch weitere 5 Stunden pro Woche auf Abruf vereinbaren, die nur vergütet werden, wenn der Arbeitgeber die Arbeit tatsächlich abruft.

538 Ein Mindestumfang der Abrufarbeitszeit ist nicht festgelegt. Vereinbaren die Parteien hierzu nichts, dann gelten zehn Stunden pro Woche und zusammenhängende Blöcke von mindestens drei Stunden am Tag als vereinbart (§ 12 Abs. 1 Satz 3 TzBfG). Die Parteien können im Vertrag diese Grenzen aber auch unterschreiten.

539 Der Arbeitnehmer muss bei der Abrufarbeit ständig mit dem Abruf der Arbeit rechnen, soweit der Vertrag keine Einschränkungen enthält. Er kann also auch bei Verträgen mit wenigen Stunden nur sehr eingeschränkt planen. § 14 Abs. 2 TzBfG schützt ihn in dieser Situation dadurch, dass der Arbeitgeber die Arbeit mindestens vier Tage im Voraus abrufen muss. Der Tag des Zugangs der Mitteilung zählt nach § 187 BGB nicht mit, ebenso der geplante Arbeitstag selbst. Hält der Arbeitgeber die Frist nicht ein, kann der Arbeitnehmer die Arbeit verweigern.

Beispiel

Will der Arbeitgeber den Arbeitnehmer am Samstag einsetzen, so muss die Mitteilung am Montag gemacht werden (Di, Mi, Do, Fr = vier Tage).

---

[1] BAG NZA 2006, 423 (426).

[2] BAG NZA 2006, 423 (426).

Durch Tarifverträge oder auf Tarifverträge bezugnehmende Klauseln in Arbeits-   540
verträgen können die Regeln zur Mindestdauer und zur Vorankündigungsfrist
auch unterschritten werden (Abs. 3). Der Arbeitnehmer kann auch freiwillig auf
die Einhaltung der Ankündigungsfrist verzichten, etwa wenn der Bedarf kurzfristig entsteht. Die Freiwilligkeit ist naturgemäß fraglich, wenn der Arbeitnehmer
den Konflikt mit seinem Arbeitgeber und einen möglichen Arbeitsplatzverlust
fürchten muss.

Der Betriebsrat hat kein Mitspracherecht betreffend den wöchentlichen Umfang   541
der vereinbarten Abrufarbeit.[1] Nach § 87 Abs. 1 Nr. 2 BetrVG besteht jedoch ein
Mitbestimmungsrecht hinsichtlich der Einführung der Abrufarbeit als solcher,
des täglichen Beginns und Endes der Arbeitszeit, der Höchstzahl an Arbeitstagen
pro Woche sowie der Verteilung der Arbeitszeit auf die einzelnen Wochentage.[2]
Auch wenn der Betriebsrat somit – wie bei anderen Arbeitnehmern auch – keinen
Einfluss auf den Gesamtumfang der wöchentlichen (Abruf-)Arbeitszeit hat, so
kann er bei deren konkreter Ausgestaltung mitbestimmen. Der einzelne Abruf
unterliegt nicht dem Mitbestimmungsrecht des Betriebsrats.[3]

Abrufarbeit ist zeitweilig sehr stark in die Kritik geraten, weil sie teilweise unter   542
massiven Rechtsverstößen eingesetzt wurde. So hatte die Textilkette Breuninger
nach Medienberichten zeitweise mit Verkäufer/innen variable Arbeitszeiten von
„2 bis 40 Stunden" wöchentlich je nach Arbeitsanfall vereinbart.[4]

8. Berufsausbildungsverhältnis

8.1 Grundlagen

Das Berufsausbildungsverhältnis ist kein Arbeitsverhältnis. Im Vordergrund steht   543
nicht die Erbringung einer Arbeitsleistung sondern die Vermittlung der für die
Ausübung einer qualifizierten Tätigkeit erforderlichen beruflichen Fertigkeiten,
Kenntnisse und Fähigkeiten im Rahmen eines geordneten Ausbildungsgangs
(sog. „berufliche Handlungsfähigkeit", § 1 Abs. 3 BBiG). Der Auszubildende soll
also nach einer (staatlich) geregelten Ausbildungsordnung einen qualifizierten
Beruf erlernen. Dies unterscheidet das Berufsausbildungsverhältnis von anderen
Rechtsverhältnissen.

Beim Anlernverhältnis geht es lediglich um den Erwerb einzelner Fähigkeiten,   544
nicht um die umfassende Berufsqualifikation. Das Praktikum dient dazu, dass der
Praktikant bestimmte Aspekte der beruflichen Tätigkeit kennenlernt. Er wird zwar
insofern auch „ausgebildet", dies erfolgt aber nicht im Rahmen eines geordneten

---

[1]   BAG NZA 1988, 251 (252).

[2]   BAG NZA 1989, 184 (185).

[3]   *Däubler/Hjort/Schubert/Wolmerath-Ahrendt* § 12 TzBfG Rn 37; ErfK/*Preis* § 12 TzBfG Rn 36.

[4]   Vgl. http://www.stern.de/wirtschaft/news/ausbeutung-im-einzelhandel-von-der-leyen-kritisiert-ausufernde-arbeit-auf-abruf-1818093.html, abgerufen am 27.11.2014.

Ausbildungsgangs. Als Volontariat wird eine Ausbildung in einem Beruf bezeichnet, der nicht zu den anerkannten Ausbildungsberufen zählt, etwa das Redaktionsvolontariat bei einer Zeitung. Dies dient der Ausbildung als Journalist, der Journalistenberuf ist jedoch kein staatlich anerkannter Ausbildungsberuf. Ebenfalls im BBiG geregelt sind die berufliche Fortbildung und Umschulung für bereits Ausgebildete (§§ 53 - 63 BBiG).

545 Auf den Berufsausbildungsvertrag sind die arbeitsrechtlichen Vorschriften und Rechtsgrundsätze entsprechend anzuwenden (§ 10 Abs. 2 BBiG).

546 Jugendliche unter 18 Jahren dürfen nur in anerkannten Ausbildungsberufen ausgebildet werden (§ 4 Abs. 3 BBiG). Gemeint sind damit gem. § 4 Abs. 1 BBiG Berufe, die staatlich anerkannt sind und für die es Ausbildungsordnungen gem. § 5 BBiG gibt. Ist ein Ausbildungsberuf staatlich anerkannt, so muss unabhängig vom Alter des Auszubildenden nach § 4 Abs. 2 BBiG die Ausbildung in einem Ausbildungsverhältnis entsprechend der Ausbildungsordnung durchgeführt werden.

547 Die Anforderungen an die Ausbildung und die Ausbilder können in diesem Fall nicht dadurch umgangen werden, dass ein „Anlernverhältnis" vereinbart wird. Eine solche Vereinbarung ist gem. § 134 BGB wegen Verstoßes gegen ein gesetzliches Verbot nichtig. Das „Anlernverhältnis" wandelt sich nicht in ein anerkanntes Ausbildungsverhältnis um, sondern wird nach den Regeln über ein fehlerhaftes Arbeitsverhältnis behandelt. Der Anzulernende gilt als Arbeitnehmer, der gem. § 612 Abs. 1 BGB Anspruch auf die übliche Vergütung hat.[1]

Beispiele

M bietet A den Abschluss eines Ausbildungsvertrages zur Malerin und Lackiererin an. A lehnt dies ab, weil sie nicht zur Berufsschule gehen will. Daraufhin vereinbaren M und A ein „Anlernverhältnis". A soll bei M nach einem strukturierten Plan alle Kenntnisse erwerben, die für den Beruf erforderlich sind. Die Vereinbarung ist nichtig nach § 134 BGB. Zulässig wäre es aber, A lediglich für bestimmte Teilaufgaben eines Malers anzulernen, etwa das Tapezieren.

548 Der Ausbildungsberuf des Altenpflegers ist erst seit 2002 staatlich anerkannt. Eine Ausbildung in diesem Beruf war daher vor 2002 nur für Volljährige rechtlich zulässig (vgl. SG Itzehoe, Urt. v. 07.11.2000, 1 AL 224/98 – juris).

---

[1] BAG GewArch 2011, 222.

8.2 Der Berufsausbildungsvertrag

Gemäß § 10 Abs. 1 BBiG ist mit dem Auszubildenden ein Berufsausbildungsvertrag zu schließen. Der Mindestinhalt des Vertrags ist in § 11 BBiG geregelt. Er
umfasst   549

▶ die Art, sachliche und zeitliche Gliederung sowie das Ausbildungsziel (den Ausbildungsberuf)

▶ den Beginn und die Dauer der Ausbildung

▶ Ausbildungsmaßnahmen außerhalb der Ausbildungsstätte (Berufsschule)

▶ die Dauer der regelmäßigen täglichen Ausbildungszeit

▶ die Dauer der Probezeit

▶ die Zahlung und Höhe der Ausbildungsvergütung

▶ die Dauer des Urlaubs

▶ Kündigungsvoraussetzungen sowie

▶ einen Hinweis auf einschlägige Tarifverträge, Betriebs- und Dienstvereinbarungen.

Der Vertrag kann auch mündlich geschlossen werden, allerdings hat der Ausbilder dann eine schriftliche Vertragsniederschrift über die in § 11 BBiG genannten
Punkte anzufertigen und dem Auszubildenden zu übergeben. Die Niederschrift
ist vom Ausbilder, vom Auszubildenden und bei minderjährigen Auszubildenden
auch von dessen gesetzlichen Vertretern zu unterzeichnen. Der Berufsausbildungsvertrag ist gem. § 34 BBiG in das Verzeichnis der Berufsausbildungsverhält-
nisse einzutragen.   550

Minderjährige benötigen zum Abschluss eines Ausbildungsvertrags gem. § 107
BGB die Zustimmung ihrer gesetzlichen Vertreter (in der Regel die Eltern gem.
§ 1629 Abs. 1 Satz 1 BGB). Ob aus der Zustimmung eine sogenannte Teilgeschäfts-
fähigkeit nach § 113 BGB resultiert, ist umstritten, weil die Vorschrift unmittelbar
nur Dienst- und Arbeitsverhältnisse betrifft.[1] Mit dem Begriff der Teilgeschäfts-
fähigkeit sind insbesondere die Fähigkeit zum Abschluss von mit dem Ausbil-
dungsvertrag verbundenen Folgeverträgen wie z. B. der Kontoeröffnung oder
allgemein der Entgegennahme der Ausbildungsvergütung gemeint, aber auch
die Aufhebung des Ausbildungsverhältnisses z. B. durch Kündigung.   551

Aus dem Berufsausbildungsvertrag trifft den Auszubildenden im Wesentlichen
die in § 13 BBiG näher definierte Lernpflicht. Diese beinhaltet insbesondere die
Pflichten, die zur Ausbildung aufgetragenen Aufgaben sorgfältig auszuführen, an
Ausbildungsmaßnahmen wie Berufsschulunterricht und Prüfungen teilzunehmen und den Weisungen der Ausbilder zu folgen.   552

---

[1] Offen gelassen in BAG NZA 2012, 495 (496); bejahend BAG NJW 2008, 1833 (1834).

553 Die Berufsschulpflicht ist nicht im BBiG selbst geregelt, sondern in den Schulgesetzen der Bundesländer. Das BBiG sieht jedoch vor, dass der Auszubildende unter Fortzahlung der Ausbildungsvergütung für den Besuch der Berufsschule freizustellen ist (§ 15 BBiG).

554 Spiegelbildlich zur Lernpflicht des Auszubildenden trifft den Ausbilder nach den §§ 14 - 16 BBiG eine Ausbildungspflicht. Dieser muss insbesondere selbst oder durch einen anderen Ausbilder innerhalb der vorgesehenen Ausbildungszeit dem Auszubildenden die berufliche Handlungsfähigkeit vermitteln, dem Auszubildenden erforderliche Arbeitsmittel zur Verfügung stellen, Auszubildende zum Besuch der Berufsschule und zum Führen von schriftlichen Ausbildungsnachweisen anhalten, sie für Prüfungen und die Berufsschule freistellen und ihnen ein Zeugnis ausstellen.

555 Gemäß § 17 Abs. 1 BBiG erhalten Auszubildende eine Ausbildungsvergütung. Dies ist nicht selbstverständlich, da sie ja ausgebildet werden sollen, nicht arbeiten. In früheren Zeiten war es durchaus üblich, dass der Auszubildende für die Ausbildung das sprichwörtliche „Lehrgeld" zahlte. Die Vereinbarung eines solchen Lehrgeldes ist heute gem. § 12 Abs. 2 Nr. 1 BBiG ausdrücklich unwirksam. Die Vergütung muss „angemessen" sein, wobei auf Tarifverträge, Empfehlungen der zuständigen Kammern oder allgemein übliche Vergütungshöhen zurückgegriffen werden kann. Bleibt die vereinbarte Ausbildungsvergütung um mehr als 20 % hinter der so bestimmten Angemessenheit zurück, dann ist die Vereinbarung nichtig und der Auszubildende hat einen Anspruch auf die angemessene Vergütung.[1]

556 Gemäß § 20 Abs. 1 BBiG beginnt das Ausbildungsverhältnis mit einer Probezeit zwischen einem und vier Monaten. Es endet gem. § 21 Abs. 1 BBiG mit dem Abschluss der Ausbildungszeit. Besteht der Auszubildende vor Ablauf der Ausbildungszeit die Abschlussprüfung, so endet das Ausbildungsverhältnis mit der Bekanntgabe des Prüfungsergebnisses. Besteht der Auszubildende die Prüfung nicht, so kann er eine Verlängerung des Ausbildungsverhältnisses bis zur nächstmöglichen Wiederholungsprüfung, höchstens aber um ein Jahr verlangen (§ 21 Abs. 2, 3 BBiG). Der Auszubildende hat grundsätzlich – außerhalb von § 78a Abs. 2 BetrVG als JAV-Mitglied – keinen Anspruch auf Übernahme. Beschäftigt der Arbeitgeber den (früheren) Auszubildenden nach Ende des Ausbildungsverhältnisses weiter, so gilt nach § 24 BBiG zwischen ihnen ein unbefristeter Arbeitsvertrag als vereinbart, sofern sie keine anderweitige Absprache getroffen haben.

557 Eine Kündigung ist während der Probezeit jederzeit ohne Einhaltung einer Kündigungsfrist möglich (§ 22 Abs. 1 BBiG). Nach Ablauf der Probezeit können beide Parteien das Ausbildungsverhältnis aus wichtigem Grund kündigen (§ 22 Abs. 2 BBiG). Hierbei kann auf die Rechtsprechung zu § 626 Abs. 1 BGB zurück gegriffen werden, allerdings werden das häufig jugendliche Alter des Auszubildenden sowie die Frage, ob die Ausbildung kurz vor dem Abschluss steht, bei der Interes-

---

[1] BAG NZA 2013, 1202 (1204 (keine „geltungserhaltende Reduktion")).

senabwägung zu berücksichtigen sein.[1] Der Auszubildende kann außerdem mit einer Frist von vier Wochen den Vertrag kündigen, wenn er die Ausbildung aufgeben oder sich für eine andere Berufstätigkeit ausbilden lassen will. Die Kündigung muss in allen Fällen schriftlich unter Angabe der Kündigungsgründe und innerhalb von zwei Wochen nach Kenntnis der zur Kündigung berechtigenden Tatsachen erfolgen (§ 22 Abs. 3, 4 BBiG). Sofern eine Kündigung aus wichtigem Grund auf Umständen beruht, die die andere Seite zu vertreten hat, kann der Kündigende Schadensersatz verlangen.

Beispiel

Kündigt der Auszubildende den Vertrag, weil der Ausbilder die Ausbildungsvergütung nicht mehr zahlt, so hat er einen Anspruch auf Schadensersatz in Höhe der gesamten Ausbildungsvergütung bis zum vereinbarten Ausbildungsende.[2]

8.3 Ausbildereignung

Die §§ 27 ff. BBiG beschäftigen sich mit der Eignung der Ausbildungsstätte als solcher sowie dem Ausbildungspersonal. Die Ausbildungsstätte ist nach ihrer Art und Einrichtung für die Berufsausbildung geeignet i. S. d. § 27 Abs. 1 Nr. 1 BBiG, wenn sie alle diejenigen Tätigkeiten ermöglicht und Räume, Maschinen und Vorrichtungen aufweist, die eine geordnete Ausbildung nach Maßgabe des Ausbildungsberufs und des Ausbildungsrahmenplans voraussetzt.[3] Als angemessenes Verhältnis von Fachkräften zu Auszubildenden kann nach einer Empfehlung des Bundesausschusses für Berufsbildung gelten: 1 - 2/1, 3 - 5/2, 6 - 8/3, je drei weitere Fachkräfte ein Auszubildender.[4] — 558

Auszubildende dürfen gem. § 28 BBiG 1.) nur von persönlich geeigneten Personen eingestellt und müssen 2.) von persönlich und fachlich geeigneten Personen ausgebildet werden, die gegebenenfalls vom Einstellenden zu „bestellen" sind (§ 28 BBiG). Persönlich nicht geeignet ist gem. § 28 BBiG insbesondere, wer wegen bestimmter Straftaten gem. § 25 JArbSchG Jugendliche nicht beschäftigen darf oder wiederholt oder schwer gegen das BBiG oder auf dessen Grundlage ergangene Vorschriften verstoßen hat. Fachlich geeignet ist gem. § 30 Abs. 1 BBiG, wer die beruflichen, berufs- und arbeitspädagogischen Fertigkeiten, Kenntnisse und Fähigkeiten besitzt, um die Ausbildungsinhalte vermitteln zu können. Die berufliche Eignung wird nach Abs. 2 in der Regel durch einen Abschluss in der dem Ausbildungsberuf entsprechenden Fachrichtung sowie einer Berufspraxis wäh- — 559

---

[1] ErfK/*Schlachter* § 22 BBiG Rn 3.

[2] BAG NZA 2013, 1202 (1204).

[3] ErfK/*Schlachter* § 27 BBiG Rn 1, m. w. N.

[4] BArbBl. 1972, 344.

rend einer angemessenen Zeit erworben. Nach § 30 Abs. 5 BBiG kann durch Rechtsverordnung bestimmt werden, dass und wie der Erwerb von berufs- und arbeitspädagogischen Fertigkeiten, Kenntnissen und Fähigkeiten nachzuweisen ist. Auf dieser Grundlage basiert die Ausbildereignungsverordnung (AEVO).[1]

8.4 Jugendarbeitsschutz

560   Eng mit dem Thema Berufsausbildung verknüpft ist der Bereich des Jugendarbeitsschutzes nach dem JArbSchG. Das JArbSchG gilt für alle Beschäftigten unter 18 Jahren, also sowohl Arbeitnehmer als auch Auszubildende. Minderjährige unter 15 Jahren gelten als „Kinder" im Sinne des JArbSchG, Minderjährige zwischen 15 und 18 Jahren als Jugendliche. Jugendliche, die noch vollzeitschulpflichtig[2] sind, gelten als Kinder (§ 2 JArbSchG).

561   Die Beschäftigung von Kindern ist gem. § 5 Abs. 1 JArbSchG verboten, sofern nicht die Voraussetzungen für eine Ausnahme nach § 5 Abs. 2 - 4 JArbSchG vorliegen. Mit Einwilligung der Sorgeberechtigten dürfen Kinder über 13 Jahren z. B. „leichte" Tätigkeiten bis maximal zwei Stunden täglich, in der Landwirtschaft drei Stunden täglich ausüben. Die zulässigen Tätigkeiten sind in der Kinderarbeitsschutzverordnung[3] aufgeführt. Auch Ferienjobs bis zu vier Wochen im Kalenderjahr sind erlaubt. Nicht mehr vollzeitschulpflichtige Kinder dürfen gem. § 7 JArbSchG in einem Berufsausbildungsverhältnis beschäftigt werden oder außerhalb eines Berufsausbildungsverhältnisses mit leichten und geeigneten Tätigkeiten bis zu sieben Stunden täglich und maximal 35 Stunden wöchentlich (§ 7 JArbSchG).

562   Die Beschäftigung von Jugendlichen ist nicht generell verboten, unterliegt aber bestimmten Einschränkungen. Personen, die wegen eines Verbrechens zu einer Freiheitsstrafe von mindestens zwei Jahren oder wegen anderer, in § 25 JArbSchG aufgeführter Straftaten verurteilt sind, dürfen Jugendliche von vornherein nicht beschäftigen. Gleiches gilt für Personen, die dreimal wegen eines Verstoßes gegen Beschäftigungsverbote nach § 58 Abs. 1 - 4 JArbSchG mit einer Geldbuße belegt worden sind.

563   Jugendliche dürfen gem. § 22 JArbSchG nicht mit dort näher definierten gefährlichen Arbeiten betraut werden und sie dürfen nicht im Akkord beschäftigt werden (§ 23 JArbSchG). Jugendliche unter 16 Jahren dürfen gar nicht, ältere Jugendliche nur unter den Einschränkungen des § 24 Abs. 2 JArbSchG im Bergbau unter Tage beschäftigt werden.

---

[1]   BGBl. I 2009, 88.

[2]   Gemeint ist die allgemeine Schulpflicht im Umfang von regelmäßig 9 - 10 Jahren je nach Bundesland. Eine daran anschließende Berufsschulpflicht ist keine Vollzeitschulpflicht mehr.

[3]   BGBl. I 1998, 1508.

Das JArbSchG versucht, den besonderen Belangen von Jugendlichen und Kindern   564
im Hinblick auf die zulässige Arbeitszeit und Pausen gerecht zu werden. Jugendliche dürfen gem. § 8 grundsätzlich nicht mehr als acht Stunden täglich und maximal 40 Stunden wöchentlich beschäftigt werden. Es gilt gem. § 15 JArbSchG
zwingend eine Fünf-Tage-Woche. Generell dürfen Jugendliche an Samstagen,
Sonn- und Feiertagen nicht beschäftigt werden, sofern nicht die im JArbSchG
definierten Ausnahmefälle vorliegen (§§ 16 - 18 JArbSchG). Diese Ausnahmen
betreffen im Wesentlichen Branchen, in denen typischerweise auch bzw. gerade
am Wochenende Arbeit anfällt.[1] Sie müssen für die Berufsschule und für Prüfungen freigestellt werden, und für die Beschäftigung an Berufsschultagen sieht § 9
JArbSchG weitere Einschränkungen vor. Bei einer Arbeitszeit zwischen viereinhalb
und sechs Stunden muss der Arbeitgeber mindestens 30 Minuten Ruhepause
gewähren, darüber hinaus mindestens 60 Minuten. Schichtzeiten dürfen generell
zehn Stunden, im Bergbau acht Stunden, in bestimmten anderen Branchen elf
Stunden nicht überschreiten (§ 12 JArbSchG). Zwischen einzelnen Arbeitstagen
müssen mindestens 12 Stunden Freizeit liegen (§ 13 JArbSchG). Gemäß §§ 21a
und 21b JArbSchG kann von diesen Regelungen in Tarifverträgen und Rechtsverordnungen jedoch abgewichen werden.

Die gesundheitliche Betreuung Jugendlicher ist in den §§ 32 ff. JArbSchG geregelt.   565
Das Gesetz sieht insbesondere eine Erstuntersuchung bei Eintritt in das Berufsleben sowie verpflichtend eine Nachuntersuchung nach einem Jahr und freiwillige Nachuntersuchungen in den Folgejahren vor.

---

[1] Etwa bei der Betreuung von Personen, in Verkehrsbetrieben, im Gaststättengewerbe etc.

C. Das kollektive Arbeitsrecht

Das kollektive Arbeitsrecht regelt die Beziehungen zwischen Arbeitnehmerver-tretungen und dem Arbeitgeber bzw. Arbeitgeberverbänden. Im Gegensatz hier-zu betrifft das Individualarbeitsrecht das Verhältnis des einzelnen Arbeitnehmers zum Arbeitgeber. Zum kollektiven Arbeitsrecht gehören das Koalitionsrecht ein-schließlich des Tarifvertrags- und des Arbeitskampfrechts sowie das Betriebsver-fassungsrecht. In einem weiteren Sinne kann hierzu auch die Unternehmensmit-bestimmung gerechnet werden, welche die Arbeitnehmervertretung in gesellschaftsrechtlichen Aufsichtsorganen regelt. 001

Bereits die Existenz eines kollektiven Arbeitsrechts ist durchaus nicht selbstver-ständlich. In einer vornehmlich durch Landwirtschaft und in geringerem Umfang durch Handwerk geprägten Wirtschaft war das Leben von Arbeitgeber und Ar-beitnehmer früher sehr eng miteinander verknüpft. Die Beschäftigten („das Ge-sinde") arbeiteten und lebten auf dem Hof des „Dienstherren". Sie waren in ho-hem Maße von ihm abhängig und erhielten im Gegenzug ein Mindestmaß an Versorgung im Krankheitsfalle und im Alter. 002

Mitte des 19. Jahrhunderts setzte die Industrialisierung ein. Dadurch entstand zunächst ein erheblicher Bedarf an Arbeitskräften in den neu gegründeten Ma-nufakturen. Dort war jedoch die enge Bindung zwischen Arbeitnehmer und Ar-beitgeber aufgehoben. Die Manufakturarbeitgeber empfanden typischerweise keine soziale Verpflichtung ihren Beschäftigten gegenüber. Das Arbeitsverhältnis wurde als reine Austauschbeziehung zwischen den Vertragspartnern gesehen. Nach den Grundsätzen der Privatautonomie waren folglich die Arbeitsbedingun-gen von den Vertragsparteien individuell auszuhandeln, nicht etwa von Kollek-tivvertretungen. Aufgrund des Ungleichgewichts zwischen Arbeitnehmern und Arbeitgebern führte dies zu massiver Ausbeutung der Arbeitnehmer und zu einer sozialen Verelendung, insbesondere in den Großstädten. Diese nahm besonders im Zuge der Rezession Mitte der 1870er-Jahre zu. Arbeitnehmer sahen sich in einer Situation, die gekennzeichnet war durch *„das Fehlen jeglichen Arbeitneh-merschutzes (wie etwa Mindestlohngarantien, Kündigungsschutz, Arbeitszeitrege-lungen, staatliche Leistungen zur Krankheits-, Alters- oder Unfallversorgung) und jederzeit drohenden Massenkündigungen mit existenzgefährdenden Wirkungen für die Arbeiter und deren Familien."*[1] Zur Kostenersparnis wurden zudem häufig statt erwachsener Arbeitnehmer Kinder eingesetzt. Die Gewerbeordnung des Deutschen Reichs von 1878 erlaubte die Beschäftigung von Kindern ab zwölf Jah-ren für sechs Stunden täglich, von 14 - 16 Jahren für zehn Stunden täglich[2], wobei der Samstag ein normaler Arbeitstag war. 003

Als Reaktion hierauf begannen sich insbesondere die Industriearbeiter zu Verei-nigungen zusammen zu schließen, um ihre Interessen kollektiv wahrzunehmen. Als erste Gewerkschaften gelten die Vereinigungen der Buchdrucker und Zigar- 004

---

[1] *Wollenschläger*, Arbeitsrecht, S. 2.

[2] RGBl. 1878, 199.

renarbeiter von 1848/49. Die heutige Arbeitsrechtsordnung „ist den Arbeitnehmern nicht in den Schoß gefallen, sie musste von ihnen vielmehr über Jahrzehnte hin erkämpft werden".[1]

1. Koalitionsfreiheit

005 Art. 9 Abs. 3 Satz 1 GG gewährleistet für jedermann und alle Berufe das Recht, zur Wahrung und Förderung der Arbeits- und Wirtschaftsbedingungen Vereinigungen zu bilden. Solche Vereinigungen werden Koalitionen genannt. Das Grundrecht gilt grundsätzlich für alle „Berufsverbände", also neben typischen Arbeitgeber- und Arbeitnehmerverbänden auch sonstige berufsständische Organisationen. Auch Beamte können sich in Koalitionen zusammenschließen. Ihre Koalitionsfreiheit nach Art. 9 Abs. 3 GG wird allerdings von den „hergebrachten Grundsätzen des Berufsbeamtentums" nach Art. 33 Abs. 5 GG überlagert und dadurch teilweise eingeschränkt.[2] Historisch betrachtet soll die Koalitionsfreiheit vornehmlich die Existenz von Gewerkschaften absichern.[3] Bereits die Weimarer Reichsverfassung (WRV) vom 14.08.1919 enthielt in Art. 159 WRV eine im Wortlaut praktisch identische Vorschrift als Reaktion auf „Massenelend und erbitterte Arbeitskämpfe".[4] Die WRV gewährte damit den Arbeitnehmern das Recht, kollektiv für eine Verbesserung ihrer Arbeitsbedingungen zu kämpfen. Insbesondere erkannte die WRV in Art. 165 die Vertretungen von Arbeitgebern und Arbeitnehmern an. Im deutschen Kaiserreich waren dagegen von 1878 - 1890 durch das „Sozialistengesetz" „sozialdemokratische, sozialistische und kommunistische Vereine" und ihnen nahestehende Organisationen, insbesondere Gewerkschaften verboten worden.[5]

---

[1] *Dütz/Thüsing*, Arbeitsrecht, Rn 7.

[2] *Maunz/Dürig/Scholz*, Art. 9 GG Rn 362; *Jarass/Pieroth*, Art. 9 GG Rn 56.

[3] BVerfG NZA 1991, 809 (809).

[4] ErfK/*Linsenmaier*, Art. 9 GG Rn 16.

[5] Gesetz gegen die gemeingefährlichen Bestrebungen der Sozialdemokratie, RGBl 1878, 351.

1.1 Koalitionsbegriff

Koalitionen im Sinne von Art. 9 Abs. 3 GG
▸ sind **Vereinigungen** im Sinne des Art. 9 Abs. 1 GG, die
▸ auf einem **freiwilligen privatrechtlichen Zusammenschluss** beruhen
▸ eine **demokratische Organisationsstruktur** aufweisen
▸ **unabhängig** sind
– vom Staat und politischen Parteien sowie
– vom sozialen Gegenspieler („Gegnerunabhängigkeit")
▸ überbetrieblich organisiert sind
▸ nach umstrittener, aber wohl herrschender Meinung **auf eine gewisse Dauer angelegt** sind und
▸ die Förderung der Arbeits- und Wirtschaftsbedingungen bezwecken.

006

Koalitionen sind ein Unterfall der Vereinigungen i. S. v. Art. 9 Abs. 1 GG und müssen daher zunächst den Vereinigungsbegriff erfüllen. Darunter fallen im Ausgangspunkt „Vereine, Verbände und Assoziationen aller Art".[1] Das für das Vorliegen einer Vereinigung im Sinne von Art. 9 Abs. 1 GG zusätzliche Erfordernis eines freiwilligen privatrechtlichen Zusammenschlusses schließt die öffentlich-rechtlichen berufsständischen Kammern vom Koalitionsbegriff aus.[2] Auch die Belegschaft eines Betriebs ist keine Koalition, weil sich die Arbeitnehmer durch die individuellen Arbeitsverträge nicht zusammenschließen. Sie schließen sich auch nicht dadurch zusammen, dass sie einen gesetzlich vorgesehenen Betriebsrat wählen. Koalitionen müssen nicht notwendig von Arbeitgebern oder Arbeitnehmern gebildet werden. Auch der Deutsche Beamtenbund ist eine Koalition i. S. v. Art. 9 Abs. 3 Satz 1 GG.

007

Die demokratische Organisationsstruktur wird deshalb gefordert, weil Deutschland nach Art. 20 Abs. 1 GG ein demokratischer Staat ist und daher der besondere grundrechtliche Schutz von Vereinigungen nur demokratischen organisierten Vereinigungen zukommen soll.[3] Die Anforderungen sind insoweit jedoch sehr gering, weil die Vereinigungsfreiheit auch das Recht zur Selbstorganisation gewährleistet. Die demokratische Struktur kann durch unmittelbare Beteiligung der Mitglieder an Entscheidungen (z. B. Urabstimmung beim Streik) oder durch mittelbare Beteiligung in Form von Wahlen zu den Führungsgremien erfolgen.

008

Die Unabhängigkeit vom Staat ist schon deshalb erforderlich, weil Art. 9 Abs. 3 GG ein Freiheitsgrundrecht ist, dass im Ausgangspunkt zunächst Freiheit vom Staat gewährleistet.[4] Zudem können auch nur gegner- und staatsfreie Koalitio-

009

---

[1] BVerfGE 38, 281, 503.

[2] Als Ausnahme hiervon sind Handwerksinnungen nach § 54 Abs. 3 Nr. 1 HandwO tariffähig.

[3] *Dütz/Thüsing*, Arbeitsrecht, Rn 529.

[4] Zur Drittwirkung von Art. 9 Abs. 3 GG vgl. BAG NZA 2010, 891 (894).

nen die Interessen ihrer Mitglieder unbeeinträchtigt vertreten. Personelle Verknüpfungen zwischen sozialen Gegenspielern (Arbeitgeberseite und Gewerkschaft) werden allerdings hingenommen, soweit daraus keine sachlich-inhaltliche Einflussnahme zu erwarten ist. Die Koalition muss über ihre eigene Organisation und ihre Willensbildung selbst entscheiden[1]

Beispiele

Ein Gewerkschaftsmitglied wird zum Oberbürgermeister einer Gemeinde gewählt oder als Innenminister ernannt. In beiden Funktionen übt er Arbeitgeberfunktionen aus und nimmt möglicherweise auf Arbeitgeberseite an Tarifverhandlungen teil. Die Gewerkschaftsmitgliedschaft wird als hiermit vereinbar angesehen.

Nach § 13 MontanMitbestG kann der „Arbeitsdirektor" (der für Personal zuständige Vorstand) nicht gegen den Willen der Arbeitnehmerseite bestellt werden. Häufig wird dieser ebenfalls Mitglied einer Gewerkschaft sein.

010   Auch die Mitglieder einer Gewerkschaft, die bei dieser beschäftigt sind, können eine Gewerkschaft gründen und gleichzeitig Mitglied ihrer „Arbeitgebergewerkschaft" bleiben.[2]

011   Nicht dem Schutz der Koalitionsfreiheit unterfallen dagegen Vereinigungen, die zwar vorgeblich Arbeitnehmerinteressen vertreten, tatsächlich aber von der Gegenseite gesteuert werden.

Beispiel

Der Vorsitzende der „Arbeitsgemeinschaft unabhängiger Betriebsräte" (AUB) hatte nach gerichtlichen Feststellungen von 2001 - 2005 von der Siemens AG über 30 Mio. € erhalten.[3] Die AUB sollte im Gegenzug für die Wahl von Betriebsräten sorgen, die nicht gewerkschaftlich organisiert oder unterstützt wurden. Nach Medienberichten sollen bis zu 40 Unternehmen versucht haben, mit der AUB ähnliche Abmachungen zu treffen, darunter z. B. Aldi Nord oder Metro.[4]

---

[1]   BAG NZA 1998, 754.

[2]   BAG NZA 1998, 754.

[3]   LG Nürnberg-Fürth ArbuR 2010, 35.

[4]   Artikel „Geheimagent der Deutschland AG", Der Spiegel 39/2008, S. 96.

Eng im Zusammenhang mit der Unabhängigkeit[1] ist das Erfordernis der Überbetrieblichkeit anzusehen. Koalitionen müssen außer bei Beschäftigten von Monopolbetrieben grundsätzlich überbetrieblich organisiert sein.[2]

012

Ob der Koalitionsbegriff nur auf eine gewisse Dauer angelegte Vereinigungen oder auch sog. „Ad-hoc-Koalitionen" umfasst, ist umstritten. Praktische Bedeutsamkeit hat diese Frage vor allem betreffend die Zulässigkeit sog. „wilder Streiks", die nicht von einer Gewerkschaft getragen werden. „Wild streikende" Arbeitnehmer können sich nach der Rechtsprechung des BAG nicht auf die Koalitionsfreiheit berufen.[3] Andererseits hat das Bundesverfassungsgericht 1991 entschieden, dass auch ein Arbeitgeber, der sich kurzfristig dem Arbeitskampf eines Arbeitgeberverbands anschließen will, den Schutz der Koalitionsfreiheit einschließlich des Rechts zum Arbeitskampf genießt.[4] Daraus wird in der Literatur teilweise gefolgert, dass ein auf Dauer angelegter Zusammenschluss keine Voraussetzung für die Koalition ist.[5]

013

Dies ist nicht ganz überzeugend. Schließen sich nicht organisierte Arbeitgeber oder Arbeitnehmer von Koalitionen geführten Arbeitskämpfen an, so wird die Dauerhaftigkeit durch die Koalition vermittelt, so lange diese die Kampfziele bestimmt und nicht die Außenseiter. Das BVerfG hat jüngst erneut gefordert, dass „satzungsmäßiger" Zweck der Koalition die Wahrung und Förderung der Arbeits- und Wirtschaftsbedingungen sein muss.[6] Von einem satzungsmäßigen Zweck kann wohl nur bei einer auf gewisse Dauer angelegten Struktur die Rede sein, selbst wenn man keine Satzung im formellen Sinne fordert.

014

Inhaltlich ist vor allem von Bedeutung, dass den Koalitionen durch Art. 9 Abs. 3 GG über die Tarifautonomie eine große Gestaltungsmacht für einen wichtigen Lebensbereich zugestanden wird und insbesondere sich der Staat hier zugunsten der Koalitionen zurücknimmt. Die Tarifautonomie kann nicht sinnvoll durch Ad-hoc-Koalitionen wahrgenommen werden. Daher ist es richtig, diesen die Tariffähigkeit und damit auch das Arbeitskampfrecht abzuerkennen. Die Koalitionsfreiheit erschöpft sich jedoch nicht allein im Führen von Tarifverhandlungen und Arbeitskämpfen, sonst wäre z. B. mangels Streikbefugnis von Beamten[7] der Deutsche Beamtenbund nicht erfasst. Es erscheint daher sinnvoll, auch Ad-hoc-Koali-

015

---

[1] So richtig *Dütz/Thüsing*, Arbeitsrecht, Rn 535.

[2] St. Rspr., jüngst BVerfG, B. v. 10.03.2014 - 1 BvR 377/13, juris. Die 2000 in ver.di aufgegangene „Deutsche Postgewerkschaft" war eine Koalition, obwohl sie nur Beschäftigte der damaligen Deutschen Bundespost vertrat.

[3] BAG NJW 1989, 63 (63).

[4] BVerfG NZA 1991, 809 (810).

[5] Vgl. *Däubler*, TVG, Einleitung Rn 94 m. w. N. auch zur Gegenmeinung.

[6] BVerfG, B. v. 10.03.2014 - 1 BvR 377/13 (juris).

[7] Vgl. zur (europarechtlich wohl nicht uneingeschränkt haltbaren) Unzulässigkeit von Beamtenstreiks BVerwG NZA 2014, 616.

tionen unter den Schutz von Art. 9 Abs. 3 GG zu stellen, ihnen aber nicht die Tarifautonomie zuzuerkennen.[1]

016 Die Arbeits- und Wirtschaftsbedingungen sind als funktionale Einheit zu verstehen. Sie bezeichnen „die Gesamtheit der Bedingungen, unter denen abhängige Arbeit geleistet und eine sinnvolle Ordnung des Arbeitslebens ermöglicht wird".[2] Von Bedeutung ist, dass die Förderung dieser Bedingungen zum Zweck der Koalitionstätigkeit gehört. Auch Umweltpolitik hat einen Einfluss auf die Wirtschaftsbedingungen. Das macht Umweltverbände aber nicht zu Koalitionen i. S. v. Art. 9 Abs. 3 GG, weil es ihnen nicht um die Bedingungen abhängiger Arbeit geht.

1.2 Umfang der Koalitionsfreiheit

017 Die Koalitionsfreiheit umfasst mehrere Aspekte. Art. 9 Abs. 3 Satz 1 GG gewährleistet als „Doppelgrundrecht" zum einen die individuelle Koalitionsfreiheit des einzelnen Mitglieds der Koalition, zum anderen die kollektive Koalitionsfreiheit der Koalition selbst.

018 Grundrechte sind im Ausgangspunkt Abwehrrechte gegen staatliche Eingriffe. Dies gilt auch für die Koalitionsfreiheit. Art. 9 Abs. 3 Satz 2 GG macht jedoch deutlich, dass auch „Abreden" und sonstige Maßnahmen die Koalitionsfreiheit beeinträchtigen können. Angesprochen sind damit auch Handlungen Privater, etwa wenn der Arbeitgeber die Einstellung vom Austritt aus der Gewerkschaft abhängig macht. Die Koalitionsfreiheit entfaltet damit als einziges Grundrecht eine unmittelbare Drittwirkung auch gegenüber Privaten.[3]

1.2.1 Individuelle Koalitionsfreiheit

019 Die individuelle Koalitionsfreiheit wird unterteilt in die positive und negative Koalitionsfreiheit. Die positive Koalitionsfreiheit umfasst das Recht des Einzelnen,

- ▸ zur Gründung
- ▸ zum Beitritt und Verbleib sowie
- ▸ zu jeder koalitionsspezifischen Tätigkeit inner- und außerhalb der Koalition.

020 Mit dem Begriff der koalitionsspezifischen Tätigkeit bringt das BVerfG zum Ausdruck, dass damit nicht nur ein Kernbereich des Unerlässlichen geschützt ist, sondern eben jede Tätigkeit, die spezifischen Koalitionszwecken dient.[4]

---

[1] Diese Möglichkeit lässt BAG NJW 1979, 236 (237) ausdrücklich offen.

[2] ErfK/*Linsenmaier* Art. 9 GG Rn 23.

[3] Aus jüngerer Zeit vgl. BAG NJW 2007, 622 (623).

[4] BVerfG NZA 1996, 381 (382).

Beispiel

Die Werbung für eine Gewerkschaft während der Arbeitszeit ist durch Art. 9 Abs. 3 GG geschützt, auch wenn sie für die Gewerkschaft nicht „unerlässlich" ist. Dies ist bei der Frage, ob eine Abmahnung des Arbeitnehmers zulässig ist, zu berücksichtigen.[1]

Gemäß Art. 9 Abs. 3 Satz 2 GG sind Maßnahmen rechtswidrig, die dieses Recht einschränken oder zu behindern suchen. Die Frage nach der Gewerkschaftszugehörigkeit im Vorstellungsgespräch ist vor diesem Hintergrund regelmäßig unzulässig. Erst recht darf der Arbeitgeber die Einstellung nicht von einem Gewerkschaftsaustritt abhängig machen.[2] Auch im laufenden Arbeitsverhältnis ist die Frage nach der Gewerkschaftszugehörigkeit jedenfalls dann unzulässig, wenn hierfür kein konkreter Anlass besteht. Der Arbeitgeber könnte so gezielt Druck auf gewerkschaftsangehörige Arbeitnehmer ausüben und insbesondere Informationen über den Organisationsgrad seiner Beschäftigten erhalten. Das BAG hat allerdings ausdrücklich offen gelassen, ob ein überwiegendes Interesse des Arbeitgebers an der Kenntnis der Gewerkschaftszugehörigkeit dann anzuerkennen sei, wenn es mehrere Tarifverträge in seinem Unternehmen gebe.[3] In diesem Fall fragt sich naturgemäß, wie der Arbeitgeber ohne entsprechende Kenntnis des anwendbaren Tarifvertrags den Tariflohn zahlen soll. 021

Die negative Koalitionsfreiheit umfasst das Recht, aus einer Koalition auszutreten bzw. ihr gar nicht erst beizutreten. Über ihren grundrechtlichen Schutz besteht kaum Zweifel, umstritten ist lediglich, ob sie aus Art. 2 Abs. 1 GG oder aus Art. 9 Abs. 3 GG folgt.[4] Die Vorteile eines Tarifvertrags müssen ihretwegen nicht zwangsläufig auf nicht gewerkschaftlich organisierte Außenseiter erstreckt werden. Aufgabe der Koalitionen ist es, die Arbeits- und Wirtschaftsbedingungen für ihre Mitglieder zu regeln. Koalitionen dürfen jedoch in Tarifverträgen keine Regelungen für Außenseiter treffen und insbesondere keine Regeln vereinbaren, die einen unzumutbaren Druck auf die Außenseiter zum Koalitionsbeitritt nach sich ziehen. Dies wird regelmäßig dann der Fall sein, wenn nach dem Tarifvertrag Außenseiter schlechter behandelt werden müssen als Tarifgebundene. Namentlich gilt dies für sog. Spannungs- oder Differenzierungsklauseln, in denen festgeschrieben wird, dass nicht gewerkschaftlich organisierte Arbeitnehmer schlechter bezahlt werden müssen als gewerkschaftsangehörige.[5] Ein Streik verletzt die negative Koalitionsfreiheit des Arbeitgebers, wenn er darauf gerichtet ist, den 022

---

[1] BVerfG NZA 1996, 381 (382).

[2] BAG NZA 1988, 64 (64).

[3] Vgl. BAG NZA 2015, 306.

[4] Zum Meinungsstand vgl. BAG NZA 2009, 1028 (1032).

[5] BAG NZA 2011, 920.

Arbeitgeber zum Verbleib in einem Arbeitgeberverband zu zwingen.[1] Gleiches gilt für eine privatrechtliche Vereinbarung anlässlich eines Betriebsübergangs, nach der sich der Erwerber zum Eintritt in einen Arbeitgeberverband verpflichtet.[2]

1.2.2 Kollektive Koalitionsfreiheit

023   Art. 9 Abs. 3 GG schützt neben der individuellen Koalitionsfreiheit auch die kollektive Koalitionsfreiheit der Koalition selbst. Diese lässt sich in eine Bestands- und eine Betätigungsgarantie unterteilen.

024   Die Bestandsgarantie schützt die Koalition selbst vor Eingriffen, die unmittelbar gegen die Existenz der Koalition gerichtet sind, wie z. B. das Verbot nach dem Sozialistengesetz im deutschen Kaiserreich. Die Bestandsgarantie schützt darüber hinaus auch *„die Selbstbestimmung der Koalition über die eigene Organisation, das Verfahren der Willensbildung und die Führung der Geschäfte sowie die innere Ordnung".*[3]

025   Die Betätigungsgarantie schützt jede koalitionsspezifische Tätigkeit. Dazu gehören zuallererst der Abschluss von Tarifverträgen und alle damit zusammenhängenden Tätigkeiten. Aber auch die Interessenwahrnehmung in sonstiger Form wie z. B. bei Gesetzgebungsvorhaben, in Gerichtsverfahren, im Rahmen der betrieblichen und gesellschaftsrechtlichen Mitbestimmung etc. ist von der Betätigungsgarantie umfasst, ebenso die Mitgliederwerbung. Die Grenze der Betätigungsgarantie liegt im Zweck der Koalitionsfreiheit, nämlich der Wahrung und Förderung der Arbeits- und Wirtschaftsbedingungen. Auch innerhalb dieser Grenzen gilt die Koalitionsfreiheit nicht unbeschränkt. Sie bedarf der gesetzlichen Ausgestaltung wie z. B. durch das TVG. Dabei sind auch Grundrechte anderer zu berücksichtigen und müssen ggf. im Wege der sog. praktischen Konkordanz gegen die Koalitionsfreiheit abgewogen werden.

Beispiel

Die Koalitionsfreiheit schützt auch das Recht zur Mitgliederwerbung in Betrieben durch betriebsfremde Gewerkschaftsbeauftragte und gibt diesen daher ein Zutrittsrecht. Sie findet jedoch dort ihre Grenze, wo durch die Mitgliederwerbung berechtigte betriebliche Belange des Arbeitgebers verletzt werden, etwa durch eine unzumutbare Störung von Betriebsabläufen.[4]

---

[1] BAG NZA 2003, 734 (740).

[2] BAG NJW 2008, 622 (623).

[3] *Hromadka/Maschmann*, Band 2, § 12 Rn 40.

[4] BAG NZA 2006, 798 (802); weitere Beispiele aus der Gerichtspraxis bei *Hromadka/Maschmann*, Band 2, § 12 Rn 43.

Die Betätigungsfreiheit der Koalition wird sich häufig mit der positiven Koalitionsfreiheit ihrer Mitglieder überschneiden. Für die einzelnen Koalitionsmitglieder hat dies den Vorteil, dass sie im Konfliktfall diesen nicht selbst austragen müssen, sondern einen Streit ggf. durch die Koalition führen lassen können. 026

1.3 Ansprüche bei Verletzung der Koalitionsfreiheit

Verletzungen der individuellen wie der kollektiven Koalitionsfreiheit können Beseitigungsansprüche und Unterlassungsansprüche nach § 1004 BGB und Schadensersatzansprüche nach §§ 823, 280 BGB auslösen. 027

Beispiele

Nimmt ein Arbeitnehmer an einem rechtmäßigen Streik teil, so darf er deswegen nicht abgemahnt werden. Er hat einen Anspruch auf Entfernung der Abmahnung aus seiner Personalakte.

Treffen Arbeitgeber und Betriebsrat im Wege einer sog. Regelungsabrede eine tarifvertragswidrige Vereinbarung, so kann die Gewerkschaft vom Arbeitgeber verlangen, die Anwendung dieser Regelung zu unterlassen.[1]

2. Tarifvertragsrecht

2.1 Tarifautonomie

Bestandteil der kollektiven Koalitionsfreiheit ist die Tarifautonomie, d. h. das Recht der Koalitionen, die Arbeits- und Wirtschaftsbedingungen selbst durch Tarifverträge zu regeln. Art. 9 Abs. 3 Satz 1 GG gewährleistet also das Recht der Koalitionen, Tarifverträge auszuhandeln und abzuschließen. Aktuell sind rund 72.000 gültige Tarifverträge im Tarifregister nach § 6 TVG registriert, seit 1949 sind etwa 400.000 Tarifverträge abgeschlossen worden.[2] 028

Die Tarifautonomie schützt die Koalitionen allerdings nicht vor jeder staatlichen Regelung. Sie gewährt ihnen ein „Normsetzungsrecht, aber kein Normsetzungsmonopol", was sich bereits daraus ableiten lässt, dass nach Art. 74 Nr. 12 GG dem Bund die Gesetzgebungskompetenz für das Arbeitsrecht zugewiesen wird.[3] Staatliche Regelungen können insbesondere das Verhältnis der Tarifvertragsparteien zueinander ausgestalten, wie dies im Tarifvertragsgesetz (TVG) geschehen ist. Weitergehende Regelungen kommen jedenfalls dann in Betracht, wenn der 029

---

[1] BAG NZA 1999, 887 (890); bestätigt in NZA 2011, 1169.

[2] *Hromadka/Maschmann*, Band 2, § 13 Rn 30.

[3] BVerfG NJW 1997, 513 (514).

Staat Grundrechte Dritter oder andere mit Verfassungsrang ausgestattete Rechte schützen will und der Eingriff in die Tarifautonomie die Verhältnismäßigkeit wahrt.[1] Dies gilt nach der Rechtsprechung des Bundesverfassungsgerichts insbesondere dann *„wenn die Koalitionen die ihnen übertragene Aufgabe, das Arbeitsleben durch Tarifverträge sinnvoll zu ordnen, im Einzelfall nicht allein erfüllen können und die soziale Schutzbedürftigkeit einzelner Arbeitnehmer oder Arbeitnehmergruppen oder ein sonstiges öffentliches Interesse ein Eingreifen des Staates erforderlich macht".[2]* Haben die Tarifvertragsparteien eine Materie tarifvertraglich bereits geregelt, so sind allerdings besonders hohe Anforderungen an die Rechtfertigung staatlicher Eingriffe zu stellen.[3]

030   Vor diesem Hintergrund haben gesetzliche Regelungen etwa zur Lohngestaltung für lange Zeit typischerweise nur Arbeitsverhältnisse erfasst, für die kein Tarifvertrag gilt. Der Equal-pay-Grundsatz aus § 10 Abs. 4 AÜG gilt dann nicht, wenn ein Tarifvertrag abweichende Vergütungen für die Leiharbeitnehmer vorsieht (solange diese über dem Mindestlohn nach § 3a AÜG liegen). Rechtsfolge einer sogenannten Allgemeinverbindlicherklärung nach § 5 TVG ist, dass auch die nicht tarifgebundenen Arbeitgeber und Arbeitnehmer (§ 5 Abs. 5 TVG) vom Tarifvertrag erfasst werden.

031   Von besonderer Brisanz im Hinblick auf die Tarifautonomie sind Gesetze, die bestimmte Mindestvergütungen auch für Arbeitsverhältnisse anordnen, auf die ein Tarifvertrag Anwendung findet. Hierzu gehören aus jüngerer Zeit § 3a AÜG, der die Anordnung von Lohnuntergrenzen auch für tarifgebundene Arbeitnehmer erlaubt sowie insbesondere das Mindestlohngesetz, welches einen allgemeinen Mindestlohn unabhängig von der Tarifgebundenheit einführt. Unabhängig davon, ob man den Mindestlohn als sozialpolitisch wünschenswert und/oder ökonomisch verfehlt bewertet, sind die rechtlichen Anforderungen an eine faktische Außerkraftsetzung von Tarifverträgen recht hoch. Letztlich geht es um die Frage, ob hier die Tarifautonomie aufgrund faktischer Bedingungen am Arbeitsmarkt „strukturell versagt".[4]

2.2 Tarifvertragsgesetz

032   Die einfachgesetzliche Ausgestaltung der Tarifautonomie ist im Tarifvertragsgesetz (TVG) erfolgt. Dieses regelt im Wesentlichen, wer Tarifverträge schließen kann und welche Wirkungen von ihnen ausgehen.

---

[1] BVerfG NJW 1997, 513 (514).

[2] BVerfG NJW 1977, 2255 (2256).

[3] BVerfG NJW 1997, 513 (514).

[4] Eingehend zur verfassungsrechtlichen Problematik aus jüngerer Zeit *Barczak*, RdA 2014, 290 - 298; *Picker*, RdA 2014, 26 - 35.

2.2.1 Tariffähigkeit

Nach § 2 Abs. 1 TVG können Tarifvertragsparteien Gewerkschaften, einzelne Arbeitgeber sowie Vereinigungen von Arbeitgebern sein. Damit ist die „Tariffähigkeit" bezeichnet.   033

Schließt eine Gewerkschaft einen Tarifvertrag mit einem einzelnen Arbeitgeber, so spricht man von einem „Haus-" oder „Firmentarifvertrag", ein Tarifvertrag mit einem Arbeitgeberverband heißt „Flächen-" oder „Verbandstarifvertrag". Zusammenschlüsse von Gewerkschaften und Arbeitgeberverbänden (sog. „Spitzenorganisationen") können als Vertreter ihrer Mitglieder Tarifverträge schließen (Abs. 2) oder in eigenem Namen, wenn dies zu ihren satzungsgemäßen Aufgaben gehört (Abs. 3). Das TVG weist also nicht allen Koalitionen pauschal die Tariffähigkeit zu, sondern nur bestimmten. Der Gesetzgeber kann auch Nicht-Koalitionen die Tariffähigkeit zusprechen. Dies ist z. B. in § 2 Abs. 1 TVG selbst der Fall (Tariffähigkeit des einzelnen Arbeitgebers) und in §§ 54 Abs. 3 Nr. 1, 85 HandwO für die Handwerksinnungen und Innungsverbände (Tariffähigkeit von „Zwangsverbänden"). Abgesehen von diesen gesetzlich speziell geregelten Fällen sind jedoch grundsätzlich nur Koalitionen tariffähig. Zur Tariffähigkeit gehören die nachstehenden Merkmale: 034

Tariffähigkeit
► Koalition im Sinne des Art. 9 Abs. 3 GG **plus**
► Tarifwilligkeit
► Anerkennung des geltenden Tarif-, Schlichtungs- und Arbeitskampfrechts
► Im Falle einer Gewerkschaft eine gewisse soziale Mächtigkeit und organisatorische Leistungsfähigkeit.

Tarifwillig ist ein Verband dann, wenn der Abschluss von Tarifverträgen zu den satzungsgemäßen Zwecken des Verbands gehört. Problematisch ist dies im Hinblick auf die sog. „OT-Mitgliedschaft" („ohne Tarifbindung") im Arbeitgeberverband. Die OT-Mitgliedschaft bedeutet, dass ein Arbeitgeber Verbandsmitglied ist, aber nicht an die vom Verband abgeschlossenen Tarifverträge gebunden sein will. Er ist also insofern nicht tarifwillig. Die OT-Mitgliedschaft wird vom BAG als grundsätzlich zulässig erachtet. Sie stellt die Tarifwilligkeit des Verbands nicht in Frage, sofern sie in der Satzung geregelt und durch die Satzung sichergestellt ist, dass OT-Mitglieder keinen Einfluss auf die tarifpolitischen Entscheidungen des Verbands nehmen können.[1]   035

Eine gewisse soziale Mächtigkeit ist für Gewerkschaften erforderlich, um überhaupt als Tarifvertragspartner von der Gegenseite ernst genommen zu werden und damit die Tarifautonomie ausfüllen zu können. Diese hängt naturgemäß von der Mitgliederzahl und dem Organisationsgrad der Beschäftigten im Geltungsbereich des Tarifvertrags ab. Sind z. B. lediglich rund 1 % aller Arbeitnehmer einer   036

---

[1] BAG DB 2013, 1735 (1736); NZA 2008, 1366 (1369).

Branche in einem Verband organisiert, so fehlt diesem regelmäßig die soziale Mächtigkeit.[1] Sind viele Mitglieder in Schlüsselpositionen tätig, so kann aber auch bei geringen Mitgliedszahlen eine ausreichende soziale Mächtigkeit vorliegen. Ein Indiz für eine soziale Mächtigkeit ist, dass die Gewerkschaft bereits in der Vergangenheit Tarifverträge abgeschlossen hat. Zwingend ist dies aber nicht, da auch ein Tarifvertrag auf einem Diktat der Arbeitgeberseite gegenüber einer schwachen Gewerkschaft beruhen kann. Letztlich sind alle Umstände des Einzelfalls zu berücksichtigen. In der Praxis erlangt das Merkmal der sozialen Mächtigkeit vor allem in Fällen Bedeutung, in denen größere Gewerkschaften kleineren Konkurrenzgewerkschaften die soziale Mächtigkeit absprechen.

037 Bei einer fehlenden Arbeitskampfbereitschaft wird sich die Frage der sozialen Mächtigkeit besonders scharf stellen. Das Bundesverfassungsgericht hat in einer älteren Entscheidung die Arbeitskampfbereitschaft einer Vereinigung von „Hausgehilfinnen" nicht als Voraussetzung für ihre Tariffähigkeit angesehen. Es hat aber betont, dass dabei die Art der Tätigkeit in Privathaushalten eine entscheidende Rolle spielte und dies in anderen Branchen auch anders beurteilt werden könne.[2] Ähnlich hat das BAG für die Tariffähigkeit der „Ärztegewerkschaft" Marburger Bund deshalb keine Streikbereitschaft gefordert, weil nicht „nur auf deren Fehlen einem freien Entschluss, sondern auf dem (ethischen) Wesen des ärztlichen Berufes" beruhe.[3] Die Frage nach der Arbeitskampfbereitschaft als Voraussetzung für die Tariffähigkeit lässt sich nicht abstrakt beantworten, sondern nur im Hinblick auf die Funktion des Arbeitskampfes als Druckmittel für einen Tarifabschluss. Typischerweise wird eine ausreichende soziale Mächtigkeit auf Arbeitnehmerseite nicht vorliegen, wenn die Gewerkschaft von vornherein auf den Arbeitskampf als letztes Mittel verzichtet.

038 Die mit Abstand größten Gewerkschaften in Deutschland sind die IG Metall mit knapp 2,3 Mio. Mitgliedern und ver.di mit knapp 2,1 Mio. Mitgliedern. Gemeinsam mit sechs weiteren Gewerkschaften bilden sie den Deutschen Gewerkschaftsbund (DGB) als Spitzenorganisation. Die DGB-Gewerkschaften haben zusammen gut 6,1 Mio. Mitglieder.[4] Die nächstgrößere Spitzenorganisation ist der „dbb Beamtenbund und Tarifunion" mit knapp 1,3 Mio. Mitgliedern, darunter rund 900.000 Beamte. Als „hergebrachter Grundsatz des Berufsbeamtentums" im Sinne des Art. 33 Abs. 5 GG gilt insoweit allerdings, dass sich die Besoldung von Beamten nicht nach Tarifverträgen richtet, sondern nach Gesetzen (den „Besoldungsordnungen"). Für Beamte werden also keine Tarifverträge abgeschlossen. Die zuständigen Gewerkschaften verhandeln allerdings mit den öffentlichen Arbeitgebern regelmäßig auch über die Beamtengehälter, welche anschließend in Besoldungsordnungen angepasst werden. Als dritte Spitzenorganisation be-

---

[1] Vgl. LAG Hamburg BeckRS 2013, 72934.

[2] BVerfG NJW 1964, 1267 (1268). Das BVerfG vertraute damals – sehr paternalistisch – ausdrücklich auf die „Einsicht und den guten Willen" der Arbeitgeber.

[3] BAG NJW 1991, 1166 (1166).

[4] Stand 2013, Quelle http://www.dgb.de/uber-uns/dgb-heute/mitgliederzahlen/2010, abgerufen am 31.03.2016.

steht der Christliche Gewerkschaftsbund (CGB), in dem sich 14 Gewerkschaften mit insgesamt rund 280.000 Mitgliedern zusammengeschlossen haben.[1] Die DGB-Gewerkschaften sind – nicht durchgängig, aber weitgehend – nach dem sog. Industrieverbandsprinzip organisiert. Dies bedeutet, dass sie unabhängig von dem konkret ausgeübten Beruf jeweils alle Arbeitnehmer einer bestimmten Branche vertreten wollen. Insbesondere die im dbb organisierten Gewerkschaften sehen sich dagegen häufiger als die Vertretung einer bestimmten Berufsgruppe. Ist dies der Fall, so handelt es sich um sog. Berufsgewerkschaften.

Beispiel

Für die Branche Verkehr ist innerhalb des DGB ver.di zuständig, also auch für den Luftverkehr. Ver.di verfolgt als Branchengewerkschaft dabei den Ansatz, (nur) einen Tarifvertrag für alle ver.di-Mitglieder dieser Branche auszuhandeln, innerhalb dessen naturgemäß zwischen einzelnen Berufen differenziert wird. Mit ver.di konkurrierende Berufsgewerkschaften sind hier z. B. die Gewerkschaften Cockpit (Piloten), UFO (Flugbegleiter), Agil (Bodenpersonal), GdF (Fluglotsen). Diese Gewerkschaften streben jeweils eigene Tarifverträge an. Die Folge kann dabei eine Reihe von aufeinander folgenden Arbeitskämpfen durch jede einzelne Gewerkschaft sein.

Arbeitgeberverbände sind typischerweise nach Branchen und/oder Regionen organisiert. Regelmäßig gehören einem Verband also Unternehmen an, die innerhalb einer Region zum selben Wirtschaftszweig gehören. Zu den Arbeitgeberverbänden im Bereich der Metallindustrie gehören z. B. die Arbeitgeberverbände „Hessenmetall", „Niedersachsenmetall", „Metall NRW" u. a. Diese gehören der bundesweiten Fachspitzenorganisation „Gesamtverband der metallindustriellen Arbeitgeberverbände („Gesamtmetall")" an. Arbeitgeberverbände im Bereich der Chemieindustrie sind z. B. der „Arbeitgeberverband Chemie Rheinland-Pfalz" oder der „Verein der Bayerischen Chemischen Industrie". Diese gehören der Fachspitzenorganisation „Bundesarbeitgeberverband Chemie" an. Neben diesen Fachspitzenverbänden sind die Arbeitgeberverbände häufig noch branchenübergreifend regional in sog. Landesverbänden organisiert, so z. B. im „Unternehmerverbände Niedersachsen e. V." Auch im Arbeitgeberbereich können verschiedene Verbände für ein Unternehmen tätig sein und um dessen Mitgliedschaft konkurrieren. — 039

Die Fach- und regionalen Spitzenverbände gehören häufig einem übergeordneten Dachverband, der „Bundesvereinigung der deutschen Arbeitgeberverbände" (BDA) an, also einer „Spitzenorganisation der Spitzenorganisationen". — 040

---

[1] Stand 2014, Quelle http://www.cgb.info/aktuell/aktuelles.html, abgerufen am 31.03.2016.

041 Spitzenorganisationen können mit entsprechender Vollmacht gem. § 2 Abs. 2 TVG im Namen ihrer Mitgliedsgewerkschaften Tarifverträge abschließen. Gemäß § 2 Abs. 3 TVG können sie in eigenem Namen Tarifverträge (mit Wirkung für die Arbeitnehmer ihrer Mitgliedsgewerkschaften) abschließen, wenn die Satzung des Spitzenverbands dies vorsieht. In diesen Fällen wird durch Vollmacht oder Satzung dem Spitzenverband die Tariffähigkeit der Koalition vermittelt. Spitzenorganisationen sind daher nur unter bestimmten Voraussetzungen tariffähig:[1]

- Alle Mitglieder müssen **selbst tariffähig** sein, sofern für sie nicht durch Satzung ein Einfluss auf die Tarifpolitik der Spitzenorganisation ausgeschlossen ist.

- Die Mitglieder der Spitzenorganisation müssen dieser ihre Tariffähigkeit **vollständig vermitteln**, d. h. sie dürfen keine „Restzuständigkeit" für Tarifverträge in bestimmten Bereichen behalten.

- Die Zuständigkeit der Spitzenorganisation zum Abschluss von Tarifverträgen darf nicht über die satzungsmäßigen **Zuständigkeiten ihrer Mitgliedsorganisationen** hinausgehen.

Beispiel

Einige Mitgliedsgewerkschaften des Christlichen Gewerkschaftsbundes gründen die „Tarifgemeinschaft Christlicher Gewerkschaften für Zeitarbeit und Personal-Service-Agenturen (CGZP)", welche laut Satzung für den Abschluss (nur) von Tarifverträgen mit Leiharbeitsunternehmen (Verleihern) zuständig ist. Die Mitgliedsgewerkschaften der CGZP sind jedoch auch für Arbeitnehmer zuständig, die nicht als Leiharbeitnehmer eingesetzt werden. Sie haben der CGZP also nicht ihre vollständige Tariffähigkeit vermittelt. Andererseits ist die CGZP laut Satzung umfassend für Tarifverträge mit Verleihern tätig, während ihre Mitgliedsgewerkschaften satzungsgemäß nur Arbeitnehmer bestimmter Berufsgruppen vertreten. Damit geht die Zuständigkeit der CGZP über die Zuständigkeit ihrer Mitglieder hinaus. Aus beiden Gründen fehlt es der CGZP an der Tariffähigkeit, die von ihr abgeschlossenen Tarifverträge sind nichtig.[2]

042 Soweit es nicht um den Abschluss von Tarifverträgen geht, sondern um die Mitwirkung bei der staatlichen Rechtsetzung gem. §§ 5, 11 TVG, gilt die engere Definition der Spitzenorganisation nach § 12 TVG. Spitzenorganisationen in diesem Sinne sind lediglich solche Vertretungen, die im Arbeitsleben des Bundesgebietes wesentliche Bedeutung haben. Regionale Spitzenorganisationen fallen daher nicht unter die Definition des § 12 TVG, werden jedoch von § 2 Abs. 2 TVG erfasst.

---

[1] BAG NZA 2011, 289 (296 f.) – CGZP.

[2] BAG NZA 2011, 289 ff. – CGZP.

2.2.2 Inhalt und Form des Tarifvertrags

§ 1 Abs. 2 TVG bestimmt, dass Tarifverträge schriftlich abgeschlossen werden müssen, ansonsten sind sie gem. § 125 Satz 1 BGB nichtig. Inhaltlich unterscheidet § 1 Abs. 1 TVG zwischen

043

- ▸ Inhalts-, Abschluss- und Beendigungsnormen und
- ▸ Betrieblichen und betriebsverfassungsrechtlichen Normen.

Inhaltsnormen können alles regeln, was auch im Arbeitsvertrag geregelt werden könnte, also insbesondere die Vergütung, die Arbeitszeit, Urlaubsansprüche, Haftungsfragen etc. Abschlussnormen betreffen das Zustandekommen von Arbeitsverträgen. Hierunter fallen z. B. die Regelung von Wiedereinstellungsansprüchen gekündigter Arbeitnehmer, die Übernahme von Auszubildenden in Arbeitsverhältnisse oder auch Regelungen über den Abschluss befristeter Arbeitsverträge, z. B. eine Verpflichtung zur Angabe des Befristungsgrundes. Beendigungsnormen regeln die Beendigung des Arbeitsverhältnisses. Hierzu gehören z. B. Regelungen über den Ausschluss der ordentlichen Kündigung ab einer bestimmten Betriebszugehörigkeit oder der Ausschluss betriebsbedingter Kündigungen gegen tarifliche Zugeständnisse in „Standortsicherungsverträgen".

044

Betriebliche Normen gehen über den Inhalt des einzelnen Arbeitsverhältnisses hinaus. Sie regeln Fragen, die unmittelbar die Organisation und Gestaltung des Betriebes, also der Betriebsmittel und der Belegschaft, betreffen. Sie können nur einheitlich gelten, weil bei ihnen individualvertragliche Regelungen „wegen evident sachlogischer Unzweckmäßigkeit" ausscheiden.[1] Betriebsnormen gelten daher gem. § 3 Abs. 2 TVG auch für nicht tarifgebundene Arbeitnehmer. „Betriebliche Solidarnormen" schaffen Einrichtungen für die Belegschaft als Ganzes, z. B. eine Kantine oder eine betriebliche Altersversorgung. „Betriebliche Ordnungsnormen" enthalten Regelungen, die eine einheitliche Ordnung bzw. eine Regel für die Arbeitnehmer als Gruppe aufstellen sollen. Hierzu gehören z. B. Regelungen über den Beginn und das Ende der täglichen Arbeitszeit. Diese können aus der Natur der Sache häufig nicht individuell geregelt werden, wenn Maschinenlaufzeiten für alle gleiche Schichtzeiten erfordern. Die Abgrenzung von betrieblichen zu Inhaltsnormen ist im Einzelfall nicht immer eindeutig zu treffen.

045

Betriebsverfassungsrechtliche Normen betreffen die Mitbestimmung der Arbeitnehmer im Rahmen der Betriebsverfassung. So können gem. § 3 Abs. 1 BetrVG durch Tarifvertrag z. B. überbetriebliche Sparten-, Regional- oder Unternehmensbetriebsräte anstelle der im BetrVG vorgesehenen Betriebsratsstrukturen eingerichtet werden. Durch Tarifvertrag können aber z. B. dem Betriebsrat auch Rechte eingeräumt werden, die er nach dem BetrVG nicht hat, z. B. ein zwingendes Mitbestimmungsrecht hinsichtlich der regelmäßigen wöchentlichen Arbeitszeit der

046

---

[1] BAG NZA 1998, 213 (214).

Arbeitnehmer.[1] Auch betriebsverfassungsrechtliche Normen gelten nach § 3 Abs. 2 TVG für alle Arbeitnehmer unabhängig von deren Tarifbindung.

047 Schuldrechtliche Normen des Tarifvertrags sind in § 1 TVG nicht ausdrücklich erwähnt. Tarifverträge enthalten regelmäßig Regelungen, die Verpflichtungen der Tarifvertragsparteien im Verhältnis zueinander betreffen. Hierzu gehören z. B. Schlichtungsvereinbarungen, die die Parteien verpflichten, vor einem Arbeitskampf zunächst einen Schlichtungsversuch durch einen unabhängigen Schlichter vornehmen zu lassen. Auch Regelungen über die Laufzeit des Vertrags oder die Modalitäten der Kündigung gehören zu den schuldrechtlichen Regelungen.

2.2.3 Tarifbindung

048 Nach § 3 Abs. 1 TVG sind beim Flächentarifvertrag nur die in der Gewerkschaft organisierten Arbeitnehmer sowie die im Arbeitgeberverband organisierten Arbeitgeber tarifgebunden, also keine „Außenseiter". Für diese steht den Tarifparteien keine Regelungskompetenz zu. Beim Haustarifvertrag trifft die Tarifbindung naturgemäß den Arbeitgeber, der Partei des Tarifvertrags ist.

049 Etwas anderes gilt nach § 3 Abs. 2 TVG nur für die betrieblichen und betriebsverfassungsrechtlichen Normen. Ihre Geltung setzt lediglich die Tarifbindung des Arbeitgebers voraus. Da diese Normen die Arbeitnehmer als Kollektiv erfassen, kann bei ihnen nicht nach der individuellen Tarifbindung des Arbeitnehmers unterschieden werden.

Beispiel

Wird durch einen Tarifvertrag gem. § 3 Abs.1 BetrVG bestimmt, dass die Arbeitnehmer eines Unternehmens statt einzelner Betriebsräte nur einen unternehmenseinheitlichen Betriebsrat wählen, so muss dies für alle Arbeitnehmer gelten, nicht nur für die Gewerkschaftsmitglieder.

050 Tarifbindung bedeutet, an die Regelungen des Tarifvertrags gebunden zu sein. Problematisch ist insoweit die in Arbeitgeberverbänden vorkommende „OT-Mitgliedschaft" („ohne Tarifbindung"). Vereinsrechtlich ist es den Arbeitgeberverbänden gestattet, innerhalb der Mitgliedschaft verschiedene Status (Mitgliedskategorien) festzulegen. Tarifrechtlich ist dagegen notwendig, dass die Mitglieder einer Tarifvertragspartei auch an deren Tarifabschlüsse gebunden sind, sonst könnte die Tarifautonomie nicht funktionieren. Dieses Problem wird dahingehend aufgelöst, dass OT-Mitgliedschaften zwar zulässig sind, die OT-Mitglieder

---

[1] BAG NZA 1987, 779 (783).

aber durch die Satzung von einer Einflussnahme auf die Tarifpolitik des Verbands ausgeschlossen sein müssen.[1]

Die Tarifbindung des Arbeitgebers wird diesem beim Flächentarifvertrag durch seine Mitgliedschaft im Verband vermittelt. Ein Austritt aus dem Verband oder ein Wechsel in die OT-Mitgliedschaft beenden jedoch nicht die Tarifbindung des Arbeitgebers. Diese gilt gem. § 3 Abs. 3 TVG fort, bis der Tarifvertrag endet (sog. „Nachbindung"). Dies kann durch Zeitablauf geschehen, wenn der Tarifvertrag befristet abgeschlossen ist, ansonsten durch eine Kündigung des Tarifvertrags. Lässt der Verband Kündigungsmöglichkeiten verstreichen, so verlängert dies nach umstrittener Rechtsprechung des BAG die Nachbindung des ausgetretenen Arbeitgebers.[2] Der Arbeitgeber bleibt bis zu diesem Zeitpunkt in gleicher Weise an den Tarifvertrag gebunden wie Verbandsmitglieder. Die Satzungen von Arbeitgeberverbänden sehen gelegentlich sog. „Blitzaustritte" oder „Blitzwechsel" in die OT-Mitgliedschaft vor. Ziel ist es, sich vor einem möglichen ungünstigen Tarifabschluss während der laufenden Tarifverhandlungen kurzfristig der Tarifbindung zu entziehen. Das BAG lässt dies nur gelten, wenn der Gewerkschaft rechtzeitig vor dem Tarifabschluss der Austritt oder Wechsel mitgeteilt wurde.[3]

051

2.2.4 Wirkung von Rechtsnormen

2.2.4.1 Unmittelbare und zwingende Wirkung

Gemäß § 4 Abs. 1 TVG gelten die Inhalts-, Abschluss- und Beendigungsnormen unmittelbar und zwingend zwischen den beiderseits Tarifgebundenen, die unter den Geltungsbereich des Tarifvertrags fallen. Betriebliche und betriebsverfassungsrechtliche Normen gelten entsprechend unmittelbar und zwingend, wenn (nur) der Arbeitgeber tarifgebunden ist.

052

Mit dem Geltungsbereich ist zum einen der räumliche Geltungsbereich umfasst, für den der Tarifvertrag gilt. Tarifvertragliche Regelungen über seinen fachlichen Geltungsbereich bestimmen, für welche Betriebe der Tarifvertrag gelten soll. Der persönliche Geltungsbereich betrifft die Arbeitnehmergruppen, für die der Tarifvertrag gilt (alle AN im fachlichen und räumlichen Geltungsbereich, einzelne Berufsgruppen etc.). Sowohl Gewerkschaft als auch Arbeitgeberverband müssen nach ihren Satzungen im jeweiligen Geltungsbereich zuständig sein.

053

Die „unmittelbare Wirkung" bedeutet, dass die Parteien im Arbeitsvertrag nicht auf den Tarifvertrag Bezug nehmen müssen. Er gilt unmittelbar kraft der Tarifbindung nach § 3 TVG wie ein Gesetz. „Zwingende Wirkung" bedeutet, dass vom Tarifvertrag außer unter den Voraussetzungen von § 4 Abs. 3 TVG nicht abgewichen werden kann. Abweichende Vereinbarungen zulasten des Arbeitnehmers

054

---

[1] Näher *Schaub/Treber*, Arbeitsrechts-Handbuch, § 204 Rn 15.

[2] BAG NZA 2010, 53 (57).

[3] BAG NZA 2011, 1378 (1381).

sind nicht nichtig, sondern werden vom Tarifvertrag lediglich verdrängt.[1] Sie können nach Ablauf des Tarifvertrags unter bestimmten Voraussetzungen wieder aufleben.[2]

055 Die unmittelbare Geltung der Inhalts-, Abschluss- und Beendigungsnormen gilt nur für die beiderseits Tarifgebundenen. Ein tarifgebundener Arbeitgeber wird insoweit aber kein Interesse haben, zwischen Gewerkschaftsangehörigen und Außenseitern zu differenzieren, zumal er die Gewerkschaftsmitgliedschaft ja regelmäßig nicht kennt. Die Gleichbehandlung wird in der Praxis durch sog. Bezugnahmeklauseln erreicht: Arbeitsvertraglich wird hinsichtlich der Arbeitsbedingungen auf die Regelungen eines Tarifvertrags verwiesen. Insofern sind statische und dynamische Bezugsklauseln zu unterscheiden. Statische Klauseln verweisen auf einen Tarifvertrag in einer bestimmten Fassung, dynamische auf einen bestimmten Tarifvertrag „in der jeweils geltenden Fassung" („kleine dynamische Verweisung") oder sogar ganz generell auf den „jeweils einschlägigen Tarifvertrag" („große dynamische Verweisung"). Die Folgen solcher Verweisungen sind im Einzelfall diffizil.[3]

2.2.4.2 Kollidierende Tarifverträge mehrerer Gewerkschaften

056 Schwierigkeiten ergeben sich, wenn Arbeitnehmer eines Unternehmens in unterschiedlichen Gewerkschaften organisiert sind, die jeweils mit dem Arbeitgeber oder seinem Verband Tarifverträge abgeschlossen haben. Wird ein Unternehmen von mehreren Tarifverträgen erfasst, so spricht man von „Tarifpluralität".

Beispiel

Die Stadt M betreibt ein kommunales Krankenhaus, dessen Ärzte teilweise in der „Ärztegewerkschaft" Marburger Bund, teilweise in der Gewerkschaft ver.di organisiert sind. Im Verhältnis zum Marburger Bund gilt der Bundesangestelltentarifvertrag BAT, im Verhältnis zu ver.di der TVöD. Der BAT sieht ein Urlaubsgeld vor, der TVöD nicht.[4]

057 Die Geltung mehrerer Tarifverträge für einen Arbeitgeber kann dazu führen, dass der Arbeitgeber (evtl. nacheinander) von mehreren Gewerkschaften bestreikt wird und dass unterschiedliche Arbeitsbedingungen für vergleichbare Arbeitnehmer gelten.

---

[1] BAG NZA 2008, 649 (652).

[2] Siehe zur Nachwirkung von Tarifverträgen ›› Kapitel C.2.2.6.

[3] ErfK/*Franzen* § 3 TVG Rn 36 ff.

[4] Nach BAG NZA 2010, 1068.

Beispiel

In der Gewerkschaft der Lokführer (GdL) sind vornehmlich Lokomotivführer, in geringerem Umfang aber auch sonstige Bahnbeschäftigte (z. B. Schaffner) organisiert. Bis 2014 bestand für die in der GdL organisierten sonstigen Beschäftigten der Deutsche Bahn AG kein Tarifvertrag mit der GdL, sondern die Bahn wendete auf diese den mit der größeren Eisenbahn- und Verkehrsgewerkschaft EVG geschlossenen Tarifvertrag an. 2014 bestreikte die GdL die Bahn mit dem Ziel, erstmals auch für ihre sonstigen Mitglieder einen eigenen Tarifvertrag abzuschließen. Die Deutsche Bahn AG verweigerte dies lange Zeit mit dem Argument, es könne für eine Beschäftigtengruppe keine zwei Tarifverträge geben.

Das BAG hatte vor diesem Hintergrund in Fällen der Tarifpluralität lange den Grundsatz der Tarifeinheit angewendet, wonach in einem Betrieb nur ein Tarifvertrag gelten könne. Bei mehreren Tarifverträgen sei dies der jeweils speziellere.[1] Im Jahr 2010 hat das BAG dann diese Rechtsprechung aufgegeben, weil dadurch die Koalitionsfreiheit der anderen Gewerkschaft verletzt würde.[2] Nach dieser Rechtsprechungsänderung können also auch mehrere Tarifverträge in einem Unternehmen zur Anwendung kommen. 058

Seitens der Arbeitgeber und von größeren Gewerkschaften wurde im Zuge der Rechtsprechungsänderung des BAG der Ruf nach einer gesetzlichen Regelung der Tarifeinheit laut, mit der eine Rückkehr zum alten Rechtszustand angestrebt wurde. Daraufhin wurde 2015 der § 4a in das TVG eingefügt. 059

Haben mehrere Gewerkschaften miteinander kollidierende Tarifverträge abgeschlossen, so gilt nach dem neuen § 4a Abs. 1 Satz 2 TVG (nur) der Tarifvertrag der Gewerkschaft mit den meisten Mitgliedern im jeweiligen Betrieb. Die Minderheitsgewerkschaft kann nach § 4a Abs. 3 TVG vom Arbeitgeber die „Nachzeichnung" dieses Tarifvertrags verlangen. Darunter ist der Abschluss eines Tarifvertrags zu verstehen, der mit dem der Mehrheitsgewerkschaft inhaltsgleich ist. Auf diese Weise kann die Minderheitsgewerkschaft erreichen, dass ihre Mitglieder nicht plötzlich tariflos sind, sondern zumindest dem „Mehrheits-Tarifvertrag" unterfallen. 060

Die Entscheidung darüber, welcher Tarifvertrag nach § 4a Abs. 1 TVG Anwendung findet, treffen im Streitfall nach dem neu einzufügenden § 2 Abs. 1 Nr. 6 ArbGG die Arbeitsgerichte. Dabei können zum Beweis der Mitgliederzahl nach dem neuen § 58 Abs. 3 ArbGG ausdrücklich auch „öffentliche Urkunden", also insbesondere notarielle Urkunden vorgelegt werden. Bestätigt ein Notar die Mitgliederzahlen, so kann die Gewerkschaft damit im Prozess den Beweis führen, ohne dass 061

---

[1] BAG NZA 1991, 736 (738).

[2] BAG NZA 2010, 1068 (1071).

dem Arbeitgeber die Namen der Gewerkschaftsmitglieder offen gelegt werden müssen.

062   Nach dem neuen § 13 Abs. 3 TVG gilt das Tarifeinheitsgesetz nicht für Tarifverträge, die vor seinem Inkrafttreten abgeschlossen wurden. Für diese bleibt es also beim Grundsatz der Tarifpluralität, nach dem mehrere Tarifverträge im Betrieb parallel gelten können. Mit der Neuregelung wird insbesondere die Position kleinerer Berufsgewerkschaften geschwächt, in denen sich häufig Arbeitnehmer in Schlüsselpositionen organisiert haben (Piloten, Lokführer etc.). Mehrere Gewerkschaften haben bereits gegen das Tarifeinheitsgesetz bei dem Bundesverfassungsgericht Beschwerde eingelegt. Sie sehen in der Verdrängung ihrer Tarifverträge einen Verstoß gegen die Koalitionsfreiheit aus Art. 9 Abs. 3 GG.

2.2.5 Öffnungsklauseln und Günstigkeitsprinzip

063   Nach § 4 Abs. 1 TVG gelten Tarifverträge grundsätzlich zwingend. § 4 Abs. 3 TVG regelt die Zulässigkeit von abweichenden Vereinbarungen. Diese sind zum einen zulässig, wenn der Tarifvertrag selbst dies im Wege einer sogenannten Öffnungsklausel gestattet oder eine abweichende arbeitsvertragliche Regelung für den Arbeitnehmer günstiger als der Tarifvertrag ist (Günstigkeitsprinzip).

Beispiel

Beispiel für eine Öffnungsklausel
Zur Vermeidung von Entlassungen und zur Sicherung der Beschäftigung kann durch freiwillige Betriebsvereinbarung die wöchentliche Arbeitszeit für Arbeitnehmergruppen, einzelne Abteilungen oder ganze Betriebsteile auf bis zu 31 Stunden in der Woche verkürzt werden; die Bezüge und sonstigen Leistungen werden grundsätzlich entsprechend gekürzt. Für die gekürzte Zeit wird ab dem 01.01.2004 ein finanzieller Ausgleich von 20 % des zugehörigen Stundensatzes geleistet.[1]

064   Ob ein Arbeitsvertrag günstiger ist als ein Tarifvertrag, lässt sich einfach bestimmen, wenn sich beide lediglich in einem einzigen Bereich unterscheiden, etwa der Lohnhöhe. Es kann aber auch vorkommen, dass mehrere Unterschiede bestehen, die für sich betrachtet teils günstiger, teils schlechter für den Arbeitnehmer sind. So kann z. B. ein Arbeitsvertrag eine längere Wochenarbeitszeit als der Tarifvertrag vorsehen und dies durch mehr Urlaubstage oder mehr Geld ausgleichen. Nach der Rechtsprechung des BAG ist der Günstigkeitsvergleich dann nicht für jede Regelung einzeln durchzuführen ("Rosinenpicken"), sondern im Wege eines Sachgruppenvergleichs. Zu einer Sachgruppe gehören alle Regelungen, die in einem inneren sachlichen Zusammenhang stehen.

---

[1] Nach BAG EzA § 4 TVG Bankgewerbe Nr. 5.

Urlaubsanspruch und wöchentliche Arbeitszeit stehen in einem solchen Zusammenhang, weil sie die Sachgruppe „Arbeitszeit" betreffen. Sieht ein Tariflohn einen einheitlichen Gesamtlohn vor und der Arbeitsvertrag einen Grundlohn und eine Prämie, so ist die jeweilige Gesamtzahlung zu vergleichen, nicht etwa nur der Grundlohn mit dem tariflichen Gesamtlohn. Wird arbeitsvertraglich die Vergütung unter Tarifniveau abgesenkt, so kann auch eine vereinbarte Beschäftigungsgarantie (Ausschluss betriebsbedingter Kündigungen) die Regelung nicht günstiger für den Arbeitnehmer machen, weil beides unterschiedliche Sachgruppen sind.[1] Sogenannte betriebliche Bündnisse für Arbeit sind daher nur bei Öffnungsklauseln zulässig. Sieht der Arbeitsvertrag gegenüber dem Tarifvertrag eine niedrigere Vergütung bei gleichzeitig niedrigerer wöchentlicher Arbeitszeit vor, so beurteilen einige Landesarbeitsgerichte die Günstigkeit anhand des jeweiligen Stundenlohns, auch wenn der Arbeitnehmer nach dem Arbeitsvertrag insgesamt weniger verdient.[2] Das BAG hat dies im Ergebnis gebilligt.[3]

065

2.2.6 Verzicht, Verwirkung, Nachwirkung

Gemäß § 4 Abs. 4 Satz 1 TVG kann auf tarifvertragliche Rechte nur in einem von den Tarifvertragsparteien gebilligten Vergleich verzichtet werden, was aus dem zwingenden Charakter des Tarifvertrags folgt. Keiner Zustimmung nach § 4 Abs. 4 TVG bedarf der sog. Tatsachenvergleich, bei dem sich die Parteien über das Vorliegen bzw. Nichtvorliegen von Tatsachen einigen, die Voraussetzungen für tarifvertragliche Ansprüche sind.[4]

066

Beispiel

Ist unstreitig, dass der Arbeitnehmer 100 Überstunden gemacht hat, so kann er auf tarifliche Überstundenzuschläge nicht ohne Zustimmung der Gewerkschaft verzichten. Sind nach Auffassung des Arbeitgebers aber nur 50 Überstunden geleistet worden, so können sich beide Seiten ohne Zustimmung auf 75 Überstunden einigen.

Die Verwirkung von tariflichen Rechten ist nach § 4 Abs. 4 Satz 2 TVG ausgeschlossen. Ausschlussfristen für tarifliche Rechte können nur im Tarifvertrag selbst vereinbart werden.

067

§ 4 Abs. 5 TVG regelt die Nachwirkung eines Tarifvertrags nach seinem Ende. Endet die Laufzeit des Tarifvertrags durch Zeitablauf oder Kündigung, so gelten sei-

068

---

[1] BAG AP GG Art. 9 Nr. 89.

[2] LAG BW NZA-RR 2014, 23.

[3] BAG NZA 2015, 1274.

[4] BAG NZA 1998, 433 (435).

ne Regelungen zunächst weiter. Sie können jedoch durch andere Regelungen ersetzt werden, seien es Regelungen in Arbeitsverträgen oder Betriebsvereinbarungen.[1] Dies unterscheidet die Nachwirkung nach § 4 Abs. 5 TVG von der Nachbindung nach § 3 Abs. 3 TVG.

069 Die Nachwirkung kann tarifvertraglich ausgeschlossen werden. Besteht keine Nachbindung (mehr), so können zuvor vom Tarifvertrag verdrängte Regelungen wieder aufleben.[2] Bei bestehender Nachbindung können auch schon vor Ende des Tarifvertrags getroffene Regelungen diesen nach seinem Ablauf ersetzen. Voraussetzung ist aber, dass sich diese Regelungen nach der Intention beider Parteien auch auf die „Nachwirkungssituation" beziehen.[3] Daran wird regelmäßig ein Wiederaufleben von arbeitsvertraglichen Regelungen, die von einem Tarifvertrag verdrängt worden sind, scheitern.

2.3 Allgemeinverbindlicherklärung von Tarifverträgen

070 Nach § 5 Abs. 1 TVG kann das Bundesministerium für Arbeit und Soziales einen Tarifvertrag auf Antrag einer Tarifvertragspartei unter bestimmten Bedingungen für „allgemeinverbindlich" erklären. Nach Abs. 4 führt dies dazu, dass die Rechtsnormen des Tarifvertrags in seinem Geltungsbereich auch die bisher nicht tarifgebundenen Arbeitgeber und Arbeitnehmer erfassen. Die Allgemeinverbindlicherklärung führt also dazu, dass ein Tarifvertrag auf die Arbeitgeber und Arbeitnehmer angewendet wird, für die bisher kein Tarifvertrag gilt.

071 Voraussetzung für eine solche Allgemeinverbindlicherklärung ist gem. § 5 Abs. 1 Satz 1 TVG, dass dies im öffentlichen Interesse geboten erscheint. Das ist gem. § 5 Abs. 1 Satz 2 TVG in der Regel dann der Fall, wenn

1. der Tarifvertrag in seinem Geltungsbereich für die Gestaltung der Arbeitsbedingungen überwiegende Bedeutung erlangt hat oder

2. die Absicherung der Wirksamkeit der tarifvertraglichen Normsetzung gegen die Folgen wirtschaftlicher Fehlentwicklung eine Allgemeinverbindlicherklärung verlangt.

072 Überwiegende Bedeutung i. S. d. Nr. 1 wird regelmäßig dann vorliegen, wenn die tarifgebundenen Arbeitgeber mehr als 50 % der unter den Geltungsbereich des Tarifvertrages fallenden Arbeitnehmer beschäftigen. Mit Nr. 2 können in Ausnahmefällen[4] auch Tarifverträge für allgemeinverbindlich erklärt werden, die keine so hohe Verbreitung haben.

---

[1] Siehe aber zur Sperrwirkung von Tarifverträgen gegenüber freiwilligen Betriebsvereinbarungen nach § 77 Abs. 3 BetrVG >> Kapitel B.4.6.2.1.

[2] BAG NZA 2008, 649 (652).

[3] BAG NZA-RR 2010, 591 (595).

[4] So richtig ErfK/*Franzen* § 5 TVG Rn 14a.

Eine Allgemeinverbindlicherklärung kann gem. § 5 Abs. 1 Satz 1 TVG nur im Ein- 073
vernehmen mit einem aus je drei Vertretern der Spitzenorganisationen der Arbeitgeber und der Arbeitnehmer bestehenden Ausschuss erfolgen. Es soll also
sichergestellt werden, dass sowohl die Arbeitgeber- als auch die Arbeitnehmerseite die Allgemeinverbindlicherklärung im Einzelfall befürworten. Der Begriff
der Spitzenorganisationen in § 5 Abs. 1 TVG bezieht sich auf die Definition in § 12
TVG. Erfasst ist damit nicht jeder Zusammenschluss von Gewerkschaften und
Arbeitgebervereinigungen, sondern nur solche, die für die Vertretung der Arbeit-
nehmer- oder Arbeitgeberinteressen im Arbeitsleben des Bundesgebietes wesentliche Bedeutung haben. Rein regionale Spitzenorganisationen fallen also
nicht unter § 12 TVG.

Der Stellenwert der Allgemeinverbindlicherklärung in Deutschland wird häufig 074
überschätzt. Von den aktuell rund 72.000 gem. § 6 TVG beim Bundesministerium
für Arbeit und Soziales registrierten Tarifverträgen waren im Januar 2016 lediglich 490 für allgemeinverbindlich erklärt.[1] In anderen europäischen Staaten hat
das Instrument der Allgemeinverbindlicherklärung teilweise einen deutlich höheren Stellenwert.[2]

3. Arbeitskampfrecht

Seit den Notstandsgesetzen von 1968 sind Arbeitskämpfe in Art. 9 Abs. 3 Satz 3 075
GG erstmals im Grundgesetz erwähnt. Unabhängig davon sind sie als Teil der
Koalitionsfreiheit nach Art. 9 Abs. 1 Satz 1 GG geschützt.[3] Eine staatliche Zwangs-
schlichtung von Tarifkonflikten anstelle von Arbeitskämpfen würde daher die
Koalitionsfreiheit der Parteien verletzen.[4] Anders als das Tarifvertragsrecht ist das
Arbeitskampfrecht außer in Art. 9 Abs. 3 GG nicht normiert. Mangels einfachge-
setzlicher Regelung müssen die Arbeitsgerichte selbst versuchen, angemessene
Regelungen für Arbeitskämpfe zu entwickeln. Das Arbeitskampfrecht ist daher
weitgehend „Richterrecht".

3.1 Rechtmäßigkeit von Arbeitskämpfen

Die Rechtmäßigkeit von Arbeitskämpfen ist von ihrer Funktion als Bestandteil der 076
Tarifautonomie her zu beurteilen. Daraus ergeben sich die nachfolgenden Anforderungen an Arbeitskämpfe.

---

[1] Verzeichnis der für allgemeinverbindlich erklärten Tarifverträge, Stand Januar 2016, S. 3.

[2] Vgl. *Schulten*, WSI-Mitteilungen 2012, 485 ff.

[3] *Hromadka/Maschmann*, Arbeitsrecht, Band 2, § 14 Rn 4; BVerfGE 84, 212 (225).

[4] BAG NZA 2013, 437 (444).

077

Rechtmäßigkeit von Arbeitskämpfen
► tariffähige Parteien (§ 2 TVG)
► tariflich regelbares Ziel
► Beachtung tarifvertraglicher Friedenspflichten
► Beachtung des Verhältnismäßigkeitsgrundsatzes
► Beachtung des Gebots der Kampfparität
► Beachtung des Gebots der fairen Kampfführung
► Beachtung von Grundrechten Dritter insb. im Bereich der „Daseinsvorsorge".

3.1.1 Tariffähige Partei

078   Ziel des Arbeitskampfes muss der Abschluss eines Tarifvertrags sein. Arbeits-kampfbefugt sind daher nur einzelne Arbeitgeber sowie ihre Verbände einerseits, Gewerkschaften andererseits.[1] Greifen gewerkschaftlich nicht organisierte Arbeitnehmer zum Mittel des Streiks, so handelt es sich um einen sog. „wilden Streik". Dieser ist nach herrschender Meinung rechtswidrig, weil die Tarifautonomie eine gewisse Dauerhaftigkeit und Organisation der Tarifparteien voraussetze.[2] Eine Gewerkschaft kann aber den Streik nachträglich „übernehmen" und ihm so rückwirkend zur Rechtmäßigkeit verhelfen.[3]

3.1.2 Tariflich regelbares Ziel

079   Der Arbeitskampf muss ein tariflich regelbares Ziel verfolgen. Ausgeschlossen sind danach z. B. sog. Generalstreiks etwa gegen die Regierung oder politische Streiks zur Abwehr oder Erzwingung von gesetzgeberischen Maßnahmen. Ein tariflich regelbares Ziel liegt ferner nur dann vor, wenn dieses auch legal ist. Ist eine von mehreren Hauptforderungen im Arbeitskampf rechtswidrig, weil sie ein rechtswidriges oder aus anderen Gründen tarifvertraglich nicht regelbares Ziel verfolgt, so führt dies zur Rechtswidrigkeit des Arbeitskampfes insgesamt.[4]

080   Grundsätzlich kann eine Frage nur dann tariflich geregelt werden, wenn der Arbeitskampfgegner für den Abschluss des erstrebten Tarifvertrags räumlich, sachlich und personell zuständig ist. Diese Zuständigkeit fehlt bei sog. Unterstützungsstreiks, bei denen eine Gewerkschaft ein Unternehmen bestreikt, um damit einen Streik in einem anderen Tarifgebiet zu unterstützen. Das BAG hält Unterstützungsstreiks nicht generell für unzulässig, weil auch der Unterstützungsstreik dem Hauptstreik zum Erfolg verhelfen kann. Es ist jedoch die Verhältnismä-

---

[1]   Nach Auffassung des Ministerkomitees des Europarats verstößt diese Beschränkung gegen Art. 6 der Europäischen Sozialcharta, vgl. ArbuR 1998, 154 (156).

[2]   BAG NJW 1989, 63 (63).

[3]   BAG NJW 1964, 887 (888).

[4]   BAG NZA 2003, 734 (741).

ßigkeit bei Unterstützungsstreiks besonders sorgfältig zu prüfen.[1] Eine wichtige Rolle spielt dabei, ob und wie weit der Unterstützungsstreik geeignet ist, den Hauptarbeitskampf tatsächlich zu unterstützen. Ein sogenannter Partizipationsstreik liegt vor, wenn im Rahmen eines Arbeitskampfes um einen Flächentarifvertrag Außenseiter-Arbeitgeber bestreikt werden, deren Bindung an das Tarifergebnis rechtlich gesichert ist, etwa durch dynamische Bezugnahmeklauseln.

Streikt eine Gewerkschaft für einen Flächentarifvertrag, so darf sie OT-Mitglieder des Arbeitgeberverbands nur unter den Voraussetzungen eines Unterstützungsstreiks bestreiken, denn das OT-Mitglied darf keinen Einfluss auf die Tarifpolitik des Verbands nehmen.[2]   081

3.1.3 Beachtung tarifvertraglicher Friedenspflichten

Tarifvertragsparteien müssen tarifvertragliche Friedenspflichten beachten. Die relative Friedenspflicht ist auch ohne Regelung dem Tarifvertrag immanent. Sie bedeutet, dass die Tarifvertragsparteien während der Laufzeit des Tarifvertrags keine Arbeitskampfmaßnahmen durchführen dürfen, um bestehende tarifliche Regelungen zu ändern. Mit absoluter Friedenspflicht wird die Pflicht bezeichnet, während der Laufzeit eines Tarifvertrags überhaupt keine Arbeitskampfmaßnah men zu ergreifen, also auch nicht zur Erzwingung bisher im Tarifvertrag nicht vorhandener Regelungen. Die absolute Friedenspflicht besteht nur, soweit dies im Tarifvertrag geregelt ist.[3]   082

3.1.4 Grundsatz der Verhältnismäßigkeit

Der Grundsatz der Verhältnismäßigkeit ist eine tragende Säule des Arbeitskampfrechts. Arbeitskampfmaßnahmen müssen zur Erreichung des tariflich regelbaren Zieles geeignet, erforderlich und verhältnismäßig im engeren Sinne (Übermaßverbot) sein.[4] Der Verhältnismäßigkeitsgrundsatz bezieht sich nur auf die Kampfmittel, nicht auf die Kampfforderungen. Es kann also gerichtlich nicht überprüft werden, ob eine Tarifforderung angemessen ist oder nicht. Einzelne unverhältnismäßige Aktionen im Rahmen eines an sich rechtmäßigen Arbeitskampfes („Streikexzesse") machen diesen noch nicht insgesamt rechtswidrig.[5]   083

Der Große Senat des BAG hat in Anwendung des Verhältnismäßigkeitsgrundsatzes 1971 entschieden, dass Arbeitskampfmaßnahmen erst als letztes Mittel („ultima-ratio") nach Ausschöpfung aller anderen Verhandlungsmöglichkeiten   084

---

[1] BAG NZA 2007, 1055 (1059).

[2] BAG NZA 2012, 1372 (1376).

[3] BeckOK ArbR/Waas 1 TVG Rn 68.

[4] BAG NZA 2007, 1055 (1058), st. Rspr.

[5] >> Vgl. Kapitel 3.2.2.

zulässig sind.[1] Von Bedeutung ist dies für die Frage, ob vor Arbeitskampfmaßnahmen zunächst ein Schlichtungsverfahren durchzuführen ist. Als Schlichtungsverfahren bezeichnet man ein Verfahren zur Lösung des Tarifkonflikts unter Einschaltung externer Schlichter, auf die sich beide Parteien einigen. Es endet in der Regel mit einem Schlichterspruch, der einen Vorschlag für eine Einigung enthält. Typischerweise sind die Parteien jedoch nicht an den Schlichterspruch gebunden, sondern entscheiden anschließend, ob sie diesem Vorschlag folgen wollen oder nicht. Der Große Senat hat in der genannten Entscheidung aus dem Ultima-ratio-Prinzip die Pflicht zu einem Schlichtungsversuch vor der Einleitung eines Arbeitskampfes bejaht. Die arbeitsrechtliche Literatur folgt dem wohl überwiegend, ist aber nicht einheitlich.[2] Unabhängig vom Ultima-ratio-Prinzip regeln in vielen Fällen Tarifverträge Pflichten der Parteien zur Durchführung eines Schlichtungsverfahrens vor der Aufnahme von Arbeitskampfmaßnahmen.

085 Selbst wenn man eine Pflicht zu einem Schlichtungsversuch bejahen würde, so ist diese durch die Warnstreik-Entscheidungen des BAG[3] deutlich eingeschränkt, wenn nicht faktisch beseitigt. Jede Partei kann danach „frei und nicht nachprüfbar" selbst entscheiden, ob sie weitere Verhandlungen ohne begleitende Arbeitskampfmaßnahmen für geeignet hält, einen Tarifabschluss herbeizuführen. Ist dies nicht der Fall, so kann sie Arbeitskampfmaßnahmen ergreifen. Einer förmlichen Erklärung, dass die Verhandlungen gescheitert seien, bedürfe es nicht.[4] In der Arbeitskampfmaßnahme liegt also konkludent die Erklärung des Scheiterns der Verhandlungen. Nach dem BAG sind Warnstreiks rechtlich nicht anders zu beurteilen als sonstige „Erzwingungsstreiks".

086 Ebenso wenig bedarf es nach herrschender Meinung einer Urabstimmung der Gewerkschaft über den Streik.[5] Eine Pflicht zur Urabstimmung kann sich zwar aus der Satzung der Gewerkschaft ergeben. Auf einen Verstoß kann sich der Gegner jedoch nicht berufen, da die Satzungsvorschrift nicht seinem Schutz dient.

087 Betreffend die Geeignetheit und Erforderlichkeit einer Kampfmaßnahme kommt den Parteien ein weiter Einschätzungsspielraum zu. Die Parteien sind grundsätzlich frei in der Wahl ihrer Kampfmittel (Kampfmittelfreiheit). Nur bei offensichtlicher Ungeeignetheit oder offensichtlich fehlender Erforderlichkeit ist ein Kampfmittel unverhältnismäßig.

088 Zu den Kampfmitteln auf Gewerkschaftsseite gehören zunächst Streiks in unterschiedlichen Ausprägungen. Bei Vollstreiks werden alle Arbeitnehmer im Geltungsbereich eines Tarifvertrags zum Streik aufgerufen. Vollstreiks scheiden

---

[1] BAG AP Nr. 43 zu Art. 9 GG Arbeitskampf.

[2] Vgl. *Hromadka/Maschmann*, Band 2, § 14, Rn 61 m. w. N., gegen eine Schlichtungspflicht *Schaub/Treber*, Arbeitsrechts-Handbuch, § 196 Rn 11.

[3] BAG NJW 1977, 1079; BAG NZA 1984, 393; BAG NZA 1988, 846.

[4] So BAG NZA 1988, 846, 849.

[5] BeckOK ArbR/*Waas* Art. 9 GG Rn 55 m. w. N.

schon aus ökonomischen Gründen für die Gewerkschaften regelmäßig aus, weil die streikenden Arbeitnehmer aus der Gewerkschaftskasse bezahlt werden müssen. Die Gewerkschaften setzten daher zunächst auf Schwerpunktstreiks, bei denen strategisch wichtige Betriebe, z. B. Zulieferer, dauerhaft bestreikt wurden, um so eine größere Wirkung zu erzielen. Diese Arbeitskampftaktik wurde dadurch erschwert, dass ab 1986 durch Schwerpunktstreiks mittelbar betroffene Arbeitnehmer kein Arbeitslosengeld mehr erhielten. Als Reaktion hierauf entwickelten die Gewerkschaften die „Neue Beweglichkeit", bei der durch möglichst unberechenbare, zeitlich und räumlich begrenzte Streiks Druck auf die Arbeitgeber ausgeübt werden sollte. Die damit vermehrt durchgeführten, zeitlich begrenzten Warnstreiks sollen in erster Linie die Kampfbereitschaft der Gewerkschaft demonstrieren. Bei Wellenstreiks wechseln sich Streikphasen und Phasen der Arbeitsbereitschaft möglichst so ab, dass sich der Arbeitgeber nicht darauf einstellen kann. Dabei können auch unterschiedliche Arbeitnehmergruppen abwechselnd zum Streik aufgerufen werden. Betriebsblockaden („Picketing") sind nach Auffassung des BAG stets rechtswidrig und ein Eingriff in den eingerichteten und ausgeübten Gewerbebetrieb.[1]

In jüngerer Zeit haben im Einzelhandel vermehrt sog. Flashmob-Aktionen stattgefunden. Dabei werden z. B. Einkaufswagen vollgeladen und im Kassenbereich abgestellt, um den Betriebsablauf zu stören. Gewerkschaften rufen zu solchen Aktionen häufig nicht nur eigene Mitglieder und andere Beschäftigte des Unternehmens auf, sondern auch Kunden. Das BAG hält Flashmob-Aktionen aufgrund der Kampfmittelfreiheit für zulässig, soweit für das betroffene Unternehmen erkennbar ist, dass es sich um eine Arbeitskampfmaßnahme handelt. Der Arbeitgeber könne sich dann durch Betriebsstilllegung oder Ausübung seines Hausrechts verteidigen.[2] 089

Nach ganz herrschender Meinung müssen auch im Arbeitskampf notwendige Erhaltungsarbeiten gewährleistet werden.[3] Damit sind solche Arbeiten gemeint, die gewährleisten, dass nach Ende des Arbeitskampfes die Arbeit fortgeführt werden kann. 090

Beispiel

Werden z. B. Maschinen in der kunststoffverarbeitenden Industrie nicht ordnungsgemäß heruntergefahren oder betrieben, so können sie u. U. durch Aushärtung der Kunststoffe dauerhaft unbrauchbar werden.

---

[1] BAG NZA 1989, 475 (476).

[2] BAG NZA 2009, 1347 (1352). Das BVerfG hat sich dem angeschlossen, NJW 2014, 1874.

[3] BAG AP Nr. 74 zu Art 9 GG; ErfK/*Linsenmaier* Art. 9 GG Rn 131 m. w. N.

091   Zu den Kampfmitteln auf Arbeitgeberseite gehört als Gegenstück zum Streik die Aussperrung. Dabei verwehrt der Arbeitgeber Arbeitnehmern als Arbeitskampfmaßnahme den Zutritt zum Betrieb und den Arbeitslohn. Bei der suspendierenden Aussperrung ruhen die Pflichten aus dem Arbeitsvertrag nur während der Aussperrung, danach wird das Arbeitsverhältnis fortgesetzt. Bei der lösenden Aussperrung wird das Arbeitsverhältnis endgültig beendet. Die lösende Aussperrung wurde vom BAG[1] 1971 im Falle von möglichen „lang anhaltenden Streiks" für zulässig gehalten, nach heute herrschender Meinung ist sie regelmäßig unverhältnismäßig und daher rechtswidrig.[2] Sie ist bisher praktisch noch nicht relevant geworden.[3] Die suspendierende Aussperrung kann sich auch gegen Nicht-Gewerkschaftsmitglieder richten, zumal der Arbeitgeber die Gewerkschaftszugehörigkeit seiner Beschäftigten regelmäßig nicht kennt. Eine Aussperrung nur der Gewerkschaftsmitglieder würde nach Auffassung des BAG deren Koalitionsfreiheit verletzen.[4] In der Praxis kommen Aussperrungen als Abwehraussperrungen gegen Streiks vor, weil bisher regelmäßig die Arbeitnehmerseite den Arbeitskampf um eine Verbesserung ihrer Arbeitsbedingungen eröffnet hat. Theoretisch denkbar ist auch eine Angriffsaussperrung. Nach herrschender Meinung wird diese aber unter „normalen" ökonomischen Bedingungen im Regelfall unverhältnismäßig sein, da die Arbeitgeberseite strukturell ohnehin überlegen ist.[5]

092   Das BAG geht (zu Recht) davon aus, dass Gewerkschaften (bzw. deren Streikkassen) eher als die Arbeitgeberseite überfordert werden, je mehr Arbeitnehmer an einem Arbeitskampf beteiligt sind. Vor diesem Hintergrund hat das BAG 1980 Anhaltspunkte dafür gegeben, wie viele Arbeitnehmer die Arbeitgeberseite als Reaktion auf einen Streik aussperren kann, ohne den Grundsatz der Verhältnismäßigkeit zu missachten. Die Entscheidung betraf einen Fall, bei dem die Arbeitgeberseite auf einen Streik in der Druckindustrie mit einer unbefristeten Aussperrung aller Beschäftigten dieser Branche reagiert hatte. Nach der „Aussperrungsarithmetik" des BAG kann ein Arbeitgeber,

▶ wenn die Gewerkschaft **weniger als 25 %** der Arbeitnehmer zum Streik aufgerufen hat, **maximal weitere 25 %** der Arbeitnehmer aussperren

▶ wenn die Gewerkschaft **mehr als 25 %** der Arbeitnehmer zum Streik aufgerufen hat, so viele Arbeitnehmer zusätzlich aussperren, dass **maximal 50 %** aller Arbeitnehmer streiken oder ausgesperrt sind.[6]

▶ **Oberhalb von 50 %** streikender Arbeitnehmer besteht danach regelmäßig **kein Bedürfnis für weitere Aussperrungen.**

---

[1] BAG AP Nr. 43 zu Art. 9 GG Arbeitskampf.

[2] *Schaub/Koch*, Stichwort Aussperrung BeckOK ArbR/*Waas* Art. 9 GG Rn 136; ErfK/*Linsenmaier* Art. 9 GG Rn 237.

[3] APS/*Moll* § 25 KSchG Rn 4.

[4] BAG NJW 1980, 1653 (1654).

[5] ErfK/*Linsenmaier* Art. 9 GG Rn 246 m. w. N.

[6] BAG NJW 1980, 1642 (1651).

Diese Werte sind ausdrücklich nur Anhaltspunkte, sodass im Einzelfall auch davon abgewichen werden kann. Eine zweitägige Aussperrung als Reaktion auf einen halbstündigen Warnstreik ist auch dann unverhältnismäßig, wenn die Quoten eingehalten werden.[1]

093

Ein weiteres Mittel des Arbeitgebers ist die Betriebsstilllegung. Das BAG billigt dem Arbeitgeber als Reaktion auf einen Streik das Recht zu, seinen Betrieb ganz oder teilweise stillzulegen und dadurch die Vergütungspflicht – auch für arbeitswillige Arbeitnehmer – zu suspendieren. Der Arbeitgeber beuge sich laut BAG dadurch lediglich den Streikmaßnahmen der Gewerkschaft. Ohne eine solche Betriebsstilllegung müsste der Arbeitgeber die arbeitswilligen Arbeitnehmer beschäftigen und entlohnen, soweit ihm deren Beschäftigung organisatorisch und wirtschaftlich zumutbar ist. Die Betriebsstilllegung ist nur innerhalb der durch den Streik definierten „zeitlichen und gegenständlichen" Grenzen möglich, zudem muss der Arbeitgeber die betroffenen Arbeitnehmer in üblicher Weise über die streikbedingte Stilllegung informieren, um seine Vergütungspflicht zu suspendieren.[2] Diese Rechtsprechung wird in der Literatur kritisiert, weil die Betriebsstilllegung strukturelle Ähnlichkeit mit einer Aussperrung besitzt, ohne dass das BAG sie an deren Zulässigkeitskriterien misst.[3]

094

Zu den Kampfmitteln der Arbeitgeberseite gehört auch die Zahlung von Streikbruchprämien als Anreiz zur Arbeitsaufnahme. Diese sind zulässig, soweit sie während des Arbeitskampfes gezahlt werden und der Arbeitgeber nicht nach gewerkschaftsangehörigen Arbeitnehmern und Außenseitern differenziert. Zahlt der Arbeitgeber Streikbruchprämien nach Abschluss des Arbeitskampfes, so liegt darin ein Verstoß gegen das Maßregelungsverbot aus § 612a BGB bzw. entsprechende tarifvertragliche Regelungen, soweit vorhanden.[4]

095

Fall 15: Warnstreiks und Ultima-ratio-Prinzip > Seite 393

3.1.5 Gebot der Kampfparität

Dem Gebot der Kampfparität liegt der Gedanke zugrunde, dass die Tarifautonomie ihre Funktion der Erreichung eines angemessenen Interessenausgleichs nur dann erfüllen kann, wenn zwischen Arbeitgeber- und Arbeitnehmerseite ein (ungefähres) tatsächliches Verhandlungsgleichgewicht („materielle Parität") besteht. Eine Verbindung zwischen dem Gebot der Kampfparität und dem Verhältnismäßigkeitsgrundsatz besteht insofern, als das BAG betont, dass nur solche

096

---

[1] BAG NZA 1993, 39 (41).

[2] BAG NZA 2012, 995.

[3] Vgl. *Hromadka/Maschmann*, Band 2, § 14 Rn 92 m. w. N., ErfK/*Linsenmaier* Art. 9 GG Rn 219 m. w. N. (dem BAG zustimmend).

[4] BAG NZA 1994, 1094 (1097).

Maßnahmen verhältnismäßig sind, die der Herstellung von Kampfparität dienen.[1]

097 Das BAG hat vor diesem Hintergrund den Grundsatz der Kampfparität herangezogen, um die Zulässigkeit von Abwehraussperrungen zu begründen.[2] Weiterhin kann der Grundsatz der Kampfparität verlangen, dass die Arbeitnehmerseite das Arbeitskampfrisiko auch für Arbeitnehmer trägt, deren Betriebe nicht unmittelbar bestreikt werden ("Fernwirkungen").[3] Darunter ist das Risiko zu verstehen, arbeitskampfbedingt nicht beschäftigt und vergütet zu werden. Auch seine Aussperrungsarithmetik hat das BAG nicht nur auf den Verhältnismäßigkeitsgrundsatz, sondern auch auf das Gebot der Kampfparität gestützt.[4]

3.1.6 Das Gebot fairer Kampfführung

098 Aus dem "Gebot der fairen Kampfführung" können sich im Einzelfall besondere Pflichten ergeben. So folgt daraus die Pflicht, der Gegenseite mitzuteilen, ob ein Arbeitskampf von der Gewerkschaft getragen wird oder ob es sich um einen von vornherein rechtswidrigen "wilden Streik" handelt.[5] Der Begriff der "fairen Kampfführung" ist im Übrigen diffus. Teilweise werden unter diesem Begriff Fragen abgehandelt, die ebenso unter den Aspekten Verhältnismäßigkeit oder Kampfparität bewertet werden könnten und teilweise auch werden. Hierzu gehören z. B. das Verbot existenzgefährdender Kampfführung, das Verbot von Betriebsblockaden oder -besetzungen[6] sowie die Pflicht zu Erhaltungsarbeiten.[7]

3.1.7 Konkurrierende Grundrechte insbesondere in der Daseinsvorsorge

099 Durch Arbeitskämpfe können Dritte auch in grundgesetzlich geschützten Rechtspositionen beeinträchtigt werden. Nach einer Entscheidung des Großen Senats des BAG aus dem Jahr 1971 dürfen Arbeitskämpfe das Gemeinwohl "nicht offensichtlich" verletzen.[8] Diskutiert werden daher Einschränkungen des Arbeitskampfrechts (d. h. faktisch des Streikrechts) insbesondere im Bereich der sog. "Daseinsvorsorge". Dieser gesetzlich nicht definierte Begriff beschreibt die Versorgung mit Gütern und Dienstleistungen, auf die die Menschen existenziell angewiesen sind.[9] Maßgeblich ist in jedem Fall eine Abwägung aller Umstände des

---

[1] BAG NZA 1993, 39 (40).

[2] BAG NJW 1980, 1642 (1644).

[3] BAG NJW 1981, 937 (939).

[4] BAG NJW 1980, 1642 (1651).

[5] BAG NZA 1996, 389 (390).

[6] MünchHb ArbR/*Ricken* § 200 Rn 42.

[7] BeckOK ArbR/*Waas* Art. 9 GG, Rn 62.

[8] BAG NJW 1971, 1668 (1669).

[9] *Schaub/Treber*, Arbeitsrecht-Handbuch, § 193, Rn 45.

Einzelfalls. Bei der Annahme von „offensichtlichen Verletzungen" des Gemein-wohls ist vor dem Hintergrund der Gewährleistung des Arbeitskampfrechts in Art. 9 Abs. 3 GG Zurückhaltung geboten.[1]

Beispiele

Werden z. B. Krankenhäuser bestreikt, so ist nach einhelliger Auffassung eine Notversorgung auch während des Streiks sicher zu stellen.[2] Bei einem „Bahn-streik" wird dagegen – vorbehaltlich der Umstände des Einzelfalls – die Koaliti-onsfreiheit mit dem Daseinsvorsorgeargument eher nicht eingeschränkt werden können.[3]

3.2 Rechtsfolgen des Arbeitskampfes

3.2.1 Rechtmäßige Arbeitskämpfe

Die Folge rechtmäßiger Arbeitskampfmaßnahmen ist für die Kampfbeteiligten, dass die gegenseitigen Hauptleistungspflichten aus dem Arbeitsvertrag suspen-diert werden. Nebenpflichten wie z. B. die Pflicht zur Wahrung von Geschäftsge-heimnissen oder Wettbewerbsverbote bleiben bestehen. Der kampfbeteiligte Arbeitnehmer muss während des Arbeitskampfes seine Arbeitsleistung nicht mehr erbringen, der Arbeitgeber keine Vergütung mehr zahlen, ebenso keine Ent-geltfortzahlung im Krankheitsfall oder nach § 616 BGB leisten.[4] Die Nichterfül-lung der vertraglichen Pflichten stellt daher keine Vertragsverletzung dar, der Arbeitnehmer kann deshalb nicht gekündigt werden.[5] Nach dem Ende des Ar-beitskampfes leben die beiderseitigen Pflichten wieder auf. Dieser heute selbst-verständlichen Bewertung hat sich das BAG erstmals 1955 angeschlossen. Bis zu diesem Urteil waren Arbeitnehmer nach der herrschenden Auffassung in Litera-tur und Rechtsprechung vor der Arbeitsniederlegung verpflichtet, ihren Arbeits-vertrag fristgerecht zu kündigen.[6]

100

Durch Streik oder Aussperrung kampfbeteiligte Arbeitnehmer haben für die Zeit des Arbeitskampfes gem. § 160 Abs. 2 SGB III keinen Anspruch auf Arbeitslosen-geld I. Gleiches gilt auch für die Arbeitslosigkeit infolge einer Betriebsstillegung.[7]

101

---

[1] Richtig *Dütz/Thüsing*, Rn 743.

[2] *Strauß*, S. 152; *Schaub/Treber*, Arbeitsrechts-Handbuch, § 193 Rn 46.

[3] Vgl. LAG Sachsen NZA 2008, 59 (69).

[4] Näher *Hromadka/Maschmann*, Band 2, § 14 Rn 113 ff.

[5] BAG NJW 1977, 1079 (1079).

[6] Vgl. eingehend und instruktiv BAG AP Nr. 1 zu Art. 9 GG Arbeitskampf.

[7] *Gagel/Bender* § 160 SGB III Rn 132.

102 Von besonderer Bedeutung sind die Folgen für kampfunbeteiligte Arbeitnehmer, die weder streiken noch ausgesperrt sind. Nach wohl herrschender Meinung dürfen kampfunbeteiligte Arbeitnehmer nicht gegen ihren Willen mit den sonst von den Streikenden erledigten Arbeiten betraut werden („Streikbrecherarbeit").[1] Ist es einem bestreikten Arbeitgeber wirtschaftlich und organisatorisch zumutbar, kampfunbeteiligte Arbeitnehmer weiter zu beschäftigen, so behalten diese ihren Vergütungsanspruch, sofern der Arbeitgeber nicht als Reaktion auf den Streik den Betrieb ganz oder teilweise stillgelegt hat.[2] Ist dem Arbeitgeber die Beschäftigung nicht zumutbar, so tragen auch die kampfunbeteiligten Arbeitnehmer das Arbeitskampfrisiko und verlieren ihren Vergütungsanspruch. Dies rechtfertigt sich daraus, dass in diesem Fall auch die kampfunbeteiligten Arbeitnehmer des Betriebs typischerweise vom Tarifabschluss profitieren. Beim sogenannten Wellenstreik legen die Arbeitnehmer in für den Arbeitgeber möglichst unvorhersehbarer Weise die Arbeit nieder. Nach der Rechtsprechung des BAG entfällt aufgrund des Arbeitskampfrisikos auch für die „streikfreien" Zeiten der Vergütungsanspruch der „Wellenstreikenden", wenn der Arbeitgeber statt ihrer eine arbeitswillige Ersatzmannschaft einsetzt. Dem Arbeitgeber sei nicht zumutbar, Arbeitnehmer einzusetzen, die jederzeit überraschend die Arbeit niederlegten.[3]

103 Aufgrund der wirtschaftlichen Verflechtung von Unternehmen wird es nicht selten der Fall sein, dass kampfunbeteiligte Arbeitgeber mittelbar von einem Arbeitskampf betroffen sind und daher ihre Arbeitnehmer nicht mehr zumutbar beschäftigen können. Angesprochen ist damit die sogenannte Fernwirkung von Arbeitskämpfen. Dabei stellt sich die Frage, ob der Arbeitsausfall zum Betriebs- oder Wirtschaftsrisiko des Arbeitgebers oder zum Arbeitskampfrisiko des Arbeitnehmers gehört. Das BAG zieht zur Beantwortung dieser Frage den Grundsatz der Kampfparität heran und betont, dass auch Fernwirkungen das Verhandlungsgleichgewicht zugunsten der Arbeitnehmerseite wesentlich beeinflussen können.[4] Dies wird dann der Fall sein, wenn der kampfunbeteiligte Arbeitgeber zur Abwehr der Fernwirkungen Einfluss auf den kampfbeteiligten Arbeitgeber in Richtung eines Nachgebens ausübt. Möglich ist dies bei

▸ **„koalitionspolitischen Verbindungen"** zwischen dem bestreikten und dem unbeteiligten Arbeitgeber. Gehören beide dem **gleichen Arbeitgeberverband** an und würde der angestrebte Tarifabschluss auch den kampfunbeteiligten Arbeitgeber binden, so liegt es nahe, dass er im Rahmen des Verbands Einfluss auf die Kampfführung der anderen Verbandsmitglieder nimmt. Vergleichbares gilt, wenn beide Arbeitgeber zwar unterschiedlichen Verbänden angehören, aber über einen **gemeinsamen Dachverband** verbunden sind, der den Arbeitskampf und die Tarifpolitik maßgeblich bestimmt.[5]

---

[1] *Hromadka/Maschmann*, Band 2, § 14, Rn 121 m. w. N.

[2] Vgl. zur Betriebsstilllegung >> Kapitel C.3.1.4.

[3] BAG NZA 1999, 550 (552).

[4] BAG NJW 1980, 937 (938).

[5] BAG NJW 1980, 937 (940).

▸ **konzernrechtlichen Verbindungen:** Innerhalb eines Konzerns kann ebenfalls davon ausgegangen werden, dass Fernwirkungen Einfluss auf Entscheidungen anderer Konzernunternehmen haben.

In der Literatur wird teilweise weitergehend angenommen, dass Arbeitnehmer nicht bestreikter Betriebe das Arbeitskampfrisiko tragen müssten, wenn zwar keine derartigen Verbindungen bestehen, sie aber typischerweise von dem künftigen Tarifabschluss mittelbar profitieren würden. Dies kann der Fall sein, wenn sie zwar nicht in den räumlichen, aber in den fachlichen Geltungsbereich eines Tarifvertrags fallen. Wird in einem Tarifbezirk z. B. um einen Tarifabschluss gekämpft, der als „Pilotabschluss" typischerweise anschließend in anderen Tarifbezirken der gleichen Branche übernommen wird, so sollen auch die Arbeitnehmer anderer Tarifbezirke das Arbeitskampfrisiko tragen.[1] Für diese Wertung spricht, dass der Gesetzgeber sie hinsichtlich des Anspruchs auf Arbeitslosengeld I in § 160 Abs. 3 Nr. 2 SGB III offenkundig teilt (siehe sogleich). Außerdem kann es Einfluss auf die Kampfparität haben, wenn eine bundesweit tätige Gewerkschaft ihre Ressourcen voll auf ein bestimmtes Tarifgebiet konzentrieren kann, in dem Bewusstsein, dass das dort erreichte Ergebnis voraussichtlich ohne weitere Arbeitskämpfe in anderen Tarifgebieten übernommen wird. Ähnliches könnte erwogen werden, wenn bestehende Arbeitsverträge dynamische Bezugnahmeklauseln enthalten.

104

Können Arbeitnehmer aufgrund der Fernwirkung eines Arbeitskampfes nicht beschäftigt werden, so stellt sich die Frage, ob sie während der Zeit der Nichtbeschäftigung Arbeitslosengeld I erhalten können. Sie wird in § 160 Abs. 3 SGB III geregelt. Danach ruht der Anspruch während des Arbeitskampfes, wenn der mittelbar betroffene Betrieb

105

▸ in den räumlichen **und** fachlichen Geltungsbereich des umkämpften Tarifvertrags fällt (Nr. 1) oder

▸ in den fachlichen Geltungsbereich des Tarifvertrags fällt und im Tarifgebiet des mittelbar betroffenen Unternehmens eine vergleichbare Hauptforderung bereits erhoben wurde, sodass voraussichtlich das Arbeitskampfergebnis auch im mittelbar betroffenen Betrieb übernommen wird (Nr. 2).

Wie beim Arbeitskampfrisiko geht es auch bei dem Anspruch auf Arbeitslosengeld I um die Kampfparität. In beiden Fällen liegt der Regelung zugrunde, dass Arbeitnehmer, die vom Arbeitskampf profitieren, keine Lohnersatzleistungen erhalten sollen. Der mittelbar betroffene Betrieb fällt daher in beiden Fällen nach richtiger Ansicht nicht in den Geltungsbereich des umkämpften Tarifvertrags i. S. v. § 160 Abs. 3 SGB III, wenn der mittelbar betroffene Arbeitgeber an einen eigenständigen anderen Tarifvertrag (z. B. Haustarifvertrag) oder gar nicht tarifgebunden ist.[2] Einer Tarifgebundenheit dürfte dabei die Vereinbarung von dynamischen Bezugnahmeklauseln gleichstehen.

106

---

[1] So z. B. *Hromadka/Maschmann*, Band 2, § 14, Rn 137 m. w. N.

[2] *Gagel/Bender* SGB III § 160 Rn 141.

Fall 16: Entgeltfortzahlung im Streik > Seite 394

3.2.2 Rechtswidrige Arbeitskämpfe

107 Der rechtswidrige Arbeitskampf suspendiert die arbeitsvertraglichen Pflichten nicht. Die Arbeitsvertragsparteien können folglich Erfüllung der vertraglichen Pflichten oder Schadensersatz wegen Vertragsverletzung nach §§ 280 ff. BGB oder § 823 Abs. 1 BGB wegen Verletzung des Rechts am eingerichteten und ausgeübten Gewerbebetrieb verlangen. Diesbezüglich kommen auch Unterlassungsansprüche nach § 1004 BGB analog in Betracht. Schadensersatzansprüche setzen ein Verschulden voraus. Der einzelne Arbeitnehmer darf im Regelfall davon ausgehen, dass ein von einer Gewerkschaft organisierter Streik rechtmäßig ist.[1] Er wird sich daher in diesem Fall häufig in einem unverschuldeten Rechtsirrtum befinden, was Schadensersatzansprüche ausschließt.

108 Die Teilnahme an einem rechtswidrigen Arbeitskampf kann als Vertragsverletzung zudem eine Kündigung rechtfertigen. Bei einer „Kampfkündigung" eines Arbeitnehmers wegen der Teilnahme an einem rechtswidrigen Streik muss der Arbeitgeber den Betriebsrat nicht anhören.[2] Das KSchG findet aber trotz § 25 KSchG auf solche Kampfkündigungen Anwendung.[3] In Betracht kommt naturgemäß primär eine verhaltensbedingte Kündigung. Dabei sind insbesondere die Erkennbarkeit der Rechtswidrigkeit zu berücksichtigen und die Frage, ob es sich lediglich um eine „schlichte" Teilnahme aus Solidarität gehandelt hat.[4]

109 Dem einzelnen Arbeitgeber stehen gegen die rechtswidrig streikende Gewerkschaft ebenfalls Unterlassungs- und Schadensersatzansprüche nach §§ 823 Abs. 1, 1004 BGB zu.[5] Umgekehrt stehen der Gewerkschaft Unterlassungsansprüche aus § 1004 BGB i. V. m. Art. 9 Abs. 3 GG gegen Arbeitgeber zu, die zu rechtswidrigen Arbeitskampfmaßnahmen greifen.

110 Die Koalitionen haben im Falle rechtswidriger Arbeitskämpfe Ansprüche auf Unterlassung nach § 1004 BGB i. V. m. Art. 9 Abs. 3 GG gegeneinander.[6] Daneben kommen auch noch Ansprüche auf Erfüllung einer vereinbarten Friedenspflicht in Betracht. Eine grob fahrlässige oder sogar vorsätzliche Verletzung der Friedenspflicht kann zur Kündigung des Vertrags berechtigen. Nach Auffassung des BAG kann der bestreikte Arbeitgeber(verband) auf einen rechtswidrigen Streik auch mit einer Abwehraussperrung reagieren. Er dürfe nicht schlechter stehen als bei

---

[1] BAG AP GG Art. 9 Arbeitskampf Nr. 47.

[2] AP Nr. 58 zu Art 9 GG Arbeitskampf.

[3] BAG GmS-OGB NJW 1971, 1668 (1671) mit eingehender Begründung.

[4] BAG AP Nr. 59 zu Art 9 GG Arbeitskampf.

[5] ErfK/*Linsenmaier* Art. 9 GG, Rn 226 mit zahlreichen Nachweisen.

[6] BAG NZA 2013, 437 (440).

einem rechtmäßigen Streik.[1] Die Literatur lehnt dies teilweise ab und will den Arbeitgeber(verband) auf den Gerichtsweg verweisen.[2] Sind lediglich einzelne Streikmaßnahmen wie einzelne Betriebsblockaden rechtswidrig („Streikexzesse"), so macht dies den Streik noch nicht insgesamt rechtswidrig. Die Koalitionen haben jedoch einen Anspruch gegeneinander darauf, dass die Gegenseite auf „ihre" Kampfbeteiligten einwirkt, diese Maßnahmen zu unterlassen. Geschieht dies nicht, so kommt ein Schadensersatzanspruch analog § 31 BGB sowie bei von einer Gewerkschaft selbst eingesetzten Streikposten aus § 831 Abs. 1 BGB in Betracht.[3]

Ob Drittbetroffene einen Anspruch gegen eine Gewerkschaft (oder gegen einen Arbeitgeberverband) wegen eines rechtswidrigen Arbeitskampfs haben, ist noch nicht geklärt. Ein Anspruch nach § 280 Abs. 1 BGB gegen die Gewerkschaft scheidet regelmäßig aus, da zwischen Gewerkschaft und Drittbetroffenen kein Vertragsverhältnis besteht. Sofern kein Eigentum verletzt wurde, kommt lediglich eine Verletzung des eingerichteten und ausgeübten Gewerbebetriebs gem. § 823 Abs. 1 BGB in Betracht.

111

Beispiel

Eine Fluglotsengewerkschaft bestreikt den Frankfurter Flughafen rechtswidrig unter Verletzung der tarifvertraglichen Friedenspflicht. Mittelbar betroffen sind davon die Fluggesellschaften, welche viele Flüge streichen müssen. Haben diese einen Anspruch auf Schadensersatz gegen die Gewerkschaft?

Das LAG Frankfurt/Main hat dies abgelehnt, da der Streik sich nicht unmittelbar gegen die Drittbetroffenen richtete.[4]

4. Betriebsverfassungsrecht

Das Betriebsverfassungsrecht ist neben dem Koalitionsrecht im weiteren Sinne (Koalitionsrecht, Tarifvertragsrecht, Arbeitskampfrecht) die zweite Säule des kollektiven Arbeitsrechts. Zum Betriebsverfassungsrecht zählen zuallererst das Betriebsverfassungsgesetz sowie die zugehörige, praktisch sehr wichtige Wahlordnung, weiterhin das Sprecherausschussgesetz sowie das Gesetz über Europäische Betriebsräte. Spezielle Regelungen zu betriebsverfassungsrechtlichen Fragen finden sich daneben auch in anderen Gesetzen. So gewährt z. B. § 15 KSchG bei Betriebsratswahlen einen besonderen Kündigungsschutz, das Umwandlungsge-

112

---

[1] BAG AP Nr. 43 zu Art. 9 GG Arbeitskampf.

[2] *Hromadka/Maschmann*, Band 2, § 14, Rn 156 m. w. N.

[3] BAG NZA 1989, 475 (478).

[4] LAG Hessen, Urt. v. 05.12.2013 – 9 Sa 592/13 (juris).

setz regelt Beteiligungsrechte bei Umwandlungen, und die Insolvenzordnung enthält Spezialregelungen über die betriebsverfassungsrechtlichen Mitsprache-rechte des Betriebsrats in der Insolvenz (§§ 122 - 126 InsO). Im öffentlichen Dienst gilt nicht das Betriebsverfassungsgesetz, sondern die Personalvertretungsgeset-ze des Bundes und der Länder.

113 Die Entwicklung der Betriebsverfassung spiegelt in hohem Maße die jeweilige politische Lage wider. Eine obligatorische Mitbestimmung auf betrieblicher Ebe-ne wurde erstmals in der Weimarer Republik durch das Betriebsrätegesetz vom 04.02.1920 eingeführt. Das Gesetz zur Ordnung der nationalen Arbeit vom 20.01.1934 führte im Nationalsozialismus das „Führerprinzip" auch im Betrieb (wieder) ein und beseitigte Mitspracherechte der Arbeitnehmer. Nach heftigen politischen Auseinandersetzungen trat in der Bundesrepublik 1952 schließlich das Betriebsverfassungsgesetz in Kraft, welches seitdem mehrfach, zuletzt 2001, umfassend reformiert wurde.

114 Das Betriebsverfassungsrecht bezieht sich in erster Linie „auf die Arbeitsorgani-sation des Unternehmens".[1] Es ist unabhängig von der jeweiligen Rechtsform des Unternehmens und knüpft typischerweise Rechte des Betriebsrats an konkrete Sachverhalte an. Darin unterscheidet es sich von der Unternehmensmitbestim-mung, die die Vertretung der Arbeitnehmer in Unternehmensorganen regelt, ebenso wie von der Koalitionsfreiheit, die sehr weitreichend „jede koalitionsmä-ßige Betätigung" schützt.

115 Das BetrVG gilt nach § 118 Abs. 2 überhaupt nicht für Religionsgemeinschaften und ihre karitativen und erzieherischen Einrichtungen. Nach § 118 Abs. 1 BetrVG gelten für sogenannte Tendenzbetriebe die §§ 106 - 110 BetrVG überhaupt nicht, die Vorschriften über Betriebsänderungen nur insoweit, als sie die Aufstellung von Sozialplänen betreffen. Tendenzbetriebe i. S. d. § 118 Abs. 1 BetrVG sind sol-che, die entweder die in Nr. 1 näher beschriebenen „geistig-ideellen"[2] oder Zwe-cke der Meinungsäußerung und Berichterstattung nach Nr. 2 verfolgen. Erfasst sind von Nr. 1 z. B. politische Parteien und deren Stiftungen, Gewerkschaften und Arbeitgeberverbände, das Rote Kreuz (karitativ), private Schulen (für staatliche Schulen gelten die PersVG) etc. Insbesondere gibt es in Tendenzbetrieben keine Pflicht, einen Interessenausgleich zu versuchen. Die Geschäftsleitung soll ihre unternehmerische Entscheidung für eine Betriebsänderung umsetzen dürfen, ohne auch nur mit dem Betriebsrat in Verhandlungen darüber treten zu müssen. Im Übrigen gilt das BetrVG in Tendenzbetrieben nur, soweit die Eigenart des Ten-denzbetriebs dem nicht entgegensteht. Es ist also in jedem Einzelfall konkret zu prüfen, ob eine Beteiligung des Betriebsrats Einfluss auf die Verwirklichung des intendierten Betriebszwecks haben kann. Dies ist regelmäßig der Fall bei der Ein-stellung von sog. Tendenzträgern, die an der Zweckverwirklichung mitwirken. Insoweit gilt § 99 BetrVG nicht.

---

[1] *Richardi/Richardi* BetrVG Einl. Rn 2.

[2] *Fitting* § 118 BetrVG Rn 15 ff.

Beispiele

Lehrer an Schulen sind Tendenzträger im Hinblick auf den Erziehungszweck.[1] Ein Zeitungsredakteur ist Tendenzträger im Hinblick auf den Zweck der Berichterstattung oder Meinungsäußerung.[2] Die Tätigkeit von Reinigungskräften in einer Schule oder einem Verlag hat dagegen nichts mit dessen Tendenz zu tun, sodass hier die Mitwirkungsrechte des Betriebsrates uneingeschränkt bestehen.

Als Grund für diese Privilegierung der Tendenzbetriebe könnte ein besonderer Grundrechtsbezug der in § 118 Abs. 1 BetrVG genannten Unternehmenszwecke in Betracht kommen (Vereinigungs-, Meinungs-, Presse- und Kunstfreiheit etc.). Dieser ist jedoch bei karitativen und erzieherischen Unternehmenszwecken nicht erkennbar.[3] Das BAG hat im Hinblick auf diese Zwecke jedenfalls einen ins Gewicht fallenden speziellen Grundrechtsbezug verneint.[4]   116

Nach Erhebungen des Instituts für Arbeitsmarkt- und Berufsforschung der Bundesanstalt für Arbeit bestanden 2013 in Deutschland in rund 9 % aller privaten Betriebe Betriebsräte. Da vor allem in größeren Betrieben Betriebsräte gewählt werden, erfassten diese Betriebe in Westdeutschland 43 % aller Arbeitnehmer, in Ostdeutschland 35 %.[5]   117

4.1 Organisation der Betriebsverfassung

4.1.1 Unterscheidung nach Belegschaftsgruppen

4.1.1.1 Arbeitnehmer

Das Betriebsverfassungsgesetz regelt die Vertretung der Arbeitnehmer. Es verwendet dabei in § 5 eine Definition des Arbeitnehmers, die teils weiter, teils enger als der allgemeine Arbeitnehmerbegriff ist. Nach § 5 Abs. 1 BetrVG gelten als Arbeitnehmer im Sinne des BetrVG Arbeiter und Angestellte sowie Auszubildende, aber seit 2009 auch Beamte, Soldaten und Arbeitnehmer im Öffentlichen Dienst, die in Betrieben privatrechtlich organisierter Unternehmen tätig sind. Hintergrund für die Aufnahme letzterer Personengruppen ist die zunehmende Privatisierung staatlicher Aktivitäten durch Umwandlung von Behörden (z. B. Bundespost zu Deutsche Telekom AG, Deutsche Post AG und Postbank) oder   118

---

[1] BAG AP Nr. 2 zu § 1 KSchG Verhaltensbedingte Kündigung.

[2] BAG NZA 2010, 902.

[3] Ebenso *Fitting* § 118 BetrVG, Rn 30; ErfK/*Kania* § 118 BetrVG Rn 3.

[4] BAG NZA 1995, 1059 (1063).

[5] BöcklerImpuls 10/2014, S. 6.

„Public-Private-Partnerships", bei denen öffentlich Bedienstete in Privatbetriebe eingegliedert werden.[1]

119 Keine Arbeitnehmer im Sinne des BetrVG sind nach § 5 Abs. 2 Nr. 1 BetrVG die gesetzlichen Vertreter von juristischen Personen (z. B. Vorstände, Geschäftsführer) und nach Nr. 2 die Gesellschafter einer OHG oder Mitglieder einer anderen Personengesellschaft, soweit sie durch Gesetz, Satzung oder Gesellschaftsvertrag zur Vertretung oder Geschäftsführung berufen sind (z. B. die geschäftsführenden Gesellschafter einer OHG). Nr. 3 und 4 nehmen Arbeitnehmer aus, deren Beschäftigung nicht in erster Linie ihrem Erwerb dient, sondern karitativ oder religiös bestimmt ist oder aus medizinischen oder erzieherischen Gründen erfolgt. Nr. 5 nimmt pauschal Ehegatten, Lebenspartner nach LPartG, Verwandte und Verschwägerte ersten Grades von der Arbeitnehmereigenschaft aus, wenn sie in häuslicher Gemeinschaft mit dem Arbeitgeber leben. Das gilt auch dann, wenn ein „echtes Arbeitsverhältnis besteht", also der Familienzusammenhang nicht prägend für die Tätigkeit ist.[2]

4.1.1.2 Leitende Angestellte

120 Eine in der Praxis wichtige Abgrenzung ist die zwischen Arbeitnehmern und leitenden Angestellten nach § 5 Abs. 3 BetrVG. Leitende Angestellte erfüllen zwar den allgemeinen Arbeitnehmerbegriff. Sie gehören jedoch nicht zu den Arbeitnehmern im Sinne des BetrVG, da sie Arbeitgeberaufgaben wahrnehmen und den Interessengegensatz zwischen Arbeitgeber und Arbeitnehmer nicht in ihrer Person auflösen können.[3] Das BetrVG findet nur in bestimmten Ausnahmefällen auf leitende Angestellte Anwendung (vgl. §§ 105, 107, 108 BetrVG), im Übrigen werden sie durch das Sprecherausschussgesetz erfasst (>> siehe dazu Kapitel 5.).

121 Leitender Angestellter ist nach § 5 Abs. 3 Satz 2 BetrVG, wer nach Arbeitsvertrag „und Stellung im Unternehmen oder im Betrieb", also auch tatsächlich

- ▶ zur **selbstständigen Einstellung und Entlassung** von im Betrieb oder der Betriebsabteilung beschäftigten Arbeitnehmern berechtigt ist (Nr. 1)

- ▶ eine auch im Verhältnis zum Arbeitgeber **nicht unbedeutende Generalvollmacht oder Prokura** hat (Nr. 2) oder

- ▶ regelmäßig **sonstige Aufgaben** wahrnimmt, die für den Bestand und die Entwicklung des Unternehmens oder eines Betriebs **von Bedeutung** sind und deren Erfüllung **besondere Erfahrungen und Kenntnisse voraussetzt**, wenn er dabei entweder die Entscheidungen **im Wesentlichen frei von Weisungen trifft oder sie maßgeblich beeinflusst** (Nr. 3).

---

[1] Näher *Heise/Fedder* NZA 2009, 1069 ff.; vgl. auch BAG NZA 2013, 793 zur „Zuweisung" von Beamten.

[2] *Fitting* § 5 BetrVG Rn 343.

[3] *Fitting* § 5 BetrVG Rn 356; BAG AP Nr. 32 zu § 5 BetrVG 1972.

Das Recht zur selbstständigen Einstellung und Entlassung nach Nr. 1 muss sich auf beide Vorgänge beziehen und ein gewisses Gewicht erreichen. Bezieht es sich z. B. nur auf 1 % der Belegschaft, so ist Nr. 1 nicht gegeben.[1] Selbstständigkeit in diesem Sinne fehlt, wenn einem anderen ein inhaltliches Mitentscheidungsrecht über die personelle Maßnahme eingeräumt ist.

122

Eine im Innenverhältnis zum Arbeitgeber unbedeutende Generalvollmacht oder Prokura nach Nr. 2 liegt vor bei „Titularprokuristen", deren Befugnisse im Innenverhältnis stark eingeschränkt sind.

123

Beispiel

Bei der Wirtschaftsprüfungs- und Beratungsgesellschaft P sind von 8.200 Mitarbeitern ca. 3.800 formal mit Prokura ausgestattet. Intern sind die Befugnisse auf ein Volumen von 500.000 € pro Geschäftsabschluss begrenzt. Die Prokura ist hier unbedeutend.[2]

Gleiches gilt für Prokuristen, die lediglich in Stabsfunktionen tätig sind, also faktisch von der Prokura im Außenverhältnis kaum Gebrauch machen.[3]

Nr. 3 erfasst Aufgaben, die der Unternehmensleitung wegen ihrer Bedeutung nahestehen, wenn der Arbeitnehmer entsprechende Entscheidungen entweder frei von Weisungen trifft oder an ihnen maßgeblich mitwirkt. Letzteres kann häufig bei sog. Stabsfunktionen der Fall sein, ersteres ist häufig den Linienfunktionen zuzuordnen, bei denen ein Arbeitnehmer einen Geschäftsbereich o. Ä. selbstständig zu leiten hat. Betriebsleiter werden daher regelmäßig leitende Angestellte sein. Wichtig ist, dass der Arbeitnehmer unternehmerische Entscheidungen trifft oder daran mitwirkt. Auch ein großer Handlungsspielraum genügt daher nicht, wenn er sich nicht auf Aufgaben der Unternehmensleitung bezieht.

124

Beispiel

Der Chefarzt eines Krankenhauses ist nicht notwendig leitender Angestellter, weil seine Befugnisse auch auf ärztliche Entscheidungen beschränkt sein können. Beeinflusst er dagegen z. B. nach Anstellungsvertrag und tatsächlicher Praxis maßgeblich Investitionsentscheidungen des Krankenhauses mit oder verwaltet

---

[1] BAG AP Nr. 72 zu § 5 BetrVG 1972.

[2] Nach BAG NZA 2011, 647 f.

[3] BAG NZA 2011, 647 (648).

er selbst ein substantielles Budget, so kann er leitender Angestellter sein. Maßgeblich sind die Umstände des Einzelfalls.[1]

125 Die bloße Umsetzung/Durchführung anderweitig getroffener Entscheidungen genügt auch dann nicht, wenn der Arbeitnehmer als einziger die dafür notwendigen Kenntnisse besitzt und Weisungsrechte gegenüber anderen besitzt.[2]

126 § 5 Abs. 4 BetrVG enthält eine Vermutungsregel dazu, wer leitender Angestellter i. S. v. § 5 Abs. 3 Satz 2 Nr. 3 BetrVG ist. Damit werden die Definitionen des Abs. 3 nicht erweitert. Abs. 4 enthält lediglich Vermutungsregelungen für den Fall, dass das Vorliegen der Tatbestandsvoraussetzungen nach Abs. 3 zweifelhaft ist.[3] Leitender Angestellter ist danach im Zweifel, wer

1. aus Anlass der letzten Wahl des Betriebsrats, des Sprecherausschusses oder von Aufsichtsratsmitgliedern der Arbeitnehmer oder durch rechtskräftige gerichtliche Entscheidung den leitenden Angestellten zugeordnet worden ist oder

2. einer Leitungsebene angehört, auf der in dem Unternehmen überwiegend leitende Angestellte vertreten sind oder

3. ein regelmäßiges Jahresarbeitsentgelt erhält, das für leitende Angestellte in dem Unternehmen üblich ist oder

4. falls auch bei der Anwendung der Nummer 3 noch Zweifel bleiben, ein regelmäßiges Jahresarbeitsentgelt erhält, das das Dreifache der Bezugsgröße nach § 18 des Vierten Buches Sozialgesetzbuch überschreitet.

127 Die in Nr. 4 erwähnte Bezugsgröße ist das Durchschnittsentgelt der Versicherten in der gesetzlichen Rentenversicherung. Es wurde für 2016 auf 2.905 €/Monat in den alten Bundesländern festgelegt, auf 2.520 €/Monat in den neuen.

4.1.1.3 Auszubildende

128 Auszubildende sind zwar nicht nach dem allgemeinen Arbeitnehmerbegriff, wohl aber nach der speziellen Definition des § 5 Abs. 1 S. 1 BetrVG im Sinne dieses Gesetzes Arbeitnehmer. Sie sind ab dem 18. Lebensjahr wahlberechtigt zum Betriebsrat (§ 7 BetrVG) und unabhängig vom Alter wahlberechtigt zur Jugend- und Auszubildendenvertretung nach § 61 BetrVG.

---

[1] *Strauß*, Arbeitsrecht für Ärzte an KH, S. 28 ff., BAG NZA 2010, 955 (957 (in diesem Einzelfall verneint)).

[2] LAG Köln DB 2001, 1512.

[3] *Richardi/Richardi* § 5 BetrVG Rn 232.

4.1.1.4 Leiharbeitnehmer

Nach der sog. „Zwei-Komponenten-Lehre" des BAG ist ein Arbeitnehmer im Be-   129
trieb beschäftigt, wenn er

1. einen Arbeitsvertrag mit dem Betriebsinhaber hat und

2. in den Betrieb eingegliedert ist.[1]

Über die Eingliederung kann festgestellt werden, welchem Betrieb der Arbeitneh-   130
mer zuzuordnen ist. Leiharbeitnehmer sind zwar in einen Betrieb des Entleihers
eingegliedert, haben aber ein Arbeitsverhältnis mit ihrem Verleiher. Das BAG hat
daher früher außerhalb der Spezialregelung des § 7 Satz 2 BetrVG Leiharbeitnehmer nicht als Arbeitnehmer des Entleiherbetriebs im Sinne des BetrVG angesehen. Diese strikte Anwendung der Zwei-Komponenten-Lehre hat das BAG nunmehr für den „drittbezogenen Personaleinsatz", d. h. insbesondere die
Beschäftigung von Leiharbeitnehmern, relativiert. Das BAG betont stattdessen,
dass bei dieser Beschäftigungsform der Arbeitnehmerbegriff nach den Umständen des Einzelfalls zu betrachten ist. Da nämlich die Arbeitgeberfunktion hier
zwischen Ver- und Entleiher aufgespalten ist, käme es ansonsten zu nicht sachgerechten Ergebnissen.[2] Ob Leiharbeitnehmer Arbeitnehmer im Sinne des BetrVG sind, ist danach für jede Vorschrift gesondert im Hinblick auf die „Sachge-
rechtigkeit" zu beurteilen. Das BAG hat dies z. B. für § 9 BetrVG bejaht.[3] Die
Änderung der Rechtsprechung wird vermutlich dazu führen, dass Leiharbeitnehmer künftig in vielen Fällen betriebsverfassungsrechtlich (auch) als Arbeitnehmer
des Entleihers anzusehen sind. Die Bundesregierung hat hierzu eine Änderung
des § 14 Abs. 2 AÜG beschlossen[4]

4.1.2 Unterscheidung nach Organisationsebenen

Das Betriebsverfassungsgesetz regelt die Einrichtung von Betriebsräten auf un-   131
terschiedlichen Ebenen der betrieblichen Organisation. Hierzu gehören der Betrieb, das Unternehmen sowie ggf. auch der Konzern, also eine Verbindung mehrerer rechtlich selbstständiger Unternehmen. Der jeweiligen Entscheidungsebene
soll eine entsprechende Arbeitnehmervertretung gegenüberstehen. Diese Aufteilung war schon im BetrVG 1952 so angelegt. Sie bildet die noch immer vorherr-
schenden Organisationsstrukturen der Wirtschaft ab, ist aber nicht allen Kons-
tellationen angemessen. § 3 BetrVG eröffnet daher Möglichkeiten, die
Betriebsratsstrukturen den Organisationsstrukturen anzupassen.

---

[1]   BAG NZA 2013, 789 (791).

[2]   BAG NZA 2013, 793 (795).

[3]   BAG NZA 2013, 789 (792).

[4]   Entwurf eines Gesetzes zur Änderung des AÜG und anderer Gesetze vom 01.06.2016, S. 8.

4.1.2.1 Betrieb/Betriebsteil/Kleinbetrieb

132   Ausgangspunkt für das Betriebsverfassungsgesetz ist der „Betrieb". Das BAG definiert den Betriebsbegriff für das BetrVG in ständiger Rechtsprechung wie folgt:

Betrieb
*„Ein Betrieb ist die **organisatorische Einheit**, innerhalb derer ein Arbeitgeber allein oder mit seinen Arbeitnehmern mit Hilfe von technischen und materiellen Mitteln bestimmte **arbeitstechnische Zwecke fortgesetzt verfolgt"*.[1]
Damit ein eigenständiger Betrieb vorliegt, müssen laut BAG zudem
*„die in der Betriebsstätte vorhandenen materiellen und immateriellen Betriebsmittel zusammengefasst, geordnet und gezielt eingesetzt und die menschliche Arbeitskraft von einem **einheitlichen Leitungsapparat** gesteuert werden"*.[2]

133   Das Hervorheben des arbeitstechnischen Zwecks dient der Abgrenzung des Betriebs vom Unternehmen. Der Zweck des Unternehmens ist ein wirtschaftlicher, der arbeitstechnische Zweck ist dagegen enger auf die Ausführung einer bestimmten Tätigkeit gerichtet. Ein Unternehmen kann also mehrere Betriebe haben.

134   Bei einem metallverarbeitenden Unternehmen können als unterschiedliche arbeitstechnische Zwecke z. B. anfallen: Verarbeitung des Rohstahls durch Pressen, Biegen etc., Galvanisieren und/oder Lackieren der gefertigten Produkte, kaufmännische Leitung bzw. Verwaltung. Ein Unternehmen kann auch mehrere gleichartige Betriebe haben, z. B. mehrere Werke oder Filialen.

135   Von der Leitungsstruktur in einem Unternehmen hängt maßgeblich ab, ob nur ein Betrieb oder mehrere Betriebe bestehen. Wird ein Filialunternehmen extrem zentral geleitet, und haben die Filialleiter nahezu keine eigenen Kompetenzen insbesondere im Personalbereich, so gibt es nur einen einheitlichen Leitungsapparat für alle Filialen. Diese bilden dann gemeinsam einen Betrieb. Ist das Unternehmen dagegen dezentral organisiert mit umfangreichen Kompetenzen in den einzelnen Filialen, dann gibt es in jeder Filiale einen eigenen Leitungsapparat mit der Folge, dass jede Filiale einen eigenen Betrieb bildet. Für Außenstehende ist dies in der Regel nicht erkennbar.

136   In der Praxis sind Leitungsfunktionen häufig nicht immer genau einer Stelle zugeordnet, sondern auf mehrere Personen/Stellen verteilt.

Beispiel

Ein Verlag hat ein Verwaltungs- und Redaktionsgebäude in einer Stadt. Die verlagseigene Druckerei ist in einem Gewerbegebiet am Stadtrand angesiedelt. Der Leiter der Druckerei kann selbstständig über Urlaubsanträge und den Personaleinsatz entscheiden, ggf. Überstunden anordnen etc. Entscheidungen über

Neueinstellungen, Abmahnungen und Kündigungen werden aber zentral vom Personalleiter des Verlags getroffen.

Es müssen zwar nicht alle unternehmerisch relevanten Entscheidungen „vor Ort" angesiedelt sein. Das BAG verlangt aber für einen selbstständigen Betrieb, dass „die Entscheidung in personellen und sozialen Angelegenheiten im Wesentlichen der Leitung der einzelnen Produktionsstätte" überlassen ist.[1] Die Formulierung „im Wesentlichen" ist nicht eindeutig. Die Kompetenz zur Einstellung oder Entlassung von Personal dürfte als zentrale Kompetenz im Personalbereich aber sicher „wesentlich" sein. Darüber hinaus dürfte zu fordern sein, dass auch der weit überwiegende Teil der nach § 87 Abs. 1 BetrVG mitbestimmungspflichtigen Entscheidungen im „Betrieb" getroffen werden.

137

Liegen die Voraussetzungen des Betriebsbegriffs nicht vor, so kann es sich bei einer organisatorischen Einheit um einen betriebsratsfähigen Betriebsteil i. S. v. § 4 Abs. 1 Satz 1 BetrVG handeln.

138

Voraussetzung für einen Betriebsteil ist zunächst, dass die Einheit die Voraussetzungen des § 1 Abs. 1 Satz 1 BetrVG erfüllt, also mindestens fünf wahlberechtigte Arbeitnehmer dort beschäftigt sind. Betriebsteile sind Teile eines (Haupt-)Betriebs, die zwar in dessen Organisation eingegliedert sind und dessen arbeitstechnischen Zweck unterstützen sollen, ihm gegenüber jedoch organisatorisch abgegrenzt werden können, also relativ selbstständig sind. Eine organisatorische Abgrenzbarkeit liegt vor, wenn im Betriebsteil ein Mindestmaß an Arbeitgeberbefugnissen ausgeübt wird, also zumindest eine mit Weisungsrechten ausgestattete Leitung vorhanden ist.[2]

139

Beispiel

Die Arbeitgeberin A hat ihren Sitz in der Stadt K und eine Geschäftsstelle in der Stadt M mit ca. 40 Beschäftigten. Von K aus werden für die Geschäftsstelle M die grundsätzlichen Arbeitsanweisungen erteilt und alle Personalentscheidungen getroffen. Es gibt jedoch in M eine Büroleiterin, die Vorgesetzte der dort beschäftigten Arbeitnehmer ist und deren Arbeit koordiniert. Dies reicht für einen Betriebsteil aus.[3]

Für einen Betriebsteil kann ein eigener Betriebsrat gewählt werden, wenn dieser entweder „vom Hauptbetrieb räumlich weit entfernt" ist (Nr. 1) oder „durch Auf-

140

---

[1] BAG NZA-RR 2012, 570 (574).

[2] BAG NJOZ 2005, 4853 (4856).

[3] BAG NZA 2002, 1300 (1301).

gabenbereich und Organisation eigenständig ist" (Nr. 2). Nr. 1 soll sicherstellen, dass ein Betriebsrat sowohl für die Arbeitnehmer des Betriebsteils als auch für eventuell dort beschäftigte Betriebsratsmitglieder erreichbar ist. Maßstab ist also die Verkehrsverbindung. Die Rechtsprechung ist hier uneinheitlich, bis zu einer Fahrzeit von 30 Minuten dürfte aber ein eigener Betriebsrat noch nicht erforderlich sein.[1] Das Merkmal der Eigenständigkeit von Aufgaben und Organisation (Nr. 2) ist besonders schwer zu bestimmen, weil dabei die Grenzen zu einem eigenen Betrieb kaum noch nachvollziehbar gezogen werden können.[2] Die Aufgabe muss abgrenzbar sein, wird aber häufig dem Zweck des Hauptbetriebs dienen.

Beispiel

Die eigene Druckerei erfüllt einen Hilfszweck für die arbeitstechnische Aufgabe der Buchproduktion eines Verlags.

141 Auch die Organisation muss „eigenständig" sein. Es muss dort „eine von der Betriebsleitung abgehobene Leitung" bestehen, die „nennenswerte Entscheidungen in personellen oder sozialen Angelegenheiten trifft"[3]

Beispiele

Der RIAS-Rundfunksender betreibt 2002 zwei Orchester und zwei Chöre. Jeder dieser „Klangkörper" verfügt über eigene Verwaltungskräfte, eine Leitung und Probenräume. Der Orchesterdirektor des „Deutschen Sinfonieorchesters (DSO)" S übt das Weisungsrecht gegenüber Mitarbeitern aus, erstellt Dienstpläne und legt die Urlaubszeiten fest. Kündigungen spricht zwar die RIAS-Geschäftsführerin aus, jedoch auf Vorlage von S. 2002 beschließt das DSO, einen eigenen Betriebsrat zu wählen. Das BAG sah hier Nr. 2 erfüllt.[4]

142 Entscheidet ein Niederlassungsleiter hauptsächlich über die Einsatzzeiten der in der Niederlassung beschäftigten Arbeitnehmer (§ 87 Abs. 1 Nr. 1, 2 BetrVG), in den sonstigen nach § 87 Abs. 1 BetrVG mitbestimmungspflichtigen Angelegenheiten jedoch die Zentrale, so ist die Niederlassung nicht betriebsratsfähig nach Nr. 2.[5]

---

[1] *Richardi/Richardi* § 4 BetrVG Rn 20.

[2] ErfK/*Koch* § 4 BetrVG Rn 4.

[3] BAG BB 1983, 1790 (1791).

[4] BAG NZA 2002, 1300

[5] BAG, Beschluss vom 14.01.2004 – 7 ABR 26/03 – juris.

Gilt ein Betriebsteil nach § 4 Abs. 1 Satz 1 BetrVG als selbstständiger Betrieb, so können die Arbeitnehmer des Betriebsteils dennoch nach Satz 2 mit Stimmenmehrheit formlos beschließen, an der Wahl des Betriebsrats im Hauptbetrieb teilzunehmen. Dies führt dazu, dass Betriebsteil und Hauptbetrieb betriebsverfassungsrechtlich als ein Betrieb anzusehen sind. So entfällt der Aufwand für die Organisation einer eigenen Wahl und es gibt einen einheitlichen Betriebsrat, der auch für die im Hauptbetrieb getroffenen Entscheidungen zuständig ist, die nur den Betriebsteil betreffen. 143

§ 4 Abs. 2 BetrVG betrifft sog. Kleinstbetriebe. Kleinstbetriebe erfüllen alle Merkmale eines eigenständigen Betriebs, erreichen aber nicht die nach § 1 BetrVG für eine Wahl erforderlichen Arbeitnehmerzahlen. Sie sind einem „Hauptbetrieb" zuzuordnen. Es ist unklar, was der Hauptbetrieb ist, weil auch der Kleinstbetrieb sich ja durch seine Eigenständigkeit auszeichnet. Laut BAG ist bei mehreren Betrieben darauf abzustellen, welcher Betrieb für den Kleinstbetrieb, z. B. durch Beratung und Unterstützung der Leitung, eine „hervorgehobene Bedeutung" hat. Die in der Literatur vertretene Auffassung, Hauptbetrieb sei der räumlich nächste Betrieb, hat das BAG dagegen zurückgewiesen.[1] 144

4.1.2.2 Unternehmen

Das Unternehmen im betriebsverfassungrechtlichen Sinn knüpft an die rechtliche Einheit im Sinne einer natürlichen oder juristischen Person oder einer rechtsfähigen Personengesellschaft an. Eine so verstandene rechtliche Einheit kann immer nur ein Unternehmen betreiben, aber mehrere Betriebe. Das BetrVG sieht in §§ 47 Abs. 1 BetrVG für das Unternehmen die Bildung eines Gesamtbetriebsrats (GBR) zwingend vor, wenn das Unternehmen mehrere Betriebe hat. 145

Nach § 50 Abs. 1 Satz 1 BetrVG ist der GBR zuständig für die Behandlung von Angelegenheiten, die das gesamte Unternehmen oder mehrere Betriebe (mindestens zwei) betreffen und nicht durch die einzelnen Betriebsräte innerhalb ihrer Betriebe geregelt werden können. Der GBR ist den einzelnen Betriebsräten nicht übergeordnet, sondern die Zuständigkeiten sind nach § 50 Abs. 1 Satz 1 BetrVG voneinander abzugrenzen. Liegt also eine überbetriebliche Angelegenheit vor, so ist weitere Voraussetzung, dass die Angelegenheit nicht durch den einzelnen Betriebsrat jeweils für den eigenen Betrieb geregelt werden kann. Die bloße Zweckmäßigkeit oder der Wunsch nach einer einheitlichen Regelung im Gesamtunternehmen reichen dafür bei Angelegenheiten der zwingenden Mitbestimmung nicht aus. Räumt dagegen der Arbeitgeber dem Betriebsrat freiwillig ein Mitbestimmungsrecht nur unter der Voraussetzung einer unternehmenseinheitlichen Regelung ein, so ist hierfür der GBR zuständig.[2] 146

---

[1] BAG NZA 2007, 703 (706).

[2] BAG NZA 2011, 642 (643).

Beispiele

Die Einrichtung einer unternehmenseinheitlichen Telefonvermittlungsanlage kann nicht von Betrieb zu Betrieb unterschiedlich geregelt werden.[1] Sind die Arbeitsabläufe in mehreren Betrieben eines Unternehmens technisch-organisatorisch miteinander verknüpft, so ist der GBR für einen „Schicht-Rahmenplan" zuständig, weil der einzelne Betriebsrat lediglich die Schichten in seinem Betrieb koordinieren kann.[2] Ohne eine solche technisch-organisatorische Verknüpfung würde alleine der Wunsch nach einer einheitlichen Arbeitszeitgestaltung im Unternehmen noch keine Zuständigkeit des GBRs begründen.

147 Nach § 50 Abs. 1 Satz 1 Halbsatz 2 BetrVG erstreckt sich die Zuständigkeit des GBRs „insoweit" auch auf Betriebe ohne Betriebsrat. Voraussetzung hierfür ist, dass eine Angelegenheit grundsätzlich in die Zuständigkeit des GBRs fällt, also von übergreifender Bedeutung ist. Der GBR ersetzt also nicht etwa den „normalen" Betriebsrat in betriebsratslosen Betrieben. Hat ein Betrieb keinen Betriebsrat, so ist für das Beteiligungsrecht bei der auf den Betrieb beschränkten Anordnung von Überstunden nach § 87 Abs. 1 Nr. 3 BetrVG also nicht etwa der GBR zuständig.

148 Für die minderjährigen Arbeitnehmer sowie die Auszubildenden ist in Unternehmen mit mehreren Betrieben eine Gesamt-Jugend- und Auszubildendenvertretung zu wählen (§ 72 BetrVG).

4.1.2.3 Konzern

149 Sind ein herrschendes und ein oder mehrere abhängige Unternehmen unter der einheitlichen Leitung des herrschenden Unternehmens zusammengefasst, so bilden sie einen Konzern (§ 18 Abs. 1 AktG). § 54 Abs. 1 Satz 1 BetrVG gestattet die freiwillige Errichtung eines Konzernbetriebsrats durch Beschlüsse der einzelnen Gesamtbetriebsräte der Konzernunternehmen. Die zustimmenden Gesamtbetriebsräte müssen dabei mehr als 50 % der Arbeitnehmer im Konzern repräsentieren. Nach § 58 Abs. 1 Satz 1 BetrVG ist der Konzernbetriebsrat zuständig für die Behandlung von Angelegenheiten, die den Konzern oder mehrere Konzernunternehmen betreffen und nicht durch die einzelnen Gesamtbetriebsräte innerhalb ihrer Unternehmen geregelt werden können. Die Regelung entspricht der Zuständigkeitsverteilung zwischen Gesamtbetriebsrat und Betriebsrat auf Unternehmensebene.

---

[1] BAG NZA 1999, 947 (948).

[2] BAG NZA 2012, 1237 (1239).

Beispiel

Führt der Arbeitgeber eine konzernweite betriebliche Altersversorgung ein, so ist bereits aufgrund dieser Entscheidung die Zuständigkeit des Konzernbetriebsrats begründet.

Der Konzernbetriebsrat hat insbesondere weitere Rechte außerhalb des BetrVG bei der Besetzung der Aufsichtsorgane im Rahmen der unternehmerischen Mitbestimmung.[1] Im Konzern kann analog zum Konzernbetriebsrat auch eine Konzern-Jugend- und Auszubildendenvertretung gebildet werden (§ 73a BetrVG).   150

4.1.2.4 Abweichende Betriebsratsstrukturen nach § 3 BetrVG

§ 3 BetrVG ermöglicht eine von den oben geschilderten Strukturen abweichende   151
Gestaltung. Die Vorschrift trägt dem Umstand Rechnung, dass Unternehmen sich nicht immer in den Strukturen organisieren, die das Betriebsverfassungsgesetz schon seit 1952 vorsieht. § 3 Abs. 1 Nr. 1 BetrVG sieht für Unternehmen mit mehreren Betrieben die Möglichkeit vor, einen unternehmenseinheitlichen Betriebsrat zu bilden oder Betriebe zusammenzufassen, wenn dies die Bildung von Betriebsräten erleichtert oder einer sachgerechten Wahrnehmung der Interessen der Arbeitnehmer dient. Der unternehmenseinheitliche Betriebsrat tritt dann an die Stelle der einzelnen Betriebsräte und des Gesamtbetriebsrats. Eine Zusammenfassung von Betrieben kann z. B. über die Gründung von Regionalbetriebsräten erfolgen. Nr. 2 lässt die Bildung von sog. Spartenbetriebsräten unter bestimmten Voraussetzungen zu. Nr. 3 regelt allgemein die Zulässigkeit von „anderen Arbeitnehmervertretungsstrukturen". Nr. 4 regelt die Bildung von Arbeitsgemeinschaften mehrerer Arbeitnehmervertretungen, Nr. 5 weitere betriebsverfassungsrechtliche Vertretungen der Arbeitnehmer, die die Zusammenarbeit zwischen Betriebsrat und Arbeitnehmern erleichtern. Die abweichenden Betriebsratsstrukturen sind in der Regel durch betriebsverfassungsrechtliche Normen eines Tarifvertrags zu regeln, unter Umständen aber auch durch eine Betriebsvereinbarung (Abs. 2) oder durch Beschluss der Arbeitnehmer (Abs. 3).

4.2 Bildung von Betriebsräten

Betriebsratswahlen finden gem. § 13 Abs. 1 BetrVG bundeseinheitlich alle vier   152
Jahre im Zeitraum vom 01.03. bis zum 31.05. statt, zuletzt im Jahr 2014. Außerhalb dieses Turnus können Betriebsratswahlen stattfinden, wenn im Betrieb noch überhaupt kein Betriebsrat besteht oder nach der Wahl eines der in § 13 Abs. 2 BetrVG aufgezählten Ereignisse eingetreten ist. Nach § 13 Abs. 3 BetrVG sollen

---

[1] *Fitting* § 58 BetrVG Rn 21.

die Wahlperioden anschließend wieder in den normalen Turnus überführt werden.

4.2.1 Betriebsratsfähige Betriebe

153 § 1 Abs. 1 Satz 1 BetrVG sieht vor, dass in Betrieben mit in der Regel mindestens fünf ständigen wahlberechtigten Arbeitnehmern, von denen drei wählbar sind, Betriebsräte gewählt werden. Ungeachtet der Formulierung ist die Wahl von Betriebsräten nicht zwingend, sondern freiwillig.

154 Im Betrieb müssen in der Regel mindestens fünf wahlberechtigte Arbeitnehmer ständig beschäftigt sein. Teilzeitbeschäftigte sind dabei anders als bei § 23 Abs. 1 Satz 5 KSchG voll mitzuzählen.[1] Anders als früher zählt das BAG die Leiharbeitnehmer zu den Arbeitnehmern i. S. d. § 9 BetrVG.[2] Obwohl dies noch nicht ausdrücklich entschieden wurde, dürften sie als Konsequenz aus dieser Rechtsprechungsänderung deshalb auch bei § 1 BetrVG mitzuzählen sein.

155 „Ständig beschäftigt" ist ein Arbeitnehmer schon vom ersten Tag an, wenn er unbefristet beschäftigt werden soll. Soll der Arbeitsplatz als solcher ständig besetzt sein, dann ist er nach richtiger Ansicht auch dann mitzuzählen, wenn er durch wechselnde Arbeitnehmer ausgefüllt werden soll.[3] Bei reinen Saisonbetrieben ist die Arbeitnehmerzahl während der Saison maßgebend, unabhängig von der Länge der Saison. Schwankt die Zahl der Arbeitnehmer während des Jahres, so sind Arbeitnehmer ständig beschäftigt, wenn sie länger als sechs Monate beschäftigt werden.[4]

156 „In der Regel" stellt auf den Normalzustand im Unternehmen ab. Damit ist eine zeitliche Komponente angesprochen. Kurzfristige Ausbrecher nach oben oder unten bleiben unberücksichtigt.

4.2.2 Wahlberechtigung und Wählbarkeit

157 Gemäß § 7 Satz 1 BetrVG sind alle volljährigen Arbeitnehmer des Betriebs (aktiv) wahlberechtigt. Leiharbeitnehmer sind (ab dem ersten Tag der Überlassung[5]) im Entleiherbetrieb wahlberechtigt, wenn sie länger als drei Monate im Betrieb eingesetzt werden (sollen). Das passive Wahlrecht erwerben Wahlberechtigte nach sechs Monaten Betriebszugehörigkeit. Leiharbeitnehmer sind nach § 14 Abs. 2 Satz 1 AÜG im Entleiherbetrieb nicht wählbar. Dies erklärt sich aus dem Umstand,

---

[1] *Fitting* § 1 BetrVG Rn 272.

[2] BAG NZA 2013, 789 (791).

[3] *Düwell/Kloppenburg* § 1 BetrVG Rn 108; *Fitting* § 1 BetrVG Rn 276.

[4] So jedenfalls BAG NJOZ 2005, 4110 (4112) für § 111 BetrVG. Ähnlich BAG NZA 2008, 1142 (1143) für § 9 BetrVG.

[5] *Fitting* § 7 BetrVG Rn 59.

dass Leiharbeitnehmer regelmäßig nicht für die gesamte Wahlperiode (vier Jahre) im Betrieb sein werden.

4.2.3 Wahlverfahren der Betriebsratswahl

Das Wahlverfahren beginnt mit der Bestellung eines Wahlvorstands. Besteht be- 158
reits ein Betriebsrat, so setzt dieser spätestens zehn Wochen vor Ablauf seiner
Amtszeit (§ 16 Abs. 1 BetrVG) den Wahlvorstand ein. Kommt der amtierende Betriebsrat dieser Pflicht bis acht Wochen vor Ablauf seiner Amtszeit nicht nach, so
bestellt das Arbeitsgericht auf Antrag von drei Arbeitnehmern oder einer im Betrieb vertretenen Gewerkschaft den Wahlvorstand (§ 16 Abs. 2 BetrVG). Alterna-
tiv können auch ein eventuell vorhandener Gesamt- oder Konzernbetriebsrat in
diesem Fall den Wahlvorstand bestellen.

Besteht in dem Betrieb noch kein Betriebsrat, so sind ebenfalls der Gesamt- oder 159
Konzernbetriebsrat für die Einrichtung eines Wahlvorstandes zuständig (§ 17
Abs. 1 BetrVG). Bestehen weder ein Gesamt- noch ein Konzernbetriebsrat oder
versäumen diese die Einrichtung eines Wahlvorstandes, so kann der Wahlvorstand auf einer Betriebsversammlung der Arbeitnehmer des Betriebes (§ 42
BetrVG) gewählt werden. Zu dieser Betriebsversammlung können drei wahlberechtigte Arbeitnehmer des Betriebes oder eine im Betrieb vertretene Gewerkschaft aufrufen. Für die Wahl gibt es keine ausdrücklichen Formvorschriften, sie
muss nicht schriftlich oder geheim erfolgen. Findet keine Betriebsversammlung
statt oder wird auf dieser kein Wahlvorstand gewählt, so bestellt den Wahlvorstand das Arbeitsgericht auf Antrag von drei wahlberechtigten Arbeitnehmern
oder einer im Betrieb vertretenen Gewerkschaft (§ 17 Abs. 4 BetrVG). Sofern also
eine im Betrieb vertretene Gewerkschaft oder drei wahlberechtigte Arbeitnehmer des Betriebes eine Wahl durchführen wollen, kann diese auch durch eine
Mehrheit der Arbeitnehmer des Betriebes nicht verhindert werden.

Beispiel

Das Software-Unternehmen SAP hatte im Jahr 2007 insgesamt knapp 11.000
Arbeitnehmer. Ein Betriebsrat bestand nicht. Auf einer von drei Arbeitnehmern
einberufenen Betriebsversammlung lehnten 91 % der Belegschaft die Einsetzung
eines Wahlvorstands und die Wahl eines Betriebsrats ab. Dieser wurde anschließend auf Antrag der drei Arbeitnehmer vom Arbeitsgericht eingesetzt.

Arbeitnehmer, die die Bildung eines Wahlvorstands initiieren, haben einen (be- 160
schränkten) besonderen Kündigungsschutz nach Maßgabe von § 15 Abs. 4 KSchG.
Vergleichbares gilt für die Mitglieder des Wahlvorstands selbst nach § 15 Abs. 3
KSchG.

161 Aufgabe des Wahlvorstands ist nach § 18 BetrVG, die Wahl unverzüglich einzuleiten und durchzuführen. Die Wahlvorschriften befinden sich in § 14 BetrVG und der sog. Wahlordnung (WO). Zunächst erstellt der Wahlvorstand eine Wählerliste mit den wahlberechtigten Arbeitnehmern des Betriebs (§ 2 WahlO). Zwischen Arbeitgeber und Wahlvorstand ist dabei nicht selten streitig, ob Beschäftigte Arbeitnehmer oder leitende Angestellte sind. Spätestens sechs Wochen vor dem geplanten Wahltermin veröffentlicht der Wahlvorstand das sog. Wahlausschreiben, in dem er zur Wahl aufruft und nähere Details der Wahl veröffentlicht (§ 3 WO). Hat der Betriebsrat mehr als drei Mitglieder, so erfolgt die Wahl nach Verhältniswahlrecht über sogenannte Vorschlagslisten (§ 6 WO), auf denen sich ggf. mehrere Arbeitnehmer zusammenschließen. Jeder Arbeitnehmer kann nur eine Vorschlagsliste wählen (§ 11 WO).

162 Nach der Wahl werden die Sitze im sogenannten Höchstzahlverfahren verteilt (§ 15 WO). Die auf die einzelnen Listen entfallenden Stimmen werden durch 1, 2, 3 etc. geteilt und anschließend ermittelt, auf welche Liste das jeweils höchste Ergebnis der Division entfällt.

Beispiel

In einem Betrieb mit 100 Arbeitnehmern erreichen Liste A 50 Stimmen, Liste B 30 Stimmen und Liste C 20 Stimmen. Die Sitzverteilung sieht folgendermaßen aus:			
Divisor	Liste A	Liste B	Liste C
1	50 (Sitz 1)	30 (Sitz 2)	20 (Sitz 4)
2	25 (Sitz 3)	15	10
3	16,7 (Sitz 5)	10	6,7

163 Die Zahl der zu verteilenden Sitze hängt gem. § 9 BetrVG von der Anzahl der Arbeitnehmer ab. Sind nicht mehr als 51 Arbeitnehmer beschäftigt, so richtet sich die Größe des Betriebsrats nach der Anzahl der nach § 7 BetrVG wahlberechtigten Arbeitnehmer, ab 52 Arbeitnehmern kommt es auf die Wahlberechtigung nicht mehr an. Nachdem das BAG die strikte Anwendung der „Zwei-Komponenten-Lehre" für den drittbezogenen Personaleinsatz aufgegeben hat, zählen auch Leiharbeitnehmer zu den Arbeitnehmern i. S. d. § 9 BetrVG.[1]

164 Bei der Verteilung muss gem. § 15 Abs. 2 BetrVG, 15 Abs. 5 WO das Geschlecht in der Minderheit mindestens so viele Plätze im Betriebsrat haben, wie es seinem Anteil an der Belegschaft entspricht. Wären also im obigen Beispiel 40 % der Belegschaft weiblich, so müssen mindestens 40 % der BR-Sitze auf Arbeitnehmerinnen entfallen. Hätte Liste C als einzige Liste weibliche Mitglieder, so müsste diese folglich mindestens zwei BR-Mitglieder stellen. Die Arbeitnehmerin auf Platz 2

---

[1] BAG NZA 2013, 789 (792). Zur Zwei-Komponenten-Lehre ≫ siehe Kapitel 4.1.1.4.

der Liste C würde in diesem Fall den Arbeitnehmer auf Platz 3 der Liste A verdrängen.

Wird lediglich eine einzelne „Einheitsliste" vorgeschlagen, so werden Stimmen für die einzelnen Bewerber abgegeben. Die Sitzverteilung erfolgt nach dem Mehrheitswahlrecht (§ 14 Abs. 1 Satz 2 BetrVG), und richtet sich danach, wie viele Stimmen die einzelnen Bewerber erhalten haben. Auch hier ist die Geschlechterverteilung zu berücksichtigen (§ 22 WO). 165

Das Mehrheitswahlrecht gilt auch im sog. „vereinfachten Verfahren" nach § 14a BetrVG, welches auf Betriebe bis 50 Arbeitnehmern zwingend, bei 51 - 100 Arbeitnehmern optional Anwendung findet. Wahlvorstand und Betriebsrat werden bei diesem Verfahren binnen einer Woche auf jeweils einer Wahlversammlung gewählt, unter den Voraussetzungen des § 17 Abs. 3 BetrVG ist in Betrieben bis 50 Arbeitnehmern sogar die Wahl eines Betriebsrats auf nur einer einzigen Wahlversammlung möglich. 166

Fehler bei einer Wahl führen regelmäßig nicht zur Nichtigkeit der Wahl, sondern lediglich zur Anfechtbarkeit, wenn die Anfechtungsvoraussetzungen nach § 19 BetrVG erfüllt sind. Dies ist der Fall, wenn gegen wesentliche Vorschriften über das (aktive) Wahlrecht, die Wählbarkeit oder das Wahlverfahren verstoßen worden ist, sofern dies das Wahlergebnis beeinflusst haben könnte und eine Berichtigung des Fehlers nicht erfolgt ist. Als wesentlich sind im Allgemeinen die zwingenden „Muss-Vorschriften" des Betriebsverfassungsrechts anzusehen, die „Soll-Vorschriften" (z. B. § 15 Abs. 1 BetrVG) dagegen nicht. Die Anfechtung muss innerhalb von zwei Wochen nach Bekanntgabe des Wahlergebnisses erfolgen. Sind die Verstöße allerdings offensichtlich und gravierend, dann kann im Ausnahmefall die Wahl auch nichtig sein. Die praktisch wichtige Zuordnung von Arbeitnehmern zu den leitenden Angestellten soll nach § 18a BetrVG im Vorfeld der Wahl geklärt werden. Die Anfechtung einer Betriebsrats- oder Sprecherausschusswahl im Nachhinein ist nur bei offensichtlich falscher Zuordnung möglich (§ 18a Abs. 4 BetrVG). 167

Beispiele

Die Wahl eines Betriebsrats in einem Betrieb mit nur drei Arbeitnehmern ist nichtig.[1] Wird ein Betriebsteil fälschlich als selbstständiger Betrieb i. S. d. § 4 Abs. 1 BetrVG angesehen und dort ein Betriebsrat gewählt, dann ist die Wahl anfechtbar.[2] Die bloße Sollvorschrift des § 15 Abs. 1 BetrVG zur Vertretung der einzelnen

---

[1] LAG Hessen BeckRS 2008, 54546.

[2] LAG Hessen BeckRS 2013, 67435.

Abteilungen und Beschäftigtengruppen ist keine wesentliche Vorschrift, ein Verstoß hiergegen macht die Wahl nicht anfechtbar.[1]

168 Teilweise stehen Arbeitgeber der Wahl von Betriebsräten skeptisch bis feindlich gegenüber. § 20 BetrVG schützt die Wahl vor Behinderungen und verbietet, die Wahl durch Versprechen oder Gewähren von Vorteilen oder Androhen von Nachteilen zu beeinflussen. Ein Verstoß hiergegen kann nach § 119 Abs. 1 Nr. 1 BetrVG mit Geldstrafe oder Freiheitsstrafe bis zu einem Jahr geahndet werden, sofern ein Strafantrag gestellt wird.

Beispiele

Die Siemens AG hat mit Millionensummen die „Arbeitsgemeinschaft Unabhängiger Betriebsangehöriger" gefördert, um die Wahl von gewerkschaftsnahen Betriebsratsmitgliedern zu verhindern. Verantwortliche wurden nach § 119 BetrVG verurteilt.

Der SAP-Gründer Dietmar Hopp drohte 2006 mit der Verlagerung der Konzernzentrale ins Ausland, sollten die Arbeitnehmer einen Betriebsrat wählen. Ein Strafantrag wurde anscheinend nicht gestellt.

4.2.4 Bildung von Gesamt- und Konzernbetriebsrat

169 Die Mitglieder des Gesamtbetriebsrats werden nicht unmittelbar von den Arbeitnehmern des Unternehmens gewählt. Gemäß § 47 Abs. 2 BetrVG entsenden Betriebsräte mit bis zu drei Mitgliedern ein Mitglied in den Gesamtbetriebsrat, größere Betriebsräte zwei Mitglieder. Das Stimmrecht der entsandten Mitglieder richtet sich nach der Zahl der wahlberechtigten Arbeitnehmer im Entsendebetrieb (§ 47 Abs. 7 BetrVG).

170 In einen Konzernbetriebsrat entsenden die Mitglieder der Gesamtbetriebsräte der Konzernunternehmen je zwei Mitglieder. Deren Stimmgewicht hängt ebenfalls von der Zahl der Arbeitnehmer ab, die der jeweilige Gesamtbetriebsrat repräsentiert (§ 58 BetrVG).

4.2.5 Europäischer Betriebsrat nach dem EBRG

171 Das Europäische Betriebsrätegesetz EBRG gilt für gemeinschaftsweit tätige Unternehmen und Konzerne mit Sitz des Unternehmens bzw. des herrschenden

---

[1] So richtig *Düwell/Brors* § 19 BetrVG Rn 5.

Unternehmens in Deutschland (§ 2 Abs. 1 EBRG). Ein Unternehmen ist gemeinschaftsweit tätig, wenn es in der EU mindestens 1.000 Arbeitnehmer beschäftigt und davon jeweils mindestens 150 Mitarbeiter in unterschiedlichen Mitgliedstaaten. Ein Konzern ist gemeinschaftsweit tätig, wenn er mindestens 1.000 Arbeitnehmer beschäftigt und mindestens zwei Töchter in unterschiedlichen Mitgliedstaaten hat, die jeweils mindestens 150 Mitarbeiter in verschiedenen (also im Regelfall jeweils in ihren) Mitgliedstaaten beschäftigen.

In gemeinschaftsweit tätigen Unternehmen ist nach § 1 Abs. 1 EBRG ein Europäischer Betriebsrat (EBR) zu „vereinbaren". Gegenstand dieser Vereinbarung sind nach § 18 EBRG z. B. Regelungen über die Zusammensetzung, die Befugnisse, die Sitzungen und die sachliche und personelle Ausstattung. Hinsichtlich der konkreten Ausgestaltung räumt § 17 EBRG den Parteien einen weiten Gestaltungsspielraum ein („können frei vereinbaren"). Partner der Vereinbarung ist zum einen der Arbeitgeber, zum anderen ein von den Arbeitnehmern zu bildendes „besonderes Verhandlungsgremium", welches eigens für den Abschluss dieser Vereinbarung nach den §§ 8 ff. EBRG zu bilden ist. Die Zusammensetzung dieses Verhandlungsgremiums ist in § 10 EBRG geregelt. Wie viele Mitglieder die Belegschaft aus einem Mitgliedstaat in das Verhandlungsgremium entsenden kann, richtet sich danach, wie hoch ihr Anteil an der Gesamtbelegschaft des Unternehmens ist. Pro angefangene 10 % entsendet die Belegschaft eines Mitgliedstaates ein Mitglied. Zuständig für die Bestellung ist in Unternehmen der Gesamtbetriebsrat, in Konzernen der Konzernbetriebsrat, sofern vorhanden (§ 11 EBRG). | 172

Kommt keine Vereinbarung über den EBR zustande, so wird gem. §§ 21 ff. EBRG ein EBR kraft Gesetzes errichtet. Die Besetzung des EBR erfolgt dann nach den gleichen Grundsätzen wie die Besetzung des besonderen Verhandlungsgremiums (§§ 22, 23 EBRG). | 173

Die Rechte des EBR sind im Vergleich zum BetrVG sehr beschränkt. Nach § 29 Abs. 1 EBRG hat die zentrale Leitung den EBR einmal im Kalenderjahr über die Entwicklung und die Geschäftsperspektiven des Unternehmens bzw. Konzerns zu unterrichten und ihn anzuhören. Regelbeispiele für die Unterrichtungsgegenstände sind in § 29 Abs. 2 EBRG geregelt. Ein zusätzliches Unterrichtungs- und Anhörungsrecht besteht nach § 30 Abs. 1 EBRG bei außergewöhnlichen Umständen oder Entscheidungen, die erhebliche Auswirkungen auf die Interessen der Arbeitnehmer haben. Dazu zählen nach § 30 Abs. 1 Satz 2 EBRG insbesondere die Verlegung und Stilllegung von Unternehmen, Betrieben oder wesentlichen Betriebsteilen sowie Massenentlassungen. Bei Tendenzbetrieben i. S. v. § 118 Abs. 1 Satz 1 Nr. 1, 2 BetrVG finden selbst diese Unterrichtungs- und Anhörungsrechte nur eingeschränkt Anwendung (§ 31 EBRG). Insgesamt verfügt der EBR also nur über sehr eingeschränkte Mitwirkungsrechte. | 174

4.3 Betriebsversammlung

175 Gemäß § 43 Abs. 1 BetrVG hat der Betriebsrat einmal im Quartal eine Betriebs-versammlung (§ 42 BetrVG) aller Arbeitnehmer des Betriebs einzuberufen. Ist wegen der betrieblichen Gegebenheiten eine Versammlung aller Arbeitnehmer gleichzeitig nicht möglich, so können auch Abteilungsversammlungen abgehal-ten werden. Der Arbeitgeber ist zu diesen Versammlungen einzuladen und ver-pflichtet, dort zu Personal- und sozialen Themen, der wirtschaftlichen Lage und Entwicklung des Unternehmens sowie über den betrieblichen Umweltschutz zu berichten (§ 43 Abs. 2 BetrVG). Die Themen der Betriebs- und Abteilungsver-sammlungen können jedoch über diesen Katalog hinausgehen. Sie umfassen nach § 45 Satz 1 BetrVG Angelegenheiten einschließlich

- tarifpolitischer, sozialpolitischer, umweltpolitischer und wirtschaftlicher Art

- Fragen der Förderung der Gleichstellung von Mann und Frau und der Vereinbar-keit von Familie und Beruf und

- Fragen der Integration ausländischer Arbeitnehmer

soweit diese jeweils den Betrieb betreffen.

176 Betriebsversammlungen im vereinfachten Wahlverfahren (§§ 14a, 17 BetrVG), bis zu zwei Betriebsversammlungen pro Kalenderjahr und auf Arbeitgeberinitiative einberufene Betriebsversammlungen finden unter Fortzahlung des Arbeitsent-geltes grundsätzlich während der Arbeitszeit statt, sonstige Betriebsversamm-lungen außerhalb der Arbeitszeit (§ 44 BetrVG). Beauftragte von Gewerkschaften und Arbeitgeberverbänden können unter den Voraussetzungen des § 46 BetrVG an den Betriebsversammlungen teilnehmen.

4.4 Geschäftsführung des Betriebsrats

177 Gemäß § 26 Abs. 1 BetrVG wählt der Betriebsrat aus seiner Mitte einen Vorsitzen-den und einen Stellvertreter (bei mindestens drei Mitgliedern). Der Vorsitzende ist den übrigen Mitgliedern nicht übergeordnet, hat aber bestimmte Funktionen, darunter

- die Vertretung des Betriebsrats nach außen (§ 26 Abs. 2 BetrVG)

- die Einberufung und Leitung der Betriebsratssitzungen (§ 29 Abs. 2 BetrVG)

- Leitung der Betriebsversammlungen (§ 42 BetrVG).

178 Die laufende Geschäftsführung obliegt dem Betriebsrat als Kollegialorgan, nicht dem Vorsitzenden. Hat der Betriebsrat weniger als neun Mitglieder, so kann die laufende Geschäftsführung nach § 27 Abs. 3 BetrVG auf den Vorsitzenden oder andere BR-Mitglieder übertragen werden. Bei neun oder mehr Mitgliedern führt die laufenden Geschäfte der Betriebsausschuss, der aus dem Vorsitzenden, sei-nem Stellvertreter sowie je nach Größe des Betriebsrats mindestens drei weite-ren Betriebsratsmitgliedern besteht (§ 27 Abs. 2 BetrVG). Zur laufenden Ge-schäftsführung gehören nach herrschender Meinung alle internen und

organisatorischen Aufgaben wie z. B. die Erledigung des Schriftverkehrs, Vorbereitung von Betriebsversammlungen etc. Die Ausübung der materiellen Mitwirkungsrechte gehört nicht zu den laufenden Geschäften, auch wenn sie häufiger vorkommt.[1]

Beispiele

Sprechstunden nach § 39 BetrVG gehören zu den laufenden Geschäften, die Stellungnahme zu einer Kündigung nach § 102 Abs. 1 BetrVG dagegen nicht.

Die Sitzungen des Betriebsrats werden vom Vorsitzenden nach pflichtgemäßem Ermessen einberufen und geleitet. Er muss jedoch eine Sitzung einberufen und einen Punkt auf die Tagesordnung setzen, wenn mindestens ¼ der BR-Mitglieder, der Arbeitgeber (§ 29 Abs. 3 BetrVG) oder mindestens 5 % der Belegschaft (§ 86a BetrVG) dies verlangen. Verlangt der Arbeitgeber die Behandlung eines Punktes, so hat er insoweit ein Recht zur Teilnahme an der BR-Sitzung, ansonsten nur mit Zustimmung des Betriebsrats. Die Sitzungen finden in der Regel während der Arbeitszeit statt und sind nicht öffentlich (§ 30 BetrVG). Beschlüsse des Betriebsrats werden mit Mehrheit der anwesenden Mitglieder gefasst (§ 33 Abs. 1 Satz 1 BetrVG). Enthaltungen wirken sich faktisch wie Ablehnungen aus, da für einen Beschluss die Mehrheit der abgegebenen Stimmen (einschließlich der Enthaltungen) nötig ist.[2]

179

Gemäß § 39 BetrVG kann der Betriebsrat für die Arbeitnehmer Sprechstunden während der Arbeitszeit einrichten. Besucht ein Arbeitnehmer die Sprechstunde, so behält er für diese Zeit seinen Anspruch auf Vergütung (§ 39 Abs. 3 BetrVG).

180

Nach § 41 BetrVG dürfen die Kosten der Betriebsratstätigkeit nicht auf die Arbeitnehmer umgelegt werden, sondern sind nach § 40 Abs. 1 BetrVG im erforderlichen Umfang vom Arbeitgeber zu tragen. Die Erforderlichkeit wird naturgemäß häufig vom Arbeitgeber und Betriebsrat unterschiedlich beurteilt. Einen Anhaltspunkt für die Bewertung gibt § 40 Abs. 2 BetrVG. Danach hat der Arbeitgeber für die Sitzungen, die Sprechstunden und die laufende Geschäftsführung in erforderlichem Umfang Räume, sachliche Mittel, Informations- und Kommunikationstechnik sowie Büropersonal zur Verfügung zu stellen. Nach der Rechtsprechung des BAG obliegt die Beurteilung der Erforderlichkeit grundsätzlich dem Betriebsrat. Dient die Ausstattung in der konkreten betrieblichen Situation der Erledigung seiner betriebsverfassungsrechtlichen Aufgaben, so können Arbeitsgerichte die Entscheidung nur darauf überprüfen, ob der Betriebsrat neben den Belangen der Belegschaft auch Interessen des Arbeitgebers, insbesondere finanzieller Art, berücksichtigt hat. Der Betriebsrat hat einen Beurteilungsspielraum, in dessen Rah-

181

---

[1] ErfK/*Koch* § 27 BetrVG Rn 4, weiter *Richardi/Thüsing* § 27 BetrVG Rn 47.

[2] ErfK/*Koch* § 33 BetrVG Rn 3 m. w. N.

men die Gerichte die Bewertung des Betriebsrats nicht durch eine eigene Bewertung ersetzen dürfen.[1]

Beispiele

Telefon-, Fax-, Porto- und Internetkosten; Kosten für sachverständige Beratung, ggf. auch durch Rechtsanwälte; Fahrtkosten im Zusammenhang mit der BR-Tätigkeit; Schulungskosten nach § 37 Abs. 6 BetrVG, u. U. Kosten für eine Bürokraft (in größeren Betrieben); Kosten für Rechtsstreitigkeiten mit dem Arbeitgeber, sofern diese nicht mutwillig geführt werden; Zurverfügungstellung eines nicht personalisierten Internetzugangs.

182 Der Betriebsrat hat aus § 40 Abs. 1 BetrVG einen Anspruch auf Aufwendungsersatz- bzw. Freistellung (§ 257 BGB) gegen den Arbeitgeber. Nach der Rechtsprechung des BGH ist der Betriebsrat bei Geschäften mit Dritten teilrechtsfähig, soweit sie sich im Rahmen des § 40 Abs. 1 BetrVG halten. Der Betriebsrat wird in diesem Fall selbst Vertragspartner. Überschreitet der Betriebsrat den Rahmen des § 40 Abs. 1 BetrVG, so können die handelnden Betriebsratsmitglieder dem Dritten persönlich nach § 179 BGB haften.[2]

4.5 Stellung der Betriebsratsmitglieder

4.5.1 Freistellung für Betriebsratstätigkeit

183 Die Betriebsratstätigkeit ist ein Ehrenamt, d. h. es gibt für sie keine gesonderte Vergütung (§ 37 Abs. 1 BetrVG). Betriebsräte erhalten für Betriebsratstätigkeit die gleiche Vergütung wie für ihre sonstige Arbeit. Für ihre Betriebsratstätigkeit sind Betriebsräte vom Arbeitgeber gem. § 37 Abs. 2 BetrVG von der Arbeit freizustellen, soweit dies erforderlich ist. Bei der Beurteilung der Erforderlichkeit haben die Betriebsräte einen Beurteilungsspielraum.[3] Sie benötigen keine Genehmigung des Arbeitgebers, müssen sich aber bei diesem zumindest abmelden und dem Arbeitgeber die voraussichtliche Dauer ihrer Abwesenheit vom Arbeitsplatz mitteilen, damit dieser ggf. für Ersatz sorgen kann.[4]

184 Nach § 37 Abs. 6 BetrVG sind Betriebsräte auch für die Teilnahme an Schulungs- und Bildungsveranstaltungen freizustellen, soweit diese Kenntnisse vermitteln, die für die Arbeit des Betriebsrats erforderlich sind. Maßstab ist insoweit, ob die Kenntnisse „unter Berücksichtigung der konkreten Verhältnisse im Betrieb und im Betriebsrat notwendig sind, damit der Betriebsrat seine gegenwärtigen oder

---

[1] BAGE 92, 26 ff.

[2] BGH NZA 2013, 464 (465).

[3] H. M., vgl. *Fitting* § 37 BetrVG Rn 38 m. w. N.

[4] BAG NZA 2012, 47 (48).

in naher Zukunft anstehenden Aufgaben sach- und fachgerecht erfüllen kann".[1]
Zur Frage, in welchen Fällen diese Voraussetzungen vorliegen, gibt es eine umfangreiche themenbezogene Einzelfallrechtsprechung.

Beispiele

Eine Grundschulung im Arbeitsrecht kann stets als erforderlich angesehen werden. Eine Schulung zur aktuellen Rechtsprechung des BAG ist dagegen nur dann
erforderlich, wenn der Betriebsrat einen konkreten betrieblichen Bezug darlegen
kann.[2] Auch Schulungen zu Rhetorik oder Diskussionsleitung können insbesondere für den Vorsitzenden oder dessen Stellvertreter im Einzelfall erforderlich
sein.[3] Mangels konkreten Bezugs zur Betriebsratstätigkeit sind dagegen Schulungen zum Lohnsteuerrecht nicht als erforderlich anzusehen.[4]

Der Betriebsrat muss nach Abs. 6 Satz 3 bei der Festlegung der zeitlichen Lage der   185
Veranstaltungen die betrieblichen Notwendigkeiten berücksichtigen und sie dem
Arbeitgeber rechtzeitig bekannt geben. Will der Arbeitgeber allein wegen betrieblicher Notwendigkeiten den Betriebsrat für eine Schulung nicht freistellen, so
entscheidet hierüber nach Abs. 6 Satz 5 die Einigungsstelle. Hält der Arbeitgeber
die Schulung nicht für notwendig, entscheidet hierüber das Arbeitsgericht.

Zur Vermeidung von Streitigkeiten über die Notwendigkeit von Schulungen gibt   186
§ 37 Abs. 7 BetrVG dem Betriebsratsmitglied einen Anspruch auf Teilnahme an
Schulungen, die von der zuständigen Arbeitsbehörde des Bundeslandes (häufig
das Wirtschaftsministerium) als „geeignet" anerkannt sind. Die Freistellung beträgt regelmäßig drei Wochen, bei neugewählten BR-Mitgliedern vier Wochen.

Ab einer Betriebsgröße von 200 Arbeitnehmern ist mindestens ein Betriebsrats-   187
mitglied vollständig von der beruflichen Tätigkeit freizustellen (§ 38 Abs. 1
BetrVG). Für diese Mitglieder muss also keine Erforderlichkeit der Freistellung im
Einzelfall nachgewiesen werden.

---

[1] St. Rspr. BAG, vgl. die Nachweise bei *Fitting* § 37 BetrVG Rn 141.

[2] BAG NZA 2012, 813 (815).

[3] BAG BB 1995, 1906 (1906).

[4] BAG AP Nr. 5 zu § 80 BetrVG 1972.

4.5.2 Verbot der Benachteiligung und Bevorzugung

188 Mitglieder der betriebsverfassungsrechtlichen Arbeitnehmervertretungen dürfen gem. § 78 BetrVG in der Ausübung ihrer Tätigkeit nicht gestört oder behindert werden. Sie dürfen deswegen auch nicht (persönlich) benachteiligt oder begünstigt werden. Verstöße hiergegen sind nach § 119 Abs. 1 BetrVG mit Freiheitsstrafe bis zu einem Jahr bedroht. Für Auszubildende, die Mitglieder der Jugend- und Auszubildendenvertretung sind, besteht nach näherer Maßgabe des § 78a BetrVG ein Übernahmeanspruch.

189 Das Benachteiligungs- und Bevorzugungsverbot ist in einigen Vorschriften konkretisiert. Nach § 37 Abs. 4 BetrVG darf das Arbeitsentgelt bis ein Jahr nach Ablauf der Amtszeit nicht geringer bemessen werden als das Arbeitsentgelt vergleichbarer Arbeitnehmer mit betriebsüblicher beruflicher Entwicklung (Entgeltschutz). Nach Abs. 5 muss der Arbeitnehmer nicht nur bezüglich der Vergütung, sondern auch der konkreten Tätigkeit die Entwicklung vergleichbarer Arbeitnehmer nachvollziehen können, sofern keine betrieblichen Notwendigkeiten entgegenstehen (Tätigkeitsschutz). Für in drei aufeinanderfolgenden Amtszeiten vollständig freigestellte Betriebsratsmitglieder verlängern sich die Fristen auf zwei Jahre (§ 38 Abs. 3 BetrVG). Damit auch voll freigestellte BR-Mitglieder nach Ablauf ihrer Freistellung die berufliche Entwicklung tatsächlich nachvollziehen können, haben auch sie Anspruch auf Teilnahme an Maßnahmen der Berufsbildung bzw. Nachholung der beruflichen Entwicklung nach § 38 Abs. 4 BetrVG.

Beispiel

Sind vergleichbare Arbeitnehmer während der Amtszeit „betriebsüblich" befördert worden, so muss auch das BR-Mitglied 1.) ein höheres Gehalt erhalten und 2.) befördert werden. Erfordert die Ausfüllung der Beförderungsstelle bestimmte Fortbildungen, die der Betriebsrat nicht absolviert hat, so steht dies einer Beförderung (Tätigkeitsschutz) entgegen. Freigestellte BR-Mitglieder müssen dies ggf. nachholen können.

Die genannten Vorschriften sollen die Betriebsräte vor einer Benachteiligung 190
schützen, was sicher die Hauptgefahr darstellt. Es kann aber auch vorkommen,
dass Arbeitgeber die hypothetische berufliche Entwicklung freigestellter Betriebsräte in kaum nachvollziehbarer Weise positiv prognostizieren. Nach dem
BetrVG kann faktisch nur so dem Umstand Rechnung getragen werden, dass die
Betriebsratstätigkeit in großen Unternehmen mit deutlich mehr Verantwortung
und Arbeitseinsatz verbunden sein kann, als ein Betriebsrat in seiner normalen
beruflichen Entwicklung wahrscheinlich jemals gehabt hätte. Im manchen Fällen
scheint es allerdings so, als sollte auf diese Weise das Wohlverhalten des Betriebsrats „erkauft" werden.

Ein ehemaliger Konzernbetriebsratsvorsitzender des Volkswagenkonzerns erhielt 191
neben einem Gehalt von 200.000 € von 1994 bis 2004 „Sonderboni" in Höhe von
rund 2 Mio. €.[1] Seine berufliche Laufbahn bei der Volkswagen AG hatte er als
Mechaniker begonnen.

Fall 17: Übernahme des Auszubildenden > Seite 395

4.5.3 Besonderer Kündigungsschutz für Betriebsratsmitglieder

Betriebsräte können nach § 15 Abs. 1 KSchG während ihrer Amtszeit nur fristlos 192
(nicht auch fristgemäß[2]) gekündigt werden, wenn ein wichtiger Grund i. S. d.
§ 626 Abs. 1 BGB vorliegt. Zudem muss der Betriebsrat der Kündigung zugestimmt oder das Arbeitsgericht die Zustimmung des Betriebsrats ersetzt haben
(§ 103 BetrVG). Während eines Jahres nach Ablauf der Amtszeit („Abkühlungs-
phase") ist die Kündigung noch immer nur bei Vorliegen eines wichtigen Grundes
zulässig, aber es bedarf nicht mehr der Zustimmung des Betriebsrats. Gleiches
gilt für die Mitglieder der Jugend- und Auszubildendenvertretung sowie eines
Personalrats. Eine ordentliche Kündigung nach Ablauf eines Jahres kann auf
Gründe gestützt werden, die während der Amtszeit vorgefallen sind.[3]

---

[1] BGH NJW 2010, 92.

[2] BAG AP KSchG 1969 § 15 Nr. 6.

[3] BAG NZA 1996, 1032.

4.6 Aufgaben und Beteiligungsrechte des Betriebsrats

4.6.1 Allgemeine Aufgaben des Betriebsrats nach § 80 BetrVG

193 Die **Aufgaben** des Betriebsrats sind in § 80 Abs. 1 BetrVG beschrieben. Danach gehören zu den Aufgaben des Betriebsrats die folgenden Tätigkeiten:

Allgemeine Aufgaben des Betriebsrats nach § 80 BetrVG
► Überwachung der Einhaltung der zugunsten der Arbeitnehmer geltenden Vorschriften
► Beantragung von Maßnahmen beim Arbeitgeber, die dem Betrieb und der Belegschaft dienen
► Förderung der tatsächlichen Gleichstellung von Frau und Mann sowie der Vereinbarkeit von Familie und Beruf
► Weiterleitung und ggf. Förderung von Anregungen von Arbeitnehmern und der Jugend- und Auszubildendenvertretung an den Arbeitgeber
► Förderung der Eingliederung Schwerbehinderter
► Vorbereitung der Wahl einer Jugend- und Auszubildendenvertretung sowie die Zusammenarbeit mit dieser
► Förderung und Sicherung der Beschäftigung im Betrieb
► Förderung von Maßnahmen des Arbeitsschutzes und des betrieblichen Umweltschutzes.

194 Zum Zwecke der Aufgabenerfüllung gibt § 80 Abs. 2 BetrVG dem Betriebsrat ein recht umfassendes Informationsrecht; nach Abs. 3 kann der Betriebsrat auch ggf. Sachverständige hinzuziehen. Ein darüberhinausgehendes allgemeines Mitbestimmungsrecht ergibt sich aus § 80 Abs. 1 BetrVG nicht. Selbst bei Verletzung von Vorschriften durch den Arbeitgeber folgt aus § 80 Abs. 1 BetrVG insbesondere kein Unterlassungsanspruch.[1] Der Betriebsrat kann lediglich auf Abhilfe beim Arbeitgeber drängen, ansonsten ist der jeweilige Arbeitnehmer zur Durchsetzung seiner Rechtsposition berufen. Die Antragsrechte nach § 80 Abs. 1 Nr. 2, 7 BetrVG lösen lediglich eine Befassungspflicht des Arbeitgebers aus.

4.6.2 Instrumente der Mitwirkung und Mitbestimmung

195 Die in § 80 BetrVG beschriebenen Aufgaben erfüllt der Betriebsrat nach Maßgabe weiterer konkretisierender Einzelbestimmungen. Das BetrVG kennt insoweit abgestufte Beteiligungsrechte, die sich aus den einzelnen Bestimmungen ergeben.

---

[1] BAG AP Nr. 96 zu § 87 BetrVG 1972 Arbeitszeit; allenfalls nach § 23 Abs. 3 BetrVG, vgl. BAG AP Nr. 73 zu § 80 BetrVG 1972.

Dazu gehören   196

Mitwirkungs- und Mitbestimmungsrechte des Betriebsrats
► Unterrichtungsrechte (z. B. §§ 80 Abs. 2, 105 BetrVG)
► Anhörungsrechte (§ 102 Abs. 1 BetrVG)
► Beratungsrechte (§§ 90, 96, 106, 111 BetrVG)
► Zustimmungs(-verweigerungs)rechte (§ 99 BetrVG)
► „Echte" Mitbestimmungsrechte (§§ 87, 91, 95, 98, 112 BetrVG).

Die Unterrichtungsrechte gewähren lediglich einen Anspruch auf eine Unterrich-   197
tung, ggf. auch mit Überlassung von Unterlagen. Weitere Pflichten folgen hieraus
nicht. Das Anhörungsrecht nach § 102 Abs. 1 BetrVG geht insoweit darüber hinaus, als der Arbeitgeber die Stellungnahme des Betriebsrats abwarten muss. Im
Falle der Beratungsrechte muss er sich sogar mit dem Betriebsrat beraten, ohne
jedoch der Auffassung des Betriebsrats folgen zu müssen. Das Zustimmungsrecht stellt insoweit kein „echtes" Mitbestimmungsrecht dar, weil die Zustimmungsverweigerung an gesetzlich definierte Voraussetzungen gebunden ist.
Dem Betriebsrat obliegt damit streng betrachtet lediglich die Subsumtion, ob
bestimmte gesetzliche Voraussetzungen vorliegen. Konsequenterweise kann der
Arbeitgeber die Zustimmung beim Arbeitsgericht erzwingen, nicht über die Einigungsstelle (§ 99 Abs. 4 BetrVG). Bei den echten Mitbestimmungsrechten muss
sich der Arbeitgeber mit dem Betriebsrat vor einer Maßnahme einigen. Sonst darf
der Arbeitgeber die Maßnahme nicht durchführen.

4.6.2.1 Insbesondere: Betriebsvereinbarungen nach § 77 BetrVG

Das stärkste Beteiligungsrecht ist die zwingende „echte" Mitbestimmung, bei der   198
der Arbeitgeber Maßnahmen nicht durchführen kann, ohne sich vorher mit dem
Betriebsrat geeinigt zu haben. Anders als beim Zustimmungsrecht geht es nicht
um die Subsumtion eines Sachverhaltes unter bestehende Regeln, sondern gerade um die Aufstellung von Regeln, etwa zum Verhalten der Arbeitnehmer im Betrieb nach § 87 Abs. 1 Nr. 1 BetrVG. Daher sind in diesem Fall auch nicht die Arbeitsgerichte für die Streitentscheidung zuständig, sondern die Einigungsstelle
nach § 76 BetrVG.

Die klassische Form der zwingenden Mitbestimmung ist die Betriebsvereinba-   199
rung. Sie ist näher in § 77 BetrVG geregelt, aber dort nicht definiert. Es handelt
sich nach h. M. um einen privatrechtlichen kollektiven Normenvertrag zwischen
Arbeitgeber und Betriebsrat.[1] Die Betriebsvereinbarung ist schriftlich abzuschließen (§ 77 Abs. 2 Satz 1 BetrVG) und vom Arbeitgeber durchzuführen (§ 77 Abs. 1
Satz 1 BetrVG). Sie wirkt gem. § 77 Abs. 4 Satz 1 BetrVG ebenso wie der Tarifvertrag unmittelbar und zwingend zwischen Arbeitgeber und Belegschaft, daher die
Charakterisierung als „Normenvertrag". Obwohl in § 77 BetrVG nicht geregelt, gilt

---

[1] *Fitting* § 77 BetrVG Rn 13.

auch im Verhältnis von Betriebsvereinbarung zum Individualarbeitsvertrag das Günstigkeitsprinzip. Eine günstigere arbeitsvertragliche Regelung wird also von einer Betriebsvereinbarung nicht verdrängt, sofern der Arbeitsvertrag nicht ausdrücklich oder konkludent bestimmt, dass Regelungen durch Betriebsvereinbarung verschlechtert werden können. Eine solche „Betriebsvereinbarungsoffenheit" nimmt das BAG allerdings in seiner neueren Rechtsprechung immer dann an, wenn es sich bei der arbeitsvertraglichen Regelung um eine „Einheitsregelung" handelt, die allgemein auf alle Arbeitnehmer Anwendung findet.[1] Da in vielen Fällen Arbeitsverträge Standardverträge sind, führt diese Rechtsprechung zu einer weitgehenden Abänderbarkeit der Arbeitsbedingungen durch Betriebsvereinbarungen auch zum Negativen.[2]

200 Betriebsvereinbarungen können nach § 77 Abs. 5 BetrVG mit einer Frist von drei Monaten gekündigt werden, sofern nichts anderes vereinbart ist. Es kann z. B. eine längere Kündigungsfrist oder der Ausschluss der Kündigung für eine bestimmte Laufzeit vereinbart sein. Die Folge des Auslaufens oder der Kündigung einer Betriebsvereinbarung richtet sich danach, ob die Betriebsvereinbarung der zwingenden Mitbestimmung (insbesondere nach § 87 BetrVG) oder der freiwilligen Mitbestimmung (z. B. nach § 88 BetrVG) unterfällt. Unterfällt eine Betriebsvereinbarung der zwingenden Mitbestimmung, dann gilt sie auch nach einer Kündigung so lange weiter, bis sie durch eine andere Abmachung (zwischen Arbeitgeber und Betriebsrat) ersetzt wird („Nachwirkung" von Betriebsvereinbarungen). Hat der Arbeitgeber dagegen freiwillig eine Betriebsvereinbarung abgeschlossen, so endet seine Bindung nach Ablauf oder Kündigung der Betriebsvereinbarung.

Beispiel

Arbeitgeber und Betriebsrat haben sich per Betriebsvereinbarung auf Schichtzeiten geeinigt. Der Betriebsrat hat bei der Festlegung der Schichtzeiten **zwingend** mitzubestimmen nach § 87 Abs. 1 Nr. 2 BetrVG. Kündigt der Arbeitgeber die Betriebsvereinbarung, so muss er sie nach § 77 Abs. 6 BetrVG trotzdem so lange anwenden, bis es zu einer neuen Einigung mit dem Betriebsrat kommt. Schließt der Arbeitgeber eine **freiwillige** Betriebsvereinbarung über Zuschüsse für Sprachkurse ausländischer Arbeitnehmer nach § 88 Nr. 4 BetrVG, so endet seine Pflicht zur Förderung mit dem Wirksamwerden der Kündigung.

---

[1] BAG NZA 2013, 916 (920).

[2] Eingehend und kritisch zu dieser Entscheidung *Preis/Ulber* NZA 2014, 6 ff.

Gegenstand einer Betriebsvereinbarung können alle materiellen und formellen Arbeitsbedingungen sein.[1] § 88 BetrVG erwähnt insoweit lediglich Beispiele, ist aber nicht abschließend. Die Betriebsparteien dürfen in den Betriebsvereinbarungen naturgemäß nicht gegen Gesetze verstoßen, z. B. nicht entgegen §§ 75 BetrVG, § 7 AGG Arbeitnehmer rechtswidrig diskriminieren.

Beispiel

Sieht eine Betriebsvereinbarung vor, dass Piloten in der Öffentlichkeit „Cockpit-Mützen" tragen müssen, Pilotinnen aber nicht, so ist dies wegen Verstoßes gegen das Gleichbehandlungsgebot aus § 75 BetrVG unwirksam.[2]

Eine weitere Grenze ergibt sich aus der Tarifautonomie. Nach § 77 Abs. 3 BetrVG können Arbeitsbedingungen, die bereits tarifvertraglich geregelt sind oder üblicherweise tarifvertraglich geregelt werden, nicht Gegenstand einer Betriebsvereinbarung sein. Diese Sperrwirkung soll die Tarifautonomie schützen. Das Günstigkeitsprinzip gilt insoweit nicht,[3] nur im Falle von Öffnungsklauseln wird die Sperrwirkung durchbrochen. Eine tarifliche Regelung „besteht" i. S. d. § 77 Abs. 3 BetrVG nach der (in der Literatur kritisierten) Rechtsprechung des BAG auch dann, wenn zwar ein Tarifvertrag besteht, der Arbeitgeber aber nicht tarifgebunden ist.[4] Die „Üblichkeit" bemisst sich an der einschlägigen Praxis in Tarifverträgen, in deren Geltungsbereich der konkrete Betrieb fällt, also nicht etwa einer „allgemeinen Praxis". Die Vorschrift soll insbesondere zeitliche Geltungslücken nach Ablauf eines Tarifvertrags überbrücken. Da § 87 Abs. 1 BetrVG dem § 77 Abs. 3 BetrVG vorgeht, wird die zwingende Mitbestimmung in sozialen Angelegenheiten allerdings nur durch tatsächlich bestehende Tarifverträge gesperrt, nicht schon bei bloßer Tarifüblichkeit.[5]

Eine weitere Grenze für Betriebsvereinbarungen bildet der sog. „kollektivfreie Individualbereich" des einzelnen Arbeitnehmers, in den durch Betriebsvereinbarungen nicht eingegriffen werden darf. Dem Arbeitnehmer dürfen insbesondere keine Pflichten hinsichtlich seiner außerbetrieblichen Lebensführung auferlegt werden. Dies betrifft auch die Verwendung seiner Vergütung. Es dürfen daher z. B. Arbeitnehmern, die nicht an einer Kantinenverpflegung teilnehmen wollen, keine Kantinenbeiträge von der Vergütung abgezogen werden.[6]

201

202

203

---

[1] *Fitting* § 77 BetrVG Rn 46 m. w. N.

[2] BAG BB 2015, 185 (186).

[3] BAG AP Nr. 12 zu § 4 Abs. 3 TVG Ordnungsprinzip.

[4] BAG AP BetrVG 1972 § 77 Nr. 101.

[5] >> Vgl. Kapitel 4.6.3.

[6] Vgl. im Einzelnen ErfK/*Kania* § 77 BetrVG Rn 38.

4.6.2.2 Insbesondere: Regelungsabreden

204 Von der Betriebsvereinbarung zu unterscheiden ist die Regelungsabrede, auch gelegentlich Betriebsabsprache genannt. Dabei handelt es sich um eine formlos mögliche schuldrechtliche Vereinbarung zwischen Betriebsrat und Arbeitgeber, die anders als die Betriebsvereinbarung keine unmittelbare Wirkung auf die einzelnen Arbeitsverhältnisse hat.

Beispiel

Arbeitgeber und Betriebsrat verständigen sich „auf dem kurzen Dienstweg" in einer Besprechung über die kurzfristige Anordnung von Überstunden.

205 Gegenstände der Regelungsabrede können alle Angelegenheiten nach dem BetrVG sein, für die das Gesetz nicht ausdrücklich die Betriebsvereinbarung als Regelung vorsieht (z. B. § 38 Abs. 1 Satz 5 BetrVG). Arbeitgeber und Betriebsrat haben insoweit die Wahlmöglichkeit. Nach der Rechtsprechung des BAG werden Betriebsabsprachen nicht vom Verbot des § 77 Abs. 3 Satz 1 BetrVG erfasst, werden also insbesondere nicht durch lediglich tarifübliche Regelungen gesperrt.[1] Vereinbaren die Betriebsparteien eine tarifwidrige Regelungsabrede, so können betroffene Gewerkschaften also keine Ansprüche nach § 23 Abs. 3 BetrVG, jedoch regelmäßig Unterlassungsansprüche aus § 1004 BGB, Art. 9 Abs. 3 Satz 1 GG geltend machen.[2]

206 Die für Betriebsvereinbarungen geltenden § 77 Abs. 5 und Abs. 6 BetrVG wendet das BAG auf Regelungsabreden analog an.[3]

4.6.3 Mitbestimmung in sozialen Angelegenheiten

207 Die Mitbestimmung in sozialen Angelegenheiten ist in den §§ 87 ff. BetrVG geregelt. Das zwingende Mitbestimmungsrecht nach § 87 Abs. 1 BetrVG ist das mit Abstand wichtigste Mitbestimmungsrecht des Betriebsrats.

208 Das Mitbestimmungsrecht besteht, soweit eine gesetzliche oder tarifliche Regelung nicht besteht. Nach der Rechtsprechung des BAG „besteht" eine tarifliche Regelung auch bei Inhaltsnormen i. S. v. § 4 Abs. 1 TVG schon dann, wenn nur der Arbeitgeber tarifgebunden ist. Bezüglich tariflich geregelter Fragen ist eine Betriebsvereinbarung also auch dann ausgeschlossen, wenn sie lediglich für die nicht tarifgebundenen Arbeitnehmer gelten soll.[4] Eine tarifliche Regelung be-

---

[1] BAG NZA 2003, 1097 (1099); NZA 1999, 887 (890).

[2] BAG NZA 1999, 887 (891).

[3] BAG NZA 1992, 952 (zu. Abs. 5), NZA 1992, 1098 (zu Abs. 6).

[4] BAG NZA 2012, 392 (394).

steht nicht mehr, sobald der Tarifvertrag lediglich nachwirkt i. S. v. § 4 Abs. 5 TVG. Einige Zeit war umstritten, ob Betriebsvereinbarungen gem. § 77 Abs. 3 BetrVG schon dann gesperrt sind, wenn der Tarifvertrag zwar z. B. während der Nachwirkungsphase nicht (mehr) besteht, aber eine tarifliche Regelung üblich ist. § 77 Abs. 3 BetrVG und § 87 Abs. 1 BetrVG wären danach nebeneinander anzuwenden (sog. Zwei-Schranken-Theorie). Das BAG sieht dagegen § 87 Abs. 1 BetrVG als speziellere Norm an, sodass im Bereich der zwingenden Mitbestimmung nur ein tatsächlich aktuell bestehender Tarifvertrag die Mitbestimmung ausschließt (Vorrangtheorie).[1] Damit eine tarifliche Regelung besteht, muss sie einen bestimmten Sachverhalt auch (abschließend) regeln. Das ist dann der Fall, wenn sie nicht durch eine betriebliche Regelung ergänzt werden muss oder kann.[2]

Beispiel

Arbeitgeber A ist an einen Tarifvertrag gebunden, der Zuschläge für Nachtarbeit vorsieht. Die „Tagarbeitszeit" liegt jeweils in einem Fenster von 12 Stunden, wobei der Arbeitgeber den Beginn des Fensters auf 6 Uhr oder 7 Uhr morgens festlegen kann. **Insoweit** hat der BR ein Mitbestimmungsrecht nach § 87 Abs. 1 Nr. 10 BetrVG.[3] Ausgeschlossen wäre es dagegen, per Betriebsvereinbarung das „Tagfenster" auszudehnen oder um 5 Uhr beginnen zu lassen.

Führt der Arbeitgeber Maßnahmen unter Verletzung der Mitbestimmungsrechte des Betriebsrats nach § 87 Abs. 1 BetrVG durch, so sind diese unwirksam (Theorie der Wirksamkeitsvoraussetzung), soweit sie den Arbeitnehmer belasten.[4]

209

Beispiel

Ordnet der Arbeitgeber unter Verstoß gegen § 87 Abs. 1 Nr. 3 BetrVG einseitig Überstunden an, so muss der Arbeitnehmer dieser Anordnung nicht folgen, bei einer einseitigen Anordnung von Kurzarbeit verliert er seinen Lohnanspruch nicht.

Dem Betriebsrat steht in den Fällen des § 87 Abs. 1 BetrVG ein Initiativrecht zu. Es ist allerdings genau darauf zu achten, wie weit das Mitbestimmungsrecht jeweils reicht. Nur soweit besteht auch ein Initiativrecht.

210

---

[1] BAG NZA 1987, 639 (640).

[2] *Richardi/Richardi* § 87 BetrVG Rn 161.

[3] Angelehnt an BAG NZA 1994, 427.

[4] ErfK/*Kania* § 87 BetrVG Rn 136 m. w. N.

Beispiel

Nach Nr. 8 hat der Betriebsrat ein Mitspracherecht bei der Form, Ausgestaltung und Verwaltung von Sozialeinrichtungen (z. B. eines Betriebskindergartens). Der Betriebsrat kann also hier aktiv die Aufstellung einer Benutzungsordnung initiieren. Nicht vom Mitbestimmungsrecht und damit auch nicht vom Initiativrecht umfasst ist die Entscheidung, ob überhaupt eine solche Einrichtung geschaffen wird. Diese obliegt allein dem Arbeitgeber.

211 Bei Nr. 3 betrifft das Mitbestimmungsrecht sowohl das „Ob" als auch das „Wie" einer Verkürzung oder Verlängerung der Arbeitszeit. Der Betriebsrat kann also u. U. die Einführung von Kurzarbeit erzwingen, um z. B. betriebsbedingte Kündigungen abzuwenden.[1]

212 Die zwingende Mitbestimmung in sozialen Angelegenheiten erfasst mit Ausnahme von Nr. 5 und Nr. 9 lediglich kollektive Tatbestände. Der Umstand, dass von einer Maßnahme nur ein einzelner Arbeitnehmer betroffen ist, schließt einen kollektiven Charakter nicht aus. Maßgeblich ist, ob die Maßnahme in einem inneren Zusammenhang mit Regelungen für andere Arbeitnehmer steht. Das Merkmal „kollektiver Tatbestand" ist denkbar weit auszulegen. Es ist lediglich dann nicht gegeben, wenn eine Maßnahme an individuelle Besonderheiten eines einzelnen Arbeitsverhältnisses oder Arbeitnehmers anknüpft.[2]

Beispiele

Die Anordnung von Überstunden (§ 87 Abs. 1 Nr. 3) für nur einen einzelnen Arbeitnehmer aus betrieblichen Gründen ist ein kollektiver Tatbestand, weil der Arbeitgeber entscheiden muss, welche Arbeitnehmer er in welchem Umfang wie einsetzt.

213 Eine „Frage der betrieblichen Lohngestaltung" kann auch dann vorliegen, wenn der Arbeitgeber sie in den einzelnen Individualarbeitsverträgen geregelt hat.[3]

§ 87 Abs. 1 BetrVG betrifft im Einzelnen:

► **Nr. 1:** Fragen der Ordnung des Betriebs und des Verhaltens der Arbeitnehmer im Betrieb

---

[1] BAG AP BetrVG 1972 § 87 Kurzarbeit Nr. 3.

[2] ErfK/*Kania* § 87 BetrVG Rn 6; *Fitting* § 87 BetrVG Rn 16 („*nur solche Vereinbarungen mitbestimmungsfrei, die ausschließlich den individuellen Besonderheiten einzelner Arbeitnehmer Rechnung tragen...*").

[3] BAG AP Nr. 52 zu § 87 BetrVG 1972 Lohngestaltung.

Nr. 1 betrifft nur das Ordnungsverhalten, **nicht das (unmittelbare) Arbeitsverhalten.**[1] Eine Bekleidungsvorschrift ist mitbestimmungspflichtig, sofern die Kleidung nicht direkt arbeitsbezogen ist (z. B. Schutzkleidung), sondern z. B. einen einheitlichen Außenauftritt bezweckt. Gleiches gilt für ein Rauch- oder Alkoholverbot oder die Anweisung, sich bei Verlassen des Betriebsgeländes einer Taschenkontrolle zu unterziehen. Die Anordnung, Werkstücke in einer bestimmten Weise zu bearbeiten, betrifft zwar das Verhalten der Arbeitnehmer im Betrieb. Sie ist aber unmittelbar arbeitsbezogen und daher mitbestimmungsfrei.

► **Nr. 2:** Beginn und Ende der täglichen Arbeitszeit einschließlich der Pausen sowie Verteilung auf die einzelnen Wochentage

Das Mitspracherecht erstreckt sich z. B. auf die Einführung einer 4/5/6-Tage-Woche, Dienstpläne, Schichtzeiten etc. Die **Dauer** der wöchentlichen Arbeitszeit ist mitbestimmungsfrei und dem Recht nach Nr. 2 vorgelagert. Bei einer 40h-Woche kann der BR also wegen § 3 ArbZG keine Vier-Tage-Woche verlangen. Auch für Abrufarbeit (KAPOVAZ) und Teilzeitarbeit gilt Nr. 2 uneingeschränkt.[2]

► **Nr. 3:** Vorübergehende Verkürzung oder Verlängerung der betriebsüblichen Arbeitszeit

Die Vorschrift betrifft im Wesentlichen Überstunden bzw. **Kurzarbeit.** Das Mitbestimmungsrecht bezieht sich nur auf **vorübergehende** Änderungen, nicht auf dauerhafte. Vorübergehend ist jede Änderung, die sich auf einen „überschaubaren" Zeitraum bezieht und eine anschließende Rückkehr zur üblichen Arbeitszeit vorsieht.[3]

► **Nr. 4:** Zeit, Ort und Art der Auszahlung der Arbeitsentgelte

Der Betriebsrat kann darüber mitbestimmen, ob das Arbeitsentgelt in bar, per Überweisung, wöchentlich oder monatlich etc. ausbezahlt wird. Es geht nur um die Art der Auszahlung, nicht um die Höhe des Entgelts.

► **Nr. 5:** Urlaub

Urlaubsgrundsätze sind z. B. die Einführung von Betriebsferien (zeitweise Betriebsstillegung), ein Vorrang von Familien während der Schulferien etc. Der **Urlaubsplan** enthält die konkreten Urlaubszeiten für jeden einzelnen Arbeitnehmer. Die Gesamtdauer des Urlaubs ist mitbestimmungsfrei.

► **Nr. 6:** Technische Überwachungseinrichtungen

Hierunter fallen z. B. Zeiterfassungssysteme („Stechuhren"), Kameras, Aufnahmegeräte bei Kundengesprächen zur „Qualitätssicherung" etc. Die Einrichtung muss nicht notwendig den Zweck der Überwachung verfolgen, sondern nur dazu geeignet sein. EDV-Anlagen sind zur Überwachung geeignet, wenn **nach ihrer Programmierung** leistungsbezogene Benutzerdaten abgerufen werden

---

[1] BAG AP Nr. 33 zu § 87 BetrVG.

[2] *Fitting* § 87 BetrVG Rn 126 m. w. N.

[3] *Fitting* § 87 BetrVG Rn 133 m. w. N.

können. Dies ist weit auszulegen. Kann bei einem Textverarbeitungsprogramm die von einem Benutzer eingegebene Textmenge abgerufen werden (Anzahl der Wörter etc.), so ist dieses Merkmal erfüllt.[1] Werden verhaltens- oder leistungsrelevante Daten „nicht-technisch" z. B. durch Befragung erhoben, aber technisch verarbeitet (etwa in einem EDV-Personalinformationssystem), so besteht auch dann ein MBR.[2]

▶ **Nr. 7:** Arbeits- und Gesundheitsschutz

Das MBR besteht nur, soweit gesetzliche Vorschriften oder Unfallverhütungsvorschriften (der Berufsgenossenschaften) **bestehen** und einen **Ausfüllungsspielraum** lassen. Zu den gesetzlichen Spezialvorschriften gehören z. B. das Arbeitsschutzgesetz, das Arbeitssicherheitsgesetz etc.

▶ **Nr. 8:** Sozialeinrichtungen

Sozialeinrichtungen sind **„sozial"**, wenn Arbeitnehmer eine Leistung ohne (äquivalente) Gegenleistung erhalten. Der Umfang der Gegenleistung ist mitbestimmungsfrei. Sie sind **„Einrichtungen"**, wenn sie über eine gewisse Selbstständigkeit und Dauerhaftigkeit verfügen, insbesondere wenn ihre Mittel gesondert verwaltet werden („zweckgebundenes Sondervermögen"). Die Sozialeinrichtung muss **auf die mitbestimmungspflichtige Einheit beschränkt** sein. Dies schließt nicht aus, dass Betriebsfremde sie in beschränktem Maße als Gäste nutzen können, eine vollkommen öffentliche oder von nicht konzernverbundenen Unternehmen gegründete Sozialeinrichtung fiele jedoch nicht unter Nr. 8. Sozialeinrichtungen können z. B. **Pensionsfonds** (§ 1b BetrAVG), **Werkskantinen, Betriebskindergärten** etc. sein. Da das MBR sich nicht auf die Errichtung der Sozialeinrichtungen bezieht, steht dem BR insoweit kein Initiativrecht zu.

▶ **Nr. 9:** Werkmietwohnungen

Erfasst werden lediglich Werkmietwohnungen, deren Bedeutung im Vergleich zu früheren Zeiten deutlich abgenommen hat. Nicht erfasst werden Werksdienstwohnungen, zu deren Benutzung ein Arbeitnehmer im Rahmen seines Arbeitsverhältnisses verpflichtet ist (z. B. bei Wachdienstpersonal).

▶ **Nr. 10:** Betriebliche Lohngestaltung

Nr. 10 enthält eine Generalklausel hinsichtlich der betrieblichen Lohngestaltung. Das MBR bezieht sich nicht auf die absolute Vergütungshöhe, ansonsten aber auf den Großteil der Vergütungsfragen, die auch in Tarifverträgen geregelt werden. Ist der Arbeitgeber tarifgebunden, so spielt es vor allem für die außertariflich bezahlten Arbeitnehmer eine Rolle (AT-Angestellte). „Lohn" im Sinne der Nr. 10 sind **alle leistungsbezogenen Entgelte**, unabhängig von der Art ihrer Auszahlung also z. B. Monatsvergütung, Provisionen, Prämien, Boni, Weihnachtsgeld, Gewinnbeteiligungen, Zulagen, Personalrabatte, Aktienoptionen etc. Die betriebliche **„Lohngestaltung"** betrifft die **Festlegung abstrakter Krite-**

---

[1] BAG AP Nr. 12 zu § 87 BetrVG 1972 Überwachung. Daher ist z. B. nach ErfK/*Kania* § 87 BetrVG Rn 62 die Nutzung von Microsoft Office mitbestimmungspflichtig.

[2] BAG AP Nr. 14 zu § 87 BetrVG 1972 Überwachung.

rien für die Vergütung, insbesondere Entlohnungsgrundsätze und -methoden. Zu diesen Grundsätzen gehören z. B. die Entscheidung für **Zeit- oder Akkordlohn, die Bildung von Vergütungsgruppen, das Verhältnis von Grundlohn und möglichen Prämien oder Provisionen, Grundsätze für die Verteilung von Weihnachtsgratifikationen** (z. B. abhängig von Betriebszugehörigkeit etc.). Das MBR bezieht sich nur auf die Grundsätze der Lohngestaltung, **nicht auf die absolute Höhe** der Vergütung. Diese ist tarifvertraglich oder arbeitsvertraglich geregelt. Will der tarifgebundene Arbeitgeber nicht tariflich geregelte oder im Sinne von § 77 Abs. 3 Satz 1 BetrVG tarifübliche Leistungen einführen, so entscheidet er mitbestimmungsfrei über die Höhe des damit verbundenen **„Dotierungsrahmens"**. Bei der Verteilung dieses Rahmens steht dem Betriebsrat das MBR nach Nr. 10 zu (z. B. bei einem freiwilligen Weihnachtsgeld).

▶ **Nr. 11:** Akkord- und Prämiensätze

Nr. 11 bezieht sich auf **alle leistungsbezogenen Entgelte**, also neben Akkordsätzen auch Prämien, Leistungszulagen etc. Grundlage des Akkordlohns ist ein – häufig tarifvertraglich festgelegter – **Akkordrichtwert**, der z. B. dem durchschnittlichen Stundenlohn entspricht. Arbeitnehmer sollen bei durchschnittlicher Leistung diesen Akkordrichtwert erreichen können. Beim sog. **Geldakkord** geschieht dies grob gesagt dadurch, dass der Akkordrichtwert durch die durchschnittlich pro Stunde produzierten Einheiten geteilt wird. Dies ist der **Geldfaktor**. Liegt der Akkordrichtwert bei 18 €/h und werden durchschnittlich 6 Einheiten pro Stunde produziert, so liegt der Geldfaktor bei 3 €/Einheit. Erbringt der Arbeitnehmer die durchschnittliche Leistung, so erhält er also in einer Stunde **6 Einheiten • 3 €/Einh. = 18 €**. Der **Zeitakkord** unterscheidet sich vom Geldakkord nur in der etwas komplizierteren Berechnung, nicht im Ergebnis. An die Stelle des Geldfaktors von 3 €/Einheit tritt beim Zeitakkord eine **Vorgabezeit** für eine Einheit (z. B. 10 Minuten) **multipliziert mit** einem **Geldfaktor**. Der Geldfaktor beim Zeitakkord ist regelmäßig ein **„Minutenfaktor"**, der aus dem Akkordrichtwert abgeleitet wird (18 €/h = 30 ct/min). Der Lohn errechnet sich aus der Anzahl der produzierten Einheiten multipliziert mit der Vorgabezeit und dem Geldfaktor **(6 Einheiten • 10 Minuten/Einh. • 30 ct/min = 18 €)**.

Das MBR des Betriebsrats erstreckt sich insoweit schon auf die Ermittlung der Vorgabezeiten durch arbeitswissenschaftliche Studien (REFA) sowie die spätere Festlegung der Vorgabezeit beim Zeitakkord. Ebenso besteht ein MBR hinsichtlich des Geldfaktors beim Stückakkord. Beim Zeitakkord ist ein MBR hinsichtlich des Minutenfaktors dann ausgeschlossen, wenn der Akkordrichtwert im Tarifvertrag vorgegeben ist und der Arbeitgeber als Minutenfaktor mindestens 1/60 des Akkordrichtwertes ansetzt.[1] Die Festlegung von **Prämiensätzen** entspricht der Festlegung der Geldfaktoren bzw. Vorgabezeiten beim Akkordlohn. Der Betriebsrat kann also bei der Bestimmung der einzelnen Berechnungsfaktoren für die Prämie (Ausgangslohn, Leistungsstufen, Berechnungsformel etc.) und damit auch die Höhe der Prämien mitbestimmen.

---

[1] *Fitting* § 87 BetrVG Rn 517 m. w. N.

Der wesentliche Unterschied zwischen Nr. 10 und Nr. 11 besteht somit darin, dass bei Nr. 11 der Betriebsrat auch ein Mitspracherecht hinsichtlich der **absoluten Höhe** der Vergütung hat, während er bei Nr. 10 lediglich ein Mitspracherecht hinsichtlich der **Verteilung** einer mitbestimmungsfrei vorgegebenen Lohnsumme besitzt.

► **Nr. 12:** Betriebliches Vorschlagswesen

Das betriebliche Vorschlagswesen umfasst Verbesserungen **im sozialen, organisatorischen und technischen Bereich**. Es besteht nur, soweit die „Vorschläge" nicht schon aufgrund des Arbeitsvertrags geschuldet sind. Macht ein Datenschutzbeauftragter Vorschläge für einen rechtskonformen Datenschutz, so ist dies nicht von Nr. 12 erfasst. Bei Verbesserungsvorschlägen im technischen Bereich ist das MBR nach h. M. beschränkt, sofern diese in den Anwendungsbereich des **Arbeitnehmererfindungsgesetzes** fallen.[1] Das MBR umfasst lediglich Grundsätze für den Umgang mit Verbesserungsvorschlägen und die Verteilung von mitbestimmungsfrei festgelegten Prämien für Verbesserungsvorschläge, nicht dagegen die absolute Höhe solcher Prämien.

Grundsätze können z. B. das Verfahren betreffen, also Wege für die Einreichung von Verbesserungsvorschlägen und den Umgang mit ihnen (vorschlagsberechtigter Personenkreis, Rückmeldung auf Vorschläge, Prüfung von Vorschlägen) sowie die Vergütung (z. B. nach Einsparpozential für den Betrieb, Förderung von Arbeitnehmerbelangen i. S. v. § 80 BetrVG etc.) regeln.

► **Nr. 13:** Gruppenarbeit

Gruppenarbeit im Sinne dieser Vorschrift liegt nur vor, wenn eine Arbeitnehmergruppe eine Aufgabe **eigenverantwortlich** regelt. Der Arbeitgeber überträgt also den Mitgliedern der Gruppe bestimmte Rechte (**Teilautonomie**) und verzichtet insoweit auf seine Weisungsrechte. Soweit die Gruppe teilautonom ist, unterliegen ihre Entscheidungen genauso der Mitbestimmung wie entsprechende Entscheidungen des Arbeitgebers. Keine Gruppenarbeit liegt vor, wenn Arbeitnehmer zu einer Gruppe vom Arbeitgeber zusammengefasst werden, ohne dass der Arbeitgeber auf Weisungsrechte verzichtet (z. B. bloße Einteilung von mehreren Arbeitnehmern zur Bearbeitung einer Aufgabe, „Maurerkolonne" etc.).

Legt die Gruppe Arbeitszeiten ihrer Mitglieder fest, so besteht ein MBR des Betriebsrats nach Nr. 2.

4.6.4 Mitbestimmung in personellen Angelegenheiten

4.6.4.1 Allgemeine personelle Angelegenheiten

214 Die Mitbestimmung in personellen Angelegenheiten ist in den §§ 92 - 105 BetrVG geregelt. Das BetrVG beginnt zunächst mit den „Allgemeinen personellen Angelegenheiten" und hier mit der Personalplanung. Darunter ist der Abgleich zwi-

---

[1] ErfK/*Kania* § 87 BetrVG Rn 129.

schen dem momentanen bzw. künftigen Personalbestand mit dem in quantitativer und qualitativer Hinsicht erforderlichen Personalbestand zu verstehen.[1] Es geht also darum, genügend qualifiziertes Personal für die Zukunft zu haben. Defizite können sich insoweit z. B. aus altersbedingter Fluktuation, der Einführung neuer Technologien oder der Erweiterung oder Änderung von Geschäftsfeldern ergeben. Dabei können naturgemäß Arbeitnehmer negativ betroffen werden, z. B. wenn sich für bestimmte Arbeitsplätze die Anforderungsprofile ändern oder Arbeitsplätze nach der Planung künftig entfallen würden. Der Betriebsrat hat insoweit ein Unterrichtungs- und Beratungsrecht aus § 92 Abs. 1 BetrVG und kann nach Abs. 2 auch initiativ eine Personalplanung anregen.

Nach § 93 BetrVG kann der Betriebsrat allgemein oder für bestimmte Arten von Tätigkeiten verlangen, dass Arbeitsplätze zunächst intern ausgeschrieben werden, bevor auch Bewerber außerhalb des Betriebs gesucht werden. Insbesondere in größeren Unternehmen ist dies nicht unüblich (interner Stellenpool).   215

§ 94 Abs. 1 BetrVG bestimmt, dass Personalfragebögen der Zustimmung des Betriebsrates bedürfen. Bei Nichteinigung entscheidet nach Abs. 1 Satz 2 die Einigungsstelle. Abs. 2 erstreckt die Mitbestimmung auf persönliche Standardangaben in Arbeitsverträgen sowie die Aufstellung allgemeiner Beurteilungsgrundsätze. Das Mitbestimmungsrecht bei Personalfragebogen erstreckt sich auf alle Arten der standardisierten Datenerhebung und -verarbeitung, nicht nur auf vom Arbeitnehmer oder Bewerber auszufüllende Bögen. Inhaltlich darf der Arbeitgeber im Personalfragebogen nicht weitergehen als beim Vorstellungsgespräch. Allgemeine Beurteilungsgrundsätze sind „Regelungen, die die Bewertung des Verhaltens oder der Leistung eines Arbeitnehmers verobjektivieren und nach einheitlichen, für die Beurteilung jeweils erheblichen Kriterien ausrichten sollen".[2] Nach überwiegender Auffassung hat der Betriebsrat daher auch ein Mitbestimmungsrecht hinsichtlich der Gestaltung von Assessment-Centern.[3] Im Übrigen sind bei der Erhebung personenbezogener Daten die §§ 4, 32 BDSG zu beachten.[4]   216

Gemäß § 95 BetrVG bedürfen (Auswahl-)Richtlinien über die personelle Auswahl bei Einstellungen, Versetzungen, Umgruppierungen und Kündigungen der Zustimmung des Betriebsrates. In Betrieben mit mehr als 500 Arbeitnehmern kann der Betriebsrat die Aufstellung von Richtlinien über die bei diesen Maßnahmen zu beachtenden fachlichen und persönlichen Voraussetzungen und sozialen Gesichtspunkte verlangen, hat also ein Initiativrecht. Der Begriff der Einstellung entspricht dem in § 99 BetrVG. Die Versetzung ist in § 94 Abs. 3 BetrVG näher definiert. Die Umgruppierung betrifft keine Änderung der Tätigkeit des   217

---

[1] ErfK/*Kania* § 92 BetrVG Rn 3.

[2] BAG AP BetrVG 1972 § 87 Ordnung des Betriebes Nr. 8.

[3] *Richardi/Thüsing* § 94 BetrVG Rn 64; ErfK/*Kania* § 94 BetrVG Rn 3, a. A. *Köhler*, GWR 2013, S. 132 - 133.

[4] Näher *Richardi/Thüsing* § 94 BetrVG Rn 27 ff.

Arbeitnehmers, sondern allein die Änderung seiner Einstufung in einem bestehenden Lohn- oder Gehaltssystem.

Beispiel

Ein Tarifvertrag sieht unterschiedliche Stundenlöhne (Tarifgruppen) für Verkäufer und Schaufenstergestalter vor. Sind Arbeitnehmer sowohl mit dem Verkauf als auch mit der Schaufensterdekoration betraut, so muss über ihre tarifliche Ein- und ggf. Umgruppierung entschieden werden.

218 Auswahlrichtlinien sind *„Grundsätze, die zu berücksichtigen sind, wenn bei beab-sichtigten personellen Einzelmaßnahmen, für die mehrere Arbeitnehmer oder Be-werber in Frage kommen, zu entscheiden ist, welchem gegenüber sie vorgenommen werden sollen (...). Der Arbeitnehmer soll erkennen können, warum er und nicht ein anderer von einer ihn belastenden Personalmaßnahme betroffen wird oder warum eine günstige Maßnahme nicht ihn, sondern einen anderen trifft".*[1] Prägnantes Beispiel für Auswahlrichtlinien sind die häufig im Rahmen der Sozialauswahl bei betriebsbedingten Kündigungen verwendeten Punkteschemata, nach denen die zu kündigenden Mitarbeiter ausgewählt werden. Die Aufstellung abstrakter Anforderungsprofile bzw. Stellenbeschreibungen für Arbeitsplätze hat zwar regelmäßig auch Einfluss auf die spätere Auswahl von Arbeitnehmern für diese Positionen. Sie ist der Auswahl jedoch vorgelagert und daher eine Maßnahme der Personalplanung nach § 92 BetrVG, unterliegt also nicht der Mitbestimmung des Betriebsrats.[2]

4.6.4.2 Personelle Einzelmaßnahmen

219 Die §§ 99 - 105 BetrVG betreffen die Mitwirkung des Betriebsrats bei personellen Einzelmaßnahmen. Nach § 99 Abs. 1 BetrVG muss der Arbeitgeber in Betrieben mit in der Regel mehr als 20 wahlberechtigten Arbeitnehmern[3] den Betriebsrat vor jeder Einstellung, Eingruppierung, Umgruppierung und Versetzung unterrich-ten, ihm die erforderlichen Bewerbungsunterlagen vorlegen und Auskunft über die Person der Beteiligten geben. Der Arbeitgeber hat dem Betriebsrat unter Vor-lage der erforderlichen Unterlagen Auskunft über die Auswirkungen der geplan-ten Maßnahme zu geben und die Zustimmung des Betriebsrats zur geplanten Maßnahme einzuholen.

220 Unter Einstellung ist die Eingliederung von Personen in den Betrieb zu verstehen. Das Rechtsverhältnis, welches der Eingliederung zugrunde liegt, spielt keine Rol-

---

[1] BAG NZA 2006, 1367 (1369).

[2] St. Rspr., zuletzt BAG NZA-RR 2014, 356 (357).

[3] Auch Leiharbeitnehmern, so zu Recht *Fitting* § 99 BetrVG Rn 8b.

le, es muss also kein Arbeitsverhältnis sein. Insbesondere gilt § 99 BetrVG auch für die Beschäftigung von Leiharbeitnehmern (vgl. § 14 Abs. 3 Satz 1 AÜG). „Einstellung" ist auch die Verlängerung eines befristeten Arbeitsverhältnisses[1] sowie die Verlängerung der Arbeitszeit um mindestens zehn Stunden für einen Zeitraum von mehr als einem Monat.[2] Die Unterrichtungspflicht bezieht sich auf alle Bewerber, nicht nur die vom Arbeitgeber in die nähere Auswahl genommenen.[3] Bei Einschaltung eines Personaldienstleisters muss der Arbeitgeber den Betriebsrat über alle Bewerber unterrichten, die ihm vom Dienstleister benannt werden.[4]

Die Ein- bzw. Umgruppierung betreffen die erstmalige bzw. erneute Einstufung des Arbeitnehmers in ein Entgeltschema. Dieses Entgeltschema kann z. B. in einem Tarifvertrag oder einer Betriebsvereinbarung (vgl. § 87 Abs. 1 Nr. 10 BetrVG) festgelegt sein. Eine Umgruppierung kann z. B. deshalb erfolgen, weil der Arbeitgeber dem Arbeitnehmer andere Aufgaben zuweist oder eine zuvor getroffene Einstufung korrigiert.   221

Eine Versetzung im betriebsverfassungsrechtlichen Sinn liegt erst dann vor, wenn der Arbeitgeber dem Arbeitnehmer einen anderen Arbeitsplatz tatsächlich zuweist, den Arbeitnehmer also dort tatsächlich einsetzt. Ein Mitbestimmungsrecht setzt zudem voraus, dass die Versetzung die Intensität nach § 95 Abs. 3 BetrVG erreicht, also länger als einen Monat dauert oder mit einer erheblichen Änderung der Arbeitsumstände verbunden ist.   222

Inhaltlich muss der Arbeitgeber dem Betriebsrat die Personalien, die Eingruppierung, den Zeitpunkt der Maßnahme und alle sonstigen Umstände mitteilen, die für die Prüfung der Zustimmungsverweigerungsgründe nach § 99 Abs. 2 BetrVG relevant sein könnten. Dazu gehören Informationen über die fachliche und persönliche Eignung des Bewerbers sowie über die betrieblichen Auswirkungen (vgl. § 99 Abs. 2 Nr. 3 BetrVG). Die Betriebsratsmitglieder müssen über die so erhaltenen Informationen Stillschweigen bewahren (§ 99 Abs. 1 S. 3 BetrVG).   223

Die oben dargestellten Maßnahmen bedürfen der Zustimmung des Betriebsrats. Die Zustimmung des Betriebsrats gilt als erteilt, wenn der Betriebsrat dem Arbeitgeber die Verweigerung der Zustimmung nicht innerhalb einer Woche nach Unterrichtung schriftlich unter Angabe der Verweigerungsgründe mitteilt (§ 99 Abs. 3 BetrVG). Nach der Rechtsprechung des BAG ist schriftlich allerdings nicht im Sinne von § 126 BGB zu verstehen, sondern es reicht die Textform nach § 126b BGB, also z. B. auch eine E-Mail.[5]   224

---

[1] BAG NZA 209, 1162 (1163).

[2] BAG AP Nr. 59 zu § 99 BetrVG 1972 Einstellung.

[3] H. M., vgl. die Nachweise bei *Fitting* § 99 BetrVG Rn 167.

[4] BAG AP Nr. 85 zu § 99 BetrVG 1972.

[5] BAG NZA 2009, 622 (624).

225   Der Betriebsrat kann die Zustimmung nur bei Vorliegen der Voraussetzungen des § 99 Abs. 2 BetrVG verweigern. Ob diese vorliegen, ist eine Rechtsfrage. Sind sich Arbeitgeber und Betriebsrat insoweit nicht einig, muss der Arbeitgeber daher nach § 99 Abs. 4 BetrVG beim Arbeitsgericht die Ersetzung der Zustimmung des Betriebsrats beantragen, nicht etwa die Einigungsstelle anrufen.

226   Die Gründe für eine Zustimmungsverweigerung sind in § 99 Abs. 2 BetrVG abschließend aufgezählt.

227   **Nr. 1** betrifft Verstöße gegen dort genannte Normen, gerichtliche Entscheidungen oder behördliche Anordnungen. Allerdings berechtigt nicht jeder Normverstoß den Betriebsrat zur Zustimmungsverweigerung. Voraussetzung ist, dass die verletzte Norm nach ihrem **Sinn und Zweck** einer Einstellung entgegensteht. Der Betriebsrat hat also insbesondere nicht zu kontrollieren, ob die Einstellung in jeder Beziehung im Einklang mit einschlägigen Normen steht.

Beispiele

Ist eine Arbeitsvertragsklausel wegen Verstoßes gegen den Equal-Treatment-Grundsatz nach § 9 Nr. 2 AÜG unwirksam, so berechtigt dies den Betriebsrat nicht, die Zustimmung zur Einstellung im Verleiherbetrieb oder zur Beschäftigung im Entleiherbetrieb zu verweigern.[1] Sinn und Zweck des Equal-Treatment-Grundsatzes ist die Gleichbehandlung, nicht die Verhinderung der Beschäftigung des Leiharbeitnehmers.

Erfolgt dagegen die Überlassung unter Verstoß gegen § 1 Abs. 1 Satz 2 AÜG nicht nur vorübergehend, so kann der Betriebsrat die Zustimmung nach § 99 Abs. 2 Nr. 1 BetrVG verweigern.[2] Sinn und Zweck des § 1 Abs. 1 Satz 2 AÜG ist es nämlich, die nicht nur vorübergehende Überlassung zu verhindern.

228   **Nr. 2** dient der Sicherung des Mitbestimmungsrechts nach § 95 BetrVG. Haben sich Arbeitgeber und Betriebsrat auf eine Auswahlrichtlinie geeinigt, dann muss der Arbeitgeber sich auch bei den Einzelmaßnahmen an diese Richtlinie halten.

229   **Nr. 3** berechtigt den Betriebsrat zur Verweigerung der Zustimmung, wenn die durch Tatsachen begründete Besorgnis besteht, dass infolge der personellen Maßnahme im Betrieb beschäftigte Arbeitnehmer gekündigt werden oder sonstige Nachteile erleiden, ohne dass dies aus betrieblichen oder persönlichen Gründen gerechtfertigt ist. Dieser Tatbestand ist sehr offen gestaltet und kann ganz unterschiedliche Fälle erfassen.

---

[1] BAG NZA 2009, 1156 (1158).

[2] BAG NZA 2013, 1296 (1298).

Beispiel

Der Arbeitgeber will einen Mitarbeiter dauerhaft auf den Arbeitsplatz einer derzeit in Elternzeit befindlichen Kollegin versetzen. Es ist jedoch nicht ersichtlich, dass diese nach ihrer Rückkehr anderweitig beschäftigt werden könnte. Die dauerhafte Neubesetzung ihrer Stelle stellt daher für die in Elternzeit befindliche Arbeitnehmerin einen „sonstigen Nachteil" i. S. v. § 99 BetrVG dar, evtl. könnte die Konkurrenzsituation sogar zu einer betriebsbedingten Kündigung führen. Der Betriebsrat kann daher ein Zustimmungsverweigerungsrecht nach Nr. 3 haben.[1]

Nr. 4 soll Nachteile für den von der Maßnahme betroffenen Arbeitnehmer selbst verhindern. Dies können z. B. längere Arbeitswege, Verschlechterung der Arbeitsbedingungen etc. sein.   230

Nr. 5 gestattet dem Betriebsrat die Zustimmungsverweigerung, wenn der Arbeitgeber einen Arbeitnehmer einstellen will, ohne zuvor eine nach § 93 BetrVG vom Betriebsrat verlangte (nur) interne Ausschreibung durchgeführt zu haben. Allein der Hinweis auf den Verstoß gegen § 93 BetrVG reicht als Begründung aus.[2]   231

Nr. 6 berechtigt zur Zustimmungsverweigerung, wenn zu befürchten ist, dass der von der Maßnahme betroffene Arbeitnehmer den Betriebsfrieden stören würde. Arbeitgeber und Betriebsrat müssen insoweit eine Prognose treffen. Beispiele für Betriebsstörungen sind Diebstähle, Mobbing, Tätlichkeiten etc. Nr. 6 betrifft seiner Natur nach nur Neueinstellungen und Versetzungen, nicht dagegen Ein- und Umgruppierungen. Bei groben Störungen des Betriebsfriedens kann der Betriebsrat spiegelbildlich nach § 104 BetrVG die Entlassung oder Versetzung des Arbeitnehmers beantragen.   232

Der Arbeitgeber kann auch ohne Zustimmung des Betriebsrats nach § 100 Abs. 1 BetrVG die personelle Einzelmaßnahme vorläufig durchführen, wenn dies aus sachlichen Gründen dringend erforderlich ist. In diesen Fällen muss der Arbeitgeber den Arbeitnehmer über die Sach- und Rechtslage aufklären (Abs. 1 Satz 2) und den Betriebsrat von der vorläufigen Maßnahme unterrichten (Abs. 2 Satz 1). Hält der Betriebsrat die Maßnahme nicht für dringend erforderlich, so muss er dem Arbeitgeber dies unverzüglich mitteilen. Dieser darf die Maßnahme dann nur aufrechterhalten, wenn er innerhalb von drei Tagen nach der Mitteilung des Betriebsrats beim Arbeitsgericht die Ersetzung der Zustimmung des Betriebsrats sowie die Feststellung beantragt, dass die Maßnahme dringend erforderlich war (Abs. 2 Satz 3).   233

---

[1] Vgl. LAG München NZA-RR 2014, 73 (74).

[2] BAG NZA 2011, 360 (361).

234   Lehnt das Gericht rechtskräftig die Ersetzung der Zustimmung ab oder stellt es rechtskräftig fest, dass die Maßnahme nicht erforderlich war, so endet die vorläufige Maßnahme mit Ablauf von zwei Wochen nach Rechtskraft der Entscheidung, und der Arbeitgeber darf die Maßnahme nicht länger aufrechterhalten (Abs. 3). Ein versetzter Arbeitnehmer ist also wieder an seinem alten Arbeitsplatz zu beschäftigen, ein umgruppierter Arbeitnehmer wird wieder seiner alten Eingruppierung zugeordnet. Ein neu eingestellter Arbeitnehmer darf nicht beschäftigt werden. Umstritten ist, ob der neu eingestellte Arbeitnehmer gekündigt werden muss oder ob der Arbeitsvertrag mit Rechtskraft der gerichtlichen Entscheidung aufgelöst ist.[1] Das BAG hat in einer Entscheidung ausgeführt, dass ein Verstoß gegen § 99 BetrVG nicht die Wirksamkeit des Arbeitsvertrags berührt.[2] Dies legt nahe, dass der Arbeitgeber den Vertrag kündigen muss.

235   Führt der Arbeitgeber unter Verstoß gegen §§ 99, 100 BetrVG eine Maßnahme durch bzw. hält er eine vorläufige Maßnahme aufrecht, so kann der Betriebsrat nach § 101 BetrVG beim Arbeitsgericht die Verhängung eines Zwangsgeldes in Höhe von maximal 250 € pro Tag der Zuwiderhandlung beantragen.

236   Zu den personellen Einzelmaßnahmen gehört auch die Kündigung des Arbeitnehmers. Gemäß § 102 BetrVG muss der Arbeitgeber den Betriebsrat vor jeder Kündigung anhören. Während die Kündigung im Allgemeinen lediglich die Anhörung nach § 102 BetrVG erfordert, bedarf die Kündigung von Mitgliedern des Betriebsrats, der Jugend- und Auszubildendenvertretung, der Bordvertretung und des Seebetriebsrats, des Wahlvorstands sowie von Wahlbewerbern nach § 103 Abs. 1 BetrVG der Zustimmung des Betriebsrats. Dieser Personenkreis kann regelmäßig nach § 15 KSchG nur außerordentlich gekündigt werden.[3] Das Arbeitsgericht ersetzt nach Abs. 2 die Zustimmung daher auf Antrag des Arbeitgebers nur dann, wenn Gründe gegeben sind, die eine außerordentliche Kündigung rechtfertigen. Auch für die Versetzung der genannten Personen gelten diese Regeln nach Abs. 3 entsprechend, sofern der betroffene Arbeitnehmer mit der Versetzung nicht einverstanden ist. An die Stelle eines wichtigen Grundes bei der Kündigung treten bei der Versetzung dabei „dringende betriebliche Erfordernisse".

237   Nach § 104 BetrVG kann der Betriebsrat vom Arbeitgeber verlangen, dass dieser Arbeitnehmer, die den Betriebsfrieden wiederholt ernstlich gestört haben, versetzt oder entlässt. Ist dies der Fall, und verweigert der Arbeitgeber diese Maßnahmen, kann der Betriebsrat vom Arbeitsgericht ein Zwangsgeld von bis zu 250 € pro Tag festlegen lassen.

238   Für die leitenden Angestellten ist nicht der Betriebsrat, sondern der Sprecherausschuss zuständig. § 105 BetrVG verpflichtet den Arbeitgeber gleichwohl, (auch)

---

1   Für ein Kündigungserfordernis GK/*Raab* § 100 BetrVG Rn 47; *Richardi/Thüsing* § 100 BetrVG Rn 50 ff.; dagegen *Fitting* § 100 BetrVG, Rn 18.

2   BAG NZA 1988, 391 (392).

3   Siehe zum besonderen Kündigungsschutz für diesen Personenkreis >> Kapitel 4.5.3.

eine beabsichtigte Einstellung oder personelle Veränderung eines leitenden Angestellten dem Betriebsrat mitzuteilen. Rechte nach § 99 BetrVG stehen dem Betriebsrat allerdings insoweit nicht zu.

4.6.5 Mitwirkung in wirtschaftlichen Angelegenheiten

4.6.5.1 Unterrichtung in wirtschaftlichen Angelegenheiten

Die Mitbestimmung in wirtschaftlichen Angelegenheiten betrifft die Frage, wie der Arbeitgeber sein Unternehmen im Wettbewerb positionieren will, also insbesondere was er herstellen will, wo und wie er investiert, Unternehmensteile vergrößert oder hinzuerwirbt oder spiegelbildlich Geschäftsbereiche, Standorte oder ähnliches verkleinert oder ganz aufgibt. Es geht also um die eigentlichen „unternehmerischen" Entscheidungen. Der Arbeitgeber wird in den §§ 106 ff. BetrVG deshalb auch nicht mehr als Arbeitgeber, sondern als „Unternehmer" bezeichnet. Hinsichtlich der Durchführung dieser Maßnahmen kommt der Arbeitnehmervertretung kein echtes Mitbestimmungsrecht zu, sondern lediglich ein Unterrichtungs- und Beratungsrecht. Weitergehende Rechte des Betriebsrats bestehen jedoch hinsichtlich der Abmilderung negativer Folgen aus diesen Maßnahmen für die Belegschaft. 239

Das Unterrichtungs- und Beratungsrecht wird auf Arbeitnehmerseite vom sogenannten Wirtschaftsausschuss wahrgenommen. Dieser ist nach § 106 Abs. 1 BetrVG zwingend in allen Unternehmen mit in der Regel mehr als 100 ständig beschäftigten Arbeitnehmern zu bilden. Der Wirtschaftsausschuss wird nach § 107 Abs. 2 BetrVG vom Betriebsrat bestimmt. Er besteht aus mindestens drei und höchstens sieben unternehmensangehörigen Mitgliedern, darunter mindestens ein Mitglied des Betriebsrats. Nach § 107 Abs. 1 BetrVG können auch leitende Angestellte Mitglieder des Wirtschaftsausschusses sein. In Unternehmen mit maximal 100 ständig beschäftigten Arbeitnehmern entfällt die Unterrichtungs- und Beratungspflicht des Unternehmers. Es tritt also nicht etwa der Betriebsrat an die Stelle des Wirtschaftsausschusses. Unterrichtungsansprüche des Betriebsrats können sich jedoch im Einzelfall aus § 80 Abs. 2 BetrVG ergeben, soweit diese Informationen zur Durchführung von Aufgaben nach § 80 Abs. 1 BetrVG konkret erforderlich sind.[1] 240

Nach § 106 Abs. 1 BetrVG hat der Arbeitgeber den Wirtschaftsausschuss rechtzeitig und umfassend über die wirtschaftlichen Angelegenheiten zu unterrichten. Der Begriff der wirtschaftlichen Angelegenheiten ist nicht im BetrVG definiert, § 106 Abs. 3 BetrVG enthält jedoch einen nicht abschließenden Katalog mit Beispielen. Nach § 108 Abs. 5 BetrVG ist zudem der Jahresabschluss dem Wirtschaftsausschuss unter Beteiligung des Betriebsrats zu erläutern. Die Unterrichtung erfolgt typischerweise in den nach § 108 Abs. 1 BetrVG durchzuführenden Sitzungen des Wirtschaftsausschusses, über die der Wirtschaftsausschuss dem Betriebsrat nach Abs. 3 unverzüglich zu berichten hat. 241

---

[1] BAG BB 1991, 1635 (1635).

242   Neben die Information des Wirtschaftsausschusses tritt in Unternehmen mit mehr als 1.000 ständig beschäftigten Arbeitnehmern gem. § 110 Abs. 1 BetrVG eine schriftliche Unterrichtung der Arbeitnehmer über die wirtschaftliche Lage des Unternehmens einmal pro Quartal. Werden im Unternehmen weniger als 1.000, aber immerhin noch mehr als 20 wahlberechtigte Arbeitnehmer ständig beschäftigt, so kann nach Abs. 2 an die Stelle der schriftlichen Unterrichtung eine mündliche treten.

4.6.5.2 Mitwirkung bei Betriebsänderungen

243   Weitergehende Beteiligungsrechte des Betriebsrates bestehen bei Betriebsänderungen nach den §§ 111 ff. BetrVG. Nach § 111 Abs. 1 BetrVG hat der Betriebsrat einen Anspruch auf rechtzeitige Unterrichtung und Beratung, wenn der Unternehmer in

- Unternehmen mit in der Regel mehr als 20 wahlberechtigten Arbeitnehmern eine
- Betriebsänderung im Sinne des § 111 Abs. 1 Satz 3 BetrVG plant, die
- wesentliche Nachteile für die Belegschaft oder erhebliche Teile der Belegschaft zur Folge haben kann.

244   § 111 Abs. 1 Satz 3 BetrVG beschreibt Betriebsänderungen als

- Einschränkung und Stilllegung des ganzen Betriebs oder von wesentlichen Betriebsteilen
- Verlegung des ganzen Betriebs oder von wesentlichen Betriebsteilen
- Zusammenschluss mit anderen Betrieben oder die Spaltung von Betrieben
- grundlegende Änderungen der Betriebsorganisation, des Betriebszwecks oder der Betriebsanlagen sowie die
- Einführung grundlegend neuer Arbeitsmethoden und Fertigungsverfahren.

245   Nach der Rechtsprechung des BAG und der sich anschließenden herrschenden Meinung definiert § 111 Abs. 1 Satz 3 BetrVG nicht nur die Betriebsänderung, sondern enthält gleichzeitig die Fiktion, dass diese Betriebsänderung auch wesentliche Nachteile für die Belegschaft oder erhebliche Teile hiervon haben kann. Dieses Merkmal brauche also nicht mehr gesondert geprüft zu werden.[1]

246   Eine Einschränkung des Betriebs oder von Betriebsteilen liegt vor, wenn die Leistungsfähigkeit des Betriebs dauerhaft herabgesetzt wird, also z. B. durch Veräußerung oder Stilllegung von Anlagen.[2] Auch durch bloßen Personalabbau kann der Betrieb eingeschränkt werden, wie sich aus § 112a Abs. 1 BetrVG ergibt. Nicht jede Entlassung ist jedoch eine Einschränkung in diesem Sinne. Das BAG zieht als

---

[1] BAG AP BetrVG 1972 § 111 Nr. 34; weitere Nachweise bei *Richardi/Annuß* § 111 BetrVG Rn 45.

[2] *Richardi/Annuß* § 111 BetrVG Rn 69.

„Richtschnur" die Schwellenwerte für eine „Massenentlassung" nach § 17 KSchG heran, lässt jedoch auch Abweichungen hiervon zu. So sollen in Großbetrieben nicht stets wie bei § 17 KSchG 30 Arbeitnehmer ausreichen, sondern der Personalabbau muss mindestens 5 % der Arbeitnehmer erfassen.[1]

Die „grundlegende Änderung der Betriebsorganisation" betrifft den Betriebsaufbau und die betrieblichen Zuständigkeiten. Dazu kann z. B. eine Neuorganisation nach Sparten oder einzelnen Geschäftsbereichen oder die Abschaffung einer bestimmten Hierarchieebene gehören. Eine „grundlegende Änderung des Betriebszwecks" erfordert die Umstellung oder jedenfalls substantielle Ergänzung der bisherigen Produktion. Eine „grundlegende Änderung" der Betriebsanlagen kann in der Einführung eines neuen EDV-Systems oder neuer Maschinen liegen.[2]   247

Die Einführung „grundlegend neuer Arbeitsmethoden und Fertigungsverfahren" ähnelt der vorgehenden Variante, betrifft jedoch im Schwerpunkt den Einsatz der menschlichen Arbeitskraft. Beide Varianten sind nicht klar voneinander abgrenzbar. Als Beispiel in der Literatur wird die Einführung von Gruppenarbeit genannt.[3]   248

§ 112 Abs. 1 BetrVG erwähnt zunächst die Möglichkeit eines Interessenausgleichs zwischen Arbeitgeber und Betriebsrat über die geplante Betriebsänderung. Gegenstand des Interessenausgleichs ist die Frage, ob, wann und wie die geplante Betriebsänderung durchgeführt werden soll.[4] Im Interessenausgleich können sich Arbeitgeber und Betriebsrat z. B. darauf einigen, dass die Betriebsänderung nicht oder nur in abgemilderter Form durchgeführt wird, dass sie zeitlich gestreckt oder verschoben wird, dass der Arbeitgeber Arbeitnehmern Umschulungsmaßnahmen finanziert oder eine Transfer- bzw. Beschäftigungs- und Qualifizierungsgesellschaft gründet etc. In solchen „BQGs" sollen Arbeitnehmer für einen begrenzten Zeitraum weiterbeschäftigt werden, um von dort aus eine Anschlussbeschäftigung zu finden.   249

Der Interessenausgleich ist nicht vom Betriebsrat erzwingbar, weil die unternehmerische Entscheidung über die Durchführung der Betriebsänderung allein beim Unternehmer liegt. Dieser muss jedoch ernsthaft versuchen, einen Interessenausgleich mit dem Betriebsrat zu erreichen. Nach der Rechtsprechung des BAG hat der Arbeitgeber erst im Sinne von § 113 Abs. 3 BetrVG einen Interessenausgleich „versucht", wenn er die Möglichkeiten nach § 112 Abs. 2 BetrVG ausgeschöpft hat, also die Bundesagentur für Arbeit und eine Einigungsstelle eingeschaltet hat.[5] Unterlässt er dies oder weicht er von einem vereinbarten Interessenausgleich ohne zwingenden Grund ab, so muss er den infolge der Betriebsänderung entlassenen Arbeitnehmern einen sog. Nachteilsausgleich nach   250

---

[1] BAG NJOZ 2005, 5103 (5107).

[2] Vgl. zum Ganzen ErfK/*Kania* § 111 BetrVG Rn 17 ff.

[3] *Düwell/Steffan* § 111 BetrVG Rn 37.

[4] BAG BB 1994, 1936 (1937).

[5] BAG NZA 2007, 1296 (1299), st. Rspr.

§ 113 BetrVG zahlen, wobei für die Bemessung § 10 KSchG entsprechend gilt. Letztlich kann der Betriebsrat aber damit die Betriebsänderung höchstens hinauszögern, nicht abwenden.

251 Im Unterschied zum Interessenausgleich soll der in § 112 Abs. 1 BetrVG definierte Sozialplan die wirtschaftlichen Nachteile abmildern, die den Arbeitnehmern infolge der Betriebsänderung entstehen. Der Sozialplan ist also logisch der Betriebsänderung und einem eventuellen Interessenausgleich nachgelagert, auch wenn in der Praxis häufig nicht klar zwischen beiden Instrumenten unterschieden wird. Der Ausgleich der wirtschaftlichen Nachteile erfolgt über Abfindungen für die betroffenen Arbeitnehmer. Der Arbeitgeber wird also nur finanziell beeinträchtigt, nicht in seiner Entscheidungsfreiheit über die Betriebsänderung. Anders als der Interessenausgleich ist der Sozialplan regelmäßig über die Einigungsstelle erzwingbar (§ 112 Abs. 4 BetrVG). Lediglich in den Fällen, in denen die Betriebsänderung ausschließlich im Personalabbau besteht, müssen für einen erzwingbaren Sozialplan nach § 112a Abs. 1 BetrVG bestimmte Schwellenwerte erreicht werden. Auch bei „echten" Neugründungen entfällt in den ersten vier Jahren die Sozialplanpflicht nach § 112a Abs. 2 BetrVG. Stellt die Einigungsstelle den Sozialplan auf, so muss sie die Grundsätze nach § 112 Abs. 5 BetrVG beachten. Die Einigungsstelle muss zudem beachten, dass der Interessenausgleich nicht Gegenstand der zwingenden Mitbestimmung ist. Sie kann also gegen den Willen des Arbeitgebers keine Maßnahmen beschließen, die die Durchführung der Betriebsänderung selbst betreffen.

4.7 Beilegung von Streitigkeiten/Rechtsdurchsetzung

252 Naturgemäß birgt das Betriebsverfassungsrecht Potenzial für Konflikte zwischen Arbeitgeber und Betriebsrat. Die Art der Konfliktbeilegung richtet sich nach den jeweils im Streit stehenden Mitwirkungsrechten.

253 Sind sich Arbeitgeber und Betriebsrat darüber einig, dass dem Betriebsrat ein zwingendes Mitbestimmungsrecht zusteht, können sich aber nicht auf eine Regelung einigen, so entscheidet die sog. Einigungsstelle nach § 76 BetrVG. Der Spruch der Einigungsstelle tritt dann an die Stelle der fehlgeschlagenen Einigung der Betriebsparteien. Dies ist regelmäßig in den Vorschriften ausdrücklich so bestimmt, die zwingende Mitbestimmungsrechte des Betriebsrats festlegen.

Beispiele

§§ 38 Abs. 2, 87 Abs. 2, 95 Abs. 1 Satz 2, 112 Abs. 4 BetrVG

254 Gemäß § 76 Abs. 1 BetrVG wird eine Einigungsstelle entweder vorsorglich ständig oder nur bei Bedarf eingerichtet. Die Einigungsstelle ist keine feststehende Institution, sondern bezeichnet im Kern ein Gremium, das über die Streitigkeit zu

entscheiden hat. Sie besteht nach Abs. 2 aus einer gleichen Anzahl von Beisitzern und einem unparteiischen Vorsitzenden, auf den sich beide Seiten einigen müssen. Häufig wird diese Funktion von Arbeitsrichtern oder sonstigen Personen wahrgenommen, die von beiden Seiten als neutral angesehen werden. Die Beisitzer werden jeweils anteilig vom Arbeitgeber und Betriebsrat bestimmt. Kommt keine Einigung über den Vorsitz oder die Anzahl der Beisitzer zustande, bestellt das Arbeitsgericht den Vorsitzenden oder entscheidet über die Anzahl der Beisitzer.

Die Einigungsstelle beschließt laut § 76 Abs. 3 BetrVG „mit Stimmenmehrheit". Das BAG stellt dabei in Fällen der zwingenden Mitbestimmung die Stimmenthaltung dem Nichterscheinen im Sinne von § 76 Abs. 5 Satz 2 BetrVG gleich. Eine Stimmenmehrheit für einen Beschluss liegt daher dann vor, wenn mehr Ja- als Neinstimmen abgegeben werden.[1] Der Vorsitzende stimmt nur mit, wenn unter den Beisitzern bei der ersten Beschlussfassung keine Mehrheit für einen Beschluss zustande gekommen ist.   255

In den Fällen der zwingenden Mitbestimmung wird die Einigungsstelle gem. § 76 Abs. 5 BetrVG auf Antrag einer Seite tätig. Wirkt die andere Seite nicht mit, entscheiden der Vorsitzende und die anderen Mitglieder allein. Weder Arbeitgeber noch Betriebsrat können also das Verfahren blockieren. Die Einigungsstelle ist bei ihrem Beschluss nicht an die Anträge der Betriebsparteien gebunden, sondern entscheidet gem. § 76 Abs. 4 Satz 3 BetrVG selbstständig nach billigem Ermessen. Dabei muss sie naturgemäß die Grenzen beachten, die ihr das höherrangige Recht, insbesondere das BetrVG selbst setzen. Betriebsvereinbarungen, die die Parteien selbst nicht wirksam vereinbaren könnten, können auch nicht Inhalt eines Einigungsstellenspruchs sein.   256

Beispiel

Die Mitbestimmung bei der Aufstellung betrieblicher Entlohnungsgrundsätze nach § 87 Abs. 1 Nr. 10 BetrVG steht unter dem Vorbehalt, dass keine tarifliche Regelung besteht. Ist dies jedoch der Fall, dann können weder die Betriebsparteien noch die Einigungsstelle selbst wirksam solche Grundsätze aufstellen.

Auch freiwillige Betriebsvereinbarungen etwa nach § 88 BetrVG können unter Einschaltung einer Einigungsstelle getroffen werden. Aufgrund der Freiwilligkeit wird die Einigungsstelle nach § 76 Abs. 6 BetrVG dann nur mit Zustimmung beider Seiten tätig. Sie kann nur verbindlich entscheiden, wenn beide Parteien den Spruch im Vor- oder Nachhinein akzeptiert haben.   257

---

[1] BAG NZA 1992, 227 (228).

258   Die Kosten der Einigungsstelle trägt der Arbeitgeber. Die Beisitzer erhalten anders als der Vorsitzende für ihre Tätigkeit keine Vergütung. Näheres regelt § 76a BetrVG.

259   Neben diesen Regelungsstreitigkeiten gibt es auch Fälle, in denen es schlicht darum geht, ob eine Betriebspartei ihre Pflichten aus dem Betriebsverfassungsgesetz verletzt hat, ob ihr ein bestimmtes Recht zusteht etc. In diesen Fällen entscheidet nicht die Einigungsstelle, sondern das Arbeitsgericht. Ein typischer Fall ist die Entscheidung darüber, ob der Betriebsrat zu Recht die Zustimmung zu einer personellen Einzelmaßnahme nach § 99 Abs. 1 BetrVG verweigert hat. Es geht dabei nicht um die Aufstellung einer Regelung, sondern um deren Anwendung. Konkret ist die Frage betroffen, ob ein Verweigerungsgrund im Sinne von § 99 Abs. 2 BetrVG vorliegt. Diese Rechtsanwendung ist eine Aufgabe der Arbeitsgerichte. Gleiches gilt z. B. für die Entscheidung, ob bestimmte Kosten des Betriebsrats i. S. v. § 40 Abs. 2 BetrVG „erforderlich" sind.

260   Eine sehr wichtige Vorschrift hinsichtlich Sanktionen bei Rechtsverstößen ist der § 23 BetrVG. Nach dessen Abs. 1 können mindestens ein Viertel der wahlberechtigten Arbeitnehmer, der Arbeitgeber oder eine im Betrieb vertretene Gewerkschaft beim Arbeitsgericht den Ausschluss eines Mitglieds oder sogar die Auflösung des Betriebsrats selbst wegen grober Verletzung seiner gesetzlichen Pflichten beantragen. Umgekehrt können nach Abs. 3 der Betriebsrat oder eine im Betrieb vertretene Gewerkschaft dem Arbeitgeber durch das Arbeitsgericht aufgeben, eine bestimmte Handlung zu unterlassen, zu dulden oder vorzunehmen, wenn der Arbeitgeber durch die Weigerung gegen seine Pflichten aus dem BetrVG grob verstoßen hat. „Grob" ist ein Verstoß insbesondere dann, wenn er eine schwerwiegende und offensichtliche Verletzung des BetrVG darstellt oder aber wiederholt geschieht.[1] Interpretiert dagegen der Arbeitgeber lediglich in einer unklaren rechtlichen Situation das Gesetz falsch, so wird kein grober Verstoß vorliegen.[2]

261   Umstritten ist, ob auch über § 23 Abs. 3 BetrVG hinaus ein Unterlassungsanspruch des Betriebsrates bei „nicht groben" Verstößen des Arbeitgebers gegen Pflichten aus dem BetrVG gegeben sein kann. Das BAG sieht seit einer Entscheidung aus 1994 den § 23 Abs. 3 BetrVG nicht mehr als abschließende Regelung an, sondern betont, dass für jedes Mitbestimmungsrecht einzeln zu prüfen sei, ob seine Verletzung einen Unterlassungsanspruch auslöse. Dies hat das BAG für die zwingende Mitbestimmung des Betriebsrats in sozialen Angelegenheiten nach § 87 BetrVG bejaht.[3] Für Verletzungen des § 99 Abs. 1 BetrVG verneint das BAG dagegen einen Unterlassungsanspruch, weil die §§ 100, 101 BetrVG die Rechte des Betriebsrats abschließend regelten.[4] Anders als bei § 23 Abs. 3 BetrVG muss

---

[1] Vgl. *Fitting* § 23 BetrVG Rn 59 ff.

[2] BAG NZA 2011, 871 (872).

[3] BAG AP Nr. 23 zu § 23 BetrVG 1972.

[4] BAG BB 2010, 768 (769).

für diesen Unterlassungsanspruch jedoch eine Wiederholungsgefahr geprüft und bejaht werden können.[1]

Beispiel

Der Arbeitgeber ändert die Grundsätze für die Anrechnung von Tariflohnerhöhungen auf übertarifliche Zulagen. Dies ist nach § 87 Abs. 1 Nr. 10 BetrVG mitbestimmungspflichtig. Hält der Arbeitgeber irrig diese Maßnahme für nicht mitbestimmungspflichtig (Wiederholungsgefahr), steht dem Betriebsrat ein Unterlassungsanspruch zu, auch wenn der Verstoß nicht „grob" im Sinne von § 23 Abs. 3 BetrVG sein sollte.[2]

5. Sprecherausschussrecht

Die leitenden Angestellten hatten lange Zeit keinerlei vorgeschriebene Vertretung im Rahmen der Betriebsverfassung. Diese wurde erstmals 1988 durch das Sprecherausschussgesetz installiert.[3] Strukturell ist das SprAuG der Betriebsverfassung nachgebildet, inhaltlich allerdings stark eingeschränkt. Im Unterschied zur Betriebsverfassung sieht das Sprecherausschussrecht insbesondere keine Mitbestimmungs- sondern lediglich Mitwirkungsrechte vor. Den Gewerkschaften kommt im Sprecherausschussgesetz keine Funktion zu.

262

Sprecherausschüsse können nach § 1 Abs. 1 SprAuG in Betrieben mit mindestens zehn leitenden Angestellten errichtet werden. Leitende Angestellte kleinerer Betriebe gelten als leitende Angestellte des nächstgelegenen Betriebs mit zehn oder mehr leitenden Angestellten (§ 1 Abs. 2 SprAuG). Sind in keinem Betrieb, aber insgesamt im Unternehmen mindestens zehn leitende Angestellte vorhanden, so können diese einen Unternehmenssprecherausschuss nach § 20 SprAuG wählen. Anders als nach § 17 Abs. 4 BetrVG kann ein Sprecherausschuss nicht gegen den Mehrheitswillen der leitenden Angestellten gewählt werden (§ 7 Abs. 2 Satz 4 SprAuG).

263

Der Sprecherausschuss wird gem. § 5 SprAuG zeitgleich mit dem Betriebsrat alle vier Jahre gewählt und besteht abhängig von der Unternehmensgröße aus einer bis sieben Personen. Dabei sollen, müssen aber nicht, die Geschlechter proportional ihres zahlenmäßigen Verhältnisses vertreten sein (§ 4 SprAuG). Die Wahl erfolgt bei mehreren Listen nach den Grundsätzen der Verhältniswahl, ansonsten per Mehrheitswahl (§ 6 SprAuG). Dies entspricht dem Verfahren bei der Betriebsratswahl. Wahlberechtigt sind alle leitenden Angestellten, wählbar sind sie ab

264

---

[1] *Fitting* § 23 BetrVG Rn 102.

[2] BAG AP Nr. 23 zu § 23 BetrVG 1972.

[3] Zur Historie der Sprecherausschussverfassung vgl. *Hromadka/Maschmann*, Band 2, S. 479.

einer Zugehörigkeit von sechs Monaten zum Betrieb, Unternehmen oder Konzern (§ 3 SprAuG).

265 Spiegelbildlich zur Betriebsverfassung sieht das Sprecherausschussrecht die Bildung von Gesamt- und Konzernsprecherausschüssen vor (§§ 16, 21 SprAuG). Die Bildung eines Unternehmenssprecherausschusses ist im Verhältnis zum unternehmenseinheitlichen Betriebsrat erleichtert (vgl. § 3 Abs. 1 BetrVG, § 20 SprAuG).

266 Die Sprechertätigkeit erfolgt auch bei den leitenden Angestellten ehrenamtlich. Sie sind dementsprechend für die Sprecherarbeit freizustellen (§ 14 Abs. 1 SprAuG), wobei es nach dem SprAuG anders als nach dem BetrVG keine vollständige Freistellung ohne Erfordernis im Einzelfall gibt. Ebenso sieht das SprAuG keine Arbeitsbefreiung oder Vergütung für Sprechertätigkeiten außerhalb der eigentlichen Arbeitszeit vor.[1] Sprecher dürfen nach § 2 Abs. 3 Satz 2 SprAuG nicht wegen ihrer Sprechertätigkeit benachteiligt werden. Anders als Betriebsräte (§ 15 KSchG) haben Sprecher jedoch keinen besonderen Kündigungsschutz.

267 Die Mitwirkungsrechte des Sprecherausschusses sind in den §§ 25 - 32 SprAuG geregelt. Die Aufgabe des Sprecherausschusses besteht nach § 25 Abs. 1 SprAuG in der Vertretung der Belange der leitenden Angestellten. Gemäß § 28 Abs. 1 SprAuG können Arbeitgeber und Sprecherausschuss Richtlinien über den Inhalt, den Abschluss oder die Beendigung von Arbeitsverhältnissen der leitenden Angestellten schriftlich vereinbaren. Dies ist für den Arbeitgeber vollkommen freiwillig. Auf derartige Richtlinien kann sich der einzelne leitende Angestellte nach § 28 Abs. 2 SprAuG allerdings nur berufen, wenn dies zwischen Arbeitgeber und Sprecherausschuss so vereinbart ist. Dann kommt der Richtlinie eine einer Betriebsvereinbarung vergleichbare Wirkung zu.

268 Die wohl herrschende Meinung sieht in § 28 SprAuG keine abschließende Regelung. Es sollen vielmehr auch über von § 28 SprAuG nicht erfasste Regelungsgegenstände Regelungsabreden und (analog zu Betriebsvereinbarungen) Sprechervereinbarungen abgeschlossen werden können.[2] Dies dürfte jedenfalls einem praktischen Bedürfnis entsprechen.

Beispiel

Arbeitgeber und Sprecherausschuss schließen eine freiwillige Vereinbarung über die Ausstattung des Sprecherausschusses mit Sach- und Personalmitteln.

---

[1] ErfK/*Oetker* § 14 SprAuG Rn 2; *Hromadka/Maschmann*, Band 2, S. 483; für einen Anspruch auf Freizeitausgleich wegen des Benachteiligungsverbots aus § 2 Abs. 3 S. 2 SprAuG dagegen MünchHdb ArbR/*Joost* § 234, Rn 86.

[2] MünchHdb ArbR/*Joost* § 235, Rn 8; *Hromadka/Maschmann*, Band 2, S. 488; a. A. wohl ErfK/*Oetker* § 28 SprAuG Rn 2.

Nach § 30 SprAuG muss der Arbeitgeber den Sprecherausschuss rechtzeitig über 269
die Änderung der Gehaltsgestaltung und sonstiger allgemeiner Arbeitsbedingungen sowie die Einführung und Änderung allgemeiner Beurteilungsgrundsätze
unterrichten und diese Maßnahmen mit dem Sprecherausschuss beraten. § 31
Abs. 1 SprAuG sieht vor, dass der Arbeitgeber eine beabsichtigte Einstellung oder
personelle Veränderung eines leitenden Angestellten dem Sprecherausschuss
rechtzeitig mitteilen muss. Anders als § 99 BetrVG kommt dem Sprecherausschuss aber kein Zustimmungs(-verweigerungs)recht zu. § 31 Abs. 2 SprAuG entspricht dem § 102 Abs. 1, 2 BetrVG. Das SprAuG sieht anders als das BetrVG keine
besonderen Regelungen für den Fall vor, dass der Sprecherausschuss der Kündigung widerspricht.

§ 32 SprAuG schließlich betrifft die wirtschaftlichen Angelegenheiten i. S. d. 270
§§ 106 ff. BetrVG. Danach hat der Unternehmer den Sprecherausschuss mindestens halbjährlich über die wirtschaftlichen Angelegenheiten des Betriebs und
Unternehmens zu unterrichten. Nach § 32 Abs. 2 SprAuG trifft den Unternehmer
auch eine Unterrichtungspflicht hinsichtlich geplanter Betriebsänderungen, die
wesentliche Nachteile für leitende Angestellte zur Folge haben können. Sofern
leitenden Angestellten infolge der Betriebsänderung wirtschaftliche Nachteile
entstehen, hat der Unternehmer mit dem Sprecherausschuss über Maßnahmen
zum Ausgleich oder zur Milderung dieser Nachteile zu beraten. Im Vergleich zum
BetrVG sieht das Sprecherausschussrecht statt eines (versuchten) Interessenausgleichs also nur eine Unterrichtungspflicht vor, statt eines erzwingbaren Sozial-
plans nur eine Beratungspflicht. In einem mit dem Betriebsrat vereinbarten Sozialplan dürfen mangels Zuständigkeit des Betriebsrats für leitende Angestellte
keine Abfindungsregelungen für diese Gruppe aufgenommen werden.[1]

6. Unternehmensmitbestimmung

Die betriebsverfassungsrechtliche Mitbestimmung ist von der Unternehmens- 271
mitbestimmung zu unterscheiden. Während es bei der betriebsverfassungsrechtlichen Mitbestimmung um die Mitbestimmung durch eigene Arbeitnehmerorga-
ne geht, betrifft die Unternehmensmitbestimmung die Vertretung von
Arbeitnehmern im Aufsichtsrat von Gesellschaften sowie u. U. die Bestellung des
sogenannten „Arbeitsdirektors". Der Arbeitsdirektor ist das für Personal zuständige Mitglied des Vorstands bzw. der Geschäftsführung und damit von besonderer Bedeutung für die Arbeitnehmerseite.

Das älteste der geltenden Mitbestimmungsgesetze ist das Montanmitbestim- 272
mungsgesetz (Montan-MitbestG) von 1951. Es betrifft im Wesentlichen Unternehmen der Eisen und Stahl erzeugenden Industrie sowie des Bergbaus mit mehr
als 1.000 Arbeitnehmern, die in Form einer AG oder GmbH betrieben werden.
Aktuell sind davon noch ca. 40 Unternehmen erfasst.[2] Die Montanmitbestim-

---

[1] BAG AP Nr. 8 zu § 112 BetrVG 1972.

[2] *Henssler/Strohn/Henssler* § 96 AktG Rn 4.

mung geht zurück auf die Beschlagnahme und Entflechtung von Unternehmen der Eisen- und Stahlindustrie durch die britische und amerikanische Militärregierung nach dem Zweiten Weltkrieg. Für diese Unternehmen wurde bereits 1947 eine paritätische Mitbestimmung eingeführt. Durch Gesetz Nr. 27 der Alliierten Hohen Kommission vom 16.05.1950 sollten die betroffenen Gesellschaften später in sogenannte „Einheitsgesellschaften" überführt werden, die deutschem Recht unterliegen sollten. Da das deutsche Recht keine vergleichbare Mitbestimmung kannte, erkämpften die Gewerkschaften 1951 das Montanmitbestimmungsgesetz.[1] Die vom Gesetz Nr. 27 betroffenen Unternehmen sind in § 1 Abs. 1 Satz 1 Buchst. b Montan-MitbestG ausdrücklich erwähnt. Zur „Montanindustrie" im Sinne des Gesetzes gehören zudem Unternehmen, die Stein- oder Braunkohle oder Eisenerz fördern oder in bestimmter Weise weiterverarbeiten (§ 1 Abs. 1 Satz 1 Buchst. a Montan-MitbestG), sowie nach der sogenannten „Walzwerk-Klausel"[2] in § 1 Abs. 1 Satz 2 Montan-MitbestG auch die „erzeugungsnahe" Verarbeitung von Eisen und Stahl. Ebenfalls können im Sinne des § 15 AktG von Montanunternehmen abhängige Konzerntöchter gem. § 1 Abs. 1 Satz 1 Buchst. c Montan-MitbestG der Montanmitbestimmung unterliegen. Konzernobergesellschaften (Holding-Gesellschaften), die Montanunternehmen kontrollieren, ohne selbst die Voraussetzungen des MontanMitbestG zu erfüllen, wurden 1956 durch das Montanmitbestimmungs-Ergänzungsgesetz in die Montanmitbestimmung einbezogen.

273   In den montanmitbestimmten Unternehmen ist ein Aufsichtsrat zu bilden, dessen Rechte und Pflichten sich nach dem AktG richten. Zu diesen Rechten und Pflichten gehört also insb. die Bestellung von Vorstandsmitgliedern. Arbeitnehmer und Anteilseigner entsenden jeweils die gleiche Anzahl von Mitgliedern in den Aufsichtsrat. Hinzu kommt ein „neutrales" Mitglied, welches auf Vorschlag der Mehrheit der übrigen Aufsichtsratsmitglieder gewählt wird. Das neutrale Mitglied kann also nicht gegen den Willen einer Seite gewählt werden, sodass eine echte paritätische Mitbestimmung vorliegt. Dieses gibt es so nur im Bereich der Montanmitbestimmung. Nach § 13 Montan-MitbestG ist ein Arbeitsdirektor als gleichberechtigtes Mitglied des Vorstands oder der Geschäftsführung zu bestellen, welcher speziell für das Personal- und Sozialwesen zuständig ist.[3] Dieser darf bei der Montanmitbestimmung nicht gegen die Mehrheit der betriebsangehörigen Arbeitnehmervertreter im Aufsichtsrat gewählt werden.

274   Unternehmen außerhalb der Montanindustrie können vom Mitbestimmungsgesetz (MitbestG) erfasst sein. Voraussetzung hierfür ist, dass diese in der Rechtsform einer AG, KGaA, GmbH oder Genossenschaft betrieben werden und in der Regel mehr als 2.000 Arbeitnehmer beschäftigen. Diese Unternehmen müssen ebenfalls zwingend einen Aufsichtsrat bilden, in den Anteilseigner und Arbeitnehmer die gleiche Anzahl von Mitgliedern entsenden. Anders als nach dem

---

[1] Vgl. die Darstellung bei BVerfGE 99, 367 (dort Rn 2 ff.).

[2] ErfK/*Oetker* § 1 Montan-MitbestG Rn 10.

[3] ErfK/*Oetker* § 13 Montan-MitbestG Rn 1; ebenso für das MitbestG, vgl. hierzu MüKo AktG/*Gach* § 33 MitbestG Rn 29.

Montan-MitbestG wird jedoch kein zusätzliches neutrales Mitglied gewählt, sondern der Aufsichtsratsvorsitzende hat in Pattsituationen ein Doppelstimmrecht (§ 29 Abs. 2 MitbestG). Sofern sich der Aufsichtsrat nicht mit 2/3-Mehrheit auf einen Vorsitzenden einigen kann, wird dieser von den Anteilseignern bestellt (§ 27 Abs. 2 MitbestG). Auf diese Weise haben die Anteilseigner stets die Stimmenmehrheit im Aufsichtsrat, sofern sie sich einig sind. Auch das MitbestG sieht die Bestellung eines Arbeitsdirektors vor, allerdings ohne ein Vetorecht der Arbeitnehmervertreter im Aufsichtsrat zu bestimmen (§ 33 MitbestG).

Für Unternehmen mit mehr als 500 Arbeitnehmern gilt das Drittelbeteiligungsgesetz, sofern sie in der Rechtsform der AG, KGaA, GmbH, Genossenschaft oder des VVaG geführt werden. In diesen Unternehmen muss der Aufsichtsrat zu einem Drittel mit Arbeitnehmervertretern besetzt sein. Bei der GmbH sind die Aufsichtsratsbefugnisse eingeschränkt und umfassen insbesondere nicht das Recht zur Bestellung der Geschäftsführer.[1]

275

---

[1] Vgl. *Henssler/Strohn/Henssler* § 96 AktG Rn 6.

D. Die Sozialversicherung

Das Sozialstaatprinzip gem. Art. 20 und 28 GG bildet die Grundlage des sozialen Auftrags unseres Staates, welcher nach dem Gesichtspunkt der Solidarität für soziale Sicherheit und Gerechtigkeit sorgt. Zum System der Sozialleistungen gehören drei Bereiche: 001

▶ Die **Sozialversicherung (soziale Vorsorge)** gewährt Schutz gegen die individuellen Risiken von Krankheit, Pflegebedürftigkeit, Arbeitsunfall, Arbeitslosigkeit und Alter.

▶ Die **Sozialversorgung (soziale Entschädigung)** dient dem Ausgleich besonderer Belastungen im Interesse der Allgemeinheit, wie Krieg, Gewalttaten, Nothilfe, so z. B. durch Kindergeld oder Opferversorgung.

▶ Die **Sozialhilfe oder -fürsorge (soziale Förderung)** sichert allen Bedürftigen ein Existenzminimum und gewährleistet Chancengleichheit und soziale Entfaltung, so z. B. durch Ausbildungs- und Berufsförderung, Wohngeld, Elterngeld, Grundsicherung für Arbeitssuchende und Sozialhilfe.

Die historische Entwicklung der Sozialversicherung als Teil des Sozialrechts reicht in die Zeit Bismarcks zurück. Die Risiken verminderter Arbeitsfähigkeit als Folge einer Erkrankung oder eines Arbeitsunfalls sowie im Alter wurden bereits am Ende des 18. Jahrhunderts und im 19. Jahrhundert gesetzlich abgesichert. In der Reichsversicherungsordnung (RVO) sind Anfang des 20. Jahrhunderts drei Sozialversicherungszweige zusammengefasst worden, die Kranken-, die Unfall- und die Rentenversicherung. Dagegen gehörte die Arbeitslosenversicherung zum Aufgabenbereich der Arbeitsverwaltung. Im Zuge der Fortentwicklung der sozialen Aufgaben des Staates sind über 800 Einzelgesetze entstanden, die durch eine umfassende Reform des Sozialrechts seit Ende des 20. Jahrhunderts im Sozialgesetzbuch (SGB) zusammengefasst wurden: 002

▶ **SGB I** = Allgemeiner Teil des Sozialgesetzbuchs

▶ **SGB II** = Grundsicherung für Arbeitssuchende

▶ **SGB III** = Arbeitsförderung

▶ **SGB IV** = Gemeinsame Vorschriften für die Sozialversicherung

▶ **SGB V** = Gesetzliche Krankenversicherung

▶ **SGB VI** = Gesetzliche Rentenversicherung

▶ **SGB VII** = Gesetzliche Unfallversicherung

▶ **SGB VIII** = Kinder- und Jugendhilfe

▶ **SGB IX** = Rehabilitation und Teilhabe behinderter Menschen

▶ **SGB X** = Sozialverwaltungsverfahren und Sozialdatenschutz

▶ **SGB XI** = Soziale Pflegeversicherung

▶ **SGB XII** = Sozialhilfe.

003   Das Sozialrecht gestaltet soziale Gerechtigkeit und soziale Sicherheit durch Sozialleistungen einschließlich sozialer und erzieherischer Hilfen. Es soll dazu beitragen, ein menschenwürdigeres Dasein zu sichern, gleiche Voraussetzungen für die freie Entfaltung der Persönlichkeit insbesondere auch für junge Menschen zu schaffen, die Familie zu schützen und zu fördern, den Erwerb des Lebensunterhalts durch eine frei gewählte Tätigkeit zu ermöglichen und besondere Belastungen des Lebens, auch durch Hilfe zur Selbsthilfe, abzuwenden oder auszugleichen (vgl. § 1 SGB I).

004   Der Allgemeine Teil des Sozialgesetzbuches (SGB I) beschreibt den Regelungsbereich des Sozialrechts, darunter die sozialen Rechte, die Bildungs- und Arbeitsförderung, die Sozialversicherung, die soziale Entschädigung bei Gesundheitsschäden, die Minderung des Familienaufwands und den Zuschuss für eine angemessene Wohnung, die Kinder- und Jugendhilfe, die Sozialhilfe und die Teilhabe behinderter Menschen. Um den Berechtigten die Inanspruchnahme sozialer Leistungen zu ermöglichen und zu erleichtern, bestehen **Ansprüche der Berechtigten auf Aufklärung, Beratung und Auskunft** gegenüber den Leistungsträgern (§§ 13 - 15 SGB I). Die Auskunftspflicht der nach jeweiligem Landesrecht zuständigen Stellen erstreckt sich auf die Benennung der für die Sozialleistungen zuständigen Leistungsträger sowie auf alle Sach- und Rechtsfragen, die für die Auskunftssuchenden von Bedeutung sein könnten.

005   Das Sozialrecht ist ein Teilgebiet des Verwaltungsrechts und gehört überwiegend zur Leistungsverwaltung. Neben den allgemeinen Vorschriften über die Sozialleistungen, die Leistungsempfänger und die zuständigen Leistungsträger enthält das SGB I die Grundsätze des Leistungsrechts, wie Rechtsanspruch und Ermessen, Entstehung und Fälligkeit der Leistungen, Ansprüche auf Vorschüsse und vorläufige Leistungen, Verzinsung, Verjährung, Verzicht, Auszahlungen, Aufrechnung, Übertragung, Verpfändung, Pfändung und vieles mehr. Die Verbindung zum Arbeitsrecht ergibt sich insbesondere für das Sozialversicherungsrecht, denn sobald ein Arbeitsverhältnis begründet wird, unterliegt der Arbeitnehmer der Versicherungspflicht in den Zweigen der gesetzlichen Sozialversicherung. Die Einhaltung der Meldevorschriften zur Sozialversicherung gehört zu den Fürsorgepflichten des Arbeitgebers.

006   Das System der gesetzlichen Sozialversicherung beruht auf einer Zwangsversicherung, die eine Mindestsicherung garantiert und durch freiwillige Zusatzversorgungen ergänzt werden kann. Die Leistungen aus der Sozialversicherung dienen in erster Linie der sozialen Sicherung des Arbeitnehmers bei einem Ausfall der Arbeitsvergütung infolge Krankheit, Arbeitsunfall, Alter und Pflegebedürftigkeit sowie zur Absicherung gegen das Risiko der Arbeitslosigkeit. Die Rechtsgrundlagen für die fünf Zweige der gesetzlichen Sozialversicherung wurden vollständig in das SGB aufgenommen:

► Arbeitslosengeld und Arbeitsförderung (SGB II und III)

► Gesetzliche Krankenversicherung (SGB V)

► Gesetzliche Rentenversicherung (SGB VI)

- Gesetzliche Unfallversicherung (SGB VIII)
- Soziale Pflegeversicherung (SGB XI).

Das SGB IV enthält die gemeinsamen Vorschriften für die Sozialversicherung. Die gesetzliche Krankenversicherung, die gesetzliche Unfallversicherung, die gesetzliche Pflegeversicherung und die gesetzliche Rentenversicherung gehören zum engeren Bereich der Sozialversicherung, für die eine **Versicherungspflicht** besteht (§ 2 SGB IV). Die Arbeitsförderung wird erst im weiteren Sinne der Sozialversicherung zugeordnet, weil diese Leistungen im Aufgabenbereich der Bundesagentur für Arbeit liegen. Zudem ist für die Arbeitsförderung der Kreis der Anspruchsberechtigten weitaus größer als derjenige der Beitragspflichtigen. Es ist zwar im Grundsatz eine Beitragspflicht der Arbeitgeber und der Arbeitnehmer gegeben, doch werden Leistungen nicht ausschließlich für die Fälle der Arbeitslosigkeit erbracht, sondern auch in Form weitergehender Maßnahmen zur Schaffung und Erhaltung von Arbeitsplätzen. Die Mittel für diese Förderungsmaßnahmen werden nur teilweise durch Beiträge aufgebracht; daneben auch durch Steuergelder, die z. B. in die Aus- und Weiterbildung, in Umschulung oder in Arbeitsbeschaffungsmaßnahmen fließen.

007

Die Sozialleistungsträger benötigen zur Erfüllung ihrer Aufgaben zahlreiche Informationen, die sie im Bereich der Sozialversicherung überwiegend von den Arbeitgebern erhalten. Die Verpflichtung des Arbeitgebers zur Einhaltung der Meldevorschriften gem. §§ 28a ff. SGB IV ist öffentlich-rechtlicher Natur; sie wird von staatlichen Aufsichtsbehörden überwacht und ihre Nichtbeachtung als Ordnungswidrigkeit verfolgt.

008

Aufgrund seiner Fürsorgepflicht aus dem Arbeitsverhältnis ist der Arbeitgeber darüber hinaus gegenüber dem Arbeitnehmer zivilrechtlich verpflichtet, die Sozialversicherungsbeiträge ordnungsgemäß an die Sozialleistungsträger abzuführen und diese in der Lohn- und Gehaltsabrechnung auszuweisen (§§ 28d ff. SGB IV). Die Verletzung der arbeitsrechtlichen Fürsorgepflicht hat einen Schadensersatzanspruch des Arbeitnehmers gegen den Arbeitgeber wegen Vertragspflichtverletzung gem. § 280 BGB zur Folge.

009

Sozialdaten – Einzelangaben über die persönlichen und sachlichen Verhältnisse der Arbeitnehmer, Arbeitgeber und anderer Leistungsempfänger – werden als Sozialgeheimnis gewahrt und dürfen nicht unbefugt erhoben, verarbeitet und genutzt werden (§ 35 SGB I). Die Verarbeitung und Nutzung von Sozialdaten sind nur in Erfüllung gesetzlicher Aufgaben oder nach Einwilligung der Betroffenen zulässig (vgl. § 67b SGB X).[1]

010

---

[1] ≫ Vgl. Kapitel E.2 zum Sozialdatenschutz.

1. Das versicherungspflichtige Beschäftigungsverhältnis

011   In der Sozialversicherung sind nach Maßgabe der besonderen Vorschriften für die einzelnen Versicherungszweige alle diejenigen Personen versichert, die gegen Arbeitsentgelt oder zu ihrer Berufsausbildung beschäftigt sind, ferner auch Behinderte, die in geschützten Einrichtungen beschäftigt werden, Landwirte, Beschäftigte in Heimarbeit und in der Seeschifffahrt (vgl. §§ 2, 7, 12, 13 SGB IV). Nach diesen Vorschriften entsteht ein versicherungspflichtiges Beschäftigungsverhältnis in erster Linie infolge der entgeltlichen Ausübung einer nichtselbstständigen Tätigkeit. Die Eingliederung in den Betrieb des Arbeitgebers ist der maßgebliche Grund für das soziale Schutzbedürfnis des Beschäftigten, denn das wirtschaftliche Betriebsergebnis kommt allein dem Arbeitgeber zugute. Für die Sozialversicherungspflicht ist die Abgrenzung von Arbeitnehmern und Selbstständigen in gleicher Weise erheblich wie bei Anwendung der arbeitsrechtlichen Schutzvorschriften.[1]

Fall 18: Sozialversicherungspflicht im Familienunternehmen > Seite 395

012   Beschäftigung im Sinne der Sozialversicherungspflicht ist die nichtselbstständige Arbeit, die insbesondere in einem Arbeitsverhältnis erbracht wird. Anhaltspunkte für eine Beschäftigung sind eine Tätigkeit nach Weisungen und eine Eingliederung in die Arbeitsorganisation des Weisungsgebers. Als Beschäftigung gilt auch der Erwerb beruflicher Kenntnisse, Fertigkeiten oder Erfahrungen im Rahmen betrieblicher Berufsbildung. Handelsvertreter, die im Wesentlichen ihre Tätigkeit frei gestalten und über ihre Arbeitszeit bestimmen können und geringfügig Beschäftigte üben keine sozialversicherungspflichtige Tätigkeit aus. Zur Vermeidung der Scheinselbstständigkeit können die Beteiligten in einem Anfrageverfahren eine Entscheidung darüber beantragen, ob eine Sozialversicherungspflicht vorliegt (vgl. §§ 7 und 7a SGB IV).

013   Die nachfolgenden Regelungen über die gesetzliche Sozialversicherung gelten

▶ soweit sie eine Beschäftigung oder selbstständige Tätigkeit voraussetzen, für alle Personen, die im Geltungsbereich des SGB beschäftigt oder selbstständig tätig sind; ebenso für diejenigen Personen, die im Rahmen des bestehenden Beschäftigungsverhältnisses ins Ausland entsandt werden,

▶ soweit sie eine Beschäftigung oder selbstständige Tätigkeit nicht voraussetzen, für alle Personen, die ihren Wohnsitz oder gewöhnlichen Aufenthalt im Geltungsbereich des SGB haben; ebenso für diejenigen Personen, die im Rahmen eines im Ausland bestehenden Beschäftigungsverhältnisses nach Deutschland entsandt werden (§§ 3 - 5 SGB IV).

---

[1]   ≫ Vgl. Kapitel A.1.1 zum Wesen des Arbeitsvertrags und die Übersicht 3.

Der sozialversicherungsrechtliche Beschäftigungsbeginn erfolgt nicht schon mit   014
Abschluss des Arbeitsvertrags, sondern erst mit der tatsächlichen Arbeitsaufnah
me. Durch die Aktualisierung des Arbeitsverhältnisses wird ein versicherungspflichtiges Beschäftigungsverhältnis begründet. Damit hat jeder Arbeitnehmer
ein Recht auf Zugang zur Sozialversicherung und nach näherer Maßgabe der So-
zialversicherungsgesetze auch Ansprüche auf die notwendigen Maßnahmen
zum Schutz, zur Erhaltung, zur Besserung und zur Wiederherstellung seiner Gesundheit und Leistungsfähigkeit sowie Ansprüche auf eine wirtschaftliche Sicherung bei Krankheit, Mutterschaft, Minderung der Erwerbsfähigkeit und Alter (vgl.
§ 4 SGB I).

2. Das Meldeverfahren zur Sozialversicherung

Das Meldeverfahren ist für die Anmeldung zur gesetzlichen Sozialversicherung   015
vereinheitlicht worden. Rechtsgrundlage für die Meldepflicht des Arbeitgebers
ist § 28a SGB IV.

Der Arbeitgeber hat der Einzugsstelle jeden in der Kranken-, Pflege-, Rentenver-   016
sicherung oder nach dem Recht der Arbeitsförderung kraft Gesetzes Versicherten
zu Beginn und am Ende der versicherungspflichtigen Beschäftigung anzumelden
und darüber hinaus die meldepflichtigen Angaben nach § 28a SGB IV zu machen.
Seit Anfang 2009 sind Arbeitgeber verpflichtet, mit ihren Meldungen zur Sozialversicherung auch Angaben über ihre gesetzliche Unfallversicherung zu machen.
Verstöße gegen die Meldepflicht sind Ordnungswidrigkeiten (vgl. § 111 SGB IV).
Zudem handelt der Arbeitgeber nach dem Gesetz zur Bekämpfung der Schwarzarbeit und illegaler Beschäftigung (Schwarzarbeitsbekämpfungsgesetz) ord-
nungswidrig, wenn er sozialversicherungspflichtige Arbeitnehmer beschäftigt,
ohne den zuständigen Stellen hiervon Mitteilung zu machen.

Beispiel

Ein sozialversicherungsrechtliches Beschäftigungsverhältnis kann auch vorliegen, wenn der Sohn im elterlichen Betrieb tätig wird. In Bayern lernte S das
Brauer- und Mälzerhandwerk und war danach als mitarbeitender Sohn im
Brauereigasthof A tätig. Er absolvierte den Meisterlehrgang und wurde zur Sozialversicherung angemeldet. Im Feststellungsbogen zur versicherungsrechtlichen
Beurteilung eines Beschäftigungsverhältnisses gab er an, seit (Datum) als Brau-
meister beschäftigt zu sein. Seine durchschnittliche Arbeitszeit betrage 38,5 Stunden, es sei eine feste Arbeitszeit vereinbart sowie ein regelmäßiges monatliches
Arbeitsentgelt in Höhe von 3.896,71 € brutto; vermögenswirksame Leistungen
für Arbeitnehmer werden in Anspruch genommen. Er sei wie eine fremde Arbeitskraft in den Betrieb eingegliedert, den Weisungen des Betriebsinhabers unter-
worfen, Urlaubsanspruch und gesetzliche Kündigungsfrist seien ebenfalls arbeitsvertraglich vereinbart. Der Arbeitgeber betreibe den Brauereigasthof in
Form einer Gesellschaft des bürgerlichen Rechts. Danach war S abhängig beschäftigt gem. § SGB IV § 7 Abs. 1 Satz 1 SGB IV.

Die Folge ist die Versicherungspflicht in der Rentenversicherung gem. § 1 Abs. 1 Nr. 1 SGB VI, in der Krankenversicherung gem. § 5 Abs. 1 Nr. 1 SGB V, in der Pflegeversicherung gem. § 20 Abs. 1 Satz 1 Nr. 1 SGB XI und in der Arbeitslosenversicherung gem. § 25 Abs. 1 SGB III (LSG Bayern, BeckRS 2009, 44138).

017 Darüber hinaus ist der Arbeitgeber verpflichtet, der Einzugsstelle Änderungen im Beschäftigungs- und Versicherungsverhältnis zu melden, § 28a SGB IV, insbesondere, wenn hierdurch ein Wechsel der zuletzt gemeldeten Beitragsgruppe erfolgt, z. B. die Überschreitung der Jahresarbeitsentgeltgrenze. Durch eine **Jahresmeldung** hat der Arbeitgeber die am 31.12. beschäftigten sozialversicherungspflichtigen Arbeitnehmer bei der zuständigen Einzugsstelle zu melden (§ 28a Abs. 2 SGB IV). Die Spitzenverbände der Krankenkassen haben im Einvernehmen mit den Rentenversicherungsträgern und der Bundesagentur für Arbeit gemeinsame Grundsätze für das Meldeverfahren festgelegt. Das Meldeverfahren wird durch elektronische Prozesse optimiert.

018 Der Arbeitnehmer ist verpflichtet, dem Arbeitgeber die für das Meldeverfahren erforderlichen Angaben mitzuteilen (§ 28o SGB IV). Zu diesem Zweck ist bei Aufnahme der Beschäftigung der Sozialversicherungsnachweis vorzulegen (§ 18h SGB IV).

3. Der Gesamtsozialversicherungsbeitrag

019 Der Arbeitgeber ist zur Einbehaltung der Sozialversicherungsbeiträge ebenso verpflichtet wie zur Einbehaltung von Lohn- und Einkommensteuern. Insoweit ist er mit Verwaltungsaufgaben betraut. In der Regel wird zwischen den Arbeitsvertragsparteien eine Bruttolohn- oder Gehaltsvereinbarung getroffen, sodass dem Arbeitnehmer die um die nach öffentlichem Recht abgezogene Nettovergütung verbleibt.[1]

020 Die Beiträge der Kranken- und Rentenversicherung für die sozialversicherungspflichtigen Beschäftigten sowie die Arbeitnehmer- und Arbeitgeberbeiträge nach dem Recht der Arbeitsförderung werden als **Gesamtsozialversicherungsbeitrag** vom Arbeitgeber an die Krankenkassen als Einzugsstellen gezahlt (vgl. §§ 28d - h SGB IV). Schuldner des Gesamtsozialversicherungsbeitrags ist allein der Arbeitgeber. In den einzelnen Zweigen der Sozialversicherung ergibt sich die nachfolgende Verteilung der Beitragslast auf Arbeitgeber und Arbeitnehmer aufgrund zwingender Rechtsnormen:

---

[1] Da der Arbeitgeber grundsätzlich eine Bruttovergütung schuldet, richten sich Klagen auf die Arbeitsvergütung auf den Bruttobetrag. Sofern die Parteien bei einer Lohn- oder Gehaltsklage des Arbeitnehmers über die Höhe der Abzüge streiten, hat das Arbeitsgericht auch über die öffentlichrechtlichen Vorfragen zu entscheiden.

- Die **Beiträge zur gesetzlichen Krankenversicherung** sind innerhalb bestimmter Entgeltgrenzen von den versicherungspflichtigen Beschäftigten und den Arbeitgebern zu tragen (§ 249 SGB V). Der Arbeitgeber trägt die Beiträge allein für Versicherte mit geringem Einkommen und in einigen anderen Fällen.

- Die **Mittel für die Ausgaben der gesetzlichen Unfallversicherung** werden dagegen ausschließlich durch Beiträge der Arbeitgeber aufgebracht. Diese Beiträge werden unmittelbar vom Arbeitgeber an den Unfallversicherungsträger entrichtet und gehören daher nicht zum Gesamtsozialversicherungsbeitrag (vgl. § 150 SGB VII).

- Die **Pflichtbeiträge zur gesetzlichen Rentenversicherung** werden von den Versicherten und deren Arbeitgebern je zur Hälfte erbracht. Der Arbeitgeber hat aus sozialen Gründen in einigen Fällen die Beiträge allein zu tragen, so für Arbeitnehmer mit geringem Einkommen (vgl. § 168 SGB VI).

- Die **Mittel für die soziale Pflegeversicherung** werden durch Beiträge der versicherungspflichtigen Beschäftigten und deren Arbeitgebern sowie durch sonstige Einnahmen gedeckt (vgl. §§ 54 ff., 58 SGB XI).

- Der **Beitragssatz zur Bundesagentur für Arbeit** ist für Arbeitnehmer und Arbeitgeber gleich. Aus sozialen Gründen trägt der Arbeitgeber die Beiträge für Arbeitnehmer mit geringem Einkommen allein (vgl. § 346 SGB III).

Der Arbeitgeber hat seine eigenen Beiträge zur Sozialversicherung zusammen mit denen des Arbeitnehmers an die zuständige Einzugsstelle abzuführen und ist damit auch für die Arbeitnehmeranteile **Beitragsschuldner** des Gesamtsozialversicherungsbeitrages (§ 28e SGB IV).[1] Der Arbeitnehmer ist verpflichtet, den Beitragsabzug im **Lohnabzugsverfahren** zu dulden (§ 28g SGB IV). Diese gesetzliche Regelung ist zwingend, sodass die Arbeitsvertragsparteien hiervon nicht zum Nachteil des Arbeitnehmers abweichen dürfen, während günstigere Regelungen zulässig sind (§ 32 SGB I). | 021

Der Arbeitnehmeranteil zur Sozialversicherung darf durch den Arbeitgeber nur **im Wege des Lohnabzugsverfahrens** vom Arbeitsentgelt einbehalten werden. Der Lohnabzug soll jeweils im betreffenden Lohnzahlungszeitraum erfolgen. Ein unterbliebener Abzug ist spätestens bei den drei nächsten Lohn- oder Gehaltszahlungen nachzuholen (§ 28g SGB IV). | 022

Fall 19: Nichtabführen von Arbeitnehmerbeiträgen > Seite 396

Das **Verfahren zur Einziehung der Beiträge** wird durch §§ 20 ff. SGB IV geregelt und durch Rechtsverordnungen ergänzt. Danach entstehen die Beitragsansprüche der Versicherungsträger, sobald die gesetzlichen Voraussetzungen vorliegen. Laufende Beiträge werden entsprechend den Regelungen der Kranken- und Pflegekassensatzungen fällig, soweit sie nach dem Arbeitsentgelt oder dem Arbeitseinkom- | 023

---

[1] Bei Arbeitnehmerüberlassungsverträgen haftet der Entleiher wie ein selbstschuldnerischer Bürge für die Zahlungsverpflichtung des Verleihers.

men zu bemessen sind, spätestens am 15. des Folgemonats (§ 23 SGB IV). Für Beiträge, die der zahlungspflichtige Arbeitgeber bis zum Ablauf des Fälligkeitstages nicht entrichtet hat, ist ein **Säumniszuschlag** zu zahlen (§ 24 SGB IV). Die rückständigen Beiträge werden im Wege der Zwangsvollstreckung eingezogen.

Beispiel

Sozialversicherungsbeiträge können durch Betriebsprüfungsbescheid gem. § 28p SGB IV auch dann noch gegen den Insolvenzverwalter festgestellt werden, wenn dieser Masseunzulänglichkeit gem. § 208 InsO angezeigt hat. Insoweit kann eine Nachforderung von Gesamtsozialversicherungsbeiträgen erfolgen (BSG, NZI 2016, 27).

024　Die Bezugsgröße für die Berechnung der Beiträge zur Sozialversicherung ist das Durchschnittsentgelt der gesetzlichen Rentenversicherung im vorvergangenen Kalenderjahr (vgl. § 18 SGB IV).

025　In jedem Jahr wird die **Bezugsgröße in der Sozialversicherung** durch Rechtsverordnung der Entwicklung der Bruttoarbeitsentgelte angepasst. Daraus errechnen sich die Bezugsgrößen für die jeweiligen Zweige der Sozialversicherung ebenso wie die Grenze für die geringfügige Beschäftigung.

026　Zum beitragspflichtigen Arbeitsentgelt gehören alle laufenden oder einmaligen Einnahmen aus einer Beschäftigung, unabhängig davon, ob ein Rechtsanspruch auf die Einnahmen besteht, unter welcher Bezeichnung oder in welcher Form sie geleistet werden und ob sie unmittelbar aus der Beschäftigung oder nur im Zusammenhang mit ihr erzielt werden (§ 14 SGB IV). Die Beiträge werden in Prozentsätzen des Grundlohnes berechnet.

027　Die ordnungsgemäße Berechnung und Zahlung der Beiträge, die im Lohnabzugsverfahren zu entrichten sind, wird von den Einzugsstellen bei der Betriebsprüfung durch die Vorlage der Geschäftsbücher oder in den Fällen der automatisierten Personalabrechnung durch Systemprüfungen und Bestandsabgleiche überwacht (§ 98 SGB X). Die gesetzlichen Vertreter des Arbeitgebers, z. B. der Vorstand einer Aktiengesellschaft oder der Geschäftsführer einer GmbH, haften für den korrekten Beitragseinzug gem. § 823 Abs. 2 BGB. Es besteht eine Auskunftspflicht der Arbeitgeber hinsichtlich aller beschäftigten Personen einschließlich der Arbeitsentgelte und der Sozialversicherungsbeiträge und eine Vorlagepflicht aller Versicherungsnachweise, Geschäftsbücher und Entgeltunterlagen, Tarifverträge, Betriebsvereinbarungen und Arbeitsverträge zum Zweck der Überwachung der Beitragszahlungen. Streitigkeiten über das Lohneinzugsverfahren, die Versicherungspflicht und die Beitragshöhe entscheiden die Sozialgerichte.[1]

---

[1]　>>Vgl. Kapitel F.3 zur Sozialgerichtsbarkeit.

Sofern der Arbeitgeber die Beiträge zur Sozialversicherung nicht oder nicht in der gesetzlich vorgeschriebenen Höhe an den zuständigen Sozialversicherungsträger abführt, kann er gegenüber dem Arbeitnehmer wegen der Verletzung der arbeitsvertraglichen Fürsorgepflicht gem. § 280 BGB schadensersatzpflichtig werden. Ein Schaden entsteht dem Arbeitnehmer in der Sozialversicherung vor allem, wenn die Entrichtung von Beiträgen Voraussetzung für die Gewährung von Leistungen ist, insbesondere in der Rentenversicherung. Die Haftung des Arbeitgebers für Schäden, die z. B. in einer Rentenminderung oder in einem Verlust des Rentenanspruches bestehen können, wird eingeschränkt oder ausgeschlossen, falls den Arbeitnehmer an dem Nichtabzug oder der Nichtabführung der Beiträge ein Mitverschulden trifft, z. B. durch fehlerhafte Auskünfte. Zu Unrecht entrichtete Beiträge in der gesetzlichen Sozialversicherung sind auf Antrag zu erstatten, sofern für diesen Zeitraum keine Leistungen beansprucht worden sind (§§ 26 SGB IV).

028

4. Die gesetzliche Krankenversicherung

Die gesetzliche Krankenversicherung ist eine Solidargemeinschaft mit der Aufgabe, die Gesundheit der Versicherten zu erhalten, wieder herzustellen oder ihren Gesundheitszustand zu bessern. Rechtsgrundlage der Krankenversicherung ist das Sozialgesetzbuch (SGB V).

029

Die Versicherten sind für ihre Gesundheit mitverantwortlich; sie sollen durch eine gesundheitsbewusste Lebensführung, durch frühzeitige Beteiligung an gesundheitlichen Vorsorgemaßnahmen sowie durch aktive Mitwirkung an Krankenbehandlung und Rehabilitation dazu beitragen, den Eintritt von Krankheit und Behinderung zu vermeiden oder ihre Folgen zu überwinden. Die Krankenkassen haben den Versicherten dabei durch Aufklärung, Beratung und Leistungen zu helfen und auf gesunde Lebensverhältnisse hinzuwirken (§ 1 SGB V).

030

Die Krankenversicherung erbringt Leistungen für die Versicherungsfälle von Krankheit, Schwangerschaft und Mutterschaft sowie Leistungen zur Förderung der Gesundheit, zur Verhütung und zur Früherkennung von Krankheiten (§§ 11, 20 ff. SGB V).

031

Darüber hinaus erfüllt sie eine Reihe weiterer Aufgaben aus dem Bereich der Sozialversicherung:

032

- ► Die Krankenkassen dienen als **Auskunftstellen** für alle sozialen Angelegenheiten, die das Sozialgesetzbuch regelt.
- ► Den Krankenkassen obliegt das **Meldewesen** zur gesetzlichen Sozialversicherung und die Weiterleitung der Sozialdaten an die zuständigen Sozialversicherungsträger.
- ► Die Krankenkassen entscheiden aufgrund der Meldungen über die **Versicherungspflicht** in der Kranken-, Pflege- und Rentenversicherung sowie nach dem Recht der Arbeitsförderung.

▶ Den Krankenkassen obliegt der **Einzug des Gesamtsozialversicherungsbeitrags**, also neben der Erhebung der ihnen selbst zustehenden Beiträge auch der Einzug und die Weiterleitung der Beiträge an die Träger der Pflege- und Rentenversicherung und an die Bundesagentur für Arbeit.

▶ Die Krankenkasse erstattet einen **Ausgleich der Arbeitgeberaufwendungen** für die Entgeltfortzahlung im Krankheitsfall an kleinere Betriebe nach Maßgabe des Aufwendungsausgleichsgesetzes (AAG).

033 Zuständige Träger der gesetzlichen Krankenversicherung sind die Orts-, Betriebs- und Innungskrankenkassen, die See-Krankenkasse, die landwirtschaftlichen Krankenkassen, die Bundesknappschaft und die Ersatzkassen. Grundlage für einen Anspruch auf Leistungen aus der gesetzlichen Krankenversicherung ist die Zwangsmitgliedschaft infolge des Bestehens einer gesetzlichen Versicherungspflicht, die Zugehörigkeit zur Familienversicherung[1] oder der freiwillige Beitritt zur Krankenversicherung.

4.1 Versicherungspflicht

034 Im Bereich der gesetzlichen Krankenversicherung ist der versicherungspflichtige Personenkreis in den §§ 5 ff. SGB V geregelt. Die Versicherungspflicht tritt danach unabhängig vom Willen der Beteiligten und von der Zahlung der Beiträge ein, indem kraft Gesetzes am Tag der Aufnahme eines versicherungspflichtigen Beschäftigungsverhältnisses ein öffentlich-rechtliches Versicherungsverhältnis entsteht (§§ 5, 186 SGB V und 7 SGB IV). Voraussetzung für die Versicherungspflicht ist jedoch, dass die Arbeitnehmer gegen Entgelt beschäftigt werden, wobei das Bruttoarbeitsentgelt für die Berechnung der Beiträge und Leistungen zur Sozialversicherung maßgeblich ist.

035 Die Arbeitnehmer unterliegen als Pflichtversicherte nur dann der gesetzlichen Krankenversicherung, wenn ihr regelmäßiges Jahresarbeitsentgelt die Jahresarbeitsentgeltgrenze nicht übersteigt.[2] Zum Jahresarbeitsentgelt gehören alle regelmäßigen Bezüge der Arbeitnehmer einschließlich des Entgelts aus einer eventuellen zweiten versicherungspflichtigen Beschäftigung, ferner das Urlaubs- und Weihnachtsgeld und regelmäßige Überstundenvergütungen, nicht dagegen einmalige Jubiläumszuwendungen oder vereinzelt abgegoltene Überstunden. Auch Zuschläge, die mit Rücksicht auf den Familienstand gezahlt werden, wie Kinder- und Verheiratetenzuschläge, sind nicht anzurechnen.

---

[1] In der gesetzlichen Krankenversicherung sind gem. § 10 SGB V auch die Ehegatten und Kinder von Mitgliedern versichert.

[2] Vgl. § 6 Abs. 1 Nr. 1 SGB V. Die Bezugsgröße in der gesetzlichen Rentenversicherung wird jährlich der Entwicklung der Bruttoarbeitsentgelte angepasst und durch Rechtsverordnung mit Zustimmung des Bundesrates im Voraus für jedes Kalenderjahr festgelegt.

Sofern die Vergütung des Arbeitnehmers die Jahresarbeitsentgeltgrenze an drei aufeinanderfolgenden Kalenderjahren übersteigt, scheidet er mit dem Ablauf dieses Kalenderjahres als Pflichtversicherter aus der gesetzlichen Krankenversicherung aus. Rückwirkende Erhöhungen des Entgelts werden dem Kalenderjahr zugerechnet, in dem der Anspruch auf das erhöhte Entgelt entstanden ist. Einzelheiten ergeben sich aus dem Gesetz (vgl. § 6 Abs. 4 SGB V). 036

Für die Beurteilung der Versicherungspflicht sind jeweils die zwölf Monate maßgeblich, die der Prüfung der Versicherungspflicht folgen, nicht das Kalenderjahr. Das Ausscheiden des Arbeitnehmers aus der Pflichtversicherung erfolgt dann zum Ablauf des jeweiligen Kalenderjahres. 037

Die Versicherungsfreiheit von der gesetzlichen Krankenversicherung kann beantragt werden, wenn die Voraussetzungen des § 8 Abs. 1 SGB IV gegeben sind. 038

Neben der Versicherungspflicht zur gesetzlichen Krankenversicherung besteht nach § 2 Abs. 1 SGB IV grundsätzlich die Möglichkeit eines freiwilligen Beitritts oder der freiwilligen Fortsetzung der Versicherung nach dem Ausscheiden aus der Versicherungspflicht. Die Versicherungsberechtigung für den Bereich der gesetzlichen Krankenversicherung besteht für den in § 9 SGB V aufgeführten Personenkreis, sofern der Beitritt innerhalb einer Frist von drei Monaten angezeigt wird. 039

4.2 Mitgliedschaft und Beiträge

Die Mitgliedschaft in der gesetzlichen Krankenversicherung beginnt mit dem Tag der Aufnahme einer versicherungspflichtigen Beschäftigung, wenn die Voraussetzungen der Versicherungspflicht nach § 5 Abs. 1 Nr. 1 SGB V erfüllt sind (vgl. § 186 SGB V). Dagegen hat weder die Anmeldung bei der Krankenkasse noch die tatsächliche Beitragsabführung durch den Arbeitgeber eine Bedeutung für die Mitgliedschaft. Sofern der Arbeitnehmer seine Arbeit antritt und damit das Arbeitsverhältnis aktualisiert, entsteht der Versicherungsschutz bereits am Anfang dieses Tages um 0:00 Uhr. Sofern die Arbeit wegen eines Feiertages erst am 02. des Monats aufgenommen wird, ist der Versicherungsschutz gleichermaßen am 01. des Monats ab 0:00 Uhr gegeben. 040

In einigen Sonderfällen der Arbeitsunterbrechung bleibt die Mitgliedschaft in der gesetzlichen Krankenversicherung ungeachtet der Unterbrechung des sozialversicherungspflichtigen Beschäftigungsverhältnisses erhalten: 041

▶ **Arbeitsunterbrechung bei Weiterzahlung des Arbeitsentgelts:** Das Versicherungsverhältnis wird in diesem Fall nicht berührt, da weiterhin eine Beschäftigung gegen Entgelt ausgeübt wird (vgl. § 5 Abs. 1 Nr. 1 SGB V).

▶ **Arbeitsunterbrechung ohne Weiterzahlung des Arbeitsentgelts:** In vielen Fällen besteht wegen fehlender Arbeitsleistung kein Anspruch auf Arbeitsentgelt

(„kein Lohn ohne Arbeit"),[1] sodass die Voraussetzungen einer versicherungspflichtigen Beschäftigung gegen Entgelt entfallen. Hierzu gehören der unbezahlte Urlaub und die Suspendierung des Arbeitsverhältnisses bei rechtmäßigen Arbeitskämpfen sowie in einigen anderen Fällen (Krankengeld, Mutterschaftsgeld etc.). Nach der Sonderregelung des § 192 Abs. 1 SGB V bleibt die Mitgliedschaft bei derartigen Arbeitsunterbrechungen erhalten, solange das Beschäftigungsverhältnis besteht, längstens für einen Monat. Bei der Teilnahme an einem rechtmäßigen Streik dauert das Versicherungsverhältnis bis zu dessen Beendigung und im Fall der Schwangerschaft auch über das Bestehen des Beschäftigungsverhältnisses hinaus an.

- **Arbeitsunterbrechung bei Erkrankung, Mutterschafts- und Erziehungszeiten:** Der Arbeitnehmer hat für die Dauer von sechs Wochen einen Anspruch auf Entgeltfortzahlung im Krankheitsfall nach arbeitsrechtlichen Vorschriften. Versicherte haben darüber hinaus Anspruch auf Krankengeld etc. (vgl. §§ 44 ff. SGB V). Die Mitgliedschaft in der Krankenversicherung bleibt für die Zeiträume des Bezugs von Mutterschafts-, Erziehungs- oder Elterngeld sowie bei der Inanspruchnahme von Elternzeit erhalten (§ 192 Abs. 1 Nr. 2 SGB V).

- **Arbeitsunterbrechung im Zusammenhang mit Organ- oder Blutspenden** (§ 192 Abs. 1 Nr. 2a SGB V).

- **Arbeitsunterbrechung und Bezug von Verletztengeld, Versorgungskrankengeld oder Übergangsgeld:** Auch in diesen Fällen ordnet das Gesetz das Fortbestehen der Mitgliedschaft in der gesetzlichen Krankenversicherung an (§ 192 Abs. 1 Nr. 3 SGB V).

- **Bezug von Kurzarbeitergeld:** Die Mitgliedschaft in der gesetzlichen Krankenversicherung bleibt gem. § 192 Abs. 1 Nr. 4 SGB V erhalten.

- **Krankenversicherung für Wehr- und Zivildienstzeiten:** In diesen Zeiträumen gilt das sozialversicherungsrechtliche Beschäftigungsverhältnis als nicht unterbrochen, wenn das Arbeitsentgelt weiterzugewähren ist (§§ 1 ArbPlSchG, 193 SGB V).

042 Die Mitgliedschaft in der gesetzlichen Krankenversicherung endet mit Ablauf des Tages, an dem die Voraussetzungen für die Versicherungspflicht gem. § 5 Abs. 1 Nr. 1 SGB V entfallen, regelmäßig also mit Beendigung des Beschäftigungsverhältnisses. Der Zeitpunkt einer Abmeldung bei der Krankenkasse ist unerheblich. Ein Anspruch auf Leistungen besteht längstens für einen Monat nach Ende der Mitgliedschaft, falls im Anschluss keine andere Erwerbstätigkeit ausgeübt wird (§ 19 Abs. 2 SGB V).

043 Im Fall der Kündigung des Arbeitsverhältnisses endet das versicherungspflichtige Beschäftigungsverhältnis mit der Aufgabe der Tätigkeit bei Ablauf der Kündigungsfrist, sofern die Kündigung gerechtfertigt ist. Erhebt der Arbeitnehmer jedoch rechtzeitig Kündigungsschutzklage und stellt das Arbeitsgericht fest, dass

---

[1] ≫ Vgl. Kapitel B.3.3 zur Lohnfortzahlung ohne Arbeitsleistung und ≫ Kapitel B.4 zu den Störungen des Arbeitsverhältnisses.

das Arbeitsverhältnis fortbesteht, bleibt der Arbeitnehmer Mitglied in der gesetzlichen Krankenversicherung. Dies gilt auch, wenn der Arbeitgeber dem Arbeitnehmer während des Kündigungsschutzprozesses die tatsächliche Weiterbeschäftigung verweigert. Wird der Weiterbeschäftigungsanspruch gerichtlich durchgesetzt, liegt in dieser Zeit gleichfalls ein versicherungspflichtiges Beschäftigungsverhältnis vor, ohne dass es auf den Ausgang des Kündigungsschutzprozesses ankommt.

Beispiel

Der Arbeitgeber kündigt einem Angestellten ohne Einhaltung der Kündigungsfrist, stellt ihn aber sofort von der Arbeit frei. Bis zum Ablauf der gesetzlichen Kündigungsfrist besteht ein sozialversicherungspflichtiges Beschäftigungsverhältnis, zumal auch das Arbeitsverhältnis mit dem Anspruch des Arbeitnehmers auf Zahlung des Arbeitsentgeltes weiterbesteht.

Die Mitgliedschaft in der gesetzlichen Krankenversicherung endet auch durch das Überschreiten der Jahresarbeitsentgeltgrenze in zwei aufeinanderfolgenden Jahren gem. § 6 Abs. 4 SGB V und in den weiteren in § 190 SGB V aufgeführten Fällen. **044**

Sofern für ein Unternehmen eine Betriebskrankenkasse errichtet worden ist, geht deren Zuständigkeit den gesetzlichen Ortskrankenkassen vor, sodass die versicherungspflichtigen Arbeitnehmer dieser Betriebskrankenkasse als Mitglieder beitreten können (§§ 147 ff. SGB V). Für Innungskrankenkassen gelten die gleichen Grundsätze wie für die Betriebskrankenkassen (vgl. §§ 157 ff. SGB V). Darüber hinaus gibt es Ersatzkassen, in denen versicherungspflichtige Arbeitnehmer nach ihrer Wahl durch freiwilligen Beitritt Mitglied werden können (§§ 168 ff. SGB V). **045**

Die Mittel für die Aufgaben der gesetzlichen Krankenversicherung werden durch Beiträge und sonstige Einnahmen aufgebracht (§§ 20 SGB IV, 220 ff. SGB V). Bei versicherungspflichtigen Beschäftigten trägt der Arbeitgeber die Hälfte der Beiträge des Mitglieds aus dem Arbeitsentgelt (vgl. § 249 SGB V). Der Arbeitgeber trägt die Beiträge für Beschäftigte, die Kurzarbeitergeld erhalten, allein. Sonderfälle sind in den §§ 250 ff. SGB V geregelt. **046**

4.3 Leistungen

Zu den Leistungsarten in der gesetzlichen Krankenversicherung gehören vor allem die Leistungen bei Schwangerschaft und Mutterschaft, zur Verhütung und Früherkennung von Krankheiten, und Leistungen zur Behandlung einer Krankheit (§§ 11 ff. SGB V). **047**

048 Diese Leistungen müssen dem Wirtschaftlichkeitsgebot entsprechen, d. h. ausreichend, zweckmäßig und wirtschaftlich sein; sie dürfen das Maß des Notwendigen nicht überschreiten. Leistungen, die nicht notwendig oder unwirtschaftlich sind, können Versicherte nicht beanspruchen, dürfen die Leistungserbringer nicht bewirken und die Krankenkassen nicht bewilligen (vgl. § 12 SGB V). Nach dem Sachleistungsprinzip werden die Leistungen der gesetzlichen Krankenkasse grundsätzlich als Sach- und Dienstleistungen und nicht als Geldleistungen erbracht. Als Voraussetzungen für die Gewährung von Leistungen aus der gesetzlichen Krankenversicherung sind folgende Erfordernisse anzusehen:

- ▸ Versicherteneigenschaft
- ▸ Mitgliedschaft
- ▸ Versicherungsfall
- ▸ Antragstellung.

049 Die **Versicherteneigenschaft** entsteht durch die Pflichtmitgliedschaft in der gesetzlichen Krankenversicherung oder durch den Erwerb der Versicherungsberechtigung infolge eines freiwilligen Beitritts (vgl. §§ 5 ff. SGB V). Ferner sind in der gesetzlichen Krankenversicherung auch Ehegatten und Kinder von Mitgliedern versichert, wenn diese Familienangehörigen ihren Wohnsitz oder gewöhnlichen Aufenthalt im Geltungsbereich des Sozialgesetzbuches haben, nicht hauptberuflich selbstständig erwerbstätig sind und bestimmte Einkommensgrenzen nicht überschritten werden (vgl. § 10 SGB V).

050 Die **Mitgliedschaft** versicherungspflichtig beschäftigter Arbeitnehmer beginnt mit dem Tag des Eintritts in die Beschäftigung. Dagegen beginnt die freiwillige Mitgliedschaft von Versicherungsberechtigten mit dem Tag ihres Beitritts zur Krankenkasse (§§ 186, 188 SGB V).

051 Auf Sozialleistungen besteht regelmäßig ein gesetzlicher Anspruch, soweit es sich um Pflichtleistungen handelt, die dem Versicherten auf Antrag gewährt werden, wenn die gesetzlichen Tatbestandsvoraussetzungen erfüllt sind. Darüber hinaus gibt es auch Ermessensleistungen, wobei den Krankenkassen bei ihrer Entscheidung über die Leistungsgewährung ein Ermessen eingeräumt wird. Es handelt sich dabei um ein gebundenes, pflichtgemäßes Ermessen gem. § 39 SGB I, sodass dem Versicherten insoweit ein Rechtsanspruch auf fehlerfreie Ermessensausübung zusteht, z. B. bei einem Antrag auf Bewilligung einer Kur.

052 Da der Versicherte einen **Anspruch auf ärztliche Behandlung** hat, müssen den Krankenkassen Ärzte zur Verfügung stehen, die im Krankheitsfall die erforderliche Krankenhilfe leisten. Zu diesem Zweck werden Gesamt- und Mantelverträge zwischen den Krankenkassen und der kassenärztlichen Vereinigung abgeschlossen, in denen auf Landes- und Bundesebene die zugelassenen Kassenärzte zusammengeschlossen sind. Der einzelne Kassenarzt erhält das ärztliche Honorar für seine Leistungen also nicht von den Krankenkassen, sondern von der kassenärztlichen Vereinigung infolge seiner Zulassung. Nach dem Kassenarztrecht ent-

stehen öffentlich-rechtliche Beziehungen zwischen der kassenärztlichen Vereinigung und der Krankenkasse sowie deren Landesverbänden. Dem öffentlichen Recht sind auch die Rechtsbeziehungen zwischen der kassenärztlichen Vereinigung und dem Kassenarzt und zwischen den Krankenkassen und dem Versicherten zuzuordnen.

Übersicht 16: Die gesetzliche Krankenversicherung 053

Das Rechtsverhältnis zwischen dem Versicherten und dem Arzt, dem er im Versicherungsfall aus seinem **Recht auf freie Arztwahl** die Behandlung anvertraut, ist privatrechtlicher Natur. Die Rechte und Pflichten aus dem Behandlungsvertrag zwischen dem Kassenpatienten und dem Arzt entstehen zwar nach öffentlichem Recht, doch verpflichtet die Übernahme der Behandlung den Kassenarzt gegenüber dem Patienten zur Sorgfalt nach den Vorschriften des bürgerlichen Vertragsrechts mit der Folge, dass im Fall fehlerhafter Behandlung ein Schadensersatzanspruch wegen Pflichtverletzung gem. § 280 BGB oder aus unerlaubter Handlung gem. § 823 BGB entsteht. 054

5. Die gesetzliche Unfallversicherung

Die gesetzliche Unfallversicherung wurde als weiterer Zweig der Sozialversicherung nach der gesetzlichen Krankenversicherung bereits im vergangenen Jahrhundert eingerichtet und war zunächst in der Reichsversicherungsordnung geregelt. Zu ihren Aufgaben gehörten die Verhütung von Arbeitsunfällen und die Entschädigung des Verletzten und seiner Angehörigen nach Eintritt eines Arbeitsunfalls (§§ 537 ff. RVO). Die Unfallversicherung ist heute Teil des Sozialgesetzbu- 055

ches (SGB VII). Träger der gesetzlichen Unfallversicherung sind gem. 114 SGB VII
u. a.:

▸ gewerbliche Berufsgenossenschaften

▸ landwirtschaftliche Berufsgenossenschaften

▸ Unfallversicherungsträger der öffentlichen Hand

▸ weitere Versicherungseinrichtungen.

056   Die Mittel für die Ausgaben der gesetzlichen Unfallversicherung werden im Wesentlichen durch Beiträge der Unternehmer aufgebracht, die Versicherte beschäftigen (vgl. §§ 150 ff. SGB VII). Die Beiträge der Unternehmer müssen den Bedarf
für das abgelaufene Kalenderjahr einschließlich der Rücklagen und beschafften
Betriebsmittel decken. Berechnungsgrundlagen sind der Finanzbedarf (Umlage-
soll), die Arbeitsentgelte der Versicherten und die Gefahrklassen (§ 153 SGB VII).
Der Unfallversicherungsträger setzt als autonomes Recht einen Gefahrtarif fest.
In dem Gefahrtarif sind zur Abstufung der Beiträge Gefahrklassen festzustellen.
Daher variieren die Beiträge zur gesetzlichen Unfallversicherung innerhalb der
Branchen nach der Unfallhäufigkeit der dem einzelnen Versicherungsbereich an-
gehörenden Unternehmen.

5.1 Versicherungspflicht

057   In der gesetzlichen Unfallversicherung besteht für einen festgelegten Personenkreis die Versicherungspflicht kraft Gesetzes, z. B. nach der Satzung der jeweiligen
Berufsgenossenschaft oder durch einen freiwilligen Beitritt. Nach Maßgabe des
§ 2 SGB VII sind in erster Linie Beschäftigte und Auszubildende in der gesetzlichen
Unfallversicherung. Ferner sind weitere Personen versichert, z. B. behinderte
Menschen in anerkannten Werkstätten, Kinder während des Besuchs von Kinder-
gärten, Schüler während des Besuchs allgemeinbildender Schulen, Lernende
während der beruflichen Aus- und Fortbildung, Studierende während der Aus-
und Fortbildung an Hochschulen, ehrenamtlich tätige Personen im Gesundheits-
wesen, in der Wohlfahrtspflege und in Körperschaften des öffentlichen Rechts,
Personen im Freiwilligendienst u. a.

058   Der räumliche und persönliche Geltungsbereich wird gem. § 3 SGB IV auch in der
gesetzlichen Unfallversicherung auf alle natürlichen Personen beschränkt, die im
Bundesgebiet beschäftigt oder selbstständig sind; die Staatsangehörigkeit spielt
hierbei keine Rolle. Es ist das Ausstrahlungsprinzip gem. § 4 SGB IV zu berücksichtigen, z. B. bei der Entsendung eines Beschäftigten für eine vorübergehende Tätigkeit ins Ausland. Die Gesellschafter einer Gesellschaft bürgerlichen Rechts,
einer oHG oder einer KG sind grundsätzlich nicht versichert, da sie als Unternehmer gelten und nicht als Beschäftigte. Auch die Mitglieder von Vorständen und
Aufsichtsräten in einer Aktiengesellschaft stehen grundsätzlich nicht in einem
versicherungspflichtigen Beschäftigungsverhältnis, da sie zu den Organen des
Unternehmens gehören. Für ein Beschäftigungsverhältnis i. S. v. § 2 Abs. SGB VII
wird nicht vorausgesetzt, dass die betreffende Person tatsächlich Lohn erhält. Im

Unterschied zur gesetzlichen Krankenversicherung, die im § 5 Abs. 1 Nr. 1 SGB V ausdrücklich hierauf abstellt, ist das Erzielen eines Arbeitsentgelts bei der Versicherungspflicht zur gesetzlichen Unfallversicherung nicht erforderlich. Es kommt allein auf die Zugehörigkeit zu dem in § 2 SGB VII aufgeführten Personenkreis an.

5.2 Versicherungsfall

Zu den Aufgaben der gesetzlichen Unfallversicherung gehört in erster Linie die Verhütung von Arbeitsunfällen, Berufskrankheiten und arbeitsbedingten Gesundheitsgefahren. Nach Eintritt von Arbeitsunfällen oder Berufskrankheiten ist die Gesundheit und die Leistungsfähigkeit der Versicherten mit allen geeigneten Mitteln wiederherzustellen und sie oder ihre Hinterbliebenen durch Geldleistungen zu entschädigen (vgl. § 1 SGB VII). 059

Als **Versicherungsfall** gelten in der Unfallversicherung sowohl Arbeitsunfälle als auch Berufskrankheiten (vgl. § 7 SGB VII). 060

Berufskrankheiten sind entweder durch Rechtsverordnung oder durch den Träger der Unfallversicherung anerkannt. Dabei handelt es sich um Krankheiten, die in der Berufskrankheiten-Verordnung aufgeführt sind und die sich der Versicherte bei der versicherten Tätigkeit zugezogen hat. Berufskrankheiten werden nach den Erkenntnissen der medizinischen Wissenschaft durch besondere Einwirkungen verursacht, denen bestimmte Personengruppen durch ihre Arbeit in erheblich höherem Grad als die übrige Bevölkerung ausgesetzt sind,[1] z. B. chemische Einwirkungen durch Gase, physikalische Einwirkungen durch mechanische Verrichtungen oder Lärm, ferner auch Krankheiten, die durch Infektionserreger oder Parasiten hervorgerufen werden. Sofern der Versicherte eine Krankheit erleidet, die nicht in der Berufskrankheiten-Verordnung enthalten ist, kann diese im Einzelfall nach neuen medizinischen Erkenntnissen wegen arbeitsbedingter besonderer Gefährdung vom Unfallversicherungsträger als Berufskrankheit anerkannt werden. 061

Arbeitsunfälle erleidet der Versicherte bei einer versicherten Tätigkeit in vielen Bereichen des täglichen Lebens. Unfälle sind zeitlich begrenzte, von außen auf den Körper einwirkende Ereignisse, die zu einem Gesundheitsschaden oder zum Tod führen. In der See- und Binnenschiffahrt besteht eine erweiterte Definition des Unfallbegriffs (vgl. § 10 SGB VII). Nach der Rechtsprechung des Bundessozialgerichts[2] liegt ein Arbeitsunfall vor, wenn ein von außen wirkendes, unfreiwilliges, zeitlich begrenztes, körperlich schädigendes Ereignis, das mit der versicherten Tätigkeit in einem ursächlichen Zusammenhang steht und eine Gesundheitsschädigung bewirkt. Auch auf dem Weg zur und von der versicherten Tätigkeit (Wegeunfall) ist der Versicherungsschutz gegeben (vgl. § 8 SGB VII). 062

---

[1] BSG NZA 1988, 823.

[2] BSGE 23, 139, 141.

Beispiel

Die Bauwirtschaft ist einer der bedeutendsten Wirtschaftszweige in Deutschland. Zur Bekämpfung der überdurchschnittlichen Zahl von Arbeitsunfällen und Berufserkrankungen in der Bauwirtschaft wurden spezielle gesetzliche Regelungen erlassen, die u. a. technische und organisatorische Mindestanforderungen für Baustellen regeln (Arbeitsstättenverordnung, Betriebssicherheitsverordnung, Baustellenverordnung).

5.2.1 Prüfung eines Versicherungsfalls

063 Folgenden Voraussetzungen müssen für einen Versicherungsfall gegeben sein:

- ► versicherte Tätigkeit

- ► Arbeitsunfall oder Berufskrankheit

- ► haftungsbegründende Kausalität
  (= Kausalzusammenhang zwischen der versicherten Tätigkeit und dem Unfall)

- ► Schaden

- ► haftungsausfüllende Kausalität
  (= Kausalzusammenhang zwischen Unfall und Schaden).

064 Die versicherten Tätigkeiten sind in § 2 SGB VII aufgeführt. Auch die Teilnahme an Betriebsveranstaltungen, z. B. an betrieblichen Fortbildungsmaßnahmen, Betriebsausflügen, Betriebssportveranstaltungen[1] und an sonstigen betrieblichen Feiern ist unfallversichert, wenn die Aktivitäten vom Unternehmer oder vom Betriebsrat veranstaltet werden. Als Arbeitsunfall gilt auch ein Unfall bei einer mit einer versicherungspflichtigen Tätigkeit zusammenhängenden Verwahrung, Beförderung, Instandhaltung und Erneuerung des Arbeitsgerätes. Dagegen gehören die eigenwirtschaftlichen Tätigkeiten nicht zu den versicherten Tätigkeiten, sondern zum persönlichen Lebensbereich des Versicherten. Hierzu zählen grundsätzlich Essen und Trinken, das Beschaffen von Nahrungs- und Genussmitteln, Schlafen, An- und Auskleiden, Baden und Waschen, selbst wenn diese Tätigkeiten im Betrieb verrichtet werden. Im Einzelfall können aber auch eigenwirtschaftliche Tätigkeiten versichert sein, wenn diese in einem besonderen Zusammenhang zur Arbeit stehen, z. B. das Essen und Trinken während der Arbeitspausen, das Schlafen bei Bereitschaftsdienst im Betrieb, das Umkleiden und Waschen im Rahmen einer betrieblichen Tätigkeit und ähnliche Verrichtungen.

065 Als haftungsbegründende Kausalität wird der ursächliche Zusammenhang zwischen der versicherten Tätigkeit und dem Unfallereignis bezeichnet. Der Unfall muss sich nicht nur während der versicherten Tätigkeit ereignen, sondern auch

---

[1] BSGE 41, 145.

durch diese Tätigkeit herbeigeführt worden sein. Im Sozialversicherungsrecht hat sich als Theorie der wesentlichen Bedingung[1] eine sozialrechtliche Kausalitätslehre herausgebildet. Danach soll die versicherte Tätigkeit sich als eine wesentliche Bedingung des Arbeitsunfalls darstellen und nicht nur als Gelegenheitsursache ohne betrieblichen Bezug. Infolgedessen ist bei einem Arbeitsunfall zunächst festzustellen, ob eine versicherte Tätigkeit vorliegt und sodann zu prüfen, ob zwischen dieser Tätigkeit und dem Unfall ein ursächlicher Zusammenhang besteht. Die nicht betriebsbedingten Risiken, darunter angeborene Krankheiten und Schäden sowie eigenwirtschaftliche Tätigkeiten, werden dadurch vom Unfallversicherungsschutz ausgenommen. Auch wenn der Versicherte durch eine von ihm selbst geschaffene Gefahr verunglückt, insbesondere bei Alkoholgenuss, bei Verstößen gegen Arbeitssicherheitsbestimmungen oder gegen Vorschriften im Straßenverkehr, entfällt der Unfallversicherungsschutz. Die mittelbaren Folgen eines Versicherungsfalls werden nach Maßgabe des § 11 SGB VII ausgeglichen.

Infolge des Arbeitsunfalles muss der Versicherte einen Schaden erlitten haben, wobei die gesetzliche Unfallversicherung grundsätzlich nur bei Körperschäden eintritt, während Sachschäden und immaterielle Schäden, wie Schmerzensgeld, nicht ersetzt werden. Ein Schadensersatzanspruch des Verletzten hinsichtlich der Sachschäden und des Schmerzensgeldes kann sich aus dem allgemeinen Schadensersatzrecht ergeben, z. B. gegen den Arbeitgeber infolge einer Verletzung der arbeitsvertraglichen Fürsorgepflicht gem. § 280 BGB oder gegen den Schädiger aus dem Rechtsgrundsatz unerlaubter Handlung gem. §§ 823 ff. BGB.[2]   066

Im Unfallversicherungsrecht sind die Haftungsbeschränkungen gem. §§ 104 ff. SGB VII zu beachten. Unternehmer sind den Versicherten, die für ihre Unternehmen tätig sind oder zu ihren Unternehmen in einer sonstigen die Versicherung begründenden Beziehung stehen, sowie deren Angehörigen und Hinterbliebenen nach anderen gesetzlichen Vorschriften zum Ersatz des Personenschadens, den ein Versicherungsfall verursacht hat, nur verpflichtet, wenn sie den Versicherungsfall vorsätzlich oder auf einem nach § 8 Abs. 2 Nr. 1 - 4 SGB VII versicherten Weg herbeigeführt haben.   067

Fall 20: Haftungsbeschränkung bei Personenschäden > Seite 397

Als haftungsausfüllende Kausalität ist der ursächliche Zusammenhang zwischen dem Arbeitsunfall und dem Eintritt des Körperschadens anzusehen. Dies ist in der Regel einfach festzustellen und nur in wenigen Fällen ausgeschlossen, wenn ein Schaden im Rahmen des allgemeinen Lebensrisikos eingetreten ist, ohne dass ein Unfallereignis vorliegt. Somit hat bei der Feststellung eines Versicherungsfalles eine doppelte Kausalitätsprüfung zu erfolgen. Der Arbeitsunfall oder die Berufskrankheit muss infolge der versicherten Tätigkeit eingetreten sein (= haf-   068

---

[1]   BSGE 1, 72, 76; BSGE 38, 127, 129; BSG NZA 1988, 71.

[2]   >> Vgl. auch Kapitel B.4.5 zur Haftungsbegrenzung für Arbeitnehmer.

tungsbegründende Kausalität) und der Versicherungsfall muss wiederum den Schaden verursacht haben (= haftungsausfüllende Kausalität).

069 Im Verfahren vor den Sozialgerichten gilt zugunsten der Versicherten gem. § 103 SGG der Untersuchungsgrundsatz, wonach das Gericht von Amts wegen den Sachverhalt zu erforschen hat, sodass die Beweisführungslast der klagenden Partei entfällt. Andererseits besteht im Sozialversicherungsrecht auch eine objektive oder materielle Beweislast, sodass der Antragsteller die Beweislast für die anspruchsbegründenden Leistungsvoraussetzungen trägt, während der Sozialversicherungsträger die Beweislast für die rechtshemmenden oder rechtsvernichtenden Tatsachen zu tragen hat. Infolgedessen erhält der Versicherte keine Leistungen aus der gesetzlichen Unfallversicherung, wenn die Voraussetzungen eines Arbeitsunfalls nicht nachgewiesen werden können, weil sich nicht feststellen lässt, ob eine versicherte Tätigkeit vorgelegen hat. Für den Nachweis der Kausalität beim Arbeitsunfall ist es ausreichend, wenn der Kausalzusammenhang mit hinreichender Wahrscheinlichkeit anzunehmen ist.

5.2.2 Besonderheiten des Wegeunfalls

070 Auch der Wegeunfall ist als Versicherungsfall in der gesetzlichen Unfallversicherung anerkannt. Als Weg gilt nicht die Verbindung zwischen Wohnung und Arbeitsstätte, sondern das Fortbewegen des Versicherten auf ein bestimmtes Ziel, das entweder durch die Arbeitsstätte oder durch die Wohnung gebildet wird. Beginn und Ende des versicherten Weges liegen im Verlassen des häuslichen Bereiches, regelmäßig an der Außentür des Hauses, selbst wenn die Grundstücke anderweitig begrenzt sind.

071 Der Weg zur versicherten Tätigkeit muss nach der Entfernung nicht der kürzeste Weg sein, denn der Versicherte ist grundsätzlich in der Wahl der Weg- oder Fahrstrecke und auch des Verkehrsmittels frei. Vielmehr ist erforderlich, dass der vom Versicherten zurückgelegte Weg mit der Tätigkeit, die den Unfallversicherungsschutz begründet, in einem rechtlich wesentlichen Zusammenhang steht. Falls der Weg ausschließlich eigenwirtschaftlichen oder persönlichen Zwecken[1] dient, fehlt dieser Zusammenhang zur versicherten Tätigkeit. Sofern der Versicherte auf dem Weg zwischen Wohnung und Arbeitsstätte private Angelegenheiten erledigt, richtet sich der Versicherungsschutz danach, ob der Zusammenhang mit der versicherten Tätigkeit beibehalten wird oder andererseits eine Unterbrechung oder eine endgültige Lösung vom Betrieb eintritt.

---

[1] Einen Überblick über die Entwicklung der Rechtsprechung zur unfallversicherungsrechtlichen Haftungsbeschränkung bei Personenschäden und über Grenzfälle gibt *Waltermann*, NJW 2004, 901; ders., NJW 2002, 1225; ders., NJW 1997, 3401.

Beispiele

Ausgangspunkt für den Weg zur Arbeit kann auch eine Gaststätte sein, die der Arbeitnehmer vor Beginn der Schicht zur Einnahme des Abendessens aufgesucht hat, wenn dadurch das Unfallrisiko nicht wesentlich erhöht wird.[1]

Dem Unfallversicherungsschutz unterliegt auch der Weg vom Arzt zur Arbeitsstätte, wenn dieser Weg von dem Vorhaben des Versicherten bestimmt wird, seine versicherte Tätigkeit aufzunehmen.[2]

Auch **Umwege** auf dem Weg zur Arbeitsstätte können in den Versicherungsschutz eingeschlossen sein. Dies gilt insbesondere dann, wenn die kürzeste Wegstrecke zwischen Wohnung und Arbeitsplatz zwar verlängert wird, das Ziel des Weges in Richtung auf die Arbeitstätte oder zurück zur Wohnung jedoch beibehalten wird. Dem Versicherungsschutz unterliegen aber nur solche Umwege, die im Verhältnis zu dem kürzesten Weg nicht erheblich sind. Sofern sich durch den gewählten Weg auch die Zielrichtung ändert, liegt ein Abweg des Versicherten vor, der grundsätzlich nicht mehr dem Unfallversicherungsschutz unterliegt. Es gibt aber gesetzlich geregelte Ausnahmefälle des Versicherungsschutzes für Abweichungen von dem üblichen Weg zwischen der Wohnung und dem Ort der versicherten Tätigkeit, bei denen auch Richtungsänderungen des Versicherten den Versicherungsschutz nicht ausschließen (vgl. § 8 SGB VII). Hierzu gehören u. a.:

072

▸ **Unterbringung eines Kindes:** Der Abweg beruht darauf, dass der Versicherte sein Kind, dass mit ihm in einem Haushalt lebt, wegen beruflicher Tätigkeit fremder Obhut anvertraut.

▸ **Fahrgemeinschaft:** Der Abweg ist dadurch begründet, dass der Versicherte mit anderen Berufstätigen oder versicherten Personen gemeinsam ein Fahrzeug für den Weg nach und von dem Ort der Tätigkeit benutzt.

Eine Unterbrechung des Weges und damit auch eine Unterbrechung des Versicherungsschutzes tritt ein, wenn in räumlicher oder zeitlicher Hinsicht von dem üblichen Verlauf der Wegstrecke abgewichen wird. Dies ist insbesondere der Fall, wenn der Versicherte den öffentlichen Verkehrsraum verlässt, in dem er z. B. ein Geschäft, eine Gaststätte oder einen Hauseingang betritt. Die eigenwirtschaftliche Tätigkeit während der Unterbrechung ist grundsätzlich nicht versichert.[3]

073

---

[1] BSG NZA 1988, 71 – Wegeunfall – Antritt des Weges.

[2] BSG NZA 1988, 142 und 144 – Weg zum Ort der Tätigkeit vom Arzt.

[3] BSG NZS 2013, 872 – Unterbrechung des Weges zur Arbeitsstätte; BSG NJO2 2014, 1796 – Unfallereignis nach Beendigung privatwirtschaftlicher Tätigkeit des Tankens.

074 Allerdings wird der Versicherungsschutz wieder hergestellt, wenn der Heimweg oder Arbeitsweg erreicht und fortgesetzt wird, sofern die Unterbrechung zeitlich, örtlich und in ihrem Umfang nicht erheblich ist. Dagegen endet der Versicherungsschutz, wenn Art und Dauer der Unterbrechung auf endgültige Lösung vom Betrieb[1] schließen lassen. Dies wird nach der Rechtsprechung der Sozialgerichte bei einer Dauer von mehr als zwei Stunden angenommen, insbesondere, wenn der Versicherte bei einem Gasthausbesuch Alkohol zu sich nimmt. Der Genuss von Alkohol führt zum Verlust des Versicherungsschutzes, wenn dieser die wesentliche Ursache für den Unfall gewesen ist. Das gilt sowohl für den Unfall im Betrieb, als auch für den Unfall im Straßenverkehr.

5.3 Leistungen

075 Im Versicherungsfall werden aus der gesetzlichen Unfallversicherung nach Feststellung eines Arbeitsunfalls oder einer Berufskrankheit verschiedenartige Leistungen gewährt. Dazu gehören insbesondere

- ▸ die Heilbehandlung, medizinische Rehabilitation, Teilhabe am Arbeitsleben und am Leben in der Gemeinschaft, ergänzende Leistungen, Pflege und Geldleistungen gem. §§ 27 ff. SGB V

- ▸ Renten, Beihilfen und Abfindungen gem. §§ 56 ff. SGB V.

076 Die Heilbehandlung umfasst insbesondere die Erstversorgung, ärztliche und zahnärztliche Behandlung, Versorgung mit Arznei-, Verband-, Heil- und Hilfsmitteln, häusliche Krankenpflege, stationärer Behandlung in Krankenhäusern und Rehabilitationseinrichtungen und Leistungen zur medizinischen Rehabilitation. Im Unterschied zur Krankenversicherung kann in der gesetzlichen Unfallversicherung die freie Arztwahl eingeschränkt werden. Dies gilt z. B. bei Versicherungsfällen, für die wegen ihrer Art oder Schwere besondere unfallmedizinische Behandlung angezeigt ist.

077 In jedem Fall haben die Unfallversicherungsträger alle Maßnahmen zu treffen, durch die eine möglichst frühzeitig nach dem Versicherungsfall einsetzende und sachgemäße Heilbehandlung und, soweit erforderlich, besondere unfallmedizinische oder Berufskrankheiten-Behandlung gewährleistet wird. Sie können zu diesem Zweck die von den Ärzten und Krankenhäusern zu erfüllenden Voraussetzungen im Hinblick auf die fachliche Befähigung, die sächliche und personelle Ausstattung sowie die zu übernehmenden Pflichten festlegen. Sie können daneben nach Art und Schwere des Gesundheitsschadens besondere Verfahren für die Heilbehandlung vorsehen (vgl. § 34 Abs. 1 SGB VIII). Auch insoweit gilt eine Einschränkung der freien Arztwahl.

---

[1] Die Lösung vom Betrieb kann auch nach Beendigung oder Unterbrechung der versicherungspflichtigen Tätigkeit am Arbeitsplatz eintreten, z. B. im Anschluss an eine betriebliche Feier.

Leistungen zur Teilhabe am Arbeitsleben sind Maßnahmen gem. §§ 35 SGB VII,   078
33 SGB IX, aber auch Leistungen an Arbeitgeber oder an eine Werkstatt für Behinderte. Zu den Leistungen an die Versicherten gehören u. a.

- Hilfen zur Erhaltung oder Erlangung eines Arbeitsplatzes, einschließlich ver-
  mittlungsunterstützende Leistungen

- Berufsvorbereitung, einschließlich einer wegen der Behinderung erforderlichen
  Grundausbildung

- individuelle betriebliche Qualifizierung im Rahmen unterstützter Beschäftigung

- berufliche Anpassung und Weiterbildung

- berufliche Ausbildung

- Gründungszuschuss

- sonstige Hilfen zur Förderung der Teilhabe am Arbeitsleben für behinderte
  Menschen.

Die berufsfördernden Leistungen schließen auch die Übernahme der erforderli-   079
chen Kosten für Unterkunft und Verpflegung ein, wenn für die Teilnahme an der
Maßnahme eine Unterbringung außerhalb des eigenen oder des elterlichen
Haushalts wegen Art oder Schwere der Verletzung oder zur Sicherung des Erfolgs
der Rehabilitation notwendig ist. Danach werden auch Maßnahmen in Einrichtungen der beruflichen Rehabilitation gefördert. Die Berufshilfe wird von den
Berufsgenossenschaften teilweise in eigenen Spezialeinrichtungen gewährt, u. a.
in Berufsförderungswerken, in Berufsbildungswerken, in Zentren für spezielle
medizinische und berufliche Rehabilitation und in Werkstätten für Behinderte.

Weitere Leistungen betreffen Leistungen zur Teilnahme am Leben in der Gemein-   080
schaft gem. §§ 39 ff. SGB VII, Leistungen bei Pflegebedürftigkeit gem. § 44 SGB
VII und Geldleistungen gem. §§ 45 ff. SGB VII. Hierzu gehört insbesondere das
Verletztengeld, das der Versicherte erhält, solange er infolge des Versicherungs-
falles arbeitsunfähig ist. Der Begriff der Arbeitsunfähigkeit richtet sich nach dem
Recht der gesetzlichen Krankenversicherung.

Renten, Beihilfen und Abfindungen werden in besonderen Fällen an die Versicherten oder deren Hinterbliebene geleistet (vgl. §§ 56 ff. SGB VII).

5.4 Unfallverhütung

Die Träger der gesetzlichen Unfallversicherung haben mit allen geeigneten Mit-   081
teln für die Verhütung von Arbeitsunfällen, Berufskrankheiten und arbeitsbedingten Gesundheitsgefahren und für eine wirksame Erste Hilfe zu sorgen (§ 14
SGB VII). Daher erlassen die Unfallversicherungsträger, z. B. Berufsgenossenschaften, **Unfallverhütungsvorschriften** als autonomes Recht und überwachen deren
Durchführung. Die Präventionsaufgaben werden durch die Deutsche Gesetzliche

Unfallversicherung e. V. unterstützt (vgl. § 14 SGB Abs. 4 VII). Die Unfallverhütungsvorschriften bedürfen der Genehmigung durch das Bundesministerium für Arbeit und Soziales.

082 Die Unfallversicherungträger haben die Durchführung der Maßnahmen zur Verhütung von Arbeitsunfällen und Berufskrankheiten etc. zu überwachen und die Versicherten zu beraten. Sie können im Einzelfall auch bestimmte Maßnahmen anordnen (vgl. § 19 SGB VII). So sind z. B. die technischen Aufsichtspersonen[1] der Berufsgenossenschaften berechtigt, die Mitgliedsunternehmen während der Arbeitszeit zu besichtigen und Auskunft über Einrichtungen, Arbeitsverfahren und Arbeitsstoffe zu verlangen. Sie sind ferner berechtigt, gegen Empfangsbescheinigung Proben von Arbeitsstoffen nach ihrer Auswahl zu fordern oder zu entnehmen und bei Gefahr im Verzug sofort vollziehbare **Anordnungen zur Beseitigung von Unfallgefahren** zu treffen. Den technischen Aufsichtspersonen obliegt eine Verschwiegenheitspflicht über Betriebs- und Geschäftsgeheimnisse, die ihnen bei der Überwachung bekanntgeworden sind. Die Schweigepflicht besteht jedoch nicht gegenüber Versicherungträgern, staatlichen Behörden, Versicherungsbehörden oder Gerichten bei festgestellten Verstößen gegen Unfallverhütungsvorschriften oder sonstigen Verfehlungen der Unternehmer. Die Berufsgenossenschaften haben bei der Erfüllung ihrer Aufgaben mit den Gewerbeaufsichtsbehörden und den für die Bergaufsicht zuständigen Behörden zusammenzuwirken.

083 Der Unternehmer ist für die Durchführung der Maßnahmen zur Verhütung von Arbeitsunfällen und Berufskrankheiten, für die Verhütung von arbeitsbedingten Gesundheitsgefahren sowie für eine wirksame Erste Hilfe verantwortlich. In Unternehmen mit mehr als 20 Beschäftigten hat der Unternehmer einen oder mehrere **Sicherheitsbeauftragte** zu bestellen (§§ 21, 22 SGB VII). Die Unfallversicherungträger haben für die erforderliche Aus- und Fortbildung der Personen in den Unternehmen zu sorgen, die mit der Durchführung der Maßnahmen zur Verhütung von Arbeitsunfällen, Berufskrankheiten und arbeitsbedingten Gesundheitsgefahren sowie mit der Ersten Hilfe betraut sind. Sie können überbetriebliche arbeitsmedizinische und sicherheitstechnische Dienste einrichten (§§ 23, 24 SGB VII).

084 Die Bundesregierung hat dem Bundestag alljährlich einen **Unfallverhütungsbericht** vorzulegen, der einen statistischen Bericht über den Stand von Sicherheit und Gesundheit bei der Arbeit und über das Unfall- und Berufskrankheitengeschehen zu erstatten (§ 25 SGB VII). Alle vier Jahre hat der Bericht einen umfassenden Überblick über die Entwicklung der Arbeitsunfälle und Berufskrankheiten, ihre Kosten und die Maßnahmen zur Sicherheit und Gesundheit bei der Arbeit zu enthalten. Die Unfallversicherungträger sind daher gegenüber dem Bundesministerium für Wirtschaft und Arbeit berichtspflichtig.

---

[1] ≫Vgl. auch Kapitel B.3.7 zur Arbeitssicherheit.

6. Die gesetzliche Rentenversicherung

Das Recht der gesetzlichen Rentenversicherung umfasst Leistungen, die insbe- 085
sondere die Risiken von Alter und Invalidität betreffen sowie Leistungen an Hinterbliebene. Diese Leistungen garantieren eine Mindestsicherung neben anderen
Formen der Altersvorsorge, z. B. der betrieblichen Altersversorgung und der privaten Selbstvorsorge. Die allgemeine gesetzliche Rentenversicherung ist mit Ausnahme der Altersversorgung in der Landwirtschaft im Sozialgesetzbuch (SGB VI)
geregelt. Träger der allgemeinen Rentenversicherung sind die Regionalträger, die
Deutsche Rentenversicherung Bund und die Deutsche Rentenversicherung
Knappschaft-Bahn-See (vgl. §§ 126 ff. SGB VI).

Zu den Aufgaben der gesetzlichen Rentenversicherung gehören Leistungen zur 086
Teilhabe gem. §§ 9 ff. SGB VI, die Gewährung von Renten gem. §§ 33 ff. SGB VI
sowie Zusatz- und Serviceleistungen gem. §§ 106 ff., 109 f. SGB VI.

Die Finanzierung der Rentenversicherung erfolgt durch die Beiträge der Versicher- 087
ten und der Arbeitgeber, ferner auch durch Zuschüsse des Bundes. Die Ausgaben
eines Kalenderjahres werden jeweils durch die Einnahmen des gleichen Kalenderjahres und, soweit erforderlich, durch Entnahmen aus der **Nachhaltigkeitsrücklage** gedeckt (vgl. §§ 153 ff., 216 ff. SGB VI).

Die Bundesregierung erstellt jährlich einen **Rentenversicherungsbericht** auf der 088
Grundlage der letzten Ermittlungen der Zahl der Versicherten und der Rentner,
sowie der Einnahmen, der Ausgaben und der Nachhaltigkeitsrücklage und der
daraus folgenden Modellrechnung zur künftigen Entwicklung und des in den
nächsten 15 Kalenderjahren erforderlichen Beitragssatzes. Der Rentenversicherungsbericht enthält die Darstellung der voraussichtlichen Entwicklung für die
Rentenversicherung in den nächsten fünf Kalenderjahren auf der Grundlage der
aktuellen Einschätzung der mittelfristigen Wirtschaftsentwicklung. Zudem enthält der Rentenversicherungsbericht eine Darstellung, wie sich die Anhebung der
Altersgrenzen auf die Arbeitsmarktlage, auf die Finanzierung der Rentenversicherung und auf andere öffentliche Haushalte auswirkt (§ 154 SGB VI). Der Sozial-
beirat, bestehend aus Vertretern der Versicherten, der Arbeitgeber, der Deutschen
Bundesbank und der Wirtschafts- und Sozialwissenschaften, hat die Aufgabe, in
einem Gutachten zum Rentenversicherungsbericht der Bundesregierung Stellung zu nehmen (§§ 155 ff. SGB VI).

6.1 Versicherungspflicht

Die Versicherungspflicht in der gesetzlichen Rentenversicherung richtet sich al- 089
lein danach, ob ein sozialversicherungspflichtiges Beschäftigungsverhältnis vorliegt.[1] Zum versicherungspflichtigen Personenkreis gehören alle diejenigen Personen, die gegen Entgelt oder zu ihrer Berufsausbildung beschäftigt sind, also
in erster Linie Arbeitnehmer und Auszubildende (§ 1 SGB VI). Ferner erstreckt

---

[1] ≫ Vgl. Kapitel D.1 zum versicherungspflichtigen Beschäftigungsverhältnis.

sich die Rentenversicherungspflicht auch auf Behinderte, auf Personen in Einrichtungen der Jugendhilfe oder Berufsbildungswerken, auf Mitglieder geistlicher Genossenschaften, Diakonissen u. ä. Personen und auf die Beschäftigten der Auslandsvertretungen. Darüber hinaus ist die Versicherungspflicht auch für verschiedene Gruppen selbstständiger Erwerbstätiger vorgesehen, z. B. für selbstständige Lehrer, Erzieher, Pflegepersonen, Hebammen, Seelotsen, Künstler und Publizisten, Hausgewerbetreibende, Küstenschiffer und Küstenfischer und für Handwerker (vgl. § 2 SGB VI). Sonstige Versicherte sind Personen, denen Kindererziehungszeiten anzurechnen sind, die einen Pflegebedürftigen pflegen, Wehr- und Zivildienstleistende, Bezieher von Krankengeld, Verletztengeld, Versorgungskrankengeld, Übergangsgeld, Arbeitslosengeld und Personen, die Vorruhestandsgeld beziehen (vgl. § 3 SGB VI).

090 Das rentenversicherungspflichtige Beschäftigungsverhältnis wird durch Arbeitslosigkeit unterbrochen, wobei die Zeiten der Beziehung öffentlich-rechtlicher Leistungen als beitragsfreie Anrechnungszeiten berücksichtigt werden (§ 58 Abs. 1 Nr. 3 SGB VI).

091 In einigen Fällen besteht eine Versicherungspflicht auf Antrag, z. B. für Entwicklungshelfer und Beschäftigte in Ausland (vgl. § 4 SGB VI).

092 Versicherungsfreiheit kann kraft Gesetzes oder auf Antrag eintreten (vgl. §§ 5, 6 SGB VI). Versicherungsfreiheit kraft Gesetzes besteht für versicherungsfreie Beschäftigungen und für versicherungsfreie Personen. Darunter fallen insbesondere

- Beamte, Richter und andere Personen, deren Beschäftigung eine Versorgungsanwartschaft zur Folge hat

- geringfügige Beschäftigungen gem. §§ 8, 8a SGB IV

- Altersruhegeldempfänger.

093 Eine Versicherungsberechtigung kann auf Antrag durch die freiwillige Mitgliedschaft erworben werden (§ 7 SGB VI). Die freiwillige Versicherung gilt für diejenigen Personen, die nicht bereits nach den Rentenversicherungsgesetzen versicherungspflichtig sind. Hierzu gehören vor allem die Nichterwerbstätigensowie diejenigen Personen, die aus einem versicherungspflichtigen Beschäftigungsverhältnis ausscheiden. Eine freiwillige Versicherung setzt die Erfüllung der allgemeinen Wartezeit voraus, um Doppelversorgungen auszuschließen. Die Beiträge zur freiwilligen Versicherung müssen von den Berechtigten in voller Höhe selbst aufgebracht und unmittelbar an den Träger der Rentenversicherung gezahlt werden.

6.2 Mitgliedschaft und Beiträge

094 Das Versicherungsverhältnis zwischen dem Träger der gesetzlichen Rentenversicherung und dem Versicherten wird kraft Gesetzes mit Erfüllung der gesetzlichen

Voraussetzungen begründet. Dies gilt für einen Arbeitnehmer mit Aufnahme der sozialversicherungspflichtigen Beschäftigung, also durch die Aktualisierung des Arbeitsverhältnisses. Im Unterschied zur Krankenversicherung entsteht der materielle Versicherungsschutz, die Anwartschaft auf Versicherungsleistungen nicht bereits mit der Versicherungspflicht, sondern erst durch die Beitragszahlungen. Während der Beginn des Versicherungsverhältnisses auch in der Rentenversicherung mit der Arbeitsaufnahme vorliegt, hängen der Versicherungsschutz und die Höhe des Altersruhegeldes unmittelbar von Anzahl und Höhe der geleisteten Beiträge ab. Rentenrechtliche Zeiten sind gem. § 54 SGB VI

- ▶ Beitragszeiten
- ▶ beitragsfreie Zeiten und
- ▶ Berücksichtigungszeiten.

Die Ansprüche auf Leistungen aus der gesetzlichen Rentenversicherung richten sich somit nach den **Beitragszeiten**, dies sind Zeiten, für die nach Bundesrecht Pflichtbeiträge (Pflichtbeitragszeiten) oder freiwillige Beiträge gezahlt worden sind. Infolge des Versicherungsziels einer Grundsicherung werden auf die Beitragszeiten verschiedene beitragsfreie Zeiten angerechnet, z. B. Kindererziehungszeiten, Berücksichtigungszeiten und Anrechnungszeiten für die Dauer der Unterbrechung einer versicherungspflichtigen Tätigkeit wegen Krankheit, Schwangerschaft, Arbeitslosigkeit, Schul- und Hochschulbesuch (§§ 55 ff. SGB VI). Der Versicherungsschutz entsteht somit nicht schon mit der Aufnahme der sozialversicherungspflichtigen Beschäftigung, sondern erst mit dem Eintritt in die Versicherung durch die Entrichtung wenigstens eines Versicherungsbeitrages an den zuständigen Rentenversicherungsträger. 095

In der gesetzlichen Rentenversicherung ist die Wirksamkeit der entrichteten Beiträge von besonderer Bedeutung, weil als **Pflichtbeitragszeiten** nur die Versicherungszeiten berücksichtigt werden, in denen Beiträge wirksam entrichtet wurden, sofern nicht diese Zeiträume als Anrechnungszeiten oder nach besonderen Vorschriften als Pflichtbeitragszeiten gelten (§ 55 SGB VI). Die Beiträge müssen innerhalb bestimmter zeitlicher Grenzen eingezahlt werden. Die Pflichtbeiträge sind nur wirksam, wenn sie innerhalb unverjährter Zeit entrichtet werden (§ 197 SGB VI). Die **Wirksamkeit der Beitragsentrichtung** setzt voraus, 096

- ▶ dass eine Versicherungspflicht oder eine Berechtigung zur freiwilligen Versicherung besteht
- ▶ dass die Beiträge tatsächlich auch an die Einzugsstelle abgeführt worden sind
- ▶ dass die Beiträge an den zuständigen Versicherungträger abgeführt wurden
- ▶ dass die Beitragszahlungen rechtzeitig erfolgen.

Da die gesetzliche Rentenversicherung nur von einer Mindestsicherung ausgeht, besteht für die Beitragsberechnung eine **Beitragsbemessungsgrenze**. Danach wird das Einkommen des Versicherten bei der Beitragsberechnung nur bis zu einer bestimmten Höhe berücksichtigt. Die Beitragsbemessungsgrenze wird jähr- 097 lich unter Berücksichtigung der Einkommensentwicklung festgelegt. Der **Beitragssatz** zur gesetzlichen Rentenversicherung bemisst sich nach dem Bruttoarbeitsentgelt und der Zahl der Pflichtversicherten und berücksichtigt auch den Bundeszuschuss und die Nachhaltigkeitsrücklage (vgl. §§ 157, 158 SGB VI).

098 Die Verteilung der Beitragslast erfolgt bei Bestehen einer versicherungspflichtigen Beschäftigung auf den Arbeitgeber und den Arbeitnehmer je zur Hälfte, § 168 SGB VI. In aller Regel sind die Beiträge vom Beitragsschuldner unmittelbar an den Träger der Rentenversicherung zu entrichten, doch gelten für die Beitragszahlung aus dem Arbeitsentgelt von Versicherungspflichtigen die besonderen Vorschriften der §§ 28d ff. SGB IV, 174 SGB VI. Danach ist die Beitragsentrichtung durch den Arbeitgeber als Schuldner des Gesamtsozialversicherungsbeitrags gegenüber der Einzugsstelle in voller Höhe vorzunehmen, während die Arbeitnehmeranteile im Lohnabzugsverfahren einbehalten werden.[1] Einzugsstelle für die Beiträge zur Kranken- und Rentenversicherung ist regelmäßig die gesetzliche Krankenkasse (§§ 28e und h SGB IV), die nach Entscheidung über die Versicherungspflicht, die Beitragspflicht und die Beitragshöhe die Zahlungen aus dem Gesamtversicherungsbeitrag an die jeweiligen Versicherungsträger weiterleitet.

6.3 Leistungen

099 Nach dem Recht der gesetzlichen Rentenversicherung entstehen Leistungsansprüche der Versicherten unter folgenden Voraussetzungen:

- ► Begründung eines beitragspflichtigen Versicherungsverhältnisses
- ► Eintritt des Versicherungsfalles
- ► Beitragsentrichtung
- ► weitere Anspruchsvoraussetzungen, z. B. die Erfüllung bestimmter Wartezeiten und Pflichtbeitragszeiten etc.

100 Die Fragen der Begründung eines beitragspflichtigen Versicherungsverhältnisses und der Beitragsentrichtung wurden in den vorangegangenen Abschnitten erläutert. Der Eintritt des Versicherungsfalles und die weiteren Anspruchsvoraussetzungen ergeben sich aus den jeweiligen Vorschriften über die einzelnen Versicherungsleistungen. Zu den Leistungen der gesetzlichen Rentenversicherung gehören im Wesentlichen

- ► Leistungen zur Teilhabe gem. §§ 9 ff. SGB VI
- ► Renten gem. §§ 33 SGB VI
- ► Zusatzleistungen gem. §§ 106 ff. SGB VI.

101 In der Rentenversicherung werden Leistungen zur Teilhabe gewährt, wenn die Erwerbsfähigkeit des Versicherten durch Krankheit oder durch körperliche, geis-

---

[1] ►►Vgl. Kapitel D.3 zum Gesamtsozialversicherungsbeitrag und §§ 173 ff. SGB VI.

tige oder seelische Behinderung erheblich gefährdet oder gemindert ist. Es handelt sich um Leistungen zur medizinischen Rehabilitation, zur Teilnahme am Arbeitsleben und ergänzende Leistungen. Der Beeinträchtigung der Erwerbstätigkeit oder dem vorzeitigen Ausscheiden aus dem Erwerbsleben soll entgegengewirkt und die Wiedereingliederung in das Erwerbsleben gefördert werden. Die Gewährung der Leistungen hängt davon ab, dass persönliche und versicherungsrechtliche Voraussetzungen erfüllt sind. Es ist erforderlich, dass der Versicherte eine Wartezeit von 15 Jahren erfüllt haben muss oder eine Rente wegen verminderter Erwerbsfähigkeit bezieht (§ 11 SGB VI). Die Leistungen zur Teilhabe behinderter Menschen werden im SGB IX geregelt.

Die Renten gehören zu den bedeutendsten Leistungen der gesetzlichen Rentenversicherung, wobei verschiedene Rentenarten zu unterscheiden sind (vgl. §§ 33 f. SGB VI): 102

▶ **Renten wegen Alters:** Regelaltersrente, Altersrente für langjährig Versicherte, Altersrente für schwerbehinderte Menschen, für besonders langjährig Versicherte und für langjährig unter Tage beschäftigte Bergleute

▶ **Renten wegen Erwerbsminderung**

▶ **Renten wegen Todes:** Witwen- und Witwerrente, Erziehungsrente, Waisenrente, Rente bei Verschollenheit.

Die Rentenansprüche in den einzelnen Versicherungsfällen entstehen nach Erfüllung unterschiedlicher Wartezeiten, während zuvor ein Anwartschaftsrecht auf die Rente erworben wird. Das **Versicherungsprinzip** in der Rentenversicherung erfordert, dass der Versicherte eine Mindestzeit der Rentengemeinschaft angehört und Beiträge geleistet hat. Für die Berechnung der jeweiligen Wartezeiten werden nur anrechenbare Versicherungszeiten berücksichtigt; in aller Regel sind dies Kalendermonate mit Beitragszahlungen (§§ 50 ff. SGB VI). Sofern die Wartezeit erfüllt ist, kann bei Eintritt eines Versicherungsfalles ein Anspruch aus der gesetzlichen Rentenversicherung dem Grunde nach entstehen. Dagegen hat die Erfüllung der Wartezeit auf die Höhe der Rente keinen Einfluss. Folgende rentenrechtliche Zeiten sind relevant (vgl. §§ 54 ff. SGB VI): 103

▶ **Beitragszeiten** sind Zeiten, für die nach Bundesrecht Pflichtbeiträge (Pflichtbeitragszeiten) oder freiwillige Beiträge gezahlt worden sind (§ 55 SGB VI).

▶ **Kindererziehungszeiten** werden für die Erziehung eines Kindes in dessen ersten drei Lebensjahren angerechnet (§ 56 SGB VI).

▶ **Berücksichtigungszeiten** werden für die Erziehung eines Kindes bis zu dessen vollendetem zehnten Lebensjahr bei einem Elternteil anerkannt (§ 57 SGB VI).

▶ **Anrechnungszeiten** sind u. a. Zeiten krankheitsbedingter Arbeitsunfähigkeit, der Schutzfristen nach dem Mutterschutzgesetz, der Arbeitslosigkeit nach Meldung und Leistungsbezug, sowie der Schul- und Hochschulbesuch nach Vollendung des 17. Lebensjahres (§ 58 SGB VI).

> ► **Zurechnungszeiten** werden bei einer Rente wegen Erwerbsminderung oder einer Rente wegen Todes hinzugerechnet, wenn der Versicherte das 62. Lebensjahr noch nicht vollendet hat (§ 59 SGB VI).

104 Die Berechnung der Renten erfolgt nach einer Rentenformel, die sowohl persönliche als auch allgemeine Bemessungsgrundlagen enthält. Denn die Renten sollen einerseits die persönlichen Leistungen des Versicherten während des Erwerbslebens berücksichtigen und ferner einen Ausgleich zwischen den leistungsfähigen und weniger leistungsfähigen Mitgliedern der Versicherungsgemeinschaft herstellen. Infolge der dynamischen Rentenanpassung zum 01.07. eines jeden Jahres nehmen die Rentnerinnen und Rentner an der allgemeinen Lohnentwicklung teil. Die Rentenformel wird in §§ 64 ff. SGB VI näher dargelegt. Danach ergibt sich der Monatsbetrag der Rente, wenn

1. die unter Berücksichtigung des Zugangsfaktorsermittelten persönlichen Entgeltpunkte

2. der Rentenartfaktor und

3. der aktuelle Rentenwert

mit ihrem Wert bei Rentenbeginn miteinander vervielfältigt werden. Die persönlichen **Entgeltpunkte** für die Rentenermittlung ergeben sich aus der Summe aller Entgeltpunkte für Beitragszeiten, beitragsfreie Zeiten und diverse Zuschläge, die mit dem Zugangsfaktor vervielfältigt und bei Witwen-, Witwer- und Waisenrenten um einen Zuschlag erhöht wird. Der in § 67 SGB VI festgelegte **Rentenartfaktor** beträgt für persönliche Entgeltpunkte z. B. bei Renten wegen Alters 1,0. Der aktuelle **Rentenwert** entspricht einer monatlichen Rente wegen Alters der allgemeinen Rentenversicherung und verändert sich zum 01.07. eines jeden Jahres nach einer gesetzlich vorgegebenen Formel (§ 68 SGB VI).

105 Die Versicherten haben die Möglichkeit, eine Rente wegen Alters als Vollrente oder als Teilrente in Anspruch zu nehmen. Sofern Versicherte ihre Arbeitsleistung einschränken und Teilrente in Anspruch nehmen wollen, können sie von ihrem Arbeitgeber verlangen, dass er mit ihnen die Möglichkeiten einer solchen Einschränkung erörtert (§ 42 SGB VI).

106 Der Anspruch des Versicherten auf eine Rente wegen Alters ist nicht als ein Grund anzusehen, der die Kündigung eines Arbeitsverhältnisses durch den Arbeitgeber nach dem Kündigungsschutzgesetz bedingen kann.

107 Eine Vereinbarung, wonach das Arbeitsverhältnis ohne Kündigung zu einem Zeitpunkt enden soll, an dem der Arbeitnehmer Anspruch auf eine Altersrente hat, ist nur wirksam, wenn sie innerhalb der letzten drei Jahre vor diesem Zeitpunkt abgeschlossen oder von dem Arbeitnehmer bestätigt worden ist. Sieht eine Vereinbarung die Beendigung des Arbeitsverhältnisses mit dem Erreichen der Regelaltersgrenze vor, können die Arbeitsvertragsparteien durch Vereinbarung während des Arbeitsverhältnisses den Beendigungszeitpunkt, gegebenenfalls auch mehrfach, hinausschieben (vgl. § 41 SGB VI).

6.4 Private und betriebliche Altersvorsorge

Nach den umfassenden Reformen des Sozialversicherungsrechts sind private   108
Formen der Altersvorsorge neben die gesetzliche Rentenversicherung getreten.
Während die gesetzliche Rentenversicherung sich auf eine Mindestversorgung
beschränkt, bieten private Versicherungsträger Möglichkeiten an, eventuell bestehende Versorgungslücken zu schließen. Unter den Begriffen „Riester-Rente"
und „Rürup-Rente" werden steuerlicheVergünstigungen für eine private Altersvorsorge gewährt, um deren Anteil im Verhältnis zur gesetzlichen Rente zu stei-
gern. Neben die gesetzliche Rentenversicherung ist eine Basisrente (Rürup-Rente)
für Personen getreten, die nicht in die gesetzliche Rentenversicherung einzahlen,
insbesondere Selbstständigen. Diese Grundversorgung kann um folgende Formen der privaten Altersvorsorge ergänzt werden:

- Zusatzversorgung, z. B. durch eine Riester-Rente oder durch eine Betriebsrente

- Kapitalanlageversorgung, z. B. durch eine private Rentenversicherung oder
  durch eine Kapitallebensversicherung.

Aus arbeitsrechtlicher Sicht ist die betriebliche Altersvorsorge besonders erwäh-   109
nenswert. Die gesetzliche Grundlage für den Anspruch des Arbeitnehmers auf
eine Direktversicherung ist das Betriebsrentengesetz (BetrAVG).

7. Die soziale Pflegeversicherung

Die Pflegeversicherung wurde zur sozialen Absicherung des Risikos der Pflegebe-   110
dürftigkeit als eigenständiger Zweig der Sozialversicherung geschaffen; sie ist im
11. Buch des Sozialgesetzbuches (SGB XI) geregelt. Die Pflegeversicherung hat die
Aufgabe, Pflegebedürftigen Hilfe zu leisten, die wegen der Schwere der Pflegebedürftigkeit auf solidarische Unterstützung angewiesen sind.

Träger der sozialen Pflegeversicherung sind die **Pflegekassen**; ihre Aufgaben wer-   111
den von den Krankenkassen wahrgenommen. Die Pflegekassen sind für die Sicherstellung der pflegerischen Versorgung ihrer Versicherten verantwortlich. Sie
arbeiten dabei mit allen an der pflegerischen, gesundheitlichen und sozialen
Versorgung Beteiligten eng zusammen und wirken darauf hin, dass Mängel der
pflegerischen Versorgungsstruktur beseitigt werden (§ 12 SGB XI). Die Länder
sind verantwortlich für die Vorhaltung einer leistungsfähigen, zahlenmäßig aus-
reichenden und wirtschaftlichen pflegerischen Versorgungsstruktur (§ 9 SGB XI).
Die Bundesregierung berichtet den gesetzgebenden Körperschaften des Bundes
im Abstand von vier Jahren über die Entwicklung der Pflegeversicherung und den
Stand der pflegerischen Versorgung (§ 10 SGB XI).

Pflegebedürftig sind Personen, die wegen einer körperlichen, geistigen oder see-   112
lischen Krankheit oder Behinderung für die gewöhnlichen und regelmäßig wiederkehrenden Verrichtungen im Ablauf des täglichen Lebens auf Dauer, voraussichtlich für mindestens sechs Monate, in erheblichem oder höherem Maße der
Hilfe bedürfen (§ 14 SGB XI).

113 Die Versicherungspflicht in der sozialen Pflegeversicherung betrifft in erster Linie Mitglieder in der gesetzlichen Krankenversicherung, ist aber auch für sonstige Personen möglich (§§ 20 ff. SGB XI).

114 Die Leistungen folgen den allgemeinen Grundsätzen der Wirtschaftlichkeit, wobei ein Vorrang der Rehabilitation vor der Pflege vorgesehen ist (§§ 28 ff. SGB XI). Für die Gewährung der Leistungen ist eine Zuordnung der pflegebedürftigen Person zu einer von drei Pflegestufen erforderlich (vgl. § 15 SGB XI). In den Fällen der häuslichen Pflege werden Sachleistungen und Pflegegeld sowie Kombinationsleistungen vorgesehen, ebenso zusätzliche Hilfen gewährt. Die stationäre Pflege gliedert sich in die teilstationäre Pflege und die Kurzzeitpflege sowie in die vollstationäre Pflege. Im Allgemeinen sind folgende Leistungen vorgesehen:

- ▸ Pflegesachleistungen
- ▸ Pflegegeld für selbst beschaffte Pflegehilfen
- ▸ Kombination von Geldleistung und Sachleistung
- ▸ häusliche Pflege bei Verhinderung der Pflegeperson
- ▸ Pflegehilfsmittel und wohnumfeldverbessernde Maßnahmen
- ▸ Tagespflege und Nachtpflege
- ▸ Kurzzeitpflegn
- ▸ vollstationäre Pflege
- ▸ Pflege in vollstationären Einrichtungen für behinderte Menschen
- ▸ Leistungen zur sozialen Sicherung der Pflegepersonen
- ▸ Pflegekurse für Angehörige und ehrenamtliche Pflegepersonen u. a.

115 Die Leistungen für Pflegepersonen wurden erweitert, z. B. um zusätzliche Leistungen bei Pflegezeit und kurzzeitiger Arbeitsverhinderung gem. § 44a SGB XI und ebenso die Leistungen für Versicherte mit erheblichem allgemeinen Betreuungsbedarf um zusätzliche Betreuungs- und Entlastungsleistungen gem. § 45b SGB XI und die Förderung ehrenamtlicher Strukturen.

116 Die Finanzierung der Pflegeversicherung erfolgt über Beiträge und sonstige Einnahmen. Die Beiträge werden nach einem Vomhundertsatz (Beitragssatz) von den beitragspflichtigen Mitgliedern bis zur Beitragsbemessungsgrenze erhoben (vgl. § 54 SGB XI). Familienangehörige und Lebenspartner sind für die Dauer der Familienversicherung beitragsfrei (§ 56 SGB XI).

117 Eine Qualitätssicherung erfolgt durch die Landesverbände der Pflegekassen, welche die Wirtschaftlichkeit und Wirksamkeit der ambulanten, teilstationären und vollstationären Pflegeleistungen durch von ihnen bestellte Sachverständige prüfen lassen können (vgl. § 79 SGB XI).

8. Die Arbeitsförderung

Ziel der Arbeitsförderung ist, dem Entstehen von Arbeitslosigkeit entgegenzuwirken, die Dauer der Arbeitslosigkeit zu verkürzen und den Ausgleich von Angebot und Nachfrage auf dem Ausbildungs- und Arbeitsmarkt zu unterstützen. Dabei ist insbesondere durch die Verbesserung der individuellen Beschäftigungsfähigkeit Langzeitarbeitslosigkeit zu vermeiden. Die Gleichstellung von Frauen und Männern ist als durchgängiges Prinzip der Arbeitsförderung zu verfolgen. Die Arbeitsförderung soll dazu beitragen, dass ein hoher Beschäftigungsstand erreicht und die Beschäftigungsstruktur ständig verbessert wird. Sie ist so auszurichten, dass sie der beschäftigungspolitischen Zielsetzung der Sozial-, Wirtschafts- und Finanzpolitik der Bundesregierung entspricht (vgl. § 1 SGB III).

118

Die Arbeitsförderung (früher: Arbeitslosenversicherung) war zunächst im Arbeitsförderungsgesetz (AFG) niedergelegt und wurde 1998 in einer reformierten Fassung in das Sozialgesetzbuch (SGB III) aufgenommen. Das Recht der Arbeitsförderung ist durch mehrere Gesetze für moderne Dienstleistungen am Arbeitsmarkt in den Jahren 2002 - 2005 umfassend reformiert worden. Die auch als „Hartz-Reformen" bekannt gewordenen Änderungen enthalten u. a. die Zusammenlegung von Arbeitslosenhilfe (Arbeitslosengeld II) und Sozialhilfe in einer Grundsicherung für Arbeitsuchende (SGB II), die in den Zuständigkeitsbereich der Bundesagentur für Arbeit fällt.

119

Die Leistungen der Arbeitsförderung und die sonstigen Ausgaben der Bundesagentur werden durch Beiträge der Versicherungspflichtigen, der Arbeitgeber und Dritter (Beitrag zur Arbeitsförderung), Umlagen, Mittel des Bundes und sonstige Einnahmen finanziert (vgl. §§ 340 ff. SGB III).

120

Träger der Arbeitsförderung sind heute neben der Bundesagentur für Arbeit auch zugelassene fachkundige Stellen, welche über die notwendige Organisationsstruktur und Unabhängigkeit verfügen (vgl. §§ 176 ff. SGB III). Bei der Bundesagentur wird ein Beirat eingerichtet, der Empfehlungen für die Zulassung von Trägern und Maßnahmen aussprechen kann.

121

8.1 Grundsätze der Arbeitsförderung

Die Leistungen der Arbeitsförderung sollen insbesondere

122

1. die Transparenz auf dem Ausbildungs- und Arbeitsmarkt erhöhen, die berufliche und regionale Mobilität unterstützen und die zügige Besetzung offener Stellen ermöglichen,

2. die individuelle Beschäftigungsfähigkeit durch Erhalt und Ausbau von Fertigkeiten, Kenntnissen und Fähigkeiten fördern,

3. unterwertiger Beschäftigung entgegenwirken und

4. die berufliche Situation von Frauen verbessern, indem sie auf die Beseitigung bestehender Nachteile sowie auf die Überwindung eines geschlechtsspezi-

fisch geprägten Ausbildungs- und Arbeitsmarktes hinwirken und Frauen mindestens entsprechend ihrem Anteil an den Arbeitslosen und ihrer relativen Betroffenheit von Arbeitslosigkeit gefördert werden (vgl. § 1 SGB III).

123 In den allgemeinen Grundsätzen der Arbeitsförderung wird die besondere Verantwortung von Arbeitgebern und Arbeitnehmern durch das Zusammenwirken mit den Agenturen für Arbeit hervorgehoben (vgl. § 2 SGB III).

124 Die Agenturen für Arbeit erbringen ihre Dienstleistungen für Arbeitgeber, Arbeitnehmerinnen und Arbeitnehmer, indem sie

1. Arbeitgeber regelmäßig über Ausbildungs- und Arbeitsmarktentwicklungen, Ausbildungsuchende, Fachkräfteangebot und berufliche Bildungsmaßnahmen informieren sowie auf den Betrieb zugeschnittene Arbeitsmarktberatung und Vermittlung anbieten und

2. Arbeitnehmerinnen und Arbeitnehmer zur Vorbereitung der Berufswahl und zur Erschließung ihrer beruflichen Entwicklungsmöglichkeiten beraten, Vermittlungsangebote zur Ausbildungs- oder Arbeitsaufnahme entsprechend ihren Fähigkeiten unterbreiten sowie sonstige Leistungen der Arbeitsförderung erbringen.

125 Die Arbeitgeber haben bei ihren Entscheidungen verantwortlich deren Auswirkungen auf die Beschäftigung der Arbeitnehmer und von Arbeitslosen und damit die Inanspruchnahme von Leistungen der Arbeitsförderung einzubeziehen. Sie sollen dabei insbesondere

1. im Rahmen ihrer Mitverantwortung für die Entwicklung der beruflichen Leistungsfähigkeit der Arbeitnehmerinnen und Arbeitnehmer zur Anpassung an sich ändernde Anforderungen sorgen

2. vorrangig durch betriebliche Maßnahmen die Inanspruchnahme von Leistungen der Arbeitsförderung sowie Entlassungen von Arbeitnehmerinnen und Arbeitnehmern vermeiden

3. Arbeitnehmer vor der Beendigung des Arbeitsverhältnisses frühzeitig über die Notwendigkeit eigener Aktivitäten bei der Suche nach einer anderen Beschäftigung sowie über die Verpflichtung zur Meldung nach § 38 Abs. 1 SGB III bei der Agentur für Arbeit informieren, sie hierzu freistellen und die Teilnahme an erforderlichen Maßnahmen der beruflichen Weiterbildung ermöglichen.

126 Die Arbeitgeber sollen die Agenturen für Arbeit frühzeitig über betriebliche Veränderungen, die Auswirkungen auf die Beschäftigung haben können, unterrichten. Dazu gehören insbesondere Mitteilungen über

1. zu besetzende Ausbildungs- und Arbeitsstellen

2. geplante Betriebserweiterungen und den damit verbundenen Arbeitskräftebedarf

3. die Qualifikationsanforderungen an die einzustellenden Arbeitnehmerinnen und Arbeitnehmer

4. geplante Betriebseinschränkungen oder Betriebsverlagerungen sowie die damit verbundenen Auswirkungen und

5. Planungen, wie Entlassungen von Arbeitnehmerinnen und Arbeitnehmern vermieden oder Übergänge in andere Beschäftigungsverhältnisse organisiert werden können.

Die Arbeitnehmerinnen und Arbeitnehmer wiederum haben bei ihren Entscheidungen verantwortungsvoll deren Auswirkungen auf ihre beruflichen Möglichkeiten einzubeziehen. Sie sollen insbesondere ihre berufliche Leistungsfähigkeit den sich ändernden Anforderungen anpassen. Zur Vermeidung oder zur Beendigung von Arbeitslosigkeit haben sie jede zumutbare Möglichkeit zu nutzen, insbesondere um   127

1. ein zumutbares Beschäftigungsverhältnis fortzusetzen

2. eigenverantwortlich nach Beschäftigung zu suchen, bei bestehendem Beschäftigungsverhältnis frühzeitig vor dessen Beendigung

3. eine zumutbare Beschäftigung aufzunehmen und

4. an einer beruflichen Eingliederungsmaßnahme teilzunehmen.

In der Arbeitsförderung besteht die Versicherungspflicht im Wesentlichen für Beschäftigte gem. §§ 24 ff. SGB III und darüber hinaus unter bestimmten Voraussetzungen auch für sonstige Personen, darunter z. B. Jugendliche in Einrichtungen der beruflichen Rehabilitation, Wehrdienst- oder Zivildienstleistende und Gefangene (vgl. § 26 SGB III).   128

Der Begriff des Beschäftigten entspricht dem des Arbeitnehmers. Somit sind Personen versicherungspflichtig, die gegen Arbeitsentgelt oder zu ihrer Berufsausbildung beschäftigt (versicherungspflichtige Beschäftigung) sind (vgl. § 25 SGB III).   129

Träger der Arbeitsförderung ist die Bundesagentur für Arbeit (BA) als rechtsfähige bundesunmittelbare Körperschaft des öffentlichen Rechts mit Selbstverwaltung (§§ 367 ff. SGB III). Die Selbstverwaltung wird durch Arbeitnehmerinnen und Arbeitnehmer, Arbeitgeber und öffentliche Körperschaften ausgeübt (§§ 371 SGB III). Infolge des Wegfalls des Vermittlungsmonopols und der Hartz-Reformen können bestimmte Dienstleistungen am Arbeitsmarkt auch durch Dritte angeboten werden.   130

Im Bereich der einzelnen Leistungen und Maßnahmen der Arbeitsförderung gem. § 3 SGB III sind einige allgemeine Grundsätze zu beachten: 131

Vorrang der Vermittlung: Die Vermittlung in Ausbildung und Arbeit hat Vorrang vor den Leistungen zum Ersatz des Arbeitsentgelts bei Arbeitslosigkeit (§ 4 SGB III).   132

133 **Vorrang der aktiven Arbeitsförderung:** Die Leistungen der aktiven Arbeitsförderung sind entsprechend ihrer jeweiligen Zielbestimmung und den Ergebnissen der Beratungs- und Vermittlungsgespräche einzusetzen, um sonst erforderliche Leistungen zum Ersatz des Arbeitsentgelts bei Arbeitslosigkeit nicht nur vorübergehend zu vermeiden und dem Entstehen von Langzeitarbeitslosigkeit vorzubeugen (§ 5 SGB III).

134 **Auswahl von Leistungen:** Bei der Auswahl von Ermessensleistungen der aktiven Arbeitsförderung hat die Agentur für Arbeit unter Beachtung des Grundsatzes der Wirtschaftlichkeit und Sparsamkeit die für den Einzelfall am besten geeignete Leistung oder Kombination von Leistungen zu wählen. Dabei ist grundsätzlich abzustellen auf

1. die Fähigkeiten der zu fördernden Personen

2. die Aufnahmefähigkeit des Arbeitsmarktes und

3. den anhand der Ergebnisse der Beratungs- und Vermittlungsgespräche ermittelten arbeitsmarktpolitischen Handlungsbedarf.

135 **Vereinbarkeit von Familie und Beruf:** Die Leistungen der aktiven Arbeitsförderung sollen in ihrer zeitlichen, inhaltlichen und organisatorischen Ausgestaltung die Lebensverhältnisse von Frauen und Männern berücksichtigen, die aufsichtsbedürftige Kinder betreuen und erziehen oder pflegebedürftige Angehörige betreuen oder nach diesen Zeiten wieder in die Erwerbstätigkeit zurückkehren wollen (§ 8 SGB III).

136 **Ortsnahe Leistungserbringung:** Die Leistungen der Arbeitsförderung sollen vorrangig durch die örtlichen Agenturen für Arbeit erbracht werden. Dabei haben die Agenturen für Arbeit die Gegebenheiten des örtlichen und überörtlichen Arbeitsmarktes zu berücksichtigen. Die Agenturen für Arbeit sollen die Vorgänge am Arbeitsmarkt besser durchschaubar machen. Sie haben zum Ausgleich von Angebot und Nachfrage auf dem örtlichen und überörtlichen Arbeitsmarkt beizutragen. Der Einsatz der aktiven Arbeitsmarktpolitik ist zur Verbesserung der Wirksamkeit und Steuerung regelmäßig durch die Agenturen für Arbeit zu überprüfen. Dazu ist ein regionales Arbeitsmarktmonitoring einzurichten (§ 9 SGB III).

137 **Zusammenarbeit mit gemeinsamen Einrichtungen und kommunalen Trägern:** Beziehen erwerbsfähige Leistungsberechtigte nach dem Zweiten Buch auch Leistungen der Arbeitsförderung, so sind die Agenturen für Arbeit verpflichtet, eng mit den für die Wahrnehmung der Aufgaben der Grundsicherung für Arbeitsuchende zuständigen gemeinsamen Einrichtungen und zugelassenen kommunalen Trägern zusammenzuarbeiten (§ 9a SGB III).

138 **Eingliederungsbilanz und -bericht:** Die Bundesagentur und jede Agentur für Arbeit erstellen nach Abschluss eines Haushaltsjahres über ihre Ermessensleistungen der aktiven Arbeitsförderung eine Eingliederungsbilanz. Die Eingliederungsbilanzen müssen vergleichbar sein und sollen Aufschluss über den Mitteleinsatz,

die geförderten Personengruppen und die Wirkung der Förderung geben (§ 11 SGB III).

Die Aufbringung der Mittel für die Aufgaben der Arbeitsförderung erfolgt durch Beiträge der Versicherungspflichtigen, der Arbeitgeber und Dritter (Beitrag zur Arbeitsförderung), ferner durch Umlagen, Mittel des Bundes und sonstige Einnahmen (vgl. §§ 340 ff. SGB III).   139

8.2 Dienstleistungen am Arbeitsmarkt

In den Jahren 2002 - 2005 und auch in der Folgezeit sind umfangreiche Reformvorhaben mit dem Ziel der Erschließung neuer Beschäftigungsmöglichkeiten auf den Weg gebracht worden, die unter dem Begriff „Hartz-Reformen" bekannt geworden sind. Die Ziele sind: 140

- ▸ Erschließung neuer Beschäftigungsmöglichkeiten
- ▸ Verbesserung der Qualität und Schnelligkeit der Arbeitsvermittlung
- ▸ Neuausrichtung der beruflichen Weiterbildung und
- ▸ Stärkung des Dienstleistungscharakters der Bundesagentur für Arbeit.

Die praktische Umsetzung des Hartz-Konzeptes bedeutet einen völlig neuen Umgang mit dem Thema Arbeitslosigkeit. Auf der Basis der Empfehlungen der Hartz-Kommission sind folgende vier Gesetzesvorhaben entstanden, die auch als Hartz I - Hartz IV bezeichnet werden: 141

- ▸ Erstes Gesetz für moderne Dienstleistungen am Arbeitsmarkt vom 23.12.2002 (BGBl. 2002 I Nr. 87, 4607), Inkrafttreten am 01.01.2003
- ▸ Zweites Gesetz für moderne Dienstleistungen am Arbeitsmarkt vom 23.12.2002 (BGBl. 2002 I Nr. 87, 4621), Inkrafttreten am 01.01.2003
- ▸ Drittes Gesetz für moderne Dienstleistungen am Arbeitsmarkt vom 05.09.2003 (BGBl. 2003, 2848), Inkrafttreten am 01.01.2004
- ▸ Viertes Gesetz für moderne Dienstleistungen am Arbeitsmarkt vom 24.12.2003 (BGBl. 2003, 2954), Inkrafttreten am 01.01.2005.

Die in den ersten beiden Gesetzen enthaltenen Reformvorhaben betreffen im Wesentlichen folgende Aspekte, bezogen auf die Arbeitsförderung: 142

- ▸ Erleichterung von neuen Formen der Arbeit und Beschäftigungsförderung
- ▸ Änderungen im Arbeitnehmerüberlassungsgesetz
- ▸ Neuausrichtung der beruflichen Weiterbildung
- ▸ Neuregelung geringfügiger Beschäftigungsarten (Mini-Jobs u. a.), Einführung der Ich-AG bzw. Familien-AG
- ▸ Datenaustausch zwischen Arbeitsagenturen und Sozialämtern als Erleichterung zur Einrichtung von Jobcentern.

143   Seither sind Jobcenter für alle Dienstleistungen am Arbeitsmarkt zuständig. Arbeitssuchende und Unternehmen werden kundenorientiert betreut. Das Jobcenter integriert arbeitsmarktrelevante Beratungs- und Betreuungsleistungen für Arbeitssuchende (Sozialamt, Jugendamt, Wohnungsamt, Sucht- und Schuldnerberatung etc.) und übernimmt neben den Kernaufgaben zusätzlich die Beratung der erwerbsfähigen Sozialhilfeempfänger. Kleine und mittlere Unternehmen werden branchenspezifisch durch die Jobcenter, große Unternehmen durch Kompetenzcenter (Regionaldirektionen) betreut.

144   Wesentliche Änderungen sind im Bereich der Arbeitnehmerüberlassung mit Wirkung zum 01.01.2004 erfolgt, um die Qualität und die gesellschaftliche Akzeptanz der Leiharbeit zu erhöhen. Aufgehoben wurden das Befristungsverbot, das Wiedereinstellungsverbot und die Beschränkung der Überlassungsdauer auf höchstens zwei Jahre. Das Arbeitnehmerüberlassungsgesetz enthält nunmehr den Gleichstellungsgrundsatz, wonach Leiharbeitnehmer zu denselben Bedingungen beschäftigt werden müsssen wie vergleichbare Arbeitnehmer im entleihenden Unternehmen. Dies gilt hinsichtlich der Arbeitszeit, des Arbeitsentgelts und der Urlaubsansprüche. Eine Öffnungsklausel ist für Tarifverträge enthalten, die abweichende Regelungen vorsehen können.

145   Das Dritte Gesetz für moderne Dienstleistungen am Arbeitsmarkt betrifft die Restrukturierung und den Umbau der Bundesanstalt für Arbeit in die Bundesagentur für Arbeit. Die Dienststellen der Bundesagentur für Arbeit auf regionaler Ebene heißen Regionaldirektionen, auf lokaler Ebene Agenturen für Arbeit.

146   Im Zuge der Neuorientierung der Arbeitsverwaltung wurden effizientere Prozesse eingeführt und das Personalkonzept durch Umgestaltung des Dienstrechts geändert. Die IT-Unterstützung aller Geschäftsprozesse wird gewährleistet (eGovernment). Die Aufbauorganisation ist zweistufig. Während Jobcenter den lokalen Kundenbedarf bedienen, wurden die früheren Landesarbeitsämter (Landesagenturen für Arbeit) zu Kompetenzcentern mit eigenständigen operativen Aufgaben für die Beschäftigungsförderung und Beschäftigungsentwicklung umgewandelt. Mit der Einführung des „virtuellen Arbeitsmarktes" konnte der Zugang auf Stellen- und Bewerberangebote für Arbeitgeber und Arbeitnehmer verbessert und private Stellenbörsen integriert werden.

147   Durch das vierte Gesetz für moderne Dienstleistungen am Arbeitsmarkt sind mit Wirkung ab 01.01.2005 und teilweise auch noch später folgende Änderungen eingetreten:

   ▶ Zusammenführung von Arbeitslosenhilfe und Sozialhilfe zum Arbeitslosengeld II. Beide Sozialleistungen werden direkt bei der Agentur für Arbeit verwaltet. Kreise und Gemeinden erhalten jedoch die Möglichkeit, die Betreuung von Langzeitarbeitslosen zu übernehmen (kommunale Option).

   ▶ Reduzierung der Bezugsdauer des Arbeitslosengeldes auf 18 Monate (ab einem Lebensalter von 58 Jahren gilt eine Bezugsdauer von 24 Monaten).

   ▶ Neufestlegung von Regelsätzen.

Das Nebeneinander der beiden steuerfinanzierten Sozialleistungssysteme von 148
Arbeitslosen- und Sozialhilfe hat in der Vergangenheit zu erheblichem Verwal-
tungsaufwand, Intransparenz und zu Kosten geführt. Nach den Reformgesetzen
der Arbeitsförderung wird jeder Leistungsbezieher nur noch von einer Stelle betreut und erhält auch nur eine Leistung. Das Arbeitslosengeld I ist die beitragsfi-
nanzierte originäre Versicherungsleistung, die dem bisherigen Regelwerk entspricht. Das Arbeitslosengeld II ist eine steuerfinanzierte bedürftigkeitsabhängige
Leistung zur Sicherung des Lebensunterhalts der arbeitslosen erwerbsfähigen
Personen im Anschluss an den Bezug von Arbeitslosengeld I oder bei Nichterfül-
lung der Anspruchsvoraussetzungen. Die Bezieher von Arbeitslosengeld II sind in
die Sozialversicherung einbezogen; die Anspruchsdauer ist nicht begrenzt.

Einige durch das Hartz-Konzept eingeführte Neuerungen wurden bereits wieder 149
zurückgenommen (Ich-AG für Langzeit-Arbeitslose, Job-Floater für zinsgünstige
Kredite bei Einstellung von Arbeitslosen) oder funktional grundlegend verändert
(Personal-Service-Agenturen, Eingliederungszuschuss für ältere Arbeitnehmer
etc.). Zudem werden kontinuierlich Modifikationen eingeführt, insbesondere im
Bereich des Leistungsrechts (Steigerung der Regelsätze etc.).

Im Jahr 2011 ist neben den Bildungshilfen für bedürftige Kinder aus Hartz-IV- 150
Familien auch der Mindestlohn eingeführt worden. Seit dem 01.01.2015 gilt in
Deutschland ein allgemeiner gesetzlicher Mindestlohn von 8,50 €.

In der Förderperiode 2014 - 2020 wird im Rahmen der ESF-Integrationsrichtlinie 151
Bund seit dem 01.07.2015 der Handlungsschwerpunkt „Integration von Asylbe-
werberinnen, Asylbewerbern und Flüchtlingen (IvAF)" umgesetzt. Die Maßnahmen umfassen u. a. Beratung, Qualifizierung, Coaching, Vermittlung und Be-
triebsakquise. Auf der strukturellen Ebene werden bundesweit einheitliche
Schulungen insbesondere für Jobcenter, Agenturen für Arbeit und zugelassener
kommunaler Träger (zkT) zur aufenthalts- und arbeitsrechtlichen Situation von
Flüchtlingen durchgeführt, um den Zugang zu Arbeit und Ausbildung strukturell
zu verbessern.

8.3 Aktive Arbeitsförderung

Im Rahmen der aktiven Arbeitsförderung werden Arbeitnehmern und Arbeitge- 152
bern eine Vielzahl verschiedener Leistungen gewährt:

▸ Beratungsangebote, u. a. Berufsberatung, Eignungsfeststellung und Berufsori-
  entierung an Arbeitnehmer (§§ 29 ff. SGB III)

▸ Arbeitsmarktberatung an Arbeitgeber (§ 34 SGB III)

▸ Vermittlungsangebote an Arbeitnehmer und Arbeitgeber (§§ 35 ff. SGB III)

▸ Aktivierung und berufliche Eingliederung (§§ 44 ff. SGB III)

▸ Hilfen bei Berufswahl und Berufsausbildung (Orientierung, Einstieg, Berufsvorbereitung, Qualifizierung, Berufsausbildungsbeihilfen, Zuschüsse zur Ausbil-

dung schwerbehinderter Menschen und Förderung von Jugendwohnheimen) (§§ 48 ff. SGB III)

- Förderung der beruflichen Weiterbildung (§§ 81 ff. SGB III)

- Förderung zur Aufnahme einer Erwerbstätigkeit und Gründungszuschüsse für die Aufnahme einer selbstständigen Tätigkeit (§§ 88 ff. SGB III)

- Maßnahmen für den Verbleib in Beschäftigung (Kurzarbeitergeld, und Transferleistungen) (§§ 95 ff. SGB III)

- Leistungen zur Teilhabe behinderter Menschen (§§ 112 ff. SGB III) und

- einige befristete Leistungen (§§ 130 ff. SGB III).

153 Im Folgenden werden exemplarisch einige Entgeltersatzleistungen dargestellt, insbesondere das Kurzarbeitergeld, das Arbeitslosengeld und das Insolvenzgeld.

8.4 Kurzarbeitergeld

154 Das Kurzarbeitergeld ist im Bereich der aktiven Arbeitsförderung unter dem Stichwort „Verbleib in Beschäftigung" geregelt (vgl. §§ 95 ff. SGB III). Arbeitnehmerinnen und Arbeitnehmer haben gem. § 96 SGB III Anspruch auf Kurzarbeitergeld, wenn

- ein erheblicher Arbeitsausfall mit Entgeltausfall vorliegt

- die betrieblichen und persönlichen Voraussetzungen erfüllt sind

- und der Arbeitsausfall der Agentur für Arbeit angezeigt worden ist.

155 Ein Arbeitsausfall ist erheblich, wenn er

- auf wirtschaftlichen Gründen oder einem unabwendbaren Ereignis beruht

- vorübergehend und nicht vermeidbar ist und

- im jeweiligen Kalendermonat (Anspruchszeitraum) mindestens ein Drittel der in dem Betrieb beschäftigten Arbeitnehmer von einem Entgeltausfall von jeweils mehr als 10 % ihres monatlichen Bruttoentgelts betroffen ist.

156 Zu den wirtschaftlichen Gründen gehört auch eine Veränderung der betrieblichen Strukturen, die durch die allgemeine wirtschaftliche Entwicklung hervorgerufen wurde. Als unabwendbare Ereignisse gelten insbesondere ein ungewöhnlicher Witterungsverlauf oder auch behördliche bzw. behördlich anerkannte Maßnahmen, die vom Arbeitgeber nicht zu vertreten sind. Ein Arbeitsausfall ist nicht vermeidbar, wenn in einem Betrieb alle zumutbaren Vorkehrungen getroffen wurden, um den Eintritt des Arbeitsausfalls zu verhindern. Als vermeidbar gilt insbesondere ein Arbeitsausfall, der

1. überwiegend branchenüblich, betriebsüblich oder saisonbedingt ist oder ausschließlich auf betriebsorganisatorischen Gründen beruht,

2. durch die Gewährung von bezahltem Erholungsurlaub ganz oder teilweise verhindert werden kann, soweit vorrangige Urlaubswünsche der Arbeitnehmerinnen und Arbeitnehmer der Urlaubsgewährung nicht entgegenstehen, oder

3. durch die Nutzung von im Betrieb zulässigen Arbeitszeitschwankungen ganz oder teilweise vermieden werden kann. Allerdings kann die Auflösung eines Arbeitszeitguthabens von der Arbeitnehmerin oder dem Arbeitnehmer in den gesetzlich aufgeführten Fällen nicht verlangt werden (vgl. § 96 Abs. 4 SGB III). In einem Betrieb, in dem eine Vereinbarung über Arbeitszeitschwankungen gilt, nach der mindestens 10 % der ohne Mehrarbeit geschuldeten Jahresarbeitszeit je nach Arbeitsanfall eingesetzt werden, gilt ein Arbeitsausfall, der im Rahmen dieser Arbeitszeitschwankungen nicht mehr ausgeglichen werden kann, als nicht vermeidbar.

Die betrieblichen Voraussetzungen für die Gewährung von Kurzarbeitergeld sind erfüllt, wenn in dem Betrieb mindestens ein Arbeitnehmer beschäftigt ist. Auch eine Betriebsabteilung kommt für Kurzarbeit infrage (vgl. § 97 SGB III).   157

Die persönlichen Voraussetzungen sind erfüllt, wenn der Arbeitnehmer nach Beginn des Arbeitsausfalls eine versicherungspflichtige Beschäftigung fortsetzt, aus zwingenden Gründen oder im Anschluss an das Berufsausbildungsverhältnis aufnimmt. Das Arbeitsverhältnis darf nicht gekündigt oder durch Aufhebungsvertrag aufgelöst und das Kurzarbeitergeld nicht ausgeschlossen sein, z. B. während der Teilnahme an einer beruflichen Weiterbildungsmaßnahme mit Bezug von Arbeitslosen- oder Übergangsgeld, während des Bezugs von Krankengeld sowie bei Leistungsbezug für den Ausfall von Arbeitseinkünften in anderen Zusammenhängen (vgl. § 98 Abs. 3 SGB III). Die persönlichen Voraussetzungen sind auch nicht erfüllt, wenn und solange Arbeitnehmerinnen und Arbeitnehmer bei einer Vermittlung nicht in der von der Agentur für Arbeit verlangten und gebotenen Weise mitwirken. Arbeitnehmerinnen und Arbeitnehmer, die von einem erheblichen Arbeitsausfall mit Entgeltausfall betroffen sind, sind in die Vermittlungsbemühungen der Agentur für Arbeit einzubeziehen.   158

Der Arbeitsausfall ist bei der Agentur für Arbeit, in deren Bezirk der Betrieb seinen Sitz hat, schriftlich anzuzeigen. Die Anzeige des Arbeitsausfalls bei der Arbeitsagentur kann durch den Arbeitgeber oder die Betriebsvertretung erstattet werden. Mit der Anzeige sind das Vorliegen eines erheblichen Arbeitsausfalls und die betrieblichen Voraussetzungen für das Kurzarbeitergeld glaubhaft zu machen. Erfolgt die Anzeige durch den Arbeitgeber, ist eine Stellungnahme der Betriebsvertretung beizufügen (vgl. § 99 SGB III).   159

Saison-Kurzarbeitergeld: Arbeitnehmerinnen und Arbeitnehmer haben in der Zeit vom 01.12. bis zum 31.03. (Schlechtwetterzeit) Anspruch auf Saison-Kurzarbeitergeld gem. § 101 SGB III, wenn   160

1. sie in einem Betrieb beschäftigt sind, der dem Baugewerbe oder einem Wirtschaftszweig angehört, der von saisonbedingtem Arbeitsausfall betroffen ist

2. der Arbeitsausfall nach erheblich ist

3. die betrieblichen Voraussetzungen des § 97 SGB III sowie die persönlichen Voraussetzungen des § 98 SGB III erfüllt sind und

4. der Arbeitsausfall der Agentur für Arbeit nach § 99 SGB III angezeigt worden ist.

161 Ein Betrieb des Baugewerbes ist ein Betrieb, der gewerblich überwiegend Bauleistungen auf dem Baumarkt erbringt. Bauleistungen sind alle Leistungen, die der Herstellung, Instandsetzung, Instandhaltung, Änderung oder Beseitigung von Bauwerken dienen. Ein Betrieb, der überwiegend Bauvorrichtungen, Baumaschinen, Baugeräte oder sonstige Baubetriebsmittel ohne Personal Betrieben des Baugewerbes gewerblich zur Verfügung stellt oder überwiegend Baustoffe oder Bauteile für den Markt herstellt, sowie ein Betrieb, der Betonentladegeräte gewerblich zur Verfügung stellt, ist kein Betrieb des Baugewerbes.

162 Ein Wirtschaftszweig ist von saisonbedingtem Arbeitsausfall betroffen, wenn der Arbeitsausfall regelmäßig in der Schlechtwetterzeit auf witterungsbedingten oder wirtschaftlichen Gründen beruht.

163 Ein Arbeitsausfall ist erheblich, wenn er auf witterungsbedingten oder wirtschaftlichen Gründen oder einem unabwendbaren Ereignis beruht, vorübergehend und nicht vermeidbar ist. Als nicht vermeidbar gilt auch ein Arbeitsausfall, der überwiegend branchenüblich, betriebsüblich oder saisonbedingt ist. Wurden seit der letzten Schlechtwetterzeit Arbeitszeitguthaben, die nicht mindestens ein Jahr bestanden haben, zu anderen Zwecken als zum Ausgleich für einen verstetigten Monatslohn, bei witterungsbedingtem Arbeitsausfall oder der Freistellung zum Zwecke der Qualifizierung aufgelöst, gelten im Umfang der aufgelösten Arbeitszeitguthaben Arbeitsausfälle als vermeidbar.

164 Ein Arbeitsausfall ist witterungsbedingt, wenn

1. er ausschließlich durch zwingende Witterungsgründe verursacht ist und

2. an einem Arbeitstag mindestens eine Stunde der regelmäßigen betrieblichen Arbeitszeit ausfällt (Ausfalltag).

165 Zwingende Witterungsgründe liegen nur vor, wenn es aufgrund von atmosphärischen Einwirkungen (insbesondere Regen, Schnee, Frost) oder deren Folgewirkungen technisch unmöglich, wirtschaftlich unvertretbar oder für die Arbeitnehmerinnen und Arbeitnehmer unzumutbar ist, die Arbeiten fortzuführen. Der Arbeitsausfall ist nicht ausschließlich durch zwingende Witterungsgründe verursacht, wenn er durch Beachtung der besonderen arbeitsschutzrechtlichen Anforderungen an witterungsabhängige Arbeitsplätze vermieden werden kann.

166 Eine Anzeige nach § 99 SGB III ist nicht erforderlich, wenn der Arbeitsausfall ausschließlich auf unmittelbar witterungsbedingten Gründen beruht.

Saison-Kurzsarbeitergeld und ergänzende Leistungen (Schlechtwettergeld, Wintergeld) werden als befristete Leistungen auch in Betrieben des Gerüstbauerhandwerks erbracht (vgl. §§ 133 SGB III).

Transferkurzarbeitergeld: Um Entlassungen von Arbeitnehmerinnen und Arbeitnehmern zu vermeiden und ihre Vermittlungsaussichten zu verbessern, haben diese Anspruch auf Kurzarbeitergeld zur Förderung der Eingliederung bei betrieblichen Restrukturierungen (Transferkurzarbeitergeld) gem. § 111 SGB III für längstens zwölf Monate, wenn

167

1. und solange sie von einem dauerhaften nicht vermeidbaren Arbeitsausfall mit Entgeltausfall betroffen sind

2. die betrieblichen Voraussetzungen erfüllt sind

3. die persönlichen Voraussetzungen erfüllt sind

4. sich die Betriebsparteien im Vorfeld der Entscheidung über die Inanspruchnahme von Transferkurzarbeitergeld, insbesondere im Rahmen ihrer Verhandlungen über einen die Integration der Arbeitnehmerinnen und Arbeitnehmer fördernden Interessenausgleich oder Sozialplan nach § 112 des Betriebsverfassungsgesetzes, von der Agentur für Arbeit beraten lassen haben und

5. der dauerhafte Arbeitsausfall der Agentur für Arbeit angezeigt worden ist.

Ein dauerhafter Arbeitsausfall liegt vor, wenn aufgrund einer Betriebsänderung im Sinne des § 110 Abs. 1 Satz 3 SGB III die Beschäftigungsmöglichkeiten für die Arbeitnehmerinnen und Arbeitnehmer nicht nur vorübergehend entfallen. Der Entgeltausfall kann auch jeweils 100 % des monatlichen Bruttoentgelts betragen.

168

Die betrieblichen Voraussetzungen für die Gewährung von Transferkurzarbeitergeld sind erfüllt, wenn

169

1. in einem Betrieb Personalanpassungsmaßnahmen aufgrund einer Betriebsänderung durchgeführt werden

2. die von Arbeitsausfall betroffenen Arbeitnehmerinnen und Arbeitnehmer in einer betriebsorganisatorisch eigenständigen Einheit zusammengefasst werden, um Entlassungen zu vermeiden und ihre Eingliederungschancen zu verbessern

3. die Organisation und Mittelausstattung der betriebsorganisatorisch eigenständigen Einheit den angestrebten Integrationserfolg erwarten lassen und

4. ein System zur Sicherung der Qualität angewendet wird.

Arbeitnehmerinnen und Arbeitnehmer in Betrieben nach § 101 Abs. 1 Nr. 1 SGB III haben in der Schlechtwetterzeit Anspruch auf Kurzarbeitergeld in Form des Saison-Kurzarbeitergeldes.

170

171 Die persönlichen Voraussetzungen sind erfüllt, wenn die Arbeitnehmerin oder der Arbeitnehmer

1. von Arbeitslosigkeit bedroht ist

2. nach Beginn des Arbeitsausfalls eine versicherungspflichtige Beschäftigung fortsetzt oder im Anschluss an die Beendigung eines Berufsausbildungsverhältnisses aufnimmt

3. nicht vom Kurzarbeitergeldbezug ausgeschlossen ist und

4. vor der Überleitung in die betriebsorganisatorisch eigenständige Einheit aus Anlass der Betriebsänderung

    a) sich bei der Agentur für Arbeit arbeitsuchend meldet und

    b) an einer arbeitsmarktlich zweckmäßigen Maßnahme zur Feststellung der Eingliederungsaussichten teilgenommen hat; können in berechtigten Ausnahmefällen trotz Mithilfe der Agentur für Arbeit die notwendigen Feststellungsmaßnahmen nicht rechtzeitig durchgeführt werden, sind diese im unmittelbaren Anschluss an die Überleitung innerhalb eines Monats nachzuholen.

172 Auch für den Bezug von Transferkurzarbeitergelt ist der Arbeitsausfall bei der Agentur für Arbeit anzuzeigen, in deren Bezirk der personalabgebende Betrieb seinen Sitz hat. Zudem hat der Arbeitgeber den geförderten Arbeitnehmerinnen und Arbeitnehmern Vermittlungsvorschläge zu unterbreiten. Stellt der Arbeitgeber oder die Agentur für Arbeit fest, dass Arbeitnehmerinnen oder Arbeitnehmer Qualifizierungsdefizite aufweisen, soll der Arbeitgeber geeignete Maßnahmen zur Verbesserung der Eingliederungsaussichten anbieten. Als geeignet gelten insbesondere

1. Maßnahmen der beruflichen Weiterbildung, für die und für deren Träger eine Zulassung vorliegt, oder

2. eine zeitlich begrenzte, längstens sechs Monate dauernde Beschäftigung zum Zwecke der Qualifizierung bei einem anderen Arbeitgeber.

173 Der Anspruch auf Transferkurzarbeitergeld ist ausgeschlossen, wenn Arbeitnehmerinnen und Arbeitnehmer nur vorübergehend in der betriebsorganisatorisch eigenständigen Einheit zusammengefasst werden, um anschließend einen anderen Arbeitsplatz in dem gleichen oder einem anderen Betrieb des Unternehmens zu besetzen, oder, falls das Unternehmen einem Konzern angehört, einen Arbeitsplatz in einem Betrieb eines anderen Konzernunternehmens des Konzerns zu besetzen.

8.5 Arbeitslosengeld

174 Durch die Hartz-Reformen wurde die Arbeitslosenhilfe mit der Sozialhilfe in einer Grundsicherung für Arbeitssuchende zusammengeführt. Nach Umsetzung des Vierten Gesetzes für moderne Dienstleistungen am Arbeitsmarkt ist die Grund-

sicherung für Arbeitsuchende in das Sozialgesetzbuch (SGB II) aufgenommen worden. Die Grundsicherung für Arbeitsuchende soll es Leistungsberechtigten ermöglichen, ein Leben zu führen, das der Würde des Menschen entspricht. Unter der Überschrift „Fördern und Fordern" werden Aufgaben und Ziele, Leistungsgrundsätze und -formen sowie die Träger der Grundsicherung für Arbeitsuchende aufgeführt (vgl. §§ 1 ff. SGB II). Ferner werden Anspruchsvoraussetzungen (§§ 7 ff. SGB II), Leistungen (§§ 14 ff. SGB II), insbesondere Leistungen zur Sicherung des Lebensunterhalts (§§ 19 ff. SGB II) sowie das Verfahren und die Finanzierung geregelt.

Das Arbeitslosengeld gehört dagegen in den Bereich der Arbeitsförderung (SGB III). In den Fällen der Arbeitslosigkeit oder bei beruflicher Bildung haben Arbeitnehmerinnen und Arbeitnehmer Anspruch auf Arbeitslosengeld nach Maßgabe der §§ 137 ff. SGB III. Dieser Anspruch setzt bei Arbeitslosigkeit voraus, dass Arbeitnehmersich bei der Arbeitsagentur arbeitslos gemeldet und die Anwartschaftszeit erfüllt haben. Arbeitslos ist gem. § 138 SGB III, wer Arbeitnehmerin oder Arbeitnehmer ist und   175

1. nicht in einem Beschäftigungsverhältnis steht (Beschäftigungslosigkeit)

2. sich bemüht, die eigene Beschäftigungslosigkeit zu beenden (Eigenbemühungen) und

3. den Vermittlungsbemühungen der Agentur für Arbeit zur Verfügung steht (Verfügbarkeit).

Eine ehrenamtliche Betätigung schließt Arbeitslosigkeit nicht aus, wenn dadurch die berufliche Eingliederung der oder des Arbeitslosen nicht beeinträchtigt wird. Auch die Ausübung einer Beschäftigung, selbstständigen Tätigkeit, Tätigkeit als mithelfende Familienangehörige oder mithelfender Familienangehöriger (Erwerbstätigkeit) schließt die Beschäftigungslosigkeit nicht aus, wenn die Arbeits- oder Tätigkeitszeit (Arbeitszeit) weniger als 15 Stunden wöchentlich umfasst; gelegentliche Abweichungen von geringer Dauer bleiben unberücksichtigt. Die Arbeitszeiten mehrerer Erwerbstätigkeiten werden zusammengerechnet.   176

Im Rahmen der Eigenbemühungen hat die oder der Arbeitslose alle Möglichkeiten zur beruflichen Eingliederung zu nutzen. Hierzu gehören insbesondere   177

1. die Wahrnehmung der Verpflichtungen aus der Eingliederungsvereinbarung,

2. die Mitwirkung bei der Vermittlung durch Dritte und

3. die Inanspruchnahme der Selbstinformationseinrichtungen der Agentur für Arbeit.

Den Vermittlungsbemühungen der Agentur für Arbeit steht zur Verfügung, wer   178

1. eine versicherungspflichtige, mindestens 15 Stunden wöchentlich umfassende zumutbare Beschäftigung unter den üblichen Bedingungen des für sie oder ihn in Betracht kommenden Arbeitsmarktes ausüben kann und darf

2. Vorschlägen der Agentur für Arbeit zur beruflichen Eingliederung zeit- und ortsnah Folge leisten kann

3. bereit ist, jede Beschäftigung im Sinne der Nummer 1 anzunehmen und auszuüben und

4. bereit ist, an Maßnahmen zur beruflichen Eingliederung in das Erwerbsleben teilzunehmen.

179 Sonderfälle der Verfügbarkeit regelt § 139 SGB III, zumutbare Beschäftigungen § 140 SGB III. Einer arbeitslosen Person sind alle ihrer Arbeitsfähigkeit entsprechenden Beschäftigungen zumutbar, soweit allgemeine oder personenbezogene Gründe der Zumutbarkeit einer Beschäftigung nicht entgegenstehen.

180 Aus allgemeinen Gründen ist eine Beschäftigung einer arbeitslosen Person insbesondere nicht zumutbar, wenn die Beschäftigung gegen gesetzliche, tarifliche oder in Betriebsvereinbarungen festgelegte Bestimmungen über Arbeitsbedingungen oder gegen Bestimmungen des Arbeitsschutzes verstößt.

181 Aus personenbezogenen Gründen ist eine Beschäftigung einer arbeitslosen Person insbesondere nicht zumutbar, wenn das daraus erzielbare Arbeitsentgelt erheblich niedriger ist als das der Bemessung des Arbeitslosengeldes zugrunde liegende Arbeitsentgelt. In den ersten drei Monaten der Arbeitslosigkeit ist eine Minderung um mehr als 20 % und in den folgenden drei Monaten um mehr als 30 % dieses Arbeitsentgelts nicht zumutbar. Vom siebten Monat der Arbeitslosigkeit an ist einer arbeitslosen Person eine Beschäftigung nur dann nicht zumutbar, wenn das daraus erzielbare Nettoeinkommen unter Berücksichtigung der mit der Beschäftigung zusammenhängenden Aufwendungen niedriger ist als das Arbeitslosengeld.

182 Die oder der Arbeitslose hat sich persönlich bei der zuständigen Agentur für Arbeit arbeitslos zu melden. Eine Meldung ist auch zulässig, wenn die Arbeitslosigkeit noch nicht eingetreten, der Eintritt der Arbeitslosigkeit aber innerhalb der nächsten drei Monate zu erwarten ist (§ 141 SGB III).

183 Die Anwartschaftszeit hat erfüllt, wer in der Rahmenfrist von zwei Jahren mindestens zwölf Monate in einem Versicherungspflichtverhältnis gestanden hat. Zeiten, die vor dem Tag liegen, an dem der Anspruch auf Arbeitslosengeld wegen des Eintritts einer Sperrzeit erloschen ist, dienen nicht zur Erfüllung der Anwartschaftszeit. Näheres regeln die §§ 142, 143 SGB III.

184 Anspruch auf Arbeitslosengeld hat auch, wer die Voraussetzungen für einen Anspruch auf Arbeitslosengeld bei Arbeitslosigkeit allein wegen einer nach § 81 SGB III geförderten beruflichen Weiterbildung nicht erfüllt (§ 144 SGB III).

185 Nebeneinkünfte werden auf das Arbeitslosengeld angerechnet, wenn sie 165 € überschreiten (§ 141 SGB III).

Sonderformen des Arbeitslosengeldes regeln die §§ 145 ff. SGB III, z. B. in den Fällen der Minderung der Leistungsfähigkeit und der Leistungsfortzahlung bei Arbeitsunfähigkeit. 186

Die Dauer des Anspruchs auf Arbeitslosengeld richtet sich nach den §§ 147 f. SGB III und orientiert sich grundsätzlich an 187

1. der Dauer der Versicherungspflichtverhältnisse innerhalb der um drei Jahre erweiterten Rahmenfrist und

2. dem Lebensalter, das die oder der Arbeitslose bei der Entstehung des Anspruchs vollendet hat.

Die Höhe des Arbeislosengeldes berechnet sich nach den §§ 149 ff. SGB III. Eine eventuelle Minderung des Arbeitslosengeldes und das Zusammentreffen des Anspruchs mit sonstigem Einkommen und Ruhen des Anspruchs sind in den §§ 155 ff. SGB III festgelegt. 188

Eine besondere Bedeutung hat die **Neutralitätspflicht** in den Fällen des Zusammentreffens von Arbeitslosigkeit und Arbeitskämpfen (vgl. § 160 SGB III). Durch die Leistung von Arbeitslosengeld darf nicht in Arbeitskämpfe eingegriffen werden. Ein Eingriff in den Arbeitskampf liegt nicht vor, wenn Arbeitslosengeld Arbeitslosen geleistet wird, die zuletzt in einem Betrieb beschäftigt waren, der nicht dem fachlichen Geltungsbereich des umkämpften Tarifvertrags zuzuordnen ist. Falls die Arbeitnehmerin oder der Arbeitnehmer durch Beteiligung an einem inländischen Arbeitskampf arbeitslos geworden ist, ruht der Anspruch auf Arbeitslosengeld bis zur Beendigung des Arbeitskampfes. 189

Ist die Arbeitnehmerin oder der Arbeitnehmer durch einen inländischen Arbeitskampf arbeitslos geworden, ohne an dem Arbeitskampf beteiligt gewesen zu sein, so ruht der Anspruch auf Arbeitslosengeld bis zur Beendigung des Arbeitskampfes nur, wenn der Betrieb, in dem die oder der Arbeitslose zuletzt beschäftigt war, 190

1. dem räumlichen und fachlichen Geltungsbereich des umkämpften Tarifvertrags zuzuordnen ist oder

2. nicht dem räumlichen, aber dem fachlichen Geltungsbereich des umkämpften Tarifvertrags zuzuordnen ist und im räumlichen Geltungsbereich des Tarifvertrags, dem der Betrieb zuzuordnen ist,

   a) eine Forderung erhoben worden ist, die einer Hauptforderung des Arbeitskampfes nach Art und Umfang gleich ist, ohne mit ihr übereinstimmen zu müssen, und

   b) das Arbeitskampfergebnis aller Voraussicht nach in dem räumlichen Geltungsbereich des nicht umkämpften Tarifvertrags im Wesentlichen übernommen wird.

191 Eine Forderung ist erhoben, wenn sie von der zur Entscheidung berufenen Stelle beschlossen worden ist oder aufgrund des Verhaltens der Tarifvertragspartei im Zusammenhang mit dem angestrebten Abschluss des Tarifvertrags als beschlossen anzusehen ist. Der Anspruch auf Arbeitslosengeld ruht nach § 160 Abs. 3 Satz 1 SGB III nur, wenn die umkämpften oder geforderten Arbeitsbedingungen nach Abschluss eines entsprechenden Tarifvertrags für die Arbeitnehmerin oder den Arbeitnehmer gelten oder auf sie oder ihn angewendet würden.

Weitere Regelungen zum Arbeitslosengeld betreffen das Erlöschen des Anspruchs gem. § 161 SGB III und das Teilarbeitslosengeld gem. § 162 SGB III.

8.6 Insolvenzgeld

192 Anspruch auf Insolvenzgeld haben Arbeitnehmerinnen und Arbeitnehmer, wenn sie im Inland beschäftigt waren und bei einem Insolvenzereignis für die vorausgegangenen drei Monate des Arbeitsverhältnisses noch Ansprüche auf Arbeitsentgelt haben (vgl. § 165 SGB III).

193 Als Insolvenzereignis gilt

1. die Eröffnung des Insolvenzverfahrens über das Vermögen des Arbeitgebers

2. die Abweisung des Antrags auf Eröffnung des Insolvenzverfahrens mangels Masse oder

3. die vollständige Beendigung der Betriebstätigkeit im Inland, wenn ein Antrag auf Eröffnung des Insolvenzverfahrens nicht gestellt worden ist und ein Insolvenzverfahren offensichtlich mangels Masse nicht in Betracht kommt.

194 Auch bei einem ausländischen Insolvenzereignis haben im Inland beschäftigte Arbeitnehmerinnen und Arbeitnehmer einen Anspruch auf Insolvenzgeld.

195 Insolvenzgeld wird in Höhe des Nettoarbeitsentgelts gezahlt, das sich ergibt, wenn das auf die monatliche Beitragsbemessungsgrenze (§ 341 Abs. 4 SGB III) begrenzte Bruttoarbeitsentgelt um die gesetzlichen Abzüge vermindert wird.

196 Die Agentur für Arbeit kann gem. § 168 SGB III einen Vorschuss auf das Insolvenzgeld leisten, wenn

1. die Eröffnung des Insolvenzverfahrens über das Vermögen des Arbeitgebers beantragt ist

2. das Arbeitsverhältnis beendet ist und

3. die Voraussetzungen für den Anspruch auf Insolvenzgeld mit hinreichender Wahrscheinlichkeit erfüllt werden.

197 Soweit die Arbeitnehmerin oder der Arbeitnehmer vor Antragstellung auf Insolvenzgeld Ansprüche auf Arbeitsentgelt einem Dritten übertragen hat, steht der Anspruch auf Insolvenzgeld diesem zu (vgl. § 170 SGB III). Nachdem das Insolvenz-

geld beantragt worden ist, kann der Anspruch auf Insolvenzgeld wie Arbeitseinkommen gepfändet, verpfändet oder übertragen werden. Eine Pfändung des
Anspruchs vor diesem Zeitpunkt wird erst mit dem Antrag wirksam (vgl. § 171
SGB III). Daten über gezahltes Insolvenzgeld werden von der Bundesagentur an
die Finanzverwaltung übermittelt.

8.7 Aufgaben der Bundesagentur für Arbeit

Die wesentlichen Aufgaben der Bundesagentur für Arbeit liegen in den oben aus- 198
geführten Bereichen der Beratung, der Ausbildungs- und Arbeitsvermittlung und
der Arbeitsförderung. Darüber hinaus sind ihr kraft Gesetzes aber noch weitere
Aufgaben zugewiesen, insbesondere

▸ Statistiken, Arbeitsmarkt- und Berufsforschung, Berichterstattung (§§ 280 ff.
  SGB III)

▸ Erteilung von Genehmigungen und Erlaubnissen (§§ 284 ff. SGB III), z. B. für die
  Beschäftigung ausländischer Arbeitnehmerinnen und Arbeitnehmer und für
  die Berufsberatung und Vermittlung durch Dritte.

Die Bundesagentur für Arbeit hat Lage und Entwicklung der Beschäftigung und 199
des Arbeitsmarktes im Allgemeinen und nach Berufen, Wirtschaftszweigen und
Regionen sowie die Wirkungen der aktiven Arbeitsförderung zu beobachten, zu
untersuchen und auszuwerten. Dies geschieht durch

▸ die Erstellung von Statistiken

▸ Arbeitsmarkt- und Berufsforschung und

▸ Berichterstattung.

In regelmäßigen Abständen hat die Bundesagentur die Arbeitsmarktstatistiken 200
und die Forschungsergebnisse dem Bundesministerium für Arbeit und Soziales
vorzulegen und in geeigneter Form zu veröffentlichen. Die Bundesagentur hat bei
der Festlegung von Inhalt, Art und Umfang der Arbeitsmarkt- und Berufsforschung ihren eigenen Informationsbedarf sowie den des Bundesministeriums für
Arbeit und Soziales zu berücksichtigen. Sie hat den Forschungsbedarf mindestens in jährlichen Zeitabständen mit dem Bundesministerium für Arbeit und Soziales abzustimmen. Dabei ist die Untersuchung der Wirkungen der Arbeitsförderung ein Schwerpunkt der Arbeitsmarktforschung. Sie soll zeitnah erfolgen
und ist ständige Aufgabe des Instituts für Arbeitsmarkt- und Berufsforschung.

Für die Beschäftigung ausländischer Arbeitnehmerinnen und Arbeitnehmer be- 201
steht eine Sondervorschrift in §§ 284 ff. SGB III, die z. B. eine befristete Arbeitser-
laubnis-EU als Übergangsregelung von der Arbeitnehmerfreizügigkeit für Angehörige der neuen EU-Mitgliedstaaten vorsieht.

202 Ferner dürfen Ausländer mit einer unbefristeten Aufenthaltserlaubnis oder einer Aufenthaltsberechtigung beschäftigt werden. Zwischenstaatliche Vereinbarungen sind bei der Beschäftigung von Ausländern ebenfalls zu beachten.

203 Das Bundesministerium für Arbeit und Soziales kann gem. § 288 SGB III durch Rechtsverordnung folgende Sachverhalte mit Auslandsbezug näher festlegen:

1. Ausnahmen für die Erteilung einer Arbeitserlaubnis an Ausländerinnen und Ausländer, die keine Aufenthaltsgenehmigung besitzen

2. Ausnahmen für die Erteilung einer Arbeitserlaubnis unabhängig von der Arbeitsmarktlage

3. Ausnahmen für die Erteilung einer Arbeitserlaubnis an Ausländerinnen und Ausländer mit Wohnsitz oder gewöhnlichem Aufenthalt im Ausland

4. die Voraussetzungen für die Erteilung einer Arbeitserlaubnis sowie das Erfordernis einer ärztlichen Untersuchung von Ausländerinnen und Ausländern mit Wohnsitz oder gewöhnlichem Aufenthalt im Ausland mit deren Einwilligung für eine erstmalige Beschäftigung

5. das Nähere über Umfang und Geltungsdauer der Arbeitserlaubnis

6. weitere Personengruppen, denen eine Arbeitsberechtigung erteilt wird, sowie die zeitliche, betriebliche, berufliche und regionale Beschränkung der Arbeitsberechtigung

7. weitere Ausnahmen von der Genehmigungspflicht sowie

8. die Voraussetzungen für das Verfahren und die Aufhebung einer Genehmigung.

204 Die Verordnung über die Beschäftigung von Ausländerinnen und Ausländern (Beschäftigungsverordnung, BeschV) steuert die Zuwanderung ausländischer Arbeitnehmerinnen und Arbeitnehmer und bestimmt, unter welchen Voraussetzungen sie und die bereits in Deutschland lebenden Ausländerinnen und Ausländer zum Arbeitsmarkt zugelassen werden können. Sonderregelungen betreffen die Zuwanderung von Fach- und Führungskräften, leitenden Angestellten und Spezialisten, Aufenthalte für Zwecke der Wissenschaft, Forschung und Entwicklung gem. §§ 2 ff. BeschV. Ebenso privilegiert sind Ausländerinnen und Ausländer, die imnland eine qualifizierte (mindestens zweijährige) Berufsausbildung in einem staatlich anerkannten oder vergleichbar geregelten Ausbildungsberuf erworben haben.

205 Keiner Zustimmung bedarf die Erteilung eines Aufenthaltstitels an Absolventinnen und Absolventen deutscher Auslandsschulen

1. mit einem anerkannten ausländischen Hochschulabschluss oder einem ausländischen Hochschulabschluss, der einem deutschen Hochschulabschluss vergleichbar ist, zur Ausübung einer der beruflichen Qualifikation entsprechenden Beschäftigung

2. zur Ausübung einer Beschäftigung in einem staatlich anerkannten oder vergleichbar geregelten Ausbildungsberuf, wenn die zuständige Stelle die Gleichwertigkeit der Berufsqualifikation mit einer inländischen qualifizierten Berufsausbildung festgestellt hat oder

3. zum Zweck einer qualifizierten betrieblichen Ausbildung in einem staatlich anerkannten oder vergleichbar geregelten Ausbildungsberuf (vgl. § 7 BeschV).

Vorübergehende Beschäftigungen für Ausländerinnen und Ausländer sind gem. §§ 10 ff. BeschV z. B. im Zusammenhang mit einem internationalen Personenaustausch und Auslandsprojekten eines Unternehmens oder Konzerns vorgesehen, ferner für Sprachlehrerinnen und Sprachlehrer, Spezialitätsnköchinnen und -köche, Au-pair-Beschäftigungen, Hausangestellte von Entsandten und einigen sonstigen Aktivitäten, z. B. Freiwilligendienste, Praktika zu Weiterbildungszwecken, Saisonbeschäftigungen, Schaustellergehilfen und Haushaltshilfen. 206

Auch die Beschäftigung entsandter Arbeitnehmerinnen und Arbeitnehmer bedarf keiner Zustimmung. Dies sind insbesondere Geschäftsreisende, Fachkräfte in betrieblichen Weiterbildungsmaßnahmen, Journalistinnen und Journalisten, sowie Personen im Maschinen- und Anlagenbau, auf Messen, bei der Teilnahme an Betriebslehrgängen im Rahmen von Exportlieferungs- und Lizenzverträgen, im internationalen Straßen- und Schienenverkehr und bei vorübergehender Erbringung von Dienstleistungen durch ein Unternehmen mit Sitz in der Europäischen Union oder im Europäischen Wirtschaftsraum (vgl. §§ 16 ff. BeschV). 207

Zu den besonderen Berufs- oder Personengruppen gehören bei teilweise zeitlich befristeter Beschäftigung im Inland u. a. 208

▶ Personen, die unter Beibehaltung ihres gewöhnlichen Wohnsitzes im Ausland in Vorträgen oder in Darbietungen von besonderem wissenschaftlichen oder künstlerischen Wert oder bei Darbietungen sportlichen Charakters im Inland tätig werden

▶ Personen, die im Rahmen von Festspielen oder Musik- und Kulturtagen beschäftigt oder im Rahmen von Gastspielen oder ausländischen Film- und Fernsehproduktionen entsandt werden

▶ Berufssportlerinnen und Berufssportler oder Berufstrainerinnen und Berufstrainer

▶ Fotomodelle, Werbetypen, Mannequins oder Dressmen

▶ Reiseleiterinnen und Reiseleiter

▶ Dolmetscherinnen und Dolmetscher

und zahlreiche weitere Personen, die bei internationalen Sportveranstaltungen, in der Schifffahrt und im Luftverkehr, in Kultur und Unterhaltung tätig werden (§§ 22 ff. BeschV).

209 Darüber hinaus regelt die Beschäftigungsverordnung auch Beschäftigungen bei Aufenthalt aus völkerrechtlichen, humanitären oder politischen Gründen sowie von Personen mit Duldung und Asylbewerbern gem. §§ 31 f. BeschV. Zudem enthält die Beschäftigungsverordnung Verfahrensregelungen gem. §§ 34 ff. BeschV und eine Sonderbestimmung für die Anwerbung und Arbeitsvermittlung aus dem Ausland gem. § 38 BeschV.

210 Weitere Aufgaben der Bundesagentur für Arbeit liegen z. B. in der Untersagung der Berufsberatung durch ungeeignete Stellen gem. §§ 288a SGB III. Zudem bestehen umfangreiche Aufgaben im Bereich des Meldewesens gem. §§ 309 ff. SGB III, der Leistungsverwaltung gem. §§ 323 ff. SGB III und des Datenschutzes gem. §§ 394 ff. SGB III.

8.8 Pflichten in der Arbeitsförderung

211 Im Bereich der Arbeitsförderung haben die Beteiligten unterschiedliche Verpflichtungen zur Mitwirkung im Leistungsverfahren und zur Erfüllung der Aufgaben der Bundesanstalt für Arbeit zu erbringen. Diese umfassen:

- ▸ Meldepflichten gem. §§ 309 f. SGB III
- ▸ Anzeige- und Bescheinigungspflichten gem. §§ 311 ff. SGB III
- ▸ Auskunfts-, Mitwirkungs- und Duldungspflichten gem. §§ 315 ff. SGB III
- ▸ sonstige Pflichten, wie Berechnungs-, Auszahlungs-, Aufzeichnungs- und Anzeigepflichten gem. § 320 SGB III.

212 Im Leistungsverfahren besteht eine **allgemeine Meldepflicht** der Arbeitslosen während der Zeit, für die sie Anspruch auf Arbeitslosengeld erheben, § 309 SGB III. Diese allgemeine Meldepflicht umfasst Meldungen der Arbeitsagentur oder das Erscheinen zu einem ärztlichen oder psychologischen Untersuchungstermin, wenn die Arbeitsagentur sie dazu auffordert. Die Aufforderung zur Meldung kann z. B. zum Zweck der Berufsberatung, der Vermittlung in Ausbildung oder Arbeit, zur Vorbereitung aktiver Arbeitsförderungsleistungen oder von Entscheidungen im Leistungsverfahren erfolgen, ebenso zur Prüfung des Vorliegens der Voraussetzungen für den Leistungsanspruch. Die allgemeine Meldepflicht wird durch die Meldepflicht beim Wechsel der Zuständigkeit einer anderen Agentur für Arbeit ergänzt.

213 Bei einem Antrag auf Arbeitslosengeld oder Übergangsgeld und während des Bezugs dieser Leistungen ist der Bundesagentur für Arbeit eine eingetretene Arbeitsunfähigkeit und deren voraussichtliche Dauer unverzüglich anzuzeigen und spätestens vor Ablauf des 3. Kalendertages eine ärztliche Bescheinigung vorzulegen (vgl. § 311 SGB III). Im Einzelfall sind gem. §§ 312a, 313 und 314 SGB III die Arbeitsbescheinigung, Nebeneinkommensbescheinigung oder Insolvenzgeldbescheinigung vorzulegen.

Zudem bestehen Auskunftspflichten Dritter, sofern diese an Förderungsempfän-   214
ger Leistungen erbringen, welche die von der Bundesagentur für Arbeit gewährten Leistungen ausschließen oder mindern (vgl. §§ 315 ff. SGB III).

8.9 Finanzierung und Meldungen

Die Leistungen der Arbeitsförderung und die sonstigen Ausgaben der Bundes-   215
agentur werden durch Beiträge der Versicherungspflichtigen, der Arbeitgeber
und Dritter (Beitrag zur Arbeitsförderung), Umlagen, Mittel des Bundes und sonstige Einnahmen finanziert (vgl. §§ 340 ff. SGB III).

Die Beiträge werden nach einem Prozentsatz (Beitragssatz) von der Beitragsbe-   216
messungsgrundlage erhoben. Der Beitragssatz beträgt 3,0 %. Beitragsbemes-
sungsgrundlage sind die beitragspflichtigen Einnahmen, die bis zur Beitragsbemessungsgrenze berücksichtigt werden; letztere entspricht der Festlegung in der
allgemeinen Rentenversicherung. Das Sozialgesetzbuch III regelt ferner die beitragspflichtigen Einnahmen gem. §§ 342 ff. SGB III.

Die Beiträge werden von den versicherungspflichtig Beschäftigten und den Ar-   217
beitgebern je zur Hälfte getragen (vgl. § 346 SGB III), für sonstige Versicherte –
z. B. für Personen in Rehabilitationseinrichtungen, für Wehrdienstleistende, für
Gefangene in Vollzugsanstalten – bestehen Sonderregeln (vgl. §§ 347 SGB III).

Für die Zahlung der Beiträge aus Arbeitsentgelt bei einer versicherungspflichti-   218
gen Beschäftigung gelten die Vorschriften des SGB IV über den Gesamtsozialversicherungsbeitrag.

Die Meldungen der Sozialversicherungsträger über die Zahl der versicherungs-   219
pflichtigen Personen im Bereich der Arbeitsförderung erfolgen monatlich durch
die Einzugsstellen gem. § 28i SGB IV an die Bundesagentur für Arbeit. Die Bundesagentur kann in die Geschäftsunterlagen und Statistiken der Einzugsstellen
Einsicht nehmen, soweit dies zur Erfüllung ihrer Aufgaben erforderlich ist. Des-
gleichen haben die Träger der Sozialversicherung der Bundesagentur für Arbeit
auf Verlangen Geschäftsunterlagen und Statistiken vorzulegen, soweit dies zur
Erfüllung der Aufgaben der Bundesagentur erforderlich ist.

E. Datenschutzerfordernisse

In allen Arbeitsverhältnissen und im System der Sozialversicherung werden zahlreiche personenbezogene Daten der Arbeitnehmer und Versicherten erhoben, verarbeitet und genutzt. Zunehmend erfolgt die Datenverarbeitung in komplexen Personalinformationssystemen privater und öffentlicher Arbeitgeber und in den Organisationen der sozialen Sicherung. Die Erfassung der Arbeitnehmerdaten bei Aufnahme eines Beschäftigungsverhältnisses (Datenerhebung), das Meldewesen zur Sozialversicherung (Datenübermittlung), die Einrichtung von Gesundheitskarten durch die Krankenversicherungen (mobile Speichermedien), die IT-gestützte Personalverwaltung (Datenverarbeitung und -nutzung) – viele Abläufe im Arbeitsverhältnis und im Sozialversicherungsbereich enthalten datenschutzrechtliche Aspekte. 001

Das Datenschutzrecht wurde als besonderes Grundrecht auf informationelle Selbstbestimmung entwickelt und gilt als **Teil des allgemeinen Persönlichkeitsrechts** gem. Art. 2 GG. Es geht bei dem allgemeinen Persönlichkeitsrecht nicht nur um die Abwehr von Eingriffen in die informationelle Selbstbestimmung durch das Ablesen fremder Handy-Gesprächsdaten oder die polizeiliche Videoüberwachung auf der Reeperbahn. Das BVerfG hat in seiner Entscheidung zum „Großen Lauschangriff" (*NJW 2004, 999 ff.*) den „unantastbaren Kernbereich privater Lebensgestaltung", anerkannt, der auch im Arbeits- und Ausbildungsverhältnis und im sozialversicherungsrechtlichen Beschäftigungsverhältnis zu beachten ist. So bestehen besondere Verschwiegenheitspflichten derjenigen Personen, die von Berufs oder von Amts wegen mit Arbeitnehmer- oder Sozialdaten befasst sind. Darüber hinaus besteht eine allgemeine Verschwiegenheitspflicht der Arbeitnehmer hinsichtlich der Betriebs- und Geschäftsgeheimnisse aus dem arbeitsrechtlichen Rechtsgrundsatz der Treuepflicht.[1] Auch Mitglieder des Betriebsrates sowie der Jugend- und Auszubildensenvertretung, des Wirtschaftsausschusses etc. unterliegen besonderen Verschwiegenheitspflichten (vgl. § 79 BetrVG). Und schließlich gilt für alle bei der Datenverarbeitung beschäftigten Personen das Datengeheimnis gem. § 5 BDSG. 002

Die Verletzung von **Verschwiegenheitspflichten** steht für bestimmte Berufsgruppen sogar unter Strafe. Wer unbefugt ein fremdes Geheimnis offenbart, insbesondere ein zum persönlichen Lebensbereich gehörendes Geheimnis oder ein Betriebs- oder Geschäftsgeheimnis, das ihm in seiner Funktion als Arzt, Psychologe, Rechtsanwalt, Sozialarbeiter, Steuerberater, Wirtschaftsprüfer usw. oder als Angehöriger eines Unternehmens der privaten Kranken-, Unfall- oder Lebensversicherung anvertraut worden ist, wird gem. § 203 StGB mit einer Freiheitsstrafe bis zu einem Jahr oder mit einer Geldstrafe bestraft. Dieser gesetzliche Straftatbestand der Verletzung des persönlichen Lebens- und Geheimbereichs, zu dem auch das Briefgeheimnis und die Vertraulichkeit des Wortes gehören, wurde im Zuge der Bekämpfung der Wirtschaftskriminalität zur Sicherung der Datenbank- und Datenverarbeitungssysteme gegen Abhören oder gegen sonstigen unbefug- 003

---

[1] ≫ Vgl. Kapitel B.2.2 zu den Treuepflichten des Arbeitnehmers.

ten Zugriff ergänzt. Das unbefugte Ausspähen von Daten wird gem. § 202a StGB mit einer Freiheitsstrafe bis zu drei Jahren oder mit einer Geldstrafe bestraft. Tatgegenstand sind Daten, die elektronisch, magnetisch oder sonst nicht unmittelbar wahrnehmbar gespeichert sind oder übermittelt werden.

004 Der strafrechtliche Schutz erfasst alle Formen des unberechtigten Zugriffs auf Daten, die einer fremden Rechtssphäre zuzuordnen sind. Ferner sind auch die rechtswidrige Datenveränderung gem. § 303a StGB, die Computersabotage gem. § 303b StGB und der Computerbetrug gem. § 263a StGB unter Strafe gestellt.

005 Die gesetzliche Ausgestaltung des informationellen Selbstbestimmungsrechts erfolgt durch die Datenschutzgesetze des Bundes, der Länder und der Kirchen sowie in verschiedenen bereichsbezogenen Datenschutzregelungen für die Medien, die Telekommunikation, das Arbeits- und Sozialversicherungsrecht etc.

006 Das Datenschutzrecht regelt die Grenzen der Beeinträchtigung von Persönlichkeitsrechten. Zweck des Bundesdatenschutzgesetzes (BDSG) ist es nämlich, den Einzelnen davor zu schützen, dass er durch den Umgang mit seinen personenbezogenen Daten in seinem Persönlichkeitsrecht beeinträchtigt wird (vgl. § 1 BDSG).

007 Datenschutz und Datensicherheit sind begrifflich zu trennen. Während die Datensicherheit zu den technisch-organisatorischen Aufgaben der verantwortlichen Stelle gehört, wird mit dem Begriff „Datenschutz" ein Rechtsgebiet bezeichnet, welches das informationelle Selbstbestimmungsrecht als Bestandteil des allgemeinen Persönlichkeitsrechts gem. Art. 2 GG betrifft. Daher geht es im Datenschutzrecht um den Schutz des Menschen vor einer Verletzung seiner Persönlichkeitsrechte, dagegen dient die Datensicherung dem Erhalt der Datenbestände und ihrer Absicherung gegen unbefugten Zugriff, Veränderung oder Zerstörung.

008 Die Datenschutz-Grundverordnung (DSGVO) ist in Kraft getreten und wird mit Wirkung zum 25.05.2018 in den Mitgliedstaaten der Europäischen Union angewandt. Damit ist ein einheitliches Datenschutzgesetz für die gesamte Europäische Union entstanden. Die im Folgenden am Beispiel des Bundesdatenschutzgesetzes (BDSG) dargestellten Grundsätze des „Verbots mit Erlaubnisvorbehalt", der „Datenvermeidung und Datensparsamkeit", der „Zweckbindung" und der „Transparenz" sind gleichermaßen auch prägende Bestandteile der Datenschutz-Grundverordnung. Damit wird das von der Datenschutz-Grundverordnung angestrebte Ziel einer möglichst einheitlichen Rechtsanwendung in der Europäischen Union erreicht.

009 In diesem Kapitel werden die Grundbegriffe des Datenschutzrechts in Bezug auf den Schutz des allgemeinen Persönlichkeitsrechts des Arbeitnehmers im Arbeitsverhältnis und des Beschäftigten im sozialversicherungsrechtlichen Beschäftigungsverhältnisses betrachtet und um den Betriebsdatenschutz ergänzt.

Der Datenschutz ist im Bundesdatenschutzgesetz (BDSG) und in den Landesda-
tenschutzgesetzen geregelt, daneben auch in den Datenschutzgesetzen der Kirchen und vieler Spezialbereiche, so im Steuerrecht, im Fernmelderecht, im Me-
dienrecht und im Arbeits- und Sozialrecht. Die Grundsätze des Datenschutzes
wurden vom Bundesverfassungsgericht im Volkszählungsurteil als Recht auf informationelle Selbstbestimmung aus einer Fortführung bisheriger Rechtsgrundsätze heraus entwickelt.[1]

010

Zum Schutz des Persönlichkeitsrechts bei der Erhebung, Verarbeitung und Nutzung von Arbeitnehmer- und Sozialdaten sind Spezialvorschriften und Verhaltensregeln des Arbeits- und Sozialrechts vorrangig vor den allgemeinen Datenschutzgesetzen zu berücksichtigen.

011

1. Arbeitnehmerdatenschutz

Der Arbeitgeber benötigt im Bereich der Personalplanung und der Personalverwaltung zur Erfüllung seiner Aufgaben zahlreiche Arbeitnehmerdaten, insbesondere für die Feststellung der Eignung eines Arbeitnehmers bei der Einstellung,
zur Lohn- und Gehaltsabrechnung, zur Beurteilung der Leistung des Arbeitnehmers und zur Ausführung der gesetzlich vorgesehenen Meldungen an die Sozialversicherungsträger, an Behörden und andere Stellen zahlreiche personenbezogene Informationen, die er sich aus den Bewerbungsunterlagen und aus dem
Personalfragebogen beschaffen kann. Der Arbeitgeber benötigt aber auch personenbezogene Arbeitnehmerdaten zur Erfüllung gesetzlicher Aufgaben, z. B. zur
Ausstellung ärztlicher Bescheinigungen für den Arbeitsschutz, ferner für Auf-
zeichnungen über Fehlzeiten, Weiterbildungsmaßnahmen, Lohn- und Gehalts-
pfändungen, Angaben zur Sozialauswahl bei Kündigungen und die Angaben für
das sozialversicherungsrechtliche Meldewesen.

012

Diese personenbezogenen Daten des Arbeitnehmers werden in Personalakten
oder Personalinformationssystemen gesammelt, um dem Arbeitgeber bei der
Durchführung arbeitsvertraglicher Maßnahmen als Entscheidungsgrundlage zur
Verfügung zu stehen. Die Arbeitnehmerdatenverwaltung ist nicht nur für eigene
Zwecke der Arbeitgeber erforderlich, sondern auch zur Übermittlung von Daten
an andere Stellen, sofern der Arbeitgeber hierzu gesetzlich verpflichtet ist. Der
Arbeitgeber übermittelt z. B. Arbeitnehmerdaten an

013

▶ **Versicherungsträger:**
  Berufsgenossenschaften, Bundesversicherungsanstalt für Angestellte, Krankenkassen, Landesversicherungsanstalten usw.

▶ **Behörden:**
  z. B. Amt für Ausbildungsförderung, Arbeitsschutzbehörden, Aufsichtsbehörden für Datenschutz, Bundesagentur für Arbeit (BA), Bundesinstitut für Berufsbildung, Finanzbehörden, Gesundheitsämter, Gewerbeaufsicht, Landesbehör-

---

[1] BVerfGE 65, 1 ff. – Volkszählungsurteil.

den für Datenverarbeitung und Statistik, Polizeibehörden, Staatsanwaltschaft, Steuerfahndungsbehörden, Straßenverkehrsbehörden, Wehrbereichsverwaltung, das statistisches Bundesamt usw.

► **Körperschaften des öffentlichen Rechts und sonstige Stellen:** Betriebsräte, Gerichte für Zeugenentschädigungen, Gläubiger im Insolvenzverfahren und nach Gehaltsabtretungen, Landwirtschaftskammern, Hochschulen, Industrie- und Handelskammern, Handwerkskammern, Insolvenz- und Vergleichsverwalter, Kreditinstitute für vermögenswirksame Leistungen usw.

014 Damit der Arbeitgeber in der Lage ist, die vielfältigen Aufgaben der Personalplanung, -entwicklung und -verwaltung rationell und kostensparend zu erledigen, müssen die Arbeitnehmerdaten gespeichert und ihre Zugriffsmöglichkeit zeitsparend organisiert werden. Die elektronische Personaldatenverwaltung wird aus Kostengründen häufig von externen Dienstleistern durchgeführt, z. B. von der Verwaltungsgesellschaft eines Konzerns oder von spezialisierten Rechenzentren im Wege der Auftragsdatenverarbeitung.

1.1 Personalakten und Personalinformationssysteme

015 Der Einsatz von Personalinformationssystemen ermöglicht dem Arbeitgeber vor allem eine rationelle Durchführung seiner Aufgaben im Bereich der Stammdatenverwaltung, der Personalbedarfsplanung, der Personalbeschaffungsplanung, der Personalerhaltungsplanung und der Personalentwicklungsplanung. Zudem ermöglichen Personalinformationssysteme weitreichende Funktionen im Personalcontrolling. Zur Entscheidung darüber, welche Arbeitnehmerdaten der Arbeitgeber erfragen und in Personalakten oder Personalinformationssysteme aufnehmen darf, ist der Zweck der ordnungsgemäßen Durchführung des Arbeitsverhältnisses heranzuziehen. Der Arbeitgeber darf solche personenbezogenen Daten erfragen und dokumentieren, die zur Entscheidung über die jeweilige Maßnahme (Einstellung, Teilnahme an betrieblicher Weiterbildung, Höhergruppierung, Versetzung, Kündigung etc.) erforderlich sind; aber er darf den Bewerber oder den Arbeitnehmer darüber hinaus nicht über seine persönlichen Verhältnisse ausforschen.

016 Die **Grenze des Fragerechts des Arbeitgebers** bildet das allgemeine Persönlichkeitsrecht des Arbeitnehmers gem. Art. 2 Abs. 1 GG. Als Folge einer Verletzung dieses Grundrechts durch die Überschreitung der Fragebefugnis des Arbeitgebers im Bewerbungsverfahren und im Arbeitsverhältnis können zivilrechtliche Anfechtungsrechte und Schadensersatzansprüche des Bewerbers oder des Arbeitnehmers entstehen.[1]

017 Der Arbeitgeber hat Personalakten und -informationssystme im Rahmen seiner Fürsorgepflicht vor dem unbefugten Zugriff und der Einsichtnahme Dritter zu bewahren. Infolgedessen sind die Mitarbeiter in der Personalabteilung über ihre diesbezüglichen **Geheimhaltungspflichten** zu belehren; ferner sind Zugangsbe-

---

[1] ≫Vgl. Kapitel B.1.5 zu den Mängeln des Arbeitsvertrags.

schränkungen einzurichten und weitere Datensicherheitsmaßnahmen zu treffen, um die Arbeitnehmerdaten vor unbefugten Einsichtnahmen und Zugriffen zu schützen. Verletzt der Arbeitgeber seine diesbezüglichen Pflichten, liegt eine Verletzung des allgemeinen Persönlichkeitsrechts vor, mit der Folge eines Schadensersatzanspruches des betroffenen Arbeitnehmers. Insoweit kann der Arbeitnehmer die Einhaltung der Geheimhaltungspflichten vom Arbeitgeber verlangen. Dies gilt auch, wenn andere Unternehmen mit der Personaldatenverarbeitung beauftragt werden.

Das Recht des Arbeitnehmers auf **Einsichtnahme in seine Personalakten** ist allgemein anerkannt und folgt aus zahlreichen gesetzlichen Spezialvorschriften, insbesondere aus §§ 83 BetrVG, 26 Abs. 2 SprAuG. Danach hat der Arbeitnehmer ohne Nachweis besonderer Interessen jederzeit das Recht, in die über ihn geführten Personalakten Einsicht zu nehmen. Er kann hierzu ein Mitglied des Betriebsrats bzw. des Sprecherausschusses hinzuziehen. Die Betriebsrats- und Sprecherausschussmitglieder haben über den Inhalt der Personalakte Stillschweigen zu bewahren, soweit sie vom Arbeitnehmer nicht von dieser Verpflichtung entbunden werden. In größeren Betrieben wird zur Durchführung der Einsichtnahmen der Arbeitnehmer in ihre Personalakten regelmäßig eine Betriebsvereinbarung abgeschlossen, die die Häufigkeit, eine Voranmeldung und den Ort der Personalakteneinsicht regelt, denn diese Vorgänge gehören zu den erzwingbaren Mitbestimmungsrechten des Betriebsrates gem. § 87 Abs. 1 Nr. 1 BetrVG.

018

Dem Arbeitnehmer steht ein Einsichtsrecht in die über ihn geführten Personalakten zu, das nicht auf die Dauer des Arbeitsverhältnisses beschränkt ist; er hat jedoch keinen Anspruch auf Herausgabe von Unterlagen. Allerdings sind auf sein Verlangen schriftliche Erklärungen dem Inhalt der Personalakten beizufügen (§§ 83 Abs. 2 BetrVG, 26 Abs. 2 SprAug). Enthält die Personalakte unrichtige Angaben, hat er einen Anspruch auf Berichtigung; und soweit die Personalakte unberechtigte Rügen und Abmahnungen enthält, auch einen Anspruch auf Entfernung des unrichtigen Vermerks, der im Streitfall im Wege des arbeitsgerichtlichen Verfahrens durchgesetzt werden kann.[1] Denn der Arbeitgeber hat im Rahmen seiner Fürsorgepflicht auch die berechtigten Interessen des Arbeitnehmers zu wahren und eine Beeinträchtigung zu vermeiden.

019

Die Personaldatenverwaltung erfolgt zunehmend unter Einsatz von Personalinformationssystemen. So werden die betrieblichen und rechtlichen Erfordernisse der Lohn- und Gehaltsabrechnung, der Einstellung, Versetzung, Beförderung und Kündigung von Arbeitnehmern und vieles mehr zeit- und kostensparend administriert. Darüber hinaus können Personalinformationssysteme auch zu dispositiven Zwecken eingesetzt werden, z. B. zur Personalplanung, indem die Arbeitnehmerdaten über Aus- und Fortbildung, Eignung und Fähigkeiten, Leistungen und Leistungsbewertungen der Arbeitnehmer mit einer Arbeitsplatzdatenbank

020

---

[1] Das Persönlichkeitsrecht des Arbeitnehmers wird durch unrichtige, sein berufliches Fortkommen berührende Tatsachenbehauptungen beeinträchtigt, zu denen auch schriftliche Rügen und Verwarnungen gehören, vgl. BAG NJW 1986, 1065.

verbunden werden, welche u. a. Angaben über Arbeitsplätze, Stellenfunktionen und -anforderungen enthält.

021 Im Bereich der Personalbedarfs- und der Personalbeschaffungsplanung ergeben sich weitreichende Anwendungsmöglichkeiten von Personalinformationssystemen, ebenso für das Personalcontrolling. Aus den Daten über Eigenschaften der Arbeitnehmer mit zugeordneten Gewichtungen lassen sich Arbeitsplatz- und Fähigkeitsprofile erstellen, um für jeden Arbeitsplatz den geeigneten Arbeitnehmer auszuwählen. IT-gestützte Abgleiche ermöglichen die Herstellung von Leistungs-, Fähigkeits-, Arbeitsplatzbelastungs- und Eignungsprofilen, die jeweils einen Ausschnitt aus der Gesamtpersönlichkeit des Arbeitnehmers erfassen. Der im Einzelfall darin enthaltene medizinische Befund unterliegt dem Arztgeheimnis.

022 Aufgrund der multifunktionalen Verarbeitung von Arbeitnehmerdaten in Personalinformationssystemen bedarf deren Einführung der Mitbestimmung des Betriebsrates gem. § 87 Abs. 1 Nr. 6 BetrVG.[1] Im Rahmen einer umfassenden Management-Informationssystem-Konzeption werden Personalinformationssysteme mit Betriebserfassungssystemen anderer betrieblicher Funktionsbereiche verbunden, z. B. mit der Kosten- und der Produktionsplanung, der Fertigung, der Materialwirtschaft und Logistik, mit dem Absatz und dem Marketing. Infolge der Mitbestimmungsrechte des Betriebsrates sind in Betriebsvereinbarungen und Einigungsstellenbeschlüssen Regelungen zum Arbeitnehmerdatenschutz enthalten, vor allem zur Sicherung von Arbeitnehmerdaten gegen den Zugriff unbefugter Personen.

1.2 Der Regelungsbereich des Bundesdatenschutzgesetzes

023 Das Bundesdatenschutzgesetz (BDSG) dient dem Zweck, den Einzelnen davor zu schützen, dass er durch den Umgang mit seinen personenbezogenen Daten in seinem Persönlichkeitsrecht beenträchtigt wird (vgl. § 1 BDSG). Es betrifft die Erhebung, Verarbeitung und Nutzung personenbezogener Daten durch öffentlichrechtliche und private Stellen. Die Anwendung des Bundesdatenschutzgesetzes ist an folgende Voraussetzungen geknüpft:

- ► Erhebung, Verarbeitung und Nutzung
- ► personenbezogener Daten
- ► durch öffentliche Stellen und
- ► durch nicht-öffentliche Stellen unter Einsatz von Datenverarbeitungsanlagen (aus automatisierten oder nicht automatisierten Dateien).

---

[1] ►► Vgl. Kapitel C.4.3 zur Mitbestimmung des Betriebsrates in sozialen Angelegenheiten und ►►Kapitel E.1.3 zu den Aufgaben des Betriebsrates im Bereich des Datenschutzes.

Personenbezogene Daten sind Einzelangaben über persönliche oder sachliche   024
Verhältnisse einer bestimmten oder bestimmbaren natürlichen Person (= Betrof-
fener) (vgl. § 3 BDSG). Nicht nur Name, Anschrift, Geburtsdatum, Telefonnummer
und E-Mail-Adresse des Arbeitnehmers gehören zu den personenbezogenen Daten, sondern auch Angaben über die Ausbildung, berufliche Fähigkeiten und Qualifikationen, Zeugnisse und den Familienstand sowie alle Informationen über die
Arbeitsvergütung einschließlich eventueller Lohn- und Gehaltspfändung und
Arbeitnehmererfindervergütungen. Darüber hinaus sind alle Einzelangaben, die
auf einen bestimmten Arbeitnehmer zurückzuführen sind, personenbezogene
Daten im Sinne des Bundesdatenschutzgesetzes, z. B. die Prokura, die Firma, geschäftliche Funktionen, die Personalnummer, die betriebliche Telefonnummer
(Nebenstellenanschluss), Eingabe- oder Benutzerzeichen einer Maschine oder
eines Arbeitsgerätes, das Lichtbild und eine betriebliche Identitätskarte mit den
darauf befindlichen Informationen (Schließfunktionen, Daten über die Kantinen-
abrechnung etc.). Einzelangaben über sachliche Verhältnisse des Arbeitnehmers
sind u. a. die Gewerkschaftszugehörigkeit, Daten über die Sozialversicherung,
Informationen über die, Kirchenzugehörigkeit.

Beispiel

Die heimliche Videoüberwachung von Arbeitnehmern verletzt nicht nur § 6b
Abs. 2 BDSG, sie verstößt auch gegen die gesetzlichen Vorgaben aus §§ 6b Abs. 1,
32 BDSG, wenn nicht bereits vor dem Überwachungseinsatz ein räumlich und
funktional konkretisierter Verdacht einer Straftat besteht, der sich auf den betroffenen Arbeitnehmer oder eine abgrenzbare Gruppe von Arbeitnehmern richtet.
Eine allgemeine Vermutung, dass im Betrieb Straftaten von Mitarbeitern begangen werden, reicht nicht aus (ArbG Düsseldorf, Urteil vom 03.05.2011 - 11 Ca
7326/10, BeckRS 2011, 78947). Ein derartiger Verstoß stellt einen nicht gerecht-
fertigten Eingriff in das durch Art. 2 GG geschützte allgemeine Persönlichkeitsrecht des überwachten Arbeitnehmers dar, der durch eine Verwendung der ge-
wonnen Daten in einem gegen ihn gerichteten arbeitsgerichtlichen Verfahren
noch perpetuiert würde. Das gewonnene Videomaterial darf daher prozessual
nicht verwertet werden (Beweisverwertungsverbot).

Das Bundesdatenschutzgesetz unterscheidet die in § 3 BDSG genannten **Phasen**   025
der Datenverarbeitung:

- **Erheben** ist das Beschaffen von Daten über den Betroffenen.
- **Verarbeiten** ist das Speichern, Verändern, Übermitteln, Sperren und Löschen
  personenbezogener Daten.
- **Nutzen** ist jede Verwendung personenbezogener Daten, soweit es sich nicht
  um Verarbeitung handelt.

026 In der zweiten Phase der Verarbeitung personenbezogener Daten erfolgt eine weitere Aufteilung der Arbeitsvorgänge i. S. d. § 3 BDSG:

- **Speichern** ist das Erfassen, Aufnehmen oder Aufbewahren von Daten auf einem Datenträger zur weiteren Verarbeitung oder zur Nutzung.

- **Verändern** ist das inhaltliche Umgestalten gespeicherter personenbezogener Daten.

- **Übermitteln** ist das Bekanntgeben gespeicherter oder durch Datenverarbeitung gewonnener Daten an einen Dritten in der Weise, dass die Daten durch die verantwortliche Stelle, z. B. durch den Arbeitgeber, weitergegeben oder zur Einsichtnahme, namentlich zum Abruf, bereitgehalten werden.

- **Sperren** ist das Kennzeichnen gespeicherter personenbezogener Daten, um ihre weitere Verarbeitung oder Nutzung einzuschränken.

- **Löschen** ist das Unkenntlichmachen gespeicherter personenbezogener Daten.

027 In jeder Phase der Datenverarbeitung ist der Umgang mit personenbezogenen Daten nur zulässig, wenn ein Erlaubnistatbestand gegeben ist. Denn die Erhebung, Verarbeitung und Nutzung personenbezogener Daten stellt einen Eingriff in das allgemein Persönlichkeitsrecht des Betroffenen dar.

028 Das **Verbot mit Erlaubnistatbestand** besagt, dass das Bundesdatenschutzgesetz oder eine andere Rechtsvorschrift die Datenverarbeitung erlaubt oder anordnet oder der Betroffene eingewilligt hat (§ 4 Abs. 1 BDSG). Danach erfordert die rechtmäßige Verarbeitung personenbezogener Daten

- einen **Gesetzesvorbehalt** oder

- die **Einwilligung des Betroffenen**.

029 Eine gesetzliche Erlaubnis ergibt sich für die personenbezogenen Arbeitnehmerdaten aus § 32 BDSG im Rahmen der **Zweckbestimmung des Beschäftigungsverhältnisses**. Danach dürfen personenbezogene Daten eines Beschäftigten für Zwecke des Beschäftigungsverhältnisses erhoben, verarbeitet oder genutzt werden, wenn dies für die Entscheidung über die Begründung eines Beschäftigungsverhältnisses oder nach Begründung des Beschäftigungsverhältnisses für dessen Durchführung oder Beendigung erforderlich ist.

030 Zur Aufdeckung von Straftaten dürfen personenbezogene Daten eines Beschäftigten nur dann erhoben, verarbeitet oder genutzt werden, wenn zu dokumentierende tatsächliche Anhaltspunkte den Verdacht begründen, dass der Betroffene im Beschäftigungsverhältnis eine Straftat begangen hat, die Erhebung, Verarbeitung oder Nutzung zur Aufdeckung erforderlich ist und das schutzwürdige Interesse des Beschäftigten an dem Ausschluss der Erhebung, Verarbeitung oder Nutzung nicht überwiegt, insbesondere Art und Ausmaß im Hinblick auf den Anlass nicht unverhältnismäßig sind.

Dies gilt auch, wenn personenbezogene Daten erhoben, verarbeitet oder genutzt werden, ohne dass sie automatisiert verarbeitet oder in oder aus einer nicht automatisierten Datei verarbeitet, genutzt oder für die Verarbeitung oder Nutzung in einer solchen Datei erhoben werden. Infolgedessen dürfen zahlreiche Daten zur Person des Bewerbers oder Arbeitnehmers erhoben, verarbeitet und genutzt werden, wie Name, Anschrift, Telefonnummer, Geschlecht, Familienstand, schulischer und beruflicher Werdegang, Ausbildung und berufliche Weiterbildung, Fachrichtung, Abschlüsse, Sprachkenntnisse und weitere Umstände, die für die Auswahl unter mehreren Bewerbern von Bedeutung sind sowie die Gesundheitsdaten der Arbeitnehmer, insbesondere wegen einer erforderlichen medizinischen Überwachung nach den Arbeitsschutzgesetzen. 031

Die Erhebung, Verarbeitung und Nutzung personenbezogener Daten ist gem. § 28 BDSG auch aus der **Zweckbestimmung eines vertragsähnlichen Vertrauensverhältnisses** zulässig, sodass bei der Bewerberauswahl das arbeitsvertragliche Anbahnungsverhältnis die Speicherung der Bewerberdaten rechtfertigt.[1] Das Fragerecht bei der Anbahnung eines Arbeitsverhältnisses ist geringer als zu einem späteren Zeitpunkt nach Abschluss eines Arbeitsvertrages. So wären z. B. die Fragen nach der Gewerkschaftszugehörigkeit oder nach der Religionszugehörigkeit im Anbahnungsverhältnis unzulässig, im Arbeitsverhältnis wegen der Feststellung der Tarifbindung und der Verpflichtung zur Abführung von Kirchensteuern dagegen zulässig. Auch entfällt nach Abschluss des Bewerbungsverhältnisses der Zweck der Speicherung mit der Folge, dass die abgelehnten Bewerber einen Anspruch auf Löschung ihrer personenbezogenen Daten haben. Ein darüber hinausgehender Herausgabeanspruch besteht nicht, sodass die Ergebnisse psychologischer und anderer Eignungstests auf Wunsch der zurückgewiesenen Bewerbers zwar vernichtet, ihnen aber nicht ausgehändigt werden müssen. 032

Die Verarbeitung personenbezogener Daten, die nicht bereits durch den Zweck des Bewerbungs- oder Arbeitsverhältnisses gerechtfertigt sind, setzt die **Einwilligung der betroffenen Person** in die Datenverarbeitung voraus. Derartige Einverständniserklärungen werden von Bewerbern hinsichtlich Eignungstests und ärztlicher Untersuchungen eingeholt. Die Einwilligung in die Datenverarbeitung muss schriftlich erfolgen und ausreichend bestimmt sein, sodass die betroffenen Bewerber oder Arbeitnehmer darüber aufzuklären sind zu welchem Zweck ihre Daten gespeichert werden, ob eine Datenübermittlung vorgesehen ist; und sie sind auch auf die Folgen einer Verweigerung der Einwilligung hinzuweisen. Dies ist im Arbeitsverhältnis von besonderer Bedeutung, weil Einwilligungen im Rahmen von Formulararbeitsverträgen oder einzelvertragliche aber pauschale Erklärungen den Anforderungen an **eine informierte Einwilligung** i. S. d. §§ 4, 4a BDSG meistens nicht genügen. Denn es reicht nicht aus, dass der Arbeitgeber sich eine globale Ermächtigung einholt; vielmehr muss eine auf den Einzelfall abgestellte 033

---

[1] >> Vgl. Kapitel B.1.2 zum Anbahnungsverhältnis und >> Kapitel B.1.5 zum Fragerecht des Arbeitgebers im Einstellungsgespräch.

Einwilligungserklärung abgegeben werden, nachdem der Arbeitnehmer über den Zweck der Datenerhebung und -speicherung unterrichtet wurde (§§ 4, 4a BDSG).[1]

034 Als Erlaubnistatbestand für die Zulässigkeit der Verarbeitung von Arbeitnehmerdaten reicht eine **Ermächtigung im Tarifvertrag oder in einer Betriebsvereinbarung** aus, soweit sie den gesetzlichen Regelungsbereich nicht überschreitet.[2]

035 Im Zuge der Verwaltung von Arbeitsverhältnissen im Personalbereich eines Unternehmens erfolgt die Übermittlung von **Arbeitnehmerdaten** regelmäßig nach Maßgabe spezialgesetzlicher Vorschriften, z. B. bei Meldungen an die Träger der Sozialversicherung und an die zuständigen Finanzämter sowie auf Auskunftsverlangen auch an Behörden wie Gewerbeaufsichtsämter und andere Stellen.[3]

036 Die in der Personalverwaltung beschäftigten Mitarbeiterinnen und Mitarbeiter unterliegen dem **Datengeheimnis** gem. § 5 BDSG. Diese Personen sind, soweit sie in privaten Einrichtungen beschäftigt werden, bei der Aufnahme ihrer Tätigkeit auf das Datengeheimnis besonders zu verpflichten. Es ist jedem bei der Verarbeitung personenbezogener Daten Beschäftigten untersagt, geschützte personenbezogene Daten unbefugt zu einem anderen als dem zur Erfüllung des Arbeitsverhältnisses gehörenden Zweck zu erheben, zu verarbeiten oder zu nutzen. Durch die Verpflichtung auf das Datengeheimnis ist die Vertraulichkeit der Daten auch innerhalb des Betriebes zu wahren, denn unbefugte Personen sind bereits Arbeitnehmer anderer betrieblicher Abteilungen. Infolgedessen ist bei der Personalakteneinsicht des Arbeitnehmers oder bei der Einsicht des Betriebsrates in die Bruttolohn- und Gehaltslisten darauf zu achten, dass den zur Einsichtnahme berechtigten Personen keine anderen Arbeitnehmerdaten zugänglich gemacht werden. Auch bei der Weitergabe von Mitarbeiterdaten an die Redaktionen von Werkszeitungen oder für den Internetauftritt des Unternehmens zum Zweck der Veröffentlichung müssen die in derPersonalabteilung beschäftigten Personen prüfen, ob sie hierzu ohne Zustimmung des betroffenen Arbeitnehmers befugt ist. Die Verpflichtung auf das Datengeheimnis besteht auch nach der Beendigung ihrer Tätigkeit fort.

037 Verfahren automatisierter Verarbeitungen personenbezogener Daten sind von den nicht-öffentlichen verantwortlichen Stellen der zuständigen Aufsichtsbehörde zu melden (vgl. § 4d BDSG). Die Meldepflicht entfällt, wenn die verantwortliche Stelle einen Beauftragten für den Datenschutz bestellt hat. Auch bei einer Beschäftigung von höchstens neun Arbeitnehmern in der Personaldatenverarbeitung kann die Meldepflicht entfallen.

---

[1] Rechtsgrundsätze zur Unwirksamkeit der pauschal erteilten Einwilligung in die Erhebung und Speicherung personenbezogener Daten sind von der Rechtsprechung im Zusammenhang mit der Kreditdatenübermittlung erörtert worden, vgl. BGH, NJW 1984, 437.

[2] Vgl. den Übungsfall 22 (Telefondatenerfassung im Arbeitsverhältnis) mit Lösung im Anhang.

[3] Vgl. die Liste der Meldevorschriften in >> Kapitel E.1 zum Arbeitnehmerdatenschutz und >> Kapitel D.2 über das Meldeverfahren zur Sozialversicherung.

Nach dem Bundesdatenschutzgesetz hat jeder Arbeitnehmer hinsichtlich der **038** über ihn gespeicherten personenbezogenen Daten unabdingbare Rechte (vgl. §§ 6, 8 ff. BDSG; 823 Abs. 1 BGB).

- **Benachrichtigungsanspruch**, wenn erstmals personenbezogene Daten ohne Kenntnis des Betroffenen gespeichert werden (vgl. § 33 BDSG).

- **Auskunftsanspruch** über die zu seiner Person gespeicherten Daten und ihrer Herkunft, den Zweck der Speicherung und die Stellen, an die seine Daten übermittelt werden und den Zweck der Speicherung (vgl. §§ 19, 34 BDSG).

- **Berichtigungsanspruch** der zu seiner Person gespeicherten Daten, wenn diese unrichtig sind (vgl. §§ 20, 35 BDSG).

- **Anspruch auf Löschung** der zu seiner Person gespeicherten Daten, wenn ihre Speicherung unzulässig war, der Zweck der Speicherung weggefallen ist und in einigen weiteren Fällen (vgl. §§ 20, 35 BDSG).

- **Anspruch auf Sperrung** der zu seiner Person gespeicherten Daten, wenn der Löschung Aufbewahrungspflichten entgegenstehen oder wenn sich deren Richtigkeit oder Unrichtigkeit nicht feststellen lässt (vgl. §§ 20, 35 BDSG).

- **Schadensersatzanspruch** wegen Vertragspflichtverletzung gem. § 280 BGB oder aus unerlaubter Handlung gem. § 823 Abs. 1 BGB mit einer Beweislastumkehr zugunsten des Betroffenen bei automatisierter Datenverarbeitung durch öffentliche Stellen (§ 8 BDSG).

Der Arbeitgeber, der in zulässiger Weise im Arbeitsverhältnis personenbezogene **039** Daten der Arbeitnehmer verarbeitet, hat als verantwortliche Stelle auch die technischen und organisatorischen Maßnahmen zu treffen, die erforderlich sind, um die Ausführung der Vorschriften des Bundesdatenschutzgesetzes zu gewährleisten (§ 9 BDSG). Danach hat der Arbeitgeber Kontrollmaßnahmen zur Sicherung der Personaldatengegen den Verlust, die Veränderung und den Missbrauch der Arbeitnehmerdaten zu treffen (vgl. Anlage zu § 9 Satz 1 BDSG):

- Zutrittskontrolle

- Zugangskontrolle

- Zugriffskontrolle

- Weitergabekontrolle

- Eingabekontrolle

- Auftragskontrolle

- Verfügbarkeitskontrolle

- Organisationskontrolle.

040   Zur Durchführung dieser Kontrollmaßnahmen kann je nach Größe des Unternehmens und der Datenverarbeitungsanlagen eine Arbeitsteilung zwischen dem betrieblichen Rechenzentrum und anderern Betriebsabteilungen – z. B. der Personalabteilung – erforderlich werden. Es können Zugangskontrollsysteme für Mitarbeiter, Besucher, Wartungspersonen, Lieferanten usw. eingeführt werden, ferner die Einrichtung gesicherter Archive oder Stahlschränke, eine Identifizierung und Überprüfung der Benutzerberechtigung, die Überwachung der Systembedienung mit entsprechender Dokumentation, die Erstellung eines Konfigurationsplanes des Systems, aus dem der interne Datenaustausch und die Datenübermittlung an Dritte ersichtlich wird, weitere Schutzmaßnahmen für die Übermittlung der Daten sowie Katastrophenpläne und Schulungsmaßnahmen für Mitarbeiter.

041   Der Arbeitgeber trägt die Verantwortung für diese technischen Datensicherungsmaßnahmen auch dann, wenn die Personaldatenverwaltung durch andere Unternehmen im Wege der Auftragsdatenverarbeitung erfolgt, z. B. bei der automatisierten Lohn- und Gehaltsabrechnung.

042   Für die Überwachung des Datenschutzes im Unternehmen ist neben dem Betriebsrat auch **ein betrieblicher Datenschutzbeauftragter** zuständig (§§ 4f und 4g BDSG). Nicht-öffentliche Stellen sind hierzu innerhalb eines Monats nach Aufnahme ihrer Tätigkeit verpflichtetn, wenn personenbezogene Daten automatisiert verarbeitet werden. Soweit in der Arbeitnehmerdatenverwaltung regelmäßig mindestens 20 Personen beschäftigt sind, ist in jedem Fall ein Datenschutzbeauftragter zu bestellen. Zum Beauftragten für den Datenschutz darf nur bestellt werden, wer die zur Erfüllung seiner Aufgaben erforderliche Fachkunde und Zuverlässigkeit besitzt. Danach muss der Datenschutzbeauftragte über ein Mindestmaß an Rechtskenntnissen (Bundesdatenschutzgesetz sowie bereichsspezifische Datenschutzvorschriften) verfügen, ferner über ein Mindestmaß an technischem Wissen (Organisationsmittel wie Karteien, Erfassungsbelege, Art der Datenträger und Datenverarbeitungsanlagen sowie der Datensicherungstechniken) und ferner Kenntnisse über die Organisation des Unternehmens, insbesondere in der Personalführung, der Schulung von Mitarbeitern und deren Auswahl im Aufgabenbereich der Verarbeitung personenbezogener Daten.

043   Der betriebliche Datenschutzbeauftragte ist bei der Anwendung seiner Fachkunde auf dem Gebiet des Datenschutzes weisungsfrei und darf wegen der Erfüllung seiner Aufgaben nicht benachteiligt werden. Er ist dem Betriebsinhaber, dem Vorstand, dem Geschäftsführer oder den sonstigen Leitern des Unternehmens unmittelbar zu unterstellen. Infolge möglicher Interessenkollisionen kommen deshalb Mitglieder der Geschäftsleitung, IT-Leiter, Personalleiter, Marketingleiter, Sicherheitsingenieure und der Leiter der Revisionsabteilung als Datenschutzbeauftragte nicht in Betracht. Aufgrund seiner Stellung im Betrieb ist der Datenschutzbeauftragte nicht als leitender Angestellter einzustufen, da der Schutz und die Kontrolle bei der Verarbeitung personenbezogener Daten im Betrieb keine unternehmerische Tätigkeit ist.

Nach § 4g BDSG hat der betriebliche Datenschutzbeauftragte die Ausführung der **044**
Datenschutzvorschriften im Unternehmen sicherzustellen. Danach hat er insbesondere

- die ordnungsgemäße Anwendung der Datenverarbeitungsprogramme zu
  überwachen, mit deren Hilfe personenbezogene Daten verarbeitet werden sollen

- die bei der Verarbeitung personenbezogener Daten tätigen Personen durch geeignete Maßnahmen mit den Vorschriften über den Datenschutz vertraut zu
  machen.

Zur Erfüllung dieser Aufgaben ist dem Datenschutzbeauftragten eine Übersicht **045**
zur Verfügung zu stellen, die die eingesetzten Datenverarbeitungsanlagen enthält, ferner die Bezeichnung und die Art der Dateien, die Art der gespeicherten
Daten, die mit der Kenntnis der Daten verfolgten Geschäftszwecke, die regelmäßigen Empfänger der Daten sowie zugriffsberechtigte Personen oder Personengruppen. In Zweifelsfällen kann sich der Datenschutzbeauftragte an die Aufsichtsbehörde wenden.

Fall 21: Abberufung einer Datenschutzbeauftragten > Seite 398

Die **Aufsichtsbehörden** – Datenschutzbeauftragte der Länder und des Bundes – **046**
überwachen die Ausführung des Datenschutzes, führen öffentliche Register der
meldepflichtigen automatisierten Verarbeitungen und haben Auskunfts- und
Einsichtsrechte zur Erfüllung dieser Aufgaben. Während der Betriebs- und Ge-
schäftszeiten können von der Aufsichtsbehörde beauftragte Personen die Be-
triebsgrundstücke und Geschäftsräume betreten, um dort Prüfungen und Besich-
tigungen vorzunehmen. Der Arbeitgeber hat diese Maßnahmen zu dulden (vgl.
§ 38 Abs. 4 BDSG). Die Aufsichtsbehörde kann ferner Anordnungen zur Datensicherung treffen und diese durch Festsetzung von Zwangsgeld oder Verboten
durchsetzen. Sie kann auch die Abberufung des betrieblichen Datenschutzbeauftragten verlangen, wenn diese Person die zur Erfüllung ihrer Aufgaben erforderliche Fachkunde und Zuverlässigkeit nicht besitzt.

1.3 Aufgaben des Betriebsrates

Das Bundesdatenschutzgesetz ist für den Bereich der Personaldatenverarbeitung **047**
ein Arbeitnehmerschutzgesetz. Infolgedessen erstrecken sich die Kontroll- und
Überwachungszuständigkeiten des Betriebsrates auch auf die Einhaltung von
Datenschutzvorschriften. In diesem Zusammenhang stehen ihm gem. § 80 Abs. 2
BetrVG **Informations- und Einsichtsrechte** in Unterlagen zu, ferner Beratungs-
und Verhandlungsrechte bei der Personalplanung, der Gestaltung von Arbeitsplatz, Arbeitsablauf und Arbeitsumgebung sowie in Fragen der Berufsbildung.
Darüber hinaus hat er ein Widerspruchsrecht bei personellen Einzelmaßnahmen
gem. § 99 BetrVG.

048   Im Rahmen seines Informationsrechtes kann der Betriebsrat Einsicht in die Brut-
       tolohn- und Gehaltslisten der Arbeitnehmer verlangen, die sich auch auf über-
       tarifliche Zahlungen erstreckt. Der Betriebsrat hat aber kein Einsichtsrecht in
       Personalakten einzelner Arbeitnehmer, es sei denn, der Arbeitnehmer erteilt sei-
       ne ausdrückliche Einwilligung. Allerdings hat er darüber zu wachen, dass keine
       unbefugten Personen Einsicht in die Personalakten nehmen.

       Diese Regelung betrifft auch die Einsichtnahme in den Bestand an Arbeitnehmer-
       daten, die nicht in Akten, sondern in Dateien und in Personalinformationssyste-
       men gespeichert werden. Auch in diesen Fällen hat der Arbeitgeber als verant-
       wortliche Stelle sicherzustellen, dass die Einwilligung des Arbeitnehmers vorliegt
       und der Betriebsrat nur die entsprechenden personenbezogenen Daten einsehen
       kann, die von der Einwilligung umfasst sind. Im Fall der Auftragsdatenverarbei-
       tung – wenn die Personalverwaltung z. B. in einer Verwaltungsgesellschaft für
       mehrere Konzernunternehmen durchgeführt wird – bleibt der Arbeitgeber ver-
       antwortliche Stelle im Sinne des Datenschutzrechts.

049   Besondere **Informationsrechte** hat der Betriebsrat hinsichtlich

       ▸ der Planung technischer Anlagen, Arbeitsverfahren und Arbeitsabläufen (§ 90
         BetrVG)

       ▸ der Personalplanung und der dabei angewandten Verfahren, so z. B. beim Ein-
         satz von Personalinformationssystemen (§ 92 BetrVG).

050   Zur Wahrnehmung seiner Aufgaben kann der Betriebsrat nach Absprache mit
       dem Arbeitgeber auch Sachverständige hinzuziehen, um sich über die Datenver-
       arbeitungstechniken und Datensicherheitsmaßnahmen unterrichten zu lassen
       und an Schulungsveranstaltungen teilzunehmen.

051   Einer **Zustimmung des Betriebsrates** bedürfen Personalfragebogen, Formularar-
       beitsverträge und Auswahlrichtlinien, die Aufstellung allgemeiner Beurteilungs-
       grundsätze und auch die Weiterverwertung und -verarbeitung der auf diese Wei-
       se gewonnen Arbeitnehmerdaten. Die Zustimmung des Betriebsrates ist in den
       Angelegenheiten der zwingenden Mitbestimmung eine unabdingbare Wirksam-
       keitsvoraussetzung für die Entscheidung des Arbeitgebers und muss deshalb
       auch in Eilfällen eingeholt werden. Allerdings ist gem. § 1 BDSG das Recht der
       informationellen Selbstbestimmung vorrangig, sodass die Zustimmung des Be-
       triebsrates eine Maßnahme des Arbeitgebers nicht legitimieren kann, die nach
       Datenschutzbestimmungen unzulässig wäre.

052   Das **Mitbestimmungsrecht des Betriebsrates** gem. § 87 Abs. 1 Nr. 6 BetrVG be-
       zieht sich auf die Anwendung und Einführung von technischen Einrichtungen,
       die dazu bestimmt sind, das Verhalten oder die Leistung der Arbeitnehmer zu
       überwachen. Hierzu gehören alle technischen Einrichtungen im Betrieb ein-
       schließlich IT-gestützter technischer Systeme, die arbeitnehmerbezogene Daten
       erfassen und speichern. Auch hier gilt der Grundsatz, dass die Betriebspartner die

freie Entfaltung der Persönlichkeit der im Betrieb beschäftigten Arbeitnehmer zu schützen und zu fördern haben.

Das Mitbestimmungsrecht des Betriebsrates ist gegeben, wenn diese Systeme geeignet sind, das Verhalten oder die Leistung der Beschäftigten zu überwachen. Es genügt, dass die erfassten Daten die Zuordnung zu einem bestimmten Arbeitnehmer erlauben, sodass es entscheidend nur auf die objektive Eignung des Geräts ankommt, das Verhalten oder die Leistung des Arbeitnehmers zu kontrollieren, wogegen die subjektive Absicht des Arbeitgebers, die technische Einrichtung nicht zur Kontrolle zu verwenden, bedeutungslos ist. Der Einsatz technischer Kontrolleinrichtungen kann zu einer anonymen und damit für den Arbeitnehmer nicht erkennbaren und abwendbaren Überwachung führen. Da die hierdurch gewonnenen Daten auf Dauer gespeichert und verarbeitet werden können, wird in besonderem Maße in den persönlichen Bereich der überwachten Arbeitnehmer eingegriffen.

053

Infolgedessen sind die Einführung und das Betreiben aller computergesteuerten Geräte mitbestimmungspflichtig, bei denen zwangsläufig Nutzungsdaten über die Arbeitnehmer anfallen, selbst wenn es sich nur um Benutzerkennzeichen handelt. Das Mitbestimmungsrecht des Betriebsrats besteht unabhängig davon, ob Daten über die Arbeitnehmer tatsächlich ausgewertet werden. Zu den wichtigsten technischen Anlagen in diesem Sinne gehören alle Arten von Betriebsdatensystemen einschließlich Computer- und Telekommunikationssystemen:

054

▶ **Arbeitssysteme**
z. B. Bildschirm- und Datensichtgeräte mit geeigneter Software zur Dokumentation,[1] Datenkassen, Produktographen, automatisierte Sicherungssysteme, CAD und CAM-Verfahren, SAP, Fotokopiergeräte mit persönlicher Code-Nummer, Personalabrechnungs- und Personalinformationssysteme, Organisations-, Vertriebssteuerungs- und Arbeitswirtschaftsinformationssysteme

▶ **Abrechnungssysteme**
z. B. Akkord-, Entlohnungs-, Prämiensysteme[2]

▶ **Kontrollsysteme**
z. B. Telefonanlagen,[3] Zeiterfassungssysteme, Fahrtenschreiber, Zugangskontrollsysteme (Chip-Karten mit biometrischen Daten, Zugangskontrollen mit Iris- oder Fingerprint-Scanner), Kosten-, Projekt- und Terminverfolgungssysteme, Filmkameras, Fernsehmonitore, Mikrophone und Abhörgeräte, digitale Betriebsausweise und Firmenkreditkarten, Geräten zum Mithören von Verkaufsgesprächen.

Die technische Einrichtung muss eine eigenständige Kontrollwirkung haben, daher ist die Beschaffung und Anwendung einer Uhr, eines Schreib- und auch eines

055

---

[1] BAG AP Nr. 12 zu § 87 BetrVG – Überwachung (Textsystem).

[2] BAG AP Nr. 13 zu § 87 BetrVG – Überwachung (Kienzle-Schreiber).

[3] BAG AP Nr. 15 zu § 87 BetrVG – Überwachung (Siemens EMS 600).

Bildschirmgerätes noch nicht mitbestimmungspflichtig, ebensowenig Einrichtungen zur Kontrolle von Maschinen, wie Warnlampen, Druckmesser, Stückzähler oder Drehzahlmesser. Der Einsatz eines Bildschirmgerätes kann aber infolge der Verwendung entsprechender Software, die eine Leistungs- oder Verhaltenskontrolle der Arbeitnehmer ermöglicht, mitbestimmungspflichtig sein.[1] Jede Veränderung einer bestehenden technischen Einrichtung löst das Mitbestimmungsrecht des Betriebsrats aus. Aufgrund der erzwingbaren Mitbestimmungsrechte des Betriebsrates gem. § 87 Abs. 1 Nr. 6 BetrVG werden Betriebsvereinbarungen über die Einführung und Anwendung dieser technischen Einrichtungen getroffen und vielfach auch Einigungsstellenverfahren durchgeführt.

Fall 22: Telefondatenerfassung im Arbeitsverhältnis > Seite 398

056 Die **Bestellung eines betrieblichen Datenschutzbeauftragten** ist eine personelle Einzelmaßnahme, die der Mitbestimmung des Betriebsrates nicht unterliegt. Allerdings kann der Betriebsrat im Fall der Einstellung eines betrieblichen Datenschutzbeauftragten Gesetzesverstöße rügen, wenn eine innerbetriebliche Stellenausschreibung fehlt oder die fachlichen und persönlichen Voraussetzungen des Bewerbers nicht gegeben sind (§§ 93 BetrVG, 4f Abs. 2 BDSG). Es handelt sich aber um eine mitbestimmungspflichtige Versetzung gem. § 99 BetrVG, wenn der Arbeitgeber einen bereits im Betrieb beschäftigten Arbeitnehmer zum Datenschutzbeauftragten bestellt.

057 Die **Verschwiegenheitspflicht des Betriebsrates** besteht auch hinsichtlich seiner Aufgaben im Bereich des Datenschutzes, § 79 BetrVG. So weit der Betriebsrat zur effektiven Wahrnehmung seiner Mitbestimmungsrechte der Teilnahme an Schulungsveranstaltungen über den Datenschutz bedarf, sind die Kosten vom Arbeitgeber zu tragen.

2. Sozialdatenschutz

058 In allen Zweigen der Sozialversicherung werden personenbezogene Daten erhoben, verarbeitet und genutzt, insbesondere von den einzelnen Trägern der Sozialversicherung auf der Grundlage des Meldewesens auch übermittelt. Bereichsspezifische Datenschutzvorschriften im Sozialgesetzbuch ergeben sich für die

- Krankenversicherung in den §§ 284 ff. SGB V
- Unfallversicherung in den §§ 199 ff. SGB VII
- Rentenversicherung in den §§ 147 ff. SGB VI
- Pflegeversicherung in den §§ 93 ff. SGB XI
- Arbeitsförderung in den §§ 394 ff. SGB III.

---

[1] BAG NJW 1984, 1476 (PAN-AM); *Richardi*, a. a. O., § 87 Rn. 558 ff.

Nach § 35 SGB I hat jeder einen Anspruch darauf, dass die ihn betreffenden Sozialdaten von den Leistungsträgern als **Sozialgeheimnis** gewahrt und nicht unbefugt erhoben, verarbeitet oder genutzt werden.

059

Die Wahrung des Sozialgeheimnisses umfaßt die Verpflichtung, auch innerhalb des Leistungsträgers sicherzustellen, daß die Sozialdaten nur Befugten zugänglich sind oder nur an diese weitergegeben werden. Insbesondere dürfen die Sozialdaten der Beschäftigten und ihrer Angehörigen den Personen, die Personalentscheidungen treffen oder daran mitwirken können, weder zugänglich sein noch von Zugriffsberechtigten weitergegeben werden. Dieser Anspruch richtet sich auch gegen die Verbände der Leistungsträger, die Arbeitsgemeinschaften der Leistungsträger und ihrer Verbände, die Datenstelle der Träger der Rentenversicherung, die in diesem Gesetzbuch genannten öffentlich-rechtlichen Vereinigungen, gemeinsame Servicestellen, Integrationsfachdienste, die Künstlersozialkasse und andere Stellen. Das Sozialgeheimnis ist daher auch von der Deutschen Post AG zu wahren, so weit sie mit der Berechnung oder Auszahlung von Sozialleistungen betraut ist, ebenso von den Behörden der Zollverwaltung, soweit sie Aufgaben nach § 2 des Schwarzarbeitsbekämpfungsgesetzes durchführen.

Soweit die Sozialleistungsträger personenbezogene Daten erheben, verarbeiten und nutzen, sind neben den Vorschriften des Sozialgesetzbuchs auch diejenigen der Datenschutzgesetze anwendbar. Dies gilt insbesondere auch für die Auftragsdatenverarbeitung (§§ 67 ff. SGB X). Danach soll eine Verarbeitung von Sozialdaten nur erfolgen,

060

▶ so weit das Sozialgesetzbuch es erlaubt oder anordnet oder

▶ so weit der Betroffene im Einzelfall schriftlich eingewilligt hat.

Die Verarbeitung der Sozialdaten, bei denen es sich regelmäßig um sehr sensible personenbezogene Angaben handelt, die oft gleichzeitig dem Arztgeheimnis unterliegen oder als Betriebs- und Geschäftsgeheimnisse geschützt sind, ist nur unter den Voraussetzungen der §§ 67 ff. SGB X zulässig. Falls eine Verarbeitung unzulässig ist, bestehen keine Auskunfts- oder Zeugnispflichten und auch keine Verpflichtung zur Vorlegung oder Auslieferung von Schriftstücken, Akten, Dateien und sonstigen Datenträgern.

061

Als Folge einer Verletzung des Sozialgeheimnisses kann der Betroffene einen sozialrechtlichen Herstellungsanspruch geltend machen sowie Schadensersatz aus den Grundsätzen der Amtshaftung nach Art. 34 GG i. V. m. § 839 BGB verlangen. Der sozialrechtliche Herstellungsanspruch ist ein schuldunabhängiger Schadensersatzanspruch des Verletzten infolge des rechtswidrigen Verhaltens eines Sozialleistungsträgers, der vor den Sozialgerichten durchzusetzen ist.

062

Das Sozialgesetzbuch erlaubt die Übermittlung personenbezogener Sozialdaten nur im Ausnahmefall, z. B. im Rahmen der Amtshilfe, zur Erfüllung sozialer Aufgaben, zur Durchführung des Arbeitsschutzes, infolge gesetzlicher Verpflichtun-

063

gen nach dem Strafgesetzbuch, den Gesundheitsgesetzen, der Abgabenordnung und zu Forschungszwecken (vgl. §§ 68 ff. SGB X).

3. Betriebsdatenschutz

064 In der betrieblichen Personalverwaltung erlangen verschiedene Personen, darunter Arbeitnehmer und betriebsfremde Dritte (Bewerber, Kunden und andere), Informationen über innerbetriebliche Angelegenheiten. Der Schutz der Betriebsdaten gegen die Preisgabe an unbefugte Personen wird durch vertragliche und gesetzliche Verschwiegenheitspflichten im Arbeits- und Sozialversicherungsrecht gewahrt:

▶ Verschwiegenheitspflicht der Arbeitnehmer als Teil der arbeitsvertraglichen Treuepflicht

▶ Verschwiegenheitspflicht der Arbeitnehmer aus wettbewerbsrechtlichen Gründen gem. §§ 17 ff. UWG

▶ Verschwiegenheitspflicht der Arbeitnehmer über eine Diensterfindung (§ 24 Abs. 2 ArbErfG)

▶ Verschwiegenheitspflicht der Auszubildenden im Berufsausbildungsverhältnis gem. § 13 Nr. 6 BBiG

▶ Verschwiegenheitspflicht der Mitglieder und Ersatzmitglieder des Betriebsrates, der Jugend- und Auszubildendenvertretung, des Gesamtbetriebsrates, des Konzernbetriebsrates, des Wirtschaftsausschusses, der Bordvertretung, des Seebetriebsrates, der Mitglieder der betrieblichen Einigungsstellen und der tariflichen Schlichtungsstellen gem. § 79 BetrVG

▶ Verschwiegenheitspflicht der Mitglieder und Ersatzmitglieder des Sprecherausschusses, des Gesamt-, des Unternehmens- und des Konzernsprecherausschusses (§ 29 SprAuG)

▶ Verschwiegenheitspflicht für bestimmte Berufsgruppen als Bestandteil des Amts- und Berufsgeheimnisses gem. § 203 StGB, so z. B. für Ärzte, Berufspsychologen, Rechtsanwälte, Notare, Steuerberater, Wirtschaftsprüfer, Mitglied oder Beauftragte staatlich anerkannter Beratungsstellen und Angehörige eines Unternehmens der privaten Kranken-, Unfall- oder Lebensversicherung oder einer privatärztlichen Verrechnungsstelle.

065 Die besondere **arbeitsrechtliche Verschwiegenheitspflicht** ist eine vertragliche Nebenleistungspflicht von zunehmender Bedeutung im betrieblichen Arbeitsalltag. Rechtsgrundlage ist die Treuepflicht des Arbeitnehmers, doch wird regelmäßig bei Abschluss eines schriftlichen Arbeitsvertrages die Verschwiegenheitspflicht ausdrücklich vereinbart.

066 Die Geheimhaltungspflicht des Arbeitnehmers erfasst Geschäfts- und Betriebsgeheimnisse, worin alle Umstände eingeschlossen sind, die nur einem begrenzten Personenkreis bekannt sind und nach dem Willen des Arbeitgebers aus wirt-

schaftlichen Gründen geheimgehalten werden sollen.[1] Dabei kann es sich um Bilanzen handeln, Preislisten und -berechnungen, Angaben über die Kreditwürdigkeit, technische Daten und Abläufe ohne Rücksicht auf deren Patentfähigkeit, Kunden- und Lieferantenlisten, Absatzgebiete, Diensterfindungen des Arbeitnehmers, Investitionspläne, Produktionsverfahren, Konstruktionszeichnungen und weitere betriebliche Einzelheiten. Zu den Betriebsgeheimnissen gehören auch die persönlichen und wirtschaftlichen Verhältnisse des Arbeitgebers. Es ist umstritten, inwieweit die Geheimhaltungspflicht auch nach Beendigung des Arbeitsverhältnisses fortwirkt.[2]

Beispiel

Der Arbeitnehmer ist zur Verschwiegenheit über Kundenlisten verpflichtet, die er während seiner Tätigkeit als Verkaufsleiter für den Arbeitgeber in dem ihm zugewiesenen Verkaufsgebiet bearbeitet hat. Nach der Beendigung des Arbeitsverhältnisses macht er sich als Handelsvertreter selbstständig und umwirbt u. a. auch die Kunden seines früheren Arbeitgebers. Die Verwertung dieser Kenntnisse, die er bei seiner Tätigkeit als Verkaufsleiter erworben hat, steht ihm nach Beendigung des Arbeitsverhältnisses grundsätzlich frei, sofern keine vertragliche Vereinbarung vorliegt. Falls der Arbeitgeber dies verhindern will, müsste er über die bestehende Verschwiegenheitspflicht hinaus nachvertragliche Verschwiegenheitspflichten oder ein vertragliches Wettbewerbsverbot vereinbaren.[3]

Darüber hinaus besteht eine **wettbewerbsrechtliche Verschwiegenheitspflicht** nach dem Gesetz gegen den unlauteren Wettbewerb (§§ 17 ff. UWG). Danach ist es dem Arbeitnehmer gegen Strafandrohung untersagt, Geschäfts- und Betriebsgeheimnisse Dritten unbefugt mitzuteilen, sofern er die Mitteilung während der Dauer des Arbeitsverhältnisses zu Zwecken des Wettbewerbs, aus Eigennutz, zugunsten eines Dritten oder in der Absicht macht, dem Arbeitgeber Schaden zuzufügen. Auch nach Beendigung des Arbeitsverhältnisses kann der Arbeitnehmer sich durch die Verwertung oder Mitteilung eines Geschäfts- oder Betriebsgeheimnisses strafbar machen, wenn er sich dieses unbefugt verschafft hat. Zuwiderhandlungen gegen das wettbewerbsrechtliche Verschwiegenheitsgebot verpflichten auch zum Schadensersatz. 067

Weitere besondere Verschwiegenheitspflichten bestehen für Betriebs- und Personalräte, Jugend- und Auszubildendenvertreter, Mitglieder des Wirtschaftsausschusses, Mitglieder der betrieblichen Einigungsstellen, Arbeitnehmervertreter im Aufsichtsrat, Mitarbeiter der Gewerkschaften und Arbeitgeberverbände. Ins- 068

---

[1] BAG BB 1982, 1792.

[2] BAGE 41, 21 = AP Nr. 1 zu § 611 BGB – Betriebsgeheimnis = NJW 1983, 134.

[3] BAG NJW 1988, 1686; vgl. zum Wettbewerbsverbot auch ≫ Kapitel B.2.2 über die Treuepflicht des Arbeitnehmers.

besondere sind wegen ihrer umfangreichen Aufgaben im personellen Bereich die Mitglieder und Ersatzmitglieder des Betriebsrates und sonstiger Organe der Betriebsverfassung gem. § 79 BetrVG verpflichtet, Betriebs- und Geschäftsgeheimnisse, die ihnen wegen ihrer Zugehörigkeit zum Betriebsrat bekannt geworden und vom Arbeitgeber ausdrücklich als geheimhaltungsbedürftig bezeichnet worden sind, nicht zu offenbaren und nicht zu verwerten. Diese Geheimhaltungspflicht besteht auch für die Zeit nach dem Ausscheiden aus der Betriebsratstätigkeit. Allerdings besteht sie nicht gegenüber anderen Mitgliedern des Betriebsrates, des Gesamt- oder Konzernbetriebsrates, gegenüber den Arbeitnehmervertretern im Aufsichtsrat und im Verfahren vor der betrieblichen Einigungsstelle oder vor einer tariflichen Schlichtungsstelle. Der Verstoß eines Betriebsratsmitgliedes gegen seine Schweigepflicht kann zum Ausschluss aus dem Betriebsrat führen und hat strafrechtliche Folgen (vgl. §§ 23, 120 BetrVG).

069 Die Geheimhaltungspflicht der Betriebsratsmitglieder gilt sinngemäß auch für die Mitglieder der anderen betriebsverfassungsrechtlichen Organe. Infolgedessen sind auch die Mitglieder der betrieblichen Einigungsstellen und der tariflichen Schlichtungsstellen zur Verschwiegenheit verpflichtet und ferner die Mitarbeiter der Gewerkschaften und der Arbeitgeberverbände, denen aufgrund ihrer Beratungstätigkeit und anderer Aufgaben Geschäfts- und Betriebsgeheimnisse bekannt geworden sind.

F. Überblick über das Verfahrensrecht

Im Bereich des Arbeits- und Sozialversicherungsrechts entstehen unterschiedliche Ansprüche, für die der Rechtsweg zu den Arbeits- und Sozialgerichten und in einigen Fällen auch zu den Verwaltungs- oder Zivilgerichten gegeben ist. Die Auswahl des sachlich zuständigen Gerichts wird durch den Streitgegenstand bestimmt. 001

Die Beratung ihrer Mitglieder in arbeitsrechtlichen Fragen gehört zu den satzungsmäßigen Aufgaben der Gewerkschaften und der Arbeitgeberverbände. Rat und Auskunft erteilen auch die öffentlichen Rechtsberatungsstellen einzelner Bundesländer und selbstverständlich die Rechtsanwälte, von denen einige die besondere Zulassung als Fachanwalt für Arbeitsrecht oder als Fachanwalt für Sozialrecht erworben haben. 002

1. Schiedsgerichtsverfahren

Rechtsstreitigkeiten im Arbeits- und Sozialversicherungsrecht werden häufig durch ein Schiedsgericht oder durch einen Schlichtungsausschuss entschieden, noch bevor ein gerichtliches Verfahren eingeleitet wird. Die Inanspruchnahme einer Schlichtungsstelle oder eines Schiedsgerichts erfolgt nach vorhergehender, vertraglicher Vereinbarung oder aufgrund einer gesetzlichen Anordnung eines Schlichtungs- oder Schiedsverfahrens. Schlichtungsstellen oder Schiedsgerichte werden bespielweise in folgenden Fällen angerufen: 003

► Streitigkeiten zwischen Ausbildenden und Auszubildenden, sofern bei den zuständigen Stellen Ausschüsse gebildet wurden

► Rechtsstreitigkeiten aus einem Arbeitsverhältnis von Bühnenkünstlern, Filmschaffenden, Artisten, Kapitänen und Besatzungsmitgliedern von Seeschiffen, die tarifgebunden sind und deren Tarifvertrag eine Schiedsklausel enthält

► Rechtsstreitigkeiten zwischen Tarifvertragsparteien aus Tarifverträgen, sofern darin eine Schiedsklausel enthalten ist

► Meinungsverschiedenheiten zwischen Arbeitgeber und Betriebsrat, Gesamtbetriebsrat oder Konzernbetriebsrat, sofern durch Tarifvertrag bestimmt wurde, dann an die Stelle der betrieblichen Einigungsstelle eine tarifliche Schlichtungsstelle tritt

► nach besonderer vertraglicher Vereinbarung.

Die Handwerksinnungen und alle anderen zuständigen Stellen, z. B. die Industrie- und Handelskammern, können Ausschüsse zur Beilegung von Streitigkeiten zwischen Ausbildenden und Auszubildenden aus einem bestehenden Berufsausbildungsverhältnis einrichten. Diese Schlichtungsausschüsse bestehen zu gleicher Zahl aus Arbeitgebern und Arbeitnehmern und sind vor einer Inanspruchnahme der Arbeitsgerichte einzuschalten. Handelt es sich um eine Streitigkeit aus dem Kündigungsschutzgesetz, ist der Schlichtungsausschuss binnen drei Wochen anzurufen; die Klagefrist nach § 4 KSchG ist während der Dauer des Schlichtungsverfahrens gehemmt. 004

005 Der Schlichtungsausschuss hat die Parteien mündlich zu hören und kann Beweise erheben, soweit ihm Beweismittel zur Verfügung gestellt werden. Sofern die Parteien keinen Vergleich abschließen, erfolgt ein Schiedsspruch; die Entscheidung wird mit einfacher Mehrheit der Stimmen der Mitglieder des Schlichtungsausschusses getroffen. Der Schiedsspruch hat unter den Parteien dieselbe Wirkung wie ein rechtskräftiges Urteil des Arbeitsgerichts. Wird der vom Schlichtungsausschuss gefällte Schiedsspruch nicht innerhalb einer Woche von beiden Parteien anerkannt, so kann binnen zwei Wochen nach ergangenem Spruch Klage bei dem zuständigen Arbeitsgericht erhoben werden.

006 Das Schiedsverfahren verläuft in anderen Rechtsstreitigkeiten bei tarifvertraglicher oder sonstiger Vereinbarung einer Schlichtungs- oder Schiedsklausel ebenso. Der Schiedsvertrag in arbeitsrechtlichen Streitigkeiten begründet im arbeitsgerichtlichen Verfahren eine prozesshindernde Einrede. Danach kann das Arbeitsgericht nicht angerufen werden, bevor das Schiedsverfahren abgeschlossen ist.

2. Arbeitsgerichtsbarkeit

007 In arbeitsrechtlichen Streitigkeiten ist der Rechtsweg zu den Arbeitsgerichten gegeben. Das Arbeitsgerichtsverfahren ist ein besonderes Zivilgerichtsverfahren, das im Arbeitsgerichtsgesetz (ArbGG) und ergänzend in der Zivilprozessordnung (ZPO) geregelt wird. Die Arbeitsgerichtsbarkeit hat drei Instanzen:

- ► Arbeitsgericht als erste Instanz
- ► Landesarbeitsgericht als Berufungsinstanz
- ► Bundesarbeitsgericht als Revisionsinstanz.

008 Die Arbeitsgerichte sind Kollegialgerichte, die mit Berufsrichtern und ehrenamtlichen Richtern besetzt sind. Die ehrenamtlichen Richter stammen zur Hälfte aus Kreisen der Arbeitnehmer und der Arbeitgeber und werden von den Arbeitnehmer- und Arbeitgeberverbänden vorgeschlagen. Die Kammern der Arbeits- und Landesarbeitsgerichte sind mit jeweils einem vorsitzenden Berufsrichter und zwei ehrenamtlichen Richtern, die Senate des Bundarbeitsgerichts mit drei Berufsrichtern und zwei ehrenamtlichen Richtern besetzt.

009 Die örtliche Zuständigkeit des Arbeitsgerichts richtet sich vor allem nach dem Wohnsitz oder der betrieblichen Niederlassung des Beklagten. Außerdem kann der Erfüllungsort für die streitige arbeitsvertragliche Verpflichtung gewählt werden (vgl. §§ 12 ff. ZPO).

010 Die sachliche Zuständigkeit des Arbeitsgerichts ist gem. §§ 2, 2a ArbGG, z. B. für die folgenden bürgerlichen Rechtsstreitigkeiten gegeben:

- ► zwischen Tarifvertragsparteien oder zwischen diesen und Dritten aus Tarifverträgen

- zwischen tariffähigen Parteien oder zwischen diesen und Dritten aus unerlaubten Handlungen im Zusammenhang mit Arbeitskämpfen oder Fragen der Vereinigungsfreiheit

- zwischen Arbeitnehmern und Arbeitgebern aus dem Arbeitsverhältnis und aus unerlaubten Handlungen, soweit diese mit dem Arbeitsverhältnis im Zusammenhang stehen

- zwischen Arbeitnehmern und Arbeitgebern oder Einrichtungen der Tarifvertragsparteien oder Sozialeinrichtungen über Ansprüche aus dem Arbeitsverhältnis

- über Ansprüche aus der Insolvenzsicherung

- über Ansprüche auf Vergütung für eine Arbeitnehmererfindung oder für einen technischen Verbesserungsvorschlag

- über Urheberrechtsstreitsachen aus Arbeitsverhältnissen

- über Angelegenheiten aus dem Betriebsverfassungsgesetz, aus dem Sprecherausschussgesetz und aus dem Mitbestimmungsgesetz und weiteren Fällen.

Die Parteifähigkeit im arbeitsgerichtlichen Verfahren besteht für natürliche und juristische Personen und für Betriebsräte, aber auch für Gewerkschaften und Arbeitgeberverbände (vgl. § 10 ArbGG). 011

Die Prozessvertretung im Arbeitsgerichtsverfahren regelt § 11 ArbGG, wonach die Parteien den Rechtsstreit in erster Instanz führen oder sich u. a. durch Vertreter von Gewerkschaften oder von Arbeitgeberverbänden vertreten lassen können. Vor den Landesarbeitsgerichten und vor dem Bundesarbeitsgericht müssen sich die Parteien durch Rechtsanwälte als Prozessbevollmächtigte vertreten lassen, wobei zur Vertretung jeder bei einem deutschen Gericht zugelassene Rechtsanwalt berechtigt ist. An ihre Stelle können vor den Landesarbeitsgerichten Vertreter von Gewerkschaften oder von Arbeitgeberverbänden treten, wenn sie kraft Satzung oder Vollmacht zur Vertretung befugt sind und die Parteien Mitglieder der Gewerkschaft oder des Arbeitgeberverbandes sind. 012

Die Kostentragungspflicht ist in der Weise geregelt, dass im Urteilsverfahren des ersten Rechtszugs kein Anspruch der obsiegenden Partei auf Entschädigung besteht, sodass auch derjenige, der in erster Instanz obsiegt, die Kosten seiner Prozessvertretung selbst tragen muss. Allerdings besteht die Möglichkeit, Prozesskostenhilfe zu beantragen oder einen Vertreter der Gewerkschaft oder des Arbeitgeberverbandes mit der Prozessvertretung zu beauftragen (vgl. §§ 12, 12a ArbGG). 013

In der Arbeitsgerichtsbarkeit bestehen zwei grundsätzlich verschiedene Verfahrensarten, die sich hinsichtlich des Verfahrensganges und des Rechtsmittelzuges unterscheiden. Im Urteilsverfahren werden vorwiegend Ansprüche aus dem Individualarbeitsrecht entschieden, im Beschlussverfahren Fragen der Mitbestimmung und des Tarifrechts. Darüber hinaus gibt es für die Geltendmachung von 014

Zahlungsansprüchen das gerichtliche Mahnverfahren gem. §§ 688 ff. ZPO und in Eilfällen zur Sicherung von Ansprüchen das Arrestverfahren und die einstweilige Verfügung gem. §§ 916 ff. ZPO.

2.1 Urteilsverfahren

015 Das Urteilsverfahren beginnt in erster Instanz mit einer Klage vor dem Arbeitsgericht wegen einer bürgerlich-rechtlichen Streitigkeit zwischen einem Arbeitnehmer und einem Arbeitgeber, aus dem Arbeitsverhältnis oder einem anderen der in § 2 ArbGG aufgeführten Streitgegenstände.

016 Sodann findet die Güteverhandlung statt, die in Kündigungsverfahren innerhalb von zwei Wochen anberaumt werden soll. Die Güteverhandlung erfolgt vor dem Vorsitzenden als Einzelrichter mit dem Ziel der gütlichen Einigung der Parteien. Im Gütetermin wird das gesamte Streitverhältnis der Parteien unter freier Würdigung aller Umstände erörtert. Die Klage kann bis zum Stellen der Anträge ohne Einwilligung des Beklagten zurückgenommen werden. Das Ergebnis der Güteverhandlung, insbesondere der Abschluss eines Vergleichs, wird in das Verhandlungsprotokoll aufgenommen. Erst nach einer erfolglosen Güteverhandlung wird ein Termin zur streitigen Verhandlung vor der Kammer bestimmt.

017 Falls die Güteverhandlung erfolglos verlaufen ist, beginnt mit dem Stellen der Anträge die streitige Verhandlung vor der Kammer, die mit einem Berufsrichter und je einem ehrenamtlichen Richter aus den Kreisen der Arbeitgeber und Arbeitnehmer besetzt ist. Die streitige Verhandlung soll sich an die Güteverhandlung anschließen. Im Urteilsverfahren gelten für die Schriftsätze der Parteien, die Verhandlungs- und Beweistermine sowie die Ladungen und Fristen neben den besonderen Vorschriften des Arbeitsgerichtgesetzes die Vorschriften der Zivilprozessordnung (ZPO). Das Verfahren endet mit der Verkündung des Urteils.

018 Gegen die Urteile der Arbeitsgerichte ist die Berufung vor dem Landesarbeitsgericht möglich, wenn der Rechtsstreit den Bestand eines Arbeitsverhältnisses betrifft, der Beschwerdewert 600 € übersteigt, oder wenn das Arbeitsgericht die Berufung wegen grundsätzlicher Bedeutung oder aus anderen Gründen zugelassen hat (vgl. § 64 Abs. 2 ArbGG). Die Berufungsfrist und die Berufungsbegründungsfrist betragen je einen Monat. Das Landesarbeitsgericht überprüft das Urteil des Arbeitsgerichts in tatsächlicher und rechtlicher Hinsicht und entscheidet wiederum durch Urteil.

019 Gegen das Urteil der Landesarbeitsgerichte findet die Revision vor dem Bundesarbeitsgericht statt, soweit diese wegen grundsätzlicher Bedeutung der Rechtssache zugelassen worden ist (vgl. § 72 Abs. 2 ArbGG). Die Revisionsfrist und die Revisionsbegründungsfrist betragen wiederum je einen Monat. Die Revision kann nur darauf gestützt werden, dass das Urteil des Landesarbeitsgerichts auf der Verletzung einer Rechtsnorm beruht oder von einem Urteil des Bundesarbeitsgerichtes oder eines anderen Landesarbeitsgerichtes abweicht. Das Bundes-

arbeitsgericht ist an den von dem Landesarbeitsgericht festgestellten tatsächlichen Sachverhalt gebunden und überprüft ausschließlich die rechtlichen Fragen. Es kann den Rechtsstreit zur erneuten Verhandlung an das Landesarbeitsgericht zurückverweisen, wenn der tatsächliche Sachverhalt lückenhaft ist, anderenfalls entscheidet das Bundesarbeitsgericht abschließend durch Urteil.

2.2 Beschlussverfahren

Das Beschlussverfahren findet in Angelegenheiten aus dem Betriebsverfassungsgesetz, aus dem Sprecherausschussgesetz, aus dem Mitbestimmungsgesetz und bei Entscheidungen über die Tariffähigkeit und die Tarifzuständigkeit einer Vereinigung statt (vgl. § 2a ArbGG). Das Beschlussverfahren beginnt nicht mit einer Klage, sondern wird auf Antrag eingeleitet. Allerdings gelten für die beiden Verfahrensarten gleichermaßen die Vorschriften über die Prozessfähigkeit, die Prozessvertretung, die Ladungen, Termine und Fristen und die weiteren Verfahrensregelungen des Arbeitsgerichtsgesetzes. Eine Güteverhandlung findet im Beschlussverfahren dagegen nicht statt.

020

Das Arbeitsgericht überprüft im Beschlussverfahren den Sachverhalt im Rahmen der gestellten Anträge von Amts wegen. Die am Verfahren Beteiligten haben an der Aufklärung des Sachverhalts mitzuwirken, ferner können Urkunden eingesehen, Auskünfte eingeholt, Zeugen, Sachverständige und Beteiligte vernommen werden. In dem Beschlussverfahren sind Arbeitgeber, Arbeitnehmer und alle Stellen zu hören, die nach dem Betriebsverfassungsgesetz im einzelnen Fall beteiligt sind. Die Anhörung erfolgt vor der Kammer, obwohl die Beteiligten sich auch schriftlich äußern können. Das Arbeitsgericht entscheidet nach seiner freien, aus dem Gesamtergebnis des Verfahrens gewonnenen Überzeugung durch einen schriftlichen Beschluss.

021

Gegen die Beschlüsse der Arbeitsgerichte findet die Beschwerde vor dem Landesarbeitsgericht statt. Für das Beschwerdeverfahren gelten die für das Berufungsverfahren maßgebenden Vorschriften des Arbeitsgerichtsgesetzes. Über die Beschwerde entscheidet das Landesarbeitsgericht wiederum durch Beschluss.

022

Gegen die Beschlüsse der Landesarbeitsgerichte findet die Rechtsbeschwerde zu dem Bundesarbeitsgericht statt, wenn sie besonders zugelassen wurde, weil die Rechtssache grundsätzliche Bedeutung hat oder von einer Entscheidung des Bundesarbeitsgerichts oder eines Landesarbeitsgerichts abweicht. Für das Rechtsbeschwerdeverfahren gelten die für das Revisionsverfahren maßgebenden Vorschriften des Arbeitsgerichtsgesetzes. Die Rechtsbeschwerde kann ausschließlich darauf gestützt werden, dass der Beschluss des Landesarbeitsgerichts auf der Nichtanwendung oder der unrichtigen Anwendung einer Rechtsnorm beruht. Die Rechtsbeschwerdeschrift und die Rechtsbeschwerdebegründung müssen von einem Rechtsanwalt unterzeichnet sein und werden den Beteiligten zur Äußerung zugestellt. Sodann entscheidet das Bundesarbeitsgericht über die Rechtsbeschwerde durch Beschluss und beendet damit das Verfahren.

023

3. Sozialgerichtsbarkeit

024   In den sozialrechtlichen Streitigkeiten ist der Rechtsweg zu den Sozialgerichten gegeben. Das Sozialgerichtsverfahren ist ein besonderes Verwaltungsgerichtsverfahren, das im Sozialgerichtsgesetz (SGG) und ergänzend in der Verwaltungsgerichtsordnung (VwGO) geregelt ist. Soweit keine besondere Zuständigkeit der Sozialgerichte besteht (§ 51 SGG) ist der Rechtsweg zu den Verwaltungsgerichten gegeben, so z. B. im Recht der Jugendhilfe und der Ausbildungsförderung. Für diese Verfahren wurden bei den Verwaltungsgerichten besondere Fachkammern eingerichtet, und es besteht grundsätzlich Gerichtskostenfreiheit (vgl. § 188 VwGO).

Die Sozialgerichtsbarkeit hat drei Instanzen:

- ► Sozialgericht als erste Instanz
- ► Landessozialgericht als Berufungsinstanz
- ► Bundessozialgericht als Revisionsinstanz.

025   Die Sozialgerichte sind mit Berufsrichtern und mit ehrenamtlichen Richtern besetzt. Die ehrenamtlichen Richter werden von der Landesregierung aufgrund der Vorschlagslisten berufen, die von den Gewerkschaften und den Arbeitgeberverbänden, von den kassenärztlichen Vereinigungen, von den Zusammenschlüssen der Krankenkassen und von den Landesversorgungsämtern nach Maßgabe des § 14 SGG aufgestellt. Jede Kammer des Sozialgerichts ist mit einem vorsitzenden Berufsrichter und zwei ehrenamtlichen Richtern besetzt. In den Kammern für Angelegenheiten der Sozialversicherung werden je ein ehrenamtlicher Richter aus dem Kreis der Versicherten und der Arbeitgeber beteiligt, in den Kammern für Angelegenheiten des Kassenarztrechts wirken je ein ehrenamtlicher Richter aus den Kreisen der Krankenkassen und der Kassenärzte mit.

026   Die Landessozialgerichte entscheiden in zweiter Instanz über Berufungen gegen Urteile und über Beschwerden gegen andere Entscheidungen der Sozialgerichte. Bei den Landessozialgerichten wurden für die einzelnen sozialrechtlichen Bereiche Senate gebildet, die mit drei Berufsrichtern und zwei ehrenamtlichen Richtern besetzt sind.

027   Das Bundessozialgericht (BSG) entscheidet in dritter Instanz über Revisionen gegen Urteile der Landessozialgerichte sowie über Beschwerden gegen die Nichtzulassung der Revision. Für die verschiedenen sozialrechtlichen Bereiche bestehen Senate, die mit jeweils drei Berufsrichtern und zwei ehrenamtlichen Richtern besetzt sind.

028   Die örtliche Zuständigkeit der Sozialgerichte ist in den §§ 57 bis 57b SGG geregelt. Danach ist vor allem der Wohnsitz des Versicherten maßgeblich, während die sachliche Zuständigkeit sich gem. §§ 8, 51 SGG nach dem Streitgegenstand richtet. Die Sozialgerichte entscheiden über öffentlich-rechtliche Streitigkeiten u. a. in Angelegenheiten der gesetzlichen Sozialversicherung, der Arbeitsförderung,

der Grundsicherung für Arbeitssuchende, der Sozialhilfe, der Feststellung von Behinderungen und in den weiteren in § 51 SGG genannten Angelegenheiten.

3.1 Widerspruchsverfahren

Da das Sozialgerichtsverfahren ein besonderes Verwaltungsgerichtsverfahren ist, wird es in Angelegenheiten der Sozialversicherung insbesondere von den Versicherten oder den Arbeitgebern angerufen, wenn sie Ansprüche auf Sozialleistungen durchsetzen oder Verwaltungsakte der Behörden anfechten wollen. Dabei ist zu beachten, dass dem Sozialgerichtsverfahren ein außergerichtliches Vorverfahren (auch: Widerspruchsverfahren) voraus geht, in dem die Recht- und Zweckmäßigkeit der Entscheidung des jeweiligen Sozialversicherungsträgers überprüft wird (vgl. §§ 77 ff. SGG).   029

Die Sozialversicherungsträger sind in aller Regel mit öffentlich-rechtlichen Befugnissen ausgestattet und treffen daher ihre Entscheidungen über die eingereichten Anträge für jeden einzelnen Fall durch einen Verwaltungsakt. Jede Verfügung, Entscheidung oder andere hoheitliche Maßnahme, die eine Behörde oder eine sonst mit öffentlich-rechtlichen Befugnissen ausgestattete Stelle zur Regelung eines Einzelfalls auf dem Gebiet des öffentlichen Rechts trifft und die auf unmittelbarer Rechtswirkung nach außen gerichtet ist, ist ein Verwaltungsakt (vgl. §§ 35 ff. VwVfG).   030

Ein Verwaltungsakt wird gegenüber demjenigen, für den er bestimmt ist und der von ihm betroffen ist, mit dem Inhalt und zu dem Zeitpunkt wirksam, zu dem er ihm bekanntgegeben wird. Die Rechtmäßigkeit eines Verwaltungsaktes wird im Widerspruchsverfahren noch vor der Inanspruchnahme der Sozial- oder Verwaltungsgerichte überprüft. Damit wird den Sozialversicherungsträgern die Möglichkeit gegeben, vor Erhebung einer Klage die von ihnen erlassenen Verwaltungsakte inhaltlich zu überprüfen. Erst nach Abschluss des Widerspruchsverfahrens kann ein Verwaltungsakt im Sozialgerichtsverfahren angefochten werden.   031

Das Verfahren beginnt mit einem Widerspruch gegen den Verwaltungsakt. Dieser ist schriftlich bei der Stelle einzureichen, die den Verwaltungsakt erlassen hat. Die Frist für die Einlegung des Widerspruchs beträgt einen Monat, gerechnet von dem Tag der Bekanntgabe des Verwaltungsaktes an den Betroffenen, regelmäßig durch eine Zustellung. Diese Rechtsbehelfsfrist beginnt aber nur dann zu laufen, wenn der Verwaltungsakt eine Rechtsbehelfsbelehrung in schriftlicher Form enthält. Sofern die Rechtsbehelfsbelehrung unterblieben ist oder unrichtig erteilt wurde, kann der Widerspruch noch innerhalb eines Jahres seit Zustellung, Eröffnung oder Verkündung des Verwaltungsaktes eingelegt werden.   032

Nach Erheben eines Widerspruchs muss diejenige Stelle, die den Verwaltungsakt erlassen hat, überprüfen, ob und inwieweit der Widerspruch begründet ist. Der Verwaltungsakt kann ganz oder teilweise aufgehoben oder auch bestätigt werden. Kommt es zu einer Abänderung des Verwaltungsaktes, kann auch der neue   033

Verwaltungsakt wiederum Gegenstand eines Vorverfahrens werden. Falls dem Widerspruch nicht vollständig abgeholfen wird, erfolgt die behördliche Entscheidung durch einen Widerspruchsbescheid. Zuständig für den Erlass des Widerspruchbescheides ist regelmäßig die nächsthöhere Behörde, in Angelegenheiten der Sozialversicherung die von dem betreffenden Sozialversicherungsträger bestimmte Stelle und in Angelegenheiten der Bundesagentur für Arbeit die vom Verwaltungsrat dieser Agentur bestimmte Stelle.

034 Der Widerspruchsbescheid ist schriftlich zu erlassen, zu begründen und den Beteiligten zuzustellen. Auch dieser Bescheid enthält eine Rechtsbehelfsbelehrung, worin die Beteiligten über die Zulässigkeit der Klage, die einzuhaltenden Fristen und den Sitz des zuständigen Gerichts zu belehren sind. In den Angelegenheiten der Sozialversicherung kann mit Zustimmung des Widerspruchsführers, sein Widerspruch unmittelbar den zuständigen Sozialgerichten als Klage zugeleitet werden. In allen anderen Fällen kann der Widerspruchsbescheid durch eine Klage vor dem Sozialgericht angefochten werden.

3.2 Sozialgerichtsverfahren

035 Der Rechtsweg zu den Sozialgerichten ist für öffentlich-rechtliche Streitigkeiten in Angelegenheiten der gesetzlichen Sozialversicherung und in sonstigen Angelegenheiten der Sozialversicherung, der Arbeitsförderung, des Entschädigungsrechts und der Sozialhilfe gegeben (vgl. § 51 SGG). Gegenstand der Klage kann die Aufhebung oder Abänderung eines Verwaltungsakts sein, durch den der Kläger beschwert wurde (=Anfechtungsklage). Ferner kann durch Feststellungsklage eine Entscheidung des Sozialgerichts darüber begehrt werden, ob ein Rechtsverhältnis besteht oder nicht besteht, welcher Sozialversicherungsträger zuständig ist oder ob eine Gesundheitsstörung in Folge eines Arbeitsunfalls oder einer Berufskrankheit ist.

036 Das Verfahren vor den Sozialgerichten beginnt mit der Erhebung einer Klage, die innerhalb eines Monats nach Zustellung des Widerspruchsbescheids schriftlich einzureichen ist. Im Sozialgerichtsverfahren sind gem. §§ 54, 55 SGG entsprechend den Verfahren vor den Verwaltungsgerichten verschiedene Klagearten möglich:

- **Anfechtungsklage,**
  Sie betrifft die Aufhebung oder Änderung eines Verwaltungsakts.

- **Verpflichtungsklage,**
  Sie betrifft die Verpflichtung eines Sozialversicherungsträgers zu einer Leistung.

- **Nichtigkeitsklage,**
  Sie ist auf die Nichtigkeit eines Verwaltungsaktes gerichtet.

- **Feststellungsklage,**
  z. B. zur Feststellung des zuständigen Sozialversicherungsträgers

- **Ersatzleistungsklage,**
  Sie betrifft Streitigkeiten zwischen Sozialversicherungsträgern.

► **Aufsichtsklage**,
Mit ihr wendet sich ein Sozialleistungsträger gegen Maßnahmen der Aufsichtsbehörde.

Die weiteren Einzelheiten über die Durchführung des Sozialgerichtsverfahrens   037
ergeben sich aus dem Sozialgerichtsgesetz (SGG).

G. Arbeitsrechtliche Bezüge im Europarecht

Das Recht der Europäischen Union („Europarecht") überlagert das Recht der Mit- 001
gliedstaaten und geht diesem vor. Zum Europarecht gehören insbesondere der
Vertrag über die Europäische Union (EUV) sowie der Vertrag über die Arbeitsweise der Europäischen Union (AEUV). Mit dem AEUV rechtlich auf gleicher Ebene
steht gem. Art. 6 Abs. 1 EUV die Europäische Grundrechte-Charta (EGC). Weitere
Bestimmungen mit Bezug zum Arbeitsrecht finden sich im europäischen „Sekun-
därrecht", also in auf Grundlage des Primärrechts erlassenen Richtlinien und Verordnungen. Eine vollständige Darstellung[1] würde den Rahmen dieses Buches
sprengen, daher sollen an dieser Stelle nur einige Vorschriften von besonderer
Bedeutung erläutert werden.

Im AEUV haben insbesondere die Arbeitnehmerfreizügigkeit nach Art. 45 ff. AEUV, 002
die Dienstleistungsfreiheit nach Art. 56 ff. sowie die Vorschriften über die Sozialpolitik in den Art. 151 - 161 AEUV für das Arbeitsrecht Bedeutung.

Der Arbeitnehmerbegriff des Unionsrechts erfasst Personen, die weisungsgebun- 003
den Leistungen für einen Dritten gegen Entgelt erbringen. Das Unionsrecht geht
dabei teilweise weiter als das deutsche Recht. So fallen grundsätzlich auch Beamte unter den Arbeitnehmerbegriff, sofern sie keine hoheitlichen Aufgaben im
engeren Sinne wahrnehmen.[2] Fremdgeschäftsführer einer Kapitalgesellschaft
werden im Europarecht in weit größerem Umfang als Arbeitnehmer angesehen
als nach deutschem Recht.[3] Die Freizügigkeit ist nach Maßgabe von Art. 45
Abs. 2 - 4 AEUV unmittelbar gegen Beschränkungen durch die Mitgliedstaaten
aufgrund der Staatsangehörigkeit geschützt. Darüber hinaus gilt das Diskriminierungsverbot nach Art. 45 Abs. 2 AEUV auch für Diskriminierungen durch Private in Arbeits- und Kollektivverträgen.[4] Nicht-diskriminierende Beschränkungen
der Freizügigkeit durch Private können jedenfalls dann gegen Art. 45 Abs. 1 AEUV
verstoßen, wenn sie kollektiven Charakter haben, also z. B. in Tarifverträgen oder
verbandlichen Regelwerken enthalten sind.

---

[1] Vgl. eingehend zu diesem Thema *Thüsing*, Europäisches Arbeitsrecht.

[2] EuGH NVwZ 2012, 688 (689) – *Neidel* (Feuerwehrmann); Slg. 1986, 2121 – *Lawrie-Blum* (Studien-
referendarin). Die Ausnahme nach Art. 45 Abs. 4 AEUV gilt im Wesentlichen (nur) für hoheitliche
Tätigkeiten im engeren Sinne.

[3] Vgl. EuGH NZA 2011, 143 (145) – *Danosa*; eingehend *Oberthür*, NZA 2011, 253 (254).

[4] Dies wird ausdrücklich in Art. 7 Abs. 4 der auf Art. 46 AEUV gestützten „Freizügigkeitsverordnung"
(EU) Nr. 492/2011 bestimmt.

Beispiel

Sieht die Satzung eines Fußballverbands vor, dass ein Profifußballspieler auch nach Ablauf seines Vertrags nur gegen Zahlung einer Ablöse zu einem anderen Verein wechseln darf, so verletzt das die Freizügigkeit des Fußballspielers, soweit dadurch der Wechsel zu einem ausländischen Verein behindert wird. Es spielt keine Rolle, dass der Fußballverband kein staatliches Organ ist.[1]

004   Ob Art. 45 AEUV auch auf nicht-diskriminierende Beschränkungen der Freizügigkeit in einzelnen Arbeitsverträgen anwendbar ist, ist noch nicht geklärt.[2]

005   Auch die Dienstleistungsfreiheit nach Art. 56 AEUV kann arbeitsrechtliche Bezüge haben. Sie umfasst nach Art. 57 AEUV Leistungen, die in der Regel gegen Entgelt erbracht werden, soweit sie nicht den Vorschriften über den freien Waren- und Kapitalverkehr und über die Freizügigkeit der Personen unterliegen. Erfasst ist also die selbstständige Erbringung von Dienstleistungen. Mittelbar kann die Dienstleistungsfreiheit aber Auswirkungen auf das Arbeitsrecht haben, soweit der Dienstleister Arbeitnehmer zur Erbringung der Dienstleistung beschäftigt. Prägnantes Beispiel hierfür ist die „Entsende-Richtlinie" 96/71/EG. Nach der Entsende-Richtlinie müssen in wichtigen Bereichen die entsandten Arbeitnehmer mit den Arbeitnehmern des Ziellandes gleichgestellt werden, z. B. hinsichtlich der Höchstarbeitszeiten oder des bezahlten Mindesturlaubs. Es findet also insoweit nicht das Arbeitsrecht des Entsendestaats Anwendung.

006   Auch das AEUV-Kapitel über die Sozialpolitik (Art. 151 - 161 AEUV) enthält Vorschriften mit Relevanz für Arbeitnehmer. Nach Art. 151 Abs. 1 AEUV verfolgen die Europäische Union und die Mitgliedstaaten als Ziele

„die Förderung der Beschäftigung, die Verbesserung der Lebens- und Arbeitsbedingungen, um dadurch auf dem Wege des Fortschritts ihre Angleichung zu ermöglichen, einen angemessenen sozialen Schutz, den sozialen Dialog, die Entwicklung des Arbeitskräftepotenzials im Hinblick auf ein dauerhaft hohes Beschäftigungsniveau und die Bekämpfung von Ausgrenzungen."

007   Art. 157 AEUV verpflichtet die Mitgliedstaaten, gleiche Entgelte für Männer und Frauen bei gleicher oder gleichwertiger Tätigkeit sicherzustellen. Die Regelungen über die Arbeitnehmerfreizügigkeit sowie das Diskriminierungsverbot nach § 157 AEUV wirken unmittelbar auch zwischen Privaten, also dem Arbeitgeber und dem Arbeitnehmer.[3] Der EuGH hat über Art. 157 AEUV hinaus in der Man-

---

[1] EuGH NZA 1996, 191 (196) – Bosman.

[2] Näher ErfK/*Wißmann* Art. 45 AEUV Rn 16.

[3] EuGH NJW 1974, 1093 (1094) – Walrave (zu Art. 45); NJW 1976, 2068 (2069) – Defrenne II (zu Art. 157).

gold-Entscheidung ein generelles Diskriminierungsverbot als „allgemeinen Grundsatz" des Primärrechts entwickelt, der nicht auf das Geschlecht begrenzt ist, sondern z. B. auch die Diskriminierung wegen Alters erfasst.[1]

Zur Erreichung der in Art. 151 Abs. 1 AEUV genannten Ziele hat die Europäische Union eine Reihe von Richtlinien erlassen. Erwähnenswert sind insbesondere   008

- ► RL 1988/2003/EG („Arbeitszeitrichtlinie") – gestützt auf Art. 157 Abs. 2 AEUV[2]
- ► RL 1999/70/EG („Befristungs-Richtlinie") – gestützt auf Art. 155 Abs. 2 AEUV
- ► RL 2006/54/EG („Gender-Richtlinie n. F.") – gestützt auf Art. 157 Abs. 3 AEUV
- ► 2008/104/EG („Leiharbeits-Richtlinie") – gestützt auf Art. 153 Abs. 2 AEUV.

Es gibt daneben noch weitere Richtlinien und Verordnungen mit Bezug zum Arbeitsrecht, die auf andere Bestimmungen des AEUV gestützt wurden. Hierzu gehören z. B.   009

- ► Die vier „Anti-Diskriminierungsrichtlinien" 2000/43/EG („Anti-Rassismus-Richtlinie"), 2000/78/EG („Rahmenrichtlinie"), 2002/73/EG („Gender-Richtlinie a. F."), 2004/113/EG („Gender-Richtlinie Zivilrecht") – gestützt auf Art. 19 AEUV[3]
- ► RL 1996/71/EG („Entsende-Richtlinie") – gestützt auf Art. 62, 53 Abs. 1 AEUV
- ► Richtlinie 1997/81/EG („Teilzeit-Richtlinie") – gestützt auf ein gesondertes Abkommen zur Sozialpolitik im Anhang zum EG-Vertrag
- ► RL 1998/59/EG („Massenentlassungsrichtlinie") – gestützt auf die Bestimmungen zur Harmonisierung von Rechtsvorschriften (Art. 115 AEUV)
- ► RL 2001/23/EG („Betriebsübergangsrichtlinie") – gestützt auf Art. 115 AEUV
- ► VO 2011/492/EU („Freizügigkeitsverordnung") – gestützt auf Art. 46 AEUV.

Europäische Verordnungen gelten unmittelbar. Richtlinien sind von den Mitgliedstaaten in nationales Recht umzusetzen. In Deutschland wurde z. B. die Massenentlassungsrichtlinie in § 17 KSchG umgesetzt. Die nationalen Regelungen müssen mit den Richtlinien vereinbar sein, ansonsten sind sie unanwendbar. Falls möglich, müssen sie „europarechtskonform" ausgelegt werden.   010

---

[1] Vgl. EuGH NZA 2005, 1345 (1348) – Mangold.

[2] Genannt sind jeweils die entsprechenden Vorschriften des AEUV, auch wenn der Rechtsakt auf Vorgängervorschriften im EWG-Vertrag oder im EG-Vertrag gestützt wurde.

[3] Vgl. zu diesen Richtlinien *Däubler/Bertzbach/Däubler*, Einleitung Rn 3.

Beispiel

Die Befristungsrichtlinie 1999/70/EG verbietet den Missbrauch des Befristungsrechts. Das BAG hatte bei Vertretungsbefristungen nach § 14 Abs. 1 Nr. 3 TzBfG grundsätzlich nur die letzte Befristung geprüft, wenn ein Arbeitnehmer mehrfach hintereinander befristet eingestellt wurde. Das BAG legte dem EuGH die Frage vor, ob dies mit der Befristungsrichtlinie vereinbar sei. Der EuGH entschied, dass geprüft werden müsse, ob derartige Kettenbefristungen einen Missbrauch des Vertretungsrechts im Sinne von Art. 3 der Richtlinie darstellten. Das BAG hat seine Rechtsprechung daraufhin „ergänzt".[1]

011 Mit dem Vertrag von Lissabon hat die EGC 2009 den Status von Primärrecht erhalten. Die dort aufgeführten Unionsgrundrechte werden dadurch generell stärkere Bedeutung auch für das Arbeitsrecht bekommen. In der Mangold-Entscheidung aus dem Jahr 2005 musste sich der EuGH z. B. noch auf gemeinsame Verfassungstraditionen der Mitgliedstaaten sowie das Völkerrecht berufen, um ein primärrechtliches Verbot der Altersdiskriminierung zu begründen.[2] Seit 2009 lässt sich dieses Verbot ohne größere Probleme auf Art. 21 EGC stützen. Die EGC enthält eine Reihe von Grundrechten mit arbeitsrechtlicher Relevanz, z. B.

- ► Art. 5 – Verbot der Sklaverei und Zwangsarbeit
- ► Art. 12 Abs. 1 – Vereinigungsfreiheit, insb. Freiheit, Gewerkschaften zu gründen und ihnen beizutreten
- ► Art. 14 Abs. 1 – Recht auf Zugang zu Bildung, auch beruflicher Aus- und Weiterbildung
- ► Art. 15 – Berufsfreiheit
- ► Art. 16 – Unternehmerische Freiheit
- ► Art. 21 – Recht auf Nichtdiskriminierung
- ► Art. 23 – Gleichheit von Männern und Frauen
- ► Art. 28 – Recht auf Kollektivvereinbarungen und Kollektivmaßnahmen einschließlich Streiks
- ► Art. 30 – Schutz vor ungerechtfertigter Entlassung
- ► Art. 31 – Recht auf gerechte und angemessene Arbeitsbedingungen einschließlich Höchstarbeitszeit, Ruhepausen und bezahlten Mindesturlaub
- ► Art. 32 – Verbot der Kinderarbeit und Schutz von Jugendlichen am Arbeitsplatz.

---

[1] BAG NZA 2012, 1351.

[2] EuGH NZA 2005, 1345 (1348) – Mangold.

Eine besondere Problematik für das kollektive Arbeitsrecht ergibt sich daraus,   012
dass Art. 153 Abs. 5 AEUV das Arbeitsentgelt, das Koalitionsrecht, das Streikrecht
und das Aussperrungsrecht der Regelungskompetenz von Parlament und Rat ent-
zieht. Die Regelung dieser Materien verbleibt also nach dem AEUV bei den Mitgliedstaaten. Andererseits gewährleisten Art. 12 GRC die Vereinigungsfreiheit
und Art. 28 EGC ausdrücklich das Recht auf Kollektivverhandlungen und Kollektivmaßnahmen einschließlich Streiks. Nach Art. 51 Abs. 2 GRC soll diese die im
AEUV festgelegten Zuständigkeiten ausdrücklich nicht erweitern. Vor diesem
Hintergrund stellt sich die Frage nach dem Verhältnis von Art. 153 Abs. 5 AEUV
zu Art. 12, 28 EGC. Sie ist noch nicht geklärt.[1]

---

[1] Vgl. hierzu *Thüsing/Traut*, RdA 2012, 65 ff.

Fall 1: Arbeitnehmereigenschaften eines Fotografen[1]

Fabian Falke ist seit mehreren Jahren als freier Mitarbeiter für die Werbeagentur Wild GmbH als Fotograf tätig. In seinem Vertrag ist u. a. Folgendes vereinbart:

„1. *Der Fotograf arbeitet als freier Mitarbeiter und wird von der Agentur im Bedarfsfall eingesetzt.*

2. *Die Agentur verpflichtet sich jedoch, pro Monat mindestens 80 Fotos abzunehmen. Hierfür wird pauschal ein Honorar von 3.200 € monatlich (ggf. zzgl. Mehrwertsteuer) gezahlt. Mit dieser Summe ist auch eine höhere Anzahl von Fotos abgegolten.*

3. *Der Fotograf ist verpflichtet, an bis zu fünf Tagen in der Woche innerhalb der üblichen Arbeitszeit zur Verfügung zu stehen. Sollte er im Einzelfall über fünf Tage eingesetzt werden, kann er in der Folgezeit entsprechend weniger Wochentage zur Verfügung stehen.*

4. *Mit der Zahlung des Honorars sind sämtliche Kosten des Fotografen abgedeckt. Der Fotograf trägt insbesondere die Kosten für Filmentwicklung und Ausrüstung.*

5. *Der Fotograf räumt der Agentur ein zeitlich unbegrenztes alleiniges Nutzungsrecht an den Bildern ein. Das Nutzungsrecht der Agentur ist mit der Zahlung des Honorars abgegolten.*

6. *Dem Fotografen steht ein bezahlter Freistellungsanspruch von 24 Tagen im Jahr zu.*

7. *Der Fotograf ist derzeit nicht für Wettbewerber tätig. Eine etwaige Tätigkeit für einen Wettbewerber bedarf der Zustimmung der Agentur."*

Wie bei derartigen Verträgen üblich, wird weder eine Personalakte für Fabian Falke geführt noch werden Lohnsteuer und Sozialversicherungsbeiträge abgeführt. Falke erhält jeweils freitags in den Räumlichkeiten der Wild GmbH einen „Einsatzplan", dem er seine Arbeitszeit und die Einsatzorte für die nächste Woche entnehmen kann. Die Motive für die Fotos werden ebenfalls von der Wild GmbH festgelegt; Falke wird hierüber in Anlagen zu dem Einsatzplan informiert. In den vergangenen Jahren hat Falke durchschnittlich 38 Stunden pro Woche gearbeitet, was in etwa der Zeit entspricht, die auch fest angestellte Arbeitnehmer der Wild GmbH arbeiten.

Falke erkrankt schwer und verlangt unter Vorlage einer ärztlichen Bescheinigung über seine Arbeitsunfähigkeit für die nächsten sechs Wochen die Fortzahlung des vereinbarten Honorars. Muss die Wild GmbH das Honorar trotz der Erkrankung Falkes entrichten?

Lösung s. Seite 401

Fall 2: Vorauswahl unter den Bewerbern[2]

Ingo Ingwersen, Inhaber der Ingwersen KG, sucht einen Nachfolger für den ausgeschiedenen kaufmännischen Leiter. Die Stelle wird betriebsintern ausgeschrieben und außerdem ein Unternehmensberater beauftragt, geeignete Bewerber vorzustellen. Aus

---

[1] Sachverhalt nach BAG, NZA 1998, S. 839 f.

[2] LAG Köln, NZA 1988, 589.

dem Kreis der Bewerber schlägt der Unternehmensberater der Ingwersen KG drei Anwärter vor. Ingo Ingwersen beabsichtigt, zum 01.07. Werner Wolters einzustellen. Er übergibt deshalb am 24.04. dem Betriebsrat die Bewerbungsunterlagen der drei Anwärter und beantragt die Zustimmung zur Einstellung von Werner Wolters. Mit Schreiben vom 28.04. teilt der Betriebsrat mit, dass er diesem Antrag nicht zustimmen könne. Zur Begründung beruft er sich darauf, dass der Unternehmensberater nicht nur eine Vorauswahl, sondern darüber hinaus eine Vorabentscheidung getroffen habe. Der Betriebsrat meint, ihm fehle eine ausreichende Grundlage für einen Beschluss nach § 99 BetrVG, da ihm nicht einmal die Namen der von der Beratungsfirma nicht vorgeschlagenen Bewerber bekannt gemacht worden seien.

Welche Maßnahme kann Ingo Ingwersen durchführen, um seine unternehmerische Entscheidung, Werner Wolters einzustellen, trotz fehlender Zustimmung des Betriebsrates durchzusetzen? Prüfen Sie auch die Erfolgsaussichten.

Lösung s. Seite 403

Fall 3: Karenzentschädigung bei Wettbewerbsverbot[1]

Die Computervertriebsgesellschaft Bückelmann & Co. vereinbart in dem schriftlichen Arbeitsvertrag mit Kurt Knigge, der als Verkäufer eingestellt wird, u. a. folgendes Wettbewerbsverbot: *„Aus Gründen des Wettbewerbs kann das Unternehmen den Mitarbeiter bei Austritt verpflichten, für die Dauer von zwei Jahren nach Beendigung des Arbeitsverhältnisses in der BRD nicht für ein Konkurrenzunternehmen tätig zu werden sowie weder mittelbar noch unmittelbar an der Gründung oder im Betrieb eines solchen Unternehmens mitzuwirken. Für die Dauer des Wettbewerbsverbots verpflichtet sich die Fa. Bückelmann & Co., 50 % der zuletzt gewährten vertragsmäßigen Leistung zu zahlen. Im Übrigen gelten die Vorschriften der §§ 74 ff. HGB."*

Das Arbeitsverhältnis wird nach einigen Jahren zum 31.12. beendet. Am 02.01. eröffnet Knigge ein Internet-Café.

Kann Knigge die Karenzentschädigung verlangen, nachdem das Arbeitsverhältnis von Bückelmann & Co. durch Kündigung beendet worden ist?

Lösung s. Seite 404

Fall 4: Gratifikation trotz Kündigung[2]

Piet Paulsen ist Vermessungsingenieur und seit über vier Jahren in dem Ingenieurbüro Franz Feddersen beschäftigt. Auf das Arbeitsverhältnis findet kraft einzelvertraglicher Bezugnahme der Tarifvertrag für die bei öffentlich bestellten Vermessungsingenieuren Beschäftigten in der jeweils gültigen Fassung Anwendung. Franz Feddersen kündigt das Arbeitsverhältnis mit Piet Paulsen am 15.11. zum 31.12. aus betriebsbedingten Gründen. Im Januar macht Piet Paulsen gegenüber Franz Feddersen den Anspruch auf Son-

---

[1] BAG NZA 1991, 263.

[2] BAG NJW 1986, 1063.

derzuwendung nach dem Tarifvertrag geltend. Darin ist u. a. folgende Regelung für Sonderzuwendungen enthalten:

„Arbeitnehmer und Auszubildende erhalten in jedem Kalenderjahr eine Sonderzuwendung, die spätestens am 10.12. ist, wenn sie seit der ersten Januarwoche im Dienst des Arbeitgebers gestanden haben und das Arbeitsverhältnis bis zum 01.12. des Jahres von keiner der Parteien gekündigt worden ist. Scheidet der Arbeitnehmer oder der Auszubildende bis einschließlich dem 31.03. des folgenden Kalenderjahres aus seinem Verschulden oder auf eigenen Wunsch aus, so hat er die Sonderzuwendung in voller Höhe an den Arbeitgeber zurückzuzahlen. Dies gilt nicht, wenn das Arbeits- oder das Ausbildungsverhältnis vor dem 01.04. durch Vertragsablauf endet oder der Arbeitnehmer wegen Erreichens der Altersgrenze oder der Inanspruchnahme des vorgezogenen Altersruhegeldes aus dem Berufsleben ausscheidet."

Lösung s. Seite 406

Fall 5: Entgeltfortzahlung bei Alkoholabhängigkeit[1]

Karl Krause ist bei der Firma Bert Behrens als gewerblicher Arbeitnehmer beschäftigt. Am 07.02. fährt Karl Krause morgens mit dem eigenen Pkw zur Arbeitsstelle. Zu diesem Zeitpunkt ist er bereits seit Längerem an Alkoholismus erkrankt, befindet sich in ärztlicher Behandlung und kennt aus einer stationären Behandlung die Risiken seiner Erkrankung. An diesem Tag spricht er während der Arbeitszeit in erheblichem Maße dem Alkohol zu. Auf der Rückfahrt, etwa gegen 16:45 Uhr, verursacht er mit einem Blutalkoholgehalt von 2,7 bis 2,85 Promille einen Auffahrunfall mit Personen- und Sachschaden. Infolge des Unfalls, bei dem er auch selbst schwer verletzt wird, ist Karl Krause vom 07. bis zum 26.02. arbeitsunfähig krank. Die Firma Bert Behrens verweigert die Entgeltfortzahlung während dieses Zeitraums. Hat Karl Krause Anspruch auf Fortzahlung seiner Arbeitsvergütung?

Lösung s. Seite 407

Fall 6: Erwerbstätigkeit während des Urlaubs[2]

Heino Heinze ist seit vielen Jahren bei der Clasen GmbH als Hausmeister beschäftigt. Seine Arbeitsleistung erbringt er an sechs Wochentagen, von montags bis samstags. Auf das Arbeitsverhältnis ist kraft einzelvertraglicher Vereinbarung der Bundes-Angestelltentarifvertrag (BAT) in der jeweils geltenden Fassung anzuwenden. Darin ist folgende Regelung enthalten: *„Der tarifliche Urlaubsanspruch beträgt 30 Arbeitstage ..... Angestellte, die ohne Erlaubnis während des Urlaubs gegen Entgelt arbeiten, verlieren hierdurch den Anspruch auf die Urlaubsvergütung für die Tage der Erwerbstätigkeit."*

Die Parteien haben das Arbeitsverhältnis zum 31.12. einvernehmlich beendet. Die Clasen GmbH hat Heinze auf seinen Wunsch hin den restlichen Urlaub von zwölf Arbeitstagen aus dem laufenden Jahr gewährt und ihm für diese Zeit sein Arbeitsentgelt ge-

---

1   BAG NZA 1988, 197; NJW 1988, 2323.

2   BAG NJW 1988, 2757.

zahlt. Ohne Kenntnis der Clasen GmbH arbeitet Heinze während der gesamten Urlaubszeit gegen Entgelt bei seinem neuen Arbeitgeber. Die Clasen GmbH verlangt von Heinze die Rückzahlung der für diesen Zeitraum von zwölf Arbeitstagen gewährten Arbeitsvergütung.

Lösung s. Seite 409

Fall 7: Annahmeverzug bei unwirksamer Kündigung[1]

Hugo Hinrichsen ist seit über zwölf Jahren bei der Petri GmbH, die eine Lederwarenfabrik betrieb, im technischen Bereich beschäftigt. Im September hat Hinrichsen 732 Stücke Fertigleder aus dem Betrieb entfernt, um sie für eigene Rechnung zu veräußern. Als der Geschäftsführer der Petri GmbH davon erfährt, kündigte er Hinrichsen am 20.10. fristlos. Er begründet die Kündigung im Wesentlichen damit, Hinrichsen habe Fertigleder in einem geschätzten Wert von ungefähr 40.000 € gestohlen oder unterschlagen. Der Betriebsrat der Petri GmbH wurde vor der Kündigung nicht angehört. Hinrichsen gibt nach anfänglicher Weigerung das Leder an die Petri GmbH zurück. Er erhebt fristgemäß Kündigungsschutzklage. Nachdem er am 01.04. des Folgejahres in den Dienst eines anderen Arbeitgebers tritt, ist er bereit, das Arbeitsverhältnis mit der Petri GmbH zum 31.03. einvernehmlich zu beenden. Er verlangt aber von der Petri GmbH die Zahlung seiner Arbeitsvergütung für den Zeitraum vom 20.10. bis zum 31.03.

Lösung s. Seite 411

Fall 8: Leasing mit Schadensfolgen[2]

Die Grünwald GmbH betreibt eine Autohandlung. Sie überlässt der Roland KG im Wege des Leasingvertrags einen Pkw zur Nutzung. Die Roland KG stellt das Fahrzeug Silke Schneider zur Verfügung, die als Verkaufsrepräsentantin im Angestelltenverhältnis für die KG tätig ist. In den frühen Morgenstunden des 26.10. verliert Silke Schneider auf einer Dienstfahrt, möglicherweise infolge Reifglätte, die Kontrolle über den Wagen und gerät gegen eine Leitplanke. Vor der Unfallstelle befindet sich ein Straßenschild mit dem Hinweis auf Glättegefahr. Der Grünwald GmbH entsteht ein Schaden von 4.000 €. Da die Roland KG inzwischen zahlungsunfähig geworden ist, verlangt die Grünwald GmbH diesen Schaden von Schneider ersetzt.

Lösung s. Seite 412

Fall 9: Anhörung des Betriebsrates zur Kündigung[3]

Hinze war bei der Firma Finke & Co., die Bremsbeläge herstellt und vertreibt, im Vertriebslager zunächst als Außendienstmitarbeiter und seit drei Jahren als kommissarischer Lagerleiter beschäftigt. Mit Schreiben vom 10.01. kündigt ihm die Firma Finke & Co. fristlos, hilfsweise fristgemäß mit folgender Begründung: *„Wir kündigen den mit Ihnen bestehenden Anstellungsvertrag wegen Betruges und Unterschlagung von Brems-*

---

[1] BAG NZA 1988, 465.

[2] BAGE NJW 1989, 3273.

[3] BAG NZA 1989, 755.

belägen fristlos zum 12.01. Der durch objektive Tatsachen begründete Verdacht Ihrer strafbaren Handlung stellt eine derart schwere Vertragspflichtverletzung dar, dass uns die Fortsetzung des Anstellungsverhältnisses nicht mehr zugemutet werden kann. Der Betriebsrat ist zu dieser Kündigung gehört worden."

Hinze wendet sich gegen die Kündigung, indem er die ordnungsgemäße Anhörung des Betriebsrates bestreitet und vorträgt, die Firma Finke & Co. habe dem Betriebsrat seine ihr bekannte Unterhaltspflicht für einen Sohn und damit einen für die Beurteilung wesentlichen Umstand nicht mitgeteilt. Ist die Kündigung aus den von Hinze dargelegten Gründen unwirksam? Es ist davon auszugehen, dass der Grundsatz des rechtlichen Gehörs gem. Art. 103 GG durch die Anhörung des Arbeitnehmers in dem vorliegenden Fall einer Verdachtskündigung gewahrt wurde.

Lösung s. Seite 414

Fall 10: Kündigung während der Probezeit[1]

Kurt Kühne ist seit dem 01.11. bei der Müller KG als Kraftfahrer beschäftigt. Nach einer schriftlichen Vereinbarung sollte dem Arbeitsverhältnis der „BMT – Bundesmanteltarifvertrag des Verkehrsgewerbes" zugrunde liegen. Abweichend vom BMT wurde eine Probezeit von drei Monaten vereinbart, mit der sich Kühne ausdrücklich einverstanden erklärte. Hinsichtlich der Kündigung des Arbeitsverhältnisses ist im BMT Güter- und Möbelfernverkehr Folgendes bestimmt:

„*Falls nichts anderes vereinbart ist, gelten bei Einstellung die ersten vier Wochen als Probezeit. Während der Probezeit kann das Arbeitsverhältnis mit eintägiger Kündigungsfrist gelöst werden. Wird das Arbeitsverhältnis über die Probezeit hinaus fortgesetzt, so kann es beiderseits unter Einhaltung einer Kündigungsfrist gelöst werden, die während der ersten sechs Monate der Beschäftigung eine Woche beträgt.*"

Am 12.12. kündigt die Müller KG das Arbeitsverhältnis unter Berufung auf die ordentliche Kündigungsfrist zum 13.12. Kühne ist dagegen der Auffassung, die Kündigung sei erst zum 19.12. wirksam und verlangt Lohnzahlung bis zu diesem Zeitpunkt.

Lösung s. Seite 415

Fall 11: Fragen zur verhaltensbedingten Kündigung[2]

Der 33-jährige Wim Winter ist seit mehr als zehn Jahren bei der Deppe GmbH, die insgesamt mehr als 200 Arbeitnehmer beschäftigt, als Buchhalter tätig. Es wird gemunkelt, Winter sei Alkoholiker. Der Vorgesetzte Vormann ist mit den Leistungen Winters aber nach wie vor zufrieden. Winter fällt lediglich dadurch auf, dass er häufig zwei bis drei Tage wegen Krankheit fehlt, ohne sich – wie arbeitsvertraglich vereinbart – am ersten Krankheitstag im Laufe des Vormittags telefonisch krank zu melden. Meistens lässt Winter erst im Laufe des zweiten Krankheitstags von sich hören. Vormann hat

---

[1] BAG NZA 1989, 58.

[2] Prüfungsklausur an der FH Bielefeld.

deshalb bereits mehrfach mit Winter gesprochen, ihn zur Einhaltung seiner arbeitsvertraglichen Verpflichtungen aufgefordert und darauf hingewiesen, dass er im Wiederholungsfall die Personalabteilung von den Pflichtverletzungen informieren müsse.

Nachdem Winter am 14.01. erneut nicht zur Arbeit erschienen war, ohne sich krank zu melden, informiert Vormann die Personalabteilung. Personalleiter Prinz, der nicht über Prokura verfügt, aber zur Einstellung und Entlassung von Mitarbeitern bevollmächtigt ist, entschließt sich sogleich dazu, das Arbeitsverhältnis mit Winter zu kündigen. Der Betriebsrat der Deppe GmbH wird am 15.01. von der Kündigungsabsicht informiert. Am 18.01. erhält Prinz ein Schreiben des Betriebsrats mit folgendem Inhalt: *„In dieser Angelegenheit teilen wir Ihnen mit, dass wir der beabsichtigten Kündigung nicht zustimmen können. Eine Kündigung ist nicht erforderlich. Das Problem könnte dadurch gelöst werden, dass Herr Winter dazu aufgefordert wird, bereits ab dem ersten Krankheitstag eine Arbeitsunfähigkeitsbescheinigung vorzulegen."*

Am 21.01. wird Winter ein von Prinz unterzeichnetes Kündigungsschreiben ausgehändigt, mit dem das Arbeitsverhältnis zum 30.04. gekündigt wird. Am 12.02. geht eine Kopie der am 31.01. erhobenen Kündigungsschutzklage Winters bei der Deppe GmbH ein. Der Geschäftsführer Glüsing der Deppe GmbH wendet sich mit den folgenden Fragen an Prinz:

1. Ist die Kündigung sozial gerechtfertigt?
2. Ist die Kündigung – evtl. auch nur teilweise – aus anderen Gründen unwirksam?
3. Hätte Winter mit dem Kündigungsschreiben eine Kopie der Stellungnahme des Betriebsrats ausgehändigt werden müssen?
4. Kann Winter beanstanden, dass das Kündigungsschreiben nicht von dem Geschäftsführer Glüsing unterzeichnet worden ist?
5. Kann Winter beanstanden, dass er vor der Kündigung weder von Prinz noch von dem Betriebsrat zu den Vorfällen angehört worden ist?

Lösung s. Seite 417

Fall 12: Kündigung wegen Unpünktlichkeit[1]

Kuno Kunze ist bei der Firma Friedrich GmbH seit über 15 Jahren als Einrichter beschäftigt. Im Betrieb gilt eine mit dem Betriebsrat vereinbarte Arbeitsordnung, die hinsichtlich der Arbeitszeit Folgendes vorsieht: *„Jeder Betriebsangehörige ist verpflichtet, die für ihn geltende Arbeitszeit und die Pausen einzuhalten. Maßgebend ist die Werksuhr. Beginn und Ende der regelmäßigen Arbeitszeit und der Pausen werden durch Glockenzeichen angezeigt. Die Betriebsangehörigen sind verpflichtet, die Einrichtung zur Kontrolle der pünktlichen Einhaltung der Arbeitszeit zu benutzen. Die Arbeit ist pünktlich aufzunehmen. Vorzeitiges Verlassen des Arbeitsplatzes oder eigenmächtiges Verlassen des Betriebes während der Arbeitszeit ist untersagt."*

---

[1] BAG NZA 1989, 261.

Im Fall von Zuwiderhandlungen gegen die Bestimmungen der Arbeitsordnung sind verschiedene Sanktionen vorgesehen, so die mündliche Verwarnung durch die Betriebsleitung oder den nächsten Vorgesetzten nach Anhörung des Betriebsrates, der schriftliche Verweis durch den Vorstand mit Zustimmung des Betriebsrates, der Verweis durch Anschlag am Schwarzen Brett und die Auferlegung von Geldbußen. Die Lohnabzüge für Verspätungen sind gestaffelt; bis zu 5 Minuten erfolgt noch kein Lohnabzug, von 6 bis 20 Minuten Verspätung ein Lohnabzug für 15 Minuten, von 21 bis 35 Minuten ein Lohnabzug für 30 Minuten und von 36 bis 50 Minuten ein Lohnabzug für 45 Minuten.

Kuno Kunze erscheint häufig verspätet zur Arbeit, wobei ihm bereits mehrfach wegen Verspätungen über fünf Minuten der Lohn für 15 Minuten abgezogen wurde. Die Firma Friedrich GmbH sandte an Kunze mehrere Abmahnungsschreiben unter Hinweis auf die maschinell erstellte Arbeitszeiterfassung, wonach Kunze in einem Zeitraum von insgesamt etwa zwölf Monaten die Arbeit 98-mal verspätet aufgenommen und den Arbeitsplatz ohne Einhaltung der Arbeitszeit 15-mal vorzeitig verlassen hat. Ferner enthielt die Abmahnung eine Aufforderung Kunzes, seine Arbeitszeit am Arbeitsplatz künftig einzuhalten, und den Hinweis darauf, dass im Wiederholungsfall mit der Kündigung des Arbeitsverhältnisses zu rechnen sei. Als Kunze am 08.11. die Zeituhr eine Stunde und sechsundzwanzig Minuten nach Schichtbeginn betätigt, leitet die Firma Friedrich GmbH das Anhörungsverfahren vor dem Betriebsrat zu einer beabsichtigten außerordentlichen Kündigung Kunzes mit einer Auslauffrist zum 31.12. ein. Mit Schreiben vom 15.11. kündigt die Friedrich GmbH das Arbeitsverhältnis Kunzes mit einer Auslauffrist zum 31.12. Ist diese Kündigung begründet?

Lösung s. Seite 421

Fall 13: Wahrheitspflicht im qualifizierten Zeugnis[1]

Der 43-jährige Walter Walden ist bei der Firma Stahl GmbH, einem Handelsunternehmen für Präzisions- und Profilstahlrohre mit 50 Arbeitnehmern, seit vielen Jahren, zuletzt als Verkaufsleiter mit Prokura, beschäftigt. Das Arbeitsverhältnis wird von der Firma Stahl GmbH fristlos zum 10.06. gekündigt. Die hiergegen erhobene Kündigungsschutzklage Waldens ist durch Urteil des Arbeitsgerichts rechtskräftig abgewiesen worden. Zugleich ist Walden auf die Widerklage der Stahl GmbH verurteilt worden, an sie 900 € als Schadensersatz zu zahlen. Walden war zur Last gelegt worden, zum Nachteil der Stahl GmbH Geschäfte über eine andere Firma abgewickelt zu haben. Bei Beendigung des Arbeitsverhältnisses hat die Stahl GmbH Walden auf dessen Verlangen ein qualifiziertes Zeugnis erteilt. Dessen letzter Absatz lautet wörtlich: *„Das Anstellungsverhältnis endete am 10.06. durch fristlose arbeitgeberseitige Kündigung."* Walden verlangt Berichtigung des Zeugnisses dahingehend, dass die letzten vier Worte entfallen.

Lösung s. Seite 423

---

[1]   LAG Düsseldorf, NZA 1988, 399.

Fall 14: Die tarifliche Ausschlussfrist[1]

Katja Kluge war bis zum 31.07. als Einzelhandelskauffrau bei der Best KG beschäftigt. Auf das Arbeitsverhältnis findet der Manteltarifvertrag für die Arbeitnehmer im Einzelhandel in Bayern (MTV) Anwendung. Eine ausdrückliche Bezeichnung der Eingruppierung in eine der Gehaltsgruppen des MTV ist weder im Arbeitsvertrag noch in den Auszahlungsbelegen enthalten. Die Arbeitsvertragsparteien sind sich jedoch darüber einig, dass Kluge in Gehaltsgruppe III einzugruppieren war. Mit der am 25.10. zugestellten Klage verlangt Kluge von der Best KG weitere tarifliche Arbeitsvergütung für einen zurückliegenden Zeitraum von 31 Monaten bis zum 31.07. in Höhe von insgesamt 15.500 €. Insoweit handelt es sich um einen Differenzbetrag zwischen der tatsächlich gezahlten und der ihr tariflich aus Gehaltsgruppe III zustehenden Vergütung. Die Fa. Best KG ist der Auffassung, die von Kluge geltend gemachten Vergütungsansprüche seien nach § 10 Nr. 5 MTV verfallen.

„§ 10 MTV. Gehalts- und Lohnregelung. ... (2) Die Arbeitnehmer werden im Gehalts- und Lohntarifvertrag in Beschäftigungsgruppen eingestuft. Für die Eingruppierung kommt es auf die tatsächlich verrichtete Tätigkeit an ...

(5) Der Einspruch gegen die Eingruppierung in eine Beschäftigungs- oder Lohngruppe ist innerhalb einer Frist von drei Monaten zu erheben. Ist ein Einspruch nicht rechtzeitig erfolgt, kann ein Anspruch für einen weiter als drei Monate zurückliegenden Zeitraum nicht geltend gemacht werden ...

§ 23 MTV. Verfallklausel. (1) Der Arbeitnehmer ist zur sofortigen Nachprüfung des ausbezahlten Geldbetrages bzw. seiner Entgeltabrechnung verpflichtet. Differenzen sind unverzüglich zu melden ...

(2) Ansprüche auf Bezahlung von Mehrarbeit, Nachtarbeit, Samstags- und Feiertagsarbeit erlöschen mit dem Ablauf von drei Monaten nach ihrer Entstehung, wenn sie nicht innerhalb dieser Frist geltend gemacht werden ... Alle übrigen aus dem Tarifvertrag und dem Arbeitsverhältnis entstandenen gegenseitigen Ansprüche sind spätestens innerhalb von drei Monaten nach Beendigung des Arbeitsverhältnisses geltend zu machen ... Vorstehende Fristen gelten als Ausschlussfristen.“ ...

Lösung s. Seite 424

Fall 15: Warnstreiks und Ultima-ratio-Prinzip[2]

Die Hinze GmbH betreibt ein Einzelhandelsunternehmen und unterhält in der Bundesrepublik über 50 Niederlassungen. Sie ist u. a. mit ihrer Niederlassung in Rastatt Mitglied des Einzelhandelsverbandes Baden-Württemberg. Im Laufe der Tarifverhandlungen über den Neuabschluss des Manteltarifvertrages und der Gehalts- und Lohnabkommen für den Einzelhandel in Baden-Württemberg kam es in der Zeit zwischen dem 18.04. und dem 07.05. in Baden-Württemberg zu Warnstreiks gegenüber

---

[1] BAG NZA 1991, 424.

[2] BAG NZA 1988, 846.

zwölf Mitgliedsfirmen des Einzelhandelsverbandes. Die Niederlassung Rastatt der Hinze GmbH wurde am 27.04. in der Zeit von 6:30 bis 11:50 Uhr bestreikt. Zu diesem Streik hatte die zuständige Gewerkschaft aufgerufen. Nach der Behauptung der Hinze GmbH ist es anlässlich dieses Streiks zu einer Vielzahl von Streikausschreitungen gekommen.

An diesem Samstag, den 27.04., dauerte die Ladenöffnungszeit in der Niederlassung Rastatt von 8:30 Uhr bis 14:00 Uhr. Die Arbeitszeit der im Verkauf beschäftigten Angestellten lief von 8:25 Uhr bis 14:00 Uhr. Die Arbeitszeit der Teilzeitkräfte begann unterschiedlich um 8:30 Uhr, 9:00 Uhr und 9:30 Uhr, die von weiteren 21 nicht im Verkauf beschäftigten Arbeitnehmern zwischen 6:30 Uhr und 8:00 Uhr. Nach der Behauptung der Hinze GmbH waren von 6:30 Uhr an der Personaleingang und die Kundeneingänge durch Streikposten und Gegenstände versperrt. Während dieser Zeit hätten nur die Niederlassungsleiter Rastatt und acht zum Notdienst eingeteilte Arbeitnehmer den Betrieb betreten können. Erst nachdem um 9:45 Uhr die Streikposten abgezogen und um 10:08 Uhr der Kundeneingang freigemacht gewesen seien, hätten arbeitswillige Arbeitnehmer den Betrieb wieder betreten können. Das seien 27 Vollzeit- und sechs Teilzeitkräfte gewesen. Die streikenden Arbeitnehmer seien erst um 11:04 Uhr vom Streiklokal zurückgekehrt, während andere Arbeitnehmer bis dahin vor dem Niederlassungsgebäude gewartet hätten. Nach einer Schlusskundgebung vor dem Niederlassungsgebäude seien um 11:50 Uhr 64 Vollzeitbeschäftigte und 27 Teilzeitkräfte wieder an ihren Arbeitsplatz zurückgekehrt, sodass die Kundeneingänge um 11:55 Uhr hätten geöffnet werden können.

Die Hinze GmbH verlangt den Ersatz des Schadens, der ihr durch diesen Streik entstanden ist, ferner die Unterlassung künftiger Warnstreiks, die länger als 30 Minuten, hilfsweise 90 Minuten, dauern. Außerdem verlangt sie die künftige Unterlassung der behaupteten Ausschreitungen und eine Verpflichtung der Gewerkschaft, auf streikende Arbeitnehmer und Streikposten dahin einzuwirken, dass derartige Ausschreitungen künftig unterbleiben.

Lösung s. Seite 426

Fall 16: Entgeltfortzahlung im Streik[1]

Die Gruber GmbH betreibt mit 64 Arbeitern und 18 Angestellten eine Offset-Druckerei. Udo Küppers ist bei ihr als Drucker beschäftigt. Er ist Mitglied des Betriebsrats. Im Zuge der Tarifauseinandersetzungen zwischen der damaligen Industriegewerkschaft Druck und Papier (IG Druck) und dem Arbeitgeberverband der Druckindustrie wird der Betrieb der Gruber GmbH in der Zeit von Montag, dem 06.03., bis Donnerstag, dem 09.03., durchgehend bestreikt, wobei alle Arbeiter, nicht aber die Angestellten, dem Streikaufruf folgen. Während der Woche, in der der Betrieb bestreikt wird, nimmt Küppers an einer Schulungsveranstaltung für Betriebsratsmitglieder der IG Druck teil, zu der er bereits im Sommer des vorangegangenen Jahres angemeldet worden war. Für die Zeit der Teilnahme an dieser Schulungsveranstaltung zahlt die Gruber GmbH lediglich den Lohn für Freitag, den 10.03., weigert sich aber, den Lohn für die „Streiktage" vom 06. bis 09.03. zu zahlen. Küppers ist der Ansicht, ihm stehe für die gesamte Zeit der Teilnahme

---

[1] BAG NZA 1991, 604.

an der Schulungsveranstaltung der Lohnanspruch zu. Er verlangt Lohnzahlung für die Zeit vom 06. bis 09.03.

Lösung s. Seite 428

Fall 17: Übernahme des Auszubildenden[1]

Arne Andersen hat seine Ausbildung als Einzelhandelskaufmann bei der Becker KG erfolgreich abgeschlossen. Er ist gewählter Jugend- und Auszubildendenvertreter im Betrieb Hannover der Becker KG. Zwei Monate vor Beendigung seiner Ausbildung hat ihm die Becker KG mitgeteilt, dass sie beabsichtige, ihn nach bestandener Prüfung in ein Anstellungsverhältnis vorerst nur als Teilzeitbeschäftigen zu übernehmen. Demgegenüber hat Andersen verlangt, entsprechend § 78a Abs. 2 BetrVG in ein unbefristetes Vollzeitarbeitsverhältnis übernommen zu werden. Dieses Verlangen lehnte die Becker KG mit der Begründung ab, alle auslernenden Auszubildenden „Verkauf wie Nichtverkauf" erhielten in diesem Jahr bei bestandener Prüfung einen Teilzeitarbeitsvertrag. Im Rahmen der Gleichbehandlung sehe die Becker KG keine Möglichkeit, dass Andersen aufgrund seiner Position als Jugend- und Auszubildendenvertreter eine Besserstellung erfahre.

Daraufhin schließen die Parteien einen Anstellungsvertrag für kaufmännische Teilzeitbeschäftigung. Andersen unterzeichnet diesen Anstellungsvertrag unter Vorbehalt. Der Vertrag sieht eine Arbeitszeit von 77,84 % der jeweiligen tariflichen Arbeitszeit vor, durchschnittlich 130 Stunden im Monat. Andersen beantragt nach bestandener Abschlussprüfung bei dem Arbeitsgericht Feststellung, dass zwischen den Parteien ein Vollzeitarbeitsverhältnis begründet worden sei.

Lösung s. Seite 431

Fall 18: Sozialversicherungspflicht im Familienunternehmen[2]

Die Beteiligten streiten über das Bestehen der Versicherungspflicht der Klägerin in der Zeit ab dem 01.01.1997.

Die 1969 geborene Klägerin stellt mit Schreiben vom 07.03.2006 bei der Krankenversicherung C (Beklagte) den Antrag auf Überprüfung ihrer Sozialversicherungspflicht. Sie habe 1987 ihre Lehre als Einzelhandelskauffrau beendet und seither mit voller Verantwortung im Familienbetrieb ihrer Eltern gearbeitet. In den Geschäftsablauf sei sie ihren Eltern gegenüber ebenbürtig eingebunden und unterliege keinem Weisungsrecht. 1997 sei das Warenangebot erheblich erweitert worden, sodass ein weiteres Geschäft habe eröffnet werden müssen. Dieses Geschäft habe sie seit Beginn selbst geleitet und dabei den Einkauf und Verkauf getätigt, an Messen teilgenommen sowie das Personal selbst ein- und ausgestellt. Sie sei deshalb nicht als Angestellte tätig, zumal sie das Geschäft eines Tages übernehmen werde.

---

[1] LAG Niedersachsen, NZA 1988, 286; vgl. auch BAG, NZA 1987, 818; BAG, NZA 1989, 239.

[2] LSG Bayern, Urt. v. 12.02.2008 – L5KR 73/07, BeckRS 2009 55333.

Die Tätigkeit werde nicht aufgrund einer arbeitsvertraglichen Vereinbarung ausgeübt, an Weisungen sei sie nicht gebunden und könne die Tätigkeit frei bestimmen. Aufgrund besonderer Fachkenntnisse wirke sie an der Führung des Betriebes mit; die Mitarbeit sei durch Gleichberechtigung zum Betriebsinhaber geprägt.

Ihre Arbeitszeit gestalte sie nach Belieben, meist arbeite sie an sechs bis sieben Tagen wöchentlich circa 80 Stunden. Ein Urlaubsanspruch oder eine Kündigungsfrist sei nicht vereinbart, bei Arbeitsunfähigkeit werde für sechs Wochen das Arbeitsentgelt fortgezahlt. Das Gehalt bestimme sie selbst anhand des Betriebsergebnisses, deshalb falle es niedriger aus. Es werde auf ein privates Bankkonto überwiesen. Vom Arbeitsentgelt werde Lohnsteuer entrichtet und das Arbeitsentgelt als Betriebsausgabe verbucht. Neben dem Gehalt werden sonstige Vergütungen wie Urlaubs- oder Weihnachtsgeld gezahlt. Der Betrieb werde als Einzelunternehmen geführt; sie selbst sei nicht am Betrieb beteiligt und habe auch keine Darlehen und Bürgschaften oder Sicherheiten übernommen.

Diese Angaben werden von der Klägerin selbst und im Namen der Firma S von ihrem Vater bestätigt. Zeugnisse über die Berufsausbildung und Weiterbildungskurse werden vorgelegt.

Im Erörterungstermin wird der Betriebsinhaber als Zeuge einvernommen. Dieser führt aus, dass seine Tochter und er zwei Geschäfte betreiben, die räumlich durch zwei Häuser voneinander getrennt seien. Das Schreibwarengeschäft, das auf seinen Namen im Grundbuch eingetragen sei, habe acht Mitarbeiter und werde von ihm geleitet. Die 1998 in gemieteten Räumen untergebrachte Filiale habe vier Mitarbeiter und werde von der Tochter geleitet. Entlassungen und Neueinstellungen würden von ihm entschieden, soweit sie das Schreibwarengeschäft betreffen, im Übrigen von seiner Tochter. Der Gewinn aus beiden Geschäften fließe in ein neues Geschäftshaus, das gerade im Bau sei und auf seinen Namen im Grundbuch eingetragen sei. Auf Anregung des Steuerberaters sei die Tochter weiterhin als Arbeitnehmerin gemeldet, dafür seien steuerliche Gründe ausschlaggebend. Sie beziehe ein fixes monatliches Gehalt von 2.500 €. Sie beziehe auch vermögenswirksame Leistungen seit 22 Jahren. Die Klägerin gibt an, dass die von ihr eingestellten Mitarbeiter Arbeitsverträge erhalten, die vom Vater unterschrieben seien.

Nehmen Sie Stellung zum Vorliegen eines sozialversicherungspflichtigen Beschäftigungsverhältnis i. S. d. § 7 I SGB IV aufgrund der Umstände des dargelegten Einzelfalles.

Lösung s. Seite 433

Fall 19: Nichtabführen von Arbeitnehmerbeiträgen zur Sozialversicherung[1]

Bruno Baumann ist Geschäftsführer der B-GmbH. Diese ist seit April 2004 insolvenzreif. Nach Eintritt der Insolvenzreife beglich Baumann noch Schulden der Gesellschaft, u. a.

---

[1] BGH, NJW 2009, 295 – Nichtabführen von Arbeitnehmerbeiträgen im Stadium der Insolvenzreife einer GmbH.

zahlte er die Nettolöhne aus. Die für die Zeit vom 01.04. bis zum 31.07.2004 fälligen Arbeitnehmeranteile zur Sozialversicherung führte er nicht ab.

Über das Vermögen der Gesellschaft wird aufgrund Antrags vom 25.08.2004 das Insolvenzverfahren eröffnet. Die für die B-GmbH zuständige Einzugsstelle für Sozialversicherungsbeiträge verlangt von Bruno Baumann Ersatz der nicht abgeführten Arbeitnehmeranteile zur Sozialversicherung.

Das zuständige Landgericht hat der Klage stattgegeben; das Berufungsgericht (OLG Naumburg, NZG 2008, 37) hat sie abgewiesen. Dagegen richtete sich die zugelassene Revision, die zur Wiederherstellung des landgerichtlichen Urteils führte.

Überlegen Sie, welche zivilrechtlichen Anspruchsgrundlagen zu prüfen sind. Baumann hat sich in dem Verfahren vor dem BGH ohne Erfolg auf eine Pflichtenkollision berufen. Versuchen Sie, diese Pflichtenkollision darzustellen.

Lösung s. Seite 436

Fall 20: Haftungsbeschränkung bei Personenschäden[1]

Florian Flink macht Schmerzensgeldansprüche aus einer Verletzung durch eine Kuh des Landwirts Buhler geltend. Am 08.11. riss sich im Stall des Landwirts Bühler eine Kuh los und entwich durch das zu diesem Zeitpunkt offen stehende Stalltor. Als Flink die Kuh auf der Straße laufen sah, fuhr er mit seinem Pkw hinter dem weiteren Anwohner Andre Anders her, der mit seinem VW-Bus die Kuh verfolgte. Anders gelang es, die Kuh in einen Innenhof und dort in eine Scheune zu treiben. Er stellte seinen Bus und eine Regentonne vor das Scheunentor, um dieses zu versperren. Als Flink mit seiner Ehefrau im Innenhof mit dem anderen Anwohner das weitere Vorgehen besprach, sprang die Kuh über die Regentonne und verletzte Flink erheblich. Durch Bescheid vom 05.05. erkannte die zuständige Unfallkasse B.-W. das streitgegenständliche Ereignis als Arbeitsunfall gem. §§ 8 I, 2 I Nr. 13a SGB VII an.

Das zuständige Amtsgericht hat die Klage Flinks dem Grunde nach für gerechtfertigt erachtet. Dagegen hat das Berufungsgericht das erstinstanzliche Urteil abgeändert und die Klage abgewiesen, denn es vertrat die Ansicht, die Haftung des Landwirts Bühler sei gem. § 104 I SGB VII ausgeschlossen. Die Revision war zugelassen worden. Der Bundesgerichtshof hat die Auffassung vertreten, dass der Versicherungsschutz für eine Hilfeleistung gem. § 2 I Nr. 13a SGB VII grundsätzlich nicht zu einem Haftungsausschluss nach § 104 SGB VII führt.

Halten Sie diese Entscheidung für gerechtfertigt? Geben Sie Gründe an, die für oder gegen eine Haftungsbeschränkung bei Personenschäden sprechen. Überlegen Sie, aus welchen Gründen nach dem beschriebenen Sachverhalt der Unfallversicherungsschutz

---

[1] BGH, Urt. v. 24.01.2006 – VI ZR 290/04 (LG Stuttgart), NJW 2006, 1592 – Haftungsbeschränkung bei Personenschäden – Arbeitsunfall des Nothelfers.

für eine Hilfeleistung gem. § 2 I Nr. 13a SGB VII nach § 104 SGB VII ausgeschlossen sein könnte.

Lösung s. Seite 437

Fall 21: Abberufung einer Datenschutzbeauftragten[1]

Karola Kühn ist seit 1981 bei einer Fluggesellschaft als Mitarbeiterin in der Fluggastabfertigung beschäftigt. Sie wurde 1992 zur Beauftragten für den Datenschutz bestellt. Insoweit war sie der Geschäftsleitung unmittelbar unterstellt und für die Betreuung von ca. 1.600 Beschäftigten zuständig. Zur Erfüllung ihrer Aufgaben als Datenschutzbeauftragte wandte sie ca. 30 % ihrer Arbeitszeit auf; im Übrigen arbeitete sie weiter in der Fluggastabfertigung. In der Folgezeit wurde Kühn in den Betriebsrat gewählt.

Die Geschäftsleitung der Fluggesellschaft beschloss im Februar 2008, den Datenschutz für ihr Unternehmen und die Tochtergesellschaften von einem externen Dritten konzernweit einheitlich wahrnehmen zu lassen. Mit Schreiben vom 10.07.2008 widerrief die Fluggesellschaft die Bestellung von Kühn zur Beauftragten für den Datenschutz mit Wirkung zum 31.07.2008. Das Amt der Datenschutzbeauftragten sei mit dem Betriebsratsamt inkompatibel. Die Fluggesellschaft sprach ferner eine Teilkündigung aus.

Kühn erhob Klage gegen den Widerruf ihrer Bestellung zur Beauftragten für den Datenschutz und gegen die Teilkündigung ihres Arbeitsverhältnisses. Es liege weder ein wichtiger Grund für ihre Abberufung als betriebliche Datenschutzbeauftragte noch für die ausgesprochene Teilkündigung vor. Sie habe weder ihre Pflichten als Datenschutzbeauftragte noch ihre arbeitsvertraglichen Pflichten verletzt.

Das Arbeitsricht hat festgestellt, dass der Widerruf der Bestellung zur Datenschutzbeauftragten und die Teilkündigung rechtsunwirksam sind. Überlegen Sie, welche Gründe zu dieser Entscheidung geführt haben.

Lösung s. Seite 440

Fall 22: Telefondatenerfassung im Arbeitsverhältnis[2]

Der Arbeitgeber betreibt einen weltweiten Stahlhandel. Er hat zur Vermittlung, Aufzeichnung und Abrechnung von Telefongesprächen eine neue Telefonanlage installiert. Da Betriebsrat und Arbeitgeber sich über die Einführung und Nutzung dieser Telefonanlage nicht einigen konnten, wurde einvernehmlich die Einigungsstelle angerufen und eine Betriebsvereinbarung abgeschlossen. Darin ist zur Datenerfassung u. a. Folgendes geregelt: *„Bei internen und externen eingehenden Gesprächen werden keine Gesprächsdaten erhoben. Bei Gesprächen von dem Apparat des Betriebsrates werden Kosten und Gebühreneinheiten je Monat und die Nebenstellennummer erfasst ... Der Umfang der bei extern ausgehenden Dienst- und Privatgesprächen erfassten Daten wird durch den*

---

[1] BAG, NZA 2011, 1036 – Abberufung einer Datenschutzbeauftragten und Teilkündigung.

[2] BAG, AP Nr. 15 zu § 87 BetrVG 1972 – Überwachung = NJW 1987, 674.

Spruch einer Einigungsstelle festgesetzt. Die Erfassung und Speicherung weiterer Daten erfolgt nicht."

Der in der Betriebsvereinbarung enthaltene Vorbehalt wurde durch folgenden Spruch der Einigungsstelle ergänzt: „Bei extern ausgehenden Privatgesprächen werden für die Ortsgespräche die Gebühreneinheiten und Kosten je Monat, für Ferngespräche das Datum, die Uhrzeit, die Gebühreneinheiten und Kosten je Monat und für beide die Nebenstellennummer erfasst. Bei dienstlichen externen ausgehenden Gesprächen werden für Ortsgespräche die Gebühreneinheiten und Kosten je Monat, für Ferngespräche je Gespräch das angewählte Land außerhalb der Bundesrepublik, der angewählte Ort im Bundesgebiet, die Kosten und Gesprächseinheiten, Datum, Uhrzeit, die angewählte Teilnehmernummer, die Summe der Kosten je Monat und Nebenstelle und für beide die Nebenstellennummer erfasst."

Der Betriebsrat hat bei dem Arbeitsgericht beantragt, festzustellen, dass dieser Spruch der Einigungsstelle rechtsunwirksam sei, insbesondere weil er gegen das Fernmeldegeheimnis des Art. 10 Abs. 1 GG und gegen die Vorschriften des Bundesdatenschutzgesetzes verstoße.

Lösung s. Seite 441

Lösung zu Fall 1: Arbeitnehmereigenschaft eines Fotografen

Falke könnte gem. § 3 Abs. 1 Satz 1 EFZG für die nächsten sechs Wochen Anspruch auf Fortzahlung des vereinbarten Honorars haben. Gemäß § 3 Abs. 1 Satz 1 EFZG besteht bei Arbeitsunfähigkeit infolge von unverschuldeter Krankheit ein Anspruch auf Fortzahlung des Arbeitsentgelts für die Zeit der Arbeitsunfähigkeit bis zu einer Dauer von sechs Wochen.

1. Das Entgeltfortzahlungsgesetz gilt nur für Arbeitnehmer (vgl. § 1 Abs. 1 EFZG). Voraussetzung für einen Entgeltfortzahlungsanspruch von Falke ist also, dass er Arbeitnehmer ist. Arbeitnehmer i. S. d. Gesetzes sind gem. § 1 Abs. 2 EFZG Arbeiter, Angestellte und die zu ihrer Berufsausbildung Beschäftigten. Anhand dieser Aufzählung kann jedoch nicht festgestellt werden, ob Falke Arbeitnehmer ist. Bei der Prüfung der Arbeitnehmereigenschaft von Falke ist daher der allgemeine, von der Rechtsprechung entwickelte Arbeitnehmerbegriff zugrunde zu legen. Arbeitnehmer ist, wer aufgrund eines privatrechtlichen Vertrags zur Leistung von Diensten für einen anderen gegen Entgelt verpflichtet ist und seine Tätigkeit in persönlicher Abhängigkeit verrichtet, also insbesondere weisungsgebunden und in die betriebliche Organisation des anderen eingegliedert ist. Ob eine Person Arbeitnehmer ist, ist im Einzelfall zu beurteilen. Maßgebend sind die konkreten Umstände des Einzelfalls, nicht die Bezeichnung des Vertrags durch die Vertragspartner.

   a) Fabian Falke musste sich also in einem privatrechtlichen Vertrag zur Leistung von Diensten für einen anderen gegen Entgelt verpflichtet haben. Zwischen Falke und der Wild GmbH besteht ein schuldrechtlicher, durch korrespondierende Willenserklärungen zu Stande gekommener und damit privatrechtlicher Vertrag. Ein Entgelt wurde ebenfalls vereinbart. Außerdem müsste es sich bei dem Vertrag um einen Dienstvertrag i. S. d. § 611 BGB handeln. Diese Voraussetzung dient vor allem der Abgrenzung zum Werkvertrag, wo nicht die Dienstleistung als solche, sondern der Erfolg geschuldet wird. Es ist daher zu prüfen, ob Falke eine Dienstleistung, also das Erstellen und Entwickeln der Fotos, oder einen Erfolg, also die Ablieferung der Fotos, schuldet. Charakteristisch für einen Werkvertrag ist das Abhängigkeitsverhältnis zwischen der Ablieferung eines vertragsgemäßen Werks und dem Anspruch auf Vergütung. Ein solches Abhängigkeitsverhältnis besteht nach den in dem Vertrag getroffenen Vereinbarungen nicht. In Ziff. 2 des Vertrags verpflichtet sich die Wild GmbH zwar, mindestens 80 Fotos monatlich „abzunehmen". Damit wird aber nicht auf eine Abnahme i. S. d. § 640 BGB Bezug genommen; mit dieser Regelung wird Falke vielmehr garantiert, dass er von der Wild GmbH nach den Ziff. 1 und 3 des Vertrags regelmäßig „eingesetzt" wird. Entscheidend ist vielmehr, dass Falke nach der Ziff. 2 des Vertrags für das Erstellen und Entwickeln von 80 Fotos monatlich unabhängig von der Qualität der Fotos eine feste Vergütung erhält und mit dieser Vergütung auch eine höhere Anzahl von Fotos abgegolten ist. Falke schuldet daher die Leistung von Diensten. Zwischen Falke und der Wild GmbH besteht ein Dienstvertrag i. S. d. § 611 BGB.

   b) Außerdem ist festzustellen, ob Falke seine Tätigkeit als Fotograf in persönlicher Abhängigkeit erbringt. Diese Voraussetzung dient der Abgrenzung von Arbeitnehmern und Selbstständigen. Dabei sind der Dienstvertrag des Falke und seine Tätigkeit für die Wild GmbH näher zu untersuchen. Im Einzelnen:

▸ Nach Ziff. 1 des Vertrags wird Falke als freier Mitarbeiter beschäftigt. Dementsprechend wird weder eine Personalakte für Falke geführt noch werden Lohnsteuer und Sozialversicherungsbeiträge abgeführt. Falke wird also nicht der Gruppe der Arbeitnehmer zugeordnet. Die Bezeichnung des Vertrags und die tatsächliche Vorgehensweise sind aber nur ausnahmsweise in Grenzfällen entscheidend.

▸ Nach Ziff. 2 des Vertrags erhält Falke unabhängig davon, ob er 80 oder mehr Fotos erstellt, pauschal ein Honorar von 3.200 € monatlich. Falke muss der Wild GmbH sein gesamtes Arbeitsergebnis gegen ein festes Entgelt zur Verfügung stellen. Dies spricht dafür, dass Falke Arbeitnehmer ist.

▸ Nach Ziff. 3 des Vertrags ist Falke verpflichtet, seine Dienstleistung an bis zu fünf Tagen in der Woche innerhalb der üblichen Arbeitszeit zu erbringen. Außerdem arbeitet Falke tatsächlich durchschnittlich 38 Stunden pro Woche für die Wild GmbH. Der Umfang der Tätigkeit Falkes entspricht dem der fest angestellten Arbeitnehmer der Wild GmbH. Auch der Zeitpunkt der Erledigung der Aufträge liegt nicht im Ermessen Falkes; er muss vielmehr nach dem Einsatzplan der Wild GmbH tätig werden. Schließlich hat er auch keine eigene künstlerische Gestaltungsfreiheit, da die Motive von der Wild GmbH vorgegeben werden. Insgesamt muss Falke seine gesamte Arbeitskraft im Wesentlichen der Wild GmbH zur Verfügung stellen und ist in den Arbeitsablauf bei der Wild GmbH eingebunden. Dies spricht dafür, dass Falke Arbeitnehmer ist.

▸ Nach Ziff. 4 des Vertrags trägt Falke insbesondere die Kosten für die Filmentwicklung und die Ausrüstung. Dies könnte dafür sprechen, dass Falke kein Arbeitnehmer ist, da üblicherweise der Arbeitgeber für die Kosten der Arbeitsmittel aufkommt.

▸ Nach Ziff. 5 des Vertrags räumt Falke der Agentur ein zeitlich unbegrenztes und alleiniges Nutzungsrecht an den Bildern ein. Dass Falke nicht anderweitig über „seine" Fotos verfügen kann, spricht gegen seine Selbstständigkeit.

▸ Nach Ziff. 6 des Vertrags steht Falke ein bezahlter Freistellungsanspruch von 24 Tagen im Jahr zu. Dies entspricht mindestens den in den §§ 2, 3 Abs. 1 BUrlG getroffenen Regelungen. Danach hat jeder Arbeitnehmer sowie jede arbeitnehmerähnliche Person Anspruch auf 24 Werktage bezahlten Urlaub pro Kalenderjahr. Möglicherweise sind sogar 24 Arbeitstage gemeint, sodass Falkes Urlaubsanspruch über das gesetzliche Minimum hinausgeht. Da auch den nur wirtschaftlich abhängigen arbeitnehmerähnlichen Personen Urlaub zu gewähren ist, spricht der Inhalt der Ziff. 6 des Vertrags aber weder für noch gegen die Arbeitnehmereigenschaft Falkes.

▸ Nach Ziff. 7 des Vertrags darf Falke nicht ohne Zustimmung der Agentur für einen Wettbewerber tätig werden. Eine Tätigkeit für andere Auftraggeber wird aber nicht ausgeschlossen. Es obliegt zwar jedem Arbeitnehmer die vertragliche Nebenpflicht, nicht für Wettbewerber des Arbeitgebers tätig zu werden. Wettbewerbsverbote werden aber auch unter selbstständigen Unternehmern und insbesondere in der Werbebranche häufig abgeschlossen. Der Inhalt der Ziff. 7 des Vertrags spricht daher weder für noch gegen die Arbeitnehmereigenschaft Falkes.

Für eine persönliche Abhängigkeit Falkes sprechen also:

- die Weisungsgebundenheit hinsichtlich Zeit und Ort der Dienstleistung
- die Weisungsgebundenheit hinsichtlich des Inhalts der Dienstleistung
- die Eingliederung in die betriebliche Organisation der Wild GmbH
- die Einbringung der gesamten Arbeitskraft durch Falke
- die Entlohnung durch ein festes Arbeitsentgelt und
- die Verwertung der Arbeitsergebnisse allein durch die Wild GmbH.

Insgesamt ist Falke insbesondere wegen der starken Einbindung in die betriebliche Organisation der Wild GmbH und wegen der Inanspruchnahme nahezu seiner gesamten Arbeitskraft durch die Wild GmbH als Arbeitnehmer zu bewerten, obwohl er in dem Vertrag als freier Mitarbeiter bezeichnet worden ist. Das Entgeltfortzahlungsgesetz ist also anwendbar.

2. Daher ist zu prüfen, ob auch die weiteren Voraussetzungen des § 3 Abs. 1 Satz 1 EFZG für einen Anspruch auf Entgeltfortzahlung im Krankheitsfall vorliegen. Dementsprechend ist zunächst festzustellen, ob Falke infolge einer Krankheit arbeitsunfähig ist. Falke legt eine ärztliche Bescheinigung über seine Arbeitsunfähigkeit vor. Es kann also davon ausgegangen werden, dass er durch Arbeitsunfähigkeit infolge von Krankheit an seiner Arbeitsleistung verhindert ist. Des Weiteren darf Falke die Arbeitsunfähigkeit nicht verschuldet haben. Schuldhaft i. S. d. § 3 Abs. 1 Satz 1 EFZG handelt ein Arbeitnehmer, wenn er gröblich gegen das von einem verständigen Menschen im eigenen Interesse zu erwartende Verhalten verstößt (= Verschulden gegen sich selbst, kein Verschulden i. S. d. § 276 BGB). Anhaltspunkte für ein solches Verschulden Falkes liegen nicht vor. Damit sind sämtliche Anspruchsvoraussetzungen des § 3 Abs. 1 Satz 1 EFZG erfüllt. Außerdem ist der Entgeltfortzahlungsanspruch des Falke gem. § 3 Abs. 3 EFZG entstanden, da das Arbeitsverhältnis zwischen Falke und der Wild GmbH bereits länger als vier Wochen ununterbrochen besteht.

Ergebnis: Falke hat daher gem. § 3 Abs. 1 Satz 1 EFZG Anspruch auf Entgeltfortzahlung bis zur Dauer von sechs Wochen. Für diesen Zeitraum muss das vereinbarte Honorar von der Wild GmbH trotz der Arbeitsunfähigkeit Falkes weiter entrichtet werden.

Lösung zu Fall 2: Vorauswahl unter den Bewerbern

Ingo Ingwersen konnte beim Arbeitsgericht im Beschlussverfahren beantragen, die Zustimmung des Betriebsrates zur Einstellung von Werner Wolters zum 01.07. zu ersetzen. Das Arbeitsgericht wird im Zustimmungsersetzungsverfahren gem. § 99 Abs. 4 BetrVG nach dem Antrag des Arbeitgebers erkennen, wenn die Anhörung nach § 99 Abs. 1 BetrVG ordnungsgemäß eingeleitet wurde. Ingo Ingwersen müsste den Betriebsrat umfassend über die Bewerber unter Vorlage aller ihm zugänglichen Unterlagen informiert haben. Vorliegend besteht Streit über die Frage, ob die Informationspflicht des Arbeitgebers gegenüber dem Betriebsrat bei einer geplanten Einstellung sich auf den Kreis der Bewerber beschränkt, die dem Arbeitgeber von einer eingeschalteten Unternehmensberatung genannt werden.

Es ist grundsätzlich üblich und zulässig, die Suche nach geeigneten Bewerbern und die Vorauswahl einem Unternehmensberater zu übertragen. In diesem Fall beschränkt sich die Informationspflicht des Arbeitgebers auf den Personenkreis, der ihm von dem beauftragten Unternehmensberater als geeignet bezeichnet wird.[1] Dies gilt jedenfalls dann, wenn die Auswahlentscheidung nicht in vollem Umfang auf den Unternehmensberater übertragen worden ist mit der Folge, dass nur ein Bewerber übrig bleibt und dass damit auch für den Arbeitgeber selbst kein nen nennswerter Entscheidungsspielraum mehr besteht.[2] Werden dem Arbeitgeber dagegen mehrere Bewerber genannt, wie im vorliegenden Fall, beschränkt sich die Auswahlentscheidung auf diesen Personenkreis, sodass nur diese Personen Beteiligte i. S. d. § 99 Abs. 1 Satz 1 BetrVG sind.

Der Sinn und Zweck des Anhörungs- und Informationsrechtes nach § 99 Abs. 1 BetrVG besteht darin, dem Betriebsrat den für die sachgemäße Ausübung seines Mitbestimmungsrechtes notwendigen Kenntnisstand zu verschaffen. Hierzu gehört, dass er weiß, wer für den Arbeitsplatz zur Verfügung steht. Zur Eingrenzung des insoweit betroffenen Personenkreises ist die Sicht des Arbeitgebers maßgebend; dessen Kenntnisstand ist eine immanente Schranke für die Unterrichtungsverpflichtung gegenüber dem Betriebsrat. Reicht dem Arbeitgeber die Anzahl der von dem beauftragten Unternehmensberater genannten Personen aus, um eine Entscheidung über die geplante Neueinstellung zu treffen, so ist er nicht verpflichtet, weitere Informationen nur deshalb einzuholen, um dem Betriebsrat einen umfassenderen Überblick über die Situation auf dem betroffenen Arbeitsmarkt zu verschaffen.

Ergebnis: Im Anhörungsverfahren gem. § 99 BetrVG beschränkt sich die Informationspflicht des Arbeitgebers gegenüber dem Betriebsrat bei der Einschaltung eines Unternehmensberaters zur Vorauswahl von Bewerbern für eine geplante Einstellung auf den Personenkreis, der dem Arbeitgeber von dem Unternehmensberater als geeignet bezeichnet wird. Verweigert der Betriebsrat seine Zustimmung zur geplanten Einstellung, kann diese im Beschlussverfahren vom Arbeitsgericht ersetzt werden.

Lösung zu Fall 3: Karenzentschädigung bei Wettbewerbsverbot

Der Anspruch Knigges auf die Karenzentschädigung könnte sich aus der arbeitsvertraglichen Wettbewerbsabrede i. V. m. § 74 HGB ergeben.

Nach dem Wortlaut des Arbeitsvertrags ist der Fa. Bückelmann & Co. das Recht vorbehalten, bei Beendigung des Arbeitsverhältnisses ein Wettbewerbsverbot gemäß den

---

[1] BAG, BB 1991, 761 = NZA 1991, 482.

[2] Falls der Arbeitgeber ein Personalberatungsunternehmen beauftragt, ihm einen geeigneten Bewerber vorzuschlagen, und entschlossen ist, breits den ersten vorgeschlagenen Bewerber einzustellen, muss er dem Betriebsrat auch nur die Unterlagen dieses Bewerbers vorlegen (vgl. BAG, Beschluss vom 18.12.1990, NZA 1991, 482).

Vorschriften der §§ 74 ff. HGB für die Dauer von zwei Jahren auszusprechen. Diese Wettbewerbsvereinbarung könnte gegen Schutzvorschriften des HGB zum Nachteil des Arbeitnehmers verstoßen, indem abweichend von § 74 Abs. 1 HGB die Entstehung der Pflicht zur Wettbewerbsunterlassung von einer Entscheidung des Arbeitgebers abhängig gemacht und unter Verstoß gegen § 74 Abs. 2 HGB eine Karenzentschädigung für den Fall vorgesehen wird, dass der Arbeitgeber das Wettbewerbsverbot in Anspruch nimmt.

Gemäß § 75d Satz 1 HGB kann sich der Arbeitgeber auf eine Vereinbarung, durch die von den Vorschriften der §§ 74 - 75c HGB zum Nachteil des Arbeitnehmers abgewichen wird, nicht berufen. Ein von der Entscheidung des Arbeitgebers abhängiges Wettbewerbsverbot ist daher für den Arbeitnehmer unverbindlich. Knigge könnte sich von dem Wettbewerbsverbot lösen und wäre dann in seiner weiteren beruflichen Entwicklung frei. Er könnte aber auch an dem Wettbewerbsverbot festhalten, seine Unterlassungspflichten erfüllen und die vereinbarte Karenzentschädigung fordern.[1]

In aller Regel muss der Arbeitnehmer schon zu Beginn der Karenzzeit dem Arbeitgeber erklären, ob er sich an das Wettbewerbsverbot halten wolle oder nicht. Die einmal getroffene Entscheidung ist für die Dauer der Karenzzeit bindend, sodass die Erklärung verhindert, dass der Arbeitnehmer seine Wahlentscheidung während der Karenzzeit ändert und je nach seinen Arbeitsmarktchancen abwechselnd Wettbewerb treibt oder die Karenzentschädigung verlangt.[2]

Nach dem vorliegenden Sachverhalt ist fraglich, ob ein Arbeitnehmer, für den ein unverbindliches Wettbewerbsverbot besteht, auch dann eine Karenzentschädigung verlangen kann, wenn er zwar im Vertrauen auf die Wirksamkeit der Vereinbarung Wettbewerb unterlässt, dies aber dem Arbeitgeber nicht sogleich mitteilt.

Der Anspruch auf Karenzentschädigung entsteht mit der vom Arbeitnehmer erbrachten Leistung, der Wettbewerbsenthaltung. Die Entscheidung des Arbeitnehmers, der sich auf ein für ihn unverbindliches Wettbewerbsverbot beruft, muss endgültig sein und den gesamten Karenzzeitraum umfassen. Die Notwendigkeit einer einheitlichen, den gesamten Karenzzeitraum umfassenden Entscheidung zwingt den Arbeitnehmer jedoch nicht zu einer Erklärung gegenüber dem Arbeitgeber. Sonst würde ein Arbeitnehmer, der auf die Verbindlichkeit eines in Wahrheit unverbindlichen Wettbewerbsverbots vertraut und Wettbewerbshandlungen unterlässt, nicht ausreichend geschützt. Die Unklarheiten eines unverbindlichen Wettbewerbsverbots dürfen nicht zu Lasten des Arbeitnehmers gehen. Andererseits hat der Arbeitgeber ein schutzwürdiges Interesse daran, alsbald zu erfahren, wie der Arbeitnehmer sich hinsichtlich der Verbindlichkeit des Wettbewerbsverbots entscheidet. Hierzu bedarf es aber keiner unaufgeforderten Mitteilungsverpflichtung des Arbeitnehmers. Vielmehr kann der Arbeitgeber den

---

[1] BAG NZA 1986, 828 = AP Nr. 51 zu § 74 HGB; NZA 1987, 592 = AP Nr. 53 zu § 74 HGB.

[2] BAGE 30, 23, 30 = NJW 1978, 1023 = AP Nr. 36 zu § 74 HGB.

Arbeitnehmer unter Bestimmung einer angemessenen Frist zur Abgabe einer Erklärung über das Wettbewerbsverbot auffordern.[1]

Knigge hat am 01.01. ein Gewerbe eröffnet, mit dem er zu der Fa. Bückelmann nicht in Wettbewerb getreten ist. Er hat sich durch die Aufnahme einer wettbewerbsneutralen Tätigkeit endgültig für das Wettbewerbsverbot entschieden und damit die vertragliche Gegenleistung für die Wettbewerbsentschädigung erbracht. Für einen Anspruch auf Karenzentschädigung aus einem für den Arbeitnehmer unverbindlichen Wettbewerbs- verbot genügt es, wenn dieser sich zu Beginn der Karenzzeit entgültig für das Wettbe- werbsverbot entscheidet und seiner Unterlassungsverpflichtung nachkommt. Einer darüber hinausgehenden Erklärung gegenüber dem Arbeitgeber bedarf es nicht.

Ergebnis: Knigge hat aus dem für ihn unverbindlichen Wettbewerbsverbot Anspruch auf Karenzentschädigung gegen die Fa. Bückelmann & Co., da er sich endgültig für die Einhaltung des Wettbewerbsverbotes entschieden hat und seiner Unterlassungsver- pflichtung nachgekommen ist.

Lösung zu Fall 4: Gratifikation trotz Kündigung

Anspruchsgrundlage für den geltend gemachten Anspruch Piet Paulsens auf Zahlung einer tariflichen Sonderzuwendung ist § 611 BGB in Verbindung mit dem Arbeitsvertrag und dem Tarifvertrag für die bei öffentlich bestellten Vermessungsingenieuren Beschäf- tigten, der kraft einzelvertraglicher Bezugnahme auf das vorliegende Arbeitsverhältnis anzuwenden ist.

Danach hat Piet Paulsen einen Anspruch auf die tarifliche Sonderzuwendung, falls er die im Tarifvertrag genannten Voraussetzungen erfüllt. Nach der tariflichen Regelung erhält der Arbeitnehmer, der im Kalenderjahr der Auszahlung seit der ersten Januar- woche im Dienst des Arbeitgebers gestanden hat und dessen Arbeitsverhältnis am 01.12. des Jahres von keiner der Parteien gekündigt worden ist, eine Sonderzuwendung. Piet Paulsen stand zwar auch im letzten Jahr seiner Tätigkeit seit der ersten Januar- woche ununterbrochen in einem Arbeitsverhältnis mit Franz Feddersen. Die weitere Voraussetzung für den tariflichen Anspruch, nämlich ein ungekündigtes Arbeitsverhält- nis am 01.12., ist jedoch nicht gegeben, da Franz Feddersen das Arbeitsverhältnis mit Piet Paulsen am 15.11. zum 31.12. aus betriebsbedingten Gründen gekündigt hatte.

Es ist nun zu untersuchen, ob die tarifliche Stichtagsregelung, wonach der Arbeitneh- mer am 01.12. des Bezugsjahres in einem ungekündigten Arbeitsverhältnis stehen muss, wirksam ist. Der Zweck dieser tariflichen Regelung besteht darin, die in der Ver- gangenheit, also im jeweiligen Kalenderjahr geleisteten Dienste des Arbeitnehmers zu belohnen. Soweit der ungekündigte Bestand des Arbeitsverhältnisses gefordert wird, soll damit im Allgemeinen ein Anreiz für zukünftige Betriebstreue gesetzt werden.[2] Nach der Rechtsprechung des BAG werden tarifvertragliche Klauseln, die vergangen-

---

[1] BAG NZA 1986, 828 = AP Nr. 51 zu § 74 HGB; NZA 1987, 592 = AP Nr. 53 zu § 74 HGB.

[2] BAG AP Nr. 100 zu § 611 BGB – Gratifikation = NJW 1979, 1223.

heits- und zukunftsbezogene Zweckbestimmungen mit einer Jahressonderzahlung verbinden, grundsätzlich für zulässig erachtet.[1]

Im vorliegenden Fall umfasst der Wortlaut der Tarifregelung Arbeitnehmer, die im Zeitpunkt des Zahlungsversprechens oder der Auszahlung in einem ungekündigten Arbeitsverhältnis stehen und somit jede Kündigung, also auch die aus betriebsbedingten Gründen ausgesprochene Kündigung durch den Arbeitgeber. Nach § 162 BGB ist es jedoch einer Vertragspartei untersagt, sich auf den Eintritt oder Nichteintritt eines Ereignisses zu berufen, den sie selbst treuwidrig herbeigeführt oder verhindert hat.[2] Anknüpfungspunkt für die Anwendung dieser Vorschrift ist das treuwidrige Verhalten der Vertragspartei, das zum Eintritt oder Nichteintritt der Bedingung führt. Ein widersprüchliches und treuwidriges Verhalten kann dem Arbeitgeber im Falle einer betriebsbedingten Kündigung nicht ohne Weiteres unterstellt werden. Denn dies würde voraussetzen, dass der Arbeitgeber das Arbeitsverhältnis nur aufgelöst hätte, um die Entstehung des Gratifikationsanspruchs des Arbeitnehmers zu vereiteln. Dem steht jedoch entgegen, dass auch die betriebsbedingte Kündigung nicht beliebig, sondern nur unter Beachtung des Kündigungsschutzgesetzes ausgesprochen werden kann. Danach ist die tarifliche Klausel, die den Arbeitnehmer auch im Falle der betriebsbedingten Kündigung von dem Anspruch auf die Sonderzuwendung ausschließt, als rechtswirksam anzusehen.

Der Arbeitgeber Franz Feddersen könnte sich nur dann nicht auf die Stichtagsregelung berufen, wenn er seinem Arbeitnehmer Piet Paulsen mit dem Ziel gekündigt hätte, die Erfüllung der Anspruchsvoraussetzungen zu vereiteln (§ 162 BGB). Der Umstand allein, dass die Kündigung des Arbeitsverhältnisses zum 31.12. ausgesprochen wurde und Piet Paulsen sich infolge der Kündigungsfristen damit auch am 01.12. in einem gekündigten Arbeitsverhältnis befand, genügt aber nicht, Franz Feddersen ein treuwidriges Verhalten zu unterstellen.

Ergebnis: Klauseln in einem Tarifvertrag, die den Anspruch auf eine Sonderzuwendung von dem Bestehen eines ungekündigten Arbeitsverhältnisses an einem bestimmten Stichtag innerhalb des Bezugsjahres abhängig machen, gelten auch für den Fall einer betriebsbedingten Kündigung. Der Anspruch des Arbeitnehmers Piet Paulsen auf die geltend gemachte tarifliche Sonderzuwendung ist unbegründet, weil er am Stichtag in einem gekündigten Arbeitsverhältnis stand.

Lösung zu Fall 5: Entgeltfortzahlung bei Alkoholabhängigkeit

Der Anspruch Karl Krauses auf Lohnzahlung ergibt sich nicht aus § 611 BGB, weil er in der fraglichen Zeit nicht gearbeitet hat. Der Anspruch Krauses auf Fortzahlung seiner Arbeitsvergütung könnte gem. § 3 Abs. 1 Satz 1 EFZG begründet sein.

---

[1] BAGE 31, 113 = AP Nr. 98 zu § 611 BGB – Gratifikation = NJW 1979, 1221.

[2] BGAE 4, 306 = AP Nr. 34 zu § 1 KSchG = NJW 1958, 37; in *Westermann*: Münchener Kommentar, a. a. O., § 162 Rn. 18.

Nach § 3 Abs. 1 Satz 1 EFZG behält der Arbeitnehmer den Anspruch auf Arbeitsentgelt bis zur jeweiligen Dauer von sechs Wochen, wenn er seine Arbeitsleistung infolge unverschuldeter Krankheit nicht erbringen kann. Nach dieser Grundregel der Entgeltfortzahlung im Krankheitsfall werden dem Arbeitnehmer bei einer nach Beginn der Beschäftigung durch Krankheit verursachten Arbeitsunfähigkeit Krankenbezüge gezahlt, es sei denn, er hat sich die Krankheit vorsätzlich oder grob fahrlässig zugezogen.

Alkoholabhängigkeit ist eine Krankheit im medizinischen Sinne, die rechtlich wie jede andere Krankheit behandelt wird. Gegen den vom Gesetz begründeten Anspruch des an Alkoholabhängigkeit arbeitsunfähig erkrankten Arbeiters auf Fortzahlung des Arbeitsentgelts kann der Arbeitgeber einwenden, der Arbeitnehmer habe sich die Krankheit schuldhaft zugezogen. Schuldhaft handelt der Arbeitnehmer, der in erheblichem Maße gegen die von einem verständigen Menschen im eigenen Interesse zu erwartende Verhaltensweise verstößt.[1] In einem solchen Fall wäre es unbillig, den Arbeitgeber mit der Zahlungspflicht zu belasten, weil der Arbeitnehmer zumutbare Sorgfalt gegen sich selbst nicht beachtet und dadurch die Arbeitsunfähigkeit verursacht hat.

Dabei ist das Verschulden eines Arbeitnehmers, der sich bereits einer intensiven stationären Entwöhnungsbehandlung unterzogen hat, anders zu beurteilen als das Verschulden eines Arbeitnehmers vor Eintritt der Alkoholabhängigkeit. Denn der Arbeitnehmer, der eine Entziehungskur durchgemacht hat, kennt die Gefahren des Alkohols für sich sehr genau. Er ist bei der Behandlung eingehend darauf hingewiesen und dringend ermahnt worden, in Zukunft jeden Alkoholgenuss zu vermeiden. Wird der Arbeitnehmer nach erfolgreicher Beendigung einer Entwöhnungskur und einer längeren Zeit der Abstinenz dennoch wieder rückfällig, so spricht die Lebenserfahrung dafür, dass er die ihm erteilten dringenden Ratschläge missachtet und sich wieder dem Alkohol zugewandt hat. Dieses Verhalten wird im Allgemeinen den Vorwurf eines „Verschuldens gegen sich selbst" begründen. Der Arbeitnehmer verstößt gröblich gegen die von einem verständigen Menschen im eigenen Interesse zu erwartende Verhaltensweise und handelt damit schuldhaft im Sinne des Entgeltfortzahlungsrechts.

Im vorliegenden Fall ist Krause nicht aufgrund seiner als Krankheit anzusehenden Alkoholabhängigkeit arbeitsunfähig geworden; diese war vielmehr nur die mittelbare Ursache dafür. Unmittelbare Ursache für die Arbeitsunfähigkeit war der durch übermäßigen Alkoholismus herbeigeführte Verkehrsunfall. Grundsätzlich ist ein den Lohnfortzahlungsanspruch beseitigendes Verschulden des Arbeitnehmers zu bejahen, wenn die Arbeitsunfähigkeit auf einem Unfall beruht, der durch Alkoholmissbrauch herbeigeführt worden ist, ohne dass eine andere Ursache dabei mitgewirkt hat.[2]

Nach dem Sachverhalt ist in Betracht zu ziehen, dass es zu dem Verkehrsunfall nicht gekommen wäre, wenn Krause seine krankhafte Neigung zum Alkohol hätte beherrschen können und sich während der Arbeitszeit nicht ungehemmt dem Alkohol zugewandt hätte. Wegen seiner Alkoholabhängigkeit war er zu dieser Beherrschung jedoch nicht mehr in der Lage. Gleichwohl ist ihm der Vorwurf schuldhaften Verhaltens zu

---

[1] BAG AP Nr. 10 zu § 1 KSchG 1969 – Betriebsbedingte Kündigung – NJW 1981, 1686.

[2] BAG AP Nr. 71 zu § 1 LohnFG = NJW 1987, 2253.

machen. An Alkoholabhängigkeit Erkrankte sind nicht schlechthin schuldunfähig, sondern durchaus imstande, die von einem verständigen Menschen im eigenen Interesse zu erwartende Verhaltensweise zu beachten. Dies gilt jedenfalls dann, wenn sie nicht unter Alkoholeinfluss stehen. Da Karl Krause zurzeit des Unfalls am 07.02. schon seit Längerem an Alkoholismus erkrankt war, kannte er seine Krankheit und wusste, dass er mit dem Trinken nicht würde aufhören können, wenn er damit einmal angefangen hatte. Er kannte auch die Gefahren des Alkohols für das Autofahren; diese Gefahren kennt heute jeder Erwachsene. Wenn Krause daher gleichwohl am 07.02. sein Fahrzeug für den Weg zur Arbeitsstelle benutzte, setzte er sich unbeherrschbaren Gefahren und damit einem besonders hohen Verletzungsrisiko aus.[1] Unter diesen besonderen Umständen muss dem Arbeitnehmer als schuldhaft i. S. v. § 3 EFZG zugerechnet werden, dass er sich, als er sein Verhalten noch steuern konnte, in sein Auto gesetzt hat und damit zur Arbeitsstelle gefahren ist.

Ergebnis: Karl Krause steht ein Anspruch auf Entgeltfortzahlung im Krankheitsfall nicht zu. Da er seit längerer Zeit an Alkoholabhängigkeit erkrankt war, handelte er schuldhaft im Sinne des Entgeltfortzahlungsrechts, weil er in noch steuerungsfähigem Zustand sein Kraftfahrzeug für den Weg zur Arbeitsstelle benutzt hat, während der Arbeitszeit in erheblichem Maß dem Alkohol zusprach und alsbald nach Dienstende im Zustand der Trunkenheit einen Verkehrsunfall verursachte, bei dem er verletzt wurde.

Lösung zu Fall 6: Erwerbstätigkeit während des Urlaubs

Rechtsgrundlage für den von der Clasen GmbH geltend gemachten Rückzahlungsanspruch ist der Arbeitsvertrag i. V. m. der tariflichen Regelung im BAT, wonach Angestellte, die ohne Erlaubnis während des Urlaubs gegen Entgelt arbeiten, hierdurch den Anspruch auf die Urlaubsvergütung für die Tage der Erwerbstätigkeit verlieren. Heino Heinze hat während seines Urlaubs ohne Wissen der Clasen GmbH eine neue Tätigkeit aufgrund eines mit einem anderen Arbeitgeber geschlossenen Arbeitsvertrages aufgenommen. Er war während seines gesamten Urlaubs bei dem neuen Arbeitgeber gegen Entgelt beschäftigt. Danach sind die Voraussetzungen für den Rückzahlungsanspruch nach der tariflichen Regelung erfüllt.

Es fragt sich aber, ob die tarifvertragliche Regelung den Anspruch des Arbeitgebers auf Rückzahlung des Urlaubsentgelts in vollem Umfang begründet oder nur insoweit, als das Urlaubsentgelt über den gesetzlichen Mindesturlaubsanspruch hinaus gewährt wurde. Die Tarifregelung könnte gegen § 13 BUrlG verstoßen und deshalb gem. § 134 BGB nichtig sein. Nach den Grundsätzen des Urlaubsrechts wird in § 1 BUrlG festgelegt, dass der Arbeitnehmer von seinen Arbeitspflichten für die Dauer des Urlaubs aufgrund des Urlaubsanspruchs freigestellt wird und darüber hinaus, dass der dem Arbeitnehmer zustehende Arbeitslohn trotz Nichtleistung der Arbeit während der Urlaubszeit weiter zu zahlen ist, sodass der nach § 611 BGB bestehende Vergütungsanspruch für die Dauer der Urlaubszeit nicht entfällt.[2]

---

[1] BAGE 36, 371 = AP Nr. 45 zu § 1 LohnFG = NJW 1982, 1014.

[2] BAGE 45, 184 = AP Nr. 14 zu § 3 BUrlG – Rechtsmissbrauch = NZA 1984, 197.

Aus § 11 Abs. 1 BUrlG ist zu entnehmen, wie für die Urlaubzeit insbesondere bei ungleichmäßigen Bezügen die Vergütung zu berechnen ist. Diese Berechnungsregel enthält die gesetzliche Grenze für die Auslegung des Begriffs „bezahlt" i. S. v. § 1 BUrlG. Daraus ist zu folgern, dass Tarifvertragsparteien nicht befugt sind, für den gesetzlichen Mindesturlaub von der nach § 1 BUrlG fortbestehenden Lohnzahlungspflicht abzuweichen. Infolgedessen sind tarifliche Regelungen nur zulässig, wenn sie gewährleisten, dass für den gesetzlichen Mindesturlaub der Lohnanspruch des Arbeitnehmers in dem durch § 11 Abs. 1 BUrlG gegebenen Rahmen erhalten bleibt. Die Tarifvertragsparteien sind daher nach § 13 BUrlG nicht befugt, durch tarifliche Regelungen den für den Urlaubzeitraum nach dem Bundesurlaubsgesetz fortzuzahlenden Lohn dem Arbeitnehmer völlig zu versagen.

Auch wenn der Arbeitnehmer entgegen seiner Pflicht nach § 8 BUrlG während seines Urlaubs erwerbstätig wird, entfällt dadurch weder sein Urlaubsanspruch noch die Grundlage für seinen Entgeltanspruch. Denn die Pflichten des Arbeitgebers nach §§ 1, 3 BUrlG zur Urlaubsgewährung und zur Fortzahlung der Vergütung während des Urlaubs stehen nicht unter der Einschränkung, dass der Arbeitnehmer während des Urlaubs nicht erwerbstätig ist. Auch wenn Heinze seiner Vertragspflicht, urlaubszweckwidrige Erwerbstätigkeiten im Urlaub zu unterlassen, zuwidergehandelt hat, kann daraus nicht entnommen werden, dass nach § 8 BUrlG ein Anspruch des Arbeitgebers besteht, das Urlaubsentgelt im Umfang des gesetzlichen Urlaubsanspruchs aus diesem Anlass zu kürzen oder dass der Anspruch auf Zahlung des Urlaubsentgelts in einem solchen Fall von selbst entfällt. Rechtsfolgen der Zuwiderhandlung gegen § 8 BUrlG sind vielmehr Ansprüche des Arbeitgebers auf Schadensersatz, auf Unterlassung der Erwerbstätigkeit sowie die Möglichkeit, ggf. wegen der Erwerbstätigkeit das Arbeitsverhältnis durch Kündigung zu beenden. Dagegen hat die Verletzung der Pflicht des Arbeitnehmers nach § 8 BUrlG keine Auswirkungen auf seinen Entgeltanspruch.

Aus diesem Grund sind auch die Tarifvertragsparteien nicht befugt, Regelungen zu treffen, mit denen in den während des gesetzlichen Urlaubsanspruchs weiterbestehenden Entgeltanspruch eingegriffen wird. Die tarifvertragliche Regelung ist daher insoweit unwirksam, als der nach der Tarifvorschrift entstehende Rückzahlungsanspruch den gesetzlichen Urlaub gem. §§ 1, 3, 5 BUrlG betrifft.

Ergebnis: Handelt ein Arbeitnehmer der Pflicht nach § 8 BUrlG zuwider, während des gesetzlichen Mindesturlaubs keine dem Urlaubszweck widersprechende Erwerbstätigkeit zu leisten, begründet dies weder ein Recht des Arbeitgebers, die Urlaubsvergütung zu kürzen, noch entfällt damit der Anspruch auf Urlaubsvergütung. Durch eine tarifvertragliche Regelung kann der Anspruch des Arbeitgebers auf Rückgewähr von Urlaubsentgelt nur im Umfang des über den gesetzlichen Mindesturlaub hinaus zu gewährenden Urlaubs begründet werden. Die Clasen GmbH hat nach dem auf diesen Fall anzuwendenden Tarifvertrag einen Rückzahlungsanspruch hinsichtlich der ihrem Arbeitnehmer Heino Heinze gewährten Urlaubsvergütung für insgesamt sechs Urlaubstage.

Lösung zu Fall 7: Annahmeverzug bei unwirksamer Kündigung

Der von Hugo Hinrichsen geltend gemachte Anspruch auf Arbeitsvergütung könnte unter dem Gesichtspunkt des Annahmeverzugs gem. §§ 611, 615 BGB begründet sein. Das Arbeitsverhältnis der Parteien hat auch nach der fristlosen Kündigung durch den Geschäftsführer der Firma Petri GmbH vom 20.10. fortbestanden, weil diese Kündigung wegen Verstoßes gegen § 102 Abs. 1 BetrVG aufgrund fehlender Anhörung des Betriebsrates unwirksam ist.

Nach § 615 BGB hat der Arbeitgeber die vereinbarte Vergütung weiterzuzahlen, wenn er mit der Annahme der Dienste in Verzug kommt. Die Voraussetzungen des Annahmeverzugs richten sich auch für das Arbeitsverhältnis nach den §§ 293 ff. BGB. Danach muss der Schuldner in aller Regel die geschuldete Leistung anbieten, §§ 294, 295 BGB. Wenn der Arbeitgeber dem Arbeitnehmer unberechtigterweise fristlos kündigt, gerät er allerdings in Annahmeverzug, ohne dass es eines Arbeitsangebots des Arbeitnehmers bedarf. Nach § 296 BGB ist nämlich auch ein wörtliches Angebot i. S. v. § 295 BGB überflüssig, wenn für eine vom Gläubiger vorzunehmende Mitwirkungshandlung eine Zeit nach dem Kalender bestimmt ist und der Gläubiger die Handlung nicht rechtzeitig vornimmt. Die nach dem Kalender bestimmte Mitwirkungshandlung des Arbeitgebers besteht darin, dem Arbeitnehmer einen funktionsfähigen Arbeitsplatz zur Verfügung zu stellen und ihm Arbeit zuzuweisen. Da der Arbeitgeber mit der fristlosen Kündigung deutlich zu erkennen gegeben hat, dass er die Arbeitsleistung für die Zukunft ablehnt, muss er den Arbeitnehmer wieder zur Arbeit auffordern, wenn er trotz fristloser Kündigung nicht in Annahmeverzug geraten will. Dies hat der Geschäftsführer der Firma Petri GmbH nicht getan.

Der Annahmeverzug ist gem. § 242 BGB ausgeschlossen, wenn die Verhinderung des Gläubigers an der Annahme seiner Leistung gerade vom Schuldner zu vertreten ist. Daher darf der Arbeitgeber die Annahme der Arbeitsleistung nur ablehnen, wenn ihm die Weiterbeschäftigung unter Berücksichtigung der dem Arbeitnehmer zuzurechnenden Umstände nach Treu und Glauben nicht zuzumuten ist. Dies wird aber nicht bei jedem Verhalten des Arbeitnehmers, das zur fristlosen Kündigung berechtigt, angenommen, sondern nur bei besonders groben Vertragsverstößen.[1]

Vorliegend sind besondere Umstände, die über den für die Kündigung aus wichtigem Grund maßgeblichen Sachverhalt hinausgehen, nicht ersichtlich. Zwar hat Hinrichsen treuwidrig versucht, erhebliche Vermögenswerte seines Arbeitgebers sich rechtswidrig anzueignen. Ein solches Verhalten stellt eine schwere Pflichtverletzung dar, die das Vertrauen in die Integrität des Arbeitnehmers unheilbar erschüttert und ihn als Betriebsleiter untragbar macht hat. Gleichwohl ist die Firma Petri GmbH deshalb noch nicht berechtigt gewesen, die weiteren Dienste Hinrichsens abzulehnen. Wenn Hinrichsen das weggeschaffte Leder erst nach anfänglicher Weigerung wieder herausgegeben hat, kann daraus noch nicht auf seinen Willen geschlossen werden, auch künftig derartiges Material aus dem Betrieb an sich zu nehmen. Aufgrund des einmaligen Fehlverhaltens des Arbeitnehmers Hinrichsen konnte durchaus damit gerechnet werden,

---

[1] BAGE 28, 233, 245 f.

dass er seine Arbeitsleistung in Zukunft ordnungsgemäß erbringen werde. Nach Feststellung der Unwirksamkeit der Kündigung sind keine Umstände ersichtlich, die es der Petri GmbH erlaubt hätten, die Arbeitsleistung Hinrichsens zurückzuweisen. Infolgedessen sind die Voraussetzungen für einen Annahmeverzug des Arbeitgebers vorliegend erfüllt, sodass aus diesem Rechtsgrund ein Anspruch Hinrichsens auf Fortzahlung seiner Arbeitsvergütung besteht.

Ergebnis: Der Arbeitgeber, dessen Kündigung rechtsunwirksam ist, gerät nur ausnahmsweise nicht in Annahmeverzug, wenn ihm die weitere Beschäftigung des Arbeitnehmers nicht zumutbar ist. Hierfür reicht jedoch nicht jedes Verhalten aus, das zur fristlosen Kündigung aus wichtigem Grund berechtigt, vielmehr ist ein besonders grober Vertragsverstoß erforderlich und die Gefährdung von Rechtsgütern des Arbeitgebers, seiner Familienangehörigen oder anderer Arbeitnehmer, deren Schutz Vorrang vor dem Interesse des Arbeitnehmers an der Erhaltung seines Verdienstes hat. Im vorliegenden Fall besteht deshalb ein Anspruch des Arbeitnehmers Hugo Hinrichsen gegen die Firma Petri GmbH auf Zahlung seiner Arbeitsvergütung für den geltend gemachten Zeitraum bis zum 31.03. aus dem Gesichtspunkt des Annahmeverzugs.

Lösung zu Fall 8: Leasing mit Schadensfolgen

Der Schadensersatzanspruch der Grünwald GmbH gegen Silke Schneider ist aus dem Rechtsgrundsatz unerlaubter Handlung gem. § 823 Abs. 1 BGB begründet, weil Schneider das Eigentum der Grünwald GmbH an dem Pkw fahrlässig verletzt hat. Die Fahrlässigkeit Schneiders ergibt sich daraus, dass einem Kraftfahrer, der mit seinem Kraftfahrzeug von der Fahrbahn abkommt, ein bei Anwendung der gebotenen Sorgfalt vermeidbarer Fahrfehler zur Last fällt. Da Schneider die Kontrolle über das Fahrzeug infolge Straßenglätte verloren hat, entfällt der Vorwurf der Fahrlässigkeit nur, wenn die Straßenglätte unvorhersehbar gewesen wäre. Dies ist dadurch ausgeschlossen, dass vor der Unfallstelle ein auf die Glättegefahr hinweisendes Straßenschild stand sowie unter Berücksichtigung der Tages- und Jahreszeit, zu der sich der Unfall ereignet hat.

Im vorliegenden Fall könnte sich Schneider auf die Haftungsbeschränkung für Arbeitnehmer berufen, wonach sie von einer Haftung gegenüber der Roland KG als ihrer Arbeitgeberin freigestellt wäre. Es fragt sich aber, ob dieser Freistellungsanspruch des Arbeitnehmers gegen seinen Arbeitgeber, der von der Rechtsprechung aus den Grundsätzen gefahrgeneigter Arbeit für das Arbeitsverhältnis entwickelt wurde und nunmehr für alle Arbeitsverhältnisse anzuwenden ist, auch gegenüber einem geschädigten Dritten besteht. Die Haftungsbeschränkung für Arbeitnehmer schützt diese vor einer Inanspruchnahme wegen Schäden im Zusammenhang mit der Ausübung ihrer betrieblichen Tätigkeit, weil sie während der Erfüllung ihrer Arbeitsleistung der Gefahr einer Verursachung hoher Schäden und damit einem existenzbedrohenden Haftungsrisiko ausgesetzt sind. Infolgedessen kann ein Arbeitnehmer bei leicht fahrlässiger Schadensverursachung von seinem Arbeitgeber die volle Haftungsfreistellung verlangen und bei einem mittleren Grad der Fahrlässigkeit zumindest eine anteilige Haftungsfreistellung.

Allerdings ist der Freistellungsanspruch nicht realisierbar, wenn der Arbeitgeber, wie vorliegend die Roland KG, zahlungsunfähig wird. Das Risiko, dass der Freistellungsanspruch gegen den Arbeitgeber wegen dessen Insolvenz nicht realisierbar ist, geht zu Lasten des Arbeitnehmers, ähnlich wie bei seinem Anspruch auf Entlohnung für die Arbeitsleistung. Auch hier wirkt sich die Insolvenz des Arbeitgebers zum Nachteil des Arbeitnehmers aus, sodass der Gesetzgeber zur Abmilderung der mit dem Lohnausfall verbundenen sozialen Unzuträglichkeiten das Insolvenzgeld eingeführt hat.[1]

Der Grund für die eingeschränkte Haftung der Arbeitnehmer bei der Ausübung ihrer betrieblichen Tätigkeit beruht auf den das Arbeitsverhältnis beherrschenden Treue- und Fürsorgepflichtgedanken, mit denen es unvereinbar wäre, wenn der Arbeitgeber den Arbeitnehmer mit Schäden und Ersatzansprüchen belasten würde, die sich aus der besonderen Gefahr und Eigenart der ihm übertragenen Arbeit ergeben. Diese Begründung versagt im Verhältnis zu einem außerhalb des Arbeitsverhältnisses stehenden Dritten.

Sofern die Grundsätze der Haftungsbeschränkung für Arbeitnehmer auch im Verhältnis zur Grünwald GmbH anzuwenden wären, entstünde ein Sonderrecht für Arbeitnehmer im Bereich der deliktischen Haftung. Aus der Sicht des Geschädigten würde es von Zufälligkeiten abhängen, wie von der Arbeitnehmereigenschaft des Schädigers, einem Schaden in Erfüllung der Arbeitsleistung, dem Verschuldensgrad und ähnlichen Umständen, ob er uneingeschränkt oder nur unter bestimmten Voraussetzungen Schadensersatz erlangen kann. Entscheidungen des Arbeitgebers darüber, in welcher Weise er seinen Betrieb organisiert und seine Beschäftigten einsetzt, würden sich zu Lasten Dritter auswirken, die diese Entscheidungen nicht zu überblicken vermögen. Die deliktische Außenhaftung des Arbeitnehmers würde eine Rechtsfortbildung erfahren, die durch das Sozialstaatsprinzip gem. Art. 20 Abs. 1 GG nicht gedeckt wäre. Denn nach dem Sozialstaatsgebot sind nicht nur die Interessen von Arbeitgeber und Arbeitnehmer zu berücksichtigen, sondern auch diejenigen des geschädigten Dritten.

Auch der Gesichtspunkt, dass der Pkw vorliegend ein arbeitgeberfremdes Betriebsmittel darstellt, ergibt keinen Ansatzpunkt für eine die deliktische Haftung des Arbeitnehmers gegenüber Dritten einschränkende Rechtsfortbildung. In aller Regel kommen dem Arbeitnehmer bei einer Beschädigung des ihm an die Hand gegebenen Betriebsmittels die Haftungserleichterungen im Fall leichter und mittlerer Fahrlässigkeit zugute. Als Folge veränderter Wirtschafts- und Finanzierungspraktiken hat aber der Einsatz arbeitgeberfremder, beispielsweise gemieteter, geleaster, unter Eigentumsvorbehalt gekaufter oder sicherungsübereigneter Betriebsmittel, zunehmend Verbreitung gefunden. Dabei handelt es sich überwiegend um besonders hochwertige Sachen, sodass im Fall einer Beschädigung entsprechend hohe Schadensersatzansprüche drohen. Gleichzeitig ist die Zahl der Insolvenzen und damit die Gefahr, dass der Freistellungsanspruch gegen den Arbeitgeber nicht durchsetzbar ist, nicht geringer geworden. Somit hat sich für den Arbeitnehmer aufgrund gewandelter Verhältnisse das Risiko, bei Schädigung von Betriebsmitteln von Dritten in Anspruch genommen zu werden, deutlich erhöht.

Eine Beschränkung der Haftung des Arbeitnehmers bei Beschädigung arbeitgeberfremder Betriebsmittel muss daran scheitern, dass zwischen dem Arbeitnehmer und dem

---

[1] >> Vgl. Kapitel D.8.6 zum Insolvenzgeld.

Dritten als Eigentümer der beschädigten Sache kein Arbeitsvertrag vorliegt. Das Fehlen arbeitsvertraglicher Beziehungen im Verhältnis des Arbeitnehmers zu dem Eigentümer des arbeitgeberfremden Betriebsmittels steht der Anwendung der von der Rechtsprechung entwickelten Grundsätze über Haftungserleichterungen im Arbeitsverhältnis entgegen.

Ergebnis: Die Grünwald GmbH hat gegenüber Silke Schneider einen Anspruch auf Schadensersatz wegen Verletzung des Eigentums durch den Schaden am Pkw gem. § 823 Abs. 1 BGB. In diesem Fall haftet die Arbeitnehmerin für die Beschädigung eines im Wege des Leasing beschafften Betriebsmittels bei Zahlungsunfähigkeit des Arbeitgebers in vollem Umfang. Die von der Rechtsprechung entwickelten Grundsätze zur Haftungsbeschränkung für Arbeitnehmer finden vorliegend keine Anwendung, weil im Verhältnis zu der geschädigten Grünwald GmbH kein Arbeitsverhältnis besteht.

Lösung zu Fall 9: Anhörung des Betriebsrates zur Kündigung

Eine Kündigung ist unwirksam, wenn der Betriebsrat nicht ordnungsgemäß angehört wurde (§ 102 BetrVG). Die fehlerhafte Anhörung des Betriebsrates liegt nach Auffassung des Arbeitnehmers darin, dass der Arbeitgeber dem Betriebsrat soziale Auswahlgesichtspunkte nicht mitgeteilt habe. Eine soziale Auswahl im rechtstechnischen Sinn ist nach § 1 Abs. 3 KSchG nur für die ordentliche Kündigung vorgeschrieben, soweit sie auf dringende betriebliche Gründe gestützt wird. Will der Arbeitgeber eine ordentliche Kündigung aussprechen, so muss er im Rahmen der Anhörung nach § 102 BetrVG dem Betriebsrat von vornherein, auch ohne ein entsprechendes Verlangen, die Gründe mitteilen, die ihn zur Auswahl gerade dieses Arbeitnehmers veranlasst haben.

Vorliegend handelt es sich jedoch um eine außerordentliche Kündigung des Arbeitsverhältnisses aus wichtigem Grund. Nach § 626 Abs. 1 BGB ist zunächst zu prüfen, ob ein wichtiger Kündigungsgrund vorliegt. Sofern dies der Fall ist, bedarf es der weiteren Prüfung, ob die Fortsetzung des Arbeitsverhältnisses unter Berücksichtigung der konkreten Umstände des Einzelfalles und der Abwägung der Interessen beider Vertragsteile zumutbar ist oder nicht.[1] Die persönlichen Umstände des gekündigten Arbeitnehmers gehören nicht zum Kündigungsgrund, sondern zur Interessenabwägung für die Entscheidung über die Zumutbarkeit oder Unzumutbarkeit der Fortsetzung des Arbeitsverhältnisses.

Der Arbeitgeber muss dem Betriebsrat im Rahmen der Anhörungspflicht nach § 102 BetrVG diejenigen Gründe mitteilen, die aus seiner subjektiven Sicht die Kündigung rechtfertigen und für seinen Kündigungsentschluss maßgebend gewesen sind. Hierfür genügt es in der Regel nicht, die Kündigungsgründe nur pauschal, schlagwort- oder stichwortartig zu bezeichnen oder bloße Werturteile ohne Angabe der für die Bewertung maßgebenden Tatsachen anzugeben. Der für die Kündigung erhebliche Sachverhalt ist so zu umschreiben, dass der Betriebsrat ohne zusätzliche eigene Nachforschun-

---

[1] BAG AP Nr. 14 zu § 626 BGB – Verdacht strafbarer Handlung = NZA 1985, 91.

gen in die Lage versetzt wird, die Stichhaltigkeit der Kündigungsgründe zu prüfen und sich über eine Stellungnahme schlüssig zu werden.[1]

Nur wenn er diese für seinen Kündigungsentschluss maßgebenden Umstände dem Betriebsrat nicht mitteilt, ist die Anhörung unwirksam. Teilt der Arbeitgeber dagegen weitere Umstände nicht mit, weil er sie zunächst für unerheblich hält, ist zwar die Anhörung wirksam. So weit der Arbeitnehmer gegenüber einer ordentlichen Kündigung den allgemeinen Kündigungsschutz des § 1 KSchG genießt oder eine außerordentliche Kündigung nur aus wichtigem Grund ausgesprochen werden kann, darf der Arbeitgeber diese Tatsachen im Kündigungsprozess nicht mehr nachschieben.

Vorliegend geht es um einen Umstand, der nicht das beanstandete Verhalten des Arbeitnehmers selbst betrifft, sondern allenfalls im Rahmen der Interessenabwägung als ein zugunsten des Arbeitnehmers sprechender Umstand zu berücksichtigen wäre. Zwar darf der Arbeitgeber dem Betriebsrat keine ihm bekannten und von ihm bedachten persönlichen Umstände des Arbeitnehmers vorenthalten, die sich im Rahmen der Interessenabwägung entscheidend zu dessen Gunsten auswirken können. Einen solchen Umstand stellen Unterhaltspflichten des Arbeitnehmers bei vorsätzlichen Vermögensdelikten zum Nachteil des Arbeitgebers grundsätzlich nicht dar. Anders als eine bisher insoweit tadelfrei zurückgelegte Beschäftigungszeit besteht hier regelmäßig kein besonderer Bezug zwischen dem Kündigungsgrund und den ausschließlich dem persönlichen Lebensbereich des Arbeitnehmers zuzurechnenden Unterhaltspflichten. Diese können allenfalls dann für die Interessenabwägung Bedeutung gewinnen, wenn das bestimmende Motiv für die Tat die Sicherung des notwendigen Unterhalts gewesen ist. Hierfür bestehen im vorliegenden Fall keine Anhaltspunkte. Die Firma Finke & Co. brauchte dem Betriebsrat deshalb die Unterhaltspflicht ihres Arbeitnehmers Hugo Hinze für seinen Sohn nicht mitzuteilen. Die fehlende Unterrichtung des Betriebsrates von der Unterhaltspflicht Hinzes macht die Anhörung infolgedessen nicht unwirksam.

Ergebnis: Die von der Firma Finke & Co. ausgesprochene außerordentliche Kündigung ihres Arbeitnehmers Hinze ist formal wirksam, weil die Anhörung des Betriebsrats ordnungsgemäß erfolgt ist.

Lösung zu Fall 10: Kündigung während der Probezeit

Der Vergütungsanspruch Kurt Kühnes wäre gem. § 611 BGB i. V. m. dem BMT Güter- und Möbelfernverkehr begründet, wenn bis zum 19.12. das Arbeitsverhältnis mit der Müller KG bestanden hätte. Dies setzt voraus, dass die eintägige Kündigungsfrist während der Probezeit nach dem BMT Güter- und Möbelfernverkehr nicht während der gesamten Dauer der von den Arbeitsvertragsparteien wirksam vereinbarten Probezeit von drei Monaten gilt, sondern nur innerhalb der ersten vier Wochen der Probezeit.

Die Tarifvertragsparteien haben hinsichtlich der Regelung von Kündigungsfristen eine weitgehende Gestaltungsfreiheit. § 622 Abs. 3 BGB enthält zwar eine Kündigungsfrist während der Probezeit von zwei Wochen, doch können gem. § 622 Abs. 4 BGB durch

---

[1] BAGE 49, 136, 142 = AP Nr. 30, 37 zu § 102 BetrVG 1972.

Tarifvertrag abweichende Regelungen vereinbart werden, sodass auch eine völlig entfristete ordentliche Kündigung tarifvertraglich festgelegt werden könnte.[1] Die Verkürzung gesetzlicher Kündigungsfristen muss im Tarifvertrag allerdings eindeutig und klar erfolgen.

Vorliegend ist eine solche eindeutige Regelung, wonach die Verkürzung der gesetzlichen Kündigungsfristen während der Probezeit erfolgt, im BMT Güter- und Möbelfernverkehr enthalten. Danach gilt während der Probezeit die eintägige Kündigungsfrist, und zwar ohne Beschränkung auf die nur beim Fehlen einer vertraglichen Regelung eingreifende tariflich vorgesehene Probezeit von vier Wochen. Wenn es im BMT heißt, „falls nichts anderes vereinbart ist, gelten bei Einstellung die ersten vier Wochen als Probezeit", dann bedeutet das, dass die Tarifvertragsparteien hinsichtlich der Festlegung der Dauer der Probezeit der vertraglichen Vereinbarung den Vorrang einräumen wollten. Der Hinweis auf die anderweitige Vereinbarung lässt die Möglichkeiten offen, auf die Probezeit völlig zu verzichten oder kürzere oder längere Probezeiten zu vereinbaren.

Die Tarifvertragsparteien des BMT Güter- und Möbelfernverkehr haben ihre Regelungsbefugnis nicht überschritten, indem sie die Dauer der Probezeit zur Disposition für die Parteien des Einzelarbeitsverhältnisses gestellt haben. Zwar wirken sich einzelvertragliche Abreden auch darauf aus, welche tariflichen Kündigungsvorschriften einzuhalten sind, doch folgt die Länge der Kündigungsfristen nicht zwangsläufig aus dem Tarifvertrag. Aufgrund der tariflichen Öffnungsklausel können die Parteien des Einzelarbeitsvertrages mit einer anderweitigen Bestimmung der Dauer der Probezeit zugleich auch regeln, welche von den Tarifvertragsparteien festgelegte Mindestkündigungsfrist während der ersten Monate der Beschäftigung gelten soll. Es geht insoweit nicht um eine vertragliche Verkürzung der gesetzlichen Mindestfristen, sondern um die tariflich zulässige Vereinbarung einer bestimmten Probezeit, bei der dann die tariflichen Mindestfristen eingreifen, die einzelvertraglich nicht unterschritten werden dürfen.

Sofern im Einzelarbeitsvertrag nur die Dauer der Probezeit, nicht aber die Länge der Kündigungsfristen abweichend vom Tarifvertrag geregelt wird, gilt die eintägige Kündigungsfrist des BMT Güter- und Möbelfernverkehr für die gesamte, auch die einzelvertraglich vereinbarte Probezeit. Der Tarifvertrag differenziert hinsichtlich der Kündigungsfristen nicht zwischen einer für den Fall fehlender Vereinbarung geltenden vierwöchigen und einer darüber hinausgehenden Probezeit.

Diesem Ergebnis entspricht der in der Tarifpraxis verwirklichte Grundsatz, dass in der Vereinbarung eines Probearbeitsverhältnisses in der Regel zugleich auch die stillschweigende Vereinbarung der gesetzlich zulässigen Mindestkündigungsfrist liegt.[2] Die Tarifvertragsparteien dürfen ihren Mitgliedern die Regelung von Kündigungsfristen nicht anheim stellen, da insoweit das Gesetz zwingende Normen enthält. Die gesetzliche Öffnungsklausel in § 622 Abs. 4 BGB gilt nur für die Tarifvertragsparteien, während den Einzelvertragsparteien durch § 622 Abs. 5 BGB zwingende Grenzen gesetzt sind.

---

[1] BAG NZA 1988, 52 = DB 1988, 185 unter Hinweis auf § 622 Abs. 3 BGB a. F.

[2] BAGE 23, 393 = AP Nr. 11 zu § 620 BGB – Probearbeitsverhältnis.

Die Regelungsbefugnis der Arbeitsvertragsparteien hinsichtlich der Dauer der Probezeit ist dadurch eingeschränkt, dass der Kündigungsschutz des Arbeitsverhältnisses nicht umgangen werden darf, beispielsweise dadurch, dass eine unangemessen lange Dauer der Probezeit vereinbart wird. Nach der tarifüblichen Gestaltung von Probezeiten im Verkehrsgewerbe sind vier Wochen die überwiegende Regel, während zwei oder drei Monate eher die Ausnahme bilden. Bei der Festlegung der Länge der Probezeit ist allerdings von Bedeutung, dass sich die Tätigkeit des Arbeitnehmers weitgehend und teilweise längere Zeit außerhalb des Kenntnis- und Beobachtungsbereichs des Arbeitgebers abspielt. Infolgedessen ist auch eine Dauer der Probezeit von drei Monaten nicht als unangemessen anzusehen.

Ergebnis: Der Lohnzahlungsanspruch des Arbeitnehmers Kurt Kühne ist unbegründet. Da die eintägige Kündigungsfrist während der Probezeit nach dem BMT Güter- und Möbelfernverkehr für die gesamte Dauer der von den Arbeitsvertragsparteien vereinbarten Probezeit gilt, ist das Arbeitsverhältnis durch die Kündigung der Müller KG vom 12.12. wirksam zum 13.12. beendet worden.

Lösung zu Fall 11: Fragen zur verhaltensbedingten Kündigung

Frage 1

Es ist zu prüfen, ob bei dem Ausspruch der Kündigung vom 21.01. die Vorschriften des Kündigungsschutzgesetzes eingehalten worden sind.

Anwendbarkeit des Kündigungsschutzgesetzes: Das Kündigungsschutzgesetz gilt nur für die Kündigung von Arbeitsverhältnissen. Zwischen Wim Winter und der Deppe-GmbH müsste also ein Arbeitsverhältnis bestanden haben. Winter war als Buchhalter für die Deppe-GmbH tätig und hat damit eine typische Arbeitnehmertätigkeit ausgeübt. Da außerdem keine Anhaltspunkte dafür bestehen, dass Winter von der Deppe GmbH nicht als Arbeitnehmer, sondern als Selbstständiger beschäftigt worden ist, kann davon ausgegangen werden, dass ein Arbeitsverhältnis bestand.

Gemäß § 23 Abs. 1 Sätze 2 und 3 KSchG ist u. a. die Vorschrift des § 1 Abs. 2 KSchG nur dann auf ein konkretes Arbeitsverhältnis anwendbar, wenn in dem Betrieb regelmäßig mehr als fünf bzw. mehr als zehn Arbeitnehmer beschäftigt werden. Außerdem muss der Arbeitnehmer gem. § 1 Abs. 1 KSchG im Zeitpunkt des Zugangs der Kündigung länger als sechs Monate in einem Betrieb beschäftigt sein. Da die Deppe GmbH insgesamt mehr als 200 Arbeitnehmer beschäftigt und Winter seit mehr als zehn Jahren Mitarbeiter der Deppe GmbH ist, sind beide Voraussetzungen erfüllt. Die Anwendbarkeit des Kündigungsschutzgesetzes ist auch nicht gem. § 14 Abs. 1 KSchG ausgeschlossen. Das KSchG ist daher auf das Arbeitsverhältnis zwischen Winter und der Deppe GmbH anzuwenden.

Soziale Rechtfertigung: Eine Kündigung ist nach § 1 Abs. 2 Satz 1 KSchG sozial ungerechtfertigt, wenn sie nicht durch Gründe, die in der Person oder in dem Verhalten des Arbeitnehmers liegen, oder durch dringende betriebliche Erfordernisse, die einer Weiterbeschäftigung des Arbeitnehmers in diesem Betrieb entgegenstehen, bedingt ist.

a) Vorliegen eines Kündigungsgrundes

Es muss also zunächst geprüft werden, ob ein personenbedingter, ein verhaltensbedingter oder ein betriebsbedingter Kündigungsgrund vorliegt. Die Kündigung Winters könnte aus verhaltensbedingten Gründen gerechtfertigt sein. Eine verhaltensbedingte Kündigung kommt insbesondere in Betracht, wenn ein Arbeitnehmer schuldhaft, also mindestens fahrlässig, arbeitsvertragliche Verpflichtungen verletzt. Winter verstößt gegen eine arbeitsvertragliche Nebenpflicht, wenn er sich nicht wie in dem Arbeitsvertrag vereinbart am ersten Krankheitstag im Laufe des Vormittags krank meldet, sondern erst im Laufe des zweiten Krankheitstags. Außerdem handelt es sich bei dem Verhalten Winters sogar um eine vorsätzliche und andauernde und damit um eine schwere Nebenpflichtverletzung. Ein Kündigungsgrund liegt daher vor.

b) Beeinträchtigung des Arbeitsverhältnisses

Des Weiteren muss der Kündigungsgrund zu einer Beeinträchtigung des Arbeitsverhältnisses geführt haben. Vorsätzliche und andauernde Pflichtverletzungen des Arbeitnehmers beeinträchtigen das Arbeitsverhältnis selbst dann, wenn keine konkreten Störungen im Betriebsablauf eintreten. In diesen Fällen besteht stets die Gefahr weiterer Vertragsverletzungen. Eine Beeinträchtigung des Arbeitsverhältnisses liegt daher vor.

c) Verhältnismäßigkeit (Ultima-ratio-Prinzip)

Eine Kündigung ist außerdem nur dann sozial gerechtfertigt, wenn sie auch verhältnismäßig ist. Verhältnismäßig ist eine Kündigung nur dann, wenn kein milderes Mittel (wie z. B. eine Versetzung) als Alternative zur Verfügung steht. Eine verhaltensbedingte Kündigung ist daher regelmäßig nur dann sozial gerechtfertigt, wenn der Arbeitnehmer wegen seines pflichtwidrigen Verhaltens mindestens einmal abgemahnt worden ist.

Eine Abmahnung ist die Aufforderung an den Arbeitnehmer, das vertragswidrige Verhalten zu unterlassen. Außerdem muss dem Arbeitnehmer mit der Abmahnung deutlich gemacht werden, dass er mit einer Kündigung zu rechnen hat, wenn es zu weiteren Vertragsverletzungen kommt. Dem Arbeitnehmer muss also durch eine vorherige Abmahnung die Gelegenheit gegeben worden sein, seine arbeitsvertraglichen Verpflichtungen in Zukunft ordnungsgemäß zu erfüllen. Der Vorgesetzte Vormann hat mehrfach mit Winter über dessen Nebenpflichtverletzungen gesprochen und ihn zur Einhaltung seiner arbeitsvertraglichen Verpflichtungen aufgefordert. Winter ist also von Vormann aufgefordert worden, das vertragswidrige Verhalten zu unterlassen. Vormann hat Winter in diesem Zusammenhang aber lediglich darauf hingewiesen, dass er im Wiederholungsfall die Personalabteilung von den Pflichtverletzungen informieren müsse. Daher hat Vormann Winter nicht deutlich gemacht, dass er mit einer Kündigung zu rechnen hat, wenn es zu weiteren Vertragsverletzungen kommt. Winter ist jedoch bisher nicht abgemahnt worden. Die Kündigung ist daher bereits deshalb unverhältnismäßig, weil Winter wegen der Vertragspflichtverletzung nicht abgemahnt worden ist.

Hinzu kommt, dass der Betriebsrat auf eine weitere Möglichkeit hinweist, Winter zu einer Einhaltung seiner arbeitsvertraglichen Verpflichtungen anzuhalten. § 5 Abs. 1 Satz 3 EFZG eröffnet dem Arbeitgeber die Möglichkeit, von einem Arbeitnehmer bereits ab dem ersten Krankheitstag eine Arbeitsunfähigkeitsbescheinigung zu verlangen.

Winter wäre dann zwar lediglich verpflichtet, am ersten Krankheitstag einen Arzt aufzusuchen. Es ist jedoch nahe liegend, dass ihn der Zwang zu einem Arztbesuch am ersten Krankheitstag entweder dazu veranlassen würde, zur Arbeit zu erscheinen (wenn er „blau" macht) oder sich sogleich am ersten Krankheitstag gegenüber der Deppe GmbH krank zu melden (wenn er nur nachlässig ist). Eine solche Verpflichtung Winters könnte also sogar zu einem Wegfall oder jedenfalls zu einer Verringerung seiner Fehlzeiten führen. Neben der Abmahnung steht daher noch ein weiteres milderes Mittel als die Kündigung zur Verfügung. Der Verhältnismäßigkeitsgrundsatz ist von der Deppe GmbH bei der Kündigung nicht beachtet worden.

Ergebnis: Die Kündigung ist unverhältnismäßig und daher nicht sozial gerechtfertigt. Die Deppe GmbH hätte Winter vor Ausspruch der verhaltensbedingten Kündigung mindestens einmal abmahnen und außerdem versuchen müssen, Winter durch ein Verlangen gem. § 5 Abs. 1 Satz 3 EFZG zu einer Einhaltung seiner arbeitsvertraglichen Verpflichtungen anzuhalten.

Frage 2
Die Kündigung wäre aus anderen Gründen unwirksam, wenn eine der übrigen Voraussetzungen für eine ordentliche Kündigung nicht vorliegen würde.

Ordnungsgemäße Kündigungserklärung: Die Kündigung ist eine einseitige empfangsbedürftige Willenserklärung. Die Kündigung eines Arbeitsverhältnisses bedarf gem. § 623 BGB der Schriftform. Die Kündigung vom 21.01. ist schriftlich erklärt worden. Außerdem war Personalleiter Prinz, der die Entscheidung, das Arbeitsverhältnis mit Winter zu kündigen, getroffen und das Kündigungsschreiben unterzeichnet hat, zur Einstellung und Entlassung von Mitarbeitern bevollmächtigt. Die Deppe GmbH ist daher bei dem Ausspruch der Kündigung ordnungsgemäß vertreten worden. Schließlich wurde Winter das Kündigungsschreiben ausgehändigt; die Kündigung ist ihm damit zugegangen. Insgesamt weist die Kündigungserklärung also keine Mängel auf.

Einhaltung der Kündigungsfrist: Fraglich ist dagegen, ob die Kündigungsfrist eingehalten worden ist. Gemäß § 622 Abs. 2 Satz 1 Nr. 4 BGB beträgt die Kündigungsfrist für Arbeitsverhältnisse, die mehr als zehn Jahre bestanden haben, vier Monate zum Ende eines Kalendermonats. Winter wurde am 21.01. zum 30.04. gekündigt. Die Kündigung ist also nur mit einer Frist von drei Monaten ausgesprochen worden. Hier ist jedoch zu beachten, dass gem. § 622 Abs. 2 Satz 2 BGB Beschäftigungszeiten vor der Vollendung des 25. Lebensjahres bei der Berechnung der verlängerten Kündigungsfristen nicht zu berücksichtigen sind. Da Winter bereits mit 23 Jahren Mitarbeiter der Deppe GmbH wurde, ist also nur eine Beschäftigungszeit von acht Jahren anzurechnen. Die Kündigungsfrist für Arbeitsverhältnisse, die mehr als acht Jahre bestanden haben, beträgt gem. § 622 Abs. 2 Satz 1 Nr. 3 BGB lediglich drei Monate zum Ende eines Kalendermonats. Die Kündigungsfrist wurde also eingehalten.

Anhörung des Betriebsrats: Außerdem ist zu prüfen, ob der Betriebsrat ordnungsgemäß angehört worden ist. Prinz hat den Betriebsrat am 15.01. über die Kündigungsabsicht informiert und damit die Verpflichtung der Deppe GmbH gem. § 102 Abs. 1 Satz 2 BetrVG erfüllt. Fraglich ist jedoch, ob die Äußerungsfrist des Betriebsrats abgewartet worden ist. Sie beträgt bei einer ordentlichen Kündigung gem. § 102 Abs. 2 Satz 1 BetrVG eine Woche. Die Äußerungsfrist des Betriebsrats begann gem. § 187 Abs. 1 BGB am 16.01. und endete gem. § 188 Abs. 2 BGB am 22.01. Die Kündigung wurde aber bereits am 21.01. und damit vor Ablauf einer Woche ausgesprochen. Hier ist jedoch zu berücksichtigen, dass der Betriebsrat bereits mit Schreiben vom 18.01. zu der Kündigungsabsicht Stellung genommen hat. Äußert sich der Betriebsrat vor Ablauf der Äußerungsfrist, kann der Arbeitgeber sogleich nach Eingang der Stellungnahme kündigen; der Ablauf der Äußerungsfrist braucht nicht abgewartet zu werden. Der Betriebsrat ist also ordnungsgemäß angehört worden.

Ergebnis: Die Kündigung ist nicht aus anderen Gründen unwirksam. Es liegt eine ordnungsgemäße Kündigungserklärung vor; die Kündigungsfrist wurde eingehalten und der Betriebsrat ist ordnungsgemäß angehört worden.

Frage 3

Gemäß § 102 Abs. 4 BetrVG hat der Arbeitgeber, wenn er eine Kündigung ausspricht, obwohl der Betriebsrat widersprochen hat, dem Arbeitnehmer mit der Kündigung eine Abschrift der Stellungnahme des Betriebsrats zuzuleiten. Dies gilt aber nur dann, wenn der Betriebsrat der Kündigung gem. § 102 Abs. 3 BetrVG förmlich widersprochen hat. Hier hat der Betriebsrat jedoch lediglich allgemeine Bedenken geäußert, was gem. § 102 Abs. 2 Satz 1 BetrVG ebenfalls möglich ist.

Ergebnis: Dem Arbeitnehmer Winter musste keine Kopie der Stellungnahme des Betriebsrats ausgehändigt werden.

Frage 4

Auch einseitige Rechtsgeschäfte können von Bevollmächtigten vorgenommen werden. Dabei ist aber die in § 174 BGB getroffene Sonderregelung zu beachten. Gemäß § 174 Satz 1 BGB ist ein einseitiges Rechtsgeschäft, das ein Bevollmächtigter vornimmt, unwirksam, wenn der Bevollmächtigte keine Vollmachtsurkunde vorlegt und *„der andere das Rechtsgeschäft aus diesem Grunde unverzüglich zurückweist"*. Die Zurückweisung ist allerdings gem. § 174 Satz 2 BGB ausgeschlossen, wenn der Vollmachtgeber den anderen von der Bevollmächtigung in Kenntnis gesetzt hatte.

Winter kann also nicht beanstanden, dass das Kündigungsschreiben nicht von Glüsing unterzeichnet worden ist. Außerdem kann Winter die Kündigung nur dann gem. § 174 Satz 1 BGB unverzüglich zurückweisen, weil der Personalleiter Prinz ihm keine Vollmachtsurkunde vorgelegt hat, wenn er von der Deppe GmbH nicht in anderer Weise von der Bevollmächtigung informiert worden ist. In diesem Zusammenhang ist zu beachten, dass allein die Berufung eines Mitarbeiters in die Stellung als Personalleiter, mit der üblicherweise eine Bevollmächtigung zur Einstellung und Entlassung von Mitarbeitern verbunden ist, die Arbeitnehmer eines Betriebs regelmäßig darüber in Kenntnis setzt, dass diese Person als Bevollmächtigte u. a. Arbeitsverhältnisse kündigen kann.[1] Die Verpflichtung zur Vorlage einer Vollmachtsurkunde besteht daher nicht, wenn Win-

---

[1] BAG, AP § 174 BGB Nr. 11; dies gilt aber nicht, wenn nur ein Referatsleiter einer Unterabteilung der Personalabteilung die Kündigung ausgesprochen hat (vgl. BAG, NZA 1997, 1343 ff.).

ter aufgrund seiner langjährigen Tätigkeit für die Deppe GmbH bekannt war, dass Prinz Personalleiter ist. Da keine außergewöhnlichen Umstände ersichtlich sind, kann davon ausgegangen werden, dass Winter über die Position des Prinz informiert war.

Ergebnis: Winter kann nicht beanstanden, dass das Kündigungsschreiben nicht von dem Geschäftsführer Glüsing unterzeichnet worden ist, und er kann die Kündigung auch nicht gem. § 174 Satz 1 BGB mit der Begründung zurückweisen, dass Prinz ihm keine Vollmachtsurkunde vorgelegt hat.

Frage 5
Ein Arbeitgeber ist nur ausnahmsweise, z. B. bei einer Verdachtskündigung, verpflichtet, den Arbeitnehmer vor einer beabsichtigten Kündigung anzuhören. Der Betriebsrat soll zwar gem. § 102 Abs. 2 Satz 4 BetrVG den betroffenen Arbeitnehmer hören, bevor er eine Stellungnahme abgibt. Der Betriebsrat ist aber nicht zu einer Anhörung verpflichtet; ob er eine Anhörung des Arbeitnehmers vornimmt, steht in seinem Ermessen.

Ergebnis: Anhörungspflichten sind nicht verletzt worden.

Zusammenfassendes Ergebnis: Die verhaltensbedingte Kündigung ist nicht sozial gerechtfertigt, weil sie dem Grundsatz der Verhältnismäßigkeit widerspricht. Weitere Gründe, die gegen die Wirksamkeit der Kündigung sprechen, liegen nicht vor. Der gekündigte Arbeitnehmer Winter konnte die Kündigungserklärung wegen fehlender Vollmachtsurkunde nicht zurückweisen. Auch Anhörungspflichten sind nicht verletzt worden. Infolge fehlender sozialer Rechtfertigung ist die Kündigung unwirksam.

Lösung zu Fall 12: Kündigung wegen Unpünktlichkeit

Die außerordentliche Kündigung aus wichtigem Grund ist gem. § 626 BGB bei nachhaltigen Verstößen gegen arbeitsvertragliche Verpflichtungen gerechtfertigt. Wiederholte Unpünktlichkeiten eines Arbeitnehmers sind an sich geeignet, eine außerordentliche Kündigung zu begründen, wenn sie den Grad und die Auswir- kung einer beharrlichen Verweigerung der Arbeitspflicht erreicht haben. Erscheint ein Arbeitnehmer ohne rechtfertigenden Grund überhaupt nicht oder verspätet zur Arbeit, dann erbringt er die von ihm geschuldete Arbeitsleistung teilweise nicht oder – sofern nachholbar – nicht zur rechten Zeit. Dies ist ein Verstoß gegen die arbeitsvertragliche Verpflichtung, die Arbeit mit Beginn der betrieblichen Arbeitszeit aufzunehmen und sie im Rahmen der betrieblichen Arbeitszeit zu erbringen. Diese zeitliche Fixierung der Arbeitspflicht ist kennzeichnend für das Arbeitsverhältnis.

Kuno Kunze hat seine Arbeitspflicht in der Weise zu erbringen, dass er seine Aufgaben als Einrichter einer Maschine oder eines Werkzeugs erledigt. Der Schichtwechsel erfolgt zwar ohne die Mitwirkung des Einrichters unter Einschaltung von Meistern; dennoch hängt der Einsatz der Meister davon ab, wann die Einrichter ihre Arbeit aufnehmen. Denn die Meister müssen bei einem unpünktlichen Erscheinen Kunzes für diesen zunächst auch die von ihm zu erbringenden Arbeitsleistungen verrichten, und zwar länger, als nach der betrieblichen Organisation notwendig ist. Infolgedessen hat Kunze wegen seiner Verspätungen seine vertraglich geschuldete Hauptleistungspflicht nicht ordnungsgemäß erfüllt.

Da die Arbeitsleistung zumindest dann, wenn der Arbeitnehmer im Zeitlohn vergütet wird, zu einer fest bestimmten Zeit oder innerhalb eines bestimmten Zeitraumes geschuldet wird, handelt es sich um eine Fixschuld. Kann sie in den einzelnen Arbeitsschichten bei geringfügigem Zuspätkommen noch nachgeholt werden, dann gerät der Arbeitnehmer zunächst nur in Leistungsverzug. Dagegen wird die Erfüllung der Arbeitspflicht nachträglich objektiv unmöglich, wenn der Arbeitgeber die nicht zeitgerecht erbrachte Leistung von einer Ersatzarbeitskraft ausführen lässt. So weit die Kunze obliegenden Aufgaben wegen seiner Unpünktlichkeit von dem zur Überbrückung eingesetzten Meister erledigt werden mussten, besteht eine Unmöglichkeit, seine Arbeitspflicht im vertraglichen Umfang zu erfüllen. Das hat sich unmittelbar als Störung des Arbeitsverhältnisses im Leistungsbereich und als Beeinträchtigung des Austauschverhältnisses von Leistung und Gegenleistung ausgewirkt. Nach den Grundsätzen der Unmöglichkeit entfällt die Verpflichtung Kunzes zur Erbringung seiner Arbeitsleistung gem. § 275 BGB. Durch den Auschluss der Leistungspflicht ergeben sich die Rechtsfolgen für die Gegenleistung aus § 326 BGB. Grundsätzlich entfällt der Lohnanspruch des Arbeitnehmers in der Höhe, in der er eine quantitativ mindere Arbeitsleistung erbracht hat. Der Fortfall des Lohnanspruches ist unabhängig davon gerechtfertigt, ob eine Minderung des insgesamt erwarteten Arbeitsergebnisses vorliegt. Das gilt auch dann, wenn die teilweise eintretende Unmöglichkeit der Erfüllung der Arbeitspflicht vom Arbeitnehmer zu vertreten ist. Davon ist vorliegend auszugehen, weil Kunze die Verspätungen nicht rechtfertigen konnte.

Der kündigungsrechtlich erhebliche Umstand liegt darin, dass die Unpünktlichkeit Kunzes im Verlauf eines Jahres an insgesamt 113 Tagen eine Verletzung seiner Arbeitspflicht und damit eine Leistungsstörung im Arbeitsverhältnis darstellt. Wenn ein Arbeitnehmer häufig zu spät zur Arbeit erscheint oder den Arbeitsplatz vorzeitig verlässt und damit seine Verpflichtungen aus dem Arbeitsverhältnis verletzt, kann der Arbeitgeber das Arbeitsverhältnis in der Regel nur durch eine ordentliche Kündigung lösen.[1] Eine außerordentliche Kündigung aus diesem Grund kommt nur ausnahmsweise in Betracht, wenn die Unpünktlichkeit des Arbeitnehmers den Grad und die Auswirkung einer beharrlichen Verweigerung seiner Arbeitspflicht erreicht hat. Dies ist der Fall, wenn eine Pflichtverletzung trotz Abmahnung wiederholt begangen wird und sich daraus der nachhaltige Wille der vertragswidrig handelnden Partei ergibt, den arbeitsvertraglichen Verpflichtungen nicht nachkommen zu wollen. Die Voraussetzungen für eine beharrliche Verweigerung der Arbeitspflicht durch Kunze sind hinsichtlich seiner Unpünktlichkeit vorliegend erfüllt. Kunze hat nicht nur gelegentlich, sondern im Verlauf eines Jahres bis zum Ausspruch der Kündigung häufiger verspätet die Stechuhr betätigt. Die ihm von dem Arbeitgeber erteilten mündlichen und schriftlichen Abmahnungen sind erfolglos geblieben, obwohl sie teilweise mit der Androhung einer fristlosen Kündigung verbunden waren.

---

[1] BAG NZA 1987, 518.

Im Fall der außerordentlichen Kündigung bedarf es neben dem wichtigen Grund auch einer umfassenden Interessenabwägung, ob die beharrlichen Verletzungen der Arbeitspflicht des Arbeitnehmers der Friedrich GmbH die Fortsetzung des Arbeitsverhältnisses unzumutbar gemacht haben. Die Friedrich GmbH kann wegen der Unpünktlichkeit Kunzes die nicht gearbeiteten Minuten vom Arbeitslohn abziehen. Diese mögliche Lohnkürzung stellt gegenüber einer außerordentlichen Kündigung die gebotene mildere Maßnahme dar, ist aber bereits in mehreren Fällen erfolgt, in denen Kunze für Verspätungen nach der Betriebsvereinbarung ein entsprechender Lohnanteil abgezogen worden war. Auch diese Lohnkürzungen haben Kunze jedoch nicht dazu bewegen können, künftig pünktlich zum Arbeitsbeginn zu erscheinen. Bei Verspätungen bis zu fünf Minuten ist die Friedrich GmbH zudem nach der Betriebsvereinbarung nicht berechtigt, den Lohn zu kürzen. Auch in diesen Fällen, die bei Kunze häufiger vorgekommen sind, ist es der Friedrich GmbH nicht zuzumuten, ständige Störungen des Austauschverhältnisses trotz vergeblicher Abmahnungen sanktionslos hinzunehmen.

Ergebnis: Die fristlose Kündigung des Arbeitsverhältnisses mit Kuno Kunze durch die Firma Friedrich GmbH ist gerechtfertigt, weil die wiederholten Unpünktlichkeiten des Arbeitnehmers den Grad und die Auswirkung einer beharrlichen Verweigerung der Arbeitspflicht erreicht haben.

Lösung zu Fall 13: Wahrheitspflicht im qualifizierten Zeugnis

Walter Walden macht einen Zeugnisberichtigungsanspruch gegenüber seinem Arbeitgeber geltend. Dieser Anspruch setzt voraus, dass die Stahl GmbH gegen die Grundsätze des Zeugnisrechts verstoßen hat, die sich aus der arbeitsvertraglichen Fürsorgepflicht des Arbeitgebers ergeben.

Bei der Ausstellung eines qualifizierten Zeugnisses sind vom Arbeitgeber sowohl das Gebot der Wahrheitspflicht als auch die Verpflichtung zu beachten, das berufliche Fortkommen des Arbeitnehmers nicht unnötig zu erschweren. Objektive Vorkommnisse, die die Beurteilung des Arbeitnehmers belasten, stehen in der betrieblichen Praxis häufig im Widerspruch zu der gesetzlichen Verpflichtung, den Arbeitnehmer in seiner beruflichen Zukunft nicht zu benachteiligen. Darüber hinaus soll das Zeugnis für den neuen Arbeitgeber in gewissem Umfang auch eine Warnfunktion ausüben, indem er vor einer nachteiligen Einstellungsentscheidung geschützt werden soll. Denn als Folge einer unrichtigen Zeugniserteilung kann sich für den alten Arbeitgeber gegebenenfalls eine Schadensersatzpflicht gem. § 826 BGB gegenüber dem einstellenden Arbeitgeber ergeben.

Diese Grundsätze des Zeugnisrechts[1] sind auch bei der Angabe des Beendigungstatbestandes im Zeugnis zu beachten. Der Beendigungsgrund sollte nur dann ins Zeugnis aufgenommen werden, wenn es der Arbeitnehmer ausdrücklich wünscht, zumal dann, wenn es für ihn vorteilhaft ist. Nur ausnahmsweise kann in einem Zeugnis auch zum Ausdruck gebracht werden, dass das Arbeitsverhältnis fristlos beendet worden ist, wenn sich ohnehin aus dem innerhalb des Monats liegenden Datum der Tatbestand

---

[1] *Schaub*, Arbeitsrechtshandbuch, a. a. O., § 146 III. 5 und VII. 1.

der fristlosen Entlassung ergibt. Auch der Vertragsbruch des Arbeitnehmers kann in einem Arbeitszeugnis bei der Beurteilung seiner Führung Berücksichtigung finden.

Im vorliegenden Fall verstoßen die von Walter Walden beanstandeten letzten vier Worte des ihm von der Stahl GmbH erteilten Zeugnisses gegen die Rechtsgrundsätze, die bei einer Zeugniserteilung zu beachten sind. Zwar entspricht es objektiv den Tatsachen, dass das Arbeitsverhältnis seitens der Stahl GmbH fristlos gekündigt und diese personelle Maßnahme durch das Urteil des Arbeitsgerichts rechtskräftig bestätigt worden ist. Gleichwohl genügt es jedoch, dies dadurch zum Ausdruck zu bringen, dass allein der Beendigungszeitpunkt im Zeugnis erscheint. Durch das Datum der Beendigung des Arbeitsverhältnisses kommt die fristlose Entlassung ohnehin zum Ausdruck.

Das Weglassen des Beendigungstatbestandes genügt den Rechtsgrundsätzen des Zeugnisrechts, die in der Warnfunktion des künftigen Arbeitgebers sowie in der Vermeidung von Schadensersatzansprüchen des bisherigen Arbeitgebers liegen. Regelmäßig wird nämlich ein an der Anstellung des Arbeitnehmers interessierter Arbeitgeber an dem ungewöhnlichen Beendigungsdatum des Arbeitsverhältnisses Anstoß nehmen und sich bei der Stahl GmbH durch eine Auskunftserteilung rückversichern sowie Walden im Vorstellungsgespräch hierzu befragen. Auf diese Weise hat die Stahl GmbH in jedem Fall sichergestellt, dass sie sich Dritten gegenüber in keinem Fall Schadensersatzansprüchen aussetzt. Denn das dem Arbeitnehmer Walden erteilte Zeugnis ist wahr, beeinträchtigt dessen berufliches Fortkommen nicht, genügt der Warnfunktion und vermeidet das Entstehen von Schadensersatzansprüchen.[1]

Ergebnis: Auch wenn dem Arbeitnehmer zu Recht außerordentlich von dem Arbeitgeber gekündigt wurde, genügt es, diese Tatsache durch die alleinige Angabe des Beendigungszeitpunktes im qualifizierten Zeugnis zum Ausdruck zu bringen. Der Zeugnisberichtigungsanspruch Walter Waldens ist deshalb berechtigt.

Lösung zu Fall 14: Die tarifliche Ausschlussfrist

Der von Katja Kluge geltend gemachte Anspruch auf Zahlung rückständiger Arbeitsvergütungen ergibt sich aus § 611 BGB i. V. m. dem Arbeitsvertrag und dem Tarifvertrag. Die Geltendmachung des Anspruchs könnte nach dem Tarifvertrag ausgeschlossen sein, wenn eine tarifliche Verfallklausel einschlägig und die Ausschlussfrist abgelaufen wäre.

Der von Kluge geltend gemachte Anspruch unterfällt nicht der allgemeinen Verfallklausel des § 23 Nr. 2, sondern der besonderen des § 10 Nr. 5 MTV. Denn für Ansprüche im Zusammenhang mit der Eingruppierung in die verschiedenen Gehaltsstufen sollen die besonderen Fristen des § 10 Nr. 5 MTV gelten. Danach kann ein Anspruch für einen weiter als drei Monate zurückliegenden Zeitraum nicht geltend gemacht werden, wenn kein Einspruch gegen die erfolgte Eingruppierung innerhalb von drei Monaten erhoben worden ist.

---

[1] Vgl. *Liedtke*, NZA 1988, 270, zum Anspruch auf ein qualifiziertes Zeugnis.

Die Tarifvertragsparteien haben nicht ausgeführt, was unter „Anspruch" i. S. dieser Vorschrift gemeint ist. Dies ist daher durch Auslegung zu ermitteln. Dabei ist zunächst vom Tarifwortlaut auszugehen, der maßgebliche Sinn dieser Erklärung zu erforschen, ohne am Buchstaben zu haften, und sodann der Wille der Tarifvertragsparteien zu berücksichtigen, so weit er sich in den Tarifnormen niedergeschlagen hat (vgl. § 133 BGB).[1] Ferner ist auf den tariflichen Gesamtzusammenhang abzustellen und auf die praktische Tarifübung. Nach diesen Auslegungsgrundsätzen ist unter „Anspruch" i. S. d. § 10 MTV der sich aus der Eingruppierung ergebende Zahlungsanspruch zu verstehen und nicht etwa das Widerspruchsrecht gegen die Eingruppierung. Dies folgt aus dem Gesamtzusammenhang, denn diese Bestimmung steht unter der Überschrift „Gehalts- und Lohnregelung", meint also immer, wenn das Wort „Anspruch" auftaucht, einen Gehalts- oder Lohnanspruch. Das entspricht auch dem erkennbaren Willen der Tarifvertragsparteien, nach dem Zweck von Ausschlussklauseln alsbald Rechtssicherheit zu schaffen und damit Vergütungsansprüche während des noch bestehenden Arbeitsverhältnisses zu klären.

Für den Beginn der Verfallfrist ist nach dem Wortlaut des § 10 Nr. 5 MTV keine ausdrückliche Eingruppierung erforderlich. Ein solches Erfordernis stände auch im Widerspruch zu § 10 Nr. 2 MTV, nach dem die Arbeitnehmer entsprechend ihrer tatsächlich verrichteten Tätigkeit eingruppiert sind, ohne dass es eines deklaratorischen oder eines konstitutiven Eingruppierungsaktes des Arbeitgebers bedarf.

Ein solches Erfordernis einer ausdrücklichen Eingruppierungshandlung des Arbeitgebers widerspricht auch dem Sinn und Zweck der Verfallklausel des § 10 Nr. 5 MTV. Durch die Herausnahme aus der allgemeinen Verfallklausel nach § 23 MTV haben die Tarifvertragsparteien deutlich gemacht, dass Streitigkeiten über die zutreffende Beschäftigungsgruppe kurzfristig und im engen Zusammenhang mit dem bestehenden Arbeitsverhältnis ausgetragen und geklärt werden sollen. Dies ist auch angesichts der geringfügigen Unterschiede in den Tätigkeitsmerkmalen der einzelnen Beschäftigungsgruppen der Gehaltstarifverträge sinnvoll. Gerade in einem gelebten Arbeitsverhältnis in Kleinbetrieben, in dem oft das Überwechseln von einer Beschäftigungsgruppe in die nächsthöhere nicht abrupt aufgrund besonderer Maßnahmen erfolgt, sondern oft gleitend, ist eine Klärung der Eingruppierung in überschaubaren Zeiträumen für beide Arbeitsvertragsparteien dringend geboten.

Die Anwendung des § 10 Nr. 5 MTV ergibt den Verfall der Vergütungsansprüche für einen länger als drei Monate nach Einspruch gegen die Eingruppierung zurückliegenden Zeitraum. Nachdem Kluge Einspruch gegen ihre Eingruppierung durch die Best KG erstmals mit der am 25.10. zugestellten Klage erhoben hat, sind die vor Juli entstandenen Vergütungsansprüche verfallen. Da sie Zahlung für insgesamt 31 Monate verlangt, ist ihr Anspruch in Höhe von 500 € für einen Monat (15.500 € : 31 Monate) begründet.

Ergebnis: Der Anspruch Katja Kluges gegen die Best KG auf Zahlung der Differenzbeträge zur Vergütungsgruppe III ist nur für den Monat Juli begründet. Die Klage hinsicht-

---

[1] BAGE 42, 86, 89 = AP Nr. 128 zu § 1 TVG – Auslegung; BAGE 46, 308, 313, 316 = NZA 1985, 160 = AP Nr. 135 zu § 1 TVG – Auslegung; BAGE 60, 219, 223 = NZA 1989, 351 = AP Nr. 127 zu § 611 BGB – Gratifikation.

lich der darüber hinausgehenden Zahlungsansprüche war abzuweisen, weil der Vergütungsanspruch insoweit bereits verfallen ist.

Lösung zu Fall 15: Warnstreiks und Ultima-ratio-Prinzip

Ein Anspruch der Hinze GmbH auf Unterlassung zum Aufruf zur Teilnahme an kurzen Warnstreiks könnte sich aus dem Gesichtspunkt des rechtswidrigen Eingriffs in das Recht am Unternehmen gem. § 823 Abs. 1 BGB ergeben. Arbeitskampfmaßnahmen unterliegen nach ständiger Rechtsprechung der Arbeitsgerichte dem Ultima-ratio-Prinzip.[1] Die davon abweichende Freistellung bestimmter Arbeitskampfformen wie etwa des Warnstreiks setzt voraus, dass sich diese in rechtlich relevanter Weise von anderen Arbeitskampfformen, die als Erzwingungsstreiks dem Ultima-ratio-Prinzip unterliegen, unterscheiden, sodass eine andere rechtliche Beurteilung ihrer Zulässigkeit geboten und gerechtfertigt erscheint. Eine solche Unterscheidung ist angesichts der Entwicklung der Warnstreik-Praxis in den letzten Jahren nicht mehr möglich.

Bisher ist die Rechtsprechung davon ausgegangen, dass es sich bei Warnstreiks um kurze und zeitlich befristete Streiks handelt, von denen ein milder Druck auf den tariflichen Gegenspieler ausgeübt wird, insbesondere weil sie nur geringe Schäden verursachen. Die Dauer der einzelnen Arbeitsniederlegungen, deren Häufigkeit in den einzelnen Betrieben oder die Höhe des durch Warnstreiks verursachten Schadens sind aber keine verlässlichen Abgrenzungsmerkmale. Ein kurzer Flächenstreik kann zu einem geringeren Schaden führen als eine sich über längere Zeit hinziehende Warnstreikaktion.

Auch die Funktionen eines Warnstreiks vermögen eine unterschiedliche rechtliche Behandlung gegenüber anderen Streikformen nicht zu rechtfertigen. So weit mit dem Warnstreik zunächst Druck auf die Arbeitgeberseite ausgeübt werden soll, hat der Warnstreik diese Druckfunktion mit dem Erzwingungsstreik gemeinsam. Denn die Druckausübung verfolgt das Ziel, auf den Abschluss eines Tarifvertrages mit einem bestimmten Inhalt hinzuwirken. Ebenso wenig ist die Demonstrationsfunktion, wonach der Warnstreik die Kampfbereitschaft der Gewerkschaften demonstrieren soll, als Unterscheidungsmerkmal geeignet. Denn der Warnstreik beschränkt sich nicht auf die Demonstration von Kampfbereitschaft durch Ausübung eines psychologischen Druckes, sondern ist unmittelbare Druckausübung durch die Folgen und Schäden der Arbeitsniederlegung selbst. Für die Zulässigkeit des verhandlungsbegleitenden Warnstreiks wird vielfach geltend gemacht, er sei ein notwendiger Test für die Gewerkschaften, die Solidarität und die Arbeitskampfbereitschaft ihrer Mitglieder und der Außenseiter zu erkunden. Dieser innergewerkschaftliche Vorgang darf jedoch nicht zu Lasten der Arbeitgeberseite erfolgen, jedenfalls rechtfertigt dies nicht, den Warnstreik wegen dieser Testfunktion vom Ultima-ratio-Prinzip auszunehmen. Infolgedessen ist ein Warnstreik auch in der Form der sog. neuen Beweglichkeit keine gegenüber anderen Arbeitskampfformen privilegierte Kampfform. Er unterliegt wie diese dem Ultima-ratio-Prinzip.

---

[1] BAGE 23, 292, 306 = AP Nr. 43 zu Art. 9 GG – Arbeitskampf = NJW 1971, 1668; NJW 1985, 85.

Es ist daher zu prüfen, ob der gegen die Niederlassung Rastatt der Hinze GmbH am 27.04. geführte Warnstreik gegen das Ultima-ratio-Prinzip verstößt und damit unzulässig war. Arbeitskämpfe dürfen nur insoweit eingeleitet und durchgeführt werden, als sie zur Erreichung rechtmäßiger Kampfziele und des nachfolgenden Arbeitsfriedens geeignet und sachlich erforderlich sind. Jede Arbeitskampfmaßnahme – sei es Streik, sei es Aussperrung – darf ferner nur nach Ausschöpfung aller Verständigungsmöglichkeiten ergriffen werden. Dieses Ultima-ratio-Prinzip ist Teil des Grundsatzes der Verhältnismäßigkeit und betrifft insbesondere den Zeitpunkt des Arbeitskampfes. Allerdings ist nicht erforderlich, dass die Tarifverhandlungen förmlich für gescheitert erklärt werden. In der Einleitung von Arbeitskampfmaßnahmen liegt vielmehr die freie und nicht nachprüfbare Entscheidung der Tarifvertragspartei, dass sie die Verhandlungsmöglichkeiten ohne begleitende Arbeitskampfmaßnahmen als ausgeschöpft ansieht.

Warnstreiks sind auch im Einzelhandel zulässig. Da der Warnstreik wie jede andere Streikform ein Erzwingungsstreik ist, findet er seine Grenze im Grundsatz der Verhältnismäßigkeit, die die Art der Durchführung und die Intensität der einzelnen Arbeitskampfmaßnahmen bestimmt. Es entspricht dem Grundsatz der freien Wahl der Arbeitskampfmittel, diese so einzusetzen, dass sie mit möglichst geringem Aufwand eine hohe Wirkung erzielen, d. h. einen durch die Folgen der Arbeitskampfniederlegung eintretenden Druck ausüben, der geeignet ist, die Arbeitgeberseite zum Nachgeben und Eingehen auf die erhobenen Forderungen zu bestimmen.

Der gegen die Niederlassung Rastatt der Hinze GmbH am 27.04. geführte Warnstreik war auch nicht dadurch rechtswidrig, dass es aus diesem Anlass zu Ausschreitungen gekommen ist, die vom Streikrecht nicht gedeckt sind. Ausschreitungen im Verlauf eines Warnstreiks stellen einen rechtswidrigen Eingriff in den eingerichteten und ausgeübten Gewerbebetrieb dar und begründen infolgedessen eine Schadensersatzpflicht gem. §§ 823 ff. BGB. Ein rechtmäßiger Arbeitskampf wird jedoch nicht dadurch rechtswidrig, dass streikende Arbeitnehmer, Streikposten oder Streikleitungen rechtswidrige Handlungen begehen. Das Streikrecht beinhaltet insbesondere das Recht, die vertraglich geschuldete Arbeitsleistung zu verweigern. Vom Streikrecht mit umfasst, ist auch der Versuch, dem bestreikten Betrieb bisher nicht zugehörige Arbeitskräfte mit Mitteln des gütlichen Zuredens und des Appells an die Solidarität von der Aufnahme der Arbeit im bestreikten Betrieb abzuhalten.

Dementsprechend schließt das Streikrecht auch den Versuch ein, Arbeitnehmer des bestreikten Betriebes, die sich dem Streik bislang noch nicht angeschlossen haben, zur Teilnahme am Streik zu bewegen, sofern dieser Versuch mit Mitteln des gütlichen Zuredens und des Appells an die Solidarität erfolgt. Handlungen die darüber hinausgehen oder gar strafrechtlich geschützte Interessen des Arbeitgebers oder Dritter verletzen, werden durch das Streikrecht nicht gerechtfertigt. Unzulässig ist danach auch die Verhinderung des Zu- und Abgangs von Waren und Kunden sowie die Behinderung arbeitswilliger Arbeitnehmer am Betreten des Betriebes durch Maßnahmen, die über bloßes Zureden, sich am Streik zu beteiligen, hinausgehen. Solche Handlungen stellen eine Verletzung des Rechts am eingerichteten und ausgeübten Gewerbebetrieb des bestreikten Arbeitgebers gem. § 823 Abs. 1 BGB dar.[1] Der Geschädigte kann Ersatz des ihm durch diese unerlaubte Handlung entstehenden Schadens verlangen.

Sofern der Schadensersatzanspruch der Hinze GmbH begründet ist, haften für den Schaden zunächst die Streikleiter, so weit diese die unerlaubten Handlungen selbst verübt oder doch zumindest billigend geduldet haben. Daneben haftet die zuständige Gewerkschaft gem. § 31 BGB für zum Schadensersatz verpflichtende Handlungen ihrer Organe, zu denen auch die örtlichen Streikleitungen der Gewerkschaft gehören. Die Streikleitungen werden mit der Aufgabe der Vorbereitung und Durchführung von Arbeitskampfmaßnahmen betraut und für diese Aufgabe ausdrücklich bestellt. Falls unerlaubte Handlungen von Streikposten begangen worden sind, haftet die Gewerkschaft für diese auch nach § 831 BGB, wenn sie nicht nachweisen kann, dass sie bei der Auswahl und Unterweisung der Streikposten die erforderliche Sorgfalt beachtet hat.

Ergebnis: Ein Warnstreik auch in der Form der sog. neuen Beweglichkeit ist keine gegenüber anderen Arbeitskampfformen privilegierte Kampfform. Er unterliegt wie diese dem Ultima-ratio-Prinzip und war im vorliegenden Fall rechtmäßig. Infolgedessen besteht kein Anspruch der Hinze GmbH gegen die Gewerkschaft auf Unterlassung des Aufrufs zu Warnstreiks. Handlungen anlässlich eines Streiks, die vom Streikrecht nicht gedeckt sind, verpflichten jedoch zum Schadensersatz, sodass für unerlaubte Handlungen der Streikleiter diese unmittelbar gem. § 823 Abs. 1 BGB und die Gewerkschaften über § 31 BGB haften, während für unerlaubte Handlungen der Streikposten die Gewerkschaften nach § 831 BGB einzustehen haben.

Lösung zu Fall 16: Entgeltfortzahlung im Streik

Rechtsgrundlage für den geltend gemachten Anspruch könnte § 37 Abs. 6 i. V. m. § 37 Abs. 2 BetrVG sein. Der Anspruch auf Lohnzahlung ergibt sich nicht aus § 611 BGB, weil Udo Küppers in dieser Zeit nicht gearbeitet hat.

Küppers hat in der fraglichen Zeit, für die er Lohnzahlung verlangt, eine Schulungsveranstaltung für Betriebsratsmitglieder besucht, die von der IG Metall veranstaltet wurde. Gemäß § 37 Abs. 6 i. V. m. § 37 Abs. 2 BetrVG wird ein Betriebsratsmitglied für die Zeitdauer der Schulungsveranstaltung von seiner beruflichen Tätigkeit ohne Minderung des Arbeitsentgelts befreit. Durch § 37 Abs. 2 BetrVG wird für Betriebsratsmitglieder kein eigenständiger Lohnanspruch begründet, vielmehr bleiben die dem Arbeitnehmer gegenüber dem Arbeitgeber zustehenden Entgeltansprüche erhalten. Es gilt das Lohnausfallprinzip, sodass der Lohnanspruch davon abhängt, ob Küppers für die Zeit vom 06. bis 09.03. gegen die Gruber GmbH einen Lohnanspruch gehabt hätte, wenn er die Schulungsveranstaltung nicht besucht hätte.

Es ist zu untersuchen, ob der Lohnanspruch Küppers deswegen entfällt, weil der Betrieb der Gruber GmbH in dieser Zeit bestreikt wurde und davon auszugehen ist, dass Küppers sich am Streik beteiligt hätte, wenn er nicht an der Schulungsveranstaltung teilgenommen hätte. Denn ein Arbeitnehmer, der sich an einem Streik beteiligt, verliert

---

[1] BAGE 48, 160, 165 = AP Nr. 85 zu Art. 9 GG — Arbeitskampf = NZA 1986 = NJW 1985, 2545.

für diese Zeit seinen Lohnanspruch. Nach den Grundsätzen des Arbeitskampfrechts werden die Hauptleistungspflichten im Arbeitsverhältnis durch die Streikbeteiligung suspendiert. Die entscheidende Frage ist nach dem vorliegenden Sachverhalt, ob auch Lohnersatzleistungen – wie der Anspruch des Betriebsrats auf Lohnfortzahlung bei der Teilnahme an einer Schulungsveranstaltung – von dem Suspensiveffekt erfasst werden. Die Feststellung der Streikbeteiligung ist aber nicht eindeutig, wenn der Arbeitnehmer für die Zeit eines Streiks aus anderen Gründen nicht zur Arbeitsleistung verpflichtet ist, sodass aus dem Nichterbringen der Arbeitsleistung noch nicht zwingend der Schluss gezogen werden kann, der Arbeitnehmer beteilige sich am Streik. Die Fälle der Arbeitsunfähigkeit infolge Krankheit oder Erholungsurlaub, der Fortfall der Verpflichtung zur Arbeitsleistung infolge von Beschäftigungsverboten, z. B. nach dem Mutterschutzgesetz, der Arbeitsausfall wegen Kurzarbeit oder aus anderen Gründen lassen auf eine mögliche Streikbeteiligung nicht ohne Weiteres Rückschlüsse zu. Der zu entscheidende Sachverhalt ist diesen Fällen insoweit vergleichbar, als der Arbeitnehmer wegen der Teilnahme an einer Schulungsveranstaltung nach § 37 Abs. 6 BetrVG von seiner Verpflichtung zur Arbeitsleistung befreit ist.

Die Frage, inwieweit ein Arbeitnehmer Lohnfortzahlung auch ohne Arbeitsleistung während eines Arbeitskampfes verlangen kann, hat das BAG zuletzt für die Fälle entschieden, in denen der Arbeitgeber die Arbeitnehmer ausgesperrt hat. Danach können auch arbeitsunfähig erkrankte Arbeitnehmer[1] oder Betriebsratsmitglieder[2] ausgesperrt werden. Diesen Entscheidungen[3] liegt der Gedanke zugrunde, dass mit der Aussperrung der Arbeitgeber nicht nur die Arbeitspflicht der Arbeitnehmer, sondern auch seine Lohnzahlungspflicht suspendiert, und zwar auch so weit diese in der Verpflichtung besteht, Lohnersatzleistungen für Zeiten ohne Arbeit zu erbringen.

In der Frage, ob und inwieweit für Krankheitszeiten, Urlaubszeiten oder andere Zeiten mit Anspruch auf Lohnfortzahlung vom Arbeitgeber der Lohn gezahlt werden muss, wenn während dieser Zeiten im Betrieb gestreikt wird, ist die Rechtsprechung des BAG nicht eindeutig. Ein bereits vor Streikbeginn erkrankter Arbeitnehmer behält seinen Anspruch auf den Arbeitgeberzuschuss zum Krankengeld, wenn er – wäre er nicht krank gewesen – im Betrieb trotz des Streiks hätte arbeiten können.[4] Aus den gleichen Gründen ist ein Anspruch auf den Arbeitgeberzuschuss zum Krankengeld verneint worden, wenn während der Krankheit der Betrieb bestreikt wird und dieser Streik zur Stilllegung des Betriebes bis auf einen Notdienst führt.[5] Dagegen wird ein bereits bewillig-

---

[1] BAGE 58, 332 = NZA 1988, 890 = AP Nr. 107 zu Art. 9 GG – Arbeitskampf.

[2] BAGE 60, 71 = NZA 1989, 353 = AP Nr. 110 zu Art. 9 GG – Arbeitskampf.

[3] Hinsichtlich eines Urlaubs hat das BAG dagegen ausgesprochen, dass ein bewilligter Urlaub durch eine Aussperrung nicht berührt wird, für die Zeit des Urlaubs daher Urlaubsentgelt zu zahlen ist, auch wenn der Urlaub ganz oder teilweise in eine Zeit fällt, in der die Arbeitnehmer des Betriebs ausgesperrt sind, BAGE 58, 310 = NZA 1988, 887 = AP Nr. 58 zu § 1 FeiertagslohnzahlungsG.

[4] BAG AP Nr. 31 zu § 1 ArbKrankhG.

[5] BAG AP Nr. 39 zu § 1 ArbKrankhG.

ter Urlaub nicht dadurch unterbrochen, dass während des Urlaubs der Betrieb bestreikt wird.[1]

Allerdings wird bei einem Streik die Arbeitspflicht des Arbeitnehmers noch nicht dadurch suspendiert, dass die Gewerkschaft die Arbeitnehmer zum Streik aufruft. Es ist vielmehr Sache des einzelnen Arbeitnehmers, konkludent oder ausdrücklich gegenüber dem Arbeitgeber zu erklären, dass er sich am Streik beteiligt und deshalb seine Arbeitspflicht suspendiert. Diese Erklärung erfolgt in der Regel konkludent durch Niederlegung der Arbeit. In aller Regel wird der Arbeitgeber davon ausgehen können, dass die Arbeitnehmer, die nach einem gewerkschaftlichen Streikaufruf nicht zur Arbeit erscheinen, von ihrem Streikrecht Gebrauch machen und damit ihre Arbeitspflicht suspendieren. Andererseits folgt auch dem Nichterscheinen am Arbeitsplatz noch nicht eindeutig eine Streikbeteiligung, wenn die Arbeitnehmer auch schon vor Streikbeginn von der Arbeit befreit waren.

Der Lohnanspruch eines Arbeitnehmers anlässlich eines Streiks im Betrieb entfällt nur dann, wenn der einzelne Arbeitnehmer seine Teilnahme an diesem Streik – ausdrücklich oder konkludent – erklärt. Dieser Grundsatz lässt sich sowohl auf diejenigen Arbeitnehmer anwenden, die anlässlich eines Streikaufrufs der Gewerkschaft nicht zur Arbeit erscheinen, als auch für die Arbeitnehmer, die aus anderen Gründen von der Arbeitspflicht befreit sind. Denn der Lohnanspruch der Arbeitnehmer, die bereits vor Beginn des Streiks urlaubs- oder krankheitsbedingt oder aus anderen Gründen unter Fortzahlung ihrer Vergütung von ihrer Arbeitspflicht befreit waren, verlieren ihren Lohnzahlungsanspruch, wenn sie erklären, dass sie sich am Streik beteiligen. Auch diese Erklärung kann konkludent erfolgen, etwa dadurch, dass der Arbeitnehmer sich als Streikposten betätigt oder in anderer Weise. Allein der Umstand, dass der Arbeitnehmer nicht zur Arbeit erscheint, kann in diesen Fällen nicht als konkludente Erklärung der Streikbeteiligung gesehen werden.

Im vorliegenden Fall stand für die Parteien schon im Sommer des vorangegangenen Jahres fest, dass Küppers in der Zeit vom 06. bis 09.03. die Schulungsveranstaltung besuchen und daher für diese Zeit einen Anspruch auf Fortzahlung seines Arbeitsentgelts haben werde. Küppers hat diese Schulungsveranstaltung auch tatsächlich besucht und für diese Zeit weder ausdrücklich erklärt, dass er sich am Streik beteiligt, noch neben der Teilnahme an der Schulungsveranstaltung tatsächlich am Streik teilgenommen. Der Lohnanspruch Küppers ist daher allein dadurch, dass während dieser Zeit andere Arbeitnehmer des Betriebes streikten, nicht entfallen.[2]

---

[1] BAG AP Nr. 16 zu § 11 BUrlG.

[2] Dieses Ergebnis steht nicht im Widerspruch zu den Grundsätzen des Arbeitskampfrechts, insbesondere tritt keine Störung der Arbeitskampfparität ein. Arbeitnehmer, die nicht am Streik teilnehmen, sondern aus anderen Gründen von ihrer Arbeitspflicht befreit sind, können allein durch ihre erklärte Teilnahme den Druck des Streiks auf die Arbeitgeberseite verstärken. Der Arbeitgeber kann sich von seinen Lohnfortzahlungspflichten nur dadurch befreien, dass er die Arbeitnehmer aussperrt und damit die Lohnzahlungspflicht suspendiert.

Ergebnis: Küppers hat seinen Anspruch auf Lohnfortzahlung für den Zeitraum seiner Teilnahme an der Schulungsveranstaltung gem. § 37 Abs. 6 i. V. m. § 37 Abs. 2 BetrVG nicht dadurch verloren, dass in dieser Zeit der Betrieb bestreikt wurde. Da er schon vor Beginn des Arbeitskampfes für einen festen Zeitraum von seiner Arbeitspflicht unter Fortzahlung des Arbeitsentgelts befreit war, ist für die Streikbeteiligung entscheidend, ob er seine Teilnahme am Streik trotz der Arbeitsbefreiung erklärt oder sich tatsächlich am Streikgeschehen beteiligt hat. Da dies nach dem vorliegenden Sachverhalt nicht geschehen ist, bleibt sein Vergütungsanspruch bestehen.

Lösung zu Fall 17: Übernahme des Auszubildenden

Rechtsgrundlage für das Entstehen eines Vollzeitarbeitsverhältnisses zwischen der Becker KG und Arne Andersen ist § 78a Abs. 2 Satz 1 BetrVG. Voraussetzung dieser Vorschrift ist, dass Andersen bei Beendigung seines Berufsausbildungsverhältnisses Mitglied der Jugend- und Auszubildendenvertretung bei der Becker KG war und innerhalb der letzten drei Monate vor dem Beendigungszeitpunkt seine Weiterbeschäftigung schriftlich verlangt hat, ferner das Bestehen der Abschlussprüfung. Diese Voraussetzungen hat Andersen vorliegend erfüllt. Es geht lediglich um die Frage, ob ein Teilzeit- oder ein Vollzeitarbeitsverhältnis begründet worden ist.

Der arbeitszeitliche Umfang des durch § 78a Abs. 2 Satz 1 BetrVG entstandenen Arbeitsverhältnisses zwischen der Becker KG und Arne Andersen kann nicht mithilfe der in § 78a Abs. 2 Satz 2 BetrVG getroffenen Verweisung aus § 37 Abs. 4 und 5 BetrVG in der Weise bestimmt werden, dass auf die Arbeitsbedingungen abgestellt würde, zu denen der Arbeitgeber vergleichbare, aber nicht durch § 78a BetrVG geschützte Auszubildende freiwillig in ein Arbeitsverhältnis übernimmt. Die Bedeutung dieser Verweisung erschöpft sich darin, für das kraft gesetzlicher Fiktion zu Stande gekommene Arbeitsverhältnis dieselben Schutzvorschriften zu normieren, die allgemein für die üblicherweise durch Vertrag begründeten Arbeitsverhältnisse von Betriebsratsmitgliedern gelten.

Die Wahrnehmung betriebsverfassungsrechtlicher Funktionen darf weder zu einer Benachteiligung noch zu einer Bevorzugung der betreffenden Arbeitnehmer durch den Arbeitgeber führen. Daraus folgt jedoch nicht, dass ein gem. § 78a Abs. 2 Satz 1 BetrVG begründetes Arbeitsverhältnis inhaltlich danach zu bestimmen ist, welche Verträge zwischen dem Arbeitgeber und anderen Auszubildenden oder anderen Arbeitnehmern abgeschlossen werden. Zum einen kann es an solchen vergleichbaren Auszubildenden fehlen, auch dann muss die Bestimmung des Inhalts des kraft Gesetzes entstehenden Arbeitsverhältnisses möglich sein. Vor allem aber gewährt § 78a BetrVG den dort geschützten Auszubildenden eine besondere, von der privatautonomen Entscheidung des Arbeitgebers, ob und mit welchen Arbeitsbedingungen er dem Auszubildenden ein Arbeitsverhältnis anbietet, weitgehend unabhängige Rechtsstellung, die das Gesetz den anderen Auszubildenden gerade vorenthält. Inhalt und Grenzen dieser Rechtsstellung können daher nur unter Berücksichtigung des bezweckten Sonderschutzes und jedenfalls nicht allein anhand der Arbeitsbedingungen bestimmt werden, die der Arbeitgeber nicht geschützten Auszubildenden freiwillig einräumt.

Der Inhalt dieser besonderen Rechtsstellung erschöpft sich nicht in einem Benachteiligungsverbot i. S. d. § 78 Satz 2 BetrVG. Vielmehr bedürfen Mitglieder von Betriebsverfassungsorganen im Interesse der freien Ausübung ihrer betriebsverfassungsrechtlichen Aufgaben eines besonderen Schutzes. Soweit dieser Sonderschutz zu einer individuellen Besserstellung und damit entgegen der Grundregel des § 78 Satz 2 BetrVG zu einer gewissen Bevorzugung des unter § 78a BetrVG fallenden Auszubildenden gegenüber den übrigen Auszubildenden führt, ist dies vom Gesetzgeber im Interesse des Schutzes des Betriebsverfassungsamtes bewusst in Kauf genommen worden.[1] Die Wirkung gesetzlicher Fiktionen darf nicht von Zufälligkeiten abhängig gemacht werden. Es ist vielmehr ein Gebot der Rechtsklarheit und der Rechtssicherheit, dass von vornherein feststeht, welchen Inhalt ein nach § 78a Abs. 2 Satz 1 BetrVG begründetes Arbeitsverhältnis haben wird. Wenn ein in § 78a Abs. 1 BetrVG genannter Auszubildender vom Arbeitgeber die Weiterbeschäftigung verlangt und demzufolge im Anschluss an das Berufsausbildungsverhältnis ein Arbeitsverhältnis auf unbestimmte Zeit als begründet gilt, so tritt hinsichtlich der Dauer der Beschäftigung keine Änderung ein. An die Stelle des Vollzeitberufsausbildungsverhältnisses tritt ein Vollzeitarbeitsverhältnis.

Die dem Auszubildenden gem. § 78a Abs. 2 BetrVG eingeräumte Rechtsposition bezieht sich auch auf den Inhalt des Arbeitsverhältnisses, weil hiernach auch der Schutz der Unabhängigkeit des Auszubildenden bei seiner Entscheidung zur Amtsübernahme und bei seiner Amtsausübung als Jugend- und Auszubildendenvertreter bezweckt wird. Der Auszubildende soll nicht befürchten müssen, der Arbeitgeber werde sich durch die Amtsübernahme und -ausübung als Jugend- und Auszubildendenvertreter beeinflussen lassen. Zu diesem Zweck gewährt § 78a Abs. 2 BetrVG dem Auszubildenden eine wirtschaftliche Absicherung seines mit dem jeweiligen Ausbildungsberuf erstrebten Ausbildungszieles, sofern der Arbeitgeber hiergegen keine begründeten Einwendungen hat. Das Ausbildungsziel geht regelmäßig dahin, in dem erlernten Beruf ohne Hinzutreten weiterer Einkünfte eine ausreichende, dem jeweiligen Berufsbild entsprechende wirtschaftliche Lebensgrundlage zu finden. Dies ist aber nach allgemeiner Auffassung nur in einem Vollzeitarbeitsverhältnis gegeben; insofern lässt § 78a BetrVG dem Arbeitgeber keinen Raum, privatautonom darüber zu entscheiden, ob er den Auszubildenden als Vollzeit- oder als Teilzeitarbeitnehmer beschäftigen will.

Der Arbeitgeber hat gem. § 78a Abs. 4 BetrVG bei Vorliegen der dort genannten Voraussetzungen die Möglichkeit, spätestens bis zum Ablauf von zwei Wochen nach Beendigung des Berufsausbildungsverhältnisses beim Arbeitsgericht zu beantragen, festzustellen, dass ein Arbeitsverhältnis nicht begründet wird oder ein bereits begründetes Arbeitsverhältnis aufzulösen ist. Da die Becker KG einen entsprechenden Antrag nicht gestellt hat, ist zwischen den Parteien ein Vollzeitarbeitsverhältnis auf unbestimmte Zeit zu Stande gekommen.

Ergebnis: Verlangt ein Jugend- und Auszubildendenvertreter nach Abschluss seiner Berufsausbildung gem. § 78a Abs. 2 Satz 1 BetrVG seine Weiterbeschäftigung, so hat er einen Anspruch auf die unbefristete Weiterbeschäftigung in einem Vollzeitarbeitsverhältnis. Von der Pflicht zur Weiterbeschäftigung in einem Vollzeitarbeitsverhältnis kann

---

[1] BAGE AP Nr. 5 zu § 78a BetrVG 1972.

sich der Arbeitgeber nur unter den Voraussetzungen des § 78a Abs. 4 BetrVG durch das Arbeitsgericht entbinden lassen. Infolgedessen ist vorliegend zwischen der Becker KG und Arne Andersen ein Vollzeitarbeitsverhältnis gegründet worden.

Lösung zu Fall 18: Sozialversicherungspflicht im Familienunternehmen

Personen, die gegen Arbeitsentgelt beschäftigt sind, unterliegen der Versicherungs- bzw. Beitragspflicht in den verschiedenen Zweigen der Sozialversicherung (§ 1 Satz 1 Nr. 1 SGB VI bezüglich der Rentenversicherung, § 25 Abs. 1 SGB III für die Arbeitslosen- versicherung, § 5 Abs. 1 Nr. 1 SGB V für die Krankenversicherung und § 20 Abs. 1 Nr. 1 SGB IX für die Pflegeversicherung).

Die Definition der Beschäftigung im Unterschied zur selbstständigen Tätigkeit ergibt sich aus § 7 Abs. 1 SGB IV. Danach ist Beschäftigung die nichtselbstständige Arbeit insbesondere in einem Arbeitsverhältnis. Anhaltspunkte für eine Beschäftigung sind eine Tätigkeit nach Weisungen und eine Eingliederung in die Arbeitsorganisation des Weisungsgebers. Ein Arbeitsverhältnis ist anzunehmen, wenn ein Arbeitnehmer vom Arbeitgeber persönlich abhängig ist. Bei einer Beschäftigung in einem fremden Betrieb ist dies anzunehmen, wenn der Beschäftigte in den Betriebsablauf eingegliedert ist und dabei einem Zeit, Dauer, Ort und Art der Ausführung umfassenden Weisungsrecht des Arbeitgebers unterliegt, wobei dieses sich je nach der Verantwortungsbereitschaft in einem engen oder auch einem weiten Rahmen bewegen kann. Der Arbeitnehmer ist auch frei von Geschäftsrisiken bzw. wirtschaftlichem Engagement und besitzt keine eigene Betriebsstätte. Eigenes Unternehmerrisiko, das Vorhandensein einer eigenen Betriebsstätte, die Verfügungsmöglichkeit über die eigene Arbeitskraft und die im We- sentlichen frei gestaltete Tätigkeit und Arbeitszeit kennzeichnen dagegen die selbst- ständige Tätigkeit.

Nach der Rechtsprechung des BSG wird der Begriff der Nichtselbstständigkeit also durch eine Vielzahl von Merkmalen konkretisiert, wobei Hauptmerkmal die persönliche Abhängigkeit des Arbeitnehmers gegenüber dem Arbeitgeber ist. Diese Merkmale, die untereinander nicht eindeutig oder zuverlässig gewichtet werden können, sind am ehesten als Bestandteile eines Prüfungskatalogs aufzufassen. Das Ergebnis einer Ge- samtprüfung führt dabei zu Teilergebnissen, die wie Indizien im Rahmen der nachfol- genden Gesamtbewertung zusammengetragen, situativ gewichtet werden und im Rahmen einer Abwägung zur Entscheidung führen. Entscheidend ist, welche Merkma- le überwiegen, daher sind alle Umstände des Einzelfalls zu berücksichtigen.

Dabei ist die steuerrechtliche Behandlung der erzielten Einkünfte ein gewichtiges Indiz. Zwar ist die Versicherungspflicht ausschließlich nach dem Sozialversicherungsrecht und ohne rechtliche Bindung an die Entscheidungen der Finanzbehörden und Finanz- gerichte zu beurteilen und der Versicherungsträger sowie die Gerichte der Sozialge- richtsbarkeit sind daher einer selbstständigen Prüfung im Einzelfall nicht enthoben, dennoch stellt die steuerrechtliche Behandlung einen wichtigen Anhaltspunkt für die versicherungsrechtliche Beurteilung einer Tätigkeit dar. Die Lohnsteuerpflicht spricht demzufolge für das Vorliegen eines Beschäftigungsverhältnisses, während andererseits

die Veranlagung zur Einkommensteuer und Gewerbesteuerpflicht auf eine selbstständige Tätigkeit hindeutet.

Das Arbeitnehmerverhältnis ist im Übrigen dadurch gekennzeichnet, dass es frei von
Geschäftsrisiken bzw. wirtschaftlichem Engagement und der Erbringung von Kapi-
taleinlagen ist. Der Arbeitnehmer besitzt grundsätzlich auch keine eigene Betriebsstätte und der Arbeitgeber verfügt über seine Arbeitskraft.

Bei der Bewertung dieser Kriterien überwiegen im Falle der Klägerin die Gesichtspunkte, die für ein abhängiges Beschäftigungsverhältnis sprechen, denn nach ihrem eigenen
Vortrag ist sie weder in Form einer Gesellschafterstellung noch durch sonstige Kapi-
taleinlagen am Geschäft ihres Vaters beteiligt. Allein ein späterer Erbanspruch kann die
selbstständige Tätigkeit und das Unternehmerrisiko derzeit nicht herbeiführen. Die
Buchhandlung S ist vielmehr ein Einzelhandelsgeschäft das von dem als Inhaber ein-
getragenen Vater der Klägerin unternehmerisch betrieben wird. Auch wenn die Klägerin – wie vorgetragen – in unternehmerische Entscheidungen eingebunden ist, er-
wächst ihr daraus weder eine Haftung noch ein Gewinnanspruch. Das von ihr
bezogene monatliche fixe Gehalt spricht ebenfalls gegen ein solches unternehmerisches Risiko. Es soll nicht in Abrede gestellt werden, dass die Klägerin am wirtschaftlichen Wohlergehen der Firma interessiert ist und alles ihr Mögliche dazu beiträgt, ein
positives Geschäftsergebnis zu erzielen und dafür insbesondere eine das übliche Maß
übersteigende Arbeitszeit erbringt. Dennoch reicht dies nicht aus, um eine Unterneh-
mereigenschaft zu bejahen. Von Angestellten mit eigenverantwortlichem Tätigkeitsbe-
reich wird auch bei unstreitig abhängigen Beschäftigungsverhältnissen erwartet, dass
sie mehr als die tariflich vereinbarten Arbeitszeiten ableisten.

Sicherlich erfüllt die Tätigkeit, die die Klägerin im Betrieb ihres Vaters bis heute ausübt,
zumindest nach Erlangung einer Berufserfahrung auch Merkmale, die für eine selbstständige Tätigkeit sprechen, andererseits sind doch wesentliche Elemente vorhanden,
die grundsätzlich das abhängige Beschäftigungsverhältnis kennzeichnen, sodass in
Zusammenschau der Gesamtumstände die Elemente der abhängigen Beschäftigung
überwiegen. Besonders hervorzuheben ist dabei, dass die Klägerin in keiner Weise am
Geschäftsergebnis beteiligt ist und auch von ihr keine Eigenmittel im Betrieb stecken,
sodass ein unternehmerisches Risiko nicht erkannt werden kann.

Vielmehr zeigen gerade die letzten unternehmerischen Entscheidungen, dass der Inhaber, also der Vater der Klägerin, das unternehmerische Handeln noch nicht aus der
Hand geben will. Dies wird besonders dadurch untermauert, dass er gegenüber allen
offiziellen Stellen, also z. B. bei der IHK, aber auch im Grundbuch, als Inhaber der Firma
auftritt und diese Position allein für seine Person dokumentiert ist. Gerade die zuletzt
getroffene unternehmerische Entscheidung, ein neues Geschäftshaus zu errichten und
dabei allein im Grundbuch eingetragen zu werden, zeigt, dass der Vater eine Beteiligung der Tochter bisher nicht tatsächlich verwirklichen will. Dies mag in Hinblick auf
den ebenfalls im Geschäft beschäftigten Sohn, der nach Vortrag der Klägerseite keine
leitende Funktion inne hat aufgrund der familienrechtlichen Positionen (Erbansprüche)
verständlich sein, kann aber der Klägerin nicht den Status der selbstständigen Mitun-
ternehmerin verschaffen. In gleicher Weise zu interpretieren ist, dass die Klägerin nicht

unmittelbar am Geschäftsergebnis beteiligt ist, Gewinn oder Verlust des Geschäftes sich also nicht unmittelbar auf ihr Einkommen auswirken. Sie bezieht vielmehr ein festes Gehalt, das zudem auf ein privates – nur von ihr zu nützendes – Konto überwiesen wird und dessen Höhe nicht unmittelbar vom Geschäftsergebnis beeinflusst wird. Nach der Rechtsprechung des BSG ist die Art der Kontoführung ein geeignetes Abgrenzungskriterium.[1]

Soweit die Klägerin vorgetragen hat, dass ihr Gehalt im Hinblick auf die schwierige Geschäftssituation so niedrig gewählt wurde, ergeben sich dafür keine Hinweise, denn über wechselnde oder gleichbleibend schlechte Geschäftsergebnisse ist nichts ersichtlich; dagegen spricht hingegen die derzeitige Errichtung eines Neubaus.

Die steuerliche Behandlung des Einkommens der Klägerin ist ebenfalls ein geeignetes Indiz für die Abhängigkeit ihrer Beschäftigung, sodass sowohl die Zahlung von Lohnsteuer als auch die Verbuchung ihres Gehalts als Betriebsausgabe ein Hinweis auf die Abhängigkeit des Beschäftigungsverhältnisses ist. Ohne Interesse ist dabei, aus welchen Gründen die Beteiligten dies so gestaltet haben, denn letztlich ist nicht die Motivation maßgeblich für die Beurteilung, sondern vielmehr die tatsächlich gewählte Ausgestaltung des Beschäftigungsverhältnisses. Dabei ist es unzutreffend, wenn die Klägerin davon ausgeht, es unterliege ihrer Disposition, die Wirkung des bestehenden Beschäftigungsverhältnisses auf bestimmte Rechtsgebiete (z. B. Steuerrecht) zu beschränken.

Zu betonen ist auch, dass die Beteiligten jahrelang und aus freien Stücken das Arbeitsverhältnis der Klägerin in dieser Weise gestaltet haben. Wenn nun heute die Tätigkeit der Klägerin von den Beteiligten anders bewertet wird, folgt daraus nicht die Fehlerhaftigkeit des bisher als richtig angesehenen Versichertenstatus. Denn zumindest bis 1997 ist auch von der Klägerseite eingeräumt worden, dass ein abhängiges Beschäftigungsverhältnis vorgelegen habe.

Aus welchem Grund im Jahr 1997 dann keine Änderung vorgenommen wurde, z. B. durch Gründung einer Gesellschaft oder durch einen ausdrücklichen Geschäftsführervertrag zwischen dem Inhaber und der Klägerin oder durch andere Gestaltungsvarianten, kann nicht nachvollzogen werden. In dem von den Beteiligten zwar nicht schriftlich geschlossenen Arbeitsvertrag, aber dem tatsächlich gelebten Arbeitsverhältnis ist zumindest vom Beginn der Tätigkeit an für lange Zeit tatsächlich von einem abhängigen Beschäftigungsverhältnis auszugehen. Deshalb ist nicht grundsätzlich für die Vergangenheit von der Fehlerhaftigkeit des zunächst als richtig anzusehenden Versichertenstatus auszugehen. So gilt auch hier der Grundsatz, dass die Beurteilung von Versicherungsverhältnissen rückwirkend grundsätzlich nicht geändert werden solle. Denn es sprechen rechtlich keine vernünftigen Gründe dafür, nunmehr rückwirkend in das jahrelang mit Billigung aller Beteiligten bestehende Versicherungsverhältnis einzugreifen, zumal schwerwiegende Fehler, Ungereimtheiten oder die Erschleichung eines Versicherungsschutzes auszuschließen sind. Dem Gedanken der Kontinuität des Versicherungs-

---

[1] BSG Urt. v. 17.05.2001, Az. B 12 KR 34/00 R Rn. 19.

lebens, wonach Änderungen erst für die Zukunft gelten sollen, ist damit der Vorzug zu geben.

Ergebnis: Im Zeitpunkt der Entscheidung bestand somit ein sozialversicherungspflichtiges Beschäftigungsverhältnis i. S. v. § 7 Abs. 1 SGB IV. Daher hat das Sozialgericht zu Recht entschieden, dass die Klägerin versicherungspflichtig ist, da sie abhängig beschäftigt ist.

Lösung zu Fall 19: Nichtabführen von Arbeitnehmerbeiträgen

Das Nichtabführen von Arbeitnehmeranteilen zur Sozialversicherung im Stadium der Insolvenzreife einer GmbH führt zu einem Schadensersatzanspruch der Einzugsstelle gegen den Geschäftsführer, wenn dieser an andere Gesellschaftsgläubiger trotz der Insolvenzreife Zahlungen geleistet hat, die nicht mit der Sorgfalt eines ordentlichen Geschäftsmanns vereinbar waren. In einem solchen Fall kann sich der Geschäftsführer nicht auf eine Pflichtenkollision berufen.

Der Geschäftsführer einer GmbH ist nach § 823 Abs. 2 BGB i. V. m. § 266a StGB schadensersatzpflichtig bzw. nach §§ 69, 34 AO haftbar, wenn er nach Ablauf der längstens dreiwöchigen Frist zur Stellung des Antrags auf Insolvenzeröffnung nach § 64 Abs. 1 GmbHG seine Pflicht zur Abführung von Arbeitnehmeranteilen zur Sozialversicherung bzw. von Lohn- oder Umsatzsteuer nicht erfüllt, und er handelt umgekehrt mit der Sorgfalt eines ordentlichen Geschäftsleiters und ist daher gem. § 64 Abs. 2 Satz 2 GmbHG nicht ersatzpflichtig, wenn er seiner Abführungspflicht nachkommt.

§ 266a StGB stellt ein Schutzgesetz i. S. d. § 823 Abs. 2 BGB dar. Der Geschäftsführer einer zur Zahlung von Sozialversicherungsbeiträgen verpflichteten Gesellschaft, der gem. § 35 Abs. 1 GmbHG als deren gesetzlicher Vertreter die Arbeitgeberfunktion für diese ausübt, ist Normadressat des Schutzgesetzes. Ein Vorenthalten i. S. d. § 266a StGB ist gegeben, wenn die Beiträge zum Zeitpunkt der Fälligkeit nicht entrichtet werden.

Der einzelne Geschäftsführer einer GmbH bleibt kraft seiner Amtsstellung und seiner nach dem Gesetz gegebenen „Allzuständigkeit" für alle Angelegenheiten der Gesellschaft und damit auch für die Erfüllung der öffentlich-rechtlichen Pflichten der Gesellschaft, zu denen die Abführung der Sozialversicherungsbeiträge gehört, verantwortlich, auch wenn die diesbezüglichen Aufgaben durch interne Zuständigkeitsverteilung oder durch Delegation auf andere Personen übertragen wurden. Es bleiben stets Überwachungspflichten, die Veranlassung zum Eingreifen geben, wenn Anhaltspunkte dafür bestehen, dass die Erfüllung von der Gesellschaft obliegenden Aufgaben durch den (intern) zuständigen Geschäftsführer oder den mit der Erledigung beauftragten Arbeitnehmer nicht mehr gewährleistet ist. Bei einer offensichtlichen Finanzkrise der Gesellschaft ist der Geschäftsführer gehalten, aufgrund eigener Kontrolle Sorge dafür zu tragen, dass die Zahlungspflichten auch tatsächlich erfüllt werden. Auf die Zusage des

Mitgeschäftsführers darf er nicht vertrauen, sondern muss selbst kontrollieren müssen, ob die Beiträge tatsächlich abgeführt werden.[1]

Die Pflichtenkollision besteht darin, dass der Geschäftsführer einer GmbH nach § 64 Abs. 2 GmbHG der Gesellschaft bzw. dem Insolvenzverwalter zum Ersatz verpflichtet sein kann, wenn er im Stadium der Insolvenzreife Arbeitnehmeranteile zur Sozialversicherung, Lohnsteuer oder Umsatzsteuer abführte. Kam er seiner Massesicherungspflicht jedoch nach, verletzte er damit seine Pflicht zur Abführung der Arbeitnehmeranteile aus §§ 28d, 28e Abs. 1 SGB IV und §§ 266a Abs. 1, 14 Satz 1 Nr. 1 StGB bzw. zur Zahlung der Lohn- oder Umsatzsteuer aus § 41a EStG, § 18 UStG i. V. m. §§ 69, 34 AO.

Baumann hat in seiner Funktion als Geschäftsführer der B-GmbH die Arbeitnehmeranteile zur Sozialversicherung nicht abgeführt, wohl aber an andere Gläubiger der Gesellschaft Zahlungen erbracht. Dadurch macht er sich nach § 823 Abs. 2 BGB i. V. m. § 266a StGB schadensersatzpflichtig, weil er nach Ablauf der längstens dreiwöchigen Frist zur Stellung des Antrags auf Insolvenzeröffnung nach § 64 Abs. 1 GmbHG seine Pflicht zur Abführung von Arbeitnehmeranteilen zur Sozialversicherung bzw. von Lohn- oder Umsatzsteuer nicht erfüllt. Vielmehr hätte er mit der Sorgfalt eines ordentlichen Geschäftsleiters gehandelt und wäre gem. § 64 Abs. 2 Satz 2 GmbHG nicht ersatzpflichtig, wenn er seiner Abführungspflicht nachkommt.

Ergebnis: Der Anspruch der Einzugsstelle für Sozialversicherungsbeiträge gegenüber dem Geschäftsführer der B-GmbH Bruno Baumann auf Ersatz der nicht abgeführten Arbeitnehmeranteile zur Sozialversicherung ist gem. § 823 Abs. 2 BGB i. V. m. § 266a StGB begründet.

Lösung zu Fall 20: Haftungsbeschränkung bei Personenschäden

Die zuständige Unfallkasse hat das streitgegenständliche Ereignis als Arbeitsunfall gem. §§ 8 Abs. 1, 2 I Nr. 13a SGB VII anerkannt. Die Gerichte sind gem. § 108 Abs. 1 SGB VII an diese Entscheidung gebunden. Daher war davon auszugehen, dass der Geschädigte den Unfall als Versicherter nicht aufgrund eines Beschäftigungsverhältnisses i. S. d. § 2 Abs. 1 Nr. 1 SGB VII, sondern als Hilfeleistender i. S. d. § 2 Nr. 13a SGB VI erlitten hat.

Für die Frage, ob der Versicherungsschutz für eine Hilfeleistung gem. § 2 Abs. 1 Nr. 13a SGB VII zu einem Haftungsausschluss nach § 104 SGB VII führt, kommt es auf den Sinn und Zweck dieser Vorschrift an.

§ 104 Abs. 1 SGB VII enthält die Regelung, dass Unternehmer den Versicherten, die für ihre Unternehmen tätig sind oder zu ihren Unternehmen in einer sonstigen die Versicherung begründenden Beziehung stehen, sowie deren Angehörigen und Hinterbliebenen nach anderen gesetzlichen Vorschriften zum Ersatz des Personenschadens, den ein Versicherungsfall verursacht hat, nur verpflichtet sind, wenn sie den Versicherungs-

---

[1] OLG Düsseldorf, NZG 2015, 629 – Schadensersatz des Geschäftsführers wegen Vorenthaltung der Sozialversicherungsbeiträge.

fall vorsätzlich oder auf einem nach § 8 Abs. 2 Nr. 1 - 4 SGB VII versicherten Weg herbeigeführt haben.

Rechtsgründe, die für einen Haftungsausschluss gem. § 104 Abs. 1 SGB VII sprechen, wurden vom Berufungsgericht aufgeführt:

Die Haftungsbeschränkung des Unternehmers gelte auch gegenüber dem Nothelfer. In Kenntnis der früheren abweichenden Rechtsprechung sei der Wortlaut des seit dem 01.01.1997 anwendbaren § 104 Abs. 1 SGB VII geändert worden. Dieser stelle nun nicht mehr wie der frühere § 636 RVO auf eine Tätigkeit im Unternehmen ab, sondern schließe in die Haftungsbeschränkung alle Versicherten ein, *„die für ihre Unternehmen tätig sind"* oder zu den Unternehmen *„in einer sonstigen die Versicherung begründenden Beziehung stehen"*. Eine die Versicherung begründende Beziehung sei gem. § 2 Abs. 2 Nr. 13a SGB VII auch die Nothilfe. Nach Feststellung des Vorliegens eines Arbeitsunfalls durch die Unfallkasse B.-W. seien deshalb Ansprüche des Klägers auf Schmerzensgeld ausgeschlossen.

Das Berufungsgericht leitet seine Auffassung, die Haftungsbeschränkung des Unternehmers nach § 104 Abs. 1 SGB VII gelte auch gegenüber dem Nothelfer i. S. d. § 2 Abs. 1 Nr. 13a SGB VII aus dem Wortlaut des § 104 Abs. 1 SGB VII her. Es meint, dass die Nothilfe gem. § 2 I Nr. 13a SGB VII eine *„die Versicherung begründende Beziehung"* i. S. d. § 104 SGB VII sei.

Dieser Auslegung des § 104 SGB VII ist die Revision mit Erfolg entgegengetreten. Denn der Versicherungsschutz des Nothelfers wird durch die Leistung der Nothilfe begründet und folgt unmittelbar aus § 2 Abs. 1 Nr. 13a SGB VII, wird also gerade nicht durch die Beziehung zu einem Unternehmen begründet, wie § 104 SGB VII das voraussetzt.

Bei einer Hilfeleistung i. S. v. § 2 Abs. 1 Nr. 13a SGB VII ergibt sich also die Unfallversicherung kraft Gesetzes und nicht etwa daraus, dass der Versicherte einem Unternehmen zu Hilfe kommt, sondern weil er Nothilfe im Sinne dieser Vorschrift leistet und somit der Allgemeinheit hilft. Für diese Hilfe ist es gleichgültig, ob derjenige, dem geholfen wird oder der von einer Gefahr verschont wird, ein Unternehmer oder eine andere Person ist. Der Unfallversicherungsschutz wird vielmehr für den Dienst an der Allgemeinheit gewährt und soll die Bereitschaft zur Hilfeleistung durch eine soziale Existenzsicherung fördern, nicht aber einen Unternehmer privilegieren, dem möglicherweise die Hilfeleistung zugute kommt. Der Versicherungsschutz für die Hilfeleistung gem. § 2 Abs. 1 Nr. 13a SGB VII führt demgemäß nicht zur Anwendung des Haftungsausschlusses gem. § 104 SGB VII.

Die maßgeblichen Rechtsgründe, die gegen einen Haftungsausschluss im vorliegenden Fall sprechen, sind folgende:

Die Vorschrift des § 104 SGB VII beschränkt die Haftung des Unternehmers für Personenschäden gegenüber den Versicherten auf solche Arbeitsunfälle, die fahrlässig verursacht wurden. Ist der Versicherungsfall dagegen vorsätzlich oder auf einem nach § 8

Abs. 2 Nr. 1 - 4 SGB VII versicherten Weg herbeigeführt worden, ist die Haftung ausgeschlossen.

Sinn und Zweck des § 104 SGB VII bestehen darin, mit der aus den Beiträgen der Unternehmer finanzierten, verschuldensunabhängigen Unfallfürsorge die zivilrechtliche, auf Verschulden gestützte Haftung der Unternehmer abzulösen, indem sie über die Berufsgenossenschaften von allen dazugehörigen Unternehmen gemeinschaftlich getragen und damit für den jeweils betroffenen Unternehmer kalkulierbar wird. Sie dient dem Unternehmer als Ausgleich für die allein von ihm getragene Beitragslast. Zum anderen soll mit ihr der Betriebsfrieden im Unternehmen zwischen diesem und den Beschäftigten sowie den Beschäftigten untereinander gewahrt werden.

Dementsprechend knüpft das SGB VII in den Vorschriften zum Haftungsausschluss (§ 104), zur Zuständigkeit der Berufsgenossenschaften (§ 133) und zur Beitragspflicht der Unternehmer (§ 150) gleichermaßen an die Tätigkeit für ein Unternehmen und an eine sonstige die Versicherung begründende Beziehung zum Unternehmen an. Der Haftungsausschluss und die Beitragszahlung sollen damit grundsätzlich parallel laufen.

Der Versicherungsschutz für Hilfeleistende i. S. d. § 2 Abs. 1 Nr. 13a SGB VII passt nicht zu dieser Struktur der Unfallversicherung. Dieser Versicherungsschutz wird nicht von Unternehmen, sondern von der Allgemeinheit finanziert (§§ 185 Abs. 2 Satz 1, 128 Abs. 1 Nr. 7 SGB VII) und gilt nur für nicht in einem Unternehmen Beschäftigte (§ 135 Abs. 1 Nr. 5 SGB VII), sodass auch nicht der Betriebsfrieden durch die Geltendmachung von Ersatzansprüchen unmittelbar gestört wird.

Schon bei der Einführung dieses Versicherungsschutzes wurde deshalb erkannt, dass es sich hierbei eigentlich nicht um eine Unfallversicherung handelt, sondern um einen Fall der öffentlichen Unfallfürsorge, denn die Tat des Hilfeleistenden stehe *„in keinem Zusammenhang mit der Beschäftigung in einem Betrieb oder einer betriebsähnlichen Gruppe von T*ätigkeiten". Da die finanziellen Mittel für diesen Versicherungsschutz aber von der Allgemeinheit getragen würden, bestünden keine Bedenken, ihn *„in die rechtliche Form der Unfallversicherung zu kleiden"*. Als öffentlich-rechtliche Unfallfürsorge ist dieser Schutz darauf gerichtet, die Schäden des Hilfeleistenden zu kompensieren, soll aber nicht einen zivilrechtlich Verantwortlichen von seiner Haftung befreien.

Damit fehlt es an den Strukturen, aus denen sich der Haftungsausschluss gem. § 104 SGB VII rechtfertigt (Finanzierung der Unfallversicherung durch Unternehmer, Wahrung des Betriebsfriedens). Die Neuformulierung von § 104 SGB VII, mit der im Wesentlichen die bestehende Gesetzeslage beibehalten werden sollte, hat daran nichts geändert. Vielmehr bringt der Gesetzgeber mit dem Abstellen auf die *„die Versicherung begründende Beziehung"* zu einem Unternehmer noch deutlicher zum Ausdruck, dass es für diesen Haftungsausschluss entscheidend auf die strukturellen Zusammenhänge zwischen dem Versicherten und einem Unternehmer im Rahmen der Unfallversicherung ankommt.

Ergebnis: Der Versicherungsschutz für eine Hilfeleistung gem. § 2 Abs. 1 Nr. 13a SGB VII führt grundsätzlich nicht zu einem Haftungsausschluss nach § 104 SGB VII.

Lösung zu Fall 21: Abberufung eines Datenschutzbeauftragten

Der Widerruf der Bestellung von Karola Kühn zur Beauftragten für den Datenschutz ist unwirksam; er genügt nicht den Anforderungen des § 4f Abs. 3 BDSG.

Die Organisationsentscheidung des Arbeitgebers, den bisherigen intern bestellten Beauftragten für den Datenschutz durch einen externen Datenschutzbeauftragten zu ersetzen, rechtfertigt nicht den Widerruf der Bestellung aus wichtigem Grund. Die gesetzliche Regelung gewährt einen besonderen Abberufungsschutz für die Beauftragten für den Datenschutz und stärkt durch den Verweis auf § 626 BGB deren Unabhängigkeit.

Ein wichtiger Grund i. S. d. § 626 BGB für die Abberufung eines intern bestellten Datenschutzbeauftragten nach § 4f Abs. 3 BDSG kann insbesondere gegeben sein, wenn die weitere Ausübung dieser Funktion und Tätigkeit unmöglich oder sie zumindest erheblich gefährdet erscheint, beispielsweise weil der betriebliche Datenschutzbeauftragte die erforderliche Fachkenntnis und Zuverlässigkeit nicht (mehr) besitzt. Auch ein Geheimnisverrat oder eine dauerhafte Verletzung der Kontrollpflichten als Datenschutzbeauftragte könnte einen wichtigen Grund darstellen. Aus der Mitgliedschaft im Betriebsrat folgt keine – generelle – Unzuverlässigkeit des Arbeitnehmers für die Ausübung des Amtes eines Beauftragten für den Datenschutz. Denn die bloße Mitgliedschaft im Betriebsrat macht Karla Kühn für das Amt der Beauftragten für den Datenschutz nicht unzuverlässig. Es besteht keine grundsätzliche Inkompatibilität zwischen diesen beiden Ämtern. Die Rechtsstellung des Arbeitgebers wird nicht dadurch unzulässig beeinträchtigt, dass er einer Datenschutzbeauftragten gegenübersteht, die zugleich die Rechte des Betriebsrats aus dem BetrVG wahrnimmt. Eine Interessenkollision zwischen beiden Ämtern ist nicht ersichtlich.

Auch die von der Fluggesellschaft als Grund genannte organisatorische Änderung, nach der der betriebliche Datenschutz zukünftig durch einen externen statt durch einen internen Datenschutzbeauftragten gewährleistet werden soll, rechtfertigt den Widerruf der Bestellung aus wichtigem Grund nicht. Bei der erstmaligen Bestellung eines Beauftragten für den Datenschutz hat die verantwortliche Stelle eine Entscheidungsfreiheit, ob sie einen internen oder externen Datenschutzbeauftragten bestellen will. Das freie Bestellungs- und Auswahlrecht rechtfertigt es aber nicht, eine bereits bestellte Beauftragte für den Datenschutz ohne Weiteres aufgrund einer erneuten Organisationsentscheidung wieder abzuberufen. Allein die Organisationsentscheidung, zukünftig einen externen, konzernweit agierenden Beauftragten für den Datenschutz einzusetzen, rechtfertigt nicht die Annahme eines wichtigen Grundes.

Die Teilkündigung des Arbeitsverhältnisses von Kühn ist unwirksam. Sie ist unverhältnismäßig, weil es ihrer nicht bedurfte. Teilkündigungen, mit denen der Kündigende einzelne Vertragsbedingungen gegen den Willen der anderen Vertragspartei einseitig ändern will, sind grundsätzlich unzulässig. Sie stellen einen unzulässigen Eingriff in das ausgehandelte Äquivalenz- und Ordnungsgefüge des Vertrags dar. Nur ausnahmsweise können Teilkündigungen zulässig sein, wenn dem einen Vertragspartner das Recht hierzu eingeräumt wurde und kein zwingender Kündigungsschutz umgangen wird.

Die Bestellung als Datenschutzbeauftragte gem. § 4f BDSG ist von der vertraglichen Grundlage zu trennen, nach der sich die Beauftragte für den Datenschutz schuldrechtlich verpflichtet hat, diese Aufgabe zu übernehmen. Die Übertragung des Amtes und der damit verbundenen Aufgaben ist gegenüber dem Arbeitnehmer regelmäßig nicht durch Ausübung des Direktionsrechts möglich. Es bedarf vielmehr einer Vereinbarung der Arbeitsvertragsparteien, dass die Wahrnehmung des Amtes und der damit verbundenen Tätigkeit Teil der vertraglich geschuldeten Leistung werden soll. Diese Vereinbarung kann konkludent geschlossen werden, indem der Arbeitnehmer das angetragene Amt annimmt. Damit erweitern sich seine arbeitsvertraglichen Rechte und Pflichten um die Tätigkeit eines betrieblichen Datenschutzschutzbeauftragten. Wird die Bestellung zum betrieblichen Datenschutzbeauftragten nach § 4f Abs. 3 BDSG wirksam widerrufen, ist diese Tätigkeit nicht mehr Bestandteil der vertraglich geschuldeten Leistung. Es bedarf dann keiner Teilkündigung mehr.

Ergebnis: Der Widerruf der Bestellung von Karola Kühn zur Beauftragten für den Datenschutz ist unwirksam, ebenso die Teilkündigung ihres Arbeitsverhältnisses.

Lösung zu Fall 22: Telefondatenerfassung im Arbeitsverhältnis

Ein Verstoß gegen das Fernmeldegeheimnis des Art. 10 Abs. 1 GG könnte in der Erfassung und Aufzeichnung der Telefondaten durch den Arbeitgeber liegen, insbesondere der Uhrzeit, der Dauer des Gesprächs und der angewählten Rufnummer (Zielnummer). Das Fernmeldegeheimnis schützt nicht nur den Inhalt des Ferngesprächs, sondern auch die näheren Umstände, also auch die Tatsachen, ob, wer und wann mit wem telefoniert hat.[1]

Das Grundgesetz gewährleistet mit dem Brief-, Post- und Fernmeldegeheimnis die freie Entfaltung der Persönlichkeit durch einen privaten, vor den Augen der Öffentlichkeit verborgenen Austausch von Nachrichten, Gedanken und Meinungen (Informationen) und wahrt damit die Würde des Menschen. Dieses Grundrecht schützt die private und geschäftliche Telekommunikation vor Eingriffen durch die öffentliche Gewalt. Es ist damit ein klassisches Abwehrrecht des Bürgers gegen hoheitliche Eingriffe des Staates. Dagegen kommt diesem Grundrecht eine unmittelbare Drittwirkung für die Rechtsbeziehungen Privater untereinander nicht zu, sodass der Arbeitgeber als Betreiber der Telefonanlage nicht durch Art. 10 Abs. 1 GG gehindert ist, Kenntnis davon zu nehmen, welche Telefongespräche über seine Telefonanlage geführt worden sind.

Die Telefonanlage speichert personenbezogene Daten des anrufenden Arbeitnehmers und, soweit auch die Zielnummer erfasst wird, auch personenbezogene Daten des Angerufenen, wenn Anschlussinhaber natürliche Personen sind. Die durch den Spruch der Einigungsstelle geregelte Telefondatenerfassung ist daher Verarbeitung personenbe-

---

[1] BVerfGE 67, 157, 172 = NJW 1985, 121.

zogener Daten sowohl der Arbeitnehmer als auch der angerufenen Gesprächsteilnehmer. Die Datenverarbeitung personenbezogener Daten ist nur zulässig, wenn sie durch das Bundesdatenschutzgesetz oder eine andere Rechtsvorschrift erlaubt ist oder wenn der Betroffene eingewilligt hat.

Die Verarbeitung personenbezogener Daten der Arbeitnehmer in der vorliegenden Form der Erfassung der genannten Telefondaten durch die Telefonanlage des Arbeitgebers ist vorliegend durch die Betriebsvereinbarung und den Spruch der Einigungsstelle geregelt. Als „andere Rechtsvorschrift" i. S. v. § 4 Abs. 1 BDSG gelten auch die normativen Bestimmungen eines Tarifvertrages oder einer Betriebsvereinbarung. Die Einbeziehung von Tarifverträgen und Betriebsvereinbarungen in den Kreis der anderen Rechtsvorschriften, durch die die Verarbeitung personenbezogener Daten abweichend vom Bundesdatenschutzgesetz erlaubt werden kann, ist sinnvoll und erforderlich. Die Verarbeitung personenbezogener Daten im Arbeitsverhältnis kann für den jeweiligen Arbeitgeber zweckmäßigerweise nur nach einheitlichen Gesichtspunkten erfolgen, während die Vorschriften des BDSG für die Datenverarbeitung nichtöffentlicher Stellen eine Abwägung der Interessen des Arbeitgebers und des einzelnen Arbeitnehmers als des jeweiligen Betroffenen erfordern. Deren Interessen können von unterschiedlichem Gewicht sein mit der Folge, dass eine bestimmte Datenverarbeitung dem einen Arbeitnehmer gegenüber zulässig, dem anderen gegenüber jedoch unzulässig ist. Dem kann durch eine kollektive Regelung, wie sie Tarifverträge und Betriebsvereinbarungen darstellen, begegnet werden. Infolgedessen sind Tarifverträge und Betriebsvereinbarungen hinsichtlich ihres zulässigen Inhaltes nicht an den Vorschriften des Bundesdatenschutzgesetzes zu messen. Sie können den Arbeitnehmerdatenschutz auch abweichend regeln, soweit die grundgesetzlichen Wertungen, das zwingende Gesetzesrecht und die allgemeinen Grundsätze des Arbeitsrechts beachtet werden.

Nach § 75 Abs. 2 BetrVG haben die Betriebspartner die freie Entfaltung der Persönlichkeit der im Betrieb beschäftigten Arbeitnehmer zu schützen und zu fördern. Durch die Telefondatenerfassung und die Registrierung des Telefonverhaltens der Arbeitnehmer wird die freie Entfaltung der Persönlichkeit des Arbeitnehmers im Arbeitsverhältnis berührt. Die Zulässigkeit der Erfassung von Telefondaten ergibt sich unter Beachtung des Persönlichkeitsschutzes des Arbeitnehmers nur aus einer Abwägung der gegenseitigen Interessen der Arbeitsvertragsparteien. Maßgebend ist, welche schutzwerten Interessen der Arbeitgeber an der Telefondatenerfassung hat und welche schutzwerten Interessen der Arbeitnehmer dem entgegenstehen.

Diese Interessenabwägung ergibt zunächst, dass sich die Regelung hinsichtlich der Erfassung der Telefondaten bei Dienstgesprächen im Rahmen der Regelungsmacht der Betriebspartner hält. Der Zweck des Arbeitsverhältnisses ist der Austausch von Arbeitsleistung gegen Zahlung von Entgelt. Art und Weise der Arbeitsleistung bestimmt der Arbeitgeber aufgrund seines Direktionsrechts. Er ist berechtigt, die Leistung des Arbeitnehmers zu überwachen und davon Kenntnis zu nehmen, in welcher Weise der Arbeitnehmer seine Arbeitsleistung erbringt. Die vollständige Telefondatenerfassung gibt dem Arbeitgeber die Möglichkeit zu erkennen, ob und wie der Arbeitnehmer das Arbeitsmittel „Telefon" nutzt und ob er diesbezüglich Anweisungen beachtet und Verpflichtungen einhält. Andererseits sind die vom Arbeitnehmer geführten Dienstgespräche Teil seiner Arbeitspflicht, nicht aber Geschehnisse aus seiner Privatsphäre, denn die Dienstgespräche gehören in die Sphäre des Arbeitgebers. Die Kenntnisnahme solcher Gespräche durch den Arbeitgeber behindert die freie Telekommunikation des Arbeitnehmers nicht.

Privatgespräche aus dienstlichem Anlass sind Telefongespräche, deren Notwendigkeit aus betrieblichem Anlass resultiert oder zu deren Gestattung der Arbeitgeber aufgrund seiner Fürsorgepflicht verpflichtet ist. Sie erfolgen regelmäßig während der Arbeitszeit und berühren insoweit auch die Erbringung der geschuldeten Arbeitsleistung. Vom Zweck des Arbeitsverhältnisses ist es gerechtfertigt, wenn Feststellungen darüber getroffen werden, ob Privatgespräche aus dienstlichem Anlass geführt worden sind. Dies gilt insbesondere, weil der Arbeitgeber vorliegend auch die Kosten dieser Privatgespräche aus dienstlichem Anlass trägt. Der Arbeitgeber hat daher ein berechtigtes Interesse daran, zu erfahren, ob und in welchem Umfang Privatgespräche aus dienstlichem Anlass geführt worden sind. Das Kontrollinteresse des Arbeitgebers überwiegt gegenüber dem Arbeitnehmerinteresse an der Geheimhaltung dieser Gespräche.

Für reine Privatgespräche stellt der Arbeitgeber die Telefonanlage zur Verfügung, ohne die Zielnummer zu erfassen, während der Arbeitnehmer verpflichtet ist, die Privatgespräche zu bezahlen. Zur ordnungsgemäßen Abrechnung dieser Privatgespräche reicht es aus, wenn neben der Zahl auch die Summe der Gebühreneinheiten und die Gebühren selbst erfasst werden. Aus diesen Daten ergibt sich, ob und über welche Zeit der Arbeitnehmer während der Arbeitszeit Privatgespräche geführt hat. Selbst wenn es nicht grundsätzlich verboten ist, private Telefongespräche während der Arbeitszeit zu führen, besteht ein berechtigtes Interesse des Arbeitgebers daran, festzustellen, ob und inwieweit die Arbeitnehmer von dieser Möglichkeit Gebrauch machen. Von diesem Interesse ist die Erfassung von Zeitpunkt und Dauer der Privatgespräche gedeckt.

Ergebnis: Die Regelung zur Erfassung von Telefondaten hält sich vorliegend an den Rahmen der Regelungsautonomie der Betriebspartner. Sie berücksichtigt die Grundsätze des allgemeinen Persönlichkeitsschutzes der Arbeitnehmer im Arbeitsverhältnis und verstößt nicht gegen Art. 10 GG. Rechtsvorschriften, die eine solche Telefondatenerfassung verbieten, bestehen nicht. Die Telefondatenerfassung ist daher den Arbeitnehmern gegenüber datenschutzrechtlich zulässig. Daher blieb der Antrag des Betriebsrates auf Feststellung der Unwirksamkeit des Einigungsstellenspruches erfolglos.

Ascheid/Preis/Schmidt (Hrsg.), Kündigungsrecht, 4. Auflage, München 2012

Aunert-Micus/Güllemann/Streckel/Tonner/Wiese, Wirtschaftsprivatrecht, 5. Auflage, München 2013

Barczak, T., Mindestlohngesetz und Verfassung, in: RdA 2014, 290 - 298

Bauer/Bender/Bonin, Betriebe reagieren kaum auf Änderungen beim Kündigungsschutz, in: Bundesagentur für Arbeit, IAB-Kurzbericht 15/2004, Nürnberg 2004

Beck'scher Online-Kommentar Arbeitsrecht, hrsg. von Giesen/Kreikebohm/Rolfs/ Udsching, Stand: 38. Edition, München 2015

Beck'scher Online-Kommentar Gewerberecht, hrsg. von Pielow, C., Stand: 32. Edition, München 2015

Boecken/Joussen, Teilzeit- und Befristungsgesetz, 3. Auflage, Baden-Baden 2012

Boemke, B., Privatautonomie im Arbeitsvertragsrecht, in: NZA 1993, 532 - 538

Braun, S., Fragerecht und Auskunftspflicht – Neue Entwicklungen in Gesetzgebung und Rechtsprechung, in: MDR 2004, 64 - 71

Brox/Rüthers/Henssler, Arbeitsrecht, 18. Auflage, München 2010

Buchner, H., Sicherung des Mutterschaftsgeldzuschusses durch das Aufwendungsausgleichsgesetz, in: NZA 2006, 121 - 126

Däubler, W., Gläserne Belegschaften? Das Handbuch zum Arbeitnehmerdatenschutz, 6. Auflage, Frankfurt am Main 2015.

Däubler, W. (Hrsg.), Tarifvertragsgesetz, 3. Auflage, Baden-Baden 2012

Däubler/Bertzbach (Hrsg.), Allgemeines Gleichbehandlungsgesetz, 3. Auflage, Baden-Baden 2013

Däubler/Hjort/Schubert/Wolmerath (Hrsg.), Arbeitsrecht, 3. Auflage, Baden-Baden 2013

Dassow, R., Das Smogalarmrisiko, in: BB 1988, 2455 - 2460

Dütz/Thüsing, Arbeitsrecht, 20. Auflage, München 2015

Düwell, F.-J. (Hrsg.), Betriebsverfassungsgesetz, 4. Auflage 2014, Baden-Baden 2014

Erfurter Kommentar zum Arbeitsrecht, hrsg. von Müller-Glöge/Preis/Schmidt, 16. Auflage, München 2016

Eylert, M., Die Verdachtskündigung, in: NZA-RR 2014, 393 - 408

Fedder/Heise, Beamte und Soldaten – Einsatz im Betriebsrat, in: NZA 2009, 1069 - 1071

Fitting/Engels/Linsenmaier/Schmidt/Trebinger, Betriebsverfassungsgesetz, 27. Auflage, München 2014

Franzen/Gutzeit/Jacobs/Kreutz/Oetker/Raab/Weber/Wiese, Gemeinschaftskommentar zum Betriebsverfassungsgesetz, 10. Auflage, Köln 2013

Gagel/Knickrehm/Deinert (Hrsg.), SGB II/SGB III, Stand 59. Ergänzungslieferung, München 2015

Goette/Habersack (Hrsg.), Münchener Kommentar zum Aktiengesetz, 4. Auflage, München 2014

Gola/Schomerus, Bundesdatenschutzgesetz, 12. Auflage, München 2015

Grobys/Panzer, Stichwortkommentar Arbeitsrecht, Baden-Baden 2012

Henssler/Strohn (Hrsg.), Gesellschaftsrecht, 3. Auflage, München 2016

Herbert/Oberrath, Rechtsprobleme des Nichtvollzugs eines abgeschlossenen Arbeitsvertrags, in: NZA 2004, 121 - 129

Herzog-Stein/Logeay, Makroökonomische Effekte des Kündigungsschutzes auf das Niveau der Arbeitslosigkeit, IMK Policy Brief, November 2009

Hromadka/Maschmann, Arbeitsrecht, Band 2, Kollektives Arbeitsrecht und Rechtsstreitigkeiten, 6. Auflage, Heidelberg 2014

Hümmerich/Boecken/Düwell (Hrsg.), Arbeitsrecht, 2. Auflage, Baden-Baden 2010

Jickeli, J., Gedächtnisschrift für Jürgen Sonnenschein, Berlin 2003

Junker, A., Grundkurs Arbeitsrecht, 14. Auflage, München 2015

Köhler, M., Keine Mitbestimmung bei der Durchführung von Assessmentcentern, in: GWR 2013, 132 - 133

Kokemoor, A., Sozialrecht, 7. Auflage, München 2016

Lakies, T., Mindestlohngesetz: Basiskommentar zum MiLoG, 2. Auflage, Frankfurt a. Main 2015

Löwisch/Caspers/Klumpp, Arbeitsrecht, 10. Auflage, München 2014

Mengel, H., Das Recht der betrieblichen Übung, München 1967

Moritz, H.-P., Fragerecht des Arbeitgebers sowie Auskunfts- und/oder Offenbarungspflicht des Arbeitnehmers in der Anbahnung von Arbeitsverhältnissen, in: NZA 1987, 329 - 336

Muckel/Ogorek, Sozialrecht, 4. Auflage, München 2011

Müller/Preis, Arbeitsrecht im öffentlichen Dienst, 7. Auflage, München 2009

Oetker/Richardi/Wißmann/Wlotzke (Hrsg.), Münchner Handbuch zum Arbeitsrecht, München 2009

Palandt, O., Beck`sche Kurz-Kommentare, Bürgerliches Gesetzbuch, 75. Auflage, München 2016

Picker, C., Niedriglohn und Mindestlohn, in: RdA 2014, 26 - 35

Preis, U., Arbeitsrecht, 4. Auflage, Köln 2012

Preis/Ulber, Die Wiederbelebung des Ablösungs- und Ordnungsprinzips?, in: NZA 2014, 6-10

Richardi, R. (Hrsg.), Betriebsverfassungsgesetz und Wahlordnung, 15. Auflage, München 2016

Rolfs, C., Studienkommentar Arbeitsrecht, 4. Auflage, München 2014

Rolfs/Giesen/Kreikebohm/Udsching, Arbeitsrecht – Schwerpunktkommentar, München 2008

Schaub/Koch/Linck/Treber/Vogelsang, Arbeitsrechtshandbuch, 16. Auflage, München 2015, zitiert: Schaub ArbRHdb/Bearbeiter

Schaub/Koch, Arbeitsrecht von A-Z, 20. Auflage, München 2016

Schulten, T., Stellenwert der Allgemeinverbindlicherklärung für die Tarifvertragssysteme in Europa, in: WSI-Mitteilungen 2012, 485 - 495

Senne, P., Arbeitsrecht, 9. Auflage, München 2014

Simitis, S. (Hrsg.), Bundesdatenschutzgesetz, 8. Auflage, Baden-Baden 2014

Strauß, R., Arbeitsrecht für Ärzte an Krankenhäusern, Berlin 2013

Strauß, R., Mitarbeiter der Pflegedienstleitung: leitende Angestellte?,
in: Das Krankenhaus 2015, 855 - 858

Thüsing, G., Europäisches Arbeitsrecht, 2. Auflage, München 2011

Thüsing/Traut, Zur begrenzten Reichweite der Koalitionsfreiheit im Unionsrecht,
in: RdA 2012, 65 - 73

Tinnefeld/Buchner/Petri, Einführung in das Datenschutzrecht, 5. Auflage,
München 2012

Waltermann/Söllner, Arbeitsrecht, 17. Auflage, München 2014

Wisskirchen/Bissels, Das Fragerecht des Arbeitgebers bei Einstellung unter Berücksichtigung des AGG, in: NZA 2007, 169 - 174

Wörlen/Kokemoor, Arbeitsrecht, 11. Auflage, München 2014

Wollenschläger, M., Arbeitsrecht, 3. Auflage, München 2010

Zöller, R., Zivilprozessordnung: Kommentar, 31. Auflage, München 2016

Zwanziger, B., Das BAG und das Arbeitszeitgesetz – Aktuelle Tendenzen,
in: DB 2007, 1356 - 1358

Die Buchstaben und Zahlen verweisen auf die betreffenden Hauptkapitel mit den jeweiligen Randziffern, z. B. B/016 = Kapitel B., Randziffer 016.

Zivil- und Wirtschaftsrecht – praxisnah und leicht nachvollziehbar dargestellt

Klar strukturiert führt dieses Kompendium in die Grundzüge des Zivil- und Wirtschaftsrechts ein. Die anwendungsorientierte Erklärung juristischer Sachverhalte, zahlreiche Übersichten und Fallbeispiele sowie ein angeschlossener Übungsteil mit Lösungen machen es zu einem idealen Begleiter für Studium, Weiterbildung und Beruf. Inhaltlich steht das Recht der Kaufleute, insbesondere das Vertrags-, Handels-, Gesellschafts- und Wettbewerbsrecht, im Vordergrund. Diese Bereiche werden durch die Grundlagen des Bürgerlichen Rechts und des Wirtschaftsverwaltungsrechts sowie durch Aspekte des europäischen und internationalen Rechts ergänzt.

Ideal geeignet für Studium, Weiterbildung und Praxis.

Kompendium Wirtschaftsrecht

Steckler | Tekidou-Kühlke
8. Auflage · 2016 · 538 Seiten · 32,90 €
ISBN 978-3-470-43028-7